V&R

Das Alte Testament Deutsch

Neues Göttinger Bibelwerk

In Verbindung mit Erik Aurelius, Uwe Becker, Walter Beyerlin, Erhard Gerstenberger, Jan Chr. Gertz, H. W. Hertzberg, Jörg Jeremias, Otto Kaiser, Matthias Köckert, Christoph Levin, James A. Loader, Arndt Meinhold, Hans-Peter Müller, Martin Noth, Jürgen van Oorschot, Lothar Perlitt, Karl-Friedrich Pohlmann, Norman W. Porteous, Gerhard von Rad, Henning Graf Reventlow, Magne Sæbø, Ludwig Schmidt, Werner H. Schmidt, Georg Steins, Timo Veijola, Artur Weiser, Claus Westermann, Markus Witte, Ernst Würthwein

herausgegeben von Reinhard Gregor Kratz und Hermann Spieckermann

Teilband 16, 1

Sprüche

Vandenhoeck & Ruprecht

Sprüche

Übersetzt und erklärt
von
Magne Sæbø

Vandenhoeck & Ruprecht

Bibliografische Information der Deutschen Nationalbibliothek

Die Deutsche Nationalbibliothek verzeichnet diese Publikation in der Deutschen Nationalbibliografie; detaillierte bibliografische Daten sind im Internet über http://dnb.d-nb.de abrufbar.

ISBN 978-3-525-51239-5
ISBN 978-3-647-51239-6 (E-Book)

Printed in Germany.
Satz: Dörlemann Satz, Lemförde
Druck und Bindung: Hubert & Co, Göttingen

Gedruckt auf alterungsbeständigem Papier.

Unseren Söhnen

Snorre Ragnar
Lars Arnljot
Jan Eystein

und den Ihrigen

Mein Sohn,
wenn du meine Worte annimmst,
und meine Gebote bei dir aufbewahrst,
so dass du der Weisheit dein Ohr leihst
und dein Herz der Einsicht zuneigst,
ja, wenn du nach Verstand rufst,
nach Einsicht deine Stimme hören lässt,
wenn du sie suchst wie Silber
und nach ihr wie nach Schätzen forschest,
dann wirst du die Furcht vor Jahwe verstehen
und die Erkenntnis Gottes finden;
denn Jahwe ist es, der Weisheit gibt,
aus seinem Munde kommen Erkenntnis und Einsicht

Sprüche 2, 1–6

Vorwort

Der gegenwärtige Kommentar ist weit umfassender als sein Vorgänger, der aus der Hand von Herrn Professor Helmer Ringgren stammte; das liegt vor allem an der heutigen Sachlage; denn das Buch der Sprüche ist in den letzten Jahrzehnten Gegenstand umfassender Forschungen und einer rasch und breit anwachsenden Literatur gewesen. Der Kommentar, der schon vor Jahren hätte erscheinen sollen, ist leider durch diese und andere Umstände immer wieder aufgehalten, aber dadurch auch noch bereichert worden; all jenen, von denen ich dankbar gelernt habe, bin ich leider nicht so gerecht geworden, wie ich es gerne hätte wünschen können.

Ein großes Anliegen meiner Arbeit war es, mich vor allem dem Aussagewillen des Textes zu fügen. Als sich die Aufmerksamkeit dann in Sonderheit kleineren Stilmerkmalen zuwandte, ist es mir mit der Zeit immer wichtiger geworden, nicht nur den form- und traditionsgeschichtlichen Aspekten sowie den thematischen Strukturen eingehender nachzugehen, sondern dazu noch eine Gesamtkonzeption des Lesens dieses Buches hervorzubringen.

Was mich während dieser Arbeit vor allem beeindruckt hat, ist die hohe Gestaltungskunst der Weisen. Das Spruchbuch ist gewiss kein „Grabplatz der Sprüche", wie mal gesagt worden ist, sondern ein eminentes Kunstwerk, und zwar nicht nur in den großen Kompositionen, sondern auch und nicht zuletzt im Kleinen, in den vielen und unterschiedlichen Spruchgruppierungen. Es ist auch noch gesagt worden, dass das Übersetzen eine ‚Kunst des Unmöglichen' sei – selten wird das aber eine aktuellere Erfahrung sein als bei einer Wiedergabe der Sprüche.

Beim Abschluss dieser Arbeit möchte ich gerne zunächst dem Verlag Vandenhoeck & Ruprecht für alle mir über die Jahre erwiesene Geduld und das andauernde Entgegenkommen meinen besten Dank aussprechen. Demnächst möchte ich dem Bibliothekspersonal der Gemeindefakultät in Oslo (MF – Norwegian School of Theology) für alle seine generöse Hilfe und stetige Bereitschaft Ausdruck meiner tiefer Dankbarkeit geben.

Sandvika b. Oslo, in Juni 2011 — Magne Sæbø

Inhalt

Abkürzungen XII

Ausgewählte Literatur XV

Einleitung 1
1. Sprüche und Weisheitstraditionen in Israel und seiner Umwelt . 1
2. Stilarten der weisheitlichen Rede 9
3. Das Buch der Sprüche als eine Sammlung von Sammlungen . . . 17
4. Weisheitsrede und Weisheitslehre im Spruchbuch 23
5. Zur Kanonizität des Spruchbuches 30
6. Zur Aktualität des Spruchbuches 31

I. Kapitel 1, 1–9, 18: Mahnreden und Weisheitsverkündigung – ein theologischer Vorbau zum Buch der Sprüche 33

Zur Eigenart und Komposition der Sammlung 33
1, 1–7: Vorstellung und Empfehlung der Weisheit 39
1, 8–9: Erstes Mahnwort zum gehorsamen Hören 44
1, 10–19: Konkrete Warnung vor den Sündern 46
1, 20–33: Eine Rede der Weisheit 47
2, 1–22: Unterweisung der Weisheit 52
3, 1–35: Weisheit und Gottesfurcht im Alltag 61
4, 1–27: In der guten Überlieferung der Weisheit bleiben 71
a. 4, 1–9: Die prächtige Krone der Weisheit 74
b. 4, 10–19: Die schicksalsschweren zwei Wege 77
c. 4, 20–27: Bewahre dein Herz! 80
5, 1–23: Die ‚fremde' und die eigene Frau 82
6, 1–19: Sozialethische Mahnworte und Belehrungen 91
a. 6, 1–5: Das Bürgen – eine gefährliche Sache 94
b. 6, 6–11: Geh hin zur Ameise, du Fauler – und werde klug! . . 96
c. 6, 12–15: Das Geschick des Nichtsnutzigen – sein Verderben . 98
d. 6, 16–19: Sieben Gräuel für Jahwe – ein Zahlenspruch 98
6, 20–35: Sexualethische Mahnungen 100

7,1–27: Eine Verführungsgeschichte als warnende Beispielerzählung 110
8,1–36: Die einmalige Hoheit der Weisheit 116
9,1–18: Weisheit und Torheit – die Gegenpole 136
a. 9,1–6: Die Einladung der Weisheit 138
b. 9,7–12: Sprüche und Mahnworte 140
c. 9,13–18: Die Torheit als Verführerin 141

Zum Aufbau und inhaltlichen Charakter der Sammlung I 144
1. Zur kompositorischen Eigenart der Sprüche 1–9 144
2. Zum inhaltlichen Charakter der Sprüche 1–9 150

II. Kapitel 10,1–22,16: Erste Sammlung von Salomo-Sprüchen 153

Zur Eigenart und Komposition der Sammlung II 153

Hauptteil A der Sammlung: Kapitel 10–15 162
10,1–32: Arbeit, Weisheit – und Gottes Segen 162
11,1–31: Gerechtigkeit rettet vom Tode 174
12,1–28: Wer auf Rat hört, ist ein Weiser 184
13,1–25: Zum Weisen erzogen 191
14,1–35: Der Kontrast von Weisheit und Torheit 198
15,1–33: Der Einsichtsvolle macht Gehen gerade 209

Nachwort zum Hauptteil A der Sammlung II 219

Hauptteil B der Sammlung: Kapitel 16,1–22,16 221
16,1–33: Der Mensch unter der Gewalt Jahwes 221
17,1–28: Nicht passt zum Toren treffliche Rede 229
18,1–24: Tod und Leben sind in der Macht der Zunge 235
19,1–29: Höre auf Rat und nimm Zucht an! 241
20,1–30: Treue und Wahrheit behüten den König 248
21,1–31: – aber der Sieg steht bei Jahwe 256
22,1–16: Wer Unrecht sät, erntet Unheil 264

Nachwort zum Hauptteil B der Sammlung II 268

Zum Aufbau und inhaltlichen Charakter der Sammlung II 269
1. Zur kompositorischen Eigenart der Sprüche 10,1–22,16 269
2. Zum inhaltlichen Charakter der Sprüche 10,1–22,16 272

III. Kapitel 22, 17–24, 22: Erste Sammlung von „Worten der Weisen“ . . . 275

Zur Komposition und Eigenart der Sammlung . . . 275
22, 17–23, 11: Eine besondere Teilsammlung . . . 279
a. 22, 17–21: Vorspruch mit Mahnungen zum Hören . . . 279
b. 22, 22–23, 11: Zehn Worte der Weisen . . . 281
1. 22, 22–23: Beraube nicht einen Geringen! . . . 281
2. 22, 24–25: Entgehe einem Jähzornigen! . . . 283
3. 22, 26–27: Meide das Risiko einer Bürgschaft! . . . 284
4. 22, 28: Verrücke nicht die Grenze, I . . . 284
5. 22, 29: Die Möglichkeiten eines Geschickten . . . 285
6. 23, 1–3: Benehmen beim Tisch . . . 286
7. 23, 4–5: Flüchtig ist der Reichtum . . . 287
8. 23, 6–8: Trügerische Gastfreundschaft . . . 288
9. 23, 9: Die Verachtung des Toren . . . 289
10. 23, 10–11: Verrücke nicht die Grenze, II . . . 289
23, 12–28: Erziehung zur Weisheit . . . 291
23, 29–35: Ein Spottlied über den Trunkenbold . . . 296
24, 1–22: Eine kleine Sammlung weiser Worte . . . 298

IV. Kapitel 24, 23–34: Zweite Sammlung von „Worten der Weisen“ . . . 305

24, 23 a: Die Überschrift . . . 305
24, 23 b–29: Von Recht, Richtern und Zeugen . . . 306
24, 30–34: Faulheit bringt Armut . . . 309

Kurzer Rückblick auf die Sammlungen I–IV – erste Zwischenbilanz . . . 311

V. Kapitel 25–29: Zweite Sammlung von Salomo-Sprüchen: die Hiskianische Sammlung . . . 313

Zur Komposition und Eigenart der Sammlung . . . 313
25, 1: Die Überschrift . . . 314
25, 2–28: Lebenserfahrungen in Bildern . . . 315
26, 1–28: Die Gesellschaft verderbende Menschen . . . 323

27, 1–27: Was dem Zusammenleben der Menschen dient 328
28, 1–28: Der Gerechte bleibt sicher 336
29, 1–27: Gerechte und Frevler, Weise und Toren 344
Zum Aufbau und inhaltlichen Charakter der Sammlung V 353
1. Zur kompositorischen Eigenart der Sprüche 25–29 353
2. Zum inhaltlichen Charakter der Sprüche 25–29 354

VI. Kapitel 30, 1–31, 9: Weisheitsworte in Kleinsammlungen – teilweise aus dem Ausland 357

Zur Komposition von Kapitel 30 357
30, 1–9: Die Worte Agurs 359
30, 10–33: Gerahmte Zahlensprüche 367
31, 1–9: Der Königsspiegel Lemuels 375

Kurzer Rückblick auf die Sammlungen V–VI – zweite Zwischenbilanz 379

VII. Kapitel 31, 10–31: Ein Lehrgedicht auf die tüchtige und weise Frau 381

Von Sammlungen zum Buch – kurzer überlieferungsgeschichtlicher Rückblick auf die Auslegung 387

Abkürzungen und ausgewählte Literatur

Abkürzungen

1. Textzeugen und allgemeine Abkürzungen

M/MT	Massoretischer Text (hebräisch)	Vrs	Die Versionen (die alten Übers.)
G/LXX	Septuaginta (griechisch)	A	Aquila (griechisch)
T	Targum (aramäisch)	Σ	Symmachus (griechisch)
S	Peschitta (syrisch)	Θ	Theodotion (griechisch)
V	Vulgata (lateinisch)	Ken	Kennicott
äg.	ägyptisch	akk.	akkadisch
aram.	aramäisch	cstr.	(status) constructus
dtr.	deuteronomistisch	hap. leg.	hapax legomenon /-oi
hebr.	hebräisch	Hs(s)	Handschrift(en)
KS	Kleine Schriften	LW	Lehnwort
ND	Neudruck	P	Priesterschrift

2. Literarische Abkürzungen

Siehe auch S. Schwertner, TRE Abkürzungsverzeichnis, Berlin/New York 1976

AA	Alttestamentliche Abhandlungen
ABD	Anchor Bible Dictionary
ANET	Ancient Near Eastern Texts Relating to the Old Testament, J.B. Pritchard (ed.), Princeton, NJ ³1969
AOT	Altorientalische Texte zum Alten Testament, H. Greßmann (Hg.), Berlin/Leipzig ²1926
AT	Altes Testament
ATD	Das Alte Testament Deutsch. Neues Göttinger Bibelwerk
AzTh	Arbeiten zur Theologie
BAT	Die Botschaft des Alten Testaments
BC	Biblischer Commentar über das Alte Testament
BETL	Bibliotheca Ephemeridum Theologicarum Lovaniensium
BHK	Biblia Hebraica, R. Kittel (ed.), editio tertia, Stuttgart (1937) 1962
BHS	Biblia Hebraica Stuttgartensia, K. Elliger/W. Rudolph (ed.) (1967/77), editio quinta emendata opera A. Schenker, Stuttgart 1997

BHQ	Biblia Hebraica quinta editione, 17, Proverbs, prep. by J. de Waard, Stuttgart 2008
Bibl.	Biblica
BKAT	Biblischer Kommentar. Altes Testament
BLS	Bible and Literature Series
BN.Beih.	Biblische Notizen. Beiheft
CBC	The Cambridge Bible Commentary. New English Bible
CBQ	Catholic Biblical Quarterly
CBQ.MS	The Catholic Biblical Quarterly – Monograph Series, Washington, D.C.
ContScript	The Context of Scripture, W.W. Hallo/K. Lawson Younger, Jr. (ed.), I. Canonical Compositions from the Biblical World, Leiden 1997
DCH	The Dictionary of Classical Hebrew, D.J.A. Clines (ed.), Sheffield
EJ	Encyclopaedia Judaica, Jerusalem 1972
EÜ	Die Bibel. Einheitsübersetzung, Stuttgart 1980
Even-Shoshan	A New Concordance of the Bible, A. Even-Shoshan (ed.), Jerusalem 1982
FAT	Forschungen zum Alten Testament, Tübingen
FOTL	The Forms of the Old Testament Literature, Grand Rapids, MI
FS	Festschrift
FThSt	Freiburger theologische Studien, Freiburg
GesB	W. Gesenius' Hebr. und aram. Wörterbuch über das Alte Testament, bearb. von F. Buhl, Berlin (^{17}1915) ND 1962
Ges18	W. Gesenius, Hebr. und aram. Wörterbuch über das Alte Testament, bearb. und hg. von R. Meyer/H. Donner, Berlin ^{18}1987–1995
GK	W. Gesenius, Hebr. Grammatik, völlig umgearb. von E. Kautzsch, Leipzig ^{28}1909 = Darmstadt 1985
HAL	Hebr. und aram. Lexikon zum Alten Testament (= KBL^3), neu bearb. von W. Baumgartner und J.J. Stamm, Leiden 1967–1996
HAT	Handbuch zum Alten Testament
HBTh	Horizons in Biblical Theology
HebrSynt	C. Brockelmann, Hebräische Syntax, Neukirchen Kr. Moers 1956
HO	Handbuch der Orientalistik, Leiden
ICC	The International Critical Commentary
JANESCU	Journal of the Ancient Near Eastern Society of Columbia University
Joüon/ Muraoka, Grammar	P. Joüon/T. Muraoka, A Grammar of Biblical Hebrew, I–II, Roma 1996
JSOT.S	Journal for the Study of the Old Testament. Supplement Series

JTT	Journal of Translation and Textlinguistics
KBL	L. Koehler et W. Baumgartner, Lexicon in Veteris Testamenti libros, Leiden 1953 (mit Supplementum ad Lexicon etc., Leiden 1958)
KHC	Kurzer Hand-Commentar zum Alten Testament
KS	Kleine Schriften
LB	Die Bibel. Neu bearb. Lutherübersetzung, Stuttgart 1984
Lisowsky	Konkordanz zum hebräischen Alten Testament, von G. Lisowsky, Stuttgart 1958
LTP	Laval théologique et philosophique
LUÅ	Lunds Universitets Årsskrift
Mandelkern	Veteris Testamenti Concordantiae, von S. Mandelkern, ND Tel-Aviv 1964
MAOG	Mitteilungen der altorientalischen Gesellschaft, Leipzig
Meyer, HG	R. Meyer, Hebräische Grammatik, I–IV, Berlin 1966–72
NAC	The New American Commentary, Nashville, TN
NCBC	New Century Bible Commentary, Grand Rapids, MI
NRSV	The Holy Bible. New Revised Standard Version, Nasville, TN 1989
OBO	Orbis Biblicus et Orientalis, Fribourg/Göttingen
OLZ	Orientalistische Literaturzeitung
OTS	Oudtestamentische Studiën
RB	Revue Biblique
REB	The Revised English Bible, Oxford/Cambridge 1989
StBTh	Studies in Biblical Theology
THAT	Theologisches Handwörterbuch zum Alten Testament, I–II, E. Jenni (Hg.) unter Mitarb. von C. Westermann, München 1971–1979
ThA	Theologische Arbeiten
ThAT	Theologie des Alten Testaments
ThB	Theologische Bücherei
ThLZ	Theologische Literaturzeitung
ThWAT	Theologisches Wörterbuch zum Alten Testament, I–VIII, G.J. Botterweck/H. Ringgren/H.-J. Fabry (Hg.), Stuttgart u.a. 1973–1995
ThZ	Theologische Zeitschrift
TOB/AT	Traduction Oecuménique de la Bible, Édition intégrale. Ancien Testament, Paris 1983
TUAT	Texte aus der Umwelt des Alten Testaments, III, O. Kaiser (Hg.), Gütersloh 1990–1997
VT.S	Vetus Testamentum. Supplements, Leiden
VuF	Verkündigung und Forschung
VWGTh	Veröffentlichungen der Wissenschaftlichen Gesellschaft für Theologie, Gütersloh
ZÄS	Zeitschrift für ägyptische Sprache und Altertumskunde, Berlin

ZB	Die Zürcher Bibel
ZfA	Zeitschrift für Althebraistik
ZThK	Zeitschrift für Theologie und Kirche

Ausgewählte Literatur

1. Kommentare (und Übersetzungen) zu den Sprüchen Salomos
In chronologischer Folge, im Text nur mit dem Namen des Verfassers und Seitenzahl angeführt.

Delitzsch, Franz, Das Salomonische Spruchbuch, BC IV/3, Leipzig 1873, ND Gießen 1985. Wildeboer, G., Die Sprüche, KHC XV, Tübingen 1897. Toy, C.H., A Critical and Exegetical Commentary on the Book of Proverbs, ICC, Edinburgh 1899, ND 1977. Gemser, B., Sprüche Salomos, HAT I/16, Tübingen (1937), [2]1963. Lamparter, J., Das Buch der Weisheit. Prediger und Sprüche, BAT 16, Stuttgart 1959. Mowinckel, S., Skriftene, 1. del, in: Det gamle testamente, IV, Oslo 1955, 385–447. Buber, M., Die Schriftwerke, verdeutscht v. Martin Buber, Köln/Olten 1962, 211–27 (Gleichsprüche). Ringgren, H., Sprüche, ATD 16/1, Göttingen (1962) [3]1980. Barucq, A., Le livre des Proverbes, SBi, Paris 1964. Kidner, D., The Proverbs, The Tyndale OT Commentaries, London 1964, ND 1968. Scott, R.B.Y., Proverbs/Ecclesiastes, AB 18, Garden City, NY 1965. McKane, W., Proverbs. A New Approach (OTL), London (1970) 1977. Murphy, R.E., Wisdom Literature. Job, Proverbs etc., FOTL XIII, Grand Rapids, MI 1981. The Writings. Kethubim. A new translation of The Holy Scriptures according to the Masoretic text. Third section, Philadelphia 1982. Plöger, O., Sprüche Salomos, BKAT XVII, Neukirchen-Vluyn 1984. Aitken, K., Proverbs, DSB, Philadelphia 1986. Sæbø, M., Fortolkning til Salomos ordspråk, Forkynneren, Høysangen, Klagesangene, Oslo 1986. Meinhold, A., Die Sprüche, ZBK 16/1–2, Zürich 1991. Garrett, D.A., Proverbs, Ecclesiastes, Song of Songs, NAC 14, Nashville, TN 1993. Whybray, R.N., Proverbs, NCBC, Cambridge 1994. Martin, J.D., Proverbs, OTGu, Sheffield 1995. Murphy, R.E., Proverbs, WBC 22, Nashville, TN 1998 [Murphy 1992]. Clifford, R.J., Proverbs. A Commentary (OTL), Louisville, KY 1999. Perdue, L.G., Proverbs, Interpretation. A Bible Commentary, Louisville, KY 2000. Fox, M.V., Proverbs 1–9, AB 18A, New York 2000; Proverbs 10–31, AB 18B, New Haven 2009. Waltke, B.K., The Book of Proverbs: Chapters 1–15, NICOT, Grand Rapids, MI 2004 [Waltke I]; The Book of Proverbs: Chapters 15–31, 2005 [Waltke II]. Biblia Sacra Vulgatae editionis ... editio emendatissima apparatu critico instructa cura et studio Monachorum Abbatiae Pontificiae Sancti Hieronymi in Urbe Ordinis Sancti Benedicti, Roma 1965, 666–687: Liber Proverbiorum [außer BHS und BHQ die hier angewandte Ausgabe der Vulgata].

2. Forschungsberichte

Baumgartner, W., Die israelitische Weisheitsliteratur, ThR 5 (1933) 259–288. Crenshaw, J.L., Studies in Ancient Israelite Wisdom: Prolegomenon, in: Ders. (Ed.), Studies in Ancient Israelite Wisdom, The Library of Biblical Studies, New York 1976, 1–45. Crenshaw, J.L., Education in Ancient Israel, JBL 104 (1985) 601–615. Crenshaw,

J.L., Book of Proverbs, ANB V (1992) 513–520. Delkurt, H., Grundprobleme alttestamentlicher Weisheit, VuF 36 (1991) 38–71. Fox, M.V., Two Decades of Research in Egyptian Wisdom Lit., ZÄS 107 (1980) 120–135. Gerstenberger, E., Zur alttestamentlichen Weisheit, VuF 14 (1969) 28–44. Murphy, R.E., Assumptions and Problems in OT Wisdom Research, CBQ 29 (1967) 407–418. Ders., Wisdom in the Old Testament, ANB VI (1992) 920–931. Scott, R.B.Y., The Study of the Wisdom Literature, Interpretation 24 (1976) 20–45. Westermann, C., Forschungsgeschichte zur Weisheitsliteratur 1950–1990, Stuttgart 1991. Whybray, R.N., The Book of Proverbs. A Survey of Modern Study, Leiden 1995.

3. Festschriften

FS Baumgartner: Hebräische Wortforschung. Festschrift zum 80. Geburtstag von Walter Baumgartner, VT.S 16, Leiden 1967. FS Blenkinsopp: Priests, Prophets and Scribes, Essays on the Formation and Heritage of Second Temple Judaism in Honour of Joseph Blenkinsopp, E. Ulrich et al. (ed.), JSOT.S 149, Sheffield 1992. FS Emerton: Wisdom in Ancient Israel. Essays in Honour of J.A. Emerton, J. Day/R.P. Gordon/H. G.M. Williamson (ed.), Cambridge 1995. FS Haran: Texts, Temples, and Traditions. A Tribute to Menahem Haran, M.V. Fox et al. (ed.) Winona Lake, IN 1996. FS Hulst: Übersetzung und Deutung. Studien zu dem Alten Testament und seiner Umwelt Alexander Reinhard Hulst gewidmet von Freunden und Kollegen, Nijkerk 1977. FS Lohfink: Biblische Theologie und gesellschaftlicher Wandel. Festschrift für Norbert Lohfink, SJ zum 65. Geburtstag, G. Braulik et al. (Hg.), Freiburg 1993. FS Murphy 1987: The Listening Heart. Essays in Wisdom and the Psalms in honor of Roland E. Murphy, O. Carm., K.G. Hoglund/E.F. Huwiler/J.T. Glass/R.W. Lee (ed.), JSOT.S 58, Sheffield 1987. FS Murphy 1997: Wisdom, You Are My Sister. FS for R.E. Murphy, M. Barré (ed.), CBQMS 29, Washington 1997. FS von Rad: Probleme biblischer Theologie. Gerhard von Rad zum 70. Geburtstag, H.W. Wolff (Hg.), München 1971. FS Rowley: Wisdom in Israel and in the Ancient Near East. Presented to Harold Henry Rowley, VT.S 3, M. Noth/D. Winton Thomas (ed.), Leiden 1955, ND 1960. FS Schenker: Sôfer Mahîr. Essays in Honour of Adrian Schenker, Y.A.P. Goldman/A. van der Kooij/R.D. Weis (ed.), VT.S 110, Leiden 2006. FS Skarsaune: Among Jews, Gentiles, and Christians from Antiquity to the Reformation. In honour of Professor Oskar Skarsaune on his 65th birthday, R. Hvalvik/J. Kaufman (ed.), Trondheim 2011. FS Steck: Schriftauslegung in der Schrift. Festschrift für Odil Hannes Steck zu seinem 65. Geburtstag, R.G. Kratz (Hg.), Berlin 2000. FS Terrien: Israelite Wisdom: Theological and Literary Essays in Honor of Samuel Terrien, J.G. Gammie/W.A. Brueggemann/W. Lee Humphreys/J.M. Ward (ed.), Missoula, MT 1978. FS Wagner: Von Gott reden. Beiträge zur Theologie und Exegese des Alten Testaments. Für Siegfried Wagner zum 65. Geburtstag, D. Vieweger/E.-J. Waschke (Hg.), Neukirchen-Vluyn 1995. FS Whybray: Of Prophets' Visions and the Wisdom of Sages. Essays in Honour of R. Norman Whybray on his Seventieth Birtday, H.A. McKay/D.J.A. Clines (ed.), JSOT.S 162, Sheffield 1993. FS Wolff: Die Botschaft und die Boten. Festschrift für Hans Walter Wolff zum 70. Geburtstag, J. Jeremias/L. Perlitt (Hg.), Neukirchen-Vluyn 1981.

4. Allgemeine Darstellungen und Einführungen zum Thema der Weisheit Im Text gewöhnlich mit dem Namen des Verfassers und Kurztitel angeführt.

Alt, A., Die Weisheit Salomos, ThLZ 76 (1951) 139–144, ND: KS II, München 1964, 90–99. Bauer-Kayatz, C., Einführung in die alt.liche Weisheit, BSt 55, Neukirchen-Vluyn 1969. Bissing, W. Freiherr von, Altägyptische Lebensweisheit, Zürich 1955. Blenkinsopp, J., Wisdom and the Law in the Old Testament. The Ordering of Life in Israel and Early Judaism, Oxford 1983. Blenkinsopp, J., Sage, Priest, Prophet: Religious and Intellectual Leadership in Ancient Israel, Louisville 1995. Boström, L., The God of the Sages, CB.OTS 29, Stockholm 1990. Brown, W.P., Character in Crisis: A Fresh Approach to the Wisdom Literature of the Old Testament, Grand Rapids, MI 1996. Brunner, H., Altägyptische Erziehung, Wiesbaden 1957. Brunner, H., Altägyptische Weisheit. Lehren für das Leben, Zürich/München 1988. Bryce, G.E., A Legacy of Wisdom. The Egyptian Contribution to the Wisdom of Israel, Lewisburg/London 1979. Clements, R.E., Wisdom in Theology (The Didsbury Lectures 1989), Carlisle/Grand Rapids 1992. Crenshaw, J.L. (ed.), Studies in Ancient Israelite Wisdom, New York 1976. Ders., Old Testament Wisdom. An Introduction, Atlanta, GA 1981; rev. ed. 1998. Ders., Urgent Advice and Probing Questions: Collected Writings on Old Testament Wisdom, Macon 1995. Ders., Education in Ancient Israel. Across the Deadening Silence, New York a.o. 1998. Crossan, J.D. (ed.), Gnomic Wisdom, Chico, CA 1980. Davies, G.I., Were there schools in ancient Israel? FS Emerton (1995), 199–211. Davies, P.R., Scribes and Schools: The Canonization of the Hebrew Scriptures, Louisville 1998. Dell, K.J., The Book of Proverbs in Social and Theological Context, Cambridge 2006. Demsky, A., Education in the Biblical Period, EJ VI (1972) 382–398. Eißfeldt, O., Der Maschal im Alten Testament, BZAW 24, Gießen 1913. Erman, A., Eine ägyptische Quelle der „Sprüche Salomos", SPAW.PH 1924, Berlin 1924, 86–93. Fichtner, J., Die altorientalische Weisheit in ihrer israelitisch-jüdischen Ausprägung. Eine Studie zur Nationalisierung der Weisheit in Israel, BZAW 62, Giessen 1933. Gammie, J.G./Perdue, L.G. (ed.) The Sage in Israel and the Ancient Near East, Winona Lake 1990. Gerstenberger, E., Wesen und Herkunft des „apodiktischen Rechts", WMANT 20, Neukirchen-Vluyn1965. Gese, H., Lehre und Wirklichkeit in der alten Weisheit, Tübingen 1958. Gilbert, M. (ed.), La Sagesse de l'Ancien Testament, BEThL LI, Leuven 1979, ND 1990. Gressmann, H., Israels Spruchweisheit im Zusammenhang der Weltliteratur, Berlin 1925. Haran, M., On the Diffusion of Literacy and Schools in Ancient Israel, in: J.A. Emerton (ed.), Congress Volume Jerusalem 1986, VT.S 40, Leiden 1988, 81–95. Heaton, E.W., The School Tradition of the Old Testament, Oxford 1995. E. Hornung/O. Keel (Hg.), Studien zu altägyptischen Lebenslehren, OBO 28, Fribourg/Göttingen 1979. Janowski, B. (Hg.), Weisheit außerhalb der kanonischen Weisheitsschriften, VWGTh 10, Gütersloh 1996. Jansen, H. Ludin, Die spätjüdische Psalmendichtung: ihr Entstehungskreis und ihr „Sitz im Leben", SNVAO II/3, Oslo 1937. Jenks, A.W., Theolog. Presuppositions of Israel's Wisdom Literature, HBTh 7 (1985) 43–75. Kaiser, O., Der Mensch unter dem Schicksal. Studien zur Geschichte, Theologie und Gegenwartsbedeutung der Weisheit, BZAW 161, Berlin/New York 1985. Kugel, J.L., The Idea of Biblical Poetry, New Haven 1981. Lambert, W.G., Babylonian Wisdom Literature, Oxford 1960. Lang, B., Schule und Unterricht im alten Israel, in: La Sagesse de l'Ancien Testament (1979), 186–201. Lange, A., Weisheit und Prädestination. Weisheitliche Urordnung und Prädestination in den Textfunden von Qumran, StTDJ 18, Leiden 1995. Lemaire, A., Les écoles et la formation de la Bible dans l'ancien Israël, OBO 39, Fribourg/Göttingen 1981. Lichtheim, M., Ancient Egyptian Literature, 1–3, Berkeley, CA 1980. Lichtheim, M., Late Egyptian Wisdom Literature in the International Context. A Study of Demotic Instructions, OBO 52, Fribourg/Göttingen 1983. Lux, R., Die Weisen Israels, Leipzig 1992. Jamieson-Drake, D.W., Scribes and Schools in Monarchic Judah. A Socio-Archeological Approach, JSOT.SS 109, Sheffield 1991. McKane, W., Prophets and Wise Men, StBTh 44, London 1965. Morgan, D.F., Wisdom in the Old Testament Traditions, Atlanta/Oxford 1981. Müller, H.-P., Mensch – Umwelt – Eigenwelt. Gesammelte Aufsätze zur Weisheit Israels, Stuttgart 1992. Murphy, R.E., The Tree of Life. An Exploration of Biblical Wisdom Literature, New York a.o. 1990; Grand Rapids, MI/Cambridge ^{2}1996. Nel, Ph.J., The Genres of Biblical Wisdom Literature, JNWSL 9 (1981) 129–142. Niditch, S., Oral World and Written Word: Ancient Israelite Literature, Louisville, KY 1996. Perdue, L.G. et al., Families in Ancient Israel, Louisville, KY 1997. Perdue, L.G. (ed.), Scribes, Sages, and Seers. The Sage in the Eastern Mediterranean World, FRLANT 219, Göttingen 2008. Preuß, H.D., Einführung in die alttestamentliche Weisheitsliteratur, UTB 383, Stuttgart 1987. Rad, G. von, Theologie des Alten Testaments, I, München (1957) ^{4}1962, 430–467. Ders., Weisheit in Israel, Neukirchen-Vluyn (1970) ^{3}1985. Röhrich, L., Lexikon der sprichwörtlichen Redensarten, 1–3, 7. Aufl., Freiburg/Darmstadt 2004. Römheld, K.F.D., Die Weisheitslehre im Alten Orient. Elemente einer Formgeschichte, BN. Beih. 4, München 1989. Rylaarsdam, J.C., Revelation in Jewish Wisdom Literature, Chicago (1946) ^{2}1951. Sagesse de l'Ancien Testament, La (1979), s. Gilbert, M. Schmid, H.H., Wesen und Geschichte der Weisheit, BZAW 101, Berlin/New York 1966. Ders., Gerechtigkeit als Weltordnung, BHTh 40, Tübingen 1968. Scott, R.B.Y., The Way of Wisdom in the Old Testament, New York 1971. Skehan, P.W., Studies in Israelite Poetry and Wisdom, CBQ.MS 1, Washington D.C. 1971. Soden, W. von, Leistung und Grenze sumerischer und babylonischer Wissenschaft, in: Die Welt der Geschichte 2 (1936) 411–464. 509–557, nun ND mit Nachträgen und Berichtigungen, Reihe „Libelli" CXLII, Darmstadt 1965. Steiert, F.-J., Die Weisheit Israels – ein Fremdkörper im Alten Testament? Eine Untersuchung zum Buch der Sprüche auf dem Hintergrund der ägyptischen Weisheitslehren, FThSt, Freiburg 1990. Weeks, S., Early Israelite Wisdom, Oxford 1994. Westermann, C., Weisheit im Sprichwort, in: Schalom. FS A. Jepsen, Stuttgart 1971, 73–85; ND: Ders., Forschung am Alten Test. Ges. Studien II, ThB 55, München 1974, 149–161. Westermann, C., Wurzeln der Weisheit. Die ältesten Sprüche Israels und anderer Völker, Göttingen 1990. Whybray, R.N., The Intellectual Tradition in the Old Testament, BZAW 135, Berlin/New York 1974. Williams, J., Those Who Ponder Proverbs, BLS 2, Sheffield 1981. Zimmerli, W., Zur Struktur der alttestamentlichen Weisheit, ZAW 51 (1933) 117–204.

5. Allgemeine und besondere Arbeiten zu Themen des Spruchbuches

Literatur zu Einzelstellen wird am jeweiligen Ort der Auslegung verzeichnet.

Ansberry, Chr. B., Be Wise, My Son, and Make My Heart Glad: An Exploration of the Courtly Nature of the Book of Proverbs, BZAW 422, Berlin 2011. Assmann, J., Ma'at. Gerechtigkeit und Unsterblichkeit im Alten Ägypten, München 1990. Ders., Ägypten – Theologie und Frömmigkeit einer frühen Hochkultur, Stuttgart 1984. Ders., Weisheit, Schrift und Literatur im alten Ägypten, in: Assmann, A. (Hg.), Weisheit, München 1991, 475–500. Barta, W., Der anonyme Gott der Lebenslehren, ZÄS 103 (1976) 79–88. Baumann, G., Die Weisheitsgestalt in Proverbien 1–9. Traditionsgeschichtliche und theologische Studien, FAT 16, Tübingen 1996. Boström, G., Paronomasi i den äldre hebreiska maschalliteraturen med särskild hänsyn till Proverbia, LUÅ I/23. 8, Lund 1928. Boström, G., Proverbiastudien. Die Weisheit und das fremde Weib in Spr. 1–9, LUÅ I/30. 3, Lund 1935. Bryce, G.E., „Better" – Proverbs. An Historical and Structural Study, SBL Seminar Papers 108/2 (1972), 343–354. Bryce, G.E., Another Wisdom-‚Book' in Proverbs, JBL 91 (1972) 145–157. Bühlmann, W., Vom rechten Reden und Schweigen. Studien zu Proverbien 10–31, OBO 12, Fribourg/Göttingen 1976. Camp, C.V., Wisdom and the Feminine in the Book of Proverbs, Bible and Literature Series 11, Sheffield 1985. Clements, R.E., The Good Neighbour in the Book of Proverbs, FS Whybray, 1993, 209–228. Clifford, C., Observations on the Text and Versions of Proverbs, in: FS Murphy 1997, 47–61. Collins, J.J., Proverbial Wisdom and the Yahwist Vision, Semeia 17 (1980) 1–17. Cook, J., אִשָּׁה זָרָה (Proverbs 1–9 Septuagint): A Metaphor for Foreign Wisdom?, ZAW 106 (1994) 458–476. Crüsemann, F., Die Tora. Theologie und Sozialgeschichte des alttestamentlichen Gesetzes, München 1992. Delkurt, H., Ethische Einsichten in der alttestamentlichen Spruchweisheit, BThSt 21, Neukirchen-Vluyn 1993. Dell, K.J., The Book of Proverbs in Social and Theological Context, Cambridge 2006. Doll, P., Menschenschöpfung und Weltschöpfung in der alttestamentlichen Weisheit, SBS 117, Stuttgart 1985. Donald, T., The Semantic Field of „Folly" in Proverbs, Job, Psalms, and Ecclesiastes, VT 13 (1963) 285–292. Ernst, A.B., Weisheitliche Kultkritik. Zu Theologie und Ethik des Sprüchebuchs und der Prophetie des 8. Jahrhunderts, BThSt 23, Neukirchen-Vluyn 1994. Fichtner, J., Zum Problem Glaube und Geschichte in der israelitisch-jüdischen Weisheitsliteratur, ThLZ 76 (1951) 145–150; ND in: Ders., Gottes Weisheit. Ges. Stud., ATh II/3, Stuttgart 1965, 9–17. Fontaine, C.R., Traditional Sayings in the Old Testament, BLS 5, Sheffield 1982. Forti, T.L., Animal Imagery in the Book of Proverbs, VT.S 118, Leiden/Boston 2008. Fox, M.V., Aspects of the Religion of the Book of Proverbs, HUCA 39 (1968) 55–69. Ders., What the Book of Proverbs Is About, in: J.A. Emerton (ed.), Congress Volume Cambridge 1995, Leiden 1997, 153–167. Freuling, G., „Wer eine Grube gräbt –". Der Tun-Ergehen-Zusammenhang und sein Wandel in der alttestamentlichen Weisheitsliteratur, WMANT 102, Neukirchen-Vluyn 2004. Gerleman, G., The Septuagint Proverbs as a Hellenistic Document, OTS 8 (1950) 15–27. Ders., Studies in the Septuagint III. Proverbs, LUÅ I.52. 3, Lund 1956. Ders., Der Nicht-Mensch. Erwägungen zur hebräischen Wurzel NBL, VT 24 (1974) 147–158. Golka, F.W., Die Königs- und Hofsprüche und der Ursprung der israelitischen Weisheit, VT 36 (1986) 13–36. Gordis, R., The Social Background of Wisdom Literature, HUCA 18 (1943/44) 77–118. Hausmann, J., Studien zum Menschenbild der älteren Weisheit (Spr 10 ff.), FAT 7, Tübingen 1995. Hermisson, H.-J., Studien zur israelitischen Spruchweisheit, WMANT 28, Neukirchen-Vluyn 1968. Heim, K.M., Structure and Context in Proverbs 10:1–22:16, (Ph.D. Thesis) Liverpool 1996. Ders., Like Grapes of Gold Set in Silver. An Interpretation of Proverbial Clusters in Proverbs 10:1–22:16, BZAW 273, Berlin/New York 2001. Hildebrandt, T., Proverbial Pairs: Compositional Units in Proverbs 10–29, JBL 107 (1988) 207–224. Janowski, B., Die Tat kehrt zum Täter zurück. Offene Fragen im Umkreis des „Tun-Ergehen-Zusammenhangs", ZThK 91 (1994) 247–271; ND in: Ders., Die Rettende Gerechtigkeit, Beiträge 2, Neukirchen-Vluyn 1999, 167–191. Ders., Die rettende Gerechtigkeit. Beiträge zur Theologie des Alten Testaments 2, Neukirchen-Vluyn 1999. Kaiser, O., Einfache Sittlichkeit und theonome Ethik in der alttestamentlichen Weisheit, NZSTh 39

(1997) 115–139. Kieweler, H.V., Erziehung zum guten Verhalten und zur rechten Frömmigkeit. Die Hiskianische Sammlung. Ein hebräischer und griechischer Schultext, BEAT 49, Frankfurt a.M. 2001. Klein, C., Kohelet und die Weisheit Israels. Eine formgeschichtliche Studie, BWANT 132, Stuttgart 1994. Koch, K., Gibt es ein Vergeltungsdogma im Alten Testament?, ZThK 52 (1955) 1–42; ND in: Ders., Spuren des hebräischen Denkens, Neukirchen-Vluyn 1991, 65–103 (vgl. 106). Ders., Spuren des hebräischen Denkens. Beiträge zur alttestamentlichen Theologie. Ges. Aufsätze I, B. Janowski/M. Krause (Hg.), Neukirchen-Vluyn 1991. Kottsieper, I., Die Sprache der Aḥiqarsprüche, BZAW 194, Berlin/New York 1990. Krispenz, J., Spruchkompositionen im Buch Proverbia, EHS.T 23/349, Frankfurt a.M. 1989. Lang, B., Die weisheitliche Lehrrede, SBS 54, Stuttgart 1972. Leeuwen, R.C. van, Context and Meaning in Proverbs 25–27, SBL.DS 96, Atlanta 1988. G. Liedke, Gestalt und Bezeichnung alttestamentlicher Rechtssätze. Eine formgeschichtlich-terminologische Studie, WMANT 39, Neukirchen-Vluyn 1971. McCreesh, T., Biblical Sound and Sense: Poetic Sound Patterns in Proverbs 10–29, JSOT.S 128, Sheffield 1992. Meinhold, A., Vierfaches: Strukturprinzip und Häufigkeitsfigur in Prov 1–9, BN 33 (1986) 53–79. Ders., Zur strukturellen Eingebundenheit der JHWH-Sprüche in Prov 18, FS Wagner (1995) 233–245. Murphy, R.E., The Tree of Life, (1990) Grand Rapids ²1996, 15–32, 193–202. Nel, Ph.J., The Structure and Ethos of the Wisdom Admonitions in Proverbs, BZAW 158, Berlin/New York 1982. O'Connor, M.P., The Contours of Biblical Verse, in: Hebrew Verse Structure, Winona Lake, IN 1998, 631–661. Ogden, G.S., The „Better"-Proverb (Tôb-Spruch), Rhetorical Criticism, and Qoheleth, JBL 96 (1977) 489–505. Perdue, L.G., Wisdom and Cult. A Critical Analysis of the Views of Cult in the Wisdom Literatures of Israel and the Ancient Near East, SBL Diss. Series 30, Missoula 1977. Ders., Wisdom and Creation, Nashville 1994. Perry, T.A., Wisdom Literature and the Structure of Proverbs, PSU University Park, PA 1993. Richter, W., Recht und Ethos. Versuch einer Ortung des weisheitlichen Mahnspruches, StANT 15, München 1966. Ringgren, H., Word and Wisdom. Studies in the Hypostatization of Divine Qualities and Functions in the Ancient Near East, Lund 1947. Römheld, D., Wege der Weisheit. Die Lehren Amenemopes und Proverbien 22,17–24,22, BZAW 184, Berlin/New York 1989. Roth, W.M.W., NBL, VT 10 (1960) 394–409. Ders., Numerical Sayings in the OT. A Form-Critical Study, VT.S 13, Leiden 1965. Sæbø, M., From Collections to Book – A New Approach to the History of Tradition and Redaction of the Book of Proverbs, in: Proceedings of the Ninth World Congress of Jewish Studies, Div. A, Jerusalem 1986, 99–106; nun leicht rev. in: Ders., On the Way to Canon. Creative Tradition History in the Old Testament, JSOT.S 191, Sheffield 1998, 250–258; s. dort auch 285–307: From ‚Unifying Reflections' to Canon: Aspects of the Traditio-historical Final Stages in the Developments of the Old Testament [urspr. in: Zum Problem des biblischen Kanons, JBTh 3, Neukirchen-Vluyn 1988, 115–133]. Ders., Was there a ‚Lady Wisdom' in the Proverbs?, in: FS Skarsaune (2011), 181–193. Sandelin, K.-G., Wisdom as Nourisher. A Study of an Old Testament Theme. Its Development within Early Judaism and its Impact on Early Christianity, Acta Academiae Aboensis, A 64/3, Åbo 1986. Schäfer, R., Die Poesie der Weisen. Dichotomie als Grundstruktur der Lehr- und Weisheitsgedichte in Proverbien 1–9, WMANT 77, Neukirchen-Vluyn 1999. Scherer, A., Vielfalt und Ordnung. Komposition in den biblischen Proverbien und in den aramäischen Ahiqarsprüchen, BN 90 (1997) 28–45. Scherer, A., Das weise Wort und seine Wirkung. Eine Untersuchung zur Komposition und Redaktion von Proverbia 10,1 – 22,16, WMANT 83, Neukirchen-Vluyn 1999. Schmidt, J., Studien zur Stilistik der alttestamentlichen Spruchliteratur,

AA XIII/1, Münster i.W. 1936. Schwantes, M., Das Recht der Armen, Frankfurt a.M. 1977. Scoralick, R., Einzelspruch und Sammlung, BZAW 232, Berlin/New York 1995. Scott, R.B.Y., Wise and Foolish, Righteous and Wicked, in: Studies in the Religion of Ancient Israel, VT.S 23, Leiden 1972, 146–165. Shupak, N., Where can Wisdom be found? The Sage's Language in the Bible and in Ancient Egyptian Literature, OBO 130, Fribourg/Göttingen 1993. Skladny, U., Die ältesten Spruchsammlungen in Israel, Göttingen 1962. Snell, D.C., Twice-Told Proverbs and the Composition of the Book of Proverbs, Winona Lake, IN 1993. Spieckermann, H., Die Prologe der Weisheitsbücher, FS Steck (2000), 291–303. Storøy, S., Sound and Syllable. Studies in Monosyllabic Words as a Poetic Device in the Book of Proverbs with Special reference to the Words *rash* and *dal* (Diss., Oslo 2001). Tan, N. Nam Hoon, The ‚Foreignness' of the Foreign Woman in Proverbs 1–9. A Study of the Origin and Development of a Biblical Motif, BZAW 381, Berlin/New York 2008. Thomas, D. Winton, Textual and philological notes on some passages in the Book of Proverbs, FS Rowley (1955/1960), 280–292. Thompson, J.M., The Form and Function of Proverbs in Ancient Israel, The Hague/Paris 1974. Wehrle, J., Sprichwort und Weisheit. Studien zur Syntax und Semantik der *ṭōb ... min*-Sprüche im Buch der Sprichwörter, ATSAT 38, St. Ottilien 1993. Weisheitstexte, Mythen und Epen, TUAT III, Hg. O. Kaiser, Weisheitstexte I–II, Gütersloh 1990–1991. Westermann, C., Das Buch der Sprüche aufgeschlossen, Stuttgart 1996. Whybray, R.N., Wisdom in Proverbs, StBTh 45, London 1965. Ders., Yahweh-sayings and their Contexts in Proverbs, 10, 1–22, 16, in: M. Gilbert (ed.), La Sagesse de l'Ancien Testament (1979/1990), 153–165. Ders., Wealth and Poverty in the Book of Proverbs, JSOT.SS 99, Sheffield 1990. Ders., Thoughts on the Composition of Proverbs 10–29, in: FS Blenkinsopp (1992), 102–114. Ders., The Composition of the Book of Proverbs, JSOT.SS 168, Sheffield 1994. Wilke, A., Kronerben der Weisheit. Gott, König und Frommer in der didaktischen Literatur Ägyptens und Israels, FAT 2, 20, Tübingen 2006. Williams, J., The Power of Form: A Study of Biblical Proverbs, in: Crossan, Gnomic Wisdom, 1980, 35–58. Wolff, H.W., Anthropologie des Alten Testaments, München 1973. Yoder, C. Roy, Wisdom as a Woman of Substance. A Socioeconomic Reading of Proverbs 1–9 and 31:10–31, BZAW 304, Berlin/New York 2001. Zimmerli, W., Ort und Grenze der Weisheit im Rahmen der alttestamentlichen Theologie (1962), in: Ders., Gottes Offenbarung. Gesammelte Aufsätze, ThB/AT 19, München 1963, 300–315.

Einleitung

Proverbia, das alttestamentliche Buch der *Sprüche*, macht eine Vielfalt aus. Das kommt nicht nur darin zum Ausdruck, dass das Buch die Weisheitstraditionen seiner kulturellen Umwelt mehrfach widerspiegelt, sondern auch dadurch, dass es in Form und Stil sehr abwechslungsreich ist. Außerdem umfasst es in kompositorischer und redaktioneller Hinsicht weit unterschiedliche Sammlungen. Am wesentlichsten bleibt aber, dass das Buch in seinen Weisheitslehren einen breiten inhaltlichen Spannungsbogen aufweist. Es darf schließlich auch nicht unerwähnt bleiben, dass die Aktualität des Spruchbuches in den jüngsten Jahren aus verschiedenen Gründen erheblich angestiegen ist.[1]

1. Sprüche und Weisheitstraditionen in Israel und seiner Umwelt. Sprüche sind Allgemeingut der Menschen.[2] Das Reden in Sprüchen war keine Besonderheit für Israel; die Praxis oder gar die hohe Kunst des Gestaltens von Sprichwörtern ist in den meisten alten Kulturen anzutreffen.[3] Das Alte Testament war auch keine Insel im literarischen Meer des alten Nahen Orients, zumal Israel von seinen Nachbarn und ihren Kulturen nicht abgesondert lebte. Das zeigt sich besonders auf dem Gebiet der alttestamentlichen Weisheitsschriften, zu denen das Buch Hiob und der Prediger neben dem Spruchbuch sowie die deuterokanonischen Schriften der Weisheit des Jesus Sirach und der Weisheit Salomos gezählt werden.

Das Verhältnis, das zwischen dem spezifischen Jahwe-Glauben und der kulturellen und religiösen Umwelt Israels besteht, ist recht komplex und zeitlich auch unterschiedlich. In Bezug auf die israelitische Weisheit scheint die Verzahnung der israelitischen Kultur mit der ihrer Umwelt besonders eng gewesen zu sein. Darum verdient dieser weitere Horizont unsere ganz besondere Aufmerksamkeit.

---

[1] Das lassen die vielen und recht unterschiedlichen Untersuchungen zur Weisheit im Allgemeinen und zum Spruchbuch im Besondern erkennen; neben den neueren Kommentaren (s. die Literaturübersicht, Pkt. 1) vgl. etwa die Arbeiten von Assmann, Bauer-Kayatz, Baumann, Blenkinsopp, Boström, Bühlmann, Brunner, Camp, Crenshaw, Delkurt, Dell, Doll, Ernst, Fichtner, Fontaine, Fox, Freuling, Golka, Hausmann, Heim, Hermisson, Janowski, Kaiser, Koch, Krispenz, Lang, Lux, Maier, McCreesh, McKane, Meinhold, Müller, Murphy, Nel, Perdue, Perry, von Rad, Römheld, Schäfer, Scherer, Schmid, J. Schmidt, Scoralick, Scott, Sheppard, Shupak, Skladny, Snell, Steiert, Weeks, Westermann. Whybray, Wilke, Yoder und Zimmerli, sowie die Forschungsberichte (s. Literaturübersicht, Pkt. 2).

[2] Vgl. L. Röhrich, Lexikon der sprichwörtlichen Redensarten, 1–3, Freiburg 1991, Darmstadt 2004.

[3] Vgl. Westermann, Wurzeln der Weisheit. Die ältesten Sprüche Israels und anderer Völker, Göttingen 1990.

a. Der Beginn der historischen Zeit, der sich nicht nur aufgrund archäologischer Funde, sondern auch und vor allem aufgrund literarischer Zeugnisse erfassen lässt, ist ungefähr gleichzeitig (kurz vor 3000 v. Chr.) in zwei Landstrichen geschehen, die beide an großen Flüssen liegen, nämlich in Ägypten, dem „Geschenk des Nil" (Herodot), und in Sumer im südlichen Mesopotamien, dem „Land zwischen den Flüssen" Euphrat und Tigris. Hier waren die geschichtlichen Perspektiven sehr lang, und in beiden Ländern hatte man eine wohl geordnete Gesellschaft und eine hohe Schriftkultur; sie wurde in Ägypten durch die Hieroglyphen und in Mesopotamien durch die Keilschrift ermöglicht. In beiden Fällen waren ausgebildete und tüchtige Schreiber nötig, die zudem einen eigenen Berufsstand ausgemacht zu haben scheinen. Zur Ausbildung von Schreibern und Beamten der staatlichen Verwaltung hatte man Schreiberschulen, die als „Lehrhaus der Bücher" oder in Mesopotamien als „Tafelhaus" bezeichnet wurden.[4] Was die besonderen Weisheitstraditionen beider Länder betrifft, mögen sie ihren Sitz im Leben vor allem in diesen Schulen gehabt haben, zumal sie sehr auf Unterweisung und Erziehung angelegt waren, ohne dass dies völlig elitär aufgefasst zu werden braucht. In ihnen waren die gebildeten und ausbildenden Weisen zuhause, die übrigens in Ägypten im selbstbeherrschten und besonnenen „Schweiger" ihr Ideal hatten. In den Schulen mögen ihre „Lebenslehren" und „Instruktionen" (äg. *sebayit*) verfasst worden sein, die zum Teil den Charakter einer besonderen ‚Berufslehre' und ‚Standes-Ethik' wohl beziehen.[5]

In der modernen Forschung sind die Weisheitsschriften Ägyptens zuerst in das Blickfeld der Forscher getreten.[6] Durch ihre etwa zweiundeinhalb Jahrtausend umfassende Geschichte lassen sie auf eine beachtenswerte Kontinuität der ägyptischen Gesellschaft zurückschließen; doch gab es da auch einen gewissen Wandel. Während die „Lebenslehren" im Alten Reich (etwa 2655–2155)[7] mit hohen Beamten wie den Vesiren Ptahhotep und Kagemni verbunden wurden, und im Mittleren Reich (etwa 2134–1715) die Lehren bzw. ‚Fürstenspiegel' von Höflingen wie Merikare und Amenemhet eine gewisse aristokratische Ausprägung besaßen, war die Weisheitstradition gegen Ende des Neuen Reichs (etwa 1554–1080), wie z. B. in den Lehren des Tempelschreibers Ani oder des Kornschreibers Amenemope,[8] gewissermaßen ‚demokratisiert' worden.[9] Zudem sind ihre Weisheitslehren sowie noch jüngere Lehren, wie die Weisheit des Anschscheschonki und die des Papyrus Insinger,[10] der nicht nur die jüngste (um 300 v. Chr.), sondern auch die umfassendste Weisheitsschrift Ägyptens darstellt, stärker als früher theologisch verarbeitet und durch eine persönliche Frömmigkeit gekennzeichnet.

Die Weisheitstraditionen Ägyptens sind durch alle Phasen der Geschichte des Volkes dem staatlichen und kulturellen Leben gefolgt und dadurch geprägt worden. Im

---

[4] Vgl. etwa Brunner, Altägyptische Erziehung (1957); Ders., Lehren (1970), 113–139; Schmid, Wesen und Geschichte (1966), 8–143; neuerdings Shupak, Where can Wisdom be found? (1993).

[5] S. aber Gese, Lehre (1958), 30; vgl. sonst Hermisson, Studien (1968), 20 f.

[6] Vgl. Erman, Eine ägyptische Quelle (1924); Greßmann, Israels Spruchweisheit (1925); TUAT III, 191–319; ANET 405 ff.; ContScript I, 61–68. 110–125 (M. Lichtheim); auch Schmid, ebd. 202–223.

[7] Vgl. Brunner, Lehren (1970), 113–139; auch Hornung/Keel, Lebenslehren (1979).

[8] S. die obigen Anm. 4 u. 6; TUAT III, 226; sonst unten zur Auslegung der Sammlung 22, 17–24, 22.

[9] Vgl. Assmann, Weisheit, in: Hornung/Keel, Lebenslehren (1979), 11–73.

[10] Vgl. Lichtheim, Observations on Papyrus Insinger, in: Hornung/Keel, Lebenslehren (1979), 283–305; Dies., Late Egyptian Wisdom Literature (1983).

Alten Reich, in der ersten Blütezeit Ägyptens, in der die Pyramiden gebaut wurden und der ausgeprägt gleichmäßige ägyptische Stil geformt wurde, war ein starker Wille vorhanden, die Gesellschaft und das Leben der Einzelnen zu bestimmen und zu ordnen. Er gründete in der festen Überzeugung, dass im Kosmos wie im sozialen Leben eine feste, göttliche *Ordnung* herrsche. Diese ‚Ordnung', die *Ma`at* genannt wurde, und die auch Recht, Weisheit und Wahrheit umfasste,[11] war gleichsam der Zentralbegriff der ägyptischen Weisheit[12] und des ägyptischen Verständnisses der Wirklichkeit. Die Lehren und Anweisungen der Weisen waren im Rahmen dieses grundsätzlichen Ordnungsdenkens empirisch und zugleich praktisch ausgerichtet; sie sollten den Menschen eine konkrete Lebenshilfe bieten, sich der alles umfassenden ‚Ordnung' einzuordnen, zumal zwischen dem Tun eines Menschen und seinem weiteren Ergehen eine enge Verbindung besteht, die etwa als „schicksalswirkende Tatsphäre" oder auch ein Tat-Folge- bzw. ein Tun-Ergehen-Zusammenhang bezeichnet worden ist.[13] Der Charakter der Weisheit als fördernder Lebensweisheit wurde auch in der Spätzeit bewahrt.

Aus Mesopotamien sind uns dagegen weniger Weisheitsschriften als aus Ägypten überliefert worden; vor allem gab es dort weniger „Lehren".[14] Trotzdem gehört die sumerische „Lehre des Schuruppak" (die auch noch in einem weit jüngeren akkadischen Fragment erhalten ist) zur ältesten mesopotamischen Literatur (vor 2500 v. Chr.). Alt sind auch die schwer datierbaren „Ratschläge der Weisheit" (zwischen 1500 und 700 v. Chr.), in denen – anders als in den ägyptischen Texten – die oft im Spruchbuch belegte Anrede „Mein Sohn" vorkommt. Der Eigenart der mesopotamischen Kultur gemäß ist das Spruchgut der Sumerer später noch akkadisch überliefert worden; dabei sind zweisprachige Sammlungen von Sprichwörtern entstanden.[15] In ähnlicher Weise sind auch die als Vertreter der „Listenwissenschaft" zu betrachtenden Verzeichnisse geographischer und anthropologischer Natur teilweise zweisprachig überliefert worden; die ordnende Aktivität dieser „Listenwissenschaft" scheint der sumerisch-akkadischen Kultur und Weisheitstradition eigen gewesen zu sein.[16] Daneben sind weitere literarische Formen belegt. So gab es beispielsweise einen ‚babylonischen Fürstenspiegel', einen „Rat an einen Prinzen", der auch für das Spruchbuch im Alten Testament von gewissem Interesse ist,[17] ferner Fabeln, Rätsel und Streitgespräche, darunter solche, in denen „zwei personifizierte Begriffe aus Natur oder Zivilisation" wie etwa „Tamariske und Dattelpalme" oder „Ochse und Pferd" miteinander disputieren.[18] Auch „Hiob"-Dichtungen fehlten nicht.[19]

---

[11] Zu ihrer Geschichte vgl. etwa Assmann, Ma`at (1990); s. auch die nächste Anm.

[12] Vgl. Assmann, in: Janowski, Weisheit (1996), 9–19; vgl. schon Gese, Lehre (1958).

[13] So Koch, Gibt es ein Vergeltungsdogma? (1955/1972), etwa 160; vgl. Gese, Lehre (1958) 33-50. 66–69; von Rad, Weisheit (1971), 170–181; neuerdings G. Freuling, „Wer eine Grube gräbt …" (2004).

[14] Vgl. Lambert, Babylonian Wisdom Literature (1960); van Dijk, La sagesse suméro-accadienne (1953); TUAT III, 17–188; ANET 405–440; ContScript I, 485–496; auch Schmid, ebd. 223–239.

[15] Vgl. Gordon, Sumerian Proverbs (1959); Lambert (1960), 222–282; ContScript I, 561 ff; auch Schmid, ebd. 89 f.226–229.

[16] Vgl. von Soden, Leistung und Grenze (1965), 21–133; auch Schmid, ebd. 95 ff.223–226.

[17] S. TUAT III, 170–173; Lambert (1960), 110–115; s. u. zu Spr 31,1–9.

[18] S. die Texte bei Lambert (1960), 151–164. 175–185; auch TUAT III, 180 ff. Vgl. Schmid (1966), 90 f.

[19] S. die Texte bei TUAT III, 110–157; ContScript I, 575–588; vgl. Lambert (1960), 21–62. 63–91; Schmid, ebd. 93 f. Vgl. auch das ägyptische „Gespräch eines Lebensmüden mit seiner Seele", ANET 405–407.

Besonders erwähnenswert sind endlich die aramäischen (wohl aber auf älterem assyrischem Material fußenden) „Sprüche Achiqars", die man auch als „Achiqar-Roman" bezeichnet hat.[20] Im übrigen wird allgemein angenommen, dass es in Israels aller nächster Nachbarschaft eine besondere Weisheitstradition gegeben hat. Nun sind aber direkte Belege, etwa in der sonst sehr reichen Literatur aus dem alten Ugarit (Ras Schamra), spärlich; doch ist das Material vor allem für das Verständnis der Zahlensprüche in Sprüche 30 untersucht und verwertet worden.[21]

b. In dem Großraum der alten Mächte im Süden und im Osten von Israel ist nun aber Israel spät auf die Bühne getreten; wie ein *homo novus* ist er in die altehrwürdige ‚gute Gesellschaft' hineingekommen. Auf dem Hintergrund der langen und bunten Weisheitstraditionen der Nachbarvölker könnte es den Anschein haben, als habe Israel unter dem gewaltigen Druck dieser Traditionen gestanden – und nur die Rolle des Empfängers gespielt. Formal und inhaltlich sind aber die Umstände der weisheitlichen Rezeption in Israel viel komplizierter. Man mag auch etwas zu einfach und pauschal von dem ‚internationalen' Charakter und von der israelitisch-jüdischen ‚Nationalisierung' der Weisheit gesprochen haben.[22] Allgemein sollte man den autochthonen Charakter der alttestamentlichen Weisheitsstraditionen gegenüber dem von außen kommenden Lehngut nicht vernachlässigen.[23] Man wird vielmehr ständig sachgemäß abzuwägen haben, was der eigenen Tradition und was dem äußeren Kontext entstammen mag; und was das Spruchbuch betrifft, dürfte es grundsätzlich als ein selbständiges literarisches Werk Israels zu verstehen und auszulegen sein, ohne von fremden Einflüssen abzusehen.

Zweifellos hat Israel die Weisheit der Nachbarvölker gekannt. Das kommt sowohl direkt wie auch indirekt zum Ausdruck. Einen direkten, wenn auch etwas unbestimmten, Hinweis findet man in der rühmenden Aussage über Salomos Weisheit, dass sie „größer als die Weisheit aller Söhne des Ostens und alle Weisheit Ägyptens" gewesen wäre (1Kön 5, 10; vgl. 10, 1–13). Auch sonst ist es im Alten Testament von der Weisheit Ägyptens (Gen 41, 8; Ex 7, 11; Jes 19, 11–12) wie auch der anderer Nachbarn wie Edoms (Jer 49, 7; Ob 8; vgl. noch Hiob 1, 1; 2, 11; Klgl 4, 21) oder der phönizischen Stadt Tyrus (vgl. Ez 28, 3–5. 12. 17) die Rede; im letzten Fall wird die Weisheit mit dem Fürsten bzw. dem König verbunden. Wie sich noch zeigen wird, lässt sich Israels Kenntnis der fremden Weisheit indirekt durch seine reiche und unterschiedliche Verwendung verwandter oder ähnlicher Formen, Begriffe

[20] S. den Text bei TUAT III, 320–347; vgl. Schmid (1966), 92–93; Kottsieper, Aḥiqarsprüche (1990); J. C. Greenfield, The Wisdom of Ahiqar, FS Emerton (1995), 43–52, sowie Meinhold 29.

[21] Vgl. G. Sauer, Die Sprüche Agurs (1963); s.u. zu Spr 30, sonst etwa Albright, Canaanite-Phoenician sources (1955), 1–15; Ringgren 6f; neuerdings L. R. Mack-Fischer, Guide to the Didactic Literature of Ugarit, in: Gammie/Perdue, The Sage (1990), 67ff; Lange, Weisheit und Prädestination (1995).

[22] Vgl. Fichtner, Die altorientalische Weisheit (1933); Gese, Lehre (1958), 33–50.

[23] Vgl. Steiert, Die Weisheit Israels – ein Fremdkörper im Alten Testament? (1990).

und Themen mehrfach bezeugen. Auch die soziale Einordnung und Funktion der israelitischen Weisheit kann einen indirekten Hinweis auf ihren weiteren Kontext liefern.[24]

Wenn es um Israels eigene Weisheit und besonders um die inhaltliche Deutung der Sprüche geht, lässt sich zunächst kurz bemerken, dass die – besonders früher – beliebte Alternative von ‚profan' versus ‚religiös' an ihre Aktualität verloren hat. Sie lässt sich auch nicht aus einer Gegenüberstellung zwischen Fremdem und Eigenem heraus erklären, zumal in diesem Punkt das reiche und weithin religiös geprägte vergleichbare Spruchgut zu wichtigen Korrekturen geführt hat.[25] Die Einordnung der Spruchweisheit war zum Teil eine ethische und theologische.[26]

Demnächst ist ein anderer grundlegender Sachverhalt zu beachten, der mit den heiklen Fragen des einheimischen Hintergrundes und der ‚Herkunft' der Weisheit zu tun hat. In der neueren Forschung ist die Beziehung zwischen einerseits den einfacheren und angenommen älteren „(Volks-)sprichwörtern" oder einer in den Familien gründenden „Sippenweisheit" und andererseits den sogenannten „Kunstsprüchen" einer späteren „Schulweisheit" öfter diskutiert worden.[27] Es lässt sich aber fragen, ob ein allzu schroffer Gegensatz, der gelegentlich zwischen dem ‚Volkssprichwort' und dem ‚Kunstspruch' unterstellt worden ist, der Sache hinreichend gerecht wird. Die Existenz früher Sprichwörter oder die einer „Sippenweisheit" lässt sich kaum leugnen, obwohl sie im Einzelnen schwer zu bestimmen ist. Man wird aber damit rechnen dürfen, dass sie in den breiten Strom der späteren Weisheitslehre allmählich eingeflossen sind, wobei eine schöpferische Überlieferungsgeschichte weithin vorauszusetzen ist. Es lässt sich zudem noch fragen, ob man in diesem Punkt sorgfältig genug zwischen zwei verschiedenen Seiten der Sache unterschieden hat, und zwar zwischen einerseits den formalen und stilistischen Aspekten der Sprüche und andererseits der sozialen oder institutionsbezogenen Ortung der Weisen, also zwischen den literarischen und den sozialen Aspekten der Weisheit.[28]

Im Rahmenwerk seiner Überschriften will das Spruchbuch einen dreifachen Hinweis auf seine Ortung geben.[29] Wenn erstens die größte Samm-

---

[24] S. neuerdings Dell, The Book of Proverbs in Social and Theological Context (2006).

[25] Vgl. Assmann, Weisheit, in Hornung/Keel, Lebenslehren (1979), 11–72.

[26] Vgl. etwa McKane (1970) sowie die kritischen Bemerkungen bei Ringgren 9–12.

[27] Vgl. etwa Skladny, Die ältesten Spruchsammlungen (1962); Gerstenberger, Wesen und Herkunft (1965); Richter, Recht und Ethos (1966); Hermisson, Studien (1968); von Rad, Weisheit (1970), 39–73; Westermann, Weisheit im Sprichwort (1971); Scoralick, Einzelspruch und Sammlung (1995), 5–9; Scherer, Das weise Wort (1999); Heim, Like Grapes of Gold Set in Silver (2001); Wilke, Kronerben der Weisheit (2006); bes. Whybray, The Book of Proverbs (1995), 25–33; auch die Artikelsammlung von J. L. Crenshaw (Hg.), Studies in Ancient Israelite Wisdom (1976).

[28] S. die vorige Anm.; vgl. bes. Gordis, Social Background (1943/44); Maier, Die „fremde Frau" (1995).

[29] S.u. noch Pkt. 3 a.

lung 10, 1–22, 16 sowie etwas breiter in 1, 1 das ganze Buch durch „Sprüche Salomos" und die Sammlung 25–29 dazu noch durch „Sprüche Salomos, die die Männer Hiskias, des Königs von Juda, zusammengestellt haben" überschrieben sind, wird eine königliche Verwurzelung der Sprüche vorausgesetzt. Wenn zweitens in 22, 17 und, etwas abgekürzt, noch in 24, 23 das Folgende als „Worte von Weisen" bezeichnet wird, dann ist der Inhalt auf eine Gruppe von Weisen bezogen, die notwendigerweise nicht mit einem König oder einem königlichen Hof verbunden werden muss. Wenn drittens die „Worte von Weisen" in 22, 17–24, 22 offensichtlich von der ägyptischen Lehre des Amenemope – jedenfalls teilweise – abhängig sind,[30] und zudem noch die Überschrift in 30, 1 das Folgende als Worte des Weisen Agurs nennt,[31] der wohl einen nicht-israelitischen Namen trägt, während 31, 1–9 als „Worte an Lemuel, den König von Massa, durch die ihn seine Mutter unterwiesen hat", bezeichnet sind, dann ist auf verschiedene Weise sowohl ein fremder weisheitlicher wie auch ein königlicher Hintergrund der hier gesammelten Sprüche kenntlich gemacht.[32]

Wenn man nun diese unterschiedlichen Züge des Buches zusammenhalten will, um sie auf etwaige sozialgeschichtliche Verhältnisse oder Institutionen im alten Israel zu beziehen, fällt zunächst der Königshof als ein Anknüpfungspunkt auf. Dabei dürfte die Zurückführung der Sprüche auf König Salomo nicht zufällig sein; denn in der Tradition hatte sich ein Bild des über allen Maßen weisen Königs gebildet; er war der Weise schlechthin geworden (1Kön 3, 6–14; 5, 9–14; 10, 1–23) und somit eine Idealgestalt der israelitischen Weisheit. Ferner dürfte in diesem Zusammenhang die Überlieferung vom Großreich Davids – mögen seine historische Probleme auch erheblich sein – als wichtig erscheinen (vgl. 2Sam 5, 1–12; 8, 1–14); Salomo hat es nicht nur übernommen (1Kön 1), sondern es auch administrativ verstärkt, und zwar nicht zuletzt beim Ausbau der Hauptstadt (1Kön 5, 15–7, 51).[33] In diesem Milieu der Hauptstadt Jerusalem, in dessen Zentrum der königliche Hof stand, waren – wie im Kontext der großen Nachbarkulturen der Zeit – gewiss auch *Schreiber* (*sōp̄er*, pl. *sōp̄ᵉrîm*; s. etwa 2Sam 8, 17; 1Kön 4, 3; sonst über 50 mal, öfter in späteren Schriften, bezeugt).[34] Beim königlichen Hof hat es zudem

---

[30] Vgl. etwa Römheld, Wege der Weisheit (1989); s.o. Anm. 4 und 6.

[31] Vgl. noch Murphy, Tree of Life (1996), 25 f.

[32] Für die Frage der Überschriften dürften mehrere Auslassungen in der Septuaginta aufschlussreich sein, wie unten noch zu sehen ist; in Bezug auf kanonische Aspekte vgl. etwa B. S. Childs, Introduction (1979), 547 f. 551–559.

[33] Vgl. Noth, Salomos „göttlicher Weisheit", in: FS Rowley (1955), 225–237, bzw. Ders., Ges. Studien, München 1969, 99–112; Ders., Könige, BKAT IX/1 (1968), z. St.; sonst etwa S. Herrmann, Geschichte Israels, München 1973, 185–233; auch Ders., Art. Geschichte Israels, TRE XII (1984) 698–740, bes. 711 ff; K. W. Whitelam, The History of Israel: Foundations of Israel, in: Text in Context (Hg. A. D. H. Mayes), Oxford 2000, 376–402 (Lit.).

[34] Vgl. HAL 723 a. 724 b.

noch kluge Ratgeber gegeben (vgl. 2Sam 15–17; 1Kön 12, 6 ff; 4, 2 ff),[35] mit denen die ‚Weisheit‘ (*ḥŏkmâ*) verbunden wurde.[36]

Wenn man darüber hinaus noch die Frage nach Schulen – seien es Schreiberschulen oder Tempelschulen oder auch besondere Weisheitsschulen – aufwerfen will, fasst man gleich ein heißes Eisen an. Denn diese lange vielverhandelte Frage,[37] in der das letzte Wort gewiss nicht gesprochen ist, wird durch den Umstand erschwert, dass man im Alten Testament keinen direkten Beleg für Schulen findet, ein solcher begegnet erst in Sir 51, 23. Dabei sollte man in diesen Sachen unzweideutig behutsam vorgehen und auch nicht etwa zu anachronistisch oder ‚modern‘ nach ‚Schulwesen‘ oder ‚Schulsystem‘ fragen.[38] Trotzdem haben einige Forscher durch Analogieschlüsse aus der Umwelt und anhand anderer innerer Argumente die Existenz von Schulen im alten Israel, vor allem Schreiberschulen, angenommen und zu begründen versucht.[39] Demgegenüber haben aber andere diese Annahme bestreiten wollen und höchstens eine Art „Famulus-System“ von Meister/Lehrling bzw. Lehrer/Schüler, wie zwischen Vater und Sohn, annehmen können.[40] Wie dem auch sei, dürfte wohl irgendwelche einseitige Entscheidung in dieser strittigen Frage kaum eine ausschlaggebende Bedeutung für die konkrete Auslegung der Sprüche ausmachen. Andererseits bleibt es aber höchst beachtenswert, dass in den Sprüchen und Lehren ein gemeinsames didaktisches Anliegen an die Erziehung der Jungen mehrfach zum Vorschein kommt, das zudem die weit unterschiedlichen Textformen und Sammlungen des Buches weithin zu verbinden scheint.[41] Das dürfte das Entscheidende sein, wenn

---

[35] Vgl. McKane, Prophets and Wise Men (1965), 13–62; T. Mettinger, Solomonic state officials, Lund 1971, 25 ff.

[36] Vgl. P. A. H. de Boer, The Counsellor, FS Rowley (1955), 42–71; auch M. Sæbø, Art. *ḥkm* weise sein, THAT I, 557-567; anders Whybray, The Intellectual Tradition (1974), 15–31.

[37] Unter älteren Studien vgl. A. Klostermann, Schulwesen im alten Israel, FS Th. Zahn, Leipzig 1908, 193–232; L. Dürr, Das Erziehungswesen im Alten Testament und im antiken Orient, MVÄG 36, 2, Leipzig 1932.

[38] Vgl. das vorbildlich sorgfältige Vorgehen bei Baumann, Weisheitsgestalt (1996), 260–268 (zu Kap. 1–9).

[39] Vgl. etwa Hermisson, Studien (1968), 113–136; von Rad, Weisheit (1970), 28–38; Lang, Lehrrede (1972), 36 ff; Lemaire, Les écoles (1981); Preuß, Einführung (1987), 45 f; Krispenz, Spruchkompositionen (1989), 15–23; später hat Jamieson-Drake, Scribes and Schools (1991), die Frage archäologisch untersucht und die Annahme positiv verstärkt; s. auch Heaton, The School Tradition (1994); mit Vorbehalt G. I. Davies, Were there schools in ancient Israel?, FS Emerton (1995), 199–211; vgl. sonst Murphy (1981), 6–9; Ders., Tree of Life (1990), 3–5; Meinhold 22 f; Kaiser, Grundriß 3 (1994), 54 ff; Crenshaw, Education (1998); Scherer, Das weise Wort (1999), 340–351.

[40] S. bes. Whybray, Intellectual Tradition (1974); vgl. F. W. Golka, Die israelitische Weisheitsschule oder „des Kaisers neue Kleider“, VT 33 (1983) 257–270, mit dem sich Krispenz, Spruchkompositionen (1989), 15–23, auseinandergesetzt hat; s. sonst Haran, Literacy and Schools (1988); Delkurt, Grundprobleme (1991) 43–48; Maier, Die „fremde Frau“ (1995), 16–18.

[41] Vgl. Murphy 6–9: „In the most general way, the situation can be described as didactic; ... The general situation is didactic, and this may be in the context of family or tribe, the court school, or the postexilic scribal school“; s. noch Ders., The Tree of Life (1990), 3–5; dazu, nochmals, Scherer, Das weise Wort (1999), 340–351.

man auch gerne mehr über den ‚Sitz im Leben' dieser Erziehung wissen möchte.

Wie in der Frage nach möglichen Schulen lässt sich Ähnliches auch für die Frage gelten, ob die Weisen einen besonderen beruflichen ‚Stand' ausgemacht haben; auch diese Frage, die mit der vorigen zusammenhängt, ist vielfach diskutiert worden.[42] Unabhängig davon, wie die Weisen Israels letzten Endes sozial oder auch institutionsmäßig eingeordnet sein mögen, bleibt jedoch als Wesentliches, dass es Weise gegeben hat. Dafür sind in erster Linie die drei Weisheitsbücher des Alten Testaments der entscheidende Beweis. Wenn man aber dazu noch präziser danach fragen will, wer sie wohl waren, ist aus dem Material des Alten Testaments nicht allzu viel Genaueres zu entnehmen.[43] Allgemein lässt sich wohl sagen, dass sie keinen homogenen Kreis ausgemacht zu haben scheinen – auch die drei Weisheitsbücher unterscheiden sich ja sehr voneinander. Einiges dürfte jedoch positiv zu ermitteln sein. Während etwa das Spruchbuch durch seine Überschriften und seinen Inhalt einen breiteren Bezug der Weisen zum Königshof erkennen lässt, stellt uns das Buch Kohelet das Bild eines Einzelnen dar: „Kohelet war ein Weiser (*ḥāḵām*) und hat noch das Volk Erkenntnis (*daʿaṯ*) gelehrt; er erwog und forschte und dichtete viele Sprüche (*m^{e}šālîm*). Kohelet hat sich bemüht, gefällige Worte (*diḇrê-ḥep̄äṣ*) zu finden …" (Koh 12, 9–10). Hier tritt also ein „Weiser" als Erzieher, Forscher und Dichter hervor. Erwähnenswert ist dabei auch die Aussage in Jer 18, 18; wie diese schwierige Stelle auch näher zu verstehen sei,[44] bleibt jedoch sehr bemerkenswert, dass hier die Weisen kollektiv neben den wichtigen Gruppen von Priestern und Propheten erwähnt sind, und dass sie eben durch ihren charakteristischen ‚Rat' (*ʿeṣâ*; vgl. Spr 12, 15) gekennzeichnet werden (vgl. noch Jer 8, 8–9; Ez 7, 26). Die weitere – und nicht einfachere – Frage, wie weit der Einfluss der Weisen im alttestamentlichen Schrifttum über die drei Weisheitsschriften hinaus wohl gereicht haben mag, kann hier auf sich beruhen lassen. Das Spruchbuch bleibt das zentrale Erbe der Verkündigung und Lehre der Weisen, an dem sich die Überlieferungsgeschichte der israelitischen Weisheit in gewissem Ausmaß noch indirekt ablesen lässt. Das bleibt in diesem Zusammenhang eine entscheidende Angelegenheit, der im Folgenden eine gebührende Aufmerksamkeit geschenkt werden will.

Mit dem nun Gesagten ist auch noch die Frage nach der Verfasserschaft des Buches bzw. seiner Sammlungen angeschnitten. Angesichts der breiten Weisheitsüberlieferung Israels ist aber die Antwort auf diese Frage, die früher in-

---

[42] S. etwa Hermisson, Studien (1968), 94 ff; Whybray, The Intellectual Tradition (1974), 15 ff.

[43] S. etwa Sæbø, Art. *ḥkm* weise sein, THAT I, 557–567, und H.-P. Müller, ThWAT II, 920–944; vgl. Crenshaw, Studies in Ancient Israelite Wisdom (1976); Murphy, The Tree of Life (1990), 3–5.

[44] Vgl. etwa W. Rudolph, Jeremia, HAT I/12 (1958), 114; N. Ittmann, Die Konfessionen Jeremias, WMANT 54, Neukirchen-Vluyn 1981, 51–53; sonst Whybray, The Intellectual Tradition (1974), 24–31.

folge der Tradition einfach mit dem Namen des Königs Salomo beantwortet wurde, nun weit schwieriger geworden. Abgesehen von der im Grunde unbestimmbaren Rückführung in Spr 25, 1 auf die „Männer Hiskias" sowie den in 30, 1 und 31, 1 erwähnten Fremden (vgl. noch ‚die Weisen' in 22, 17 und 24, 23) fehlen alle Spuren möglicher Verfasser. Diese ‚Anonymität' hängt wohl zunächst damit zusammen, dass im damaligen Israel die Einzelnen im Schatten des Kollektiven standen; demnächst aber darf sie in dem einfachen Umstand gründen, dass redaktionell das größte Gewicht auf Salomos Verfasserschaft gelegt worden ist;[45] und die feierliche Überschrift von Spr 1, 1, die sich offenbar auf das ganze Buch bezieht, wurde gewiss auf dem Hintergrund der Überlieferung von Salomos Weisheit und Dichtungen in 1Kön 5, 9–14 verstanden. Doch darüber hinaus wäre wohl noch zu erwägen, ob nicht der königliche Name des Salomo am Kopf des Buches, der bestimmt zur Einheit des Buches beiträgt, zumal das Buch selbst noch andere ‚Verfasser' nennt (24, 23, vgl. 22, 17; 30, 1; 31, 1), vor allem als Name des bürgenden Schirmherrn der israelitischen Weisheitstradition gehört werden will. Dabei wäre wohl aber auch ein kanongeschichtliches Anliegen im Spiel gewesen.[46]

Anstelle der allgemein gestellten und oft personenbezogenen Frage nach ‚Verfassern' dürfte aber heute eine überlieferungsgeschichtliche Perspektive wesentlich an Bedeutung gewonnen haben.[47] Denn der Text der Endgestalt des Spruchbuches, der doch der gewichtige Ausgangs- und Orientierungspunkt der Interpretation bleibt,[48] lässt sich vor allem als Endpunkt einer langen und schöpferisch gestaltenden Überlieferung des Weisheitsgutes Israels am besten verstehen.

2. Stilarten der weisheitlichen Rede. Das Buch der Sprüche spielt auf manchen Saiten; ihre wechselnden Ausdrucksformen sind vielfältiger, als man beim ersten Blick meinen könnte. Eine genaue Kenntnis ihrer verschiedenen Formen und Stilarten ist für die Auslegung umso wichtiger, als eine nahe Beziehung zwischen Form und Inhalt – hier wie immer – besteht; dabei wird die Auslegung die Einzelheiten darlegen, doch schon jetzt lässt sich Einiges erwähnen.

Bei einer formalen Analyse des Spruchbuchs fällt zunächst auf, dass es in gebundenem oder rhythmischem Stil gestaltet ist. Die Massoreten haben dabei die Akzente des ‚poetischen' Typs verwendet, der sonst nur noch in den

---

[45] In der Septuaginta ist diese Tendenz noch stärker, denn da ist nur die Überschrift in 1, 1 behalten, während die Überschriften in 10, 1, 25, 1, 30, 1 und 31, 1 ausgelassen bzw. umschrieben worden sind.

[46] Vgl. D.G. Meade, Pseudonymity and Canon. An Investigation into the Relationship of Authorship and Authority in Jewish and Earliest Christian Tradition, WUNT 39, Tübingen 1986, bes. 48–52; sonst Childs, Introduction (1979), 551–559.

[47] Vgl. Fox 923–933; bes. Scott, Wise and Foolish (1972) 150: „The present Book of Proverbs is better seen as the end result of a centuries-long process of composition, supplementing, editing and scribal transmission …".

[48] S. auch Dell, The Book of Proverbs (2006), 60 f.

Psalmen und im Buch Hiob gebraucht ist. Dadurch hat man den Charakter des Spruchbuchs als den eines poetischen Kunstwerks ausdrücklich kennzeichnen wollen. Seine Sprache zeigt gelegentlich späte Züge auf.[49]

Weiterhin ist formal auffällig, dass sich die meist belegten Redeformen im Spruchbuch auf zwei unterschiedliche Grundformen verteilen, die man kurz als ‚Aussagespruch' (bzw. ‚Aussagewort') und als ‚Mahnwort' (bzw. ‚Mahnspruch') zu bezeichnen pflegt.[50] Beim ersten Typ, dem ‚Aussagespruch', liegt die Form aussagender und beschreibender Sentenzen vor, die aus kurzen und selbständigen Sprüchen bestehen, und die von Menschen in 3. Person reden; in einigen Fällen können sie dem einfachen Sprichwort nahe kommen. Diese Form weist, soweit es sich nicht um Nominalsätze handelt, normalerweise indikative Verbalformen auf. Beim zweiten Typ, dem ‚Mahnwort', dagegen gibt es oft eine umfassendere Form als beim ‚Aussagespruch', indem die Ermahnung bzw. Warnung auch begründet werden kann; denn sie hat in ihrem Hauptteil entweder positiv eine Anweisung (Instruktion) oder auch einen Rat zum Inhalt, wobei allgemein Befehlsformen des Verbs (Imperativ und Jussiv) verwendet werden, oder auch kann sie negativ eine Abmahnung oder Warnung ausdrücken, und zwar mit der Negationspartikel *'al* und der Vetitiv-Form des Verbs,[51] wonach eine eventuelle Begründung folgt. Diese Form verläuft also in einem ermahnenden oder auch belehrenden Stil und hat öfter direkte Anreden (wie „Mein Sohn"); zudem kann sie gelegentlich zu größeren ‚Lehrreden'[52] erweitert werden oder die Form einer Erzählung annehmen.

Eine formale Zweiteilung dieser Art entspricht einigermaßen den großen Sammlungen des Spruchbuches. So enthält die erste Salomo-Sammlung 10,1–22,16 durchgehend beschreibende Aussagesprüche, während die Sammlung 1–9 durch Mahnworte und Lehrreden, teilweise in größeren Kompositionen, bestimmt ist. Ferner ist die zweite Salomo-Sammlung 25–29 in dieser Hinsicht der ersten Salomo-Sammlung gleich, während die „Worte von Weisen" in 22,17–24,22 und 24,23–34 dem einleitenden ersten Teil 1–9 ähnlich sind. Der Rest des Buches, 30–31, enthält Aussagesprüche und Mahnsprüche sowie auch Sprüche anderer Art, darunter im Kap. 30 eine Reihe ‚gestaffelter Zahlensprüche'. Die Überschriften der Salomo-Sammlungen, in 10,1; 25,1, umschreiben das jeweils Folgende durch die Form ‚Spruch' (*māšāl*), während die übrigen Überschriften (30,1; 31,1; vgl. 22,17; 24,23) den üblichen Ausdruck für ‚Wort' (*dāḇār*) benutzen. An der Spitze des ganzen Buches, 1,1, wird die Mehrzahl ‚Sprüche' gebraucht: „Sprüche

49 Vgl. etwa Wildeboer XIII–XV; Fox 504–506.

50 So z.B. Hermisson, Studien (1968), 36; s. auch McKane (1970), 1–10. 10–22; Westermann, Forschungsgeschichte (1991), 12. 43. 48; Whybray, The Book of Proverbs (1995), Chap. 2 (34–61); Meinhold 16–21; Murphy, The Tree of Life (1992), 5–13; Kaiser, Grundriß 3 (1994), 56–59; Klein, Kohelet und die Weisheit Israels (1994), 16–62.

51 Zur Vetitiv-Form s. etwa Richter, Recht und Ethos (1966), 37–39. 41 ff. 68 ff. 118–120. 172 ff.

52 S. etwa Lang, Die weisheitliche Lehrrede (1972).

Salomos" (*mišlê šᵉlomô/oh*). Aus alledem ergibt sich, dass das Wort *maschal* ‚Spruch' einen Hauptbegriff darstellt, der eine eigene Erklärung benötigt.

a. Als erster wichtiger Terminus, der wie eine Gattungsbezeichnung anmutet, und der dem Spruchbuch seinen Namen gegeben hat, tritt also das Nomen *māšāl* auf. Das Wort ist vielfach erörtert worden, zumal es einen sehr weiten und komplexen Befund aufweist.[53]

Das Lexem *māšāl* hat eine beachtliche Bedeutungsbreite, die weiter als die des deutschen ‚Spruch' ist und auch etwa den Sinn ‚Spottlied' umfassen kann; dazu weist es eine Streuung auf, die über weisheitliche Texte hinaus reicht.[54] Sinngemäß dürfte das (vielleicht denominierte) Verb *māšal* I dabei richtungsweisend sein. Seine Bedeutung ist vielfach diskutiert worden; nach einer heute üblichen Auffassung dürfte *māšal* I – im Rahmen semitischer Äquivalente – ‚gleich sein' bzw. ‚gleichen/vergleichen' (HAL 611) bedeuten, wobei das homonyme *māšal* II ‚herrschen' davon abzuheben ist. Es darf somit semantisch wesentlich sein, dass dieser Wortgruppe der Aspekt von ‚vergleichen' bzw. ‚Gleichnis' eigen ist.[55]

In diesem Zusammenhang dürfte zudem Ez 16,44 aufschlussreich sein, weil da zur Einleitung eines zitierten Sprichworts zwei Formen des Verbs *māšal* I (Part. sowie Ipf. im futurischen Sinn) verwendet worden sind:

Siehe,
jeder ‚Spruchredner' (*mošel*) wird gegen dich ‚sprichwörtlich sagen' (*yimšol*):
„Wie die Mutter [ist] ihre Tochter".

Im Hinblick auf dieses Gegenüber von dem Verb *māšal* und einem alten Sprichwort, das hier zitiert wird und so als ein *māšāl* fungiert, darf dreierlei beachtet werden. Erstens wird das zitierte Sprichwort nicht nominal als *māšāl* bezeichnet, sondern es verbal eingeführt;[56] dabei dürfte nicht so sehr die nominale Bezeichnung als vielmehr die verbal ausgedrückte Praxis einer Dichtung bzw. Benutzung von Sprichwörtern und Spottversen hervorgehoben sein.[57] Zweitens macht der kurze Spruch, das Sprichwort, einen Nominalsatz aus, der nur aus zwei Wörtern besteht (*kᵉ'immâ bittâh* „wie die Mutter ihre Tochter"); eine entsprechende Beziehung zweier Nomina auf einander ist im Sprichwort: „Wie der Mann (so, oder: ist) seine Kraft" (Ri 8,21) belegt. Drittens wird an diesen beiden Stellen eine Vergleichsparti-

---

[53] Vgl. Eißfeldt, Der Maschal im Alten Testament (1913); McKane 22–33; Klein, Kohelet und die Weisheit Israels (1994), 14–39; Fox 54–56, sowie die nächsten Anm.

[54] S. etwa HAL 612; GesB 470; sowie K.-M. Beyse, ThWAT V, 69–73.

[55] McKane (1970) wurde richtungsweisend, wenn er einerseits „the hermeneutical openness of the ‚proverb', which offers no ready-made interpretation" betont (23), und andererseits behauptet „that *māšāl* as applied to them [i.e. „the popular proverbs in the Old Testament"] has some such meaning as ‚model', ‚exemplar', ‚paradigm'" (26); und Klein, Kohelet (1994), 25–39, untersucht weiter die „Paradigmatik" und die „Parabolik" des *māšāl*. M. Buber hat in seiner Bibelübersetzung das Spruchbuch die „Gleichsprüche" genannt.

[56] S. aber Ez 12,23; 18,2–3; 24,3, mit sog. ‚innerem' Objekt; vgl. HebrSynt § 93.

[57] Vgl. den Ausdruck „zum Sprichwort werden", 1Sam 10,11–12 (par. 19,24); s. Klein, 21 f.

kel (k^e ,wie') verwendet, wobei die Form als die eines Vergleichs noch stärker unterstrichen wird.[58]

Im Verhältnis zu den eben erwähnten Sprichwörtern (vgl. noch 1Sam 10, 11–12, par. 19, 24), kann *maschal* als Aussagepruch auch Erweiterungen verschiedener Art aufweisen, sei es anhand eines Verbs (vgl. 1Sam 24, 14), oder sei es durch eine ausführlichere Form, wie im bekannten Sprichwort von Jer 31, 29 (par. Ez 18, 2) noch direkt als *maschal* bezeichnet wird:

Die Väter essen saure Trauben,
und den Kindern werden die Zähne stumpf

Dieser zweigliedrige Spruch, dessen zweite Hälfte die erste folgernd ausfüllt, darf hier als Brücke zum Gebrauch des *maschal* im Spruchbuch dienen, und zwar vor allem in Bezug auf die zwei Salomo-Sammlungen, 10, 1–22, 16 und 25–29. In ihnen – und so vor allem in der ersten Sammlung – sind ähnlich gestaltete Formen von *maschal* vorherrschend, aber auch sonst; zudem können sie verschiedene Abänderungen aufweisen, denen unten und in der Auslegung noch nachzugehen sein wird. Entscheidend an dieser Stelle darf nun die Feststellung sein, dass das Spruchbuch von den poetisch gestalteten ,Kunstsprüchen' durchgehend geprägt ist, während die ganz kurzen Sprichwörter, die sonst an verstreuten Stellen in der geschichtlichen und prophetischen Literatur anzutreffen sind, hier fast nicht vorkommen.[59] Im Übrigen wird es aber bei dieser Gelegenheit nicht möglich sein, die vieldebattierte Frage wieder aufzugreifen, wie sich die im Spruchbuch kunstvoll gestalteten Aussagesprüche zu den kurzen Sprichwörtern wohl verhalten, oder auch die Frage eines möglichen Übergangs vom kurzen Sprichwort zum sogenannten ,Kunstspruch' erneut zu erörtern, zumal diese Fragen schon ausführlich behandelt worden sind.[60]

Die poetische Gestaltung der Sprüche als *maschal* ist verschiedener Art. Häufig sind vor allem die Stilmittel der Alliteration (vgl. etwa 10, 5; 17, 11) und der Paronomasie (vgl. etwa 11, 18) sowie der zwei oder mehrere Sprüche verbindenden Stichwörter angewandt worden.[61] Sonst stellt die formelhafte und von den Weisen offenbar bevorzugte Wendung *'ašrê* ,heil/wohl dem' eine ,Gratulation' dar, die über eine Person ausgesprochen wird, und die „als ein

---

[58] Vgl. Hermisson, Studien (1968), 141–144 („Nominalsatz als Grundform"), 144–152 („Nebenordnung").

[59] S. die Überprüfung des sprichwörterlichen Materials bei Hermisson, Studien (1968), 52–64, und sonst seine Auseinandersetzung, 38–52, mit Eißfeldt, Der Maschal (1913); vgl. auch A. Jolles, Einfache Formen, Tübingen [4]1968, 150–170, sowie Fontaine, Traditional Sayings (1982), die sich mit Hermisson auseinandersetzt.

[60] Neben der in der vorigen Anm. angezeigten Lit. vgl. A. R. Johnson, משל [*māšāl*], in: FS Rowley (1955), 162–169; Perry, Wisdom Literature (1993); Klein, Kohelet (1994), 40–62, sowie Scoralick, Einzelspruch (1995), 5–9.

[61] Vgl. Boström, Paronomasi (1928), pass.; J. Schmidt, Studien zur Stilistik der alttestamentlichen Spruchliteratur, Münster 1936, 46 f.58; und neuerdings Scoralick, Einzelspruch und Sammlung (1995), 111–130.

prädikativer Heilsspruch zu verstehen" ist (vgl. 3, 13; 8, 32. 34; 14, 21; 16, 20; 20, 7; 28, 14; 29, 18).[62]

Nicht unerwartet kommen Vergleiche vor, wie das Beispiel des Sprichworts aus Ez 16, 44 schon gezeigt hat. Die Vergleiche können auch erweitert werden, wie etwa in 11, 22 bei der Charakterisierung der Schönheit einer Frau, oder in 25, 11, vom guten Wort zur rechten Zeit, der Fall ist. Der Form des Vergleichs nahe stehend ist der öfter (auch außerhalb des Spruchbuchs) vorkommende komparative Spruch: „besser (ist) ... als" (*ṭôḇ ... min*; s. Spr 3, 14; 8, 11. 19; 12, 9; 15, 16. 17; 16, 8. 16. 19. 32; 17, 1; 19, 1 [vgl. 28, 6]. 22; 21, 9 [vgl. 25, 24]. 19; 25, 7. 24; 27, 5. 10; 28, 6).[63] Es heißt beispielsweise in Spr 28, 6:

> Besser ein Armer, der rechtschaffen wandelt,
> als einer, der krumme Wege geht und reich ist

Wenn eben die Stelle 28, 6 zitiert wird, so weil sich an ihr weitere wichtige Züge der Sprüche verdeutlichen lassen. Denn erstens besitzt diese Stelle in der zweiten Salomo-Sammlung eine parallele Belegstelle in der ersten Salomo-Sammlung (19, 1; vgl. 25, 24 mit 21, 9). Damit ist aber die Parallelität nicht vollständig; denn 19, 1 und 28, 6 sind in ihrer ersten Hälfte, Kolon A, identisch, während ihre zweite Hälfte, Kolon B, abweicht. Daraus lässt sich erkennen, dass die einzelnen Sprüche als ‚Bauelemente' in neuen Zusammenhängen verwendet werden können, wenn auch in veränderter Form.[64]

Zweitens kommt im Spruch 28, 6 noch ein wichtiges Stilmittel zum Vorschein, und zwar der *Chiasmus*, der dem Schema *a b : b' a'* folgt, und der einen Ausdruck hoher literarischer Kunst darstellt. Das Stilmittel kommt relativ häufig im Spruchbuch vor (vgl. nur noch Stellen wie 10, 3. 17) und trägt wesentlich zu seinem literarischen Charakter bei.

Der Chiasmus ist auch als *inverted parallelism* bezeichnet worden.[65] Er stellt eine Sonderform des wichtigsten Stilbegriffs der Sprüche dar, nämlich des *parallelismus membrorum*, der eine straffe ‚Parallelität der Glieder' beim Aufbau eines Spruchs bewirkt. Diese für die semitische Kultur eigentümliche Kunstform kommt auch sonst in der hebräischen Poesie vor, und zwar vor allem in den Psalmen. Nach ihr wird ein Gedanke durch zwei – gelegentlich drei – Teile eines gegliederten Langverses abgewechselt und abgerundet.

Es gibt drei Hauptformen dieses Stilmittels.[66] Erstens ist der *antithetische* Parallelismus zu nennen, weil er im ersten Teil der ersten Salomo-Sammlung,

---

[62] Vgl. Sæbø, THAT I, 257–260 (Lit.).

[63] Vgl. Bryce, „Better"-Proverbs (1972), 343–354; Ogden, The „Better"-Proverb (1977), 489–505; nun bes. Wehrle, Sprichwort und Weisheit (1993).

[64] Diese Flexibilität der Weisheitstradition tritt noch stärker in der Septuaginta hervor; s. u. Pkt. 3 b.

[65] So Perry, Wisdom Literature (1993), 67.

[66] Vgl. etwa K. Koch, Was ist Formgeschichte?, Neukirchen-Vluyn ^{3}1974, 100–104; Kaiser, Einleitung (1984), 325–328; neuerdings Scoralick, Einzelspruch (1995), 18 ff. 53 ff.

Kap. 10–15, vorherrscht. In diesem Fall drückt die zweite Hälfte, Kolon B, einen Gegensatz zum A aus. Damit wird auch die erste Salomo-Sammlung eröffnet (10, 1):

Ein weiser Sohn erfreut den Vater,
aber ein törichter Sohn ist der Kummer seiner Mutter

An zweiter Stelle ist der *synonyme* Parallelismus als Grundform zu erwähnen. In ihm wird der Gedanke von A durch B mit leichter, ‚synonymer' Variation weitergeführt. Dadurch werden die Ausdrucksmöglichkeiten eines Gedankens wesentlich größer. Dieser Typ tritt zumeist im zweiten Hauptteil der ersten Salomo-Sammlung, Kap. 16, 1–22, 16, sowie in der zweiten Salomo-Sammlung, Kap. 25–29, hervor. Als Beispiel dafür sei 16, 16 angegeben, wo auch noch die erwähnte „besser ... als"-Formel begegnet:

Erwerben von Weisheit – wie ist das besser als Gold,
und Erwerben von Einsicht erlesener als Silber!

An dritter Stelle steht der *synthetische* Parallelismus, bei dem es sich um eine etwas komplexere – und auch eine einigermaßen diskutierte – Form handelt. Dieser Typ kommt teils dem synonymen nahe, geht aber teils auch über ihn hinaus, indem B zwar die Aussage von A weiterführt, sie aber stärker abändert als beim synonymen Typ. Im Übrigen kann B nicht allein stehen, sondern setzt A voraus. Der synthetische Parallelismus kommt im ganzen Spruchbuch vor (vgl. etwa 10, 17; 18, 16), ist aber vor allem für den ersten Teil der zweiten Salomo-Sammlung, Kap. 25–27, bezeichnend; ein Beispiel kann 25, 23 sein, wo zudem ein Chiasmus vorliegt:

Der Nordwind erzeugt Regen
und erzürnte Gesichter heimliches Geschwätz

Darüber hinaus gibt es eine ganze Reihe von Varianten samt größeren Kompositionen, die mehrere Zeilen umfassen und auch Begründungen aufweisen können (vgl. etwa 18, 10–11; 25, 21–22; 27, 23–24. 25–27). Außerdem sind auch dreigliedrige Sprüche zu erwähnen, für die es noch Parallelen in den Ras Schamra-Texten gibt; dabei kann 10, 26 als Beispiel erwähnt werden:[67]

Wie Essig für die Zähne / und wie Rauch für die Augen
so ist der Faule für die, die ihn ausgesandt haben

Zusammenfassend lässt sich feststellen, dass die beschreibenden Aussagesprüche eine hohe literarische Kunst zu erkennen geben. Durch eine Reihe von Stilmitteln und Ausdrucksformen weisen die Einzelsprüche einen großen Variationsreichtum auf; gleichzeitig sind ihnen aber eine straffe und konzentrierte Gestalt und eine eindrucksvolle formale Einheit eigen.

---

[67] Vgl. Ringgren 6–7.

b. Eine formale – aber nicht als eine entwicklungsgeschichtlich verstandene – Brücke vom beschreibenden Aussagespruch zum Mahnwort stellen die ihnen beigefügten begründenden (*kî* ‚denn'/‚weil', vgl. 16,26; 21,7. 25) oder finalen (*l^{e}ma'an* ‚damit', vgl. 15,24; 19,20, bzw. *pän* ‚damit nicht', vgl. 25,10. 16 f; 26,4 f) Sätze dar. Sie kommen gelegentlich bei aussagenden Einzelsprüchen vor, sind aber weit häufiger bei den Mahnungs- und Lehrsprüchen vorhanden.[68] Bei den Mahnworten sind derartige Zufügungen besonders angemessen; denn sie motivieren die Mahnung oder Abmahnung/Warnung und verstärken sie auf diese Weise, wie es etwa beim ersten Mahnwort des Buches, 1,8–9 (vgl. auch 5,1–2), greifbar ist:

Höre, mein Sohn, auf die Belehrung deines Vaters,
und verwirf nicht die Weisung deiner Mutter!
Denn ein schöner Kranz sind sie deinem Haupt
und Schmuckketten für deinen Hals

Diese unverkennbar lehrhafte Form ist vor allem in der ersten Sammlung 1–9 sowie in den kleineren Sammlungen 22,17–24,22 und 24,23–34 belegt, und so etwa in 23,10–11:

Verrücke nicht die uralte Grenze,
und in die Felder der Waisen dringe nicht ein!
Denn ihr Rechtshelfer ist stark;
er wird ihren Rechtsstreit mit dir führen

Wie schon aus diesen Beispielen hervorgeht, sind die Mahnworte umfassender als die Aussagesprüche. Sie bestehen in der Regel aus einem Mahnwort und einer Begründung und umfassen mindestens zwei, oft aber auch mehrere, Langzeilen. Die aus ihnen gestalteten größeren Kompositionen hat man auch als „weisheitliche Lehrreden" bezeichnet.[69] Ihnen wird bei der folgenden Auslegung besondere Aufmerksamkeit gewidmet, und zwar vor allem bei der ausgeprägten Form der Reden der personifizierten Weisheit in 1,20–33 und in 8,1–36. In diesen Reden tritt die Gestalt der Weisheit verkündend und lehrend auf und will eindringlich um die Richtigkeit ihrer Worte überzeugen. Dabei stellt sie sich selbst rühmend vor, als spreche sie mit göttlicher Autorität; denn daran grenzen ihre Aussagen am Anfang und Ende ihrer ersten Rede (1,22–23 und 33):

---

[68] Vgl. Hermisson, Studien (1968), 162; Kayatz, Studien (1966), 27 ff; Bauer-Kayatz, Einführung (1969), 43–48.

[69] So Lang, Lehrrede (1972); vgl. sonst Schmid, Wesen und Geschichte (1966), 149–155; Kayatz, Studien (1966); Bauer-Kayatz, Einführung (1969); von Rad, Weisheit (1970), 189–228; McKane 1–10; Whybray, Wisdom in Proverbs (1967); Ders., The Book of Proverbs (1995), 63 ff; Meinhold, Vierfaches (1986) 53–79; Maier, Die „fremde Frau" (1994). Im Englischen kommen die Bezeichnungen ‚lesson' oder ‚instruction' vor, vgl. Whybray, Wisdom in Proverbs (1965); McKane 7–10, oder ‚lecture', vgl. Fox 45 ff; s. sonst die Einführung zu Kap. 1–9 unten.

Wie lange wollt ihr Einfältigen Einfalt lieben –
und wollen die Spötter Lust an Spott haben
und die Toren Erkenntnis hassen?
Wendet ihr euch an meine Zurechtweisung!
Siehe, ich will euch meinen Geist ausgießen,
euch meine Worte kennen lassen
– – –
Wer auf mich hört, wird in Sicherheit wohnen
und vom Schrecken des Unheils ungestört sein

Wie eben von den Aussagesprüchen gesagt wurde, zeigen auch die Mahnworte und Lehrreden in ihrer Weise eine hohe literarische Kunst sowie auch eine bemerkenswerte Vielschichtigkeit auf. Dadurch haben sie Besonderes und Wesentliches zur gesamten Weisheitslehre beigetragen.

c. Über die Grundformen der Aussage- und Mahnsprüche hinaus enthält das Spruchbuch auch eine Reihe anderer Formen und Stilarten, etwa die Form der weisheitlichen Lehrerzählung; denn es gab auch eine „erzählende Weisheit".[70] Zu ihr gehört die ausführliche ‚Liebesgeschichte' im Kap. 7, die sich wohl am besten als eine moralisierende Beispielserzählung bezeichnen lässt. Zu dieser Form können auch die ironischen Schilderungen vom Trunkenbold in 23, 29–35 bzw. vom Faulen in 24, 30–34 gerechnet werden, die gewiss mit Humor und Lachen gehört oder gelesen wurden. In 1, 6 wird das *‚Rätsel'* (*ḥîḏâ*) als eine Form weisheitlicher Rede erwähnt; doch scheint sie im Spruchbuch nicht belegt zu sein.[71] Es kommt dagegen einer anderen Form nahe, die mehrfach in 30,(7)10–33 (vgl. 6, 16–19) belegt ist, und zwar dem sogenannten gestaffelten *Zahlenspruch*.[72] In 31, 1–9 folgt eine Sonderform des lehrhaften Mahnworts, die der Form des *Fürstenspiegels* ähnlich ist und in dem babylonischen „Rat an einen Prinzen" eine gewisse Parallele besitzt; auch lassen sich wohl einige Königssprüche des Buches (vgl. 16, 10. 12; 20, 8. 26. 28) als vereinzelte Elemente eines Fürstenspiegels verstehen.[73] Schließlich endet das Spruchbuch mit einem *Lehrgedicht* über die tüchtige und weise Hausfrau (31, 10–31), das in der anspruchsvollen Kunstform des Akrostichons aufgebaut ist, und das sich kraft seines beispielhaften und wohl idealen Charakters auch als didaktisch verstehen lassen kann.[74]

So ist im Buch der Sprüche aufs Ganze gesehen mit vielen Stilarten und Formtypen gearbeitet worden. Doch bleibt dem Buch, wie schon oben ausgeführt wurde, eine bemerkenswerte Einheit und Konsistenz eigen. Zur Erhellung des Verhältnisses zwischen den einzelnen Teilen und dem Ganzen

[70] So Hermisson, Studien (1968), 183–186.

[71] S. aber Ri 14, 12–18, vgl. 1Kön 10, 1; vgl. Jolles, Einfache Formen (1968), 126–149; Kaiser, Einleitung (1984), 369 f.

[72] Es mag hier eine Nähe zur ugaritischen Literatur sein; s. u. z. St.

[73] Vgl. Skladny, Spruchsammlungen (1962), 25–29; McKane 407–412; Hausmann, Studien (1995), 132–148; s. o. Anm. 15.

[74] Vgl. Murphy, Tree of Life (1990) 27; s. u. zur Auslegung.

des Buches dürfte eine überlieferungs- und redaktionsgeschichtliche Betrachtungsweise und Erörterung nun Wesentliches beitragen können.

3. *Das Buch der Sprüche als eine Sammlung von Sammlungen.* Das Buch der Sprüche ist ein Ganzes, das aus vielen Formelementen aufgebaut ist. Das gilt nicht nur in einer synchronischen, sondern auch in einer diachronischen Perspektive, weil es auch kompositorisch eine recht wechselhafte Geschichte durchlaufen zu haben scheint. Das lässt sich schon daran erkennen, dass es als Traditionswerk eine *Sammlung von Sammlungen* darstellt. Auf dem Weg zu dieser komplexen Endgestalt machen die einzelnen Sammlungen eine wichtige Zwischenstufe aus. Sie lassen sich als solche unter anderem durch das redaktionelle Beiwerk der Überschriften abgrenzen.

a. Die Überschriften des Spruchbuches sind bei ihrem mehrfachen Vorkommen von unterschiedlicher Art. So unterscheidet sich die Überschrift in 1, 1, „Sprüche Salomos" (*mišlê š^e^lomô/oh*), von den ähnlichen in 10, 1 a und 25, 1 a. Zwar haben sie alle den Namen ‚Salomo' und das Wort *maschal* gemeinsam; doch stärker als in 1, 1 bezieht sich *maschal* in 10, 1 und 25, 1 auf die der Überschrift jeweils folgende Sammlung, zumal es mit den in ihnen vorherrschenden Aussagesprüchen nahe verbunden ist. Darüber hinaus sind die Überschriften in 10, 1 und 25, 1 (abgesehen von der Erweiterung in 25, 1 b) sehr kurz, während die Überschrift in 1, 1 durch zwei Ehrenprädikate erweitert worden ist, die dem Namen Salomo beigegeben sind, nämlich „Sohn Davids" und „König von Israel". Dadurch beginnt das Buch genau so, wie eine Weisheitsschrift traditionell angefangen hat, nämlich mit dem Namen und Titel einer Gestalt, die das folgende Buch mit seiner Autorität deckt, und nun des *Königs Salomo.* Sonst ist es aber beachtenswert, dass neben ihm die einzelnen Weisen in Israel, anders als in Ägypten, ohne Namen geblieben sind.[75] Aus diesen und anderen Gründen dürfte sich die Überschrift in 1, 1 dann wohl eher auf das ganze Buch als nur auf die Sammlung in Kap. 1–9 beziehen, obschon die Überschrift mit der ‚Einleitung' in 1, 2–6 syntaktisch sehr komplex verwoben ist; vielleicht dürfte auch diese längere ‚Einleitung' nun eher für das ganze Buch als nur für die erste Teilsammlung 1–9 gelten.[76] Unterschiedliche Sammlungen zumeist kleineren Umfangs werden weiterhin durch die Überschrift 24, 23 und die ihr ähnliche in 22, 17 sowie durch die Überschriften in 30, 1 a und 31, 1 eingeleitet. In ihnen bildet aber „Wort" (*dāḇār*) den Hauptbegriff. Sind die so eingeleiteten Sammlungen schon unter sich verschieden, so unterscheiden sie sich noch stärker von den Salomo-Sammlungen in 10–22, 16 und 25–29, die sich nun zweckmäßig als

---

[75] Ausgenommen sind Agur (30, 1), der einen ausländischen Namen trägt, sowie der ‚Ausländer' Lemuel (31, 1); vgl. sonst 25, 1.

[76] S. sonst Pkt. 1 b; vgl. H. Spieckermann, Die Prologe der Weisheitsbücher, FS Steck (2000), 291–303; s. u. z. St.

Salomo I und II bezeichnen lassen.[77] Es fällt ferner auf, dass die kleineren Sammlungen, die mit 22, 17 und 24, 23 beginnen und somit die zwei Salomo-Sammlungen trennen, zudem noch als Lehren der ersten Sammlung in 1–9 formal und inhaltlich nahekommen. Dadurch dürfte die Vermutung an Wahrscheinlichkeit gewinnen, dass die Sammlungen ermahnender Lehrsprüche in 22, 17–24, 22 und 24, 23–34 sich wohl am besten nicht als zwei „Anhänge" zur Salomo-Sammlung 10, 1–22, 16 bezeichnen lassen,[78] sondern vielmehr als die letzten Teile einer redaktionellen *Rahmung* von Salomo I zu betrachten sind. Demgegenüber dürfte die den Teilen 22, 17–24, 34 mehrfach ähnliche erste Sammlung der Kapitel 1–9 den einleitenden und gewiss wichtigsten Teil dieser bemerkenswerten Rahmung darstellen.[79] Schließlich fällt auf, dass die Sammlung Salomo II in 25–29 durch die Überschrift „Auch diese (sind) ..." eingeleitet wird; dadurch lässt sie sich als der ‚eigentliche' Anhang zur Salomo-Sammlung I erkennen, zu der sie ja auch ihre wichtigsten formalen und inhaltlichen Bezüge hat.

Die ihr folgenden zwei Kapitel (30–31) besitzen weithin einen anderen Charakter. Sie bestehen aus vier unterschiedlichen Einheiten, von denen aber nur zwei mit Überschriften versehen sind, und zwar „die Worte Agurs", die wohl auf 30, 1 aα.1 aβ-9 abzugrenzen sind (s. u.), sowie der ‚Königsspiegel' Lemuels (31, 1. 2–9). Wie aber auf die Sammlung Salomo I eine Komposition folgt, die teilweise ‚fremdartigen' Charakters ist, insofern sie der Weisheitsschrift Amenemopes nahe kommt (22, 17–24, 22), sind durch die ‚fremdartigen' Worte von Agur und Lemuel weitere Einheiten in ähnlicher Weise auf die Sammlung Salomo II gefolgt. Allerdings erweckt die Trennung der „Worte" Agurs von denen Lemuels durch die dazwischen tretende Kleinsammlung von *Zahlensprüchen* in 30, 10–33 einen kompositorisch komplexeren Eindruck, insofern als die Stellung der Verse 7–9. 10–14 unklar erscheint und mehrfach diskutiert worden ist.[80] Dagegen ist die Komposition von Kap. 31 eindeutiger, insofern sich das Gedicht 31, 10–31 durch die Form eines Akrostichons vom vorangehenden deutlich abhebt. Im Übrigen weist auch das formal abgesonderte Gedicht durch seine Hauptfigur der weisen und tüchtigen Frau eine gewisse Ähnlichkeit mit der durch die Gestalt der Weisheit geprägten ersten Sammlung 1–9 auf. Diese Beziehung dürfte die Vermutung nahelegen, dass das Gedicht in Entsprechung zu der nicht minder kunstvollen Komposition in 1, 1–6 als die abschließende Rahmung des Buches gemeint sein könnte. Wenn das abschließende Gedicht 31, 10–31 auch keine eigene Überschrift besitzt, lässt es sich doch aus formalen und inhaltlichen guten Gründen als eine eigene kompositionelle Größe neben die anderen Sammlungen stellen.

So erweist sich das Spruchbuch in seiner Endgestalt als eine – gewiss nicht zufällige, sondern bewusst redigierte – *Sammlung von Sammlungen*. Dabei

---

[77] S. dazu unten, Pkt. 3 b.

[78] So etwa Gemser 4; Plöger xiv; vgl. Meinhold 23 f.

[79] Vgl. Sæbø, From Collection to Book (1986), 99–106 bzw. (1998), 250–258, bes. 255 f.

[80] S. noch unten, Pkt. 3 b, sowie z. St.

scheinen die zwei Salomo-Sammlungen wie elliptische Brennpunkte die *Tragbalken des Spruchbuches* darstellen zu können,[81] um die herum die übrigen Sammlungen, die zumeist anderer Art und teilweise wohl auch jüngeren Datums sind, als Rahmen gelegt sind. Das *traditum* des Überlieferungsmaterials ist aus einer steten und lebendigen Bewegung der *traditio* nach ‚vorwärts' hervorgegangen; allmählich und langsam hat es sein Endstadium erreicht. Dabei ist auch ein anderes methodisches Phänomen zu beachten, das sich für den Vorgang der Gestaltung als besonders wichtig erweist, und zwar das Gestaltungsprinzip der *Voranstellung* des theologisch Bedeutsameren, das auch das überlieferungsgeschichtlich Letztere vertreten mag. Dabei mögen die Sammlungen III und IV nicht so sehr als „Anhänge" zur Sammlung II angesehen werden, wie es allgemein geschieht, weil das entscheidende Gewicht vielmehr bei der einheimischen Salomo-Überlieferung der Sammlung II (10, 1 - 22, 16) gelegt ist, die man dem ‚fremden' Stoff der Sammlungen II und IV vorangestellt hat. Dasselbe Vorgehen lässt sich sodann bei der zweiten Salomo-Sammlung (25 - 29) erkennen, die sich *expressis verbis* an Salomo I anschließt, und die vor der komplexen und ‚fremdartigen' Sammlung VI vorangestellt ist. Schließlich hat man die theologisch wuchtige Sammlung I (1–9) in Front gestellt, die das alles Folgende hermeneutisch prägen soll. So meint die Voranstellung eine überlieferungsgeschichtliche und theologische Priorität.

Anhand der ‚Signale' der redaktionellen Überschriften und anderer Formmerkmale dürfte sich somit die Einteilung des Buches in die folgenden sieben Sammlungen als plausibel erweisen, und zwar: I. 1–9; II. 10, 1–22, 16; III. 22, 17–24, 22; IV. 24, 23–34; V. 25–29; VI. 30, 1–31, 9; VII. 31, 10–31. Bei den zwei letzten Kapiteln verbleiben allerdings gewisse Unsicherheiten, die sich auch in der abweichenden Ortung dieser Kapitel in der Septuaginta spiegeln.[82]

b. Lenkt man nun das Augenmerk von der Großstruktur des Buches auf die Kleinstruktur seiner einzelnen Sammlungen, lässt sich vorab einiges zu ihrer Komposition allgemein sagen; doch das Wichtigste bleibt die konkrete Erörterung der einzelnen Texte.

In den Kapiteln 30–31 ist, wie schon erwähnt, die kompositorische Stellung von 30, 7–9. 10–14 öfter diskutiert worden. Während sich die Sammlung der Zahlensprüche in 30, 15–33 deutlich von den „Worten Agurs" (30, 1–6, als gesichertes Minimum) und denen Lemuels (31, 1–9) trennt, scheinen aber 30, 7–9. 10–14 beim ersten Blick als Erweiterungen zu den Agur-Worten zu

---

[81] Sammlung II (10, 1–22, 16, auch Salomo I genannt) umfaßt 375 Verse und Sammlung V (25–29, Salomo II) 138 Verse, zusammen 513 von total 915 Versen im Buch; der direkt angegebene ‚Salomo-Stoff' beträgt also 56 Prozent des Ganzen.

[82] Die abweichende Reihenfolge der Septuaginta ist wie folgt: 22, 17–24, 22; 30, 1–14; 24, 23–34; 30, 15–33; 31, 1–9; 25–29 und 31, 10–31. Diese Anordnung der Einheiten 30, 1–14; 30, 15–33; 31, 1–9 dürfte wohl in dem Wunsch gründen, das salomonische Spruchbuch nicht durch die zwei ‚ausländischen' Stücke in 30, 1 ff und 31, 1–9 (mit der Einheit 30, 15–33 dazwischen), sondern durch die Salomo-Sammlung 25–29 ausklingen zu lassen; abgesehen wurde aber dabei von dem Gedicht 31, 10–31, das auch hier das Buch eindrucksvoll abschließt.

sein; sie werden wenigstens oft zu ihnen gerechnet.[83] Sie können aber auch eine verbindende Funktion zu den folgenden Zahlensprüchen besitzen, zumal in V. 7 von „zweierlei/*zwei* Dingen" die Rede ist. Hierin lässt sich nun ein wichtiger Aspekt des redaktionellen Verfahrens beobachten, und zwar dass die Weisen Israels bei ihrer schöpferisch gestaltenden Überlieferung vielfach mit Sprüchen und kleineren Einheiten aus der sehr bunten, einheimischen wie fremden Weisheitstradition als vorgegebenen ‚Bauelementen' gearbeitet haben. Dafür legt die eben erwähnte abweichende Ordnung dieser Teile in der Septuaginta auch ein deutliches Zeugnis ab.

Das Miteinander einer Übernahme vom überlieferten Weisheitsgut und der schöpferischen neuen Gestaltung kommt auch in den großen Salomo-Sammlungen zum Vorschein. Im Blick auf sie erhebt sich allerdings die heikle Frage, wie sich ihre Einzelsprüche, die ihrer kurzen sentenzartigen Form nach primär selbständig und ‚selbsttragend' sind,[84] zu ihrem jeweiligen Kontext verhalten, zumal sich der gestaltende Überlieferungsprozess in diesen Teilsammlungen wohl weiter zurückverfolgen lässt, als bisher in der Forschung angenommen worden ist. Das wird noch ein wichtiges Anliegen und Thema in der folgenden Analyse und Auslegung der Texte sein.[85]

Im Vergleich zu dem knappen und bündigen Aussagestil der Sammlung II (Salomo I), und so teilweise auch der Sammlung V (Salomo II), in der es allerdings zwischen den Kap. 25–27 und 28–29 gewisse Unterschiede bestehen, stellt die Sammlung I (Kap. 1–9) in mehrfacher Hinsicht ein anderes Bild dar. Diese erste Sammlung ist nicht nur durch Mahnworte mit direkter Anrede geprägt,[86] die sich dabei von den Aussagesprüchen, die in dritter Person von den Menschen redet, markant abheben, sondern die Sammlung besteht vor allem aus längeren Kompositionen und Reden, die wegen ihres spezifischen Charakters als ‚Lehrreden' bezeichnet worden sind.[87] Das kompositorische Wachstum scheint in gewissem Ausmaß rahmend erfolgt zu sein, wie sich noch im einzelnen erweisen wird. Denn um den *Kern* der beiden Grundeinheiten Kap. 2–4, die auf die Vorzüge und Gaben der Weisheit konzentriert sind, und Kap. 5–7, die eine Reihe ethischer, insbesondere sexual-ethischer, Mahnworte und Ratschläge enthalten, scheint in 1, 20–33 und in 8, 4–10. 12–36 ein *Kreis weisheitlicher Reden* herum gelegt worden zu sein, in

---

[83] Anders aber in der folgenden Erörterung, wo das Kapitel in 30, 1–9 und 30, 10–33 geteilt wird; s. u. z. St.

[84] Ein Ausdruck der Selbständigkeit der einzelnen Sprüche ist auch das doppelte Vorkommen einiger Sprüche, und zwar meistens in verschiedenen Sammlungen (vgl. 14, 12 mit 16, 25, 18, 8 mit 26, 22, 19, 1 mit 28, 6, 20, 16 mit 27, 13, 21, 9 mit 25, 24, 22, 3 mit 27, 12; auch 6,10 f. mit 24, 33 f.), oder sogar dreifach (vgl. 10, 13 mit 19, 29 und 26, 3, 12, 14 mit 13, 2 und 18, 20 sowie 13, 14 mit 14, 27 und 19, 23).

[85] Vgl. sonst die einleitenden Erwägungen und die Nachworte zu den Sammlungen II und V.

[86] S.o. Pkt. 2 b.

[87] So Lang, Lehrrede (1972) 27–46; vgl. Kayatz, Studien zu Proverbien1–9 (1966), die in Bezug auf Spr 8 von „Weisheitsrede" (76–119) und zu Spr 1, 20 ff von „Weisheitspredigt" (119–134) spricht, sowie Whybray, Wisdom in Proverbs (1967), der in 1–9 „ten discourses" findet (33–71).

der die Gestalt der Weisheit selbst verkündend hervortritt. Schließlich ist dieser Großkomposition noch ein äußerer Rahmen gegeben, der am Anfang aus dem komplexen Prolog in 1, 1. 2–6. 7 sowie von den einleitenden Mahnworten in 1, 8–9. 10–19 und am Ende aus der metaphorischen Rede von den personifizierten und einander kontrastierenden Gestalten der Weisheit und Torheit in 9, 1–6 und 9, 13–18 besteht; in diese Rede sind endlich einige ‚summierende' Mahnworte in 9, 7–12 eingefügt worden, die noch mit dem Prolog zu korrespondieren scheinen, insofern als 9, 10 dem ‚Motto' in 1, 7 nahekommt. Auf diese Weise vervollständigen sie die letzte Rahmung der ersten Sammlung. Sowohl im Kern wie in den ihn umgebenden Ringen spielt der Begriff der *Weisheit* eine dominierende Rolle, wozu es in den übrigen Sammlungen, vor allem in den Salomo-Sammlungen, kein Entsprechendes gibt. Im Vergleich zu ihnen sind im Übrigen die Themen dieser ersten Sammlung (Kap. 1–9) weniger zahlreich, dafür aber wesentlich breiter ausgeführt.

So ist es verständlich, dass zwischen den von kurzen Aussagesprüchen geprägten Sammlungen II und V (Salomo I und II) und der von längeren Reden beherrschten Sammlung I öfter ein weiter Abstand oder gar eine „große Kluft" gesehen worden ist.[88] Wenn man aber bedenkt, dass die Sammlung I (1–9) zusammen mit den Sammlungen III und IV (22, 17–24. 22 und 24, 23–34) eine Rahmung um Sammlung II (Salomo I) auszumachen scheinen, und dass sich darüber hinaus auch in Salomo I (vor allem in Kap. 10–15) gewisse „Ringkompositionen"[89] beobachten lassen, zu denen noch zurückzukommen sein wird, dürfte der literarische und kompositorische Abstand zwischen den Hauptteilen 1–9 und 10–22 wohl wesentlich geringer anzuschlagen sein, als es üblich gewesen ist.

Vergegenwärtigt man schließlich, dass auch – wie schon erwähnt – zwischen der ersten Sammlung 1–9 und dem abschließenden Gedicht 31, 10–31 eine gewisse Entsprechung besteht, dann spricht wohl eben das dafür, dass man in beiden Fällen mit dem letzten Stadium der redaktionellen Gestaltung des Buches zu tun hat. Das schließt jedoch nicht von vornherein aus, dass Teile der Kapitel 1–9 relativ alt sein können.

c. So ist der historische Gestaltungsprozess des Spruchbuches sowohl form- und traditions- wie auch redaktionsgeschichtlich und kompositorisch sehr lang und überaus kompliziert. Im Blick auf das schwierige Problem der *Datierung* des Buches dürfte dabei offenkundig sein, dass es sich bei ihr auf keinen Fall um eine absolute, sondern nur um eine sehr relative Datierung handeln kann. Letztlich lassen sich bloß gewisse Differenzierungen im Stoff dafür geltend gemacht werden.[90]

---

[88] So von Rad, Theologie des Alten Testaments I, München 1957, 455; Ders., Weisheit (1985), 224.

[89] So Scoralick, Einzelspruch (1995), 142; vgl. Sæbø, From Collections to Book (1986), 103.

[90] Vgl. Whybray, The Book of Proverbs (1995), 150–157; s.o. Anm. 47, mit einer Aussage Scotts über die Sprüche „as the end result of a centuries-long process of composition, supplementing, editing and scribal transmission …".

Zweckmäßig geht man bei diesen Umständen am besten von der komplexen Endgestalt des Buches und zumal von seinem redaktionellen Beiwerk in Gestalt der Überschriften und der kurzen einleitenden und ausleitenden Worten und Kompositionen (wie vor allem 1, 1–6, aber auch 31, 10–31) aus, wie es eben geschehen ist. Denn wenn dieses unterschiedliche und zeitlich kaum auf einer Ebene liegende Beiwerk von der Endgestalt abgehoben wird, fädelt sich das Ganze in einzelne Sammlungen und Teilsammlungen auf. Dabei ist das vereinte Ganze natürlich jünger als das Nebeneinander der Sammlungen und dürfte offensichtlich aus der nachexilischen Zeit herstammen. Im Nebeneinander der Sammlungen, die allmählich und möglicherweise auch in verschiedenen Kreisen von Weisen entstanden sein können (vgl. 25, 1), gibt es wiederum ein Nebeneinander von weit verschiedenen Redeformen und inhaltlich unterschiedlichen Aussagen über das Leben und Geschick der Menschen. Dieses Nebeneinander von kurzen Sentenzen und langen Reden oder von ‚neutralen' Alltagserfahrungen und subtilen religiösen Aussagen ist öfter als Hinweis auf ein zeitliches Nacheinander gedeutet worden. Dabei geht man von der Annahme einer ‚Entwicklung' von dem formal Einfachen zum Komplizierten und von dem im inhaltlichen Sinne ‚Weltlichen' zum Religiösen aus. Eine Gewissheit ist in dieser Beziehung nur schwer zu erlangen, zumal die komplizierten Formen und die religiösen oder theologischen Reden in der ersten, oft als jüngsten betrachteten Sammlung möglicherweise alt sein können, wie es vor allem Christa Kayatz befürwortet hat.[91] Darüber hinaus wird die Frage der Datierung durch den allgemeinen und ‚zeitlosen' Charakter der meisten Sprüche auch wesentlich erschwert.

Trotzdem bleibt es evident, dass das Spruchgut doch nicht auf einer Ebene liegt, sondern formal und inhaltlich unterschiedlich ist. Das Problematische scheint aber vor allem darin zu liegen, wie sich die Unterschiede sachlich am besten erklären lassen. In dieser Hinsicht gehen die Ansichten und methodischen Verfahren auseinander. Am Ende steht wohl die Sache so, dass sich das sicher Nachweisbare auf gewisse ‚Bewegungen' im Stoff reduziert, die sich als Auswirkungen einer lebendigen Überlieferung deuten lassen.[92] In ihrem Rahmen gibt es vor allem Differenzen zwischen dem bunten älteren Spruchgut und den jüngeren Bearbeitungen und Interpretamenten, wobei bestimmte Tendenzen und ein zunehmender kompositorischer ‚Drang' zu erkennen ist. Das ist in leisen Anfängen in der Spruchweisheit der Sammlungen II und V, und wohl etwas stärker in der mahnenden Lehrweisheit der Sammlungen III und IV sowie VI und VII, am ausführlichsten und am deutlichsten aber in den Mahnworten und Lehrreden von Sammlung I der Fall.

Diese unterschiedlichen Akzentuierungen und ‚Bewegungen' im Spruchgut lassen sich nur schwerlich auf eine Formel bringen oder gar in den Rahmen einer ‚Entwicklung' einordnen. Ihre ‚Richtung' lässt sich aber einiger-

[91] Vgl. ihre Studien (1966); Einführung (1969), 36 ff; auch Lang, Lehrrede (1972).

[92] Dieser überlieferungsgeschichtliche Aspekt am Stoff scheint in der bisherigen Erforschung der alttestamentlichen Weisheit zu wenig beachtet zu sein.

maßen durch die Kompassnadel der Endgestalt bestimmen, die Altes und Neues vereint; sie bleibt die letzte Instanz – und Herausforderung – der Auslegung.

4. Weisheitsrede und Weisheitslehre im Spruchbuch. Die Endgestalt und die besonderen Formen und redaktionellen Stadien des Spruchbuches werden auch für die Ermittlung seiner Weisheitslehre und seiner Theologie entscheidend sein. Doch so wie das Buch in formaler Hinsicht eine Geschichte durchgemacht hat, gilt das Entsprechende auch für seinen Inhalt, also für seine besondere Weisheitslehre und Theologie. Beide dürfen daher nicht unsachgemäß harmonisiert oder vereinheitlicht dargestellt werden, weil die inhaltliche Spannung zwischen der Einheit des Buches und seinen Teilen zu gewahren ist.

a. Daraus ergibt sich zunächst die grundlegende *hermeneutische Frage*, ob das Spruchbuch als eine Sammlung von Sammlungen etwas mehr als die Summe seiner Teile darstellt. Dabei wird man – energischer als früher – nach der hermeneutischen Funktion des Redaktionsprozesses auf die Endgestalt hin fragen müssen, zumal sie letzten Endes die Weisheitslehre und Theologie des Buches mit bestimmt, und die Einheit des Buches erst mit seiner Endgestalt gegeben ist.

Wenn man nun von den Salomo-Sammlungen ausgeht, die oben als die Tragbalken des Spruchbuches bezeichnet wurden, beeindruckt vor allem die breite und bunte Fülle ganz unterschiedlicher Sprüche. Sie bringen bestimmte Erfahrungen aus dem Alltag der Menschen in konzentrierter und geschliffener Form zum Ausdruck; maximale Lebenserfahrungen werden in minimaler und komprimierter Form dargeboten. Die Aussagen der Sprüche spiegeln eine reflektierte und konzentrierte Empirie wider und sind mit Recht als die „Erfahrungsweisheit Israels" bezeichnet worden;[93] sie ergeben „erkenntnisbindende Formen".[94] In dem Moment aber, als Einzelsprüche Teile einer sie übergreifenden Komposition geworden und also in das hermeneutische Spannungsfeld von Teil und Ganzem eingetreten sind, ändern sich mehr oder weniger ihre Funktion und ihr Aussagewert. Gleichzeitig behalten sie jedoch ihren Eigenwert und können auch in ihrer Eigenständigkeit wahrgenommen und bedacht werden – und haben doch schon etwas verloren, eben weil sie durch ihren neuen kompositionellen Rahmen begrenzt sind. In der erfahrungsbezogenen Spruchweisheit besitzt der Einzelspruch das Hauptgewicht, wird aber durch seine neuen oder gegenwärtigen kompositorischen Bezüge einigermaßen eingeschränkt.

Im Blick auf die Lehrweisheit und ihre Formen wird man kaum behaupten können, dass ihre literarische Kunst größer als die der Spruchweisheit sei; sie ist lediglich anderer Art. Bei ihr – vor allem in den Reden der ersten Samm-

---

[93] So von Rad, Theologie des ATs I (1987), 430–454; vgl. Hermisson, Studien (1968), 28.

[94] Vgl. von Rad, Weisheit (1970), 39–53.

lung (1–9) und im akrostischen Gedicht am Ende des Buches (31, 10–31) – liegt der Nachdruck auf den größeren Kompositionen, durch welche die einzelnen Mahnungen und Sprüche als Bausteine zusammengehalten werden. Daraus ergibt sich ein anderes hermeneutisches Spannungsfeld zwischen den Teilen und dem Ganzen als in der Spruchweisheit. Man hat mit gewissem Recht die Weisheit von Sprüche 1–9 – und in ähnlichen Texten – als die „theologische Weisheit Israels" bezeichnet. Will man aber zwischen der Spruchweisheit und dieser „theologische Weisheit" noch eine „große Kluft" wahrnehmen,[95] trifft das nicht ganz zu; denn auch die Erfahrungsweisheit der Sprüche weist, wie die Auslegung zeigen wird, einen freilich oft übersehenen theologischen Charakter auf. Wie die jüngeren Weisheitsschriften des Jesus Sirach und der Weisheit Salomos ist aber andererseits die spätere Lehrweisheit im Spruchbuch in größerem Ausmaß thematisiert und damit in höherem Grade als die ältere Spruchweisheit gelehrter und systematischer geworden.

Das zeigt sich besonders bei der Verwendung des Begriffs der *„Weisheit"* (*ḥŏḵmâ*). Diese *chokma* ist in Sammlung I und anderen späten alttestamentlichen Texten, und zwar im Unterschied zu den älteren Weisheitstraditionen, einschließlich denen der Umwelt, zu einem ganz zentralen und sammelnden Hauptbegriff geworden. Dabei ist allerdings zu erwägen, dass sich der Sprachgebrauch des Wortes als sehr komplex erweist, zumal es einen breiten Bedeutungsbogen besitzt, der von technischen Kenntnissen und beruflichen Fähigkeiten unterschiedlicher Art (vgl. etwa Ex 28, 3) bis zur Bildungsweisheit der Weisen mit ihren vielfältigen ethischen und religiösen Bezügen reicht.[96] In dieser Hinsicht wohnt dem Spruchbuch geradezu eine begriffliche Plerophorie inne, die sowohl in den Salomo-Sammlungen als auch in der ausgeprägt theologischen Sammlung I, und hier zumal in den Reden der personifizierten Gestalt der Weisheit (1, 20–33 und Kap. 8), nachzuspüren ist. Sowohl die vielfach reflektierte Spruchweisheit als auch die breiter entfaltete Lehrweisheit enthalten alle beide ein gezieltes „Erkenntnisstreben",[97] das im Grunde derselben weisheitlichen Art ist, aber im Ausmaß und in seiner literarischen Gestaltung relativ verschieden hervortritt. In beiden Fällen geht es um die Einsicht in die konkreten Bedingungen und Möglichkeiten „des Menschen unter dem Schicksal",[98] und damit zugleich in die Wirklichkeit im weiteren Sinne.

b. Bei der Würdigung der *grundlegenden Eigenart* der Weisheitslehre ist es den Forschern allgemein aufgefallen, dass ihr wesentliche Elemente der spezifischen und geschichtsbezogenen Traditionen Israels fehlen; man kann ih-

---

[95] Vgl. von Rad, Theologie des ATs I (1987), 454–467; 455. Diese begriffsmäßige Teilung hat aber von Rad selbst in seiner späteren Darstellung Weisheit in Israel (1970) einigermaßen korrigiert.

[96] Vgl. Sæbø, THAT I, 557–567; Müller/Krause, ThWAT II, 920–944; s. sonst etwa Scott, The Way of Wisdom (1971), 1–22, sowie die Auslegung von 1, 1–7 unten.

[97] G. von Rad, Weisheit, 75–101; 91.

[98] Vgl. Kaiser, Der Mensch unter dem Schicksal (1985), bes. 63–90; Ders., Einfache Sittlichkeit und theonome Ethik, NZSTh 39 (1997) 115–139.

rer Besonderheit in der Tat zunächst dadurch ansichtig werden, dass man auf das achtet, was ihr eben *nicht* eigen ist. So ist in ihr weder von den großen heilsgeschichtlichen Themen im Glauben und Bekennen Israels, wie der göttlichen Führung und Erwählung der Väter und des Volkes, noch vom Bund oder von der Rechtsverkündigung an das Volk als Rechtsgemeinde die Rede. Darüber hinaus vermisst man die typisch prophetischen Redeformen wie Anklage und Gerichtsankündigung wie allgemein auch die kultischen Anliegen der priesterlichen Theologie. Man hat mit gewissem Recht versucht, dieses weithin übliche negative Bild dadurch aufzuhellen, dass man etwa das Verhältnis der Weisheit zum Kult in den Blickfeld gerückt hat,[99] oder aber die Beziehungen der weisheitlichen Theologie zu anderen alttestamentlichen Büchern genauer untersucht hat.[100] Trotzdem drängt sich die Frage auf, worin eigentlich das *Proprium* weisheitlicher Lehre und Theologie in ihrer bunten Andersartigkeit zu suchen sei. Bei ihrer Beantwortung geht es zugleich darum, ihre Nähe und ihren Abstand zu den anderen theologischen Konzeptionen Israels zu bestimmen.

Dabei dürfte es sich zunächst empfehlen, wiederum von dem bereits zitierten Wort Jer 18, 18 (s.o. 1 b; vgl. Jer 8, 8–9; Ez 7, 26) auszugehen,[101] weil es sich zur Beantwortung der Frage nach der Besonderheit weisheitlichen Denkens einigermaßen als dienlich erweisen mag. Denn an dieser Stelle werden nicht nur drei Berufsgruppen (Priester, Weisen und Propheten) nebeneinander gestellt, sondern ihre jeweilige Zuständigkeit wird auch benannt, und zwar für den Priester die „Weisung" (*tôrâ*), für den Weisen der „Rat" (*ʿeṣâ*) und für den Propheten das „Wort" (*dāḇār*). Dabei darf es beachtet werden, dass anders als bei der priesterlichen Weisung oder dem prophetischen Wort, die ihrerseits auf göttlicher Autorität und Offenbarung beruhen und sich dadurch legitimieren, der Rat des Weisen eine durchaus menschliche Aktivität darstellt, die auf der Weisen eigenen Beobachtungen und Einsichten in das Alltagsleben der Menschen beruht, und die auf das Geben des guten und hilfreichen „Rats" an sie hinausläuft; damit ist die Legitimation der Weisen anderer und zwar rationaler Art.[102] So hat die erfahrungsbezogene Spruchweisheit eine andere Wurzel und Erkenntnisquelle als die beiden anderen. Auch wenn sie alle drei von Gott reden, reden sie von ihm in je ihrer Weise. Darin liegt zum Teil ihre sehr unterschiedliche Theologie.

Man hat allerdings auch von einer ‚Offenbarung' in der Weisheit geredet.[103] Dies käme wohl nur höchstens in bezug auf die Lehrweisheit in Frage, und da wiederum vor allem in Verbindung mit der Rede von einer „weltimmanen-

---

[99] S. vor allem L.G. Perdue, Wisdom and Cult (1977); vgl. von Rad, Weisheit, 240–245; bes. Ernst, Weisheitliche Kultkritik (1994); sonst Whybray, The Book of Proverbs (1995), 133–135.

[100] Vgl. etwa Boström, God of the Sages (1990); vgl. dazu M. Sæbø, De vises Gud, Svensk Teologisk Kvartalskrift 67 (1991) 31–39; s. die vorige Anm. (die Arbeit von Ernst).

[101] S.o. Pkt. 1 c.

[102] Vgl. etwa Westermann, Wurzeln der Weisheit (1990), 142 f.

[103] S. bes. Rylaarsdam, Revelation (1946/1951).

ten Weisheit" im Sinne einer „Selbstoffenbarung der Schöpfung".[104] Man wird sich aber davor hüten müssen, der Weisheit einen ihr fremden Offenbarungsbegriff aufzudrängen; denn bei ihr handelt es sich in erster Linie um das Resultat präziser Beobachtungen, intellektueller Reflexion und griffiger Schlussfolgerungen.

Schließlich verdient auch noch der rechtliche Charakter vieler Aussagen der Weisen, der sowohl dem Spruchgut wie auch der Lehrweisheit eigen ist, gehöriger Beachtung. Er erinnert daran, dass die Weisheit eine wichtige Wurzel in der israelitischen Rechtsverkündigung zu besitzen scheint. Der weiteren Frage, ob dieser rechtliche Aspekt auch Ausdruck eines ordnungsgeprägten Denkens der Weisen ist, wird noch nachzugehen sein.[105]

c. Was schließlich *die spezifischen Züge* der weisheitlichen Reden und Lehre betrifft, lässt sich zweckmäßig mit der Rede vom *Menschen* anfangen.[106] Denn im ganzen Spruchbuch steht ja weder das Volk noch der Israelit als Mitglied seines Volkes,[107] sondern der einzelne „Mensch" (*'ādām* und *'îš*; vereinzelt noch *gābār* ‚Mann') im Vordergrund.

Sowohl die Form und die Aussagen der Sprüche,[108] die zumeist vom Leben und Geschick des Einzelnen handeln, als auch der zuvor erwähnte Rat der Weisen, der vornehmlich an Einzelne gerichtet ist, entsprechen vollends dieser bemerkenswerten Konzentration im Spruchgut auf das Individuum. Der konkrete Rat und die teils konkreten und teils allgemeinen Mahnworte setzen voraus, dass der Mensch, der sie vernimmt, ihren Zuspruch durch seine Entscheidungsfähigkeit auch befolgen kann. Er ist daher in gewissem Ausmaß ein freier und ‚mündiger Mensch'.[109]

An Stelle des üblichen Nachdrucks auf die Volkszugehörigkeit des Israeliten treten in den Sprüchen seine individuellen Qualitäten in den Vordergrund, vor allem die positiven wie „gerecht" und „klug", die öfter im Gegensatz zu ihren negativen Entsprechungen „frevelhaft" und „töricht" gestellt werden, so besonders in der Sammlung IIA (Kap. 10–15). Ob die positiven Eigenschaften darüber hinaus ein ‚Ideal' vom Menschen vorstellen wollen, bleibt trotz gelegentlicher Behauptung fraglich. Von einem ‚Ideal' wäre eher in dem Fall zu reden, wenn – wie in Ägypten – vom Weisen als dem „Schwei-

---

[104] So von Rad, Weisheit, 189–228, bes. 127 f; vgl. auch H. Gese, Die Frage nach dem Lebenssinn: Hiob und die Folgen, in: Ders., Alttestamentliche Studien, Tübingen 1991, 170–188, bes.186–188.

[105] Vgl. etwa Schmid, Wesen und Geschichte (1966); Ders., Gerechtigkeit als Weltordnung (1968); von Rad, Weisheit, 102–130 sowie 380–381 und Anm. 16, wo er sich mit Schmid auseinandersetzt.

[106] Zum „Menschenbild der älteren Weisheit" vgl. Hausmann, Studien (1995); vgl. auch W. H. Schmidt, Anthropologische Begriffe im AT, EvTh 24 (1964) 374–388.

[107] S.o. Pkt. 3 b

[108] Zum *Maschal* s. o. Pkt. 2 a.

[109] Ob dies Bild eines ethisch wählenden und relativ ‚selbständigen' Menschen auch als ein „optimistisches Menschenbild" zu bezeichnen sei, wie es öfter geschieht, lässt sich allerdings diskutieren; s. u.

genden" die Rede ist; denn der Weise, der vor allem als ein Mann der wenigen Worte angesehen wurde, muss sozusagen als ‚Standesperson' wissen, wie man mit dem „rechten Reden und Schweigen"[110] umzugehen hat; er soll in jeder Lage besonnen und selbstbeherrscht sein (10, 19; 15, 2; 17, 27–28; vgl. Koh 5, 1). Was im Übrigen die Rede von den „Gerechten" und „Weisen" bzw. den „Frevlern" und „Toren" als ihren Gegentypen betrifft, um nicht von anderen typischen Kontrasten zu reden,[111] so ist diese Rede in ihren verschiedenen Formen eben auf das bezogen, was einen Menschen positiv oder negativ charakterisiert, und auf das, was seinem *Leben* zuträglich oder abträglich ist. Der Mensch sollte eben „gerecht" und „klug" sein, um ein heilvolles Leben führen zu können. Dabei geht es um mehr als nur um äußeren Wohlstand in utilitaristischem Sinn; die Perspektive ist weiter. Denn das Leben ist vom Tod umgeben und begrenzt, wie es etwa in 12, 28 und 13, 14 zum Ausdruck kommt:

Auf dem Pfad der Gerechtigkeit ist Leben,
auf eben dem Weg sei nicht der Tod!

Die Lehre des Weisen ist eine Quelle des Lebens,
um die Fallen des Todes zu meiden

In diesem Gegenüber von Leben und Tod treten zudem die *Grenzen* des ‚mündigen Menschen' an den Tag, wie es auch ‚Grenzen der Weisheit' als einer Weisheit des Menschen gibt.[112] Der Mensch steht somit in der Spannung zwischen seiner Mündigkeit und seine Gebundenheit, von denen die „Einbindung des einzelnen in die Gemeinschaft" die wichtigste ist.[113] Er wird als Einzelner angesprochen und ist doch nie ein Einsamer in der Welt; eben in seinem gemeinsamen Leben mit anderen Menschen ist hier der Mensch zu verantwortlichem Handeln aufgefordert. Überdies wird er durch sein eigenes Handeln ‚gebunden'; denn über „das unmittelbare Umfeld" hinaus wird er nicht nur von bestehendem Recht und sozialer Ordnung umgeben, getragen und „eingebunden",[114] sondern er wird die Folgen seiner eigenen Taten tragen müssen. Durch empirische Beobachtungen und eine kritisch bearbeitende Reflexion haben die Weisen nicht nur in Israel erkannt, dass es zwischen den Taten eines Menschen und seinem Geschick, zwischen seinem Tun und Ergehen einen notwendigen Zusammenhang gibt, den moderne Forscher als eine „schicksalswirkende Tatsphäre" bzw. als einen Tat-Folge-/Tun-Ergehen-Zusammenhang bezeichnet haben.[115]

---

[110] Vgl. Bühlmann, Vom rechten Reden und Schweigen (1976), bes. 172–183.

[111] Vgl. Hausmann, Studien (1995), 9–104.

[112] S. vor allem von Rad, Weisheit, 131–148.

[113] Vgl. Meinhold 37 f; Hausmann, Studien (1995), 225–231.

[114] Vgl. Hausmann, ebd.; Kaiser, Der Mensch unter dem Schicksal (1985), 1–23. 63–90; auch Blenkinsopp, Wisdom and Law (1983).

[115] Vgl. Koch, Vergeltungsdogma (1955); im Spuren des hebräischen Denkens (ND 1991) 106 führt Koch aus: „Es wäre ein modernistisches Mißverständnis, die hebräische Auffassung vom

Ist der Mensch im Netz seiner Taten und ihrer Folgen gefangen, so vertritt doch das ‚Gesetz' vom Tun-Ergehen-(bzw. Tat-Folge)-Zusammenhang im Leben des Einzelnen nicht eine ‚eigengesetzliche' Kausalität in der Weise, dass der Mensch ihr nur hoffnungslos ausgeliefert ist, sondern auch „unter dem Schicksal" behält der Mensch seine Würde als Geschöpf Gottes und seine relative Freiheit zum Wählen und Handeln. Direkte Zeugnisse dafür sind vor allem einerseits das positive Menschenbild der Weisheit, das besonders in der Form und Anwendung der vielen auf Antwort und Nachfolge wartenden Mahnungen und Warnungen der Weisen sowie in der elterlichen und weisheitlichen Erziehung der Jungen zum Ausdruck kommt, und andererseits der besondere Gottesglaube Israels, der den Tun-Ergehen-Zusammenhang als ‚Prinzip' doch ‚durchgebrochen' hat; das kommt schon in Sammlung II zum Ausdruck.[116]

Was schließlich den Gottesglauben im Besonderen und damit speziell die Theologie des Spruchbuches angeht, wird man den Gott der Weisen zunächst als den alles ‚tragenden Grund' nennen, weil von ihm Welt und Mensch als sein Schöpfungswerk herkommen und die Schöpfungsordnung in ihm ruht; er setzt die letzte Grenze des Menschen. In den verschiedenen Sammlungen des Buches wird aber demnächst der Gottesglaube unterschiedlich akzentuiert. Um das zu erkennen, muss man das besondere theologische Profil der Weisheitslehre wie auch ihre Funktion im Ganzen des Buches ins Auge fassen. Dabei fallen vor allem die unterschiedlichen Gottesbezeichnungen auf.

Während die allgemeine Bezeichnung „Gott" (*'ᵃlohîm*), zwar etwas überraschend, relativ selten (2, 5. 17; 3, 4; 25, 2; 30, 1. 5.9) und die auffälligere ‚der Heilige' (*qᵉḏošîm*) zweimal (9, 10; 30, 3)[117] belegt sind, fällt eine bemerkenswerte Häufung des besonderen israelitischen Gottesnamen Jahwe (*JHWH*) im Buche auf. Der Name kommt in allen Sammlungen mit Ausnahme von der kleinen Sammlung IV (24, 23–34) vor, besonders aber in Sammlung II, wo er 55 mal (davon 20 Belege in II A und 35 in II B) von insgesamt 87 mal begegnet.[118] Diesen Befund haben die Forscher – wie etwa Whybray und Scoralick – mehrfach beobachtet, ihn aber unterschiedlich gedeutet.[119]

Im Hinblick auf die sogenannten *Jahwe-Sprüche* in Sammlung II hat man von einer theologischen Reinterpretation der „moralisch ‚neutralen' Hal-

---

Tun-Ergehen-Zusammenhang als naturgesetzlichen Automatismus zu deuten, bei dem göttliches Walten zu einer zweitrangigen Begleiterscheinung herabsänke"; s. sonst Gese, Lehre und Wirklichkeit (1958), 33–45; von Rad, Weisheit, 165–181; B. Janowski, Die Tat kehrt zum Täter zurück. Offene Fragen im Umkreis des „Tun-Ergehen-Zusammenhangs", ZThK 91 (1994) 247–271; Hausmann, Studien (1995), 231 ff; neuerdings bes. G. Freuling, „Wer eine Grube gräbt –". Der Tun-Ergehen-Zusammenhang und sein Wandel (2004).

[116] Vgl. Gese, Lehre und Wirklichkeit (1958), 45–50; von Rad, Weisheit (1970), 131–148. 165–181; Kaiser, Der Mensch unter dem Schicksal (s. o.); Hausmann, Studien (1995), 234–247.

[117] Zum Text dieser Stellen s. u. z. St.

[118] Sonst befindet sich der Jahwe-Name 19 mal in Sammlung I, 5 mal in III, 6 mal in V und je 1 mal in VI und VII, nämlich in 30, 9 und 31, 30.

[119] Vgl. Whybray, Yahweh-sayings (1979), 153–165; Scoralick, Einzelspruch (1995), 78–82. 241.

tung" der älteren Weisheit gesprochen.[120] Das mag im großen Ganzen zutreffend sein, macht aber einige zusätzliche Bemerkungen erforderlich. Denn es kommt nicht nur auf die Streuung der Jahwe-Bezeichnung an, sondern sie muss mit weiteren formellen Beobachtungen kombiniert werden. Aufgrund der Häufung des Namens in den Kapiteln 15 und 16 hat man vor allem 15,33–16,9 als ein „Verbindungsstück" (G. Boström) oder auch als „die theologische Mitte dieser Kapitel" (Whybray) bezeichnet.[121] Es will dabei beobachtet sein, dass der Jahwe-Name vorwiegend in den Kap. 10–11 (8 mal) und 15 (8 mal) sowie in 16 (10 mal) und 19–20 (12 mal) sowie auch in 21–22, 16 (7 mal), also vornehmlich am Anfang und Ende von IIA und IIB, anzutreffen ist. Weiterhin ist diese Beobachtung mit einer anderen gemachten zu verbinden, und zwar dass es in 10–15 rahmende „Ring-Kompositionen" gibt.[122] Daraus folgt, dass 15, 33 nicht so sehr die „Mitte" von Sammlung II als der feierliche Abschluss einer Rahmung der Teilsammlung IIA ausmacht. Dass IIA mit einem Jahwe-Spruch endet und IIB mit mehreren anfängt, darf nicht zu der Vermutung führen, dass dieser Übergang auch das „Zentrum" von Sammlung II sein sollte, sondern bloß dass die zwei Teilsammlungen durch die beiderseitigen Jahwe-Sprüche eine wohl geeignete „Naht zweier Unterteile" haben.[123]

Dieser formalen Beobachtungen bedürfen noch einige inhaltliche Erwägungen, die zu einem besonderen Punkt in den obigen formalen Anführungen anschließen können, und zwar zum methodischen Gestaltungsprinzip der Voranstellung. Denn den theologischen Interpretamenten scheint die Tendenz eigen zu sein, dass die interpretierende Aussage *vor* das interpretierte gestellt wird, wie es etwa bei 15, 16 vor 15, 17 oder bei 18, 10 vor 18, 11 der Fall ist. Unter diesem Gesichtspunkt mag Kap. 10, das in den Versen 2–7 eine bemerkenswerte „Ring-Komposition" aufzeigt,[124] dazu die spezielle Funktion haben, eine hermeneutisch relevante Einführung zur Sammlung IIA und zugleich zur ganzen ersten Salomo-Sammlung zu sein. Eine solche *kompositorische Voranstellung*, die einer inhaltlichen Vorrangstellung noch gleichkommt,[125] lässt sich auch noch im Blick auf die kompositorische – und hermeneutische – Funktion der ersten Sammlung, Sprüche 1–9, annehmen: Denn diese theologisch bedeutsame Sammlung mag eben wie ein „hermeneutischer Schlüssel" zum ganzen Buche fungieren und ihm damit einen Verstehenshorizont errichten, unter dem sich das Folgende aufgenommen wissen will.

---

[120] So Whybray, Yahweh-sayings (1979), 165, wie früher McKane 10–22.

[121] Vgl. Scoralick, Einzelspruch, 44–52, mit Hinweis auf u. a. G. Boström, Skehan und Whybray.

[122] Vgl. Sæbø, From Collections to Book (1986); später J. Krispenz, Spruchkompositionen (1989), 41 ff.; Scoralick, ebd., 91 ff.; s. o. Pkt. 3 b und Anm. 79.

[123] So Plöger xxxii; vgl. Kaiser, Einleitung (1984), 379; Meinhold 160 f.

[124] S.o. Pkt. 3 a; vgl. sonst Krispenz, ebd., 41–46; etwas anders Scoralick, ebd., 169–175.

[125] Vgl. Tournay, Buch der Sprüche 1–9 (1966) 768–773.

Ähnliches lässt sich auch in bezug auf die weisheitliche Rede von Jahwes Schöpfung sagen. P. Doll hat auf einen wesentlichen Unterschied in den einschlägigen Texten des Spruchbuches hingewiesen, dass es nämlich in den Salomo-Sammlungen um die Schöpfung des Menschen und in der ersten Sammlung (Kap. 1–9) um die Schöpfung der Welt gehe. Dieser mit Recht hervorgehobene Unterschied sollte jedoch nicht gegen das ‚Gesamtzeugnis' des Spruchbuches von Jahwe als Schöpfer ausgespielt werden, denn in beiden Fällen geht es natürlich um den einen Gott;[126] oder aber anders ausgedrückt: die Rede vom mächtigen Gott, der „Himmel und Erde geschaffen hat", umgreift auch die Rede von Gott als Schöpfer des Menschen.

Aus alledem ergibt sich die theologisch wichtige Folgerung, dass das Spruchbuch in seinem bunten Gewebe von Älterem und Neuem, von alltäglichen Erfahrungen und theologischer Reflexion am Ende eine komplexe Mehrschichtigkeit erhalten hat, die auf eine allmähliche Neuinterpretation und eine mehrphasige Kontextualisierung zurückgeht, und die dem Buch in seinen Einzelheiten eine tiefsinnige Mehrdeutigkeit verliehen hat. Mit der Endgestalt des Spruchbuchs hat das weisheitliche Überlieferungsgut seine letzte Kontextualisierung erreicht, bei der die erste Sammlung 1–9 die theologische Vorhalle zum Folgenden darstellt.[127]

5. Zur Kanonizität des Spruchbuches. Fragt man nach der kanonischen Bedeutung des Buches, so ist diese Frage auf seine Endgestalt bezogen. Wenn das Spruchbuch trotz seiner theologischen Andersartigkeit eine sicherere kanonische Stellung als etwa der Prediger oder das Hohelied gewonnen hat,[128] mögen dafür mehrere Gründe sein. In erster Linie dürfte es daran liegen, dass das Buch nicht zuletzt unter dem Einfluss der Jahwe-Sprüche in seiner theologischen Grundhaltung als eindeutig ‚jahwistisch' aufgefasst worden ist.[129] Darüber hinaus mag man das Buch aufgrund seiner vielen Hinweise auf die „Furcht Jahwes" und seine mannigfaltige rechtliche Ausrichtung als ein sowohl lebensnahes als auch religiöses Buch empfunden haben. Schließlich dürften auch die Salomo-Überschriften (in 1,1; 10,1; 25,1) eine grundlegende Bedeutung bei diesem Prozess gespielt haben; denn die Angabe der *salomonischen* Verfasserschaft der Sprüche, die gewiss buchstäblich aufgefasst worden ist, dürfte nicht nur eine überlieferungsgeschichtlich gewichtige, sondern auch eine kanonisch folgenreiche Bedeutung besessen haben.[130]

---

[126] Vgl. Doll, Menschenschöpfung und Weltschöpfung (1985); auch Westermann, Wurzeln (1990), 130ff; sonst Zimmerli, Ort und Grenze (1962/63); Boström, The God of the Sages (1990), 47–89.

[127] Bemerkenswert ist der einleitende Satz zur Auslegung von Sprüche 9 in A. Müller, Proverbien 1–9 (2000), 251: „Mit dem neunten Kapitel endet die Einleitung in das Proverbienbuch".

[128] Die Frage wurde aber im frühen rabbinischen Judentum diskutiert; vgl. etwa Meinhold 40f.

[129] Westermann, Wurzeln (1990), 148, meint zudem, dass der „Hinweis auf die Grenzen des Menschen" im Buch „einer der Gründe dafür" sei, „dass die frühe Weisheit Israels im Kanon bewahrt wurde".

[130] Vgl. M. Sæbø, On the Canonicity of the Song of Songs, FS M. Haran (1996), 267–277; nun in: Ders., On the Way to Canon (1998), 271–284.

6. Zur Aktualität des Spruchbuches. Die neuere Aktualität des Spruchbuches scheint sich durch drei Phasen entwickelt zu haben.

Nachdem das Buch in der Forschung lange im Schatten der Beschäftigung mit anderen biblischen Schriften und Themen gestanden hatte, wurde erstens ein neues Interesse an das Buch erweckt, als E. W. Budge 1923 das ägyptische Weisheitsbuch des Amenemope (Papyrus 10474 im Britischen Museum) veröffentlichte und A. Erman 1924 auf die Verwandtschaft der Sammlung III (22,17–24,22) mit diesem Buch aufmerksam gemacht hat.[131] In der Folge richtete sich die Aufmerksamkeit vor allem auf das Verhältnis des Spruchbuches zu der Weisheit seiner altorientalisch-ägyptischen Umwelt gelenkt; theologisch ging es besonders um das Verhältnis des Jahwe-Glaubens zur „altorientalischen Weisheit" und zu ihrer „Nationalisierung in Israel", wie J. Fichtner 1933 das Problem klassisch formuliert hat. Seit den 50-er Jahren ist, zweitens, das Augenmerk allmählich stärker auf die geistliche Eigenart der Weisheit, und dann insonderheit auf ihr Ordnungsdenken im Rahmen der Weisheitstraditionen ihrer Umgebung gerichtet.[132] In der jüngsten Phase scheint sich, drittens, das nun erhöhte Interesse am Spruchbuch zudem einigermaßen geteilt zu haben; denn einerseits sind die literarischen und kompositorischen Fragen in den Vordergrund gerückt,[133] während andererseits seinen ethischen Aspekten auch eine weit stärkere Aufmerksamkeit zuteil geworden ist.[134]

Vielleicht wird sich das ethische – und zudem wohl auch das theologische – Interesse an der Weisheit und am Spruchbuch in der nächsten Zukunft nur noch steigern.

---

[131] Zu den Einzelheiten s. etwa Römheld, Wege der Weisheit (1989); Whybray, The Book of Proverbs (1995), 1–33.

[132] Vgl. H. Gese, H.-J. Hermisson, G. von Rad, H. H. Schmid unter vielen anderen.

[133] Vgl. u.a. Hermisson, J. Krispens, A. Meinhold, S. C. Perry, M. Sæbø, C. Scoralick, R.N. Whybray.

[134] Vgl. etwa O. Kaiser, W. Richter und neuerdings H. Delkurt, A. B. Ernst und J. Hausmann.

I. Kapitel 1, 1–9, 18: Mahnreden und Weisheitsverkündigung – ein theologischer Vorbau zum Buch der Sprüche

Zur Eigenart und Komposition der Sammlung

Das Buch der Sprüche trägt den ehrenvollen Namen *Sprüche Salomos* (*mišlê šᵉlomoh/ô*), durch den es neben dem Prediger und dem Hohen Lied unter den ‚Salomo-Schriften' der hebräischen Bibel eingereiht ist. In seiner Endgestalt stellt das Spruchbuch eine sehr komplexe Großkomposition dar, die aus verschiedenen Sammlungen und Teilkompositionen besteht – wie es in der obigen Einleitung schon dargelegt worden ist.

Die ersten neun Kapitel, die vor allem eine lehrhafte und theologisch geprägte Größe bilden, machen den ersten Hauptteil des Buches aus. Er lässt sich nicht nur formal durch seinen Mahn- und Lehrstil, der vor anderen Formen vorherrscht, von der folgenden Spruchsammlung, Kap. 10, 1–22, 16, die vor allem Aussageworten enthält, leicht ausscheiden, sondern so auch in Bezug auf seinen besonderen inhaltlichen Charakter. Eben seinem Inhalte nach mag dieser Teil den Rang eines hermeneutischen Schlüssels für die folgenden Teile einnehmen, zumal man ihn als „Kanon" des ganzen Buches bezeichnet hat; oder aber anders gesagt, dieser erste Hauptteil darf als der theologische Vorbau des Buches gelten.[1] Besonders erwähnenswert ist auch noch, dass in diesen Kapiteln mehrfach von Frauen die Rede ist. Wenn das Spruchbuch zudem in 31, 10–31 durch ein sinnreiches Gedicht auf die tüchtige und weise Frau abgeschlossen wird, dürfte die Annahme kaum fern liegen, dass dieses Abschlussgedicht mit dem ersten Teil des Buches wohl redaktionell zu verbinden sei.[2] In seinem redaktionellen Endstadium dürfte das Spruchbuch somit eine kunstvolle Rahmung erhalten haben.

Was die neun ersten Kapitel selbst betrifft, scheinen sie ebenfalls gewisse verbindende oder gar rahmende Bezüge zwischen dem Anfang und Ende dieses Hauptteils aufweisen zu können, wie es etwa bei den ähnlichen Versen 1, 7 und 9, 10 nahegelegt ist. Auch sonst gibt es im ersten Teil kompositionelle Rahmungen verschiedener Art, auf die noch zurückzukommen sein wird.

---

[1] Vgl. Zimmerli, Struktur, 189; Childs, Introduction, 552–555, sowie Murphy xix–xx; Fox 6.

[2] Vgl. Whybray, Composition, 159–162; sonst Camp, Wisdom and the Feminine, 186 ff; Yoder, Wisdom as a Woman of Substance; T. P. McCreesh, Wisdom as Wife: Proverbs 31:10–31, RB 92 (1985) 25–46; s. u. Anm. 13–14.

Dies ist umso beachtenswerter, als in formaler Hinsicht dem ersten Hauptteil eigen ist, dass hier – anders als bei den folgenden Sammlungen von Einzelsprüchen – größere Kompositionen unterschiedlicher Art nebeneinander gestellt worden sind. Darüber hinaus tauchen sowohl ein besonderes formales als auch ein spezielles inhaltliches Problem auf, die sich alle beide auf das Verhältnis dieser Kompositionen – sowie ihrer Einzelteile – zueinander beziehen; schließlich spitzen sich diese Probleme auf die grundlegenden Fragen der Struktur, Komposition und Redaktion des ersten Hauptteils zu.

In der neueren Forschung sind besonders die Fragen um die komplexe Entstehungsgeschichte dieser Kapitel vielfach diskutiert worden. Dabei hat sich vor allem als schwierig ergeben, im ersten Hauptteil einen geschlossenen Gedankengang, den man gelegentlich hat nachweisen wollen, mit Sicherheit feststellen zu können. In diesen unterschiedlichen Bestrebungen dürfte aber ein Anliegen wahrzunehmen sein, das nicht unbeachtet bleiben sollte, und zwar die Ausschau nach einer übergreifenden Einheit und Struktur – auch welcher Art – in Sprüche 1–9.

In diesem Punkt gibt es eine bunte Fülle von Ansichten. Unter den vielen neuen Studien zum Spruchbuch sind nicht wenige eben dem ersten Hauptteil oder Sonderfragen dieses Teils zugewandt. Die Vielfalt der Meinungen über die Form und den Aufbau der ersten Sammlung lässt sich aber einigermaßen vereinfachen.[3] Gegenüber einer älteren literarkritischen Forschung, in der Unstimmigkeiten im Text etwa als „Interpolationen" oder „Zusätze" erklärt wurden,[4] ist in der neueren Forschung das Verhältnis der Einzelteile zum Ganzen des ersten Hauptteils ein immer wichtigeres Thema geworden, und zwar öfter unter dem Hauptgesichtspunkt eines allmählichen Heranwachsens des Stoffes. Einerseits wird dabei mehr oder weniger von einer ‚bewussten' Redaktion abgesehen, so besonders von B. Lang, der in den Kap. 1–9 zwar einzelne kunstvolle Lehrreden findet, das Ganze aber als ein „unsystematisch kompiliertes Stück Schulliteratur ohne planvollen Aufbau" bezeichnet hat.[5] Andererseits wird von mehreren Forschern eine Reihe von kleineren Kompositionen angenommen, die auf diese oder jene Weise redigiert worden sind; doch gehen die Vorschläge ihrer näheren Bestimmung und Beziehungen beträchtlich auseinander. So hat unter den älteren Forschern etwa Franz Delitzsch 15 „Maschallieder" ausgeschieden,[6] während in jüngerer Zeit P. W. Skehan auf eine recht spekulative Weise den Versuch gemacht hat, nach dem Vorbild der „sieben Säulen des Hauses der Weisheit" (vgl. 9, 1) im Aufbau der Kap. 1–9 ein siebenfaches Bauwerk eines Verfassers sehen zu wollen; seine Deutung ist aber von andern Forschern fast ganz übersehen worden.[7]

---

[3] S. sonst die Forschungsübersichte bei Whybray, The Book of Proverbs, 62–85; Baumann, Weisheitsgestalt, 1–57; Müller, Proverbien 1–9, 2–21; vgl. sonst unten das Nachwort zu diesem Hauptteil.

[4] Vgl. etwa F. Hitzig, Die Sprüche Salomos (Zürich 1858) 3; C. Steuernagel, Einleitung, Tübingen 1912, 684 f.

[5] Lang, Die weisheitliche Lehrrede, 27–28; vgl. Whybray, Composition, 28; auch schon Toy vi.

[6] Das Salomonische Spruchgut, wo auch die formale Nähe zu 22, 17 – 24, 22 (Sammlung III) beachtet wird.

[7] The Seven Columns of Wisdom's House in Proverbs 1–9, CBQ 8 (1947) 190–198; Ders., Wisdom's House, CBQ 29 (1967) 162–180; ND in: Ders., Studies (1971), 9–14 bzw. 27–45; vgl.

Weit wirkungsreicher ist demgegenüber eine formgeschichtliche Studie von Chr. Kayatz geworden, in der sie ein weites ägyptisches Vergleichsmaterial herangezogen hat, worauf noch zurückzukommen sein wird.[8] So ähnliches gilt auch für den literarkritischen Versuch R.N. Whybrays, der – wie gleichzeitig R. B. Y. Scott (33 ff) – in den Kap. 1–9 „zehn ursprünglich unabhängigen Reden (*discourses*)“ finden will,[9] die im gewissen Ausmaß ägyptisch beeinflusst, sonst unterschiedlich erweitert und vor allem weisheitlich neuinterpretiert worden sein sollen; später hat Whybray seine Ansicht etwas revidiert und die ‚Reden‘ in „Instructions“ umbenannt.[10] Fast gleichzeitig mit ihm ist W. McKane dem ägyptischen sowie dem assyrisch-babylonischen Kontext der Weisheit breiter nachgegangen. Er hat dabei zwischen dem ägyptisch beeinflussten „Instruction“-Stil in Kap. 1–9 (und 22, 17–24, 22 sowie 31, 1–9) und dem Sentenz-Stil der beiden Salomo-Sammlungen (10, 1–22, 16 und 25–29) sowie dem jeweiligen Entwicklungsgang dieser zwei Hauptarten des Buches scharf unterschieden.[11] Anders hat F.-J. Steiert in Bezug auf alle fremde, insonderheit ägyptische weisheitliche Einflüsse, die er abtönen möchte, die kritische Frage aufgeworfen, ob nun die Weisheit Israels „ein Fremdkörper im Alten Testament“ sei, oder ob sie sich besser inner-alttestamentlich erklären lässt.[12] Die verschiedenen Erklärungsversuche der komplexen Entstehungsgeschichte des ersten Hauptteils spiegeln sich auch in neueren Monographien und Kommentaren wider, die zudem noch neue Aspekte aufdecken. So haben etwa C. Camp, die den Frauengestalten im Spruchbuch nachgegangen ist,[13] C. Maier, die besonders „die fremde Frau“ behandelt hat, und N. Nam Hoon Tan, die kürzlich „The ‚Foreignness‘ of the Foreign Woman in Proverbs 1–9“ aufs neue untersucht hat,[14] sowie G. Baumann, die die Weisheitsgestalt in Sprüche 1–9 erörtert hat,[15] den jeweiligen Charakter der Frauentexte im ersten Hauptteil und darüber hinaus im ganzen Spruchbuch ausgewertet. Ferner hat O. Plöger in seinem Kommentar Kap. 4–7 als das „Kernstück“ von Sprüche 1–9 bezeichnet (5), während A. Meinhold in dem seinigen die Ansicht einer rahmenden Endredaktion des Buches durch den ersten Hauptteil und das letzte Kap. 31 entwickelt hat (26), während auch er mit „zehn Lehrreden“ und dazu

---

W. Staerk, Die sieben Säulen der Welt und des Hauses der Weisheit, ZNW 35 (1936) 232–261; Baumann, ebd. 205–209; zu Skehans Ansicht einer Mitte in Sammlung II s. u.; Scoralick, Einzelspruch und Sammlung (1995) 44–48; Scherer, Das weise Wort (1999) 17–20.

[8] Kayatz, Studien; vgl. auch ihre (nun C. Bauer-Kayatz) Einführung, 36–92.

[9] Whybray, Wisdom, 33–71. Die zehn „originally independent“ Reden sind: I. 1, 8–19; II. 2, 1. 9.16–19; III. 3, 1–2.3 bc.4–10; IV. 3, 21 b.21 a.22–24. 27–31; V. 4, 1–3. 4 a-c.5 bβ; VI. 4, 10–12. 14–17. 19. 18; VII. 4, 20–25. 27. 26; VIII. 5, 1–6. 8.21; IX. 6, 20–22. 24–25. 32; X. 7, 1–3. 5.25–27. Kap. 8–9 werden auffälligerweise als „a long appendix“ bezeichnet.

[10] Composition, 11–61; Proverbs.

[11] McKane, Proverbs, 1–10, 51–208; 262–369.

[12] Steiert, Die Weisheit Israels. – Auch sonst sind mögliche inner-alttestamentliche Bezüge im Spruchbuch, besonders zu Deuteronomium, vielfach untersucht worden; s. etwa A. Robert, Les attaches littéraires bibliques de Prov. I–IX, RB 43 (1934) 42–69. 172–204. 374–384; 44 (1935) 344–365. 502–526; vgl. sonst Barucq 23–31; Maier, Fremde Frau, 72–80; Baumann, Weisheitsgestalt, 58–60; Müller, Proverbien 1–9, 6–8.

[13] Camp, Wisdom and the Feminine in the Book of Proverbs; Dies., Woman Wisdom as Root Metaphor, FS Murphy 1987, 45–76; s. o. Anm. 2; vgl. R. J. Clifford, Woman Wisdom in the Book of Proverbs, FS Lohfink, 61–72.

[14] Maier, Fremde Frau, bes. 252–269; N. Nam Hoon Tan, The ‚Foreignness‘ of the Foreign Woman in Proverbs 1–9.

[15] Baumann, Weisheitsgestalt, bes. 283–325

„vier Weisheitsgedichten" rechnet.[16] Außerdem hat M.V. Fox, der sich sonst zu vielem in der neueren Forschung kritisch gestellt hat, die ‚üblichen' zehn „Lectures" (Lehrreden) und dazu fünf „Interludes" (Zwischenspiele) angenommen.[17] Darüber hinaus werden unterschiedliche Anregungen zur Erklärung der Entstehungsgeschichte noch in jüngeren Dissertationen eingehend aufgearbeitet. So hat etwa R. Schäfer in seiner detaillierten Analyse der von ihm bezeichneten zwölf „Lehrgedichte" eine polare Kompositionsweise im ersten Hauptteil nachweisen wollen, die er eine „Dichotomie als Grundstruktur der Lehr- und Weisheitsgedichte in Proverbien 1–9" nennt.[18] A. Müller hat seine Aufmerksamkeit auf die form- und traditionsgeschichtliche Seite der Entstehung der Kap. 1–9 gelenkt, und zwar besonders auf die „Formgeschichte der Lehrrede"; dabei bezeichnet er 4, 10–27; 5, 21–22; 6, 1–9 (und 2, 1–4. 9–15. 20) als „den ältesten Kern" und nimmt sonst eine „formative Redaktion" sowie mehrere „späteren Erweiterungen" an.[19] Zudem ist K. J. Dell neulich den sozialen und den theologischen Kontext des Spruchbuches nachgegangen, wobei sie im ersten Hauptteil das Nebeneinander von älterem und jüngerem Material in einem längeren Überlieferungsprozess hervorhebt.[20]

Zur Erklärung der bemerkenswerten Struktur und Entstehungsgeschichte der Sprüche 1–9 hat man also das Augenmerk nicht nur auf den möglichen Werdegang des Stoffes gerichtet, sondern dabei öfter den Nachdruck auf einen angenommenen Grundstock von etwa zehn „Reden" oder auf ein „Kernstück" bzw. einen „ältesten Kern" gelegt. Demgegenüber wäre wohl die kritische Frage nun aufzuwerfen, ob nicht die Blickrichtung von einem so oder so postulierten ‚Ursprung' der Texte doch eher zum gegenwärtigen Endstadium des Texts in Kap. 1–9 umzudrehen sei, zumal die neueren Erklärungen eine recht große Unsicherheit in Bezug auf die mögliche Vorgeschichte und den Werdegang des Texts haben erkennen lassen. Dabei dürfte es methodisch ratsam sein, noch bewusster und direkter als bisher von der Endgestalt des Textes und seinen vielen Formmerkmalen auszugehen und von da her eine mögliche Entstehungsgeschichte der Texte zurückzuverfolgen, soweit sich dies – der Eigenart der Texte gemäß – überhaupt noch er-

---

[16] Meinhold führt aus, „daß die zehn Lehrreden, die vier Weisheitsgedichte [d.h. I. 1, 20–33; II. 8, 1–36; III. 9, 1–6; IV. 9, 13–18, die in Klammern ‚Reden' genannt werden] und zwei Zwischenstücke (3, 13–20 und 6, 1–19) zusammen einen durchdachten Aufbau der Sammlung ergeben. In der Komposition der Lehrreden findet sich weit vorn das Lehrprogramm (2, 1–22)" (43). Die zehn Lehrreden sind: I. 1, 8–19; II. 2, 1–22; III. 3, 1–12; IV. 3, 21–35; V. 4, 1–9; VI. 4, 10–19; VII. 4, 20–27; VIII. 5, 1–23; IX. 6, 20–35; X. 7, 1–27. Eine weitere rahmende Redaktion hatte schon Sæbø, From Collections to Book, kurz nachgewiesen, s. u. zum Nachwort zum ersten Teil.

[17] Fox 51–318; 322–324. Seine zehn „Lectures" entsprechen Meinholds zehn „Lehrreden", wie noch seine fünf „Interludes" den „Weisheitsgedichten" und „Zwischenstücken" bei ihm; dazu ist Kap. 9 „Interlude D".

[18] Wenn Schäfer, Poesie, mit 12 „Lehrgedichten" rechnet, so weil er teils von den ‚üblichen' zehn „Lehrreden" abweicht und teils Kap. 8 als elftes und Kap. 9 als zwölftes „Lehrgedicht" rechnet.

[19] Proverbien 1–9; s. bes. 268–283, 285–296 und 297–313; vgl. sonst das Nachwort zu diesem Hauptteil.

[20] Dell, The Book of Proverbs in Social and Theological Context, bes. 18–50. 90–105 sowie 125 ff.

möglichen lässt. Darüber hinaus können auch Teile der recht üblich gewordenen Terminologie nur mit Vorbehalt übernommen werden; es wäre nun vielmehr kritisch zu fragen, was etwa Termini wie ‚Zwischenstück' oder ‚Interlude' oder auch ‚Glosse' hier eigentlich bedeuten, oder was der Sinn doch sein mag, wenn die im Kontext überaus wichtigen Kap. 8–9 von Whybray, wie schon erwähnt, als „a long appendix" bezeichnet worden sind.

Bei alledem dürfe der Text in seinem Endstadium der sichere Ausgangspunkt sein; daran ist vor allem aus hermeneutischen Gründen festzuhalten. Dabei ist einerseits gewiss offenkundig, dass der Schlusstext nicht aus einem Guss ist, sondern vielmehr ein Geflecht von vielen Fäden und Einheiten ausmacht; und andererseits hat sich im Prozess neuer Kombinationen der Einheiten die Funktion – und damit gewissermaßen auch der Sinn – der einzelnen Bauelemente der Sammlung mehr oder weniger geändert. So dürfe in der Perspektive einer langen und schöpferischen Überlieferungsgeschichte ihr neuer Kontext, und zum Schluss die Endgestalt, das Entscheidende sein. Darum lässt sich auch nicht einfach mit einem einzelnen Verfasser rechnen; vielmehr wird man mit M.V. Fox behaupten können: „The authorship was, in a sense, collective, the work, perhaps, of several generations".[21]

Wenn es schließlich zu einigen Einzelheiten im ersten Hauptteil kommt, darf hier nur noch ein besonderes Stilmerkmal des ersten Hauptteils erwähnt werden, weil es für das Verständnis und die Auslegung wichtig zu sein scheint, und zwar die häufige Anrede, die der Vater – auch gelegentlich die Mutter – bzw. der weise Lehrer an den Sohn bzw. den Schüler richtet, und worauf eine Mahnrede folgt, die oft begründet wird. Inhaltlich sind den Mahnreden allgemein ein starkes moralisches und soziales Engagement eigen; sie ähneln übrigens dem aus der ägyptischen stammenden „Instruktion" (*sebayit*). Noch auffälliger an den Reden und Kompositionen dieses Hauptteils ist aber das charakteristische Thema der *Weisheit (ḥŏḵmâ)*, die hier vorgestellt, auf verschiedene Weise beschrieben und namentlich einladend empfohlen wird, wie es besonders in den einmaligen Ich-Reden der Weisheit in 1,20–33 und 8,1–36 (und teilweise in 9,1–6) geschieht, die aber auch in Beispielerzählungen „erzählt".[22] Im Hinblick auf die Sammlung der Kap. 1–9 als Ganzes ergibt nun dieses Verhältnis von den ethischen Mahnreden einerseits und den einmaligen Weisheitsreden andererseits ein heikles Problem, das sich schon im ersten Kapitel und vor allem im sogenannten ‚Prolog' (1,1–7) bemerkbar macht. Im Übrigen scheint der ‚Prolog', vor allem durch seinen sehr komplizierten Aufbau, eine einführende und vorstellende Funktion zu haben. Auf diese Weise wird wohl nicht nur der erste Hauptteil feierlich eröffnet, sondern dadurch dürfen die weisheitlichen Reden und Sprüche aller folgenden Sammlungen kunstvoll eingeleitet worden

---

[21] Fox 323; vgl. Scott, Wise and Foolish (1972) 150: „The present Book of Proverbs is better seen as the end result of a centuries-long process of composition, supplementing, editing and scribal transmission …".

[22] Vgl. Hermisson, Studien, 183–186.

sein. Vom ersten Anfang an stellt sich somit das Spruchbuch als ein hoch entwickeltes Kunstwerk vor.

Lit.: G. Baumann, Die Weisheitsgestalt in Proverbien 1–9. Traditionsgeschichtliche und theologische Studien, FAT 16, Tübingen 1996. – G. Boström, Proverbiastudien. Die Weisheit und das fremde Weib in Spr. 1–9, AUL.T I/30:3, Lund 1935. – W.A. Brueggemann, The social significance of Solomon as patron of wisdom, in: J.G. Gammie/L.G. Perdue (Hg.), The Sage in Israel and in the Ancient Near East, Winona Lake 1990, 117–132. – C.V. Camp, Wisdom and the Feminine in the Book of Proverbs, Sheffield 1985. – B.S. Childs, Introduction to the Old Testament as Scripture, London 1979, 545–559. – J. Cook, אִשָּׁה זָרָה (Proverbs 1–9 Septuagint): A Metaphor for Foreign Wisdom?, ZAW 106 (1994) 458–476. – H. Delkurt, Ethische Einsichten in der alttestamentlichen Spruchweisheit, BThSt 21, Neukirchen-Vluyn 1993. – K.J. Dell, The Book of Proverbs in Social and Theological Context, Cambridge 2006, 18–50. 90–105. – M.V. Fox, Ideas of Wisdom in Proverbs 1–9, JBL 116 (1997) 613–633. – C. de Groot/M.A. Taylor (Hg.), Recovering Nineteenth-Century Women Interpreters of the Bible, SBL Symp. Ser. 38, Atlanta 2007. – N. Habel, The Symbolism of Wisdom in Proverbs 1–9, Interp. 26 (1972) 131–157. – S.L. Harris, Proverbs 1–9: A Study of Inner-Biblical Interpretation, SBLDS 150, Atlanta, GA 1995. – J. Hausmann, Studien zum Menschenbild der älteren Weisheit (Spr 10 ff.), FAT 7, Tübingen 1995. – H.-J. Hermisson, Studien zur israelitischen Spruchweisheit, WMANT 28, Neukirchen-Vluyn 1968. – Chr. Kayatz [= Bauer-Kayatz], Studien zu Proverbien 1–9. Eine form- und motivgeschichtliche Untersuchung unter Einbeziehung ägyptischen Vergleichsmaterials, WMANT 22, Neukirchen-Vluyn 1966. – B. Lang, Die weisheitliche Lehrrede. Eine Untersuchung von Sprüche 1–7, SBS 54, Stuttgart 1972. – Ders., Frau Weisheit. Deutung einer biblischen Gestalt (Diss. theol. Tübingen), Düsseldorf 1975 (Engl.: Wisdom and the Book of Proverbs, New York 1986). – C. Maier, Die „fremde Frau" in Proverbien 1–9. Eine exegetische und sozialgeschichtliche Studie (Theol. Diss. Berlin 1994), OBO 144, Fribourg/Göttingen 1995. – Dies., Conflicting Attractions: Parental Wisdom and the ‚Strange Woman' in Proverbs 1–9, in: A. Brenner/C. Fontaine (Hg.), Wisdom and Psalms. A Feminist Companion to the Bible II/2, Sheffield 1998, 92–108. – A. Meinhold, Vierfaches: Strukturprinzip und Häufigkeitsfigur in Prov 1–9, BN 33 (1986) 53–79. – Ders., Der Gewaltmensch als abschreckendes Beispiel in Proverbien 1–9, in: Festschrift für Christoph Hinz (Hg. R. Lux), Berlin 1988, 82–97. – A. Moss, Wisdom as Parental Teaching in Proverbs 1–9, HeyJ 38 (1997) 426–439. – A. Müller, Proverbien 1–9. Der Weisheit neue Kleider, BZAW 291, Berlin/New York 2000. – R.E. Murphy, Wisdom and Eros in Proverbs 1–9, CBQ 50 (1988) 600–603. – Ph.J. Nel, The Structure and Ethos of the Wisdom Admonitions in Proverbs, BZAW 158, Berlin 1982 – C. Newsom, Woman and the Discourse of Patriarchal Wisdom: A Study of Proverbs 1–9, in: P.L. Day (Hg.), Gender and Difference in Ancient Israel, Minneapolis 1989, 142–160. – K.F.D. Römheld, Die Weisheitslehre im Alten Orient. Elemente einer Formgeschichte, Bibl. Notizen, Beih. 4, München 1989. – Plöger 3–7. – M. Sæbø, From Collections to Book, 1986, 99–106, bzw. 1998, 250–258; Ders., Was there a ‚Lady Wisdom' in the Proverbs?, in: FS Skarsaune (2011), 181–193. – R. Schäfer, Die Poesie der Weisen. Dichotomie als Grundstruktur der Lehr- und Weisheitsgedichte in Proverbien 1–9, WMANT 77, Neukirchen-Vluyn 1999. – P.W. Skehan, Wisdom's House, CBQ 29 (1967) 468–86 (rev. ND in: Ders., Studies, 1971, 27–45). – F.-J. Steiert, Die Weisheit Israels – ein Fremdkörper im Alten Testament? Eine Untersuchung zum Buch der Sprüche auf dem Hintergrund der ägyptischen Weisheitslehren, FThSt 143, Freiburg 1990, 211-307. - N. Nam Hoon Tan, The ‚Foreignness' of the Foreign Woman in Proverbs 1-9. A Study of the Origin and Development of a Biblical Motif, BZAW 381, Berlin/New York 2008. - R. Tournay, Buch der Sprüche 1-9: Erste theologische Synthese der Weisheitstradition, Conc. 2 (1966) 768-773. - R.N. Whybray, Wisdom in Proverbs. The Concept of Wisdom in Proverbs 1-9, StBiblTh 45, London 1965, ^{2}1967. - Ders., Composition (1994), 11-61. - Ders., Book of Proverbs (1995), 62-78. - C.R. Yoder, Wisdom as a Woman of Substance. A socioeconomic Reading of Proverbs 1-9 and 31:10-31, BZAW 304, Berlin/New York 2001. - W. Zimmerli, Zur Struktur der alttestamentlichen Weisheit, ZAW 51 (1933) 117-204.

1, 1-7: Vorstellung und Empfehlung der Weisheit

1 **Die Sprüche Salomos,**
des Sohnes Davids, des Königs von Israel,
2 **um Weisheit und Erziehung kennen zu lernen,**
um Reden der Einsicht zu verstehen,
3 **um Erziehung zu erwerben zum klugen Handeln,**
Gerechtigkeit, Recht und Redlichkeit,
4 **um den Unerfahrenen Klugheit zu verleihen,**
dem Jungen Einsicht und Besonnenheit,
5 **- der Weise möge hören und Wissen[23] vermehren**
und der Verständige sich Lenkung[24] erwerben -
6 **um Spruch und anspielende Rede zu verstehen,**
Worte der Weisen und ihre Rätsel.

7 **Die Furcht vor Jahwe ist das Erste des Wissens;**
Weisheit und Erziehung - die Toren verachten sie.

Lit.: G. Baumann, Weisheitsgestalt (1996), 225-227. - W.P. Brown, Character in Crisis (1996), 23-30. - O. Eissfeldt, Der Maschal im Alten Testament, BZAW 24, Giessen 1913. - M.V. Fox, Words for Wisdom, ZfA 6 (1993) 149-169 (vgl. Fox 28-38). - Ders., Words for Folly, ZfA 10 (1997) 4-15 (vgl. Fox 38-43). - J. Hausmann, Menschenbild (1995), pass. - H.-J. Hermisson, Studien (1968), 18-52. - A. R. Johnson, מָשָׁל, in: FS Rowley (1955), 162-169. - Chr. Kayatz, Studien (1966), 24-26. - G. von Rad, Weisheit (1970), 25-27. 75-80. 91-101. - F. Renfroe, The Effect of Redaction on the Structure of

---

[23] So mit Wildeboer 2 u. etwa Ges^{18} 615 f für *läqaḥ* ‚das (vom Lehrer) Empfangene'; vgl. HAL 508: ‚Einsicht'; sonst 4, 2; 7, 21; 9, 9; 16, 21. 23 (vgl. das spätere ‚Qabbala').

[24] Das Lexem *taḥbulôṯ*, immer im Plur. und nur in der Weisheitsliteratur: 11, 14; 12, 5; 20, 18; 24, 6; Hi 37, 12, ist früh von Seemannsausdrücken abgeleitet worden (s. Ges. Thesaurus 440: ‚ars gubernandi'; G: κυβερνησις); HAL 1581: ‚Lenkung/Führungskunst'; vgl. Ges^{18} 1433; s. neuerdings Shupak, Where can Wisdom be found (1993), 313-317, der auch unter Verweis auf äg. *ṯs(t)* das Wort mit dem hebr. *ḥäḇäl* ‚Seil/Strick' verbunden und als ‚Knotenlösung' (bzw. ‚Problemlösung') verstanden hat; vgl. McKane 211.266: „learns the ropes"; sonst etwa Gemser 18: „Lenkung"; Ringgren 13: „Führung"; Plöger 8: „Führungskunst"; Meinhold 47: „Steuerungskunst".

Prov 1, 1–6, ZAW 101 (1989) 290–293. – R. Schäfer, Die Poesie der Weisen (1999), 9–21. – R. Scoralick, Einzelspruch und Sammlung (1995), 5–9. – H. Spieckermann, Die Prologe der Weisheitsbücher, FS Steck (2000), 291–303, bes. 292–297.

Wie ältere ägyptische Weisheitsschriften öfter mit einem Prolog anfingen, in dem vor allem der Verfasser mit Namen und Position vorgestellt wurde,[25] so wird auch Israels Buch der Sprüche durch einen *Vorspruch*, ein Proömium, eröffnet, der den Namen des intendierten Verfassers vorstellt, der das Werk mit seiner Autorität und Würde deckt. Diese Autoritätsperson ist König Salomo, der als Israels *roi soleil* erinnert und gefeiert wurde, und zu dessen Bild eben die Überlieferung seiner großen Weisheit gehörte (vgl. 1Kön 3, 12. 28; 5, 9–13).[26] Die Überschrift in 1, 1 ist im Verhältnis zu den Salomo-Überschriften in 10, 1 aα und 25, 1 aβ etwas breiter ausgeführt (vgl. noch 30, 1; 31, 1); doch inhaltlich besagt sie kaum mehr als die übrigen; als die erste hat sie aber eine ausführlichere Gestalt erhalten. Durch diesen Vorspruch mögen die Weisen Israels ihren letzten Stempel auf das Buch der Sprüche gesetzt haben.

Der Vorspruch hat eine einmalige und barocke Form, die im Verhältnis zu den Sentenzen und kurzen Sprüchen der Salomo-Sammlungen (10–22, 16; 25–29) weit komplizierter gestaltet ist. Die komplexe Form des Vorspruchs zeigt sich zunächst darin, dass der Anfang der Überschrift („Sprüche Salomos", *mišlê š^elomoh/ô*, V. 1 aα), der mit 10, 1 aα identisch ist, mit einer im Alten Testament einmaligen Konstruktion syntaktisch eng verbunden ist. Diese Konstruktion besteht aus einer den Zweck angebenden Präp. *l^e* ‚um zu' samt einer von ihr abhängigen Reihe von Infinitiven in V. 2 a, 2 b, 3–4 und 6, die verschiedene abstrakte Begriffe als Objekte einführen. Schon dadurch ist eine syntaktisch umfassende und in sich dicht verwobene Einheit gebildet.[27] Demnächst ist aber diese besondere syntaktische Form noch durch drei Elemente erweitert worden, von denen zwei Elemente den eben einmaligen syntaktischen Aufbau aufbrechen. Diese Elemente sind zum einen die Apposition zu Salomo in V. 1 aβb („Sohn Davids, König von Israel") und zum andern der stilistisch abweichende V. 5; das dritte Element, das ebenfalls stilistisch abweicht, erweitert den zentralen Teil des Vorspruchs durch die Aussage eines theologischen Grundprinzips, die man gelegentlich als ein ‚Motto' des Buches bezeichnet hat (V. 7), und die sich durch das Lexem *chokma* mit dem Anfang des Vorspruchs (V. 2) verbindet. Vor allem aber machen die als Objekte eingeführten Abstrakta eine höchst beachtenswerte

---

[25] Was die Form angeht, vgl. den kurzen Prolog der Lehre des Ptahotep und besonders den längeren der Lehre des Amenemope, s. TUAT III, 197 bzw. III, 225–227; der Inhalt von Spr 1, 1–7 ist aber im Vergleich anders; vgl. bes. Spieckermann, Prologe, 292–297.

[26] Zum Namen Salomos vgl. bes. J.J. Stamm, Der Name des Königs Salomo, ThZ 16 (1960) 285–297.

[27] Zur Syntax von V. 1–6 vgl. den Prolog des Amenemope, TUAT III, 225; s. Kayatz, Studien, 25; von Rad, Weisheit, 26; zur ‚Textstruktur' s. Renfroe, The Effect of Redaction, 290–293; Schäfer, Poesie, 9 ff.

Häufung weisheitlicher Begriffe aus,[28] und so besonders im zentralen Teil des Vorspruchs.

Mit diesem kunstvoll gebildeten Vorspruch und durch sein ‚Bündel' von Weisheitsbegriffen stellt sich das Buch der Sprüche als das große weisheitliche Sammelwerk Israels vor, das dadurch auch weit mehr als bloß eine Sammlung von Sprüchen geworden ist. Dieser ganz besondere Anfang des Buches gehört gewiss nicht zum Anfang der Weisheitsüberlieferung Israels und seine komplexe und ‚geballte' Form kaum zu ihren älteren Stadien, sondern umgekehrt ist sowohl im Vorspruch als auch in den folgenden Weisheitsreden ein gewissermaßen barocker Schlusspunkt erreicht und eine ‚Summe' gezogen worden – jedoch ohne dass dies das Ende der israelitischen Weisheitsdichtung bedeuten sollte, wie ihre weitere Geschichte eindrücklich erkennen lässt.[29]

Was sodann die Einzelheiten des Vorspruchs betrifft, fällt zunächst auf, dass das wichtigste einleitende Element nicht der Name des hohen Königs, sondern das allererste, in Mehrzahl gehaltene Wort „Sprüche" (hebr. *mišlê*, pl. constr. von sg. *māšāl*) ist; denn es ist eben dieses Wort, das mit dem folgenden syntaktisch eng verwoben ist. Wenn man dazu bedenkt, dass der Vorspruch, dessen Stil sich von dem der Einzelsprüche der Salomo-Sammlungen von Grund aus unterscheidet, gerade das in jenen Sammlungen typische Wort *maschal* ‚Spruch' nun an seiner Spitze hat, dann erhält einerseits dieses Hauptwort der Überschrift eine neue Position, die hermeneutisch wichtig ist, indem es danach durch eine Häufung abstrakter Weisheitsbegriffe näher bestimmt wird; und andererseits sind auf entsprechende Weise die hier ‚gehäuften' Weisheitsbegriffe von *maschal* abhängig gemacht worden, wobei sie dadurch näher bestimmt werden. Die bedeutungsmäßig wichtige Auswirkung ist somit gegenseitig und dürfte für die hermeneutische Besonderheit des Vorspruchs zu beachten sein.

Der Begriff *maschal*, der als weisheitlicher Terminus auch in 1, 6 verwendet wird (vgl. noch 26, 7. 9), und dessen Bedeutungsbreite breiter als die des deutschen Worts ‚Spruch' ist, weist ein recht weites Verwendungsspektrum auf, das von dem kurzgeformten und einfachen ‚Sprichwort' zu dem längeren und komplizierten ‚Kunstspruch' oder ‚Weisheitsspruch' reicht.[30] Für das adäquate Verständnis des Begriffs ist ferner aufschlussreich, dass *maschal* von seiner allgemein angenommenen Wurzel ‚gleich sein' bzw. ‚gleichen/vergleichen' her (HAL 611) einen Aspekt des ‚Gleichnisses' in sich trägt.[31] Wenn die verschiedenen ‚Gleichnisse' der älteren Sprüche vielfach menschliche Beob-

---

[28] Vgl. von Rad, ebd. 26 f: „Der Text scheint durch die Kumulierung vieler Begriffe etwas Umfassenderes, Größeres anzuvisieren, das mit einem der verwendeten Begriffe unzureichend umschrieben wäre".

[29] S. ferner die Prologe in Sir 1 und Weish 1, 1–15; vgl. Spieckermann, Prologe, 291–303; auch Fox 71–78.

[30] Vgl. HAL 612; sonst Beyse, ThWAT V, 69–73, und die in der obigen Einl., Pkt. 2 a, angeführte Literatur.

[31] So hat M. Buber den Titel des Buches durch „Gleichsprüche" wiedergegeben.

achtungen und konkrete Erfahrungen widerspiegeln, ist das eben dem *maschal* eigen. Im Rahmen dieses Vorspruchs wird also der alte und sinnreiche Begriff *maschal* auf völlig neue Weise in einen Zusammenhang mehrerer synonymer Nomina und nahestehender Verben hineingenommen, die „die wichtigsten Begriffe des weisheitlichen Repertoires" ausmachen.[32] Dadurch werden sowohl die ‚Sprüche' in ihrer Vielfalt als auch die in wechselnden Begriffen ausgedrückte ‚Weisheit' auf einer hohen Reflexionsebene nun weiter differenziert, präzisiert und neuinterpretiert. Durch die Koppelung der ‚Sprüche' und der an dieser Stelle ‚gehäuften' Weisheitsbegriffe dürfte zudem ein gewisses ‚Zusammendenken'[33] der Weisheitsüberlieferung noch erstrebt worden sein. Auch in diesem Sinne lässt sich wohl der Vorspruch als ein Vorbau zum ganzen Buch und nicht nur zum ersten Hauptteil verstehen.[34]

Das erste und gewiss wichtigste Wort der folgenden Reihe von Abstraktbegriffen ist das der ‚Weisheit' (*ḥŏkmâ* 1, 2 a.7 b, vgl. 1, 5). Wie *maschal* weist auch das Lexem *chokma* ein breites Verwendungsspektrum auf.[35] Es reicht vom ‚kundig sein' im technischen (vgl. etwa Ex 28, 3) und administrativen Sinne (2Sam 15–17)[36] zum Rang eines ganz besonderen Hauptbegriffs der israelitischen Weisheitslehre; denn anders als in den Weisheitslehren der Nachbarvölker hat Israel durch dieses Wort einen sammelnden Zentralbegriff in ihrer Weisheitslehre geschaffen, welches höchst bemerkenswert ist. Nun fällt aber auf, dass eben dieser einmalige Hauptbegriff *chokma* im Kontext des Vorspruchs in ein ‚Koordinatensystem' anderer weisheitlicher Begriffe und Verben eingefügt worden ist. Dabei (V. 2–4) geht es um „Einsicht" (*bînâ*) und „Klugheit" (*ʿŏrmâ*), um „begreifen/erkennen" (*yāḏaʿ*) und „verstehen" (*bîn*), um „Erziehung"/„Belehrung" (*mûsār*), die „erworben" (*lāqaḥ*) werden will; die Sprüche führen „zum klugen Handeln" (*śkl* Hiph.) und zur „Besonnenheit" (*m^ezimmâ*), welches dem ethischen Bereich von „Gerechtigkeit, Recht und Redlichkeit" (*ṣäḏäq ûmišpāṭ ûmêšārîm*) nahe steht. Durch diesen Kontext kommen der Reichtum der Sprüche und die Bedeutung der Weisheit profiliert zum Vorschein, und dabei wird auch eine breite geistige und konkrete ethische Tätigkeit ausgedrückt.

Redend sind hier eigentlich die überlieferten *Sprüche* selbst, die die Weisen in ihrem Unterricht weiterbringen und so ‚zu Wort' kommen lassen; die Autorität der Weisen liegt eben im Wort der Sprüche, zumal das Wort ihre einzige Macht war. Angesprochen ist der junge und unerfahrene Mann (V. 4). Die Absicht der Sprüche besteht also darin, dem unerfahrenen Jungen die Weisheit mit ihrer Einsicht und Belehrung beizubringen, damit er beson-

---

[32] Plöger 9; Fox 58–65.

[33] Zu diesem Begriff s. noch M. Sæbø, Vom ‚Zusammendenken' zum Kanon, JBTh 3 (1988), 115–133; engl. in: Ders., On the Way to Canon, 285–307.

[34] Vgl. Spieckermann, Prologe, 292.

[35] S.o. die Einleitung, Pkt. 4 a; vgl. Sæbø, THAT I, 557–567; Müller/Krause, ThWAT II, 920–944.

[36] Vgl. McKane, Prophets and Wise Men, 15–62.

nen wird und ihm zum klugen und gerechten Handeln geholfen werden kann.

So hat das Beibringen der Weisheit eine klare pädagogische Funktion. Das Wissen ist zwar eine Einsicht intellektueller Art, doch ist es zugleich noch umfassender und praktischer, insofern es um das grundlegende Verständnis geht, wie man ein gutes und gerechtes Leben führen kann. Die Gabe und Aufgabe der Weisheit ist ethische Lebenskunst. Bei alledem umfasst die Weisheit eine Einübung in die – mehr oder weniger elitäre – Erziehung und Bildung der Weisen, wobei der Unerfahrene auch noch ihre Wortkunst lernen soll: „Spruch und anspielende Rede (*m^e^lîṣâ*) zu verstehen, Worte der Weisen und ihre Rätsel" (*ḥîḏotām*)" (V. 6). Zu all dem können – und sollen – also die vielerlei „Sprüche Salomos" den Jungen verhelfen. Zu den Voraussetzungen dieser Belehrung und Erziehung der Weisen gehören nicht nur das mannigfache Erfahrungserbe der Sprüche, sondern auch die Institution seiner ständigen Vermittlung durch die Eltern und die Weisen; eben als Vermittler dieses Erbes erweisen sie sich als kluge Erzieher der Jugend. Ihre ‚Zucht/Züchtigung', ihre ‚Erziehung/Belehrung' und resultativ ihre ‚Bildung' – alles liegt im *mûsār*[37] – ruht auf der Autorität der Lehrer, die wiederum im reichen Überlieferungsgut der Sprüche gründet, und zielt auf den Gehorsam der Schüler gegenüber dem überlieferten Erbe.

Es wird aber noch mehr ausgesagt. Indem V. 5 vor dem über die Bildung der Weisen handelnden V. 6 eingeschaltet worden ist, wird eigentlich die Autorität der Weisen durch die der Weisheit selbst überhöht. Denn die Weisheit selbst besitzt die höhere Autorität, wenn im V. 5 der Weise und der Verständige dazu ermahnt werden, die Sprüche zu „hören" und dadurch ihr eigenes „Wissen zu mehren" und „Lenkung/Führungskunst zu erwerben". Nicht nur die „Unerfahrenen", sondern auch ihre Lehrer, die kundigen Weisen, haben die Weisheit nötig und können durch sie ihre eigene Weisheit vertiefen; durch sie lassen sich ihre Bildung und Autorität noch vermehren. Das erkenntnismäßige Potential des überlieferten und gelehrten Spruchguts ist somit in der ‚Weisheit' gesammelt.

Mit V. 7 wird noch eine letzte wichtige Bewegung im Ganzen des Vorspruchs vorgenommen, denn da erhält er eine neue Dimension; auch nicht die Weisheit selbst besitzt die letzte Autorität, sondern sie ist durch die „Furcht vor Jahwe" (*yir'aṯ YHWH*) begrenzt, zumal sie, wie nun kurz verkündet wird, „das Erste – der Anfang – des Wissens" (*re'šîṯ da'aṯ*; V. 7 a) ausmacht.[38] Durch die „Furcht vor Jahwe" wird also die Weisheit religiös begründet und der theologische Charakter des Vorspruchs klar ausgesprochen (vgl. Jer 9,23–24); die „Furcht vor Jahwe" ist ‚das Juwel in der Krone' der Weisheit. Öfter ist diese theologisch wichtige Aussage als das ‚Motto' des Spruchbuchs genannt worden; sachgemäßer lässt sie sich aber als ein Grundprinzip der theologischen Weisheit in Israel bezeichnen. Im V. 7 b kommt

[37] Vgl. Sæbø, THAT I, 738–742; Branson, ThWAT III, 668–697; s. sonst zu Kap. 13.
[38] Vgl. Wildeboer 3.

schließlich ein ganz anderer wesentlicher Aspekt noch zum Ausdruck, und zwar der der Zweiteilung der Zuhörer, d. h. der Menschen, indem nun von den „Toren“, die die „Weisheit und Belehrung verachten“, als Antitypen zu den Weisen die Rede ist. Diese Art von Dichotomie wird im ganzen Buch der Sprüche öfter und vielfach fortgesetzt.[39]

Am Ende kann somit ein recht kompliziertes Wachstum in dem Vorspruch wahrgenommen werden. Nach dem Vollsinn seiner Endgestalt sind dann die „Sprüche“ – hier vor allem als Erbschaft des weisen König Salomo herausgestellt – eine Quelle der immer reicher gestalteten und im Jahwe-Glauben eingebetteten und ruhenden Weisheitslehre Israels geworden.

1, 8–9: Erstes Mahnwort zum gehorsamen Hören

8 **Höre, mein Sohn, auf die Belehrung deines Vaters,**
und verwirf nicht die Weisung deiner Mutter!
9 **Denn ein schöner Kranz sind sie deinem Haupt**
und Schmuckketten für deinen Hals.

Lit.: H. Delkurt, Ethische Einsichten (1993). – Fox 78–85. – J. Hausmann, Menschenbild (1995), pass. – C. Kayatz, Studien (1966), 34. 107 f. 111. – McKane 268. – A. Moss, Wisdom as Parental Teaching in Proverbs 1–9, HeyJ 38 (1997) 426–439. – A. Müller, Proverbien 1–9 (2000), 141–150. – R. Schäfer, Die Poesie der Weisen (1999), 22 ff.

Mit diesem poetisch straff gestalteten Mahnwort fängt das ermahnende Reden an, das dem ersten Hauptteil eigen ist. Das Mahnwort unterscheidet sich seinem Stil und Inhalte nach ganz vom bevorstehenden Vorspruch. Wie dieser hat es aber einen allgemeinen Charakter; vielleicht war es mal selber ein ‚Vorspruch‘. Aus dem Grund darf es von der folgenden konkreten Mahnrede (V. 10–19) auch verselbständigt werden, obwohl es ihr als Mahnwort nahe steht. Die Form des Mahnworts ist zunächst durch die direkte Anrede an den Sohn gekennzeichnet; durch die Begründung des Mahnrufs in der zweiten Hälfte (V. 9) erweist es sich zudem als ein motiviertes Mahnwort. In jeder Hälfte hat es eine doppelte Form, die parallel gebaut ist, und die vor allem zu seiner poetischen Schönheit beiträgt. Dieses generelle Mahnwort fungiert nun als Übergang zwischen dem Vorspruch des ersten Hauptteils und der ersten konkreten Mahnrede.[40]

Wenn der weise Lehrer seinen Schüler als „meinen Sohn“ (*b^e^nî*) anredet und gleichzeitig auf die „Belehrung“ des Vaters und die „Weisung“ der Mut-

[39] S. bes. Schäfer, Poesie, 19–21; auch von Rad, Weisheit, 91–97.

[40] Die stilistische und inhaltliche Eigenart von Spr 1, 8–9 ist kaum hinreichend beachtet worden. Öfter wird 1, 8–19 als „1. Lehrrede“ gerechnet, vgl. etwa Meinhold 44–46; Müller, Proverbien 1–9, 141–150; auch Fox 78–95; anders nehmen Plöger, 13–15, V. 8 f. mit V. 7 und Spieckermann, Prologe, 292–297 mit 1, 1–7 zusammen, während Kayatz, Studien (1966), 34, die Verse als eine eigene „Einheit“ auffasst; vgl. McKane 268.

ter verweist, ist diese Anrede eigentlich spannungsreich; doch wird sie in ihrem weiteren Zusammenhang zu beachten sein. Die Sohn-Anrede, die im ersten Hauptteil öfter vorkommt[41] und hier mit ‚Hören' verbunden ist, was eine mündliche Anrede, Weisung und Erziehung voraussetzt, war auch im weisheitlichen Unterricht außerhalb Israel bekannt, wobei der ‚Sohn' den Schüler bedeutet. Dieser erweiterte Gebrauch von ‚Sohn' kam auch in Israel vor, etwa in Bezug auf den Prophetenjünger (vgl. 2Kön 2, 12; 4, 38). Es ist höchst wahrscheinlich, dass die häufige Anwendung dieser Anrede in Sammlung I (und III) vor allem den Schüler des Weisen meint. In diesem ersten Mahnwort aber, wo es nicht so sehr von den Weisen, wie im Vorspruch, sondern ausgesprochen von dem Vater und der Mutter die Rede ist, dürfte in erster Linie der grundlegende Unterricht durch die Eltern im Blick sein. Auf seiner Grundlage haben aber die Weisen weitergebaut.

Wenn im Vorspruch das Verhältnis des Jungen zu den Weisen als ein Autoritätsverhältnis bezeichnet wurde, so gilt das noch mehr vom Verhältnis zwischen dem Sohn und seinen Eltern. Dadurch erhalten die Voraussetzung und die Autorität der weisheitlichen Erziehung, die in Bezug auf den Vorspruch erörtert wurden, hier eine wesentliche Erweiterung, indem der Vater wie die Mutter als die primären Autoritätspersonen dastehen. Zum Bild der elterlichen Autorität tragen demnächst die verwendeten Verben und ihre Objekte mehrfach bei. Der Imperativ ‚Höre', der als Höraufforderung oder Aufmerksamkeitsruf das Mahnwort einleitet (vgl. 4, 10; 23, 19. 22), ist mit ‚Belehrung' als Objekt verbunden.[42] Das ‚Höre' bedeutet zudem nicht nur ein ‚hinhören', sondern schließt auch ein ‚tun', ein ‚gehorchen' mit ein (vgl. 6, 20 a; auch Ex 24, 7; Dtn 6, 4–7; Jak 1, 22); es handelt sich also um Gehorsam dem Gesagten der elterlichen Erziehung gegenüber. Das wird durch die parallele Aufforderung im V. 8 b (wie 6, 20 b) noch unterstrichen; denn der Sohn soll der Mutter ‚Weisung' oder ‚Lehre' (*tôrâ*, in anderen Zusammenhängen das ‚Gesetz') ‚nicht verwerfen' oder ‚nicht unbeachtet lassen', was dem ‚hören/gehorchen' der väterlichen Zurechtweisung gegenüber gleichkommt. Diese Gleichberechtigung der Mutter, hier wie auch sonst im Spruchbuch (vgl. 4, 3; 6, 20; 10, 1; 15, 20; 23, 22. 25; 31, 1–9; 31, 10–31), fällt in der Tat auf, zumal Entsprechendes in etwa den ägyptischen Weisheitslehren sich nicht finden lässt.[43]

In der Begründung des Mahnworts (V. 9) ist bemerkenswert, dass nun nicht vom Nutzen oder Gewinn die Rede ist, sondern dass eine Hochschätzung der elterlichen Erziehung metaphorisch ausgedrückt wird, indem sie mit einem „schönen Kranz" (*liwyaṯ ḥen*) für das Haupt (sonst nur noch in

[41] Neben 1, 8 so in 1, 10. 15; 2, 1; 3, 1. 11. 21; 4, 10. 20; 5, 1. 20; 6, 1. 3.20; 7, 1; dazu noch in Sammlung III (23, 15. 19. 26; 24, 13. 21), sonst im Spruchbuch nur noch 19, 27 u. 27, 11.

[42] Mit ‚hören' meint *mûsār* nicht physische ‚Zucht', sondern ‚Zurechtweisung', ‚Erziehung', ‚Unterweisung' sowie resultativ ‚Bildung'; vgl. Sæbø, THAT I, 738–742; Branson, ThWAT III, 688–697; Delkurt, Einsichten, 30–44.

[43] Vgl. Kayatz, Studien, 34: „Wir finden dazu keine Parallele in den ägyptischen Lehren".

4,9, und da von der Weisheit) sowie mit „Schmuckketten" (*ʿᵃnāqîm*; sonst Ri 8,26; vgl. Hld 4,9) für den Hals verglichen wird. Insofern diese Ausdrucksweise ägyptisch beeinflusst sein mag, indem sie sich auf den amtlichen Schmuck hoher Würdenträger bezieht (vgl. auch Gen 41,42), lässt diese Metaphorik dem Sohn, der der elterlichen Erziehung folgt, nicht nur eine hohe Würde zusagen, sondern bedeutet ihm auch etwa ein „Lebens- und Schutzsymbol".[44]

Durch sein generelles Gepräge mag dies erste Mahnwort – wie schon der Vorspruch – weiter als nur zur nächsten Mahnrede schauen wollen. Seine besonders schön gestaltete und begründete Aufforderung zum Hören darf auch die Ermahnungen und Reden der folgenden Kapitel gelten; in Bezug auf sie mag das Voranstellen der Erziehung der Eltern beachtenswert sein.

1,10–19: Konkrete Warnung vor den Sündern

10 **Mein Sohn, wenn Sünder dich locken,**
dann folge ihnen nicht!
11 **Wenn sie sagen: „Geh mit uns! Wir wollen auf Blut lauern,**
ohne Grund dem Unschuldigen nachstellen,
12 **wir wollen sie verschlingen lebendig – wie die Unterwelt,**
vollständig wie solche, die ins Grab fahren,
13 **wir wollen allerlei Kostbarkeiten finden,**
unsere Häuser mit Beutegut anfüllen;
14 **wirf nun dein Los in unserer Mitte,**
wir werden alle nur einen Beutel haben",
15 **dann, mein Sohn, geh nicht den Weg mit ihnen,**
halte zurück deinen Fuß von ihrem Pfad!
16 **Denn ihre Füße laufen zum Bösen**
und eilen, um Blut zu vergießen.
17 **Denn nutzlos wird das Netz ausgebreitet**
vor den Augen aller Geflügelten.[45]
18 **Sie lauern auf ihr eigenes Blut**
und stellen selbst ihrem Leben nach.

19 **So ergeht es jedem, der unrechten Gewinn einstreicht:**
er nimmt seinem Besitzer das Leben.

Lit.: S.L. Harris, Proverbs 1–9 (1995), 33–65. – J. Hausmann, Menschenbild (1995), pass. – A. Müller, Proverbien 1–9 (2000), 141–150. – R. Schäfer, Poesie der Weisen (1999), 22–31.

---

[44] Vgl. Kayatz, ebd. 111.

[45] Vgl. D. Winton Thomas, Textual and philological notes, FS Rowley (1955/1960), 280–292; 281 f.

Während das obige kurze Mahnwort (V. 8–9) einen allgemeinen Charakter trägt, ist diese Mahnrede ausführlicher und konkreter.

Die Rede weist einen stilistisch kunstvollen und syntaktisch recht komplizierten Aufbau auf: Von einem Rahmen genereller Art (V. 10 und 19) umgeben ist ihr Hauptteil (V. 11–18) zweigeteilt. Nach einem durch lange Zitate geprägten Vordersatz (Protasis, V. 11–14) folgt erstens ein mit wiederholter Sohn-Anrede folgernder Nachsatz (Apodosis, V. 15). Während im V. 10 die Warnung mit „nicht" (*'al*) im Nachsatz sich an den kurzen Vordersatz mit der Konj. „wenn" (*'im*) gleich anschließt, sind im Hauptteil die Konj. „wenn" (V. 11 aα) und die Negation der Warnung mit „nicht" (*'al*; V. 15 a) durch die langen Zitate weit auseinandergesprengt. Zweitens erhält die im Nachsatz gegebene Abmahnung eine doppelte Begründung (V. 16 und 17, der durch V. 18 erweitert ist). Trotz dieser sehr komplexen Syntax ist das Grundmuster der Mahnrede doch das eines motivierten Mahnworts, das also in diesem Fall mehrfach erweitert worden ist.

Die Mahnrede hat im Hauptteil, V. 11–18, den Charakter einer durch Zitate lebendig erzählten ‚Beispielerzählung', die zudem noch mehrere Berührungspunkte mit der Erzählung in Gen 37, 12–36 aufweist.[46] Sie fängt mit der Sohn-Anrede an, die beim Anfang des Nachsatzes (V. 15 a) noch wiederholt wird (in der Septuaginta aber ausgelassen). Durch sie wollen die Weisen um die Aufmerksamkeit und den Willen des Jungen werben; sie wollen ihn vor der Überredung der lockenden „Sünder" (*ḥaṭṭā'îm*), der Frevler, bewahren. Der Sinn des breiten Zitats scheint darin zu bestehen, dass die Frevler eben durch ihre eigenen Worte und ihre ausgesprochen üblen Vorhaben nicht nur negativ geschildert, sondern dadurch auch schon verurteilt werden. Dahinter steckt der in der Weisheitslehre grundlegende Gedanke eines Tun-Ergehen-Zusammenhangs, der im Folgenden öfter anzutreffen wird; er ist also in der ersten Mahnrede schon anvisiert.[47]

1, 20–33: Eine Rede der Weisheit

20 **Die hohe Weisheit[48] ruft laut auf der Straße,**
auf den Plätzen erhebt sie ihre Stimme,
21 **an den lärmerfüllten Orten ruft sie,**
an den Toreingängen, in der Stadt[49] hält sie ihre Reden:

---

[46] So bes. Harris, Proverbs 1–9 (1995), 52–61, der auch rabbinisches Material herbeizieht, 61–65.

[47] Zum Tun-Ergehen- bzw. Tat-Folge-Zusammenhang s. die obige Einleitung, Pkt. 4 c.

[48] Die Pluralform *ḥŏḵmôṯ* (vgl. 9, 1, an beiden Stellen mit Predikat im Sing., sonst 24, 7; Ps 49, 4) bedeutet etwa ‚hohe – oder: große – Weisheit'; vgl. Gemser 22: „wohl als Ehrenbezeichnung gemeint: die allumfassende, lautere, wahrhaftige und höchste Weisheit"; Fox 97; Bühlmann, Reden, 217 f (zu 24, 7); HAL 302; Sæbø, THAT I, 557–567.

[49] Der etwas überladene Versteil 21 bα mag eine Kontamination zweier Varianten sein, und zwar *bᵉp̄itḥê šᵉʿārîm* und *bāʿîr*; zu G s. BHQ 31*; vgl. die ebenfalls breite Einleitung in Spr 8, 1–3; s. sonst Schäfer, Poesie, 38–41.

22 „Wie lange wollt ihr Einfältigen Einfalt lieben –
und wollen die Spötter Lust an Spott haben
und die Toren Erkenntnis hassen?[50]
23 Wendet ihr euch an meine Zurechtweisung!
Siehe, ich will euch meinen Geist ausgießen,[51]
euch meine Worte kennen lassen.
24 Weil ich gerufen habe, aber ihr euch weigertet,
meine Hand ausgestreckt habe, aber niemand Acht gab,
25 ja, ihr all meinen Rat in den Wind schlugt
und meine Zurechtweisung nicht wolltet,
26 so will auch ich bei eurem Unglück lachen,
verspotten, wenn euer Schrecken kommt,
27 wenn euer Schrecken wie ein Unwetter kommt,
und euer Unglück wie ein Sturmwind anrückt,
wenn Not und Bedrängnis über euch kommen.
28 Dann werden sie mich anrufen, aber ich antworte nicht,
sie werden nach mir suchen, aber mich nicht finden.
29 Weil sie Erkenntnis gehasst
und die Furcht Jahwes nicht erwählt haben,
30 meinen Rat nicht gewollt,
all meine Zurechtweisung verschmäht haben,
31 so sollen sie von der Frucht ihres Wandels essen
und sich von ihren eigenen Ratschlägen sättigen.
32 Denn die Abtrünnigkeit der Einfältigen wird sie töten
und die Selbstsicherheit der Toren sie verderben.
33 Wer auf mich hört, wird in Sicherheit wohnen
und vom Schrecken des Unheils ungestört sein."

Lit.: G. Baumann, Weisheitsgestalt (1996), 173–199. – J. Emerton, A Note on the Hebrew Text of Proverbs 1, 22–23, JTS 19 (1968), 609–614. – S.L. Harris, Proverbs 1–9 (1995), 67–109. – C. Kayatz, Studien (1966), 119–134. – B. Lang, Frau Weisheit (1975), 147 ff, bes. 168 ff. – B.L. Mack, Logos und Sophia. Untersuchungen zur Weisheitstheologie im hellenistischen Judentum, StUNT 10, Tübingen 1973, 34 ff. – A. Müller, Proverbien 1–9 (2000), 192–213. – R.E. Murphy, Wisdom's Song: Proverbs 1:20–33, CBQ 48 (1986) 456–460. – Ders., The Personification of Wisdom, FS Emerton (1995), 222–233. – M. Sæbø, Was there a ‚Lady Wisdom' in the Proverbs?, in: FS Skarsaune (2011), 181–193. – R. Schäfer, Die Poesie der Weisen (1999), 32–51. – P. Trible, Wisdom Builds a Poem, JBL 94 (1975), 509–518. – B.K. Zabán, The Preposition לְ, the Verb חָמַד and the „Scoffers" in Proverbs 1:22, VT 59 (2009), 630–652.

[50] Zur Syntax in V. 22 f. vgl. Emerton, JTS 19 (1968), 609 ff.; Harris, Proverbs 1–9, 71–79.

[51] So mit GesB 481 b; McKane 212; 274. HAL 628 a, Plöger 12, Ringgren 16 übersetzen: ‚sprudeln/quellen lassen'. Zum Bedingungssatz ohne Bedingungspartikel vgl. HebrSynt § 134 c; 164 a; Meyer, HebrG § 122, 1–2.

Die Komposition 1,20–33 ist einmalig im Alten Testament. Der Form nach ist sie dem Aufbau von Kap. 8 zwar weithin ähnlich, denn an beiden Stellen hält die personifizierte Weisheit eine lange Ich-Rede (1,22–33; 8,4–36); doch inhaltlich unterscheiden sich die zwei Reden mehrfach.[52] Um dem besonderen Charakter der jeweiligen Rede besser Rechnung tragen zu können, wird man sie darum möglichst auseinanderhalten.

Die Einheit 1,20–33, die man gelegentlich – wohl aber kaum mit Recht – als ‚Gedicht' oder ‚Lied' oder ‚Zwischenspiel' bezeichnet hat, ist aus mehreren und sehr verschiedenen Elementen aufgebaut. Einleitend wird die „hohe Weisheit" (*ḥŏḵmôṯ*, pl. von sg. *ḥŏḵmâ* ‚Weisheit', sonst 9,1; vgl. 14,1; 24,7) von den Weisen nicht nur als eine personifizierte, sondern hier vor allem als eine verkündende Gestalt vorgestellt (V. 20 f); nun ist ‚Weisheit' grammatikalisch zwar ein Femininum, die Weisheitsgestalt wird aber nicht eine Frau genannt.[53] Ferner wird es recht breit ausgeführt, dass ihre Verkündigung nicht im geheimen, sondern im öffentlichen Raum vorgeht, da wo sich die Leute versammeln, zumal dies durch einen doppelten Parallelismus ausgedrückt wird: „auf der Straße/auf den Plätzen", „an den lärmerfüllten Orten/an den Toreingängen, in der Stadt". Es geht nachdrücklich um den Raum des öffentlichen Lebens in der Stadt, wie dies sich am Markt oder beim Gericht „im Tor" verwirklicht.[54] Die Weisheit sucht also das Volk auf, da wo es sich trifft, und will mit ihm ins Gespräch kommen.

Die lange Ich-Rede (V. 22–33) ist mit ihren wechselnden Formen und Bestandteilen bemerkenswert bunt. Sie fängt nicht milde an, sondern als eine scharfe Scheltpredigt (V. 22), geht aber rasch in eine positiv ermahnende Aufforderung und zudem noch in Verheißungen über (V. 23). Wenn sie zudem noch durch eine Anrede, und zwar in der Form einer anklagenden Frage: „Wie lange (*ʿaḏ-māṯay*) wollt ihr Einfältigen (*pᵉṯāyim*) Einfalt (*pāṯî*) lieben?" (V. 22 aα),[55] anfängt, aber gleich darauf zu zwei vorwurfsvollen Aussagen in der dritten Person wechselt (V. 22 aβb) – nun über die Spötter (*leṣîm*) und die Toren (*kᵉsîlîm*), wird V. 22 aβb öfter als ‚Glosse' ausgelassen.[56] Doch im Blick auf den sonst barocken Stil der Rede, die übrigens auch nach V. 27 zu dritter Person wechselt, dürfte diese Operation voreilig sein; denn die einfache Anrede mag – im Laufe der Überlieferung – in eine dreifältige Anrede/Aussage erweitert worden sein, um so den Aussagegehalt der anfänglichen Anrede zu verstärken. Dazu ist noch beachtenswert, dass der folgende Hauptteil der Rede, der zweigeteilt ist (V. 24–27 und 28–32 samt 33), in seinem zweiten

---

[52] Vgl. noch Spr 9,4–6 sowie Sir 24,1–22.

[53] Vgl. Sæbø, Was there a ‚Lady Wisdom' in the Proverbs? in: FS Skarsaune (2011), 181–192.

[54] Vgl. Ruth 4,1–2; Hiob 29,7 und 8–14; dazu etwa L. Köhler, Die hebräische Rechtsgemeinde, in: Ders., Der hebräische Mensch, Tübingen 1953, 143–171.

[55] Es fällt auf, dass nach dem Frageadverb *ʿaḏ māṯay* „wie lange?" (vgl. E. Jenni, THAT I, 933–936) ein *paseq* eingefügt worden ist; zu seiner Funktion vgl. M. Sæbø, in: FS Schenker (2006), 227–238.

[56] So BHK, BHS und etwa Müller, Proverbien 1–9, 194. 197, aber nicht BHQ.

Teil, der also auch von Anrede zur Aussage wechselt, gewisse phraseologische Verbindungen mit den einleitenden V. 22 b und 23 a aufweist, und zwar „Erkenntnis hassen" (V. 22 b und 29 a) und „meine Zurechtweisung" (V. 23 a, auch V. 25 b, und 30 b); endlich ist im V. 32 wiederum von den „Einfältigen" und den „Toren" wie im V. 22 die Rede. Schließlich wird der Hauptteil im V. 33 abgerundet, und zwar durch ein verheißendes Mahnwort, das allgemein gestaltet ist. So erweist sich diese Ich-Rede der Weisheit als ein sehr komplexes Geflecht, und zwar nicht nur in formaler, sondern auch in inhaltlicher Hinsicht. Das lässt sich durch weitere Beobachtungen noch bestätigen.

Es gehört zur Eigenart dieser einmaligen Rede der Weisheit, dass sie in gewissem Ausmaß der häufig vorkommenden prophetischen Gerichtsrede ähnelt, die zumeist mit einer Anklage anfängt und in ein Drohwort endet. Der Hauptteil der Rede (V. 24–33) setzt in seinem ersten anredenden Teil (V. 24–27) die Anklagerede von V. 22 fort. Die schuldaufweisende Anklage beginnt (V. 24 a) mit der begründenden Konj. „weil" (*yaʿan*), auf die im V. 26 a nicht das im prophetischen Drohwort übliche „darum" (*lāḵen*), sondern der den Kontrast hervorhebende Ausdruck „so will auch ich" (*gam-ʾanî*) folgt; das dadurch eingeführte Drohwort wird im V. 27 breit fortgeführt. Nicht nur die Form mutet hier prophetisch an, sondern so auch die inhaltlichen Elemente, die wie Bausteine aus einer weiten vorwiegend prophetischen Überlieferung verwendet worden sind. Das „rufen – sich weigern", also ‚nicht hören', (V. 24 a) lässt sich mit Jer 7, 24–28; 9, 13; 25, 7; 32, 33 sowie mit Jes 66, 4 vergleichen; die „ausgestreckte Hand", auf die man „nicht Acht gibt", (V. 24 b) erinnert an Jes 65, 2; von einem verspottenden Lachen (V. 26) ist sonst in Ps 2, 4 die Rede. In seinem zweiten aussagenden Teil (V. 28 ff.) redet sodann der Hauptteil von dem, der sich am Ende nicht finden lassen will (V. 28, vgl. V. 24), und kommt dabei den Aussagen in Jes 1, 15; Jer 11, 11; Hos 5, 6; Mi 3, 4 nahe.

Nach Form und Inhalt scheint somit die Weisheit weithin wie ein Prophet zu verkünden – und ist doch kein Prophet. Sie tritt nicht mit dem für die Propheten typisch legitimierenden „So spricht der Herr" (*koh ʾāmar YHWH*) auf. In ihren Drohworten kündet sie nicht wie die Propheten ein unwiderrufliches Gericht Gottes an, sondern malt ein kommendes „Unglück" (*ʾêḏ*) und parallel einen „Schrecken" (*paḥaḏ*) aus (V. 26–27), wobei noch auffällt, dass dieses Unglück und dieser Schrecken als eine Folge ihrer eigenen Weigerung und ihres Ungehorsams kommen werden; es sind eben ihre eigene Taten, die sie einholen werden, wie es im ‚Drohwort' des aussagenden zweiten Teils auch direkt zum Ausdruck kommt (V. 31): „so sollen sie von der Frucht ihres Wandels essen/und sich von ihren eigenen Ratschlägen sättigen". Das entspricht vollends dem Grundsatz des Tun-Ergehen-Zusammenhangs.[57] Doch ist das nicht das letzte Wort der Rede; denn wegen der rahmenden Mahnungen und Verheißungen in V. 23 und 33, die nun den positiven Zweck der

[57] Vgl. V. 18–19 oben; s. die obige Einleitung, Pkt. 4 c.

Rede ausdrücken, wird aber einerseits dem Charakter der Rede als scharfer Anklage- und Drohrede eigentlich die Spitze genommen; andererseits aber will wohl diese überraschende ‚Wendung' der Weisheitsrede den positiven Zweck der Rede ausdrücken und dürfte pädagogischer Art sein, wie ein pädagogischer Sinn und Zweck dem Reden der Weisen überhaupt eigen ist. Charakteristisch dieser Rede ist endlich, dass in V. 25 und 30 typisch weisheitliche Begriffe wie „Rat" (*ʿeṣâ*) und „Zurechtweisung" (*tôkaḥat*) verwendet sind. So lässt sich diese besondere Ich-Rede der Weisheit wohl am besten als eine zwar prophetisch inspirierte, aber doch letztlich weisheitlich geprägte Bußpredigt[58] bezeichnen.

Aber auch als weisheitliche Rede ist diese Rede anders als die übrigen Reden der Weisen; sie ist einmaliger Art, und die verkündende Weisheit ist etwas anders und mehr als Prophet und Weiser. Dabei ist vor allem der Umstand bemerkenswert, dass die Weisheit hier nicht im Namen anderer spricht oder eine Botschaft anderer überbringt, sondern in eigener Vollmacht redet. Das Mahnwort im V. 23 ist am besten in dieser Radikalität zu verstehen, wenn die Weisheit im V. 23b verheißend ausspricht: „Siehe, ich will euch meinen Geist ausgießen/euch meine Worte wissen lassen". Die Radikalität dieser Aussage besteht eben darin, dass eine Rede dieser Art sonst nur noch im Mund Gottes möglich ist; denn nur Gott kann seinen Geist zur Ausrüstung verleihen (vgl. Jes 11,2; 44,3; Joel 3,1); und wenn dann gleichzeitig „meine Worte wissen lassen" gesagt wird, mag diese verheißende Aussage den Sinn haben, dass die Weisheit göttliche Offenbarung mitteilen will. So darf die Doppelaussage im V. 23b nicht in irgendwelcher Weise abgeschwächt werden, zumal in all den prophetischen Redeweisen, auf die der Hauptteil der Rede anspielt, Gott das Subjekt ist; es geht also im Grunde um Gott und das Verhältnis zu ihm. Es ist Gott, der über sein Volk klagt, dass es seinen Ruf nicht hat hören wollen; es ist Gottes Hand, die zu unnütz ausgestreckt ist, wie es vor allem in Jes 65,2a heißt: „Ich streckte meine Hände aus den ganzen Tag nach einem ungehorsamen Volk, das nach seinen eigenen Gedanken wandelt"; es ist Gott, der seine Augen verbergen will, und der nicht hören will (vgl. Jes 1,15; Jer 11,11; Mi 3,4); und es ist Gott, „der im Himmel thront", der über das kommende Unheil lachen wird (vgl. Ps 2,4), wie auch Gott in Jes 66,4 (vgl. Spr 1,26) sagt: „so will auch ich (*gam-ʾanî*) … über sie kommen lassen, wovor ihnen graut".

Das inhaltlich sehr Bemerkenswerte in diesem Zusammenhang ist also, dass „die hohe Weisheit" (V. 20) in Rollen auftritt, die sonst nur noch Gott innehat. Diese Weisheit erhält dabei göttliche Qualitäten, oder auch noch: diese Weisheit verleiht Gott ein neues und besonderes Angesicht. So braucht es keine gesuchte Ausdrucksweise zu sein, wenn man die Weisheit als eine Offenbarungsträgerin bezeichnet hat. Wenn die Weisheit schließlich ihre Rede mit der allgemeinen Verheißung endet: „Wer auf mich hört, wird in

[58] Vgl. etwa Köhler, Die hebräische Rechtsgemeinde, 163f.

Sicherheit wohnen“, dann gibt sie den Hörenden und Gehorsamen auch einen Segen (vgl. Mi 4, 4); ihre Rede hat Heilsbedeutung. Höher kann „die hohe Weisheit“ wohl kaum eingeschätzt werden.

2, 1–22: Unterweisung der Weisheit

1 **Mein Sohn,**
wenn du meine Worte annimmst,
und meine Gebote bei dir aufbewahrst,
2 **so dass du der Weisheit dein Ohr leihst**
und dein Herz der Einsicht zuneigst,
3 **ja, wenn du nach Verstand rufst,**
nach Einsicht deine Stimme hören lässt,
4 **wenn du sie suchst wie Silber**
und nach ihr wie nach Schätzen forschest,
5 **dann wirst du die Furcht vor Jahwe verstehen**
und die Erkenntnis Gottes finden;
6 **denn Jahwe ist es, der Weisheit gibt,**
aus seinem Munde kommen Erkenntnis und Einsicht,
7 **er wird den Redlichen Gelingen aufsparen,**[59]
denen ein Schild sein, die lauter wandeln,
8 **indem er die Pfade des Rechts behütet,**
und den Weg seiner Frommen[60] **bewacht;**
9 **dann wirst du verstehen Gerechtigkeit und Recht**
und Redlichkeit, jedes Gleis des Guten,
10 **denn Weisheit wird in dein Herz gelangen**
und Erkenntnis deiner Seele lieblich sein,
11 **Besonnenheit wird dich behüten,**
Einsicht wird dich bewahren,
12 **um dich zu retten vor dem bösen Weg,**
vor einem Mann, der Falsches redet,
13 **vor denen, die gerade Pfade verlassen,**
um auf finsteren Wegen zu gehen,
14 **die sich freuen, Böses zu tun,**
jubeln über Ränke des Bösen,
15 **deren Pfade krumm sind,**
und die abwegig sind in ihren Bahnen,
16 **um dich zu retten vor der fremden Frau,**
vor der Fremden, die ihre Reden glatt macht,
17 **die den Freund ihrer Jugend verlässt**
und den Bund ihres Gottes vergisst,

---

[59] Mit qere und V T (s. BHQ); vgl. HAL 982 a; Plöger 23.
[60] Plur. mit qere und den meisten alten Übersetzungen (s. BHQ).

18 **ja,[61] zum Tode senkt sie ihr Haus[62]**
und zu den Toten ihre Bahnen,
19 **alle, die zu ihr eingehen, kehren nicht zurück**
und gelangen nicht zu den Pfaden des Lebens,
20 **damit du auf dem Weg der Guten gehst**
und die Pfade der Gerechten einhalten kannst.

21 **Ja, die Redlichen werden das Land bewohnen**
und die Untadeligen darin verbleiben;
22 **aber die Frevler werden aus dem Land ausgerottet**
und die Treulosen daraus weggerafft.

Lit.: G. Baumann, Weisheitsgestalt (1996), 227–231. – G. Boström, Proverbiastudien (1935) 14–52. – C. Camp, Wisdom and the Feminine (1985). – J. Cook, אִשָּׁה זָרָה: A Metaphor for Foreign Wisdom?, ZAW 106 (1994) 460–465, esp. 461–465. – J.A. Emerton, A Note on Proverbs II.18, JThS 30 (1979) 153–158. – M.V. Fox, The Pedagogy of Proverbs 2, JBL 113 (1994) 233–243 (vgl. Proverbs 1–9, 2000, 106–141). – J. Hausmann, Menschenbild (1995), pass. – C. Kayatz, Studien zu Proverbien 1–9 (1966), 63–66. – B. Lang, Weisheitliche Lehrrede (1972), 27–60; 87–99. – C. Maier, Die „fremde Frau" (1995), 84–110. – D. Michel, Proverbia 2 – ein Dokument der Geschichte der Weisheit, FS Preuß (1992), 233–243. – A. Müller, Proverbien 1–9 (2000), 52–73. – R. Schäfer, Die Poesie der Weisen (1999), 52–74. – L.A. Snijders, The Meaning of *zār* in the Old Testament, OTS 10 (1954) 1–154. – Ders., Art. *zûr/zār*, ThWAT II, 556–564. – N. Nam Hoon Tan, The ‚Foreignness' of the Foreign Woman in Proverbs 1–9 (2008), 84–87. 124–126. – R.N. Whybray, Some Literary Problems in Proverbs I–IX, VT 16 (1966) 482–496.

Wie in der obigen Übersetzung einigermaßen zum Ausdruck gebracht ist, macht Sprüche 2, von seinem Kontext deutlich abgegrenzt, ein syntaktisch einmaliges Geflecht aus.[63] Formal wie inhaltlich, als Ganzes wie in ihren Teilen ist diese Komposition höchst bemerkenswert. Wie schon in Bezug auf Spr 1, 1–6 gesagt wurde, mag auch diese poetische Einheit[64] als Ausdruck einer hohen gelehrten Formulierungskunst der Weisen angesehen werden; und dass die Einheit dazu 22 Verse umfasst – dieselbe Zahl wie das hebräische Alphabet, aber ohne dass sie als ein Akrostichon ausgezeichnet ist – dürfte wohl in dieselbe Richtung zeigen.[65] Sie klingt fast wie Rudyard Kiplings berühmtes Gedicht „*If* –" an den jungen Mann, nur sind Blickrichtung und Ziel völlig anders.

---

[61] Öfter begründend ‚denn', aber im Kontext wohl eher emphatisch, s. HAL 448 b, Pkt. I.

[62] Zu diesem *crux interpretum* vgl. Emerton, A Note on Proverbs II.18, 155 ff; Schäfer, Poesie, 62–64.

[63] Vgl. Maier, Die „fremde Frau", 86–102; Michel, Proverbia 2, 233–243; Müller, Proverbien 1–9, 52–73.

[64] Zum fein erarbeiteten Stil, mit durchgehend Parallelismen und auch Chiasmen, vgl. Schäfer, Poesie, 52–74.

[65] S. sonst die akrostischen Psalmen 37 und 119 sowie die „Lehrdichtung" Ps 1; vgl. Kraus, Psalmen, 63–66, 133.

Die Komposition, deren Gattung einige als ‚Lehrrede' bezeichnet haben,[66] ist in barocker Breite von verschiedenen Bestandteilen aufgebaut.[67] Wenn man zuerst die kurze einleitende Anrede „mein Sohn" (V. 1 a) und die durch *kî* „ja," (sonst oft „denn") eingeleiteten V. 21–22, die einen dichotom geformten, allgemeinen Abschluss ergeben, als den Rahmen der Einheit abhebt,[68] weist das Kernstück (V. 1–20) aufgrund der mehrfachen Hypotaxe eine ganz besondere Syntax auf; es „bildet eine einzige Satzperiode, wiewohl ohne strenge Syntax".[69] Dabei machen V. 1–4, mit dreimal „wenn" (*'im*), als dreifacher Bedingungssatz den Vordersatz aus, während die folgenden V. 5–20 den weit umfassenderen Nachsatz bilden, der zwar in mehreren Anläufen ergeht und aus verschiedenen Formelementen besteht, die aber in einem strengen Aufbau vereint worden sind. So fängt der Nachsatz im V. 5 mit „dann" (*'āz*) an und setzt die Du-Anrede des Vordersatzes fort. Danach wird aber in V. 6–8 die Du-Anrede abgebrochen und, durch „denn" (*kî*) eingeführt, eine Art Begründung des Vorangehenden gegeben; in Anknüpfung an ‚Stichworte' im V. 5 wie Jahwe und „Erkenntnis" wird in V. 6–8 breit von Jahwe und seinen erkenntnisgebenden und behütenden Taten den „Redlichen" (*y^ešārîm*) und „Frommen" (*ḥ^asîḏîm*) gegenüber – fast lobend – geredet. Darauf folgt im V. 9 ein neuer Anlauf des Nachsatzes, wieder mit „dann" (*'āz*) am Anfang und Du-Anrede; und wieder folgt eine Art Begründung, die durch „denn" (*kî*) eingeführt ist (V. 10), so dass zwischen V. 5–6 und 9–10 eine gewisse Parallelität entsteht. Anders ist aber nun, dass die Du-Anrede bis V. 12 a fortgesetzt und danach in V. 16 a und V. 20 wieder aufgenommen wird; darüber hinaus sind V. 12 a und dazu parallel V. 16 a durch das finale ‚um zu' (*l^e* und Inf.): „um dich zu retten", und V. 20 a durch das finale „damit" (*l^ema'an*): „damit du …" eingeleitet. Zwischen diesen Anreden stehen Aussagen in dritter Person, die mit gleicher Länge und beidemal in reicher Metaphorik das schildern, vor dem der Angesprochene gerettet werden soll; nach V. 12 a: „um dich zu retten von dem bösen Weg" folgt in V. 12 b-15 eine bilderreiche Rede von etwa den „finsteren Wegen" und „krummen Pfaden",[70] und ebenso nach V. 16 a: „um dich zu retten vor der fremden Frau" in V. 16 b-19 eine herbe Schilderung der verhängnisvollen Folgen, die jeder Kontakt mit der ‚fremden Frau' herbeiführen wird, zumal „sie ihr Haus zum Tode senkt" (V. 18 a), und dazu gesagt wird: „alle, die zu ihr eingehen, kehren nicht zurück / und erreichen nicht die Pfade des Lebens" (V. 19; vgl. 9, 18, am

---

[66] S. bes. Lang, Die weisheitliche Lehrrede, 27 ff; Meinhold 62; vgl. Michel, Proverbia 2, 238 f.

[67] Vgl. Kayatz, Studien, 65, die „Einheit besteht aus Formelementen, die uns alle aus den ägyptischen Lehren bekannt sind. … Die Besonderheit dieser Einheit gegenüber den ägyptischen Einheiten liegt vor allem in der Häufung der bedingten Verheißungen". Zu Gemeinsamkeiten von Kap. 2 und 4 vgl. Müller, ebd. 58 f.

[68] Vgl. 1, 10 und 19 als Rahmen der Einheit 1, 10–19, und sonst 1, 7 und 1, 33 in ihrem jeweiligen Kontext.

[69] So Gemser 25; vgl. Scott 41 f; Meinhold 62 f; sonst Michel a.a.O.

[70] Zu Einzelheiten s. Maier, Die „fremde Frau", 94–97.

Ende dieses Hauptteils).[71] Die Metaphorik des ‚Weges/Pfades' fortsetzend bringt schließlich V. 20, noch von V. 11 abhängig, die finale Schilderung der positiven Folgen von „Besonnenheit" (*m^{e}zimmâ*) und „Einsicht" (*t^{e}bûnâ*) der Weisheit (vgl. V. 10) zu einem guten Ende: „damit du auf dem Weg der Guten gehst/und die Pfade der Gerechten einhalten kannst" – wozu noch zurückzukommen ist.

So zieht sich die Du-Anrede wie ein roter Faden durch das Kernstück der Rede (V. 1–20) und hält es zusammen. Die einzelnen Formelemente sind mit einander verzahnt, sodass der lange und komplexe Nachsatz (V. 5–20) einen eindrucksvollen sogenannten ‚Schachtelsatz' ausmacht.

Diese besondere formale Eigenart wird inhaltlich umso beachtenswerter, wenn man noch bemerkt, dass einige Lexeme, die im ersten „dann wirst du"-Teil des Nachsatzes (V. 5–8) von Jahwes Taten verwendet sind, im nächsten „dann wirst du"-Teil (V. 9 ff.) von der Tätigkeit der Weisheit gebraucht werden.[72] Diese Lexeme sind die Verben „bewachen/wachen" und „behüten"; denn im V. 8 wird von Jahwe gesagt, dass er „die Pfade des Rechts behütet" und „den Weg seiner Frommen bewacht", während im V. 11 – nach der Rede von ‚Weisheit' und ‚Erkenntnis' im V. 10 – die Verben nun auf die weisheitliche ‚Besonnenheit' und ‚Einsicht' bezogen sind: „Besonnenheit (*m^{e}zimmâ*) wird über dir wachen / Einsicht (*t^{e}bûnâ*) wird dich behüten". So scheint dabei eine nahe Beziehung zwischen Jahwe und der Weisheit zum Ausdruck gebracht worden, wie vor allem in der Ich-Rede der Weisheit (1, 20–33) der Fall war. Die Weisheit tut das Werk Jahwes. Das führt auf die übrigen inhaltlichen Bezüge und auf das Ineinander von Form und Inhalt noch zu; und beides mag zum Gesamtbild dieses ganz besonderen Lehrtexts wesentlich beitragen.

Dabei darf mit dem breit ausgeführten Vordersatz (V. 1–4) angefangen werden. Anders als in den Einheiten 1, 8–9. 10–19. 20–33 kommen hier keine direkten Ermahnungen und imperativischen Aufforderungen vor, sondern wie die drei „wenn"-Sätze zeigen, werden in direkter Du-Anrede bestimmte Bedingungen oder Voraussetzungen aufgestellt, die von dem angesprochenen Du erfüllt werden müssen, wenn ihm der in dem Folgenden verheißene Erfolg zuteilwerden soll; doch mag zumindest ein indirekter Appell an das Du vorliegen.[73] Die an der Spitze gestellte Anrede „mein Sohn" gibt dem Du der ganzen Rede sein Angesicht; denn im Rahmen des Kontexts kann er kaum ein anderer als der dem lehrenden Weisen angewiesene Schüler sein, dessen zukünftiger Erfolg und Gewinn daran hängt, ob er die „Worte" (*'^{a}māray* „meine Worte") und „Gebote" (*miṣwoṯay* „meine Gebote") des weisen Lehrers „annimmt" und „aufbewahrt" – der ideale Schüler wurde damals gerne mit einer Zisterne verglichen, weil sie jeden Tropfen aufnimmt und bewahrt. So soll der Schüler auf die Lehre und die ethischen Anweisungen seines Leh-

---

[71] Vgl. Maier, ebd. 97–100.
[72] Zu den Wortfeldern in Sprüche 2 vgl. Maier, ebd. 88; Schäfer, ebd. 54–72; Müller, ebd. 58 f.
[73] Vgl. Nell, Structure and Ethos, 54 ff („implicit admonition").

rers – wie sonst seines Vaters – genau achten, sie zu sich nehmen und behalten. Anhand der folgenden Verben („Ohr leihen"/„Herz zuneigen", V. 2; „rufen"/„Stimme hören lassen", V. 3; „suchen"/„nachspüren", V. 4) werden vor allem die Intensität und die Gründlichkeit der Lernaktivität des Schülers hervorgehoben; und wenn im V. 4 das „suchen" noch durch „wie Silber" und das „forschen" der Einsicht durch „wie nach Schätzen" metaphorisch erweitert werden, wird der hohe Wert der Weisheit nur noch stärker herausgestellt. Wenn man dazu auf die Objekte der Verben achtet, werden die „Worte" und „Gebote" des Lehrers (V. 1) sodann in V. 2–3 durch lauter weisheitliche Begriffe näher bestimmt: erwähnt sind „Weisheit" (*ḥŏkmâ*), „Einsicht" (*tᵉbûnâ*), „Verstand" (*bînâ*) und wieder „Einsicht", wobei diese Aufreihung von Begriffen der Weisheit an den kumulativen Stil der einleitenden Präsentation der Weisheit in 1, 1–6 erinnern mag; man könnte vielleicht noch sagen, dass Kapitel 2 die einleitende Präsentation der Weisheit fortsetzt – und gleichzeitig die Hauptthemen des Folgenden (Weisheit, Recht und Gerechtigkeit sowie, negativ, das Unheil der ‚fremden Frau') vorwegnimmt.[74] Bei alledem scheint der Weisheit der Charakter eines sammelnden Zentralbegriffs eigen zu sein.

Wenn man sodann die Fortsetzung des Vordersatzes in den zwei „dann wirst du"-Teilen des Nachsatzes (V. 5–8 und 9 ff.) genauer anschaut, kann man sich des Eindrucks kaum erwehren, dass der zweite Teil besser als der erste Teil dem Vordersatz zu entsprechen scheint. Denn, wenn man den ersten „dann wirst du"-Teil (V. 5–8) zeitweilig überspringt, wird erstens formal die Du-Anrede vom Vordersatz her in V. 9–20 nicht so abrupt abgebrochen wie in V. 6–8, sondern klarer durchgehalten und nur in den breiten Ausführungen nach den zwei finalen „um dich zu retten"-Formulierungen (V. 12 a und 16 a) verständlicherweise verlassen. Zweitens – nun inhaltlich – findet der rechtliche Ausdruck im V. 1 („Gebot") eine breitere Entsprechung im V. 9 als in V. 5–8; denn in V. 9 ff. wird der Gegenstand des weisen Verstehens rechtlich entfaltet als „Gerechtigkeit (*ṣädäq*) und Recht (*mišpāṭ*) und Redlichkeit (*mêšārîm*)" und als „jedes Gleis des Guten (*kŏl-maʿgal-ṭôb*)", die eben als „die Grundbegriffe für gemeinschaftsgemäßes, rechtes Verhalten" beschrieben worden sind.[75] Vor allem fallen die fast ähnlichen Reihen von Weisheitsbegriffen im Vordersatz (V. 2–4) und im Nachsatz (V. 10–11) auf, und die Aufreihung im letzten Fall umfasst: „Weisheit" (*ḥŏkmâ*), „Erkenntnis" (*daʿat*), „Besonnenheit" (*mᵉzimmâ*) und „Einsicht" (*tᵉbûnâ*). Auf diese Weise wiederholt und verstärkt der Nachsatz die anfangs akzentuierte Zentralität der Weisheit bzw. des weisheitlichen Erkennens. Wenn der junge Schüler den Lehrer – wie sonst seinen Vater – wirklich zuhört und dabei seine „Worte" und „Gebote" „annimmt" und „aufbewahrt", dann wollen die dadurch erworbene Weisheit und Einsicht (V. 2–4 und 10–11) ihn nicht nur allgemein

[74] Vgl. Michel, Proverbia 2, 235; Müller, Proverbien 1–9, 57 f. 68 ff, der auf die Nähe zu Spr 4, 10–27 hinweist.

[75] Die begriffliche Trias ist sonst nur in Spr 1, 3 b zu finden; vgl. Maier, Die „fremde Frau", 93.

„Gerechtigkeit und Recht und Redlichkeit“ erkennen lassen, sondern ihn ganz praktisch auf zwei wichtigen Gebieten behüten und schützen können, wie in den zwei folgenden finalen „um dich zu retten“-Abschnitten (V. 12–15 und 16–19) zum Ausdruck kommt. Grundsätzlich wie konkret bedeutet die Weisheit Lebenshilfe; und sie wird zweierlei dargestellt.

Erstens wird die Thematik des Rechts weitergeführt (V. 12–15), und zwar mehrfach an der Metapher des ‚Weges‘ gebunden. Dabei werden hier – wie sonst in Sprüche 1–9, vor allem in 4, 10–19 – drei von mehreren hebräischen Lexemen für ‚Weg‘ benutzt, und zwar neben dem üblichsten Wort *däräk̲* ‚Weg‘, Sing. V. 8, 12, 20, Plur. V. 13, 20, noch *'oraḥ* ‚Pfad‘ Plur. V. 8, 13, 15, 19, 20, sowie *ma'gāl* ‚Gleis/Bahn‘, Sing. V. 9, Plur. V. 13, 18; hinzu kommt das Verb *hlk* ‚gehen‘ V. 7, 13, 20.[76] Von den Weisen wird die ‚Weg‘-Metapher immer auf den Einzelnen bezogen, doch aber im Rahmen einer guten oder bösen Gesellschaft; denn es handelt sich stets um die grundlegende Wichtigkeit der Gemeinschaft, weil sie – auf gut oder böse – für den ‚Weg‘ und Wandel eines Menschen schicksalsträchtig ist. Es geht also dem jungen Schüler darum, „vor dem bösen Weg (*middäräk̲ rā'*), / vor einem Mann, der Falsches redet“ gerettet zu werden (V. 12, vgl. das Mahnwort in 1, 10–19).[77] Ein warnender Blick wird auf die bösen Menschen gerichtet, „die gerade Pfade verlassen, um auf finsteren Wegen zu gehen“ (V. 13), und „deren Pfade krumm sind, / und die abwegig sind in ihren Gleisen“ (V. 15). So will die Weisheit dem Hörer dazu verhelfen, eine unheilvolle Gemeinschaft vermeiden zu können, damit er „nicht wandelt im Rat der Gottlosen, noch tritt auf den Weg der Sünder, noch sitzt im Kreise der Spötter“, wie es im Ps 1, 1 heißt, sondern auf dem „Weg seiner Frommen“ (V. 8) bleiben kann. Denn entgegen der unheilvollen Gemeinschaft der ‚krummen Wege‘ steht die heilvolle Gemeinschaft, die in „Gerechtigkeit und Recht und Redlichkeit“ gründet (V. 9), und die dem jungen Schüler verheißen wird. Durch das Hören, Annehmen und Bewahren der Worte und Gebote seines weisen Lehrers (V. 1) wird er ein gerechtes und gutes Leben „auf dem Weg der Guten“ und den „Pfaden der Gerechten“ (V. 20) erfahren und erleben können (vgl. 4, 11–12. 14–15. 18–19. 26–27).

Zweitens wird ihm – indirekt warnend – eine andere unheilvolle Gemeinschaft als die der „bösen Menschen“ (V. 12–15) vor Augen geführt, und zwar die Gemeinschaft der ‚fremden Frau‘ (V. 16–19). Ihre Gemeinschaft ist noch schicksalsschwerer als die eben geschilderte, wobei eine inhaltliche Steigerung vorliegen dürfte; denn nun geht es um Leben und Tod. Von der ‚fremden Frau‘ ist allerdings im Folgenden mehrfach die Rede, und zwar – umfassender als hier – in 5, 3–20; 6, 24–35 und besonders in 7, 6–27. Deshalb dürfte

---

[76] Vgl. Koch, ThWAT II, 293–312, bes. 304–306; Sauer, THAT I, 456–460; *däräk̲* ist weisheitlich reichlich belegt und kommt häufiger in den Sprüchen (75 mal) als etwa in den Psalmen (66 mal) vor, sonst öfter in Hiob (32 mal); dazu kommt ein kollektiver Gebrauch in Bezug auf Israel vor, etwa in Jesaja 40–55, vgl. Ö. Lund, Way Metaphors and Way Topics in Isaiah 40–55, FAT II/28, Tübingen 2007.

[77] Vgl. Maier, ebd. 94–97.

eine vollere Erörterung des Inhalts dieser umstrittenen Bezeichnung auch die übrigen Texte, besonders Kap. 7, berücksichtigen.[78] An dieser Stelle mögen aber drei Elemente, die wichtig sind, schon kurz besprochen werden.

Dabei ist erstens zu beachten, dass es für die ‚fremde Frau' – neben anderen Charakteristiken – vor allem zwei Bezeichnungen gibt, die alle beide hier vorkommen; neben ‚Frau' (*'iššâ*) haben sie unterschiedlich charakterisierende Adjektive und sind demnach *'iššâ zārâ* ‚fremde' Frau (V. 16 a) und *'iššâ nŏkriyyâ* (V. 16 b), wobei das fem. Adjektiv *nŏkriyyâ* (masc. *nŏkrî* ‚ausländisch'), das gelegentlich mit ‚Ausländerin' wiedergegeben wird, aufgrund der Parallelität mit der ersten Bezeichnung hier vielleicht am besten durch „(vor) der Fremden" übersetzt werden darf.[79] Zweitens wird die ‚fremde Frau' an dieser Stelle als diejenige beschrieben, „die den Freund (*'allûp*) ihrer Jugend verlässt / und den Bund (*berît*) ihres Gottes vergisst" (V. 17); dabei dürfte gemeint sein, dass sie zunächst als eine Ehebrecherin (V. 17 a; vgl. 5, 18), aber darüber hinaus auch als eine ihrer eigenen religiösen Gemeinschaft gegenüber treulose „Außenseiterin" (V. 17 b) dargestellt wird;[80] so wird sie nicht nur als religiös-ethisch unzuverlässig, sondern wohl auch im weiteren gesellschaftlichen Sinne als verderblich und unheilvoll geschildert. Drittens wird dieses in den zwei nächsten Versen noch stärker zum Ausdruck gebracht, indem sie auf schicksalsschwere Weise mit Tod und Untergang der Menschen verbunden wird: „zum Tode senkt sie ihr Haus" (V. 18 a), und „alle, die zu ihr eingehen, kehren nicht zurück / und gelangen nicht zu den Pfaden des Lebens" (v. 19). Als eine Tod und Untergang bewirkende Gestalt bringt die ‚fremde Frau' ein unumkehrbares Verderben in ihrem Schoß. Dabei ist etwas Endgültiges von ihr ausgesagt; und es ließe sich wohl schon fragen, ob diese Darstellung der „fremden Frau", über das Konkrete hinaus, doch auch eine fatale Gegenfigur zur Weisheit meine, zumal die Sprache in ihrem Kontext hier mehrdeutig zu sein scheint; aber das ist eine strittige Frage, und Sicheres lässt sich in diesem Punkt vorläufig noch kaum ermitteln.

So sind die Verse 2, 10–11 durch die Finalsätze in 2, 12–15 und 2, 16–19 in zwei verschiedene Richtungen ausgemünzt und konkretisiert worden Diesen Finalkonstruktionen gegenüber bildet schließlich der Finalsatz im V. 20, der auch auf V. 10–11 zurückgreift, das positive Gegenstück, wenn die abschließende Anrede an den jungen Schüler die Weg-Metaphorik fortsetzt und abrundet: „damit du auf dem Weg der Guten gehen / und die Pfade der Gerechten einhalten kannst" (vgl. V. 12–13. 15. 19).[81] Dadurch, in einem letzten

[78] S. die Übersichte bei Maier, Die „fremde Frau", 4; Tan, ‚Foreignness', 12. Zur Forschungsgeschichte s. etwa Boström, Proverbiastudien, 15–52; Snijders, Meaning; Maier, ebd. 7–24; Fox 134–141; Tan, ebd. 1–43.

[79] ‚Ausländerin', so HAL 661 f; auch Michel, Proverbia 2, 234; vgl. Müller, Proverbien 1–9, 53 („von einer/der Auswärtigen") und McKane 213 („the foreigner"), während etwa Ringgren 18, Meinhold 63, sowie Kayatz, Studien, 64, Maier, Die „fremde Frau", 85, Schäfer, Poesie, 53, „vor der Fremden" übersetzen.

[80] Vgl. Maier, ebd. 97–99; anders Schäfer, ebd. 60–62.

[81] Vgl. etwa Müller, Proverbien 1–9, 69 f.

Anlauf, erreicht der komplexe ‚Schachtelsatz' der langen Apodosis sein positives Ende, wobei „der Weg der Guten" und „die Pfade der Gerechten" hervorgehoben werden.

Rückblickend wird man nun feststellen können, dass die besprochene Einheit, die aus dem Vordersatz (V. 1–4) und dem ihm entsprechenden und kunstvoll erarbeiteten Nachsatz in V. 9–20 besteht, ganz weisheitlich geprägt ist. Im Zentrum steht die Weisheit, die dazu imstande ist, die Menschen und besonders den jungen Menschen ‚einsichtig' zu machen, und die ihm durch Erziehung dazu verhelfen will, sein Leben zu meistern. Dazu gehört, den Jungen zu lehren, den Gefahren zu entgehen, die das Leben und die Gemeinschaft der Menschen veröden können, ihn aber vor allem des tiefen und jedem Einzelnen verantwortlichen Zusammenhangs von Tun und Ergehen ansichtig werden zu lassen. Die grundlegende Gemeinschaftstreue gilt allgemein in Bezug auf Recht und Gerechtigkeit sowie in der Ehe und gegenüber Gott (vgl. V. 17), wobei das Weisheitsdenken das Gottesverhältnis noch mit einschließt.

Mag die religiöse Dimension im Zusammenhang von V. 1–4 und 9–20 somit nicht fehlen, so ist doch das religiöse Gepräge in dem – zeitweilig übersprungenen – ersten „dann wirst du"-Satz (V. 5–8) ganz anders hervortretend; denn in diesem vorangestellten Abschnitt ist die Thematik völlig theologisch bestimmt. Im Zentrum steht Jahwe, der Gott Israels, „denn Jahwe ist es, der Weisheit gibt, / aus seinem Munde kommen Erkenntnis und Einsicht" (V. 6);[82] er sorgt für das „Gelingen" und den Schutz den „Redlichen" und seinen „Frommen" gegenüber (V. 7–8); das Objekt des weises ‚Verstehens' ist „die Furcht Jahwes" beziehungsweise „die Erkenntnis Gottes" (V. 5, vgl. 1, 7). Auf diese Weise ist das weise Denken definitiver als sonst im Kontext dem israelitischen Glauben an Jahwe und seiner ‚Pankausalität' eingeordnet worden. Man wird wohl dann von einer theologischen Bearbeitung reden dürfen, die wohl im letzten Stadium des Werdegangs der komplexen Einheit stattgefunden hat. Es fällt dabei auf, dass die Bearbeitung dem vorliegenden Stil und Aufbau von V. 9–20 ganz angepasst ist, und demnächst dass diese Jahwe-Deutung, eben als das wichtigere Element im Zusammenhang, *vor* dem weisheitlich geprägten „dann wirst du"-Satz in V. 9 ff eingestuft ist;[83] dadurch ist eine klare Prioritierung vorgenommen worden.

Auch im Endstadium des Werdegangs der Einheit mag wohl schließlich die „Schlusssentenz" der V. 21–22 als theologischer Rahmen noch hinzugekommen sein; durch die Kausalpartikel *kî* „denn" schließt sie sich an den Finalsatz von V. 20 an, beabsichtigt aber offenbar, ohne Du-Anrede, die komplexe

---

[82] Vgl. Müller, Proverbien 1–9, 65; auch Meinhold 65.

[83] Ein ähnlicher Vorgang lässt sich auch in Sprüche 10 erkennen, wo das Kernstück V. 4–5 nun von V. 3 und 6, und von V. 2 und 7 theologisch gerahmt worden ist; s. unten z. St.; sonst Sæbø, From Collections to Book, 99–106.

Einheit generell abzurunden.[84] Es ist diesem Schlussteil eigen, dass er sich terminologisch und inhaltlich nicht nur auf das Vorhergehende bezieht, sondern dass er noch darüber hinausgreift. Mit der Form eines doppelten Parallelismus und einer dichotomen Struktur legt er erstens das Augenmerk auf zwei Menschentypen, die einander scharf gegenübergestellt sind, und die so auch im Vorangehendem dargestellt wurden; sie sind einerseits die „Redlichen" (*yᵉšārîm*) und „Untadeligen" (*tᵉmîmîm*) (V. 21, vgl. V. 7: da statt *tᵉmîmîm*: diejenigen, „die lauter wandeln", *holkê tom*) und andererseits die „Frevler" (*rᵉšāʿîm*) und „Treulosen" (*bôgdîm*) (V. 22, vgl. V. 12–15). Demnächst führt aber der Schlussteil über den Kontext hinaus, wenn er – die „Weg"-Metaphorik verlassend – die Aufmerksamkeit auf das „Land" lenkt, und zwar in Bezug auf das „wohnen" und das „verbleiben" im „Lande", entgegengesetzt dem Geschick, „aus dem Lande ausgerottet" und „daraus weggerafft" zu werden. Obwohl diese Verben in gewissem Ausmaß auf die besondere deuteronomische Redeweise bezogen zu sein scheinen (vgl. für V. 21 etwa Dtn 5, 16; 6, 18; 11, 9; 16, 20; 32, 47; und für V. 22 etwa Dtn 28, 63), fällt doch auf, dass das ‚Land' hier nicht wie öfter sonst das ‚Volk' als sein Korrelat hat, sondern dass nun das Volk wie etwa in Ps 37 oder Jes 65, 8–12[85] ein in ‚Guten' und ‚Bösen' gespaltetes Volk ausmacht. Diese „dichotome Grundstruktur" gilt nicht nur für den Schlussteil, sondern auch für die vorangehende Einheit und dürfte somit ein verbindendes Element der komplexen Endgestalt von Sprüche 2 sein.

Mit diesem Werdegang seiner komplexen Komposition scheint Sprüche 2 wirklich eine Geschichte durchgemacht zu haben; ob sie dabei auch „eine Geschichte der Weisheit", sogar bis zur Apokalyptik hin, widerspiegele,[86] lässt sich aber sehr fragen. Wenn es gegen Ende des Kernstücks um Leben und Tod und am Schluss um ‚Wohnen' oder ‚Nicht-Wohnen' im Lande geht, ist etwas theologisch Endgültiges betroffen worden,[87] aber das Ganze bleibt doch durchaus weisheitlich geprägt. So ist Sprüche 2 in seiner Endgestalt eine sehr komplexe theologisch-weisheitliche Einheit geworden – und wird letzten Endes eben in dieser ‚kanonischen' Form zu lesen sein.

---

[84] Vgl. etwa Schäfer, ebd. 64 f, der V. 20 „Hauptfinalsatz" und V. 21–22 „Schlußsentenz" nennt; zudem bezeichnet er V. 21–22 als „Schlußmotivation" (71) und als „das gedankliche Fundament des ganzen Gedichts" (73).

[85] Vgl. Michel, Proverbia 2, 236 f; Gemser 26 f. Zum deut. Material vgl. etwa E. Nielsen, Deuteronomium, HAT I/6, Tübingen 1995; T. Veijola, Das 5. Buch Mose. Deuteronomium, Kap. 1, 1–16,17, ATD 8/1, Göttingen 2004.

[86] So Michel, Proverbia 2, 236 ff; dagegen aber mehrere, wie etwa Maier, Die „fremde Frau", 102.

[87] Vgl. die deuteronomische Rede von Segen und Fluch, etwa Dtn 27 f.

3, 1–35: Weisheit und Gottesfurcht im Alltag

1 Mein Sohn, vergiss meine Weisung nicht,
und meine Gebote möge dein Herz bewahren;
2 denn Länge der Tage und Jahre des Lebens
und Wohlergehen werden sie dir mehren,
3 – Güte und Treue mögen dich nicht verlassen!
Binde sie fest um deinen Hals,
schreibe sie auf deines Herzens Tafel,[88]
4 damit du Gunst und Anerkennung findest
in den Augen von Gott und Menschen.

5 Vertraue auf Jahwe mit deinem ganzen Herzen,
aber auf deinen Verstand verlass dich nicht;
6 auf allen deinen Wegen erkenne ihn,
so wird er deine Pfade ebnen.
7 Sei nicht weise in deinen Augen,
fürchte Jahwe und meide das Böse;
8 das wird Heilung für deinen Nabel[89] sein
und Erfrischung für deine Gebeine.
9 Ehre Jahwe mehr als dein Vermögen
und mehr als das Beste[90] all deines Gewinns;
10 dann werden sich deine Speicher reichlich füllen
und deine Kufen von Most überquellen.

11 Die Erziehung Jahwes, mein Sohn, verachte nicht,
und sei nicht aufgebracht über seine Züchtigung;
12 denn wen Jahwe liebt, den züchtigt er,
so wie ein Vater den Sohn, den er gern hat.

13 Wohl dem Menschen, der Weisheit findet,
und der Mensch, der Einsicht erlangt!
14 Denn ihr Erwerb ist besser als Erwerb von Silber
und ihr Gewinn besser als Gold;
15 kostbarer ist sie als Korallen,
und alle deine Schätze gleichen ihr nicht;
16 Länge der Tage ist in ihrer Rechten,
in ihrer Linken Reichtum und Ehre;
17 ihre Wege sind angenehme Wege
und alle ihre Pfade sind Wohlergehen;

---

[88] Zur Begründung s. unten z. St. sowie Anm. 101.

[89] So mit MT und V (*umbilico tuo*); vgl. Meyer, HebrG § 51, 2 c; Plöger 32; HAL 1522–23; öfter ist aber der Text nach G „deinem Leib" (s. BHS; BHQ) geändert worden; (vgl. 4, 22 b). ‚Nabel', wie auch ‚Gebeine', ist als *pars pro toto* aufzufassen; vgl. Wildeboer 9.

[90] Zur komparativen Übersetzung s. Ernst, Kultkritik, 81–91, mit Verweis auf Jenni, Pi'el, 275.

18 ein Lebensbaum ist sie denen, die sie ergreifen,
und die sie festhalten, sind glücklich zu preisen.[91]

19 Jahwe hat durch Weisheit die Erde gegründet,
den Himmel durch Einsicht gefestigt;
20 durch sein Wissen spalteten sich die Tiefen
und träufeln die Wolken den Tau.

21 Mein Sohn, mögen sie nicht aus deinen Augen weichen –
bewahre Umsicht und Besonnenheit,
22 so werden sie Leben für deine Seele sein
und Anmut für deinen Hals!
23 Dann wirst du sicher deinen Weg gehen
und mit deinem Fuß nicht anstoßen;
24 legst du dich nieder, schreckst du nicht auf,
und gehst du schlafen, ist dein Schlaf gut;
25 fürchte dich nicht vor jähem Schrecken
und vor dem Verderben der Frevler, wenn es kommt.
26 Denn Jahwe wird deine Zuversicht sein,
und er wird deinen Fuß vor dem Fang bewahren.

27 Verweigere Gutes nicht dem, dem es zukommt,
wenn es in deiner Macht steht, es zu tun.
28 Sage nicht zu deinem Nächsten: „Geh und komm wieder,
denn morgen will ich es geben“ – wenn du es doch hast.
29 Ersinne nicht Böses gegen deinen Nächsten,
wenn er vertrauensvoll bei dir wohnt.
30 Rechte nicht grundlos mit einem Menschen,
wenn er dir nichts Böses getan hat.
31 Sei nicht neidisch auf einen Gewalttäter
und wähle keinen seiner Wege.
32 Denn ein Gräuel für Jahwe ist der Verkehrte,
aber mit Redlichen hat er vertraute Gemeinschaft.[92]

33 Der Fluch Jahwes ist im Haus des Frevlers,
aber die Wohnung der Gerechten segnet er.
34 Handelt es sich um Spötter, spottet er,
aber den Demütigen gibt er Gnade.

35 Ehre werden die Weisen erben,
aber die Toren tragen Schande davon.[93]

---

[91] Plur. mit S T, vgl. BHS; anders Meinhold 78.
[92] Vgl. McKane 301; THAT II, 147.
[93] Mit Plöger 41; Schäfer, ebd. 76; vgl. McKane 302.

Lit.: G. Baumann, Weisheitsgestalt (1996), 231–238. – H. Delkurt, Ethische Einsichten (1993), 38–41. – A.B. Ernst, Weisheitliche Kultkritik (1994), 81–96. – J. Hausmann, Menschenbild (1995), pass. – R. Markus, The Tree of Life in Proverbs, JBL 62 (1943) 117–120. – A. Müller, Proverbien 1–9 (2000), 151–191. – R.E. Murphy, The Kerygma of the Book of Proverbs, Interp. 20 (1966) 3–14. – P.J. Nel, The Structure and Ethos (1982), 59f. u.ö. – B. Lang, Weisheitliche Lehrrede (1972), 82–87. – C. Maier, Die „fremde Frau" (1995), 153–156. – R. Schäfer, Die Poesie der Weisen (1999), 52–103.

Wie Sprüche 2 ist auch Sprüche 3 eine recht komplexe Größe, stellt aber ganz andere Probleme als das vorige Kapitel dar. Weil hier weit verschiedene kleinere Kompositionen nebeneinander stehen, mehrmals ohne klare Gliederungsmerkmale, lässt sich die Frage stellen, ob die Aufmerksamkeit nun in erster Linie auf diese Kleineinheiten zu richten sei, zumal die meisten Kommentare die ‚Stücke' des Kapitels vereinzelt und unterschiedlich behandeln,[94] oder ob die aus ihnen aufgebaute Großkomposition nun lieber zu beachten sei, wenn das auch ungewöhnlich sei.[95] Was in Sprüche 3 besonders auffällt, ist das Nebeneinander kleinerer Einheiten, die sich formal und inhaltlich zwar voneinander trennen, die aber gleichzeitig auch verbindende Fäden unter sich erkennen lassen, sodass sie gewissermaßen aufeinander bezogen zu sein scheinen. Dabei darf die exegetische und besonders die hermeneutische Herausforderung vor allem die sein, diese beiden Seiten des Aufbaus von Sprüche 3 gebührend zu beachten; nun zunächst aber zu den Einzelheiten.

Wenn es um die kleineren Einheiten und Elemente im Aufbau des dritten Kapitels geht, mag es aufschlussreich sein, die komplexe Komposition vom Ende her aufzurollen. So scheint sich der generell formulierte V. 35 vom Vorangehenden abzuheben. Doch so wie sich 1,19 auf 1,10–18 oder 2,21–22 auf 2,1–20 beziehen (vgl. 1,7; 1,33), dürfte auch diese letzte Sentenz kaum ohne Beziehung zum Vorangehenden sein, sondern lässt sich wohl als ein allgemeiner Abschluss[96] dazu verstehen, zumal sie durch ihre dichotome Gegenüberstellung von ‚Weisen' und ‚Toren' und ihrem jeweiligen Geschick einen wichtigen ‚Lehrpunkt' der Weisheitslehre ausdrückt.

Vor diesem Abschluss steht der Abschnitt 3,27–34, der erstens aus einer kleinen Sammlung von fünf gebotsähnlichen Mahnsprüchen besteht (V. 27–31; zu V. 31 s. 23,17; 24,1.19), die alle – reihenhaft – mit einer Vetitiv-Form (*'al* „nicht") beginnen, und die durch einen mit *kî* „denn" eingeführten Kausalsatz (V. 32) religiös begründet sind. Wenn danach V. 32, in paralleler Dichotomie, über Jahwes entgegengesetzte Verhalten den „Verkehrten" und „Redlichen" gegenüber redet, wird dieser Spruch durch zwei

---

[94] Mehrere nehmen 3,1–12 als erste Einheit sowie 3,13–20 als die nächste, aber danach wechseln die Gliederungen mehr; s. die Übersicht bei Schäfer, Poesie, 77.

[95] Vgl. Schäfer, ebd. 75–103, der Spr 3,1–35 als „Das dritte Lehrgedicht und seine Erweiterungen" nennt.

[96] Schäfer, ebd. 103, nennt sie „Schlußmotivation"; vgl. sonst – *mutatis mutandis* – die Apophthegmata in der Evangelienüberlieferung, s. R. Bultmann, Die Geschichte der synoptischen Tradition, Göttingen [10]1995, 8ff.

weitere Aussagen über Jahwe erweitert (V. 33–34), die auch dichotom formuliert und sonst inhaltlich verwandt sind, die aber neue Themen einführen, und zwar Jahwes „Fluch"/„Segen" sowie „Spott"/„Gnade". Die zwei Verse, die wohl als eine Weiterführung der religiösen Begründung von V. 32 zu verstehen sind, scheinen in einer Mittelstellung zwischen der Jahwe-Aussage in V. 32 und dem weisheitlich geprägten Abschluss in V. 35 zu stehen, zumal alle diese Verse eine dichotome Struktur aufweisen.

Davor ist wieder eine andere Kleineinheit gestellt, nämlich 3,21–26, und mit ihr erreicht man den grammatisch schwierigsten Punkt im Kapitel, weil im V. 21 a das Subjekt der einmaligen Jussiv-Form *yāluzû* ‚[aus etw.] weichen, kommen' fehlt; deshalb fängt diese Einheit unvermittelt an: „mögen sie [sic!] nicht aus deinen Augen weichen" (V. 21 a). Der überraschende Anfang hat sowohl die alten Übersetzungen als auch alte und neue Ausleger in Verlegenheit gebracht, und ihre Lösungen des Problems sind vieler Art. Auf der Suche nach einer Lösung sollte man aber erstens mit den Versionen die Wortfolge des MT stehen lassen.[97] Zweitens dürfen Lösungen, die sich dem Kontext des vorliegenden Texts nicht fügen, am besten außer Acht gelassen werden, so etwa die Annahme, V. 21 ff seien aus einem anderen Zusammenhang stammend hier eingefügt, was eigentlich sehr wenig besagt oder löst. Der Ausgangspunkt einer adäquaten Lösung sei vielmehr im gegenwärtigen Kontext des Kapitels zu suchen. Dabei fällt auf, dass die Anrede „Mein Sohn", wobei die einleitende Anrede (V. 1 a) wiederholt wird, sowie der folgende Ermahnungsstil im V. 21 seine Entsprechung im V. 1 findet, während das übrige Vokabular in der ersten Kleineinheit V. 1–4 und in V. 21–22 teilweise ähnlich ist. Dieser Umstand dürfte dafür sprechen, dass das nun unvermittelte und darum rätselhafte „sie" im V. 21 a auf der Linie des Objekts „sie" in 3,3 aβb liege, zumal auch dieses Objekt durch das dem Stil überschießende Kolon V. 3 aα von den Objekten „meine Weisung" und „meine Gebote" im V. 1, auf die es sich ja bezieht, abgesprengt ist.[98] Sonst ist bemerkenswert, dass diese Stellen, die im Kap. 3 getrennt sind, in Spr 4,20–21 nebeneinander stehen. So mag die Möglichkeit an Wahrscheinlichkeit auch dadurch gewinnen, dass 3,1–4 und 3,21 ff. wohl Teile einer größeren Einheit gewesen sein mögen, die aber durch die sehr unterschiedlichen Einheiten 3,5–10. 11–12 und 3,13–18. 19–20 nun aufgebrochen worden ist.

Unter den in dieser Weise aufbrechenden Kleineinheiten darf zunächst der Einheit 3,13–18 besondere Aufmerksamkeit geschenkt werden. Ihr Thema ist die Weisheit. Ihre Form ist nicht die einer Mahnrede, die den Kontext sonst prägt, sondern sie ist durch Formen der Wurzel *'šr* ‚gratulieren/glück-

[97] Zur Lösung dieses erheblichen Problems bringen die alten Versionen kaum eine Hilfe, abgesehen davon, dass sie die Wortfolge des MT bestätigen, vgl. Toy 76; das schwächt den Vorschlag von BHK/BHS (nicht aber BHQ), V. 21 a und b umzustellen (vgl. Toy 73), der wohl bestens als eine Verlegenheitslösung angesehen werden darf.

[98] Vgl. Schäfer, ebd. 99: „Inhaltlich und stilistisch liegt in V. 21 f eine zusammenfassende, gleichsam komprimierte Wiederaufnahme der Vv. 1–4 vor".

lich preisen' sowohl nominal eingeleitet: „Wohl/Heil dem Menschen, der" (*'ašrê 'āḏām*, V. 13 a) als auch verbal abgeschlossen: „(sie) sind glücklich zu preisen" (*me'uššārîm*, s. o. zum Text; V. 18 b). Die Einheit, die durch diese Inklusio umrahmt und abgegrenzt ist, lässt sich wohl als ein Gratulationswort bezeichnen. Die früh stereotype Form *'ašrê* (eig. pl. cstr. von *'äšär**) ist öfter in den Sprüchen (vgl. etwa 14,21 b; 16,20; 28,14; 29,18 b) und anderen weisheitlichen Texten (etwa Hiob 5,17; Koh 10,17) sowie in den Psalmen (etwa Pss 1,1–2; 84,5–6; 119,1–2) und sonst (etwa Dtn 33,29) belegt; es ist aber dabei wichtig zu beachten, dass es sich nicht allgemein um einen Glückwunsch handelt, sondern um einen „prädikativen Heilsspruch", der einen Menschen – oder mehrere – „aufgrund seines beglückenden Heilszustandes lobend hervorhebt und als exemplarisch – insofern ermahnend – hinstellt" (THAT I, 259).[99] Zudem ist die Einheit fast hymnisch geprägt und könnte wohl auch als ein kleines Hohelied auf die Weisheit aufgefasst werden. Dies kleine Weisheitslied hat dazu in den V. 19–20 eine theologische Erweiterung erfahren, deren zwei Bikola schön chiastisch gestaltet sind, ein „Meisterstück hebräischer Spruchdichtung mit theologischem Gehalt".[100] Während V. 13–18 allein von der Weisheit und den Menschen reden, ohne Jahwe zu nennen, bringen demgegenüber V. 19–20, durch den Merismus von Erde und Himmel ausgedrückt, das Thema von Jahwes Schöpfung des Kosmos „durch Weisheit" und „Einsicht" herein. Diese wichtige theologische Erweiterung lässt sich aber am besten im Zusammenhang mit den übrigen Jahwe-Aussagen im Kapitel erörtern.

Demnächst ist vor allem beachtenswert, dass sich in 3,5–10 samt V. 11–12 – und also vor der Einheit über die Weisheit in 3,13–18 – der längste Jahwe-Abschnitt im ganzen Kapitel befindet. Diese Einheit besteht allerdings aus vier Stücken, die als Mahnworte ähnlich aufgebaut sind (V. 5–6, 7–8, 9–10 sowie 11–12). Indem sie sich in Stil und Phraseologie den einleitenden Versen (V. 1–4) nahe legt, will sie offensichtlich die Fortsetzung der Einleitung ausmachen, ändert aber wesentlich die inhaltliche Blickrichtung dadurch, dass mehrere Themen, besonders das der Weisheit, auf Jahwe zugespitzt werden. Das vierte motivierte Mahnwort (V. 11–12) hebt sich von den vorangehenden dadurch ab, dass es erstens dieselbe Anrede „mein Sohn" wie im V. 1 hat, wobei es vielleicht mit V. 1 eine Rahmung bilden will, und zweitens dass es – wie bei den übrigen Erweiterungen – ein im Kontext neues Thema zur Sprache bringt, und zwar das der „Erziehung Jahwes" (*mûsar YHWH*) und seiner „Züchtigung" (*tôkaḥtô*);[101] für sie gilt ein Doppeltes, insofern als sie einerseits nicht „verachtet" (*m's*), also abgewiesen, werden will, und andererseits als diese *paedagogia dei* ein Ausdruck seiner Liebe ist; im Hintergrund

---

[99] Vgl. Gemser 29; Schäfer, ebd. 90f; Baumann, ebd. 152–157; Sæbø, THAT I, 257–60; GK § 93 l; Ges[18] 110 b.112.

[100] So Meinhold 81.

[101] S. o. zu 1,2–3. 8; vgl. Sæbø, THAT I, 738–742; zu *tôka'at* ,Zurechtweisung' vgl. G. Liedke, THAT I, 730–732.

dürfte wohl das Bild des liebenden Vaters als Erziehers stehen (vgl. 3, 1 mit 1, 8 und 4, 1–2).

Um schließlich auf die erste Kleineinheit im Kapitel, 3, 1–4, zu kommen, wird sie durch die Anrede „Mein Sohn" eröffnet, wie es einleitend öfter geschieht (s. etwa 1, 8; 2, 1; 4, 10. 20; 5, 1; 6, 20; 7, 1). Sie mag eine Schülersituation widerspiegeln;[102] und ihr Text weist eine relativ feste Phraseologie auf, die an den eben erwähnten Stellen wechselnd belegt ist. Ihre Form, die auch die folgenden Teileinheiten weithin prägt, ist die einer motivierten Mahnrede, in der nach den Aufforderungen im Imperativ (V. 1 und 3 aβb) Begründungen (V. 2) oder Folgen (V. 4) beschrieben werden. Dieser Umstand dürfte auch ausschlaggebend sein, wenn der überfüllte V. 3 einzuschätzen ist. Wenn dieser Vers auffällig ein Trikolon inmitten der im Kontext üblichen Bikola ausmacht, wird man wohl weder dem relativ schwachen textkritischen Befund noch der ähnlichen aber doch formelhaften Ausdrucksweise in Spr 7, 3 eine entscheidende argumentative Bedeutung beimessen dürfen und dabei V. 3 c streichen,[103] sondern man wird vielmehr an V. 3 aβb als der adäquaten Entsprechung zum ersten Vers festhalten können, zumal dies der ganzen Form der Einleitung gemäß ist, während der fremde Wunschstil des Kolons V. 3 aα – wohl V. 2 ausfüllend oder kommentierend – den sonst ermahnenden Stil von V. 1–4 nur noch aufbricht.

Im Rückblick auf diesen Durchgang der Strukturelemente des Kapitels samt ihrer Gliederung ist der Befund im Blick auf die Gesamtkomposition von Sprüche 3 zwiefach aufschlussreich. Was erstens die formalen Elemente betrifft, ergibt sich ein sehr regelmäßiger Aufbau:[104] Nach den motivierten Aufforderungen in V. 1–4, die – abgesehen vom überschießenden V. 3 aα – aus vier Bikola (Langversen) im synonymen Parallelismus bestehen, folgen vier Einheiten – auch durchgehend im synonymen Parallelismus – von je sechs Bikola (3, 5–10, 13–18, 21–26, 27–32), denen in drei Fällen eine Erweiterung von zwei Bikola folgt (3, 11–12, 19–20 und 33–34). Wenn die dritte Einheit (V. 21–26) keine entsprechende Erweiterung aufweist, mag es etwa daran liegen, dass die Erweiterung in V. 33–34 nicht nur für V. 27–32, sondern auch noch für V. 21–26 – wohl mit V. 27–32 als zusammengehörend aufgefasst – gemeint sei. Im charakteristischen Stil der Weisheitslehre rundet V. 35 die komplexe Gesamtkomposition ab und schließt zugleich an die konkreten Aufforderungen des Weisheitslehrers am Anfang des Kapitels an. Aufs Neue lässt so eine Großkomposition im Spruchbuch die Gestaltungskunst der Weisen gut sichtbar werden.

---

102 Zu 1, 8 s. o. und Anm. 41 sowie die Einleitung, Pkt. 1 b.

103 Weil der dritte Versteil – mit 7, 3 b identisch – in G^{BS} fehlt (s. BHK/BHS, auch BHQ 32*), wird er von einigen gestrichen, vgl. etwa Gemser 26; Schäfer, ebd. 79–80; anders aber Plöger 32; Meinhold 73 f.

104 Diesen Aufbau wird man kaum in den Blick bekommen, wenn man das Kapitel in üblicher Weise nur nach seinen Einzelstücken kommentiert.

Zweitens ist das nun dargelegte Muster der gegenwärtigen Großkomposition auch für die inhaltliche Seite des Kapitels aufschlussreich, zumal die Abfolge der vier auf den Eingang folgenden Einheiten (V. 5–10, 13–18, 21–26 und 27–32) kaum zufällig ist.

Beim Aufmerksamkeitsruf des Weisen am Anfang geht es darum, wie „mein Sohn", der junge Schüler, der zum „hören" aufgefordert wird (3, 1 a; vgl. 1, 8 a), Rat und Hilfe für sein Leben erhalten kann. Der weise Lehrer – wie schon der Vater – weist ihn ermahnend darauf hin, seine „Weisung" und seine „Gebote" zu „hören" und dabei ihnen gleichzeitig zu gehorchen. Es ist allerdings bemerkenswert, dass hier die in der israelitischen Rechtsüberlieferung mehrfach gebrauchten und allgemein vertrauten Begriffe ‚Weisung' (*tôrâ*; vgl. 1, 8 b) und ‚Gebot' (*miṣwâ*; vgl. 2, 1) verwendet werden, während aber der Begriff der ‚Weisheit' (*ḥŏḵmâ*; s. 1, 2 a.5. 7 b) nicht gebraucht ist. Bei ‚Weisung' und ‚Gebot' geht es um zwei autoritätsschwere Begriffe, zumal begründend verheißen wird, dass sie, wie beim Elterngebot im Dekalog (Ex 20, 12; Dtn 5, 16), dem jungen Mann zu langem Leben und zum Wohlergehen (*šālôm*) sowie zu „Gunst (*ḥen*) und Anerkennung" (V. 2, 4) verhelfen können. Wie diese Folgewirkungen ihm lebensfördernd sind – und so dem göttlichen Segen nahe kommen (vgl. etwa Dtn 4, 40; 6, 2 sowie 28, 1–14) – werden sie in der Erweiterung von V. 3 aα durch das Hendiadys von „Güte und Treue" (*ḥäsäḏ wä'ämäṯ*), das wohl „die Unversehrtheit und Beständigkeit des Lebens" ausdrücken will,[105] dazu wesentlich verstärkt. Wenn in Bezug auf „Gunst und Anerkennung" der vierte Vers schließlich „in den Augen von Gott und Mensch" sagt, und dabei nicht ‚Jahwe', sondern die in den Sprüchen seltene Bezeichnung ‚Gott' (*'älohîm*, sonst nur noch 2, 5. 17; 25, 2; 30, 5. 9) benutzt, dann mag diese auch in der Umwelt belegte Ausdrucksweise[106] nicht nur den allgemeinen Charakter der einleitenden Einheit (3,1–4), sondern auch ihr weisheitliches Gepräge bestätigen.

Oben war schon von der nahen Verbindung zwischen dem Eingang V. 1–4 und der Einheit V. 21–26 die Rede. An beiden Stellen handelt es sich um das Leben des Jungen und um die Sicherung seines Lebens, wobei die für ihn guten Folgen in V. 23–25, durch „dann" (*'āz*) eingeführt, nun ganz konkret geschildert werden; dabei geht es um einen sicheren Weg und einen guten Schlaf, und dass er ohne Furcht vor „jähem Schrecken" und vor „dem Verderben der Frevler" leben darf (vgl. 1, 27). So können also die Mahnworte des Lehrers, wenn sie „gehört" werden, und wenn der „Sohn" dazu noch „Umsicht und Besonnenheit" bewahrt (V. 21 b; vgl. 2, 7; 1, 4; 2, 11), ihm konkrete Lebenshilfe gewähren. Am Ende, durch „denn" (*kî*) eingeleitet, werden die Mahnworte und die geschilderten guten Folgen mit der Zuversicht in Jahwe und seinem Schutz religiös begründet (V. 26).

Als Fortsetzung dieser Einheit, aber ohne Übergang oder ein besonderes Formmerkmal, fügt sich, wie schon angezeigt, eine Reihe von fünf gebots-

---

[105] So Plöger 33; vgl. Meinhold 74.
[106] Vgl. Meinhold 75; Fox 147 f.

ähnlichen Mahnsprüchen (V. 27–31) daran. Diese sozialethischen Sprüche scheinen also die voranstehenden Mahnsprüche weiterführen zu wollen; sie zeigen konkret die Folgen des guten Lebens, wenn des Lehrers „Weisung" und „Gebote" gehorcht werden. Doch gleichzeitig hat diese Reihe eine andere und besondere Seite, die auch als sehr wichtig betrachtet werden darf; denn wenn einerseits davor mehrfach gewarnt wird, gegenüber einem Mitmenschen, der notleidend ist, oder „deinem Nächsten" (*reʿakā*, V. 28 [qere].29; so öfter, vgl. etwa 17, 17; 27, 10; 18, 17; 24, 28; Dtn 15, 2) als ein rücksichtloser und prozessfreudiger „Gewalttäter" aufzutreten, und wenn andererseits dazu aufgefordert wird, ‚jedem das Seine' zu geben, dann durfte der „Sohn" hier als ein möglicher ‚Machtmensch' angesprochen sein; schon als Schüler wird ihm – vielleicht nach ägyptischem Vorbild – exemplarisch gezeigt, wie er in seiner Lebensführung und wohl auch in seiner kommenden ‚Amtsführung' gerecht auftreten soll.[107] Endlich fordert eine Gebotsreihe dieser Art wohl keine weitere Begründung, doch im Rahmen der Kontextualisierung mit der vorangehenden Einheit (3, 21–25), mit ihrer Begründung (V. 26), wird auch hier, durch „denn" (*kî*) eingeführt, eine religiöse Begründung gegeben, die sich an das Vorhergehende anschließt (V. 32): „Denn ein Gräuel (*tôʿebâ*; vgl. 6, 16; 8, 7; 16, 12; u. ö.) für Jahwe ist der Verkehrte, / aber mit Redlichen hat er vertraute Gemeinschaft (*sôd*)".[108]

So scheinen die kleinen Einheiten V. 1–4, 21–26 und 27–32 inhaltlich viel Gemeinsames zu haben; ihre Aufmerksamkeit ist vor allem auf den „Sohn"/Schüler gerichtet, dem der gute Rat und die wegleitende Hilfe seines weisen Lehrers die Hauptsache ist. Hinzu kommen nun aber zwei andere Einheiten (3,5–12. 13–20), bei denen nicht nur die Blickrichtung eine andere ist, sondern die auch – formal und inhaltlich – unter sich unterschiedlich sind; endlich ist ihnen eigen, wie schon oben erwähnt wurde, dass sie sich *vor* einer angenommen existierenden Einheit einfügen, so zunächst 3, 13–18 samt V. 19–20 vor V. 21 ff. und sodann, im Front, 3, 5–10 samt V. 11–12 vor 3, 13–18. 19–20, wobei sie die Verbindung zwischen dem Eingang 3, 1–4 und den Einheiten 3, 21–26. 27–32 nun aufbrechen. Hermeneutisch durfte eine derartige Stellung *davor* zugleich eine Vorrangstellung bedeuten, wobei das Vorangestellte für das Verständnis des Folgenden nicht nur mitbestimmend, sondern wohl auch richtungsgebend sein will.[109]

Wie die folgende Einheit 3, 21–26 – und vielleicht in gewisser Konkurrenz zu ihr – bezieht sich auch die stilistisch abweichende Einheit 3, 13–18 auf die Mahnworte in V. 1–4, indem sie eine mehrfach entsprechende Phraseologie zu ihnen aufweist; sie scheint auf die Aufforderungen am Anfang eine verheißende Antwort geben zu wollen, nun aber im Namen der Weisheit, die in V. 1–4 nicht erwähnt wurde. Denn eben die Weisheit kann bewirken, was die „Weisung" und die „Gebote" des Weisen im Auge haben; eben sie hat die

[107] Vgl. McKane 299–300; Plöger 41–43; Fox 165–167.

[108] Zu *sôd* vgl. Sæbø, THAT II, 146 f.

[109] S. die obige Einleitung, Pkt. 4 c.

„Länge der Tage“ (V. 2 a) „in ihrer Rechten“ (V. 16 a) und kann dem Schüler „Wohlergehen“ (V. 2 b; 17 b) gewährleisten, weil sich „in ihrer Linken Reichtum und Ehre“ befinden (V. 16 b; vgl. V. 4), und weder Silber noch Gold ihren „Erwerb“ und „Gewinn“ (V. 14) übertreffen können. Immerhin, wenn auch der Bezug auf den „Menschen“ (*'āḏām*) im Rahmen des Lobliedes (V. 13 und 18) vorhanden ist, scheint sich das Interesse doch vor allem auf die Weisheit selbst zu verlagern, so schon in der Rahmung. Denn wenn am Anfang dem „Mensch“ zu gratulieren/glücklich zu preisen ist („Heil dem Menschen“, V. 13) und am Ende mehrere „glücklich zu preisen“ sind (V. 18), so weil er „Weisheit gefunden“ und „Einsicht erlangt hat“ (V. 13), und weil Menschen die Weisheit „ergreifen“ und „sie festhalten“ (V. 18). Dominierend im Zentrum steht also die Weisheit. Sie wird – in einer längeren Begründung, durch „denn“ (*kî*) eingeführt (V. 14 a) – auf dreifache Weise lobend geschildert, und zwar erstens komparativ (ihr Erwerb /Gewinn ist „besser als“ Silber und Gold, V. 14, sie ist selber „kostbarer als“ Korallen und alle Schätze, V. 15; vgl. 2,4; 8,11), was aber hier einem superlativischen Sinn gleichkommt; zweitens ist sie personifiziert als eine Gestalt – wohl metaphorisch nach dem Vorbild der ägyptischen Ma'at[110] (vgl. 1,20–33; 4,5–9; 8,1–31), die in ihren Händen sowohl Lebenslänge als auch Reichtum und Ehre trägt (V. 16, s. oben), und deren „Wege/Pfade“ den Menschen „angenehme Wege“ und „Wohlergehen“ (*šālôm*; V. 17, vgl. V. 2) sind; und drittens, ebenfalls metaphorisch, ist die Weisheit „denen, die sie ergreifen“, ein Leben und Gesundheit spendender „Lebensbaum“ (*'eṣ ḥayyîm*; V. 18; s. noch 11,30; 13,12; 15,4; vgl. auch Gen 2,9; 3,22. 24).[111] In dem allen kommen auf möglichst positive Weise der hohe Status und der unvergleichliche Wert der Weisheit zum Ausdruck. Gerade im Blick auf diese Hochschätzung der Weisheit, wobei Jahwe nicht erwähnt ist, wird es umso beachtenswerter, dass erstens eine auf Jahwe bezogene Erweiterung hinzukommt (V. 19–20), und dass sich demnächst der längste Jahwe-Abschnitt im Kapitel (3,5–10. 11–12) *davor* einschiebt. Nun könnten ja die V. 19–20 gewiss auch zum Preis der Weisheit beitragen,[112] doch mag der Sinn der zwei Verse eher darin liegen, dass Jahwe in seiner gewaltigen Schöpfung des Kosmos gegenüber der Weisheit als übergeordnet dargestellt werden soll, indem er von Weisheit und Einsicht (V. 19) als seinen ‚Dienern‘ Gebrauch macht; und das beim Schaffen erforderliche Wissen ist eben „sein Wissen“ (V. 20), das in der Schöpfung und ihren Ordnungen noch ‚niedergelegt‘ ist (s. u. die Erörterung von 8,22–30).[113] Es trägt unbedingt zur hohen Ehre der Weisheit bei, wenn sie als göttliche Weisheit dargestellt werden kann – aber das darf offenbar nicht in Konkurrenz zur Souveränität Jahwes geschehen.

[110] Vgl. Kayatz, Studien, 105; Schäfer, Poesie, 90–93.
[111] Vgl. McKane 296; Baumann, Weisheitsgestalt, 233–236; Fox 158 f.
[112] Vgl. Fox 159 f; Meinhold 81.
[113] Vgl. von Rad, Weisheit, 189–205.

Die Blickrichtung ist also in V. 19–20 vorsichtig von der Weisheit her auf Jahwe gedreht worden. Diese theologisch wichtige Drehbewegung wird in der voranstehenden Einheit 3, 5–10 noch deutlicher, ja, schroffer, ausgedrückt; denn hier wird unumwunden eine Kritik an eine ‚allzu menschliche' Weisheit und an den eigenen „Verstand" (*bînâ*) geübt;[114] die Bewegung geht vom Anthropozentrischen zum Theozentrischen. Gerade nachdem der weise Lehrer den „Sohn" zum Hören auf seine Weisung und Worte aufgefordert hat, und zwar so dass der Hörende sie auf seines „Herzens Tafel" schreiben soll, wobei ihm für sein Gehorchen langes Leben und Wohlergehen, Gunst und Anerkennung verheißen wird (V. 1–4), begegnet ihm nun eine ganz andere Aufforderung:

> Vertraue auf Jahwe mit deinem ganzen Herzen,
> aber stütze dich nicht auf deinen Verstand. (V. 5)
> Sei nicht weise in deinen Augen,
> fürchte Jahwe und meide das Böse. (V. 7)

Oben wurden schon mehrere Jahwe-bezogenen Erweiterungen zu den Einheiten registriert (V. 19–20, 26 und 32, noch erweitert mit 33–34), die in den meisten Fällen eine religiöse Dimension zur jeweiligen vorangehenden Einheit hinzufügen. Das gilt auch V. 26 (zu 3, 21–25), wo die begründende Rede von dem Vertrauen auf Jahwe nicht, wie im V. 5 und 7, im Rahmen eines antithetischen Parallelismus, sondern im synthetischen Parallelismus verheißend, sozusagen auf den Prämissen des Angeredeten, verläuft: „Jahwe wird deine Zuversicht sein / und er wird deinen Fuß vor dem Fang (*läkäd*, ein hap. leg.) bewahren". Während nun die zwei ersten Mahnworte in 3, 5–10, die einander am nächsten stehen (V. 5–6 und 7–8), also den eigenen Verstand (V. 5) oder das Weisesein in den eigenen Augen (V. 7) dem Vertrauen auf Jahwe gegenüberstellen, bewegt sich das dritte Wort (V. 9–10, vgl. V. 2 b) zu einem anderen Lebensbereich und bringt den Vermögen und den reichlichen Gewinn zur Sprache, wobei auch diese materiellen Güter sowie einige wichtige kultische Verpflichtungen (V. 9 b)[115] wiederum auf Jahwe bezogen werden. Das abschließende vierte Wort (V. 11–12) wechselt zu noch einem anderen Thema, und zwar dem der „Erziehung Jahwes" (V. 11 a). Dabei wird der allgemein in der Weisheit beliebte Gedanke der Erziehung aufgegriffen, nun aber in Bezug auf die *paedagogia dei* angewandt, was in diesem Kontext einigermaßen auffällig sein mag. Denn „Züchtigung" oder Erziehung war sonst das Geschäft der Weisen; sie kommt in älteren wie jüngeren Teilen des Spruchbuchs öfter und vielerlei zum Ausdruck. Wenn aber hier die *paedagogia dei* – und dazu wohl auch das mit schwerem Leiden verbundene Problem der Theodizee – auf diese Weise zur Sprache gebracht ist, wird der sonst für

---

[114] Vgl. Schäfer, ebd. 85 f.

[115] Zur Erwähnung und Kritik des Kults im Spruchbuch s. noch 7, 14; 15, 8; 17, 1; 21, 3. 27; vgl. nun vor allem Ernst, Kultkritik, bes. 81–96; sonst etwa McKane 293 f; Perdue, Wisdom and Cult, 144 ff.

die Weisen zentrale Bereich der Erziehung von Jahwe und seinem Lenken beschlagnahmt. Obwohl sich die vier motivierten Mahnworte dieser Einheit (V. 5–12), die sich an die Einleitung anschließt, thematisch noch sehr unterscheiden, konvergieren sie doch in ihrer Hervorhebung der Souveränität und Vorrangstellung Jahwes.

Aufs Ganze gesehen weist Kap. 3, das weisheitlich ‚eingerahmt' ist (V. 1–4 und 35), eine innere Dramatik und Spannung auf, und zwar zwischen dem jeweiligen Anliegen der erfahrungsbezogenen und ratenden Weisheit einerseits und des schlechthinnigen Jahwe-Glaubens andererseits; es dürfte sich dabei um eine gezielte Theologisierung des weisheitlichen Traditionsstoffes handeln.[116] Es gilt nunmehr: die Gestalt der Weisheit bleibt dem Menschen und Jahwe bleibt der Weisheit übergeordnet.

So zeugt das dritte Kapitel nicht nur von der hohen Gestaltungskunst der Weisen, auf die schon mehrfach hingewiesen wurde, sondern in gewissem Ausmaß lässt es zudem den Weg oder die Entstehung einer lebendigen und höchst schöpferischen Lehrüberlieferung sichtbar werden. Dabei geht es im Grunde nicht um ‚echt' vs. ‚unecht', dem die Forscher oft – und so besonders früher – ihre Aufmerksamkeit gewidmet haben; auch darf nicht ‚ursprünglich' vs. ‚später' das Entscheidende sein, zumal es sich um einen mehrphasigen Prozess handeln dürfte, in dem sich unterschiedliche Interessen ideologischer und theologischer Art durchgesetzt haben. Es lässt sich also eine vornehmlich inhaltliche Bewegung im Stoff wahrnehmen, wobei am Ende eine komplexe weisheitliche Lehrkomposition entstanden ist, die durchgehend im Namen Jahwes theologisch geprägt wurde – und man könnte wohl noch hinzufügen: *soli Deo gloria.*

4, 1–27: In der guten Überlieferung der Weisheit bleiben

a. Die prächtige Krone der Weisheit

1 **Hört, ihr Söhne, auf väterliche Belehrung,**
und merkt auf, um zu erkennen, was Verstand ist,
2 **denn eine gute Lehre habe ich euch gegeben;**
von meiner Weisung lasst nicht ab!

3 **Als[117] ich Kind bei meinem Vater war,**
zart und einzig vor meiner Mutter,
4 **da unterwies er mich und sprach zu mir:**
„Möge dein Herz meine Worte behalten;

[116] Zur theologischen Bearbeitung vgl. Schäfer, ebd. 103: „Der theologische Charakter dieser Bearbeitung äußert sich darin, daß sie den älteren Text … in einen neuen Horizont stellt; Charakteristika, die zuvor mit ‚Weisheit' und ‚Lehre' verbunden waren, werden nun auf JHWH als letzte Instanz zurückgeführt".

[117] Vgl. Toy 84–86; Scott 49; Schäfer, Poesie, 104; Meyer, HebrGr § 121, 3; EÜ.

bewahre meine Gebote, so wirst du leben.
5 Erwirb Weisheit, erwirb Verstand!
Vergiss nicht und weiche nicht ab
von den Reden meines Mundes.
6 Verlass sie nicht, und sie wird dich bewahren;
liebe sie, und sie wird dich behüten.
7 – Der Weisheit Anfang ist: Erwirb Weisheit,
und mit all deinem Besitz erwirb Verstand! –[118]
8 Schätze sie hoch,[119] **und sie wird dich erheben;**
sie wird dich zu Ehren bringen, wenn du sie umarmst.
9 Sie wird deinem Haupt einen schönen Kranz verleihen,
eine prächtige Krone wird sie dir schenken“.

b. Die schicksalsschweren zwei Wege

10 Höre, mein Sohn, und nimm meine Reden an;
dann mehren sich dir die Jahre des Lebens.

11 Über den Weg der Weisheit unterweise ich dich,
lasse dich gehen auf geraden Bahnen.
12 Wenn du gehst, wird dein Schritt nicht gehemmt sein;
und wenn du läufst, wirst du nicht straucheln.
13 Halte fest an der Erziehung – lass davon nicht ab!
Bewache sie,[120] **denn sie ist dein Leben.**

14 Den Pfad der Frevler betritt nicht,
und schreite nicht auf der Bösen Weg;
15 lass ihn unbeachtet, geh nicht zu ihm hinüber,
weiche ihm aus und gehe vorbei!
16 Denn sie schlafen nicht, wenn sie nicht Böses getan haben,
und geraubt ist ihr Schlaf, wenn sie nicht zu Fall brachten;
17 ja, sie essen Brot des Frevels,
und Wein der Gewalttat trinken sie.

18 Aber der Pfad der Gerechten ist wie der Lichtglanz,
der immer heller wird, bis zum vollen Tag.
19 Der Weg der Frevler ist wie tiefes Dunkel;
sie wissen nicht, woran sie straucheln.

---

[118] So mit Wildeboer 12; vgl. Delitzsch 83. V. 7, wie V. 5, fehlt in G (s. BHQ 33*. 51*); vgl. Schäfer, ebd. 105–108; sonst HAL 1091 b.

[119] Vgl. HAL 715 a; Gemser 32.

[120] D. h. die ‚Weisheit‘ (V. 11), denn *mûsār*, hier mit ‚Erziehung‘ übersetzt (V. 13 a), ist maskulin; vgl. Meinhold 95; Baumann, Weisheitsgestalt, 243.

c. Bewahre dein Herz!

20 Mein Sohn, gib Acht auf meine Worte,
zu meinen Reden neige dein Ohr!
21 Mögen sie nicht weichen aus deinen Augen,
bewahre sie im Innern deines Herzens!
22 Denn Leben sind sie für den, der[121] sie findet,
und Heilung für seinen ganzen Leib.

23 Vor allem, was zu hüten, bewahre dein Herz,[122]
denn aus ihm geht das Leben hervor.
24 Entferne von dir Falschheit des Mundes,
und Verkehrtheit der Lippen halte von dir fern!
25 Lass deine Augen geradeaus blicken
und deine Wimpern gerade vor dich gerichtet sein!
26 Gib acht auf die Bahn deines Fußes,
und fest seien alle deine Wege.
27 Weiche nicht ab nach rechts oder links;
halte fern deinen Fuß vom Bösen!

Lit.: G. Baumann, Weisheitsgestalt (1996), 239–244. – J. Hausmann, Menschenbild (1995), pass. – C. Kayatz, Studien (1966), 40f. – McKane 302–311. – A. Müller, Proverbien 1–9 (2000), 24–34. 68–72. 107–116. – R. Schäfer, Poesie der Weisen (1999), 104–125.

Sprüche 4 hat nicht dieselbe straffe Komposition wie Sprüche 3 oder dieselbe komplexe Syntax wie Sprüche 2; aber gemeinsam den drei Kap. 2–4 – teilweise auch dem ersten Kapitel – ist, dass der weise Rat in den unterschiedlichen Mahnreden durchgehend allgemeiner Art ist, während in den folgenden drei Kap. 5–7 besondere, konkrete Themen aufgegriffen werden. Oben wurde erwähnt, dass 4, 20–21 den Stellen 3, 1–4 und 3, 21–22 sehr nahe kommen; im Kap. 4 gibt es aber eine Reihe von Entsprechungen zu Kap. 3 wie auch zu Kap. 2,[123] wobei es deutlich wird, wie sehr man bei der Komposition mit vorgegebenen, mehr oder weniger fest geprägten Elementen aus der reichen Weisheitsüberlieferung gearbeitet hat. Sonst weist dieses Kapitel einige textliche Unebenheiten sowie Divergenzen zwischen MT und G (auch S) auf, denen unten kurz nachzugehen sein wird; dazu hat die Septuaginta am Ende des Kapitels eine theologisch geprägte Erweiterung, die aber hier unbeachtet bleibt.

---

[121] Die zwei Kola haben eine Inkongruenz; dabei ist die Form *b^eśārô* im V. 22b eindeutig Sing., und im Blick auf diese Form und auf den Kontext wäre Sing. auch im V. 22a vorzuziehen (*l^emoṣe'hām*, s. S [T]; BHS); vgl. Ringgren 26; McKane 217; Schäfer, ebd. 122; andere lesen in beiden Kola Plur., vgl. etwa Plöger 45.

[122] Vgl. Delitzsch 89; Gemser 34; Fox 185.

[123] Nachweise vor allem bei Müller, Proverbien 1–9, etwa 58–59.

Das vierte Kapitel wird allgemein nach den Anreden „ihr Söhne“ (V. 1) und „mein Sohn“ (zweimal, V. 10 und 20) sowie aus inhaltlichen Gründen in drei Einheiten (V. 1–9, 10–19 und 20–27) eingeteilt, die dann auch manchmal vereinzelt kommentiert werden.[124] Doch gibt es mehrere Verbindungen unter den drei Teilen, so etwa eine große Häufung von kurzen Aufforderungen im Imperativ, was gewissermaßen für eine Gesamtschau des Kapitels sprechen könnte.[125] Im Übrigen weicht dieses Kapitel formal und inhaltlich von den beiden umgebenden Kapiteln so sehr ab, dass es sich auch so lohne, das vierte Kapitel als eine komplexe größere Einheit zu behandeln.[126] Die jeweilige Besonderheit seiner drei Teile lässt sich andererseits in der folgenden Erörterung durch eine entsprechende Dreiteilung des Kapitels zum Ausdruck bringen. Sein Stil ist mehrfach durch Parallelismen (so etwa in V. 1, 3, 6, 16, 20, 25) und Chiasmen (wie etwa in V. 8, 9, 11, 14, 17, 24) geprägt.

a. 4, 1–9. Die prächtige Krone der Weisheit. Die erste Kleineinheit hat eine bemerkenswerte Form, und zwar sowohl in Bezug auf die relativ breite Einleitung (V. 1–2) als auch, was den folgenden Erfahrungsbericht mit Zitat betrifft (V. 3–9). Die Einleitung besteht aus zwei Bikola, hat aber einen besonderen Aufbau; denn nach zwei parallelen Aufforderungen (im Imp., V. 1 ab) folgt im ersten Kolon von V. 2 ein Begründungssatz und im zweiten eine neue Aufforderung (nun im Vetitiv, mit dem Verb am Ende, V. 2 b). Der einleitende Aufmerksamkeitsruf hat nicht den beim Redeanfang häufigen Singular „mein Sohn“ (so aber in V. 10 und 20; vgl. sonst 1, 8; 3, 1; 5, 1; 6, 1; 7, 1), sondern den Plural „ihr Söhne“ (so auch in 5, 7; 7, 24; 8, 32), vielleicht weil er die erste und umfassendere der drei ‚Sohn‘-Anreden im Kapitel ist (vgl. 1, 1 gegenüber 10, 1).[127] Im Erfahrungsbericht (V. 3–9) fällt erstens auf, dass V. 4–5, entgegen dem übrigen Stil im Kapitel, je ein Trikolon ausmacht, wobei man versucht hat, eine mögliche Urform mit Bikola zu rekonstruieren,[128] und dazu zweitens, dass V. 5 a den Zusammenhang zwischen V. 4 bc und V. 5 bc aufbricht, und dass V. 7, der V. 5 a wiederholt, sich zwischen die zusammengehörenden V. 6 und 8 einschiebt. Dass außerdem die Septuaginta – mit einem etwas anderen Text – weder V. 5 a noch V. 7 hat, mag gewiss zum Eindruck einer schwankenden Textgestalt beitragen; doch werden textliche Rekonstruktionen, die stets versucht worden sind, wohl komplizierter ausfallen, als es am Anfang scheinen mag, weil auch literarische Komponenten beachtet werden dürfen.

Die weitere Frage, wer hier redet, ist lange strittig gewesen. Die Angabe von Großvater – (Vater) – Söhne/Sohn (bzw. Kind) könnte zwar die Annahme einer Rede des Vaters nahelegen, zumal auch die Mutter erwähnt ist

---

[124] Vgl. Meinhold 89–99 (5.–7. Lehrrede); Fox 171–189 (Lecture V–VII); anders Ringgren 25–27; Plöger 44–51.

[125] Vgl. Kayatz, Studien, 40 f; Ringgren 27.

[126] Müller, ebd. 107–116, will 4, 1–5, 23 als „ein in sich gegliedertes Ganzes“ (116) ansehen.

[127] Weiteres bei Fox 172 f; vgl. auch Richter, Recht und Ethos, 20.

[128] S. etwa Toy 86; Gemser 32; Schäfer, ebd. 104–108; anders Plöger 45; Meinhold 91–93.

(vgl. 1, 8), doch in Anbetracht des Ganzen der Einheit mögen wohl die Weisen auch hier das Wort führen. Die erwähnte Geschlechtsfolge, die für die Autorität der Weisen grundlegend wichtig war, lässt sich übrigens als ein wichtiger Punkt in ihrem Unterricht der Jungen gut verstehen. In diesem Zusammenhang ist V. 2 a mit dem Nomen *läqaḥ* aufschlussreich; denn das Nomen, das (mit Vb. *lqḥ*) ein breites Anwendungsspektrum aufweist, wird nicht so sehr ‚Lehre' oder ‚Einsicht', wie öfter angenommen, als eher ‚das Empfangene'[129] bedeuten, und zwar im Sinne von „‚Übernahme' als Terminus weisheitlicher Tradition",[130] oder aber von dem, „was man sich an Weisheit oder Lehre zu eigen hat machen können und daher weiterzugeben in der Lage ist".[131] Das Wort *läqaḥ* mag somit an dieser Stelle, wie in 1, 5, am besten als ‚Überlieferung' aufgefasst werden.[132] So stehen die Weisen in einer von den Vätern stammenden und sonst recht autoritätsschweren Traditionskette weisheitlicher Lehre und Belehrung; nun geht es ihnen um so mehr darum, diese „gute", d. h. zweckdienliche, ‚Überlieferung' in ihrem Unterricht an die Jüngeren weiterzuvermitteln.

Im Unterricht der Weisen hat es noch illustrierende ‚Beispielerzählungen' gegeben, wie nicht nur an dieser Stelle (V. 3–9) zum Ausdruck kommt, sondern auch sonst in Sprüche 1–9 (so etwa in 1, 10–19, vor allem aber in den Kap. 5 und 7 wie auch in 23, 29–35 oder 24, 30–34). Dazu werden in diesen Erzählungen gern Zitate verwendet, die den Unterricht fraglos lebendiger gemacht haben. Das Zitat an dieser Stelle ist „das einzige der vier Zitate in 1–9, das keinen negativen Inhalt hat",[133] was andererseits zum positiven Bild der „guten Überlieferung" nur noch beiträgt (die übrigen – negativen – Zitate in Kap. 1–9 sind 1, 11–14; 5, 12–14; 7, 14–20). Wenn man sodann den Erfahrungsbericht oder die ‚Beispielerzählung' in V. 3–9 näher betrachtet, fällt zunächst auf, dass der Bericht völlig von dem langen Zitat als dem Schwerpunkt dieser Einheit geprägt ist, nachdem eine ‚neue' Einleitung (V. 3–4 a) in die Situation des grundlegenden Unterrichts der Eltern eingeführt hat.[134] Demnächst scheint das Zitat selber – vorläufig vom V. 7 abgesehen – von zwei formal und inhaltlich unterschiedlichen Bestandteilen aufgebaut zu sein. Erstens geht es um die vermahnenden „Worte" des Vaters des Redenden in V. 4 bc und 5 bc, wobei die Nominalformen im Plural sind („meine Worte/Gebote", „den Reden meines Mundes"), und zweitens beziehen sich V. 6 und 8–9 auf ein singularisches „sie", die – ohne direkt erwähnt zu sein – kaum eine andere Größe als die Weisheit sein kann, zumal im Kontext von der Weisheit die Rede ist, und zwar im V. 5 a: „Erwirb Weisheit, erwirb Verstand!". Das

---

[129] Vgl. GesB 390. 698, wo auch auf den späteren Begriff der ‚Qabbala' hingewiesen ist.

[130] So Schmid, THAT I, 876.

[131] So Seebass, ThWAT IV, 594; auch: „D. h. *læqaḥ* ist *qabbālā'* ‚Empfangenes' (KBL^3) im wörtlichsten Sinne".

[132] Vgl. Schäfer, ebd. 104.

[133] So Meinhold 90; vgl. Fox 176 f.

[134] Vgl. etwa Dell, Book of Proverbs, 37–39.

heikle Problem ist jedoch, wie schon erwähnt, dass V. 5 a, der V. 4 bc vom zugehörigen V. 5 bc trennt, selber von den auf ihn bezogenen V. 6 und 8–9 abgesprengt worden ist. Man könnte dann, wie es öfter geschieht – gern mit Hinweis auf G, dies schlicht als einen Textfehler ansehen, den man sodann ‚ausbessert', und zwar vor allem in Bezug auf das Metrum. Dabei lässt sich aber kritisch fragen, ob ein Verfahren dieser Art hier doch zu simpel sei, weil es noch zu erwägen wäre, ob nicht die angenommen ‚falsche' Einstufung von V. 5 a eher als eine stilistisch begründete Vorwegnahme der ‚Weisheit' angesehen werden könnte; denn ein spezieller ‚Geflecht-Stil' mag hier vorliegen,[135] und zwar mit dem folgenden Wechsel der Versteile: 4 bc im Plural (Worte/Gebote) – 5 a im Singular (Weisheit/Verstand) – 5 bc im Plural (Reden) – 6 im Singular des Objekts („sie"; vgl. noch das „sie" in V. 13 b), fortgesetzt in V. 8–9, sowohl im Objekt als auch im Subjekt. Eine Vorbedingung dieses Geflechts dürfte wohl die Identifizierung der Weisheit mit dem väterlichen Reden sein. Nun geht aber das Reden von der Weisheit in V. 6 und 8–9 darüber weit hinaus. In diesen Versen wird die Weisheit mit personalen Zügen lebhaft dargestellt, und zwar als eine Gestalt, die den Hörenden nicht nur als eine Schutzpatronin „bewahrt" und „behütet" (V. 6; vgl. 2, 11. 20; 3, 21–25),[136] sondern ihm auch Ehre bringen und seinem Haupt „einen schönen Kranz verleihen" (vgl. 1, 9; 3, 13–18) bzw. „eine prächtige Krone" schenken wird (V. 8–9), vorausgesetzt aber, dass der junge Schüler die Weisheit „nicht verlässt", sondern vielmehr sie „liebt" (V. 6), „hochschätzt" und „umarmt" (V. 8–9). Dabei erhält man den Eindruck, dass sich diese rühmende Schilderung der Weisheit – als der offenbar dominierenden Hauptsache der Einheit – damit auf einen Höhenpunkt der Darstellung hin bewegt. Wenn aber dieses ‚Hauptthema' dazu noch, zwar vorwegnehmend und syntaktisch inkorrekt, mit der starken Doppel-Aufforderung: „Erwirb Weisheit, erwirb Verstand!" (V. 5 a) anfängt und man außerdem eine erweiterte Wiederaufnahme dieser Aufforderung in dem – ebenfalls syntaktisch inkorrekten – V. 7 geduldet hat, zeugen wohl diese formalen Wucherungen von einer auffallend starken Hochschätzung der Weisheit; durch das stilistische Ineinander dieses Geflechts hat man offenbar der Weisheit eine möglichst hohe Stellung und Bedeutung verleihen wollen. Diese Schilderung der unvergleichlichen Hoheit und Macht der Weisheit ist aber nicht einmalig in Sprüche 1–9, sondern kommt den Schilderungen in 1, 20–33; 2, 16–20; 3, 15–18 nahe – und wird mehrfach in den folgenden Kapiteln noch anzutreffen sein (vor allem in Kap. 8 und 9, 1–6); sie stellt folglich einen charakteristischen Zug im ersten Hauptteil dar.

Nun hat man gelegentlich diese Schilderung der Weisheit als die Schilderung einer Braut noch verstehen wollen, indem man etwa das ‚erwerben' (V. 5 a.7) auf den ‚Kauf' einer Braut bezogen (vgl. Rut 4, 8) und die übrige

---

[135] Vgl. den Gebrauch von ‚Schachtelsatz' im Kap. 2 sowie das Geflecht mehrerer Verse im Kap. 29.

[136] Vgl. Baumann, Weisheitsgestalt, 241.

Schilderung mit vor allem Hld 2, 6; 3, 11 verbunden hat.[137] Doch wird das ‚erwerben' auch in anderen und nicht zuletzt in weisheitlichen Texten in Bezug auf mehrere „zu erwerbende Güter" (HAL 1039 a) verwendet, und hier nun auf das doppelt „zu erwerbende" Gut der „Weisheit" (*ḥŏkmâ*) und „Verstand" (*bînâ* – parallel zu *ḥŏkmâ* auch in 16, 16; 23, 23 sowie Jes 11, 2) angewandt. Im Blick auf die in dieser Weise barocke Endgestalt von 4, 1–9 wäre noch zu fragen, ob wohl die in V. 5 a und 7 überraschend starke Hervorhebung des Erwerbens der Weisheit und Einsicht als eine absichtliche Schwächung der sonstigen, vielleicht als allzu menschlich empfundenen Schilderung der Weisheit in V. 6 und 8–9 gemeint sein könnte; vielleicht wäre hier von einem „geistigen Eros" die Rede.[138]

b. 4, 10–19. Die schicksalsschweren zwei Wege. Diese Kleineinheit ist formal wie inhaltlich einfacher als die vorige, so auch im textlichen Sinne, zumal die Wahl des qere im V. 16 b unproblematisch sein dürfte. Schwieriger sind aber die Formen in fem. Sing. im V. 13 b, weil ihnen ein Bezugspunkt im aller nächsten Kontext fehlt; doch mag das Problem struktureller Art sein, auf das noch zurückzukommen sein wird. Der Aufbau der Einheit ist übersichtlich: nach einem Anfang mit traditioneller Höraufforderung im ersten Kolon (V. 10 a) und einem positiven Folgenaufweis im zweiten (V. 10 b) teilt sich ihr Korpus (V. 11–17), das eine konkretisierende Vermahnungsrede ausmacht, in einen positiven (V. 11–13) und einen negativen (V. 14–17) Teil; danach wird die Kleineinheit durch zwei allgemeine Langversen abgerundet (V. 18–19). Trotz einigen lexematischen und inhaltlichen Berührungspunkten mit der vorigen Einheit (vgl. etwa V. 1 a und 13 a, 2 a und 10 a, 4 a und 11 a, 4 c und 10 b.13 b) scheint der Text mit V. 10 „einen neuen Anlauf" zu machen.[139] Die Einheit mag vor allem in der durchgeführten Metaphorik und Dichotomie ihre Kohärenz besitzen.

Im einleitenden V. 10[140] fällt auf, dass das im ersten Kolon angewandte Verb ‚annehmen' („meine Reden", vgl. 2, 1; 7, 1, und da im Parallel zu „meine Gebote") dasselbe Verb *lqḥ* ist, das im V. 2 b in Verbindung mit dem Nomen *läqaḥ* ‚Übernahme'/‚Überlieferung' erwähnt wurde. Durch Hören und Tun wird der Schüler Teil an der alten Überlieferung der Weisen bekommen, wobei ihm ein langes Leben verheißen wird (V. 10 b; s. auch 4 c; 22 a, vgl. 3, 2. 22) – wie es übrigens beim Gehorsam gegen die religiösen Gebote auch der Fall ist (s. etwa Ex 20, 12/Dtn 5, 16; vgl. besonders Dtn 5, 33; sonst 8, 1; 16, 20; 30, 16. 20).

Der erste Abschnitt des Korpus (V. 11–13) schließt sich eng an das einleitende V. 10 an und könnte auch mit ihm zusammengenommen werden; so steht etwa das Verb ‚unterweisen' (V. 11 a) dem ‚annehmen' im V. 10 a nahe

---

[137] Vgl. Boström, Proverbiastudien, 156–173, bes. 162; Ringgren 27; Meinhold 91–93, dagegen kritisch Baumann, Weisheitsgestalt, 240–242; Plöger 47.

[138] S. bes. von Rad, Weisheit, 217–228; vgl. J. Cook, Metaphor; Müller, Proverbien 1–9, 292.

[139] So Delitzsch 85; vgl. Schäfer, Poesie, 112.

[140] Editio Bombergiana lässt das 4. Kapitel mit V. 10 beginnen (s. BHK/BHS).

(vgl. oben V. 2 und 4), und in V. 13 b wie in V. 10 b ist von ‚Leben' die Rede. Besonders beachtenswert ist aber das Objekt des weisen Unterrichts, wenn am Anfang des chiastisch gebauten V. 11 heißt: „Über den (bzw. Im) Weg der Weisheit (*b^e^d̲äräk̲ ḥŏk̲mâ*) (unterweise ich dich)", wonach im synonymen Parallelismus gesagt wird: „ich lasse dich gehen auf geraden Bahnen"; außerdem entspricht, im Innern des Chiasmus: a *b : b'*, a', ‚unterweisen' dem ‚gehen lassen'. So beginnt das Korpus nicht nur mit ‚Weisheit', sondern vor allem mit ‚Weg' und ‚gehen'; und im Folgenden wird diese Weg-Metaphorik reichlich entfaltet.

Es geht also in diesem Punkt zunächst um die Bedeutung der einmaligen Wendung „Über den (bzw. Im) Weg der Weisheit", wobei das Besondere wohl nicht so sehr an ‚Weisheit', die hier wie sonst den Hauptbegriff ausmacht,[141] als vielmehr an ihrer speziellen Kombination mit ‚Weg' liegen dürfte. Nun kann ‚Weisheit' auf mehrere Weisen mit ‚Weg' verbunden werden (vgl. 3, 17; 8, 20. 32). Wie oben in 2, 8–15. 18–20 werden auch in diesem Abschnitt drei Lexeme für „Weg" als die Hauptmetapher dieser Einheit verwendet, und zwar neben dem üblichen Nomen *däräk̲*, ‚Weg' (sg. V. 11, 14, 19; vgl. 2, 8. 12–13, dazu Vb. *drk* in 11 b) zunächst *ma'gāl* ‚Bahn' (pl. V. 11 b; vgl. 2, 15. 18; 5, 6. 21; sg. 2, 9; 4, 26) und sodann *'oraḥ* ‚Pfad' (V. 14, 18; vgl. 1, 19; 2, 8. 13. 15. 19. 20; 3, 6; 5, 6; 8, 20; 9, 15, sonst 6 (7) Mal in Spr 10, 1–22, 16). Hinzu kommen noch die Verben „gehen" (bzw. „gehen lassen"), „laufen", „beschreiten", „straucheln", „ausweichen", „vorbei gehen" (V. 11 b–15. 19 b).[142]

Wie schon erwähnt, weist 4, 11–19 enge Bezüge zu 2, 7–15 auf,[143] so aber nicht was die einmalige Wendung „*Über den (*bzw. *Im) Weg* der Weisheit" betrifft, weshalb sie im eigenen Kontext zu erörtern ist. Das Profil des besonderen Ausdrucks ist zunächst durch die Verben ‚unterweisen' und ‚gehen lassen' bestimmt; dabei besteht der „Weg der Weisheit" nicht nur in ‚hören' und ‚annehmen' (V. 10 a), die Weisheitslehre ist nicht nur etwas Statisches und Abstraktes, sondern vor allem eine Bewegung, ein Tun, zu dem der junge Schüler aufgefordert wird. Wenn dazu der parallele Ausdruck im V. 11 b „gerade Bahnen" ist (vgl. „gerade Pfade", 2, 13, mit „finsteren Wegen" als antithetischem Parallelterm), wird zwar vorerst die Vortrefflichkeit des Wegs der Weisheit zum Ausdruck gebracht, aber darüber hinaus dürfen wohl die ethischen Aspekte des Lexems ‚Geradheit' (*yošär*) wie ‚Redlichkeit' und ‚Rechtschaffenheit' auch noch mitklingen (vgl. „in Geradheit wandeln", 14, 2). So ist der Unterricht „*über den (*bzw. *im) Weg* der Weisheit" in gewissem Ausmaß ethisch-praktischer Art, es handelt sich um „die guten Lehren, die der Vater dem Sohne gleichsam als Viaticum mitgibt" (Delitzsch 85); denn die

---

[141] Vgl. Baumann, Weisheitsgestalt, 224–251.

[142] Zu *däräk̲* und den übrigen Lexemen für ‚Weg' vgl. bes. K. Koch, ThWAT II, 293–312; s. o. Anm. 76.

[143] Zu Sprüche 2 als „Lehrprogramm" für das Folgende vgl. Meinhold 94; Müller, Proverbien 1–9, 52–73.

Metaphern von ‚Weg' und ‚Wandeln' handeln vom Leben als einer Reise der Menschen, so dass sie in ihrer konkreten Lebensführung „nicht gehemmt sein" und „nicht straucheln" werden, wie es im konkret ausführenden V. 12 heißt, sondern gelingen (vgl. 2,7; Ps 1,3 b). Die wechselnde Weg-Metaphorik ist also auf das praktische Leben des Einzelnen im Rahmen des Gemeinschaftslebens der Menschen bezogen. Dem dürfte nun auch der erste Imperativ im Abschnitt (V. 13 aα) entsprechen, der durch einen Vetitiv weitergeführt wird (V. 13 aβ), und der zum stetigen Festhalten an der „Zucht/ Zurechtweisung" oder „Erziehung" (*mûsār*) der Weisen nachdrücklich auffordert (V. 13 a).

Wenn im zweiten Kolon (V. 13 b), etwas abrupt, gesagt wird: „Bewache sie", ist das nächste fem. Nomen, das als Bezugspunkt fungieren kann, doch erst die in Front stehende „Weisheit" (V. 11 a). Wenn auch der Abstand zwischen „sie" und diesem Bezugspunkt unnormal weit ist, mag er dennoch nicht untragbar sein, zumal V. 12 sich als eine konkretisierende Explikation vom V. 11 b – fast als eine Klammer – verstehen lässt; dazu ist der Abschluss von V. 13 b: „denn sie ist dein Leben" hier beachtenswert, insofern als die Weisheit allgemein als lebensfördernd dargestellt wird (vgl. V. 22; sonst 3,18; 6,23; 8,35).[144] Darüber hinaus scheinen die engen Verbindungen zwischen „Weisheit" V. 11 a und „sie" V. 13 b sowie zwischen „Erziehung" V. 13 a und „unterweise" V. 11 a eine kunstvolle Inklusio im ersten Abschnitt auszumachen,[145] die eben die Wichtigkeit der Weisheit und ihrer Nähe zur Erziehung herausheben will.

In verschiedener Hinsicht unterscheiden sich V. 14–17 von dem nun erörterten Abschnitt V. 11–13, und zwar vor allem in ihrer sehr antithetischen Darstellung. Im schärfsten Gegensatz zum Vorangehenden wird in den zwei ersten Bikola (V. 14–15), und zwar mit einer Sequenz von sechs kurzen Vetitiven und Imperativen, eindringlich vor dem „Pfad der Frevler (*rᵉšāʿîm*)" und dem „Weg der Bösen (*rāʿîm*)" gewarnt, wobei also hier der „böse Weg" (vgl. 2,12 a) durch die frevelhaften und bösen Täter charakterisiert wird. Dieser personale Aspekt wird in den nächsten zwei Bikola (V. 16–17) noch direkter – und wohl mit Ironie – ausgedrückt, indem die „Frevler" bzw. die „Bösen" durch ihre boshaften Taten und durch die Intensität ihrer Frevelhaftigkeit geschildert werden; dabei werden auch neue Metaphern angewandt: „sie essen Brot des Frevels, / und Wein der Gewalttat trinken sie" (V. 17, mit Chiasmus). Auf diese Weise tritt der reale Hintergrund der Weg-Metaphorik an den Tag; denn für den jungen Schüler gilt es, die rechte Gesellschaft zu wählen und vor allem die böse und verderbende Gemeinschaft zu vermeiden.

Die zwei abschließenden Langversen, die dichotomisch geformt sind, und die die personale Redeweise fortsetzen (V. 18–19; vgl. 2,21–22), verhalten

---

[144] Aufschlussreich ist auch die deut. Verbindung von „Weg", „gehen" und Verheißung des „Lebens" in Dtn 5,33.

[145] Vgl. Baumann, Weisheitsgestalt, 243; Schäfer, Poesie, 113.

sich zu den Abschnitten V. 11–13 und 14–17 – und in dieser Reihenfolge.[146] Sie sammeln sentenzartig das Anliegen der beiden Abschnitte mit Hilfe ganz neuer Metaphern, und zwar des metaphorischen Kontrastpaars von ‚Licht' und ‚Finsternis'.[147] Nun wird der „Pfad der Gerechten (*ṣaddîqîm*)" mit dem strahlenden Morgenlicht verglichen: „wie der Lichtglanz, der immer heller wird, bis zum vollen Tag" (V. 18), wogegen der „Weg der Frevler wie tiefes Dunkel" ist (V. 19). Mit dieser Erweiterung der Weg-Metaphorik wird eine schicksalsschwere Zwei-Wege-Problematik formuliert, die am schärfsten den Gegensatz von dem ‚guten' und dem ‚bösen Weg' (vgl. 2, 12) sowie von den Gerechten und den Frevlern herausstellt (vgl. Ps 1). So mag die Begründung des Untergangs der Frevler durch ihr Nichtwissen (V. 19 b) auch ein Ausdruck des typisch weisheitlichen Tun-Ergehen-Zusammenhangs sein.

c. 4, 20–27. Bewahre dein Herz! Auch diese Kleineinheit hat ihr eigenes Gepräge; gleichzeitig aber knüpft sie durch die Weg-Metaphorik (in V. 26–27) an die vorige Einheit an. Sie lässt sich in zwei Teile zerlegen, und zwar folgt nach der recht breiten Einleitung (V. 20–22) das Korpus (V. 23–27); doch beiden Teilen gemeinsam ist eine anthropologische Begrifflichkeit, die man etwa „eine weisheitliche Physiologie" genannt hat.[148]

Die Einleitung, die also zum Teil mit dem Korpus verwoben ist, aber selbst einen kunstvollen Aufbau mit Bikola im Parellelismus aufweist, ist um „meine Worte" (*d^eḇāray*) und „meine Reden" (*'^amāray*), die der weise Lehrer an den jungen Schüler richtet, konzentriert. Nach der „mein Sohn"-Anrede und dem Aufmerksamkeitsruf (mit zwei Imperativen, V. 20), der durch zwei weitere Aufforderungen (in Vetitiv und Imperativ) noch erweitert ist (V. 21), folgt eine beachtenswerte Begründung (V. 22), die verheißt, dass seine „Worte" und „Reden" demjenigen, der sie „findet", „Leben" (*ḥayyîm*) verleihen wird; sie werden auch seine Gesundheit stärken – mit „Heilung für seinen ganzen Leib (*b^eśārô*)" (V. 22 b; vgl. 3, 8). Dies hohe ‚Selbstbewusstsein' der Weisen kommt nicht nur dem obigen Reden von der lebensfördernden Weisheit nahe (vgl. V. 13 b, auch 3, 18), sondern ähnelt sogar der bemerkenswerten Ich-Rede der Weisheit in 1, 20–33. Die Lehre und Mahnworte des Weisheitslehrers werden also dem jungen Schüler „Leben" und „Leib" sichern können.

Die Weisheit will den ganzen Menschen beschlagnahmen. Darum ist nicht nur das Wort „Leib" (*bāśār*) dieser Einheit eigen, sondern dafür ist vor allem der Bezug – in sowohl Einleitung wie Korpus – auf einige Organe des

---

[146] Eine Umstellung von V. 18 und 19 (s. BHK; BHS und etwa Gemser 32) verkennt den Stil des Ganzen; vgl. Schäfer, Poesie, 115; Fox 182 f; ähnliche allgemeine Abrundungen in 1, 19; 2, 21–22; 3, 34–35.

[147] Zum Thema ‚Licht'/‚Finsternis' s. etwa S. Aalen, Die Begriffe ‚Licht' und ‚Finsternis' im AT, im Spätjudentum und im Rabbinismus, SNVAO II/1, Oslo 1951; Ders., ThWAT I,160–182; vgl. Sæbø, THAT I, 84–90.

[148] So Schäfer, ebd. 119–124, mit Hinweis auf Meinhold 97.

menschlichen Körpers bezeichnend.[149] Es geht um Organe, die mit kommunikativen oder auch ausführenden Funktionen des Menschen verbunden sind, zumal der hier angesprochene einzelne Mensch nie ein Einzelner ist, sondern auf die Gemeinschaft mit anderen angewiesen ist; erwähnt sind dabei das Ohr (V. 20), die Augen (zweimal V. 21 und 25, mit „Wimpern", 25 b, als *pars pro toto* für die Augen), der Mund und die Lippen (V. 24) sowie der Fuß (zweimal V. 26–27), und zwar in Verbindung mit einer abschließenden Mahnung an den jungen Schüler, nicht abzubiegen, sondern auf allen seinen Wegen einen festen Kurs zu halten, „fern vom Bösen". Vor allem handelt es von dem „Herzen" (*leḇ* bzw. *leḇāḇ*) des Menschen, von dem in der Einleitung (V. 21) wie auch im Korpus (V. 23) die Rede ist, und das auf diese Weise die beiden Teile verbindet.[150] Sehr bemerkenswert ist dabei die doppelte Funktion des Herzens, die dreifältig ausgeführt ist: erstens ist das Herz sowohl Empfänger, indem es die Worte des Lehrers bewahrt (V. 21 b), als auch Geber, „denn aus ihm geht das Leben hervor" (V. 23 b); das Letzte ist aber zweitens um so auffälliger, als zur gleichen Zeit gesagt wird, dass es die Worte und Reden des Lehrers, die „für den, der sie findet" (V. 22 a), Leben sind; und drittens soll der Schüler nicht nur die Worte und Reden seines Lehrers „im Innern" seines Herzens bewahren (V. 21 b), sondern vor allem soll er eben sein Herz bewahren, „mehr als alles, was zu hüten" ist (V. 23 a). Die in dieser dreifachen Weise geäußerte Doppelheit bringt gewiss die zentrale Position und Funktion des Herzens deutlich zum Ausdruck; andererseits lässt sie die Frage aufkommen, ob man das Herz – wie es gelegentlich geschieht – als etwa die ‚die Quelle des Lebens' bezeichnen darf; vielmehr wird das Herz doch nur hervorbringen, was es empfangen hat; dieses Annehmen und Weitergeben gehört aber auch zur ethischen Verantwortlichkeit des Menschen (vgl. V. 24), weshalb es ‚mehr als alles andere' wichtig ist, das Herz zu „bewahren". Dem jungen Schüler wird eingeprägt: sein Herz zu bewahren heißt sein Leben zu bewahren. Letzten Endes ist das nicht nur ein ernstes ethisches, sondern mehr noch ein zutiefst existenzielles Anliegen.

Im Rückblick auf das vierte Kapitel wird man in Bezug auf seinen inhaltlichen Charakter feststellen können, dass die drei verschiedenen und in gewissem Ausmaß auch verbundenen Kleineinheiten a. V. 1–9, b. V. 10–19 und c. 20–27 von einer eindringlichen Mahnrede an den Jungen durch und durch geprägt ist, damit er zum Sichern seines Lebens die alte „väterliche Belehrung" bewahren und in der „guten Überlieferung" bleiben mag. Es ist allerdings auffällig, dass die weisen Mahnworte anders als in den früheren Kapi-

---

[149] Vgl. Kayatz, Studien, 43 ff, und die sog. ‚Beschreibungslieder' im Hohenlied (Hld 4,1–7; 5,10–16; 7,2–10), s. dazu G. Gerleman, Ruth. Das Hohelied, BKAT XVIII, Neukirchen-Vluyn 1965, 65–71.

[150] Zum „riesigen Wortfeld" von *leḇ*/*leḇāḇ* s. etwa H. W. Wolff, Anthropologie des Alten Testaments, München (1973) [7]2002, § 5, 68–95; Hausmann, Menschenbild, 178–186; B. Janowski, Der Mensch im alten Israel, ZThK 102 (2005) 143–175; sonst H.-J. Fabry, ThWAT IV, 413–451, sowie F. Stolz, THAT I, 861–867.

teln ohne einen direkten Hinweis auf Jahwe ergehen, was nachträglich in der theologischen Erweiterung der Septuaginta am Ende des Kapitels geschieht.[151] Wie im Vorangehenden ist aber auch hier die Weisheit hoch gehalten worden; und darüber hinaus kommt die Verkündigung der schicksalsschweren zwei Wege nicht nur dem ‚Thora-Psalm' 1 nahe, sondern lässt auch eine gewisse Theologisierung erkennen.[152] Endlich ist allgemein zu bemerken, dass in den restlichen fünf Kapiteln von Sprüche 1–9 einzelne Themen aufgegriffen und ausführlicher behandelt werden, die nun in den vier ersten Kapiteln, die öfter einen komplexen Aufbau aufweisen, kürzer oder breiter angeschnitten worden sind.

5,1–23: Die ‚fremde' und die eigene Frau

1 **Mein Sohn, auf meine Weisheit höre genau,**
zu meiner Einsicht neige dein Ohr,
2 **damit du auf Besonnenheit achtest,**
und deine Lippen Erkenntnis bewahren!
3 **Denn von Honigseim triefen**[153] **die Lippen der Fremden,**
und glatter als Öl ist ihr Gaumen.
4 **Ihr Ende aber ist bitter wie Wermut,**
scharf wie ein zweischneidiges Schwert.
5 **Ihre Füße steigen zum Tode hinab,**
das Totenreich erreichen ihre Schritte.
6 **Den Pfad des Lebens beachtet sie nicht,**[154]
ihre Bahnen schwanken, sie weiß es nicht.
7 **– Aber nun, ihr Söhne, hört auf mich**
und weicht nicht von den Reden meines Mundes! –
8 **Halte fern von ihr deinen Weg,**
und nähere dich nicht der Tür ihres Hauses,
9 **damit du nicht anderen deine Blüte**[155] **preisgeben musst**
und deine Jahre einem Grausamen,
10 **damit sich nicht Fremde an deiner Kraft sättigen**
und an deinem mühsam Erworbenen im Haus eines Fremden,
11 **und du an deinem Ende stöhnen musst,**
wenn dein Leib und Fleisch dahinschwinden,
12 **und du sagen musst: „Ach, dass ich Erziehung gehasst habe**
und Warnung mein Herz verschmäht hat,

---

[151] Zum Plus der Septuaginta nach V. 27 s. etwa Toy 99–100; McKane 302; Schäfer, ebd. 124f.
[152] S. noch Baumann, Weisheitsgestalt, 241.
[153] Vgl. M. Dahood, Bibl. 54 (1973) 565f.
[154] S. BHS; vgl. Ringgren 28; Ders., Word and Wisdom, 105, der, wie Gemser 34, hier Du-Anrede hat.
[155] So HAL 231; Ges[18] 270; s. sonst BHS.

13 und ich nicht gehört habe auf die Stimme meiner Erzieher
und meinen Lehrern nicht mein Ohr zugeneigt habe!
14 Beinahe wäre ich in größtes Unglück geraten
inmitten von Versammlung und Gemeinde".
15 Trinke Wasser aus deiner Zisterne
und Quellwasser aus deinem Brunnen!
16 Sollten[156] deine Quellen nach draußen fließen,
auf die freien Plätze die Wasserbäche?
17 Dir allein sollen sie gehören
und nicht Fremden neben dir.
18 Deine Quelle sei gesegnet;
und freue dich an der Frau deiner Jugend,
19 der lieblichen Hinde und anmutigen Gämse!
Ihre Brüste mögen dich allezeit berauschen,
in ihrer Liebe mögest du immerdar taumeln.
20 Warum, mein Sohn, willst du mit einer Fremden taumeln
und den Busen einer Fremden umarmen?

21 Gewiss, vor den Augen Jahwes liegen die Wege eines Menschen,
und auf all seine Bahnen hat er Acht.
22 Seine Freveltaten fangen ihn, den Frevler,[157]
und in den Stricken seiner Sünde wird er festgehalten.
23 Er wird aus Mangel an Erziehung sterben,
und durch seine große Torheit geht er in die Irre.

Lit.: G. Boström, Proverbiastudien (1935) 14–52. 137–143. – C. Camp, Wisdom and the Feminine (1985). – J. Cook, אִשָּׁה זָרָה: A Metaphor for Foreign Wisdom?, ZAW 106 (1994) 460–465, bes. 465–467. – J. Goldingay, Proverbs V and IX, RB 84 (1977) 80–93. – C. Maier, Die „fremde Frau" (1995), 110–139. – A. Müller, Proverbien 1–9 (2000), 74–106. – R. Schäfer, Poesie der Weisen (1999), 126–150. – P. Skehan, Proverbs 5:15–19 and 6:20–24, in: Ders., Studies (1971), 22–24. – N. Nam Hoon Tan, The ‚Foreignness' of the Foreign Woman in Proverbs 1–9 (2008), 88–93. 126 f.

Man hat gelegentlich das fünfte Kapitel mit dem vierten verbinden wollen, und zwar entweder so, dass man 5, 1–6 als Fortsetzung von Kap. 4 und sodann 5, 7 als einen „neuen Anfang" hat sehen wollen, oder aber so, dass man 4, 1 bis 5, 23 als eine größere Einheit betrachtet;[158] doch gegen beides sprechen sowohl die Form als auch der Inhalt des relativ einheitlichen fünften Kapitels. Das Kapitel weist textgeschichtlich einige Probleme auf,[159] demnächst

[156] Zur Frageform (ohne Fragepart.) vgl. GK § 150 a; Ringgren 28; McKane 218; 318; Meinhold 104; Maier, Die „fremde Frau", 112; in der rhetorischen Frage dürfte das Impf. vorzuziehen sein (vgl. Toy; McKane: „should").

[157] Vgl. GK § 131 m; Meyer, HG § 105 c; BHS; Meinhold 100; Maier, ebd. 112.

[158] So im ersten Fall Delitzsch 94–103, und im zweiten Fall Müller, Proverbien 1–9, 107–116.

[159] So bes. V. 2, wo G sehr abweicht; vgl. Maier, ebd. 110; Schäfer, ebd. 131–135; vgl. sonst BHK/BHS.

Schwierigkeiten literarischer Art. Dabei ist vor allem V. 7 auffällig, der den Duktus von V. 3–20 aufbricht und zudem eine neue und nun pluralische Hörauforderung („ihr Söhne“) hat, die allerdings G und V harmonisierend mit dem Kontext singularisch wiedergeben (so auch in 7, 24). Ferner macht V. 19 im MT ein Trikolon aus; V. 19 a scheint aber eine erklärende Erweiterung zum V. 18 zu sein, in dem Fall ergäbe V. 19 bc ein ordinäres Bikolon.

Die Form ist mehrfach bemerkenswert. Das Kapitel hat eine kurze Einleitung, und zwar mit einer neuen Variante des Aufmerksamkeitsrufes, in dem der Lehrer seinen Schüler („Sohn“) dazu auffordert, auf seine „Weisheit“ und „Einsicht“ (*t^e^bûnâ*) zu hören (V. 1), um dadurch zu lernen, auf „Besonnenheit“ (pl. *m^e^zimmôṯ*, vgl. 8, 12) und einsichtsvolles Reden zu achten (V. 2; vgl. 2, 11). Im Hintergrund mag das Ideal vom schweigsamen Weisen stehen. Die Einleitung, die in die Situation des weisen Lehrens und Lernens einführt, ist durch einen Begründungssatz (V. 3) mit dem Hauptteil oder das Korpus des Kapitels (V. 3–6. 8–20) eng verbunden. Dieses Korpus besteht aus einer langen Mahnrede gegen „die fremde Frau“ (V. 3–6. 8–14) sowie für die eigene Frau (V. 15–20), während der Maschalabschluss (V. 21–23) aus Sentenzen allgemeiner Art aufgebaut ist, und zwar ähnlich den obigen abschließenden Sentenzen (s. 1, 19. 33; 2, 21–22; 3, 33–34. 35). Hinzu kommt noch, dass die Anrede an „meinen Sohn“, die den Abschnitt einleitet (V. 1 a; vgl. 1, 8), am Ende zurückkehrt (V. 20 a), wobei sich der Ring des erweiterten Hauptteils (V. 1–20) schließt. Dabei ergibt sich das Kapitel als zweigeteilt (bzw. dreigeteilt), indem es aus einem Korpus (V. 3–20) mit integrierter Einleitung (V. 1–2) und einem maschalartigen Abschluss (V. 21–23) besteht. Schäfer hat übrigens V. 3–6 und 8–11 als zwei „voneinander getrennte Strophen, welche einander in Aufbau und Inhalt entsprechen“ und dazu V. 15–20 als „ein weiteres, formal geschlossenes und darum ursprünglich wohl eigenständiges Gedicht“ noch bezeichnet.[160]

Ungleich dem 4. Kapitel ist im erweiterten Korpus des 5. Kapitels (V. 1–20) keine Häufung von Imperativen; der Stil ist nun ein anderer, und Imperative finden sich nur in V. 1, 8, 15, die jeweils einen Teilabschnitt einleiten, sowie im V. 18 b. Dagegen gibt es etwa in V. 3–6 eine „Häufung von Nominalsätzen“, die „den beschreibenden Charakter des Abschnitts“ zeigt. Einige Wortfelder heben sich aus, und zwar „lehren“, „gehen“, „sterben/leben“, „Wasser/trinken“; dazu fällt „der häufige Gebrauch von Körperteilen“ auf.[161]

Nach den synonym parallelen Aufforderungen (mit Imperativ) im V. 1 folgt im V. 2 ein Finalsatz (mit der Finalpartikel *l^e^* und Infinitiven) und danach im V. 3 ein Kausalsatz (durch *kî* eingeleitet, wie in 2, 3), der aus einer Schilderung der „fremden Frau“ besteht, und diese Schilderung setzt sich in V. 4–6 fort. Mit V. 8 fängt eine neue parallele Doppelaufforderung an (nun mit Imperativ und Vetitiv), die durch zwei negative Finalsätze (V. 9 und 10,

---

160 Schäfer, ebd. 137–139. 143. 149; dazu wird aber die folgende Erörterung indirekt Stellung nehmen.

161 So Maier, ebd. 113.

jeweils durch *pän* ‚damit nicht' eingeleitet) weitergeführt wird; der letzte Satz geht in eine Schilderung des Verhältnisses des Schülers zur „fremden Frau" über (V. 11–14) und endet mit einem Zitat des Jungen (V. 12–14). Mit V. 15 folgt eine neue mahnende Aufforderung und nun auch ein neues Thema, und zwar das der eigenen Frau, wobei sich diese Du-Anrede an den Hörer in V. 16–20 fortsetzt, und zwar teils mit Schilderung seiner Frau und teils mit Fragen an ihn. Indem die am Ende (V. 20 a) erneute Anrede „mein Sohn" an den Anfang (V. 1 a) anknüpft, wird – wie schon angeschnitten – der erweiterte Hauptteil (V. 1–20) als eine eigene Einheit abgerundet. Im Übrigen ist die Ortung des abweichenden V. 7 wohl kaum zufällig, wenn sich der Vers nach der Schilderung der „fremden Frau" in V. 3–6 und vor die neue Aufforderung in V. 8 einschiebt. Seine pluralische Erweiterung – mit ‚Ihr'-Anrede inmitten einer ‚Du'-Anrede (V. 1–20) – dürfte wohl auch nicht zufällig sein, zumal sie eine Frage nach der Hörerschaft veranlassen mag; denn im Blick auf die Anrede „mein Sohn" am Anfang und Ende, die wohl auf den jungen Schüler Bezug nimmt, dessen möglich negatives „Ende" (vgl. V. 11 a) und sein ‚entsprechendes' Zitat (V. 12–14) sich vorwegnehmen lassen, mag andererseits die Formulierung „Frau deiner Jugend" (V. 18 b) im Rahmen der umgebenden guten Wünsche und Schilderungen (V. 18–19) vermutlich mit einem verheirateten und vielleicht älteren Mann zu verbinden sein. Die Hörerschaft in diesem Kapitel mag dabei einigermaßen schillernd sein; aufs Ganze gesehen dürften wohl die Ausführungen Menschen verschiedenen Alters im Blick haben.

Dieser kurze Durchgang von Form und Inhalt des relativ einheitlichen Kapitels möchte nun gezeigt haben, dass es aus recht unterschiedlichen Teilen aufgebaut ist; alles scheint nicht in demselben Plan zu liegen. Wesentlich ist aber vor allem, dass die Endgestalt des Korpus im Verhältnis zu seinen Komponenten eine neue Form und Einheit ausmacht, die in der Frau – der ‚fremden' wie der eigenen – ihr sammelndes Thema hat; das ist hermeneutisch bedeutsam.

Die ‚Frau' (*'iššâ*) war schon oben in 2, 16–19 das Thema; da kamen auch die zwei üblichen femininen Adjektive vor, die sie negativ charakterisieren, und zwar *zārâ* (masc. *zār*) ‚fremd', und *nŏḵriyyâ* (masc. *nŏḵrî*), sowohl mit ‚ausländisch' als auch durch ‚fremd' wiedergegeben. Im fünften Kapitel ist das erste Adjektiv *zārâ* das Hauptwort, und zwar ohne das zugehörige Substantiv ‚Frau'. Das Adjektiv kommt gleich am Anfang (V. 3 a) sowie am Ende (V. 20 a) vor und hat im letzten Fall *nŏḵriyyâ* als synonyme Parallele (V. 20 b); sonst wird von der ‚Frau' hier nur „sie" bzw. „ihr" gesagt. So wird das Nomen ‚Frau' (*'iššâ*) im Kap. 5 nicht von der ‚fremden' und nur einmal von der eigenen Frau gebraucht (V. 18 b), und zwar im Ausdruck „Frau deiner Jugend" (*'ešät̠ ne'ûrä̆ḵā*; vgl. Jes 54,6; Mal 2, 14a15). Am wichtigsten bleiben somit die Charakterisierungen der beiden Adjektive sowie die übrigen Beschreibungen.

Die ‚Fremde' (*zārâ*) ist zunächst durch ihren Mund gekennzeichnet. Zwar wird durch das doppelt gebrauchte Lexem „Lippen" (V. 2 und 3) die Einleitung mit dem Korpus verbunden, seine Funktion aber ist in den zwei Fällen konträr verschieden; denn während die Lippen des weisen Hörers im V. 2 „Erkenntnis bewahren" sollen (V. 2 b), damit er einsichtsvoll und besonnen reden kann, sind im V. 3 die honigsüßen Lippen der ‚Fremden' sowie ihr glatter Gaumen – als *pars pro toto* für ihren Mund und ihr persönliches Benehmen – ein Ausdruck ihrer verführerischen Rede (V. 3; vgl. 27, 7). Dabei erweist sich die ‚Fremde' als ein unheilvoller Antitypus zu dem besonnenen und einsichtsvollen Weisen. Darüber hinaus ist bemerkenswert, dass ihre verführerische Rede und Handlungsweise nicht weiter geschildert ist, sondern es wird rasch und kontrastierend zu ihrem bitteren „Ende" (*'aḥ^a^rîṯ*) gewechselt; denn die schicksalsschweren Folgen ihres Tuns charakterisieren sie am besten. Wurden ihre Lippen zunächst als honigsüß geschildert (V. 3 a), wird ihr „Ende" aber „bitter wie Wermut" sein und dazu noch „scharf wie ein zweischneidiges Schwert" (V. 4; vgl. Jes 1, 20). Diese harte Schilderung ist noch weiter gesteigert, wenn die ‚Fremde' mit dem Tod (*māwäṯ*) und dem Totenreich (*š^e^'ôl*) verbunden wird (V. 5), während sie „den Pfad des Lebens" (*'oraḥ ḥayyîm*; V. 6 a, vgl. 2, 19) nicht beachtet. Wie in 2, 18–19 geht es auch an dieser Stelle um Leben und Tod und ist damit auf das Letztgültige zugespitzt. Abschließend wird „sie" negativ durch ‚Nichtwissen' charakterisiert (V. 6 b); denn wie die Frevler „nicht wissen, woran sie straucheln" (4, 19), ist die ‚Fremde' davon unwissend, dass „ihre Bahnen schwanken"; so unsicher ist ihr Leben, so unheilschwanger ihr Ende. Bei alledem steht die ‚Fremde' in scharfem Kontrast zum wissenden Weisen; sie sind Gegentypen. Durch diese kurze und herbe Schilderung kommt die Mahnung der Weisen indirekt zum Ausdruck: hinter den glatten und schmeichelnden Lippen der ‚Fremden' lauern Unheil und Tod – dem der Schüler vor allem zu entgehen hat. Im Grunde dieser Mahnung liegt schließlich die Lehre der Weisen vom schicksalsschweren Zusammenhang von Tun und Ergehen, Tat und Folge. Die ‚Fremde' wird nur ernten, was sie sät; das wird aber auch für den Schüler gelten.

Mit V. 8 folgt eine neue Aufforderung an den Jungen, und zwar dass er sich vom Weg und von der Tür „ihres" Hauses fernhält. Nun ist aber nicht mehr direkt von „ihr", der ‚Fremden', die Rede, sondern es folgt eine Schilderung der unheilvollen Folgen, die den Schüler treffen werden, falls er sich mit „ihr" einlässt. In dem Fall wird er seine „Blüte" (oder „Würde", *hôḏ*,[162] V. 9 a) sowie seine „Kraft" (*ko^a^ḥ*, V. 10 a) verlieren und kann danach nur einem kläglichen „Ende" (V. 11 a; vgl. das „Ende" der ‚fremden Frau', V. 4 a) entgegensehen – wenn „dein Leib und dein Fleisch dahinschwinden" (V. 11 b; vgl. V. 4 b, zum Tod der ‚Fremden'). Was mit den Begriffen „Blüte/Würde" und „Kraft" genauer gemeint sein mag, ist vielfach diskutiert worden; im Kontext darf es wohl naheliegend sein, dass sich diese Begriffe zunächst auf die Lebenskraft des Mannes, seine Sexualkraft mit einbegriffen, beziehen, aber

[162] Vgl. G. Warmuth, ThWAT II, 375–379, Meinhold 103.

dazu wohl auch auf seine soziale Position und sein Gut, „das Resultat der Lebensarbeit“ (Gemser 36). Doch darüber hinaus ließe sich wohl noch erwägen, ob in Anbetracht des umfassenden Gebrauchs des Lexems *hôd* in Bezug auf Gott, mehrfach in Parallele zu *hāḏār* ‚Pracht/Herrlichkeit‘, nicht auch ein Bezug auf die hohe Würde des Menschen als Geschöpfs Gottes (vgl. Ps 8, 6) mitklingen kann, eine Würde, die der Junge durch unkluges Benehmen nicht verderben darf.

Ferner ist in der Schilderung der unheilvollen Folgen (V. 9–11), die zwar zunächst mit der ‚fremden Frau‘ verbunden sind, doch auch von verschiedenen Männern die Rede, wobei relativ unbestimmt „andere“ (pl. masc. *ʾaḥerîm*) und „Fremde“ (pl. masc. *zārîm*) sowie ein „Grausamer“ (sg. *ʾakzārî*)[163] und ein „Auswärtiger/Fremder“ (sg. *nŏkrî*) erwähnt werden. Auch in diesem Punkt hat man vielfach diskutiert und recht unterschiedlich beurteilt, wer diese feindliche Männer sein mögen, ob sie etwa „dieselben Personen sind“ (Gemser 36), zu denen der Angesprochene irgendwie schuldig sein wird, oder ob der „Grausame“ den betrogenen Ehemann meinen soll, wie öfter vermutet worden ist (vgl. noch 6, 34–35); doch ist in diesem Text nicht direkt von Ehebruch die Rede.[164] Die verhüllende Kürze der Ausdrucksweisen an dieser Stelle ist überhaupt auffallend; und entsprechend ist jede sichere Annahme nur schwer erreichbar. Das einzig Sichere scheint aber zu sein, dass der Schüler vor einer schicksalsschweren Wahl von Herausforderungen und Versuchungen stehen wird, zumal jeder, der sich mit der verführerischen ‚fremden Frau‘ einlässt, ins äußerste Elend gerät. Die Weisen können ihm jedoch rechtzeitig zu heilsamen Entscheidungen für seine weitere Lebensführung verhelfen; so sind ihm ihre Lehre und ihre Mahnworte höchst existenziell und wichtig.

Das kommt auch im Zitat des Angeredeten (V. 12–14) zum Ausdruck, das diesen Abschnitt nicht nur abschließt, sondern ihm gewissermaßen auch eine ‚Moral‘ verleiht: „Erst wenn es zu spät ist, wird der Mensch einsehen, wie töricht er gehandelt hat“ (Ringgren 29). So beginnt auch das Zitat, das in V. 12–13 chiastisch geformt ist, wie eine Klage: „Ach, dass ich …“; es will das geschilderte „Ende“ des „in größtes Unglück“ Geratenen durch ein persönliches Bekenntnis noch konkret ausfüllen, zumal sein bitteres „Unglück“ bis in die Öffentlichkeit von einer nicht näher geschilderten „Versammlung“ (*qāhāl*, vgl. 26, 26) und „Gemeinde“ (*ʿeḏâ*) hinein reicht (V. 14 b) und ihm eine „öffentliche Katastrophe“ meint.[165] Dabei ist vor allem beachtenswert, dass die vorweggenommene reuevolle Klage sein bis dahin negatives Verhältnis zur „Erziehung“ (*mûsār*) und „Warnung/Zurechtweisung“ (*tôḵaḥat*) sowie – in Parallele dazu – zu seinen „Erziehern“ (*môrîm*) und „Lehrern“

---

[163] G und S haben harmonisierend Plural; vgl. BHQ 34*.

[164] Vgl. Schäfer, ebd. 140 f.

[165] So Meinhold 104; zu diesen mehrdeutigen Institutionsbegriffen s. sonst Maier, ebd. 128–132.

(*m^elamm^eḏîm*)[166] zum Gegenstand hat. Es besteht aber die Möglichkeit, zeitig lernen zu können. Schließlich scheint das Zitat eine Inklusio mit dem einleitenden Mahnwort in V. 1–2 zu bilden (vgl. etwa V. 1 b mit V. 13 b).

Während die zwei Abschnitte V. 3–6 und V. 8–11 – durch die Einleitung V. 1–2 und das Zitat V. 12–14 eingerahmt – von der ‚fremden Frau' thematisch verbunden sind, ändert sich das Thema wesentlich im dritten Abschnitt V. 15–20, indem nun die Frau des Angeredeten im Bild ist. Die mahnenden Aufforderungen in Du-Anrede werden fortgesetzt (mit Imperativen V. 15 und 18 b); weiter sind V. 15–16 synthetisch-parallel aufgebaut; und außerdem gibt es einen Segenswunsch (V. 18 a), was im weisheitlichen Zusammenhang recht selten ist, sowie zweimal eine Frageform (V. 16 und 20). Bei der letzten Frage wird erneut die Anrede „mein Sohn" gebraucht, wobei sich V. 20 – wie schon erwähnt – mit dem Anfang (V. 1 a) verbindet. Das alles scheint zu einem recht lebendigen und relativ einheitlichen Stil in V. 1–20 beizutragen.

Dieser letzte Teil des Korpus enthält eine selten reiche und zum Teil erotisch anklingende Metaphorik.[167] Dabei mag es vielleicht überraschend erscheinen, dass diese Metaphorik nicht in der Schilderung der ‚fremden Frau' (V. 3–14) vorkommt (wie etwa in 7, 10–23), sondern die Metaphern und Vergleiche werden in Verbindung mit der eigenen Frau, der Ehegefährtin, gebraucht. Das dürfte aber kaum zufällig sein, denn man hat wohl dabei den richtigen ‚Sitz im Leben' der Erotik betonen wollen, und zwar im Rahmen der Ehe; das geschieht allerdings in einer dem biblischen Kontext fast extremen Weise, welches umso auffallender ist, als das eheliche Verhältnis von Mann und Frau sonst relativ selten im Spruchbuch beachtet wird; und wenn davon die Rede ist, dann wird die Frau teils als ein gottgefälliges Gutes und als eine „weise" Frau, die ein Geschenk Jahwes ist (18, 22; 19, 14; vgl. dagegen 11, 22), und teils als eine tatkräftige und tüchtige Hausfrau (31, 10–31; vgl. 11, 16 a) geschildert. Demgegenüber ist nun die besondere Metaphorik in 5, 15–20 mehrfach mit der Liebespoesie und den metaphorischen Beschreibungsliedern[168] im Hohen Lied verwandt. So lassen sich etwa das Trinken als Bild des Kosens („Trinke Wasser", V. 15 a) mit Hld 7, 2 a (MT 7, 3 a; vgl. 7, 9 MT 7, 10) und 8, 2 b (vgl. 4, 10 a; 5, 1) sowie der Vergleich der Geliebten mit einem „Brunnen" (V. 15 b) oder „Quelle" (V. 18 a) mit Hld 4, 12. 15 verbinden; und wenn die „Frau deiner Jugend" (*ʾešät n^eʿûräḵā*, V. 18 b) lobend mit „der lieblichen Hinde und anmutigen Gämse" (V. 19 a) verglichen wird, ähneln diese Metaphern denjenigen in Hld 2, 9. 17; 8, 14, wo die Tierbilder allerdings auf den Geliebten bezogen sind; sonst können die Brüste der Geliebten, die in der erotischen Schilderung zentral sind, und von denen in V. 19 b und V. 20 b die Rede ist, im Hohen Lied mit anmutigen Tieren verglichen

---

166 Vgl. Maier, ebd. 120–122; auch Murphy 33–34.

167 S. dazu etwa Maier, ebd. 132–137; Meinhold, 104, nennt den Anfang eine ‚Allegorie'; vgl. noch McKane 317; R. Alter, The Art of Biblical Poetry, New York 1985, 179–184.

168 Vgl. G. Gerleman, Das Hohelied (BKAT XVIII), Neukirchen-Vluyn 1965, 63–75; 144–150.

werden (Hld 4, 5; 7, 3 MT 7, 4). Am Ende wechselt allerdings die metaphorische Rede zu einer konkreten (V. 19 bc und, im Kontrast, V. 20), wobei die ‚Fremde' als Gegentypus zur eigenen Frau wieder hervortritt. Durch den ganzen Hauptteil hindurch (V. 3–20) herrscht zwischen den zwei Typen von Frauen eine ‚dramatische' Konkurrenz, zumal die ganz schicksalsschwere Wahl des Angeredeten ja eben zwischen ihnen besteht.

Für das Verständnis der metaphorischen Rede in V. 15–19 a erweist sich schließlich V. 16 als wichtig – und schwierig, so schon textgeschichtlich, indem der Satz in Teilen der griechischen Überlieferung eine negative Form hat. Gelegentlich ist V. 16 syntaktisch auch verneinend aufgefasst worden;[169] doch ließe sich der Satz eher als eine Frage verstehen lassen.[170] Noch schwieriger ist aber die oft verhandelte Frage des Referenzpunktes, ob also die metaphorisch ausgedrückten „deine Quellen" (*maʿyenoṯāykā̱*) und „Wasserbäche" (*palḡê-māyim*) auf den Mann oder aber auf die Frau zu beziehen seien.[171] Der Kontext, wo das dominierende Interesse und die Metaphorik um die Frau konzentriert ist (V. 15 und 18–19), dürfte wohl nahelegen, dass die Lösung des Problems von V. 16(–17) auf der Linie von V. 15 und 18 liege: die eigene Frau, die als seine „Zisterne" und sein „Brunnen" bezeichnet wird (V. 15), ist für den angeredeten Mann seine „Quellen" und „Wasserbäche" (V. 16),[172] die ihm allein gehören sollen, „und nicht Fremden neben dir" (V. 17, vgl. V. 9–10); und eben von dieser seiner „Quelle/Quellort" (*māqôr*) wird in Bezug auf Nachkommen verheißend gesagt: „Deine Quelle sei gesegnet" (V. 18 a); und anders als im Fall der ‚fremden Frau', „die den Freund (*'allûp̄*) ihrer Jugend verlässt" (2, 17), wird nun der Angeredete dazu aufgefordert, sich „an der Frau deiner Jugend" (V. 18 b) zu „freuen", was in V. 19 bc als Liebesrausch frisch geschildert und dem Liebesgenuss „mit einer Fremden" entgegengestellt (V. 20) wird. Die rhetorische Frage von V. 16 erwartet eine Verneinung, wie auch vom folgenden V. 17 (und V. 18) bestätigt wird. Weder der angeredete Mann noch seine Frau gehören ‚auf der Straße'; der Gedankengang der Mahnrede ist hier, wie sonst im Korpus (V. 3–20), völlig monogamisch.

Der maschalartige Abschluss (V. 21–23) hätte aufgrund seiner allgemeinen Sentenzen an mehreren Stellen einpassen können, wird aber auch hier gut am Platze sein, zumal sein Kontakt mit Aussagen im Hauptteil des Kapitels grösser zu sein scheint, als es beim ersten Anblick scheinen mag. Die einleitende Erwähnung des alles sehenden Jahwes (V. 21; vgl. 15, 3) ist gewissermaßen eine ‚Theologisierung' des Vorangehenden, doch nicht in einer so eingreifen-

---

169 So etwa Gemser 34; BHK/BHS mit Hinweis auf G; vgl. aber Schäfer, ebd. 145 f.

170 S.o. zur Übersetzung und Anm. 156; vgl. dazu noch Toy 111; Boström, Proverbiastudien, 138; Plöger 53.

171 Vgl. etwa McKane 218, 318; Schäfer, ebd. 144–149.

172 Zur – öfter unnötig erörterten – Frage des Nebeneinanders von Sing. und Plur. in der Angabe des Wassers vgl. Maier, ebd. 134(–135): „Die Prov 5, 15–18 a gebrauchten Begriffe bezeichnen Wasserbehälter – im Singular [*bôr, be'er, māqôr*] – und Wassermengen – im Plural [*mayim, nozlîm, maʿyānôṯ, palḡê-māyim*]".

den Weise wie etwa in 3, 5–10. 1–12. 19–20. 33–34, sondern eher als integrierter Teil einer allgemeinen Aussage über Gott. Im gegenwärtigen Kontext aber darf eben diese allgemeine Aussage, dass sich kein Mensch in seinen Bewegungen „vor den Augen Jahwes" verbergen kann, nun auf die „Bahnen" der Fremden (V. 6 b) und den „Weg" des Schülers (V. 8 a) bezogen werden. Wenn demnächst vom Frevler heißt, dass er von seinen eigenen „Freveltaten" (*ʿawônôṯâw*) gefangen und „in den Stricken seiner Sünde (*ḥaṭṭāʾṯô*)" festgehalten, also von den Folgen seiner Taten eingeholt wird (V. 22), so ist sein Ende ebenso „bitter" wie das der ‚Fremden' (V. 4–6). Wenn schließlich, und nun typisch weisheitlich, vom Frevler gesagt wird, dass er „aus Mangel an Erziehung" (*mûsār*) stirbt (V. 23), dann entspricht das weithin dem Zitat des Angeredeten (V. 12–13). Außerdem fällt auf, dass dasselbe Verb, das am Ende von V. 23, und damit am Ende des ganzen Kapitels, in Bezug auf den Frevler und „seine große Torheit" durch ‚in die Irre gehen' (*šgh*) wiedergegeben ist, schon auch in V. 19 c und V. 20 a belegt war und da durch ‚taumeln' übersetzt wurde. Auf mehrfache Weise gewinnt so das fünfte Kapitel als Ganzes – trotz seiner verschiedenen Komponenten – eine gewisse Einheit, die nicht zu übersehen ist.

Im Blick auf eben diesen Einheitscharakter des Kapitels darf eine letzte Erwägung angestellt werden, zumal sich die ‚Frau' als sein sammelndes Thema erwiesen hat. Was die Deutung der ‚fremden Frau' betrifft, hat es mehrere Annäherungsweisen – oder Gesamtdeutungen – unterschiedlicher Art gegeben,[173] dabei auch eine metaphorische, die über das schon behandelte metaphorische Gepräge des Kapitels noch hinausgeht. Wenn man aber ihr nachgeht, wird sich wohl die faktische Reichweite des Metaphorischen in Verbindung mit dem Verständnis und der Darstellung der zwei Frauengestalten im Kapitel kritisch nachfragen lassen. Allgemein hat man die ‚fremde Frau' buchstäblich und konkret aufgefasst und dargestellt, so vor allem in ihrer Beziehung zu der anderen Frauengestalt im Kapitel, der ‚eigenen' Frau; und im Verhältnis zu dieser realistischen Darstellung ist dem metaphorischen Aspekt – etwas minimalistisch – oft weniger Aufmerksamkeit erwiesen. Gelegentlich hat man aber auf verschiedene Weise über eine streng realistische Deutung hinausgehen wollen, zumal die ‚fremde Frau' im ganzen Hauptteil (V. 3–20) als Gegentypus zur ‚eigenen' Frau hervortritt, was sich wiederum leicht mit dem sonstigen Gegensatz von Weisheit und Torheit verbinden könnte; so hat man die ‚fremde Frau' etwa „als poetische Personifikation" oder aber „als facettenreiche Figur und Symbol" aufgefasst.[174] Dabei hat neuerdings Schäfer eine rein metaphorische Deutung durchführen wollen;[175] und ihr zufolge sind etwa V. 18 b-20 „gerade nicht *wörtlich*, sondern – ebenso wie die erste Strophe des Gedichts – *metaphorisch* zu verstehen und ihr eigent-

[173] S. die forschungsgeschichtliche Übersicht bei Maier, ebd. 7–24.
[174] Vgl. Maier, ebd. 11–13.
[175] Schäfer, ebd. 126–150.

liches Thema ist folglich auch nicht etwa die *Sexualität*, sondern die *Liebe und Treue des Schülers zur Weisheit*“ (147); und die ‚fremde Frau‘ ist „weniger als spezieller Typus einer *Ehebrecherin*, sondern viel grundsätzlicher als *Gegenspielerin der vom Lehrer vertretenen Weisheit* konzipiert“ (146). In Bezug auf so eine maximalistische Auffassung des Metaphorischen ließe sich wenigstens zweierlei anführen: In Sprüche 1–9 ist erstens in verschiedenen Texten von der ‚fremden Frau‘ (2, 16–19; 5, 3–20; 6, 24–35; 7, 5–27) und von der Weisheit (besonders 1, 20–33; 2, 1–4; 3, 13–20; 4, 5–9; 8, 1–36) sowie vom Gegenüber der Weisheit und Torheit (9, 1–6. 13–18; vgl. 2, 16–20: die Weisheit „rettet“ vor der ‚fremden Frau‘) auf unterschiedliche Weise die Rede. Diese Texte lassen sich aber nicht ohne weiteres mit einander verbinden, sie sind nicht auswechselbar; vielmehr darf als methodisch wesentlich gelten, dass das Besondere des einzelnen Textes gewahrt bleibe; gerade weil diese Themen vielfach auf einander bezogen sind und stellenweise ein Geflecht ausmachen können, ist es umso wichtiger, dass der jeweilige Text eben das Seinige vorbringen darf. Das scheint nun zweitens in Bezug auf das komplexe Korpus 5, 3–20 vom besonderen Belang zu sein. Einerseits ist dann daran festzuhalten, dass die sehr detailreiche und metaphorisch geprägte Schilderung der Verführungskunst der ‚fremden Frau‘, einschließlich der schweren Folgen, falls sie den Schüler ‚gewinnen‘ sollte, einen Teil der sehr eindringlichen Mahnrede ausmacht, das gilt auch für die darauf folgende Ermahnung zum Liebesgenuss bei der eigenen Frau; so ist dadurch der ganz konkrete Charakter der Schilderungen dieser Mahnung schwerlich von der Hand zu weisen. Andererseits ist schon oben mehrfach darauf hingewiesen, dass die ‚fremde Frau‘ als Gegentypus zur eigenen Frau auftritt; darum mag die vorsichtigere ‚Zwischenposition‘ von Meinhold (101) deckend sein, wenn er die ‚fremde Frau‘ nur noch „als Symbol für die Torheit“ bezeichnet.

6, 1–19: Sozialethische Mahnworte und Belehrungen

a. Das Bürgen – eine gefährliche Sache

1 **Mein Sohn, wenn du für deinen Nächsten gebürgt hast,**
Handschlag einem Fremden[176] gegeben,
2 **dich verstrickt hast durch die Worte deines Mundes,**
gefangen bist durch die Worte deines Mundes,
3 **dann, mein Sohn, tu eben dies und rette dich,**
weil du in die Hand deines Nächsten geraten bist:
Geh, wirf dich nieder[177] und bestürme deine Nächsten!

---

[176] Vgl. Boström, Proverbiastudien (1935), 100–102; Gemser 36; Meinhold 107; Schäfer, ebd. 152–156.

[177] Vgl. HAL 1193; Meinhold 107.

4 **Gönne deinen Augen keinen Schlaf**
und deinen Wimpern keinen Schlummer!
5 **Rette dich wie eine Gazelle aus dem Griff,**[178]
wie ein Vogel aus der Hand des Vogelfängers!

b. Geh hin zur Ameise, du Fauler – und werde klug!

6 **Geh hin zur Ameise, du Fauler,**
sieh ihre Wege an und werde klug!
7 **Sie, die keinen Vorgesetzten hat,**
keinen Aufseher oder Herrscher,
8 **sie bereitet im Sommer ihre Speise,**
sammelt in der Erntezeit ihre Nahrung.[179]
9 **Wie lange, du Fauler, willst du liegen,**
wann willst du aufstehen von deinem Schlaf?
10 **„Ein wenig Schlafen, ein wenig Schlummern,**
ein wenig Händefalten, um zu ruhen" –
11 **aber dann kommt wie ein Wegelagerer deine Armut**
und dein Mangel wie ein bewaffneter Mann.[180]

c. Das Geschick des Nichtsnutzigen – sein Verderben

12 **Ein nichtsnutziger Mensch ist ein Mann des Unheils;**
er wandelt in Falschheit des Mundes,
13 **blinzelt mit seinen Augen, deutet mit seinen Füßen,**
gibt Zeichen mit seinen Fingern,
14 **hat Verkehrtes in seinem Herzen,**
plant immer Böses, regt Streitigkeiten an.[181]
15 **Darum wird sein Verderben plötzlich kommen;**
im Nu wird er zerbrochen – und niemand heilt.

---

[178] Vgl. 1Kön 20, 42; Meinhold 111; Schäfer, ebd. 153, Anm. 606.

[179] Vgl. R.L. Giese, Strength through Wisdom and the Bee in LXX-Prov 6, 8 a–c, Bib. 73 (1992) 404–11.

[180] Zum textlich schwierigen V. 11, der mit 24, 34 fast identisch ist, vgl. BHQ und etwa Schäfer, ebd. 158 f.

[181] So mit der mass. Dreiteilung des Verses, die ein Trikolon ergibt (s. BHQ; vgl. Ringgren 31; Meinhold 107); sonst ist oft geändert worden, um auch hier ein Bikolon zu erhalten; s. etwa Schäfer, ebd. 162 f, Anm. 653.

d. Sieben Gräuel für Jahwe – ein Zahlenspruch

16 **Sechs Dinge sind es, die Jahwe hasst,**
und sieben sind Gräuel seiner Seele:[182]
17 **stolze Augen, falsche Zunge**
und Hände, die unschuldiges Blut vergießen;
18 **ein Herz, das Gedanken des Unheils ersinnt,**
Füße, die eilig dem Bösen nachlaufen;
19 **wer als falscher Zeuge Lügen ausbläst,**
und wer Streitigkeiten unter Brüdern anregt.

Lit.: G. Boström, Proverbiastudien (1935), 53–57. 97–102. – K.J. Dell, The Book of Proverbs (2006), 43–44. 100–101. – R.L. Giese, Strength through Wisdom and the Bee in LXX Prov 6, 8^{a-e}, Bib. 73 (1992) 404–411. – S.L. Harris, Proverbs 1–9 (1995), 111–156. – J. Hausmann, Menschenbild (1995), pass. – C. Kayatz, Studien (1966), 27–30. – O. Loretz, *'js mgn* in Proverbia 6. 11 und 24. 34, Ugarit-Forschungen 6 (1974) 476–477. – A. Müller, Proverbien 1–9 (2000), 35–51. 301–304. – R. Schäfer, Poesie der Weisen (1999), 151–168.

Weil Kap. 6 in V. 1–19 und V. 20–35 deutlich zweigeteilt ist, und der zweite Teil dasselbe Thema wie Kap. 5 aufweist, und zwar das der ‚fremden Frau', hat man schon lange den Kontextbezug des Abschnitts 6, 1–19, der ja nicht nur thematisch, sondern auch formal so sehr vom Kontext abweicht, als ein heikles Problem empfunden und behandelt. So haben etwa mehrere diesen Abschnitt für ein „addendum" (BHK) oder „sekundäres Textmaterial" gehalten, das den Zusammenhang von Kap. 5 und 6, 20–35 „ungünstig zerreißt", während andere vorsichtiger den Abschnitt als ein „Zwischenstück" ansehen.[183] Zu diesen und ähnlichen Auffassungen mag vor allem die nun übliche aber doch nicht überzeugende Ansicht beigetragen haben, dass die Struktur von Kap. 1–9 aus einer bestimmten – und sogar nummerierten – Reihenfolge von ‚Reden' bestehen soll; darüber hinaus mag die besondere Vermutung vielleicht noch mit gespielt haben, dass die thematisch verbundenen Kap. 5 und 6, 20–35 mal auch literarisch verbunden sein könnten – was aber auf gar keinen Fall ausgemacht ist. Das „warum" der Ortung von 6, 1–19 „bleibt unklar" (so Ringgren 31; vgl. McKane 320).

Neuerdings hat man den Übergang vom 5. zum 6. Kapitel noch dadurch erklären wollen, dass man den allgemeinen Abschluss von Kap. 5 (V. 21–23) für „einen passenden Übergang" zum ersten Teil des 6. Kapitels hält (Meinhold 101). Das mag insoweit zutreffen, als an beiden Stellen ein gewisser Ma-

---

182 Plur. *tô*ʿᵃ*ḇôṯ* ‚Gräuel' (Sing. öfter, etwa Spr 3, 32; 11, 1; Dtn 7, 25; vgl. Schäfer, ebd. 166); s. sonst BHQ z. St. und 36*. – Der seltene Gebrauch von *nap̄šô* in Verbindung mit Jahwe nur noch in Ri 10, 16; Ps 11, 5 sowie Jer 51, 4; Am 6, 8 (etwas öfter aber ‚meine Seele' in göttlicher Eigenrede); vgl. C. Westermann, THAT II, 91ạ92.

183 Zur ersten Annahme s. etwa Schäfer, ebd. 161; Plöger 62; sonst Gemser 37; Toy 119: „they interrupt the course of thought in chs. 1–9"; Fox 226, 237; zur anderen Ansicht vgl. Meinhold 108 f; Dell, ebd. 43 f.

schalstil vorherrscht. Nun besteht aber der Abschnitt 6, 1–19 aus vier recht unterschiedlichen Kleineinheiten, die auch unter sich unverbunden zu sein scheinen, und zwar a. 6, 1–5, b. 6, 6–11, c. 6, 12–15 und d. 6, 16–19. Die zwei ersten Kleineinheiten haben ermahnende Du-Anrede, obwohl der Angeredete wechselt und in V. 6–11 der Faule ist. Ohne Anrede, aber thematisch den vorangehenden nahe stehend ist sodann die dritte Kleineinheit, die vom „nichtsnutzigen Menschen" handelt (V. 12–15). Völlig anderer Art ist schließlich die vierte Kleineinheit (V. 16–19), die die besondere Form eines ‚Zahlenspruchs' hat, die im Kap. 30 noch mehrmals bezeugt ist und im Spruchbuch sonst nicht. Darüber hinaus zeigt das wechselnde Maschalgepräge der Kleineinheiten sowie ihre jeweilige Selbständigkeit eine Nähe zur älteren Spruchweisheit, zumal ihnen allen entsprechende Aussagen in den Salomo-Sammlungen (10–22, 16; 25–29) mehrfach vorhanden sind. Andererseits sind aber die Kleineinheiten formal umfassender als die gewöhnlich kurzen Sentenzen der älteren Sammlungen; dazu sind sie noch thematisch bestimmt, welches sie mit den übrigen Kompositionen in Sprüche 1–9 verbindet, nun aber in etwas kleinerem Format. Aufs Ganze gesehen scheinen die vier Einheiten von 6, 1–19 gewissermaßen in einer Mittelstellung zwischen den beiden häufigsten Redeformen im Spruchbuch zu stehen. Schließlich ist noch zu beachten, dass die Anrede „Mein Sohn", die die erste Kleineinheit einleitet (V. 1) und im V. 3 wiederholt wird, in V. 20 a noch wiederkehrt, und zwar zur Einleitung der nächsten Großeinheit (6, 20–35). Damit scheint der Abschnitt 6, 1–19 auch so eine aus vier verschiedenen Kleineinheiten bestehende Großeinheit zu gestalten, die sich formal wie thematisch von der nächsten Großeinheit abhebt. Das Gewicht wird im Folgenden auf der Erörterung der einzelnen vier Kleineinheiten liegen dürfen.

a. 6, 1–5. Das Bürgen – eine gefährliche Sache. Diese erste Kleineinheit, die im Grundmuster ein motiviertes Mahnwort ausmacht, weist einen durch synonyme Parallelismen kunstvollen, aber syntaktisch recht komplexen Aufbau auf, der sich zunächst in einen doppelten Vordersatz (Protasis, V. 1–2; anders in G) und einen Nachsatz (Apodosis, V. 3–5) zerlegt. Die Mahnrede wird durch eine kasuistische Form eröffnet; sie erfolgt doch nicht im gewöhnlichen „objektiven Wenn-Stil" des kasuistischen Rechts,[184] sondern ist durch das im Spruchbuch häufige „mein Sohn" in eine persönliche Du-Anrede umgebogen. Diese einleitende Anrede wird am Anfang des Nachsatzes wiederholt (V. 3), vielleicht „um die Dringlichkeit zu erhöhen" (Kayatz 30), während das Übrige des Nachsatzes durch eine Reihe von sieben Aufforderungen im Imperativ bzw. Vetitiv geprägt ist (V. 3–5). Die Reihe der Aufforderungen ist allerdings – wohl verstärkend – um ein Kolon erweitert worden, und zwar durch eine Begründung mit „denn/weil" (*kî*; V. 3 aβ). Die komplexe Einheit wird am Ende metaphorisch durch Bilder aus dem Tier- und Vogelreich, die wiederum mit den Verben in V. 2 verbunden sind, wirkungs-

[184] Vgl. A. Alt, KS I, 1953, 286 f.

voll abgerundet (V. 5). Bei dieser Kleineinheit, die durch „wenn" (*'im*) konditional eingeleitet ist, handelt es sich dann nicht um etwas faktisch Geschehenes, sondern um einen gesetzten Fall, einen Kasus, der aber leicht eine Realität werden kann; das hängt vom Angeredeten selbst ab, der darum vom Weisen konkret gewarnt wird.

Das einleitende Thema des Bürgens ist ein besonders schwieriges; wie die Form der Einheit 6,1–5 eben als komplex bezeichnet wurde, ist ihre Thematik des Bürgens nicht weniger kompliziert. Das liegt unter anderem daran, dass wohl nicht im einzelnen klar ist, was hier mit ‚bürgen/Bürgschaft leisten (für jemand)', zu dem im älteren israelitischen Recht nicht Stellung genommen ist, nun näher gemeint sein mag; dazu ist noch vom „Nächsten" (*re^a^c*, V. 1a; 3b, oder von „deinen Nächsten", *re^c äykā*, V. 3c) sowie von einem „Fremden" (*zār*, V. 1b) die Rede; auch ist eine ungewöhnliche Konstruktion der Präp. *l^e* (V. 1a und b) benutzt worden. Um diese Fragen ist die Diskussion bisher weithin gekreist;[185] sie sollten aber nicht zu isoliert, sondern in Bezug auf den größeren Kontext der Kleineinheit selbst sowie im Licht des weiteren Befundes des Bürgens erörtert werden, zumal das Bürgen mehrmals im Spruchbuch vorkommt (11,15; 17,18; 20,16 = 27,13 sowie in 22,26–27). An diesen älteren Belegen fällt auf, dass die Sache der Bürgschaft hier nicht nur kritisch – und etwa im Vergleich mit Sirach (vgl. 8,13; 29,14–20) weit restriktiver – dargestellt wird, sondern auch, dass an diesen Stellen „Nächster" (*re^a^c*) einmal (17,18) und sonst nur der „Fremde" (*zār*) vorkommt (11,15; 20,16 = 27,13, wo übrigens, und dann anders als in 20,16, die „Fremde", *nŏkriyyâ*, synonym parallel steht), während hier in 6,1–3 „Nächster (*re^a^c*)" bzw. Plur. „deine Nächsten (*re^c äykā*)" dreimal und „Fremder (*zār*)" nur einmal belegt ist. Bei diesem auffälligen Unterschied dürfte wohl nahe liegen, dass im Verhältnis zu den älteren Belegen sich das Interesse in 6,1–5 vom „Fremden" zum „Nächsten" verlagert habe, was wiederum bedeuten mag, dass die Sache des Bürgens hier nicht nur ökonomischer, sondern auch sozialethischer Art sein kann.

Bei den übrigen Stellen im Spruchbuch, wo das ‚Bürgen'/‚Handschlag geben' belegt ist, fallen auch andere bemerkenswerte Aspekte auf. Es ist dabei bemerkenswert, dass es vor allem um die Sicherheit dessen geht, der „für einen Fremden (*zār*) bürgt", denn „wer Handschlag hasst, ist sicher (*bôṭe^a ḥ*)" (11,15); wer aber „Handschlag gibt", ist ein „unvernünftiger Mensch" (*'ādām ḥ^a sar-leb*), also einer, dem die Weisheit fehlt (17,18; vgl. noch 22,26–27). Besonders aufschlussreich mag schließlich die letzte Stelle 27,13 sein, so besonders wenn man diese Stelle mit dem vorangehenden 27,12 verbindet: „Ein Kluger, der das Unheil sieht, verbirgt sich; / aber Einfältige, die weiter gehen, müssen es büßen"; es geht also um das weise Voraussehen eines kommenden Unglücks. So scheinen hier die persönliche Sicherheit und das kluge Voraus-

---

[185] Zur Übersicht der Deutungen s. Schäfer, ebd. 153–155 (Exkurs 4); vgl. Harris, Proverbs 1–9 (1995), 135ff.

sehen in erster Linie das Entscheidende zu sein, während das Bürgen einen hohen Risikofaktor hat.

Gegen diesen Hintergrund dürfte der inhaltliche Schwerpunkt der kunstvoll gebauten Einheit 6, 1–5 nun kaum in dem viel debattierten V. 1 (mit seiner Parallele in V. 2) liegen, wohl auch nicht in dem ‚Bürgen' als solchem, weil das ‚Bürgen' eher als Beispielsfall einer besonders risikoschweren Situation gewählt sein mag, sondern der Schwerpunkt mag in der mit erneuter Anrede und sonst etwas überladen formulierten Aufforderung von V. 3 aα: „tu eben dies, mein Sohn, und rette dich (*w^e^hinnāṣel*)", der durch V. 3 aβ noch begründend erweitert ist, sowie in den Imperativen von V. 3 b liegen. So mag denn V. 3 die Kernaufforderung des Mahnworts 6, 1–5 ausmachen, und sie handelt darum, sich zu „retten" und sich in Sicherheit zu bringen. Eben diese Aufforderung darf – etwa im Gegensatz zu der Ansicht, dass V. 3 ein „Zwischensatz" oder eine „interpretierende Glosse" sei[186] – als die Achse der Einheit angesehen werden, um der herum die zwei ersten parallelen Verse zunächst den Fall einer ‚unmöglichen' Situation als Kasus setzen (V. 1–2), und die zwei letzten parallelen Verse (V. 4–5) danach die starke Aufforderung, sich möglichst schnell daraus zu „retten" (V. 3 a und 5 a, *hinnāṣel*), mit breiter Pinselführung metaphorisch ausmalen.

Bei dieser ‚Hauptbotschaft' der Mahnrede in 6, 1–5 ist noch besonders zu beachten, welche fatale Bedeutung den eigenen Worten des Angeredeten beigemessen wird (V. 2); denn es ist seine Rede sowie die ausführende Handlung, die ihn fangen und festhalten – gemäß der Lehre vom Tun-Ergehen-Zusammenhang; denn er geht nur „into a self-constructed trap" (McKane 322); durch seine Worte hat er sich fangen lassen, und von seinen eigenen Worten wird er sich auch „retten" und befreien müssen. Das ist nicht unbedingt negativ, sondern vielmehr positiv gemeint; es geht – wie oft in der Weisheit – vor allem darum, sein Leben zu sichern. Die Aufforderungen dieser ersten Kleineinheit brauchen daher nicht als Gegensatz zu den positiven Aufforderungen in Spr 3, 27–28 (oder Sir 8, 13; 29, 14–20; vgl. noch Dtn 15, 7–11) zu stehen.

b. 6, 6–11. Geh hin zur Ameise, du Fauler – und werde klug! Die zweite Kleineinheit ist auch ein Mahnwort mit Du-Anrede. Ihre Form ist im Vergleich zur vorangehenden Kleineinheit einfacher; sie ist in zwei Strophen von je drei Versen (V. 6–8 und 9–11) kunstvoll aufgebaut. Die doppelte Du-Anrede, die sich an den „Faulen" richtet (V. 6 und 9), wird zweimal unterbrochen, und zwar erstens von V. 7–8, die eine Schilderung der exemplarischen Lebeweise der Ameisen ausmacht, und zweitens von V. 10, der aus einem Zitat im Munde des Angeredeten zu bestehen scheint, und der sonst mit 24, 33 identisch ist (s. sonst die obigen Zitate 1, 11–14; 4, 4–9; 5, 12–14); im übrigen ist der abschließende V. 11 mit 24, 34 fast gleichlautend. Inhaltlich geht es in dieser Kleineinheit um zwei Figuranten, und zwar erstens den Faulen (*ʿāṣel*),

[186] S. neuerdings Schäfer, ebd. 156 f.

der angeredet ist, und zweitens die Ameise (*n^emālâ*), die zum Vergleich herangezogen wird.

Der angeredete Faule wird an die Ameise verwiesen: „Geh hin zur Ameise, du Fauler". Dabei werden die zwei Figuranten der Einheit als Kontrastfiguren vorgestellt; und im Kontrast zum Faulen gilt die emsige Ameise hier wie in 30, 25 als ein Symbol des Fleißes (vgl. 10, 4–5). Die Einheit scheint sonst dem Zahlenspruch in 30, 24–28 nahe zu stehen, wo von den Ameisen gesagt wird, dass sie trotz ihrer Kleinheit doch voraussehend „im Sommer ihre Nahrung besorgen" (V. 25), und von den Heuschrecken: sie „haben keinen König und ziehen doch alle in Gruppen aus" (V. 27), während in 6, 7 von den Ameisen heißt, dass sie ihre voraussehende und geordnete Arbeit ohne einen „Vorgesetzten", „Aufseher" oder „Herrscher" ausführen. Wenn in 30, 24 zur Einführung der vier folgenden Gruppen von ihnen gesagt wird, dass sie „über alle Maßen weise" sind, dann mag eben das auch in 6, 6–8 die Hauptsache sein; denn hier ist doch eine gewisse Bewunderung vor der ‚Weisheit' der Ameisen kaum zu verhehlen; im übrigen darf sie als ein Teil der „Naturweisheit" oder der der Schöpfung innewohnenden Weisheit angesehen werden.[187] Gerade darum wird der Faule dazu aufgefordert, durch das Betrachten der „Wege" der Ameise, also ihrer klugen Lebens- und Arbeitsweise, nun selbst weise zu werden: „sieh ihre Wege an und werde klug!" (V. 6 b).

Der ‚Faule' (*ʿāṣel*) bzw. die ‚Faulheit' macht sonst ein Thema aus, das auch im Spruchbuch – wie in der Umwelt – mehrfach auftaucht und ihm dazu eigen ist; denn außer Koh 10, 18 kommt das Lexem *ʿāṣel* nur im Spruchbuch vor, und zwar in 10, 26; 13, 4; 15, 19; 19, 24; 20, 4; 21, 25; 22, 13; 24, 30; 26, 13–16, also überwiegend in seinen älteren Teilen; dazu das Abstraktum „Faulheit" in 19, 15 (*ʿāṣlâ*) und 31, 27 (*ʿāṣlûṯ*). Der Faule kommt als Gegentypus zum Fleißigen (*ḥārûṣ*, 10, 4; 12, 24. 27; 13, 4; 21, 5) nicht nur in dem zu kurz, was von ihm an Arbeit und Einsatz für seine eigene Existenzgrundlage erwartet wird, sondern er ‚erntet' am Ende nur eine selbstverschuldete und ihn überwältigende Armut (*reʾš*, V. 11 a); die Armut raubt ihn „wie ein Wegelagerer", und der „Mangel" (*maḥsôr*, im synon. Parallelismus, V. 11 b) greift ihn an „wie ein bewaffneter Mann". Die Armut ist sonst im Spruchbuch ein recht häufiges Thema (10, 15; 13, 18; 24, 34; 28, 19; 30, 8; 31, 7; hinzu kommt auch das Verb *rwš*, ‚arm, dürftig sein', das noch häufiger vorkommt; vgl. auch Sir 11, 14). Anstatt zum Aufbau der Gemeinschaft beizutragen, untergräbt und zersetzt sie der Faule; er ist durchaus ein unsozialer Mensch, der zudem Unheil und Tod verursachen kann (vgl. 21, 25).

Während „das schwache Volk" der Ameisen (30, 25) als ein Symbol tatkräftiger Klugheit erscheint, wird der faule Mensch, der besser hätte wissen und tun sollen, als ein Tor dargestellt (vgl. 22, 13; 24, 30 b; 26, 16). Damit wird der Kontrast zwischen der Ameise und dem Faulen auch ein Kontrast von Weisheit und Torheit.

---

[187] Vgl. A. Alt, KS II, 91; G. v. Rad, Weisheit, 189, nennt sie „eine schöpfungsimmanente Weisheit".

c. 6, 12–15. Das Geschick des Nichtsnutzigen – sein Verderben. Erscheint der Faule als ein Mensch des Unheils (V. 6–11), gilt das umso mehr den ‚Nichtsnutzigen'. Hier ist aber kein Ermahnungsstil, sondern das Geschick des Nichtsnutzigen wird geschildert; und in fast definitorischer Form wird festgestellt: „Ein nichtsnutziger Mensch (*'āḏām bᵉliyyaʿal*) ist ein Mann des Unheils (*'îš 'āwän*)" (V. 12 a). Das Wort *bᵉliyyaʿal* wird in einer Reihe von negativen Fällen und Charakteristiken benutzt und ist ein starkes Signalwort für Böses.[188] Dieser ‚Nichtsnutzige' steht als ein teuflischer Gegentypus zu all dem, was als sozialethisch empfehlenswert verkündet wird. Das ‚Unheil', das er personifiziert, wird in einem Lasterkatalog spezifiziert (V. 12 b-14), der wie eine negative Gebotsreihe klingt (und der damit als ein Gegenstück zu etwa Ps 15, 2–5 oder Ps 24, 3–5 steht):

In Falschheit des Mundes wandeln,
mit seinen Augen blinzeln,
mit seinen Füßen deuten,
mit seinen Fingern Zeichen geben,
Verkehrtes in seinem Herzen haben,
immer Böses planen,
Streitigkeiten anregen.

In diesem Lasterkatalog, der sich von äußeren Handlungen zu inneren Motiven im Herzen des ‚Nichtsnutzigen' bewegt und somit seine ganze Person umfasst, wird ein ethisches Benehmen durch Einzelfälle geschildert, die auf verschiedene Weise die grundlegende Verkehrtheit des ‚Nichtsnutzigen' sichtbar machen. Dabei ist zunächst das Reden wichtig, und zwar im negativen Sinne, weil die Falschheit oder Verkehrtheit (*ʿiqqᵉšûṯ*) seines Mundes seinen ganzen Wandel bestimmt (V. 12 b); und mit Bewegungen seiner Augen, mit Füßen und Fingern beherrscht und verübt er die Zeichensprache der Gauner (V. 13; vgl. 1, 10–19); vor allem befindet sich „in seinem Herzen" die Verkehrtheit (*tahpuḵôṯ*), durch die er alle Zeit nur Böses plant und Streitigkeiten anregt (V. 14; vgl. V. 19).

Mit einem schlichten „darum" (*ʿal ken*) erfolgt zum Schluss ein Drohwort (V. 15), das den Inhalt des Gerichts über den ‚Nichtsnutzigen' gleich nennt, und zwar wird sein endgültiges „Unglück", sein Verderben (*'êḏô*), „plötzlich" (*piṯ'om*, auch 3, 25; vgl. 1, 27) und unabwendbar über ihn kommen und seinen Untergang herbeiführen; „im Nu" wird er zerbrochen – „und niemand heilt". Eben durch sein eigenes Benehmen und Leben wird der ‚Nichtsnutzige' wirklich „ein Mann des Unheils" (V. 12 a); denn wie seine Taten ihre Frucht in sich tragen, wird er, der Unheil für andere geplant und ausgeführt hat, selbst vom Unheil getroffen.

d. 6, 16–19. Sieben Gräuel für Jahwe – ein Zahlenspruch. Die vierte Kleineinheit, die wie die vorige Einheit kein Ermahnungswort ist, macht einen

[188] HAL 128; Ges[18] 152f; vgl. B. Otzen, ThWAT I, 654–658; Schäfer, ebd. 162–164; Fox 219 f.

sogenannten gestaffelten Zahlenspruch aus. Wie die vorige Einheit hat auch dieser Zahlenspruch – seiner Gattung gemäß – die Form einer Liste (V. 17–19):

stolze Augen,
falsche Zunge,
Hände, die unschuldiges Blut vergießen,
ein Herz, das Gedanken des Unheils ersinnt,
Füße, die eilig dem Bösen nachlaufen,
wer als falscher Zeuge Lügen ausbläst,
wer Streitigkeiten unter Brüdern anregt.

Wenn man diese ‚Liste' mit der vorigen (V. 12b-14) vergleicht, fällt vor allem auf, wie sehr sich diese zwei ‚Listen' auch inhaltlich überschneiden (vgl. V. 12b mit 19a, 13a mit 17a, 13b mit 18b, 14a mit 18a, 14b mit 19b, auch 13c mit 17b). Dazu entspricht die einleitende Bezeichnung des ‚Nichtsnutzigen' als „ein Mann des Unheils" (V. 12a) gewissermaßen der einleitenden Bezugnahme des Zahlenspruchs auf das, was „Jahwe hasst", und auf die sieben „Gräuel (*tôᶜᵃḇôṯ*) seiner Seele" (V. 16). Endlich gibt es zudem noch eine personale Entsprechung, denn gegenüber dem personalen Fokus auf den ‚Nichtsnutzigen' am Anfang der vorigen Einheit wird die Aufreihung des Zahlenspruchs durch eine personale Bezugnahme abgeschlossen, und zwar in Bezug darauf: „wer als falscher Zeuge Lügen ausbläst, und wer Streitigkeiten unter Brüdern anregt" (V. 19; vgl. V. 14). So endet die zweite ‚Liste', wie die erste angefangen hat: mit einer personalen Bezugnahme. In stilisierter Form werden in beiden Fällen solche Handlungen und Haltungen veranschaulicht und geschildert, die in „einer breiten Fächerung" dem Menschenkreis eigen ist, „vor dem zu warnen die Weisheit als ihre besondere Aufgabe ansieht" (Plöger 66); dabei wird aber auch die Breite der Belehrung und Erziehung der Weisen veranschaulicht.

Die Aufzählung des Zahlenspruchs ist vor allem von Handlungen geprägt, die mit besonderen Körperteilen negativ verbunden sind (vgl. die positive Reihe in 4,20–27), und zwar „stolze Augen", die von Hochmut zeugen, die gegenüber Gott wie Menschen unpassend ist (V. 17aα, vgl. 21,4; 30,13, sonst 16,5. 18; 29,23; auch Jes 2,11. 17); „falsche Zunge", vor der öfter gewarnt wird (V. 17ab; vgl. V. 12b; sonst 12,17; 17,7; 26,24); demnächst, was gerne mit Frevlern verbunden wird: „Hände, die unschuldiges Blut vergießen", also Mord anstiften (V. 17b; vgl. 1,11. 16; auch Ex 20,13; Dtn 5,17), sowie „Füße, die eilig dem Bösen nachlaufen" (V. 18b; vgl. 1,16); und in der Mitte befindet sich das alles bestimmende „Herz, das Gedanken des Unheils ersinnt" (V. 18a; vgl. V. 14a). Diese Aufreihung von „Aspekten gemeinschaftsschädigenden Fehlverhaltens" (Schäfer 167) an Hand einiger Körperteile wird im abschließenden Vers von einer Rede von Menschen, die für andere Menschen auch „gemeinschaftsschädigend" sind, und zwar dem „falschen Zeugen", der „Lügen ausbläst", und von dem mehrfach die Rede ist (V. 19a; vgl. etwa 12,17; 14,5; 19,28; 25,18), und dem Zanksüchtigen, der „Streitigkeiten unter Brüdern anregt" (V. 19b; vgl. V. 14, auch 3,30; 28,25).

Auf der ganzen Linie geht es also um negative Charakteristiken, die in der Verkündigung und Lehre der Weisen öfter vorkommen, und zwar Stolz und Übermut, deren Gegensatz Demut und kluge Bescheidenheit ist (vgl. 3, 34), vor allem aber Lüge und Falschheit, Böses und Unheil. Bei alledem geht es um die Menschen, wie sie einerseits dem Gemeinschaftsschädigenden und sozialethischen Zerstörenden entgehen und andererseits ihr Leben am besten ‚steuern' können (vgl. 1, 5 b).

Wenn nun in dieser Großeinheit die erfahrungsbasierten Mahnworte der zwei ersten Einheiten (V. 1–5 und 6–11), in denen das Augenmerk exemplarisch auf Personen gerichtet ist, die sich in gefährlichen oder destruktiven menschlichen Situationen befinden, aus denen sie unbedingt einen Ausweg suchen müssen, mit den zwei letzten schildernden Einheiten (V. 12–15 und 16–19) zusammengestellt worden sind, die nicht nur vom existenzdrohenden ‚Bösen' und ‚Unheil', sondern auch von ‚Hass Jahwes' (V. 16 a; vgl. etwa Dtn 12, 31; Ps 5, 6) und von den ‚Gräueln seiner Seele' reden (V. 16 b; vgl. 3, 32; 11, 20; 12, 22; 15, 25; 26, 25) – wie sonst öfter in der Rechtsverkündigung der Fall ist (vgl. McKane 301 f), wobei Handlungen und Verhalten gemeint sind, die die Gemeinschaft mit Jahwe vereiteln, dann wird daraus der Kontext einer ganz neuen und größeren hermeneutischen Einheit geschaffen. In eben diesem Kontext, der wohl zum Schluss auch eine theologische ‚Summe' hergeben will, erhalten die allgemein ‚neutralen' sozialethischen Themen, die sonst nur noch menschliche Grenzsituationen oder Extreme ausdrücken, dazu noch eine religiöse ‚Rahmung' und Deutung. Denn am Ende ist der Mensch nicht nur den Menschen, sondern Jahwe, dem Gott Israels, verantwortlich.

Inwieweit sich in der Abfolge der vier Einheiten in 6, 1–19 – oder gar innerhalb von 6, 16–19 – eine „Steigerung" oder „Klimax" abzeichnen lässt, wie es gelegentlich behauptet wird,[189] bleibt aber fraglich; doch mag die Frage nicht unwesentlich sein.

6, 20–35: Sexualethische Mahnungen

20 **Bewahre, mein Sohn, das Gebot deines Vaters,**
und verwirf nicht die Weisung deiner Mutter!
21 **Binde sie auf dein Herz für immer,**
hänge sie um deinen Hals!

22 **Wenn du gehst, wird sie dich leiten;**
wenn du liegst, wird sie dich behüten;
und wenn du aufwachst, wird eben sie dich unterweisen.[190]

[189] So etwa Plöger 65 f; Schäfer, ebd. 168; vgl. Meinhold 114.
[190] So mit HAL 1230 f, sonst ist ‚anreden' üblich.

23 Ja, eine Leuchte ist das Gebot und die Weisung ein Licht,
und ein Weg des Lebens sind die Warnungen der Erziehung,[191]
24 um dich zu bewahren vor der bösen Frau,[192]
vor der glatten Zunge der Fremden.
25 Begehre nicht in deinem Herzen ihre Schönheit,
und lasse sie dich nicht durch ihre Wimpern fangen!
26 Denn eine Hure kostet bis zu einem Laib Brot,
aber eine Ehefrau - nach dem kostbaren Leben jagt sie.[193]

27 Kann jemand Feuer im Busen tragen,
ohne dass seine Kleider verbrannt werden?
28 Oder kann jemand auf glühenden Kohlen gehen,
ohne dass seine Füße versengt werden?
29 So auch, wer zur Frau seines Nächsten hineingeht;
keiner bleibt ungestraft, der sie berührt.

30 Verachtet man nicht den Dieb, wenn er stiehlt,
um seine Gier zu stillen, weil er Hunger hat?
31 Wird er aber ertappt, muss er siebenfach bezahlen,
die ganze Habe seines Hauses muss er hingeben.
32 Wer mit einer Frau Ehebruch treibt, ist ohne Verstand;
wer sich selbst verderben will, lässt sich darauf ein.

33 Schlag und Schande findet er,
und seine Schmach wird nicht ausgelöscht.
34 Denn Eifersucht bringt den Mann in Wut,
und er kennt keine Schonung am Tag der Rache.
35 Er wird kein Sühnegeld beachten
und nicht nachgeben - wenn du auch Bestechung anhäufst.

Lit.: G. Baumann, Die Weisheitsgestalt (1996) 294–300. – P.-R. Berger, Zum Huren bereit bis hin zu einem Rundlaib Brot: Prov 6,26, ZAW 99 (1987) 98–106. – G. Boström, Proverbiastudien (1935) 15–52. 143–145. – J. Cook, אִשָּׁה זָרָה: A Metaphor for Foreign Wisdom?, ZAW 106 (1994) 460–465, esp. 467 f. – J. Hausmann, Menschenbild (1995), pass. – C. Kayatz, Studien zu Proverbien 1–9 (1966), bes. 102–117. – C. Maier, Die „fremde Frau" (1995) 139–177; Dies., „Begehre nicht ihre Schönheit in deinem Herzen" (Prov 6,25): Eine Aktualisierung des Ehebruchsverbots aus persischer Zeit, Biblical Interpretation 5 (1997) 46–63. – P. Miller, Apotropaic Imagery in Proverbs 6:20–22, JNES 29 (1970) 129–130. – A. Müller, Proverbien 1–9

---

[191] Vgl. BHQ und etwa HAL 1565 b, das den MT behält (gegen BHS).

[192] Gegen BHS ist MT zu behalten; *'ešäṯ rāʿ* lässt sich als gen. epexegeticus verstehen; vgl. GK § 128 w; BHQ.

[193] Gegen die mass. Teilung dieses textlich schwierigen und langen Verses; vgl. sonst Meinhold 116. 119; Schäfer, ebd. 181–184; Müller, Proverbien, 126–130.

(2000) 117–134. – K.F.D Römheld, Die Weisheitslehre im Alten Orient (1989) 128–129. – R. Schäfer, Poesie der Weisen (1999) 169–185. – N.N.H. Tan, ‚Foreignness' (2008) pass.

Mit der neuen Anrede fängt in 6, 20–35 eine neue Großeinheit an, die sich thematisch mit sowohl 2, 16–19 als auch dem fünften Kapitel verbindet. Damit kommt unter anderem das Thema der ‚fremden Frau' vor, und zwar zum dritten Mal, nun aber mit neuen Akzenten; danach wird das Thema im siebenten Kapitel weitergeführt.

Der Abschnitt ist recht unterschiedlich eingeteilt worden, aber allgemein hält man „trotz gewisser Unebenheiten" an seiner Einheitlichkeit fest.[194] Die übliche Einteilung in eine ‚Einleitung' und einen ‚Hauptteil' und die endlose Diskussion darüber, zu welchem dieser Teile V. 24 wohl gehöre, sowie die Ausscheidung verschiedener Verse als ‚Glossen' oder ‚sekundärer Elemente' sind aber kaum die wirklichen Hauptfragen eines sachlichen Verständnis dieses Textes. Das methodische Interesse dürfte vielmehr ein anderes sein, zumal die formalen und inhaltlichen Merkmale des Textes die hohe Darstellungskunst der Weisen, die sie in diesem ersten Hauptteil mehrfach an den Tag gelegt haben, hier noch mehr hervortreten lassen. Denn es dürfte sich um eine Komposition handeln, die zwar einen spröden Charakter zu haben scheint, weil sie aus einem Geflecht mehrerer und zum Teil traditioneller Elemente besteht, die aber in ihrer Endgestalt – wie die zusammengefügten Teile einer schön geschmiedeten Schmuckkette – eine sinnvolle Ganzheit ergeben, die zudem eine ganz besondere „Argumentationsstruktur" hat,[195] die in mehreren ‚Schüben' verläuft. So mag die Herausforderung ihrer Interpretation nun vor allem darin liegen, das Bündel der unterschiedlichen Elemente dieser Ganzheit angemessen aufzuschlüsseln, um sie in ihrer Endgestalt recht zu würdigen.

Die Großeinheit wird in V. 20–21 als Ermahnungsrede eröffnet, um darauf von Aussagen zweier verschiedenen Kleineinheiten fortgesetzt zu werden, und zwar V. 22 und 23–24. Die ermahnende Du-Anrede reicht bis zum V. 25,[196] aber nach einer textlich sehr komplizierten Begründung dieser Mahnung in V. 26 folgen in V. 27–28 weitere Kleineinheiten, die nun ganz anderer Art sind, und zwar zunächst eine rhetorische Doppelfrage, deren Antwort die Form einer allgemeinen und gleichzeitig warnenden ‚Folgerung' hat, V. 29; demnächst folgt eine neue rhetorische Frage, V. 30–31, deren Antwort in V. 32 ebenfalls eine allgemeine und warnende ‚Folgerung' ist; und diese ist schließlich durch die V. 33–35 noch breiter ausgebaut – und ist wohl dadurch als eine ‚Hauptfolgerung' gemeint. Schließlich, inwieweit das Du in V. 35b die Funktion einer Rahmung der am Anfang vorkommenden Du-Anrede

[194] So Plöger 71; vgl. Maier, Die „fremde Frau", 141–145. 175–177; bes. Müller, ebd. 118–120; der Text ist „von einer großen rhetorischen Stringenz" (120).

[195] So Müller, ebd. 119; vgl. Römheld, Weisheitslehre, 128 f.

[196] Wenn nicht *tāṣûr*, V. 26b, 2. Pers. masc. sein sollte, was aber kaum der Fall ist; vgl. Schäfer, ebd. 181.

oder aber es nur eine allgemeine Bedeutung haben sollte, bleibt wohl unsicher;[197] doch dürfte im Kontext des ganzen Abschnitts gerade der auffällige Anrede-Charakter am Ende schwer wiegen (s. Meinhold 121 f). Ungeachtet eines starken stilistischen Wechsels der Elemente in diesem Abschnitt lässt sich aber 6, 20–35 als Ganzes als eine – direkte wie indirekte – Ermahnungsrede bezeichnen. Das rhetorische Geflecht dieses Abschnitts ist von den Weisen höchst kunstvoll ausgeführt worden.

Die Eröffnung der Ermahnungsrede ist relativ traditionell und steht den Proömien von 3, 1–4 und 7, 1–5 am nächsten, hat aber ihre Besonderheiten – und Probleme, so vor allem in dem mehrfach schwierigen V. 22, der zwar die Du-Anrede von V. 20–21 fortsetzt, der sich aber durch seine drei Kola und vor allem durch ein Subjekt in fem. Sing. formal vom Kontext sehr abhebt, wozu noch zurückzukommen ist.

Angesprochen in dieser Mahnrede ist wiederum, wie vorhin in 2, 1; 3, 1; 5, 1; 6, 1, „mein Sohn" (*beni*, vgl. noch 7, 1); diese Anrede steht nicht gleich am Anfang, sondern nach dem einleitenden und im Spruchbuch häufigen Imperativ „bewahre" (*neṣor*; vgl. *šema' benî* „höre, mein Sohn", 1, 8; 4, 10). Wenn der weise Lehrer den Schüler eben als seinen ‚Sohn' anredet und ihn gleichzeitig zum Festhalten der Erziehung seines Vaters und seiner Mutter ermahnt, kommt dadurch nicht nur dieselbe formale Struktur wie in 1, 8–9, sondern wie dort auch eine Doppelheit von elterlicher und weiser Belehrung und Erziehung zum Ausdruck; nur ist hier anders als dort ein anderes Verb, und zwar ‚bewahren', verwendet (vgl. 3, 1 b); und das Objekt ist nun „das Gebot deines Vaters" (*miṣwat 'āḇîḵā*, V. 20 a; auch 4, 4; 6, 43, vgl. noch 2, 1; 7, 1–2), während die zweite Vershälfte: „verwirf nicht die Weisung deiner Mutter" (*tôrat 'immāḵā*, V. 20 b) mit 1, 8 b völlig identisch ist. Die Mahnrede der Weisen schließt sich also den elterlichen Ermahnungen eng an; die erzieherische Autorität ist somit eine doppelte, die von den Trägern einer vielgestaltigen Überlieferung zusammengehalten wird (vgl. noch die Erörterung von 1, 8–9).

Wenn danach der weise Lehrer den ‚Sohn' dazu ermahnend auffordert, das ‚Gebot' (*miṣwâ*) und die ‚Weisung' (*tôrâ*), also die empfangene Erziehung, „auf dein Herz für immer" zu „binden" (*qšr*, V. 21; vgl. besonders V. 25 a „in deinem Herzen"; s. sonst 3, 3; 7, 3) und sie „um deinen Hals" zu „hängen" (*'nd*, sonst nur noch Hiob 31, 36), entspricht diese Redeweise weithin derjenigen von 1, 9 sowie der in 3, 3 und 7, 3. Es ist aber hier, wie auf ähnliche Weise in 3, 1 und 3, 3, nicht von „Schmuckketten für deinen Hals" die Rede, wie in 1, 9; dagegen sind eben das ‚Gebot' und die ‚Weisung' auf übertragende Weise das jeweilige Objekt für die sehr konkreten Verben ‚binden' und ‚hängen'. Offenbar soll damit etwas Besonderes zum Ausdruck gebracht werden; und um das in den Griff zu bekommen, scheint der Gebrauch von ‚binden' in 7, 3 aufschlussreich zu sein; dort wird der junge Schüler dazu auf-

[197] Vgl. Schäfer, ebd. 170, Anm. 683, und etwa McKane 329: „‚you' is equivalent to ‚one'".

gefordert, die Gebote und die Weisung seines Lehrers an seine „Finger" zu „binden" (7, 3 a) und sie zudem „auf die Tafel" seines Herzens zu „schreiben" (7, 3 b; vgl. 3, 3 b). Wenn in 7, 3 neben dem Herzen eben die Finger genannt sind, kommt aber die Stelle phraseologisch den Stellen Dtn 6, 8 und 11, 18 nahe.[198] Denn in Dtn 6, 8 wird von den „Worten" (*d^e^ḇārîm*) Gottes an Israel gesagt: „Du sollst sie zum Zeichen an deine Hand binden", und entsprechend in 11, 18: „Ihr sollt diese meine Worte auf euer Herz ... nehmen, sie als Zeichen an eure Hand binden" (vgl. auch etwa Dtn 10, 13, wo von den „Geboten Jahwes" *miṣwot YHWH* die Rede ist). So mögen die Aufforderungen in 6, 21 (vgl. 3, 3; 7, 3) von der deuteronomischen Rechtsverkündigung einigermaßen geprägt sein.[199] Doch ist dabei beachtenswert, dass was in Dtn 6, 8 und 11, 18 in Bezug auf die Worte Gottes gesagt wurde, hier auf die ermahnende Verkündigung und Lehre der Weisen selbst übertragen worden ist (vgl. 7, 1, wo der Weise, wie öfter in Kap. 1–9, eben „meine Worte" bzw. „meine Reden" sagt). Dadurch weist dieser Text ein besonderes Gefälle, einen auffälligen Wechsel vom Wort Gottes zum Wort der Weisen und zur Weisheit auf. Zudem wird der traditionsgeschichtliche Horizont noch metaphorisch erweitert, wenn in V. 23 a das ‚Gebot' mit „Leuchte" (*ner*) und die ‚Weisung' mit „Licht" (*'ôr*) verglichen werden,[200] was sehr an V. 105 im Tora-Psalm 119 erinnert, der noch mit den Ps 1 und 19B sowie anderen Psalmen eine besondere Tora-Frömmigkeit auszudrücken scheint;[201] dabei mögen sich allmählich ‚Weisheit' und ‚Tora' einander nähern.

Gegen diesen Hintergrund lässt sich wohl auch der im Kontext schwierige V. 22 erhellen; denn phraseologisch kommt auch er einer deuteronomischen Diktion nahe, wie es etwa bei der dreifältigen Zusammenstellung der Verben ‚gehen' – ‚liegen' – ‚aufwachen' ansichtig wird, da sie einer entsprechenden Dreierform in Dtn 6, 7 und 11, 19 ähnelt. Doch darüber hinaus ist zu beachten, dass die Verben, die in den Dtn-Stellen auf das belehrende Reden der „Worte" Gottes durch den Vater bezogen sind, hier ein – noch unerklärtes – Subjekt in fem. Sing. haben, das durch das Pron. *hî'* ‚sie' noch betont ist; das hat eine vielfach diskutierte *crux* ergeben. Zur strittigen Frage, wer diese feminine Größe wohl ausmache, hat man vom Kontext her vor allem eine Bezugnahme auf die davor erwähnten ‚Gebot' und ‚Weisung' angenommen,[202] und zwar besonders auf die zuletzt genannte, also auf die ‚Weisung' (*tôrâ*),

---

198 Vgl. T. Veijola, Das 5. Buch Mose (ATD 8, 1; Göttingen 2004), 174 ff; 242 ff (auch seine Übers.); s. sonst Maier, Die „fremde Frau", 153–166; Schäfer, ebd. 178 f; Müller, ebd. 122–125.

199 S. bes. Maier, ebd. 153–157; doch wird man ihrer Auffassung, Spr 6, 20–35 sei eine „Auslegung von Dekalog und Schma Jisrael", schwer zustimmen können; vgl. Schäfer, ebd. 178–181, und die Kritik bei Müller, ebd. 125 f.

200 Zum weiteren Gebrauch der Lichtmetaphorik vgl. 4, 18–19; 13, 9; auch etwa Hiob 29, 3; Ps 18, 29; s. sonst die Art. zu *'ôr* ‚Licht' von S. Aalen, ThWAT I, 160–182, und von M. Sæbø, THAT I, 84–90.

201 S. etwa H.-J. Kraus, Theologie der Psalmen (BK XV/3, Neukirchen-Vluyn 1979), 39 f; 203 f.

202 Vgl. McKane 327 f; sonst Baumann, Weisheitsgestalt, 294–300.

zumal das durch die besondere Tora-Frömmigkeit gefördert sein mag; oder aber hat man hier eine *constructio ad sensum* angenommen und dann in ‚ihr‘ etwa „die elterliche Erziehung als einheitliche Größe“ gesehen (so Plöger 69). Doch wird man kaum die Doppelheit von ‚Gebot‘ und ‚Weisung‘, die im Kontext eindeutig eine Mehrzahl bildet, hier in ein singularisches ‚sie‘ dieser Art konvertieren dürfen. Dagegen ist aber aufschlussreich, dass ‚sie‘ als eine schützende und lehrende Person geschildert ist; das sind eben Funktionen, die in Kap. 1–9 schon öfter der Weisheit (*ḥŏḵmâ* bzw. *mᵉzimmâ* ‚Besonnenheit‘, *tᵉḇûnâ* ‚Einsicht‘ oder auch *tuššiyyâ* ‚Umsicht‘) beigemessen werden (vgl. etwa 2, 10–13. 20; 3, 15–18. 21–24; 4, 6–9. 11–12).[203] Von dieser besonderen Redeweise her kann man dann geneigt sein, diese ‚sie‘ als die – gewissermaßen personifizierte – Weisheit zu verstehen (so auch Meinhold 117), trotzdem sie nicht direkt genannt ist. Das kontextuelle Problem des Verses ist aber dadurch noch kaum hinreichend behoben; denn weil sich V. 22 formal *gegen* den Kontext sperrt, drängt sich die Frage nach seiner hermeneutischen Funktion *im* Kontext umso stärker auf. Im Blick auf eine Funktion dieser Art darf es dann beachtenswert sein, dass die Bezugnahme auf das Wirken der Weisheit (V. 22) sich gerade *vor* der Begründung im V. 23 eingeschaltet hat, was als eine leise weisheitliche ‚Korrektur‘ der Begründung der Mahnung verstanden werden könnte. Durch den Bezug auf das Gebot des Vaters und die Weisung der Mutter hat ja die Begründung im V. 23 a zunächst die elterliche Erziehung ins Auge gefasst, der anhand der Lichtmetaphorik noch einer erhöhten Würde und Bedeutung verliehen wird, während demnächst die Bezeichnung der „Warnungen der Erziehung“ als „ein Weg des Lebens“ wohl stärker in eine weisheitliche Richtung zieht (V. 23 b; vgl. 10, 17; 15, 10; auch 1, 2–3; 2, 19; 5, 6. 12–13). Wenn dann der nicht nur deuteronomisch, sondern auch und vor allem weisheitlich profilierte V. 22 sich eben vor V. 23 einschiebt, dürfte das den Schwerpunkt etwas verschieben, und zwar zugunsten des Anteils der Weisen an der Erziehung, welches wiederum dem oben beobachteten Wechsel – oder Bewegung – vom Wort Gottes zum Wort der Weisen und der Weisheit entsprechen würde. So lässt sich dann V. 22 wohl am besten als ein weisheitliches Interpretament verstehen, das eine Zuspitzung auf die Weisheit beabsichtigt – was übrigens wohl auch bei der in 7, 4 etwas abrupten Erwähnung der Weisheit der Fall sein kann. Hermeneutisch dürfte dies für 6, 20–35 als Ganzes noch von Bedeutung sein, zumal die dabei betonte Hervorhebung der Weisheit zu einem erhöhten weisheitlichen Charakter der ganzen Mahnrede wesentlich beiträgt.

Wenn aber die Begründung (V. 23) von dem einleitenden Mahnwort (V. 20–21), auf das sie sich ja bezieht, durch V. 22 abgesprengt worden ist, scheint auch die den Begründungssatz einleitende Partikel *kî* einen etwas geänderten Charakter erhalten zu haben‘ indem sie von dem üblichen begründenden Sinn ‚denn‘ (vgl. V. 25–26) zu einem emphatischen oder bekräf-

---

[203] Vgl. etwa Kayatz, Studien, 102–117.

tigenden und bestätigenden Sinn ‚Ja' gewechselt sein mag,[204] was noch den wichtigen Inhalt hervorhebt.

Wenn die Einordnung und Funktion des Finalsatzes im folgenden V. 24 oft und vielfach diskutiert worden ist, mag es vor allem daran liegen, dass dieser Vers eine nicht hinreichend beachtete aber strukturell bemerkenswerte Doppelposition innehat. Denn durch seine einleitende Inf.-Konstruktion „um zu" ist er einerseits mit dem vorangehenden V. 23 eng verbunden, und andererseits führt er das Thema der folgenden Rede ein; so hat er nach Müller (119) eine „transitorische Funktion", wobei „ein fließender Übergang vom Proömium zum Hauptteil geschaffen" worden ist. Schließlich hat das einleitende Mahnwort (20–21 und 23–24), ähnlich 7, 1–5, dazu noch ein beachtenswertes Gefälle von allgemeinen Mahnungen am Anfang zu einer Spezifizierung der Mahnung und des neuen Themas am Ende.

Das Thema der Großeinheit ist, wie mehrfach bevor, das der ‚Frau' (*'iššâ*), nun aber mit einem besonderen Profil. Einerseits wird in Bezug auf sie schon im V. 24 b an Traditionelles in früheren Texten angeknüpft, wo es vor allem um die ‚fremde Frau' (*'iššâ zārâ*) ging (vgl. 2,16–19; 5, 3–23); andererseits aber fängt V. 24 a damit an, von der ‚Frau' anders zu reden, indem der Schüler nun vor der „bösen Frau" gewarnt wird: „um dich zu bewahren vor der bösen Frau" (*lišmŏrkā me'ešäṯ rā'*). Den Ausdruck der „bösen Frau" (*'ešäṯ rā'*), der sonst im Spruchbuch und darüber hinaus einmalig ist und so leicht befremden kann, hat man öfter ändern wollen. Weil sich ähnliche Ausdrucksweisen in 7, 5 a „um dich zu bewahren vor der fremden Frau" (*lišmŏrkā me'iššâ zārâ*) und in 2, 16 „um dich zu retten vor der fremden Frau" (*lᵉhaṣṣîlᵉkā me'iššâ zārâ*) befinden, haben einige – ohne jede textgeschichtliche Stütze auch BHS, aber nicht BHQ – mit diesen Stellen harmonisieren wollen und lesen dann wie in 7, 5 a: „um dich zu bewahren vor der fremden Frau";[205] aber nichts wäre verkehrter, wie noch zu zeigen sein wird. Anders hat die Septuaginta diesen Ausdruck offensichtlich mit dem Folgenden und besonders mit V. 29 a harmonisiert, wenn sie ihn durch „Frau des Nächsten" wiedergibt, wobei sie statt *rā'* wohl *reᵃ'* ‚Nächster' gelesen hat. Mehrere sind ihr darin gefolgt,[206] aber kaum mit Recht, zumal die Form *reᵃ'* in Verbindung mit ‚Frau' sonst nicht im Spruchbuch belegt ist (nur die Form *re'ehû*, V. 29), wenn auch öfter im Spruchbuch von *reᵃ'* ‚Nächsten' die Rede ist; eine Harmonisierung scheint den besonderen Aussagegehalt des Texts nur zu verkennen. So wird heute auch meistens am MT festgehalten.[207] Im Begriff der „bösen Frau" (*'ešäṯ rā'*) hat der Weise wohl das sammeln wollen, wogegen er seinen Schü-

[204] So mit HAL 448 b; vgl. GK § 159 ee; HebrSynt § 31 b; s. sonst J. Muilenburg, The Linguistic and Rhetorical Usages of the Particle כי in the Old Testament, HUCA 32 (1961) 135–160.

[205] So schon Toy 143, bes. Boström, Proverbiastudien, 143–145; vgl. die Kritik bei etwa McKane, 328 f.

[206] S. BHQ; vgl. etwa Gemser 40 („Weib ‚des Nächsten'"), oder Cook, Metaphor, 467 f („*married* woman").

[207] S. etwa Ringgren 33; McKane 327–329; Plöger 67; Meinhold 116; Maier 139; Schäfer 169; Müller 117.

lern vor allem warnen will, und zwar den üblen und destruktiven Mensch, den er sonst in den ‚Frevlern' und ‚Bösen' (*r^ešā^cîm* und *rā^cîm*, 4, 14, vgl. etwa 1, 10–19; 2, 22 sowie V. 12–15 oben)[208] findet und nun also in der „bösen Frau" sieht, sei sie auch eine „Fremde" (*nŏkriyyâ*, V. 24 b; vgl. 5, 20), eine „Hure" (*'iššâ zônâ*, V. 26 a; vgl. 7,10; 23, 27, sonst nicht im Spruchbuch), eine „Ehefrau" (*'ešät 'îš*, V. 26 b) oder „Frau seines Nächsten" (*'ešät re^cehû*, V. 29 a) oder allgemein eine „Frau" (*'iššâ*, V. 32 a; vgl. V. 26; 7, 10), die treulos handelt. Die Häufung der Frauenbezeichnungen in diesem Abschnitt ist kaum ohne Absicht geschehen, weil sie die Vielschichtigkeit der Gefahren für den Jungen entfalten können; das mag zum besonderen Charakter der Großeinheit von 6, 20–35 beigetragen haben.

Mehr noch als durch diesen begrifflichen ‚Strauß' von verschiedenen Bezeichnungen wird die „böse Frau" im Folgenden in Bezug auf ihr Wesen und Wirken negativ geschildert; und das fängt schon im Finalsatz von V. 24 an. Durch seine Einleitung „um zu" (vgl. etwa 2, 12. 16; 5, 2. 9–10) wird zunächst das Ziel des vorangehenden Vademekums der elterlichen Erziehung (V. 23) angezeigt, die eben darin ihre Absicht hat, den Jungen zu ‚bewahren' (*šmr*, V. 24 a; vgl. 22 ab), und nun vor der „bösen Frau". Die Wortsippe ‚böse/Böses' (*rā^c*) meint vor allem das sittlich Schlechte und Schädliche, das Frevelhafte, das Unheil und Unglück bringende (vgl. etwa 1, 16; 2, 11–15; 4, 14. 27).[209] Die Verbindung von ‚behüten/bewahren vor' und ‚Bösem' dürfte sonst dem grundlegenden Oppositionspaar ‚Gut' und ‚Böse' (*ṭôḇ wārā^c*) entsprechen. Denn es geht eben darum, diese moralisch wichtige Scheidelinie zu wahren, und dazu kann die elterliche Erziehung wie auch die Lehre der Weisen dem Jungen auf beste Weise verhelfen (vgl. etwa 2, 11–12, wo die ‚Besonnenheit' den Jungen behüten und „vor dem bösen Weg" retten kann).

Wenn die Charakterisierung der „bösen Frau" im Folgenden entfaltet wird, setzt V. 25 noch die ermahnende Du-Anrede fort und hat dazu im V. 26 eine mit dem üblichem *kî* eingeführte aber sonst formal und inhaltlich etwas dunkle Begründung. Am Anfang begegnen traditionelle Elemente, wie wenn der Junge vor „der glatten Zunge der Fremden" (*nŏkriyyâ*) gewarnt ist (V. 24 b; vgl. 5, 3; 7, 5), oder im V. 25 ermahnt wird, ihre „Schönheit" nicht zu „begehren" und von ihren Augen, die „ihre Wimper" als *pars pro toto* meinen, sich nicht fangen zu lassen (V. 25 b; vgl. 2, 16; Hld 4, 1–7). Darüber hinaus ist V. 25 auf zweierlei Weise beachtenswert, und zwar zunächst in Bezug auf den Gebrauch von drei Verben, und dann zuerst dem Verb *ḥmd* ‚begehren', das in demselben Sinn wie hier im Spruchbuch sonst nicht benutzt ist, wohl aber im Dekalog (Ex 20, 17; Dtn 5, 21; Ex 34, 24; vgl. noch Mt 5, 28), sodann dem Verb *n'p* (V. 32 a), das im Dekalog *term. techn.* für ‚Ehebruch treiben' ist (Ex 20, 14; Dtn 5, 18), und endlich dem ebenfalls im Dekalog befindlichen

---

[208] Vgl. Maier, ebd. 258 f.

[209] S. etwa Stoebe in THAT II, 794–803, Dohmen in ThWAT VII, 582–611; sonst HAL 1165–1168.

gnb ‚stehlen' (V. 30; vgl. Ex 20, 15; Dtn 5, 19), wobei also „Prov 6 der einzige alttestamentliche Text neben dem Dekalog ist", wo diese drei Lexeme gesammelt vorkommen (so Müller 125 f). Demnächst ist bemerkenswert, dass der Verbgebrauch von dem apodiktischen Stil im Dekalog abweicht, wenn im V. 25 Vetitiv „begehre nicht" (*'al-taḥmoḏ*) und im V. 32 Partizip „wer Ehebruch treibt" (*no'ep̄*) benutzt sind, weil dadurch eine Eigenart der weisheitlichen Mahnrede zum Vorschein kommt; denn während der Dekalog absolut und apodiktisch verbietet, so ermahnen, appellieren und argumentieren die Weisen in ihrem werbenden Unterricht, wobei die Voraussetzung ihrer Rede die Zuversicht ist, dass der Schüler im Stande sein werde, die mahnende Verkündigung nicht nur zu begreifen, sondern danach auch zu handeln. Diese Eigenart der weisheitlichen Rede wird im Folgenden noch deutlicher hervortreten; dabei mag der kryptische V. 26 vorläufig übersprungen werden.

Im Folgenden verdient vor allem die rhetorische und fast katechisierende Frageform in den V. 27–28 und 30–31 Aufmerksamkeit. Diese Redeweise ist in verschiedenen Zusammenhängen verwendet worden (vgl. etwa Am 3, 3–6. 8; 6, 12; 9, 7; Jes 10, 15; 49, 24), scheint aber vor allem von den Weisen pädagogisch bevorzugt zu sein (vgl. etwa Hi 6, 5–7; 8, 11; 12, 11–12; 38–39, und öfter); so ist diese besondere Form auch als eine „didaktische Frage" oder eine „Schulfrage" bezeichnet worden.[210] Die Form weist einen unleugbaren kausalen Zusammenhang auf und erwartet vom Gefragten eine bestätigende Antwort. Die Fragen geben nicht nur den Aufweis eines Tat-Folge-Zusammenhangs, sondern beabsichtigen auch noch, dass der Angeredete durch sie ‚gefangengenommen' wird; denn die Fragen dienen dem Ziel, das im Kontext oder in der am Ende gezogenen ‚Moral' liegt. Im Rahmen der weisheitlichen Mahnrede bedeutet dies, dass die Analogien der Fragen die Funktion haben, dem Jungen die Gefahren, vor denen er gewarnt wird, lebhaft vor Augen zu führen, und ihn so dazu zu überreden, ihnen zu entgehen.

Die erste Doppelfrage (V. 27–28) enthüllt die völlige Sinnlosigkeit des Vornehmens, „Feuer im Busen tragen" oder „auf glühenden Kohlen gehen" zu wollen, ohne dass Kleider verbrannt und Füße versengt werden; darauf ist nur eine Reaktion möglich: Nein, das kann man nicht! Die Analogie mit dem „Feuer im Busen" ist übrigens kaum zufällig gewählt worden; denn die Leidenschaft der Liebe ist mit ‚Feuer' (*'eš*) verglichen worden (Hld 8, 6–7). Eben das, was die Doppelfrage als ein unmögliches und sinnloses Tun herausstellt, kommt in der Folgerung (V. 29) auf das sexuell Illegitime zur Anwendung: „So auch, wer zur Frau seines Nächsten hineingeht; keiner bleibt ungestraft, der sie berührt". Ein solches Tun würde ebenso sinnlos wie die Vergleiche der Fragen sein, zumal das eine nicht näher beschriebene Strafe auslösen würde (V. 29 b; vgl. aber V. 32 und die verschärfende Erweiterung in V. 33–35).

---

[210] Vgl. H.W. Wolff, Amos (BK 14, 2; Neukirchen-Vluyn 1969) 111 f; G. von Rad, Weisheit, 32.

Wenn hier „Frau seines Nächsten" (*'ešät re'ehû*) gesagt wird, korrespondiert das mit dem Ausdruck „Frau des bzw. eines Mannes/Ehefrau" (*'ešät 'îš*) im V. 26 b. Wenn V. 26 auch mehrfach enigmatisch bleibt, lässt sich immerhin Einiges erkennen, und zwar dass es um zwei verschiedenen Frauen geht, zunächst um die „Hure" (*'iššâ zônâ*, V. 26 a, hier ist der Text besonders kurz und kompliziert) und sodann um die „Mannes Frau/Ehefrau" (*'ešät 'îš*, V. 26 b), und dass zwischen ihnen ein großer Wertunterschied besteht – zu Gunsten der letzten, der Ehefrau, sei sie noch untreu. Dabei bekommt man den Eindruck, dass sich die Aufmerksamkeit von der „bösen" und der „fremden Frau" (V. 24–25) sowie der billigen Hure (V. 26 a) her auf die Ehefrau (V. 26 b) gezielt zuspitzt; sie bleibt im Folgenden auch die Hauptfigur, wie noch weit breiter im nächsten Kapitel der Fall ist.

Auch die Analogie der nächsten Frage, wo mit dem unheilvollen Tun und Geschick des Diebs verglichen wird (V. 30–31), ist kaum zufällig gewählt worden, denn das „Hineingehen zur Frau seines Nächsten" lässt sich eben mit Diebstahl vergleichen, zumal die Frau zum Eigentum des Nächsten gehörte (vgl. im Dekalog Ex 20,17; Dtn 5,21, auch *ḥmd* ‚begehren', V. 25 oben). Wenn es in der Folgerung der zweiten Analogie (V. 32) zur Frage der Strafe kommt, ist im Verhältnis zu V. 29 eine Steigerung oder Verschärfung zu erkennen; denn nun wird derjenige, der „sowas tut" (V. 32 bβ), der also „mit einer Frau Ehebruch treibt", nicht nur als ein Mann „ohne Herz/Verstand" (*ḥ^a sar-leḇ*) herabwürdigend bezeichnet (V. 32 a), sondern so noch stärker als einer, der „sich selbst verdirbt" (*mašḥîṯ napšô*) charakterisiert; dabei wird wahrscheinlich auf die Todesstrafe für Ehebruch angespielt (vgl. Lev 20,10; Dtn 22,22; auch Joh 8,5).[211] So sind hier Ehefrau und Ehebruch, der so verhängnisvolle Folgen bringt, das Hauptthema; der Täter, der den Ehebruch begangen hat, verliert alle Ehre und sein soziales Ansehen; und am Ende steht der betrogene und eifersüchtige Ehemann, der voller Wut auf Rache aus ist, und er wird sich durch nichts aufhalten (V. 34–35). Also, wenn der Schüler sich zum Ehebruch verführen lassen sollte, dann wird er den glatten Weg in den Untergang einschlagen; das ist die klare Botschaft seiner Eltern und Lehrer; und um das zu verhindern, ist ihre Mahnung so eindringlich.

In seiner Endgestalt zeigt der Abschnitt 6,20–35 besonders schön, wie verschiedenes altes Traditionsgut neu verbunden und kunstvoll gestaltet werden kann. Die Großeinheit ist ein Kabinettstück weisheitlicher Rhetorik und Lehre.

---

[211] Vgl. etwa H. Schulz, Das Todesrecht im Alten Testament, Berlin 1969, 34; sonst Maier, ebd. 146–150.

7, 1–27: Eine Verführungsgeschichte als warnende Beispielerzählung

1 Mein Sohn, bewahre meine Reden,
und verwahre meine Gebote bei dir;[212]
2 bewahre meine Gebote, damit du lebest,
und meine Weisung wie deinen Augapfel!
3 Binde sie an deine Finger,
schreibe sie auf die Tafel deines Herzens.
4 Sage zur Weisheit: „Meine Schwester bist du“,
und nenne die Einsicht eine „Verwandte“,
5 dass sie dich bewahre vor der fremden Frau,
vor der Fremden, die ihre Reden glatt macht.

6 Als ich[213] **durch das Fenster meines Hauses,**
durch mein Gitterfenster hinausschaute,
7 sah ich unter den Unerfahrenen,
gewahrte unter den Jungen einen unverständigen Knaben;
8 er überquerte die Straße bei ihrer Ecke
und schlug den Weg zu ihrem Hause ein,
9 in der Dämmerung, am Abend des Tages,
inmitten von[214] **Nacht und Dunkel.**
10 Und siehe, eine Frau begegnet ihm,
in Hurenkleidung und mit verstecktem Herzen;[215]
11 rastlos ist sie und unbändig,
in ihrem Haus ruhen ihre Füße nicht,
12 bald ist sie auf der Straße, bald auf den Plätzen,
und an jeder Ecke lauert sie;
13 und sie ergreift ihn und küsst ihn,
zeigt ein dreistes Gesicht und sagt zu ihm:
14 „Mahlopfer[216] **sind mir auferlegt,**
heute habe ich meine Gelübde erfüllt;

---

[212] G hat nach V. 1 des MT ein theologisch wichtiges Plus, zu dem noch zurückzukommen wird: „Sohn, fürchte den Herrn und sei stark, außer ihm fürchte niemand“.

[213] Die Part. *kî* leitet hier einen Temporalsatz ein, vgl. GK § 164 d; so mit Schäfer, ebd. 186, gegen Müller, ebd. 135. In G, die 3. Pers. hat, ist die ‚fremde Frau‘ Subjekt; vgl. McKane 334–336; bes. Maier, ebd. 178, und ihren Exkurs: Das Motiv der ‚Frau im Fenster‘, ebd. 198–208.

[214] Eig. ‚Pupille‘; oft wird ketib *ʾîšôn* (s. HAL 43 a; Ges[18] 51 b; DCH I, 237) in *ʾĕšûn* ‚(festgesetzte) Zeit‘, wie qere in Spr 20, 20 (sonst nicht belegt; s. HAL 91 a; Ges[18] 106 b; DCH I, 412 b), geändert (vgl. BHS; Meinhold 122), was aber unsicher ist; mit Schäfer, ebd. 188–190, ist MT vorzuziehen (s. BHQ; vgl. Toy 148; McKane 221. 336; Fox 243).

[215] Vgl. Delitzsch 123 f; Gemser 40; Ringgren 34; anders Maier, ebd. 178. 186: „aufgeregt [im] Herzen“.

[216] Vgl. HAL 1422–23; 781 a; Maier, ebd. 178. 190–193; sonst R. Rendtorff, Studien zur Geschichte des Opfers (WMANT 24, 1967) 119–168; Meinhold 122 übersetzt: „Gemeinschaftsopfer“.

15 darum bin ich ausgegangen, dir entgegen,
um dich zu suchen, und ich habe dich gefunden.
16 Decken habe ich auf mein Bett gebreitet,
buntgestreiftes Leinen aus Ägypten;
17 mein Lager habe ich besprengt
mit Myrrhe, Aloe und Zimt.
18 Komm, lass uns an Liebe satt trinken bis zum Morgen,
uns an Liebkosungen erfreuen!
19 Denn der Mann ist nicht zu Hause,
auf eine weite Reise ging er fort;
20 den Geldbeutel hat er mitgenommen,
zum Vollmondtag kehrt er heim."
21 Sie macht ihn willig mit ihrer vielen Überredung,
durch ihre glatten Lippen verführt sie ihn.
22 Er folgt ihr sofort,[217]
wie ein Ochse zum Schlachten geht er,
und wie ein Fußring zur Züchtigung eines Narren,[218]
23 bis ein Pfeil seine Leber spaltet,
wie ein Vogel zur Falle zueilt
– und nicht begreift er, dass es sein Leben gilt.

24 Nun, ihr Söhne, hört auf mich
und achtet auf die Reden meines Mundes!
25 Nicht weiche dein Herz zu ihren Wegen ab,
verirre dich nicht auf ihre Pfade!
26 Denn viele sind die Erschlagenen, die sie gefällt hat,
und zahlreich alle, die von ihr getötet sind.
27 Wege zur Unterwelt – das ist ihr Haus;
sie führen hinab zu den Kammern des Todes.

Lit.: G. Baumann, Die Weisheitsgestalt (1996) 245–247. – G. Boström, Proverbiastudien (1935) 14–52. 134–137. – C.V. Camp, Wisdom and the Feminine (1985); eadem, What's so Strange about the Strange Woman?, in: P. Day (u.a.), The Bible and the Politics of Exegesis, New York 1991. – J. Cook, אִשָּׁה זָרָה: A Metaphor for Foreign Wisdom?, ZAW 106 (1994) 460–465, esp. 468 f. – W. Fauth, Aphrodite Parakyptusa (Akad. der Wiss. u. Lit. Mainz. Geistes- u. soz.wiss. Klasse, 6; 1966). – T.L. Forti, Animal Imagery in the Book of Proverbs (VT.S 118; Leiden/Boston 2008). – D.A. Garrett, Votive Prostitution Again: A Comparison of Proverbs 7:13–14 and 21:28–29, JBL 109 (1990) 681–682. – J. Hausmann, Menschenbild (1995), pass. –

[217] S. HAL 924 b. Die Änderung nach G (s. BHS; vgl. etwa Gemser 42; Müller, ebd. 136 f) dürfte sich erübrigen; s. Schäfer, ebd. 187; BHQ 36*.

[218] Der schwierige MT ist kaum in Ordnung; statt MT *k^{e}ʿäḵäs* ‚Fußspange' hat man etwa eine Verbform *ʿ^{a}ḵos* oder *ʿakkes* ‚hüpfen' (vgl. HAL 779 b) vorgeschlagen, aber wohl kaum mit Recht; vgl. Forti, Animal Imagery, 44–49; so mit Schäfer, ebd. 187, vgl. sonst seine kritischen Bemerkungen, ebd. 191 f (vgl. G; BHS; BHQ 36 f*).

B. Lang, Weisheitliche Lehrrede (1972), 61–73. – H.-J. Hermisson, Studien zur israelitischen Spruchweisheit (1968), 183–186. – C. Maier, Die „fremde Frau" (1995) 177–214; Dies., Im Vorzimmer der Unterwelt. Die Warnung vor der „fremden Frau" in Prov 7 in ihrem historischen Kontext, in: L. Schottroff/M.-Th. Wacker (Hg.), Von der Wurzel getragen. Christlich-feministische Exegese in Auseinandersetzung mit Antijudaismus, Leiden etc. 1996, 179–198. – A. Müller, Proverbien 1–9 (2000) 117–140. – R. Schäfer, Poesie der Weisen (1999) 186–201. – G. Yee, „I have perfumed my bed with myrrh": The Foreign Woman (*'iššâ*) in Proverbs 1–9, JSOT 43 (1989) 53–68.

Die formale Eigenart des siebten Kapitels ist anders und übersichtlicher als die des Abschnitts 6, 20–35 – und kann auch kürzer erörtert werden. Diese Großeinheit weist nicht dasselbe strukturelle Flechtwerk auf wie dort, sondern hat eine einfache Dreiteilung; doch – wie sich zeigen wird – die drei Teile des Kapitels sind auf mehrfache Weise eng mit einander verwoben. Nach einer klar abgegrenzten Einleitung, V. 1–5, bilden V. 6–23 das „Kernstück" (Plöger 76) oder das Korpus, das eine im Alten Testament einmalige Erzählung ausmacht, die als eine Beispielerzählung bezeichnet werden kann, und in der „eine raffinierte Argumentation deutlich" ist (Meinhold 123); danach folgt als Abschluss ein neues Mahnwort mit neuer Anrede, V. 24–27. Das Kernstück der Erzählung ist also von einem Rahmen mahnender Anreden (V. 1–5. 24–27) umgeben. Man hat die Erzählung gelegentlich noch näher gegliedert;[219] doch darf dann die Tatsache nicht übersehen werden, dass sie eine eigenartige und kunstvolle erzählerische Ganzheit darstellt, in der bestimmte strukturelle Komponente das Ganze ausmachen, wobei dieses Ganze mehr als seine Teile ist; darauf kommt es nun an.

Das ganze Kapitel hat eine hochpoetische Form und ist in seinen drei Teilen vor allem von Parallelismen geprägt, und zwar von synonymen und besonders synthetischen Parallelismen, wobei die zweite Vershälfte oder ein zweiter Vers, auch mal anhand Wiederaufnahme eines zentralen Wortes (vgl. etwa V. 1 b und 2 a), durchgehend den Gedanken des Vorangehenden weiterführt (vgl. V. 1–2; 3–7; 15; 16–17; 18; 19–20; 21; 24–27). Dieses Gepräge hat wesentlich zur Kohärenz des Kapitels beigetragen. Teile ihrer Liebeslyrik haben noch im Hohelied Vergleichbares (vgl. Hld 3, 1–5).[220]

Ist der strukturelle Aufbau des siebten Kapitels durchsichtig und relativ problemfrei, so wird man kaum dasselbe in Bezug auf seine Textgeschichte

---

[219] So teilt etwa Gemser (42 f) in sechs „Strophen" ein (V. 1–5, 6–9, 10–13, 14–20, 21–23, 24–27); extrem ist Whybray, Wisdom in Proverbs (1965) 49–52, der den „Discourse X", die letzte ‚Rede', zu den V. 1–3. 5.25–27 abgrenzt (vgl. auch seine Composition, 1994, 25 f), ist aber ohne Nachfolge; so auch nicht Ringgren (33–37), der ohne jede Begründung Kap. 7 zusammen mit 6, 20–35 nimmt. „Aufgrund der Textstruktur" gliedert Maier, ebd. 185, das Korpus in folgende Bestandteile: „6–9 Eine nächtliche Szenerie; 10–13 Wesen und Absicht der ‚Fremden'; 14–20 Ihre Verführungsrede; 21–23 Die ‚Gefangennahme' des Mannes", während Müller, ebd. 137 f, das Korpus in eine *narratio* (V. 6–20) und eine *argumentatio* (V. 21–23) einteilt; vgl. sonst McKane 331 f; Schäfer, ebd. 193; Fox 251 f. Zum Begriff der ‚Beispielerzählung' vgl. Hermisson, Studien, 183–186: „Die erzählende Weisheit".

[220] Vgl. bes. Maier, ebd. 180–185.188 f.

sagen können, wo außerdem die Septuaginta mehrere bemerkenswerte Abweichungen vom MT aufweist, so besonders in V. 1 und 6. Im MT zeigen V. 9 b und vor allem die beiden Kola V. 22 c und V. 23 a Probleme verschiedener Art. Im letzten Fall lässt sich der schwer zugängliche MT, vielleicht auf „zwei ursprüngliche Randbemerkungen" beruhend (Schäfer 192), nur mit größtem Vorbehalt vermitteln.[221] Auch der plötzliche Wechsel von Mehrzahl (Ihr Söhne, V. 24) zu Einzahl (Du, V. 25) in den Anreden des Abschlusses fällt auf; die Spannung dieses Gegensatzes mag wohl im Kontext nicht unmöglich sein, zumal die Mehrzahl in V. 24 eine Bezugnahme auf V. 7 b haben könnte, doch ließe sich wohl hier auch die Möglichkeit einer Doppeltradition erwägen.

In Sprüche 7 ist zum vierten Mal (s. sonst 2, 16–19; 5; 6, 20–35) von der ‚fremden Frau' die Rede. Dabei ist aber bemerkenswert, dass die ‚fremde Frau' nur am Ende der Einleitung direkt erwähnt ist, und zwar in dem durch die Inf.-Konstruktion „um zu" eingeleiteten Finalsatz (V. 5, vgl. 6, 24), wo vor ihr gewarnt wird, und zwar doppelt: „dass sie[222] dich bewahre vor der fremden Frau (*'iššâ zārâ*), vor der Fremden (*nŏkriyyâ*), die ...", während sie in der folgenden Erzählung so nicht genannt wird, sondern nur von „ihr" in 3. Person die Rede ist (V. 8. 11–13. 21–22), oder es wird einführend eine „Frau" (*'iššâ*) gesagt (V. 10, vgl. 6, 32). Auch der Abschluss ist durch die Rede von „ihr" beherrscht (V. 25–27). So ist das siebte Kapitel von der ‚fremden Frau' geprägt; auch das trägt zur Kohärenz seiner Ganzheit bei. In diesem Kapitel ist die ‚fremde Frau' am ausführlichsten geschildert worden, und dazu in einer ganz besonderen Form.

Die Einleitung (V. 1–5), die den Proömien in 3, 1–4 und 6, 20–24 ähnlich ist, und die schon bei der Erörterung von 6, 20–24 mit erwogen wurde, fängt durch eine ermahnende Aufforderung traditionell an. Doch anders als in 6, 20 (vgl. 3, 1) ist hier nicht von dem Gebot und der Weisung der Eltern, sondern ist im Munde des Weisheitslehrers von „meinen Reden" (*'ᵃmāray*) und „meinen Geboten" (*miṣwôṯay*) die Rede, was den weisheitlichen Charakter der Mahnung hervorhebt; das scheint aber die Septuaginta durch ihre Erweiterung von V. 1 mit der Aufforderung zur Gottesfurcht abschwächen zu wollen. Der weisheitliche Charakter wird allerdings noch einmalig dadurch verstärkt, dass der Schüler dazu aufgefordert wird, die Weisheit als „meine Schwester" (*'ᵃḥoṯî*) anzusprechen und die Einsicht als eine „Verwandte" (*moḏāᶜ*, vgl. sonst nur Ruth 2, 1) zu nennen; das mag von der Liebeslyrik beeinflusst sein, wird aber wohl eher im Sinne inniger Vertrautheit gemeint

[221] S. die obigen Bemerkungen zum Text; weder eine Umstellung im V. 23 (s. Plöger 74 f) noch Änderungen des Textes nach G vermögen aber, die schwierigen Probleme zu lösen; s. bes. Schäfer, ebd. 187–193.

[222] Bei der Inf.-Konstruktion „um zu" bleibt offen, wer das logische Subjekt ausmacht, entweder die gleich zuvor erwähnte Weisheit/Einsicht, was wohl am nächsten ist (vgl. Gemser 40), oder aber die Reden des Lehrers.

sein.[223] Die Nennung der Weisheit als „Schwester" kann zum Korpus überleiten.

Das Korpus (V. 6–23) stellt eine aus mehreren Strukturelementen zusammengefügte Erzählung dar. Weil die sehr lebhafte Erzählung in einen Rahmen von Mahnworten eingestuft ist, lässt sie sich wohl am besten als eine ermahnende und belehrende Beispielerzählung bezeichnen.[224] Sie wird nicht um ihretwillen erzählt, sondern dient der bestimmten Absicht des ermahnenden Sprechers; denn der Erzähler ist der Weise, der die Mahnungen spricht. Nun ist er dazu ein Beobachter, der vom Zuschauerplatz hinter dem Fenster seines Hauses (V. 6) in der typischen Art der Weisen von dem berichtet, was er erfahren hat – falls nicht das Ganze wie ein Gleichnis erdichtet ist (vgl. 24, 30–32; auch Ps 37, 35–36).

Zunächst schildert er im ersten Element des Korpus (V. 6–9) eine Gruppe junger und ‚unerfahrener' Männer (*p^e^ṯāyim*), die sich leicht überreden und verleiten lassen (s. THAT II, 495–498). Unter ihnen erweckt ein Junger seine besondere Aufmerksamkeit, weil er die Gruppe verlässt, um sich ‚auf eigene Faust' zu bewegen, und zwar in der abendlichen und nächtlichen Dunkelheit (V. 9), deren mehrfache Beschreibung die Gefährlichkeit seiner Lage wohl nur ausmalen will. Er wird kurz als ‚unverständig' (*ḥ^a^sar-leḇ*, „ohne Herz/Verstand"; vgl. 6, 32) charakterisiert, was sich auf sein Tun, das weiter erzählt wird, bezieht. Es handelt sich also zunächst um junge Männer, die leicht verführbar und somit moralisch verwundbar, aber umso mehr hilfsbedürftig sind; und darin steckt das besondere Interesse der Weisen; daher bemühen sie sich so sehr, die Jungen zu ermahnen und zu belehren. Bislang ist das Interesse heutiger Leser am meisten um die ‚fremde Frau' und ihre ‚Geschichte' gekreist, und zwar mit gewissem Recht; doch ist der unverständige Junge die eigentliche Hauptperson und die Schilderung seines armseligen Geschicks die Hauptsache der ermahnenden Erzählung.

Demnächst wird im nächsten Element des Korpus (V. 10–13) eine „Frau" (*'iššâ*) auf die Bühne eingeführt, die aber schon am Ende der Einleitung (V. 5) als die „fremde Frau" präsentiert worden ist; dass diese Frau schon im V. 6 die beobachtende Person sein sollte, wie es in der Septuaginta der Fall ist, und worauf G. Boström seine kultische Deutung der ‚fremden Frau' als die ‚Frau im Fenster' vor allem gebaut hat,[225] wird aufgrund dieser Einführung der „Frau" im V. 10, und auch sonst im Blick auf den Kontext, kaum wahrscheinlich sein. Das Entscheidende ist indessen die verhängnisvolle „Begegnung" der zwei Hauptpersonen, die auf der Initiative der Frau geschieht (V. 10 a.15 a; vgl. auch 13. 18).

---

[223] Vgl. Maier, ebd. 188; Baumann, Weisheitsgestalt, 245–247; auch Delitzsch 121; Gemser 43.

[224] Vgl. Perdue, 135; Ders., Wisdom and Creation, 198–202; Römheld, Weisheitslehre, 129; Müller, ebd. 138.

[225] Vgl. Boström, Proverbiastudien, bes. Kap. 2 (15–52) und 4 (103–155); zur Kritik seiner Deutung vgl. etwa McKane 334–335, bes. Maier, ebd. 198–208, Exkurs: Das Motiv der ‚Frau im Fenster'.

Mit dem einleitenden „und siehe“ (V. 10 a) wird die Aufmerksamkeit nun vor allem auf die „Frau“ gerichtet, zumal „sie“ im Folgenden noch breiter als der Junge geschildert ist. Wie er wird aber auch „sie“ durch ihr Tun und Benehmen charakterisiert; und ihr Benehmen wird gleich als die einer Prostituierten geschildert, die sich an ihrer „Hurenkleidung“ leicht kenntlich „rastlos“ und „unbändig“ (oder „zügellos“, *sorārāṯ*) herumtreibt (V. 10–13).

Die Erzählung wechselt sodann im dritten Element des Korpus (V. 14–20) zu dem in Kap. 1-9 mehrmals verwendeten Stilmittel eines Zitats (s. etwa 1, 11–14; 5, 12–14), das einen Eigenbericht der „Frau“ bringt. Wenn „sie“ zuerst von einem Opfer und ihren kultischen Verpflichtungen spricht (V. 14), ist das gewiss Seltenes in einem weisheitlichen Zusammenhang und insofern beachtenswert; doch an den ‚Nagel‘ dieses kultischen Aspekts hat man in der neueren Forschung wohl allzu viel hängen wollen (vgl. Jes 22, 24–25), zumal man hier eigentlich fast nichts Näheres über die Art oder die faktischen Umstände dieses Kultischen weiß. Vielmehr scheint das Kultische hier nicht an sich das Wichtige zu sein, sondern will eher ein ‚Deckmanöver‘ für ihre wirklichen Absichten ausmachen, die das Sexuelle ist; denn das ist, was „sie“ so gründlich vorbereitet hat (V. 16–17), und wozu „sie“ nun mit „dreistem Gesicht“ den Jungen direkt auffordert: „Komm, lass uns an Liebe satt trinken bis zum Morgen, uns an Liebkosungen erfreuen!“ Rasch entlarvt sich die „Hure“ als das, was sie in der Tat ist, nämlich eine wohlhabende aber untreue Ehefrau, die die Abwesenheit ihres Mannes, der wohl ein Kaufmann ist, ausnützen will (V. 19–20). Dabei ist die Erzählung an diesem Punkt wie ein Kommentar zu dem schwierigen V. 26 in dem vorigen und inhaltlich nahstehenden Abschnitt 6, 20–35; auch da war die untreue Ehefrau das Thema.

Im vierten und letzten Element des Korpus (V. 21–23) richtet sich die Aufmerksamkeit wieder auf den Jungen, wie am Anfang. Nun hat „sie“ ihn mit Kuss (V. 13) und „mit vieler Überredung“ (V. 21 a) „willig“ gemacht; „durch ihre glatten Lippen verführt sie ihn“ (V. 21 b; vgl. V. 5 b sowie 2, 16), und „er folgt ihr sofort“ (V. 22 a). Anhand von starken Bildern aus der Natur und Jagd – „wie ein Ochse zum Schlachten geht“ und „wie ein Vogel zur Falle zueilt“ – wird das klägliche und bittere Ende geschildert, das der Junge in Elend und Untergang erfahren wird (V. 22 b-23 a). Der Ausgang dieser Beispielerzählung, wobei sich der Ring schließt, ertönt wie eine Klage, denn wie der Junge am Anfang kurz als ein Mann „ohne Verstand“ bezeichnet wurde (V. 7 b), wird im letzten Kolon ebenso kurz, nun wohl aber auch bitter festgestellt: „und er begreift nicht, dass es sein Leben gilt“ (V. 23 c); wie die Frevler (vgl. 5, 22–23) hat er sich selbst sein unwiderrufliches Urteil gesprochen.

Gegen den Hintergrund der eindringlichen Beispielerzählung zieht der Weise im Abschluss (V. 24–27) eine Folge des Ganzen; das geschieht zweierlei. Einerseits erneut der weise Lehrer seine Mahnungen an die Vielen („ihr“, V. 24) wie an den einzelnen Du (V. 25) zum Anhören seiner „Reden“ und zum angemessenen Tun, damit er sich nicht auf „ihren Wegen“ verirrt; denn die ‚fremde Frau‘ beherrscht auch diesen letzten Teil der Großeinheit. Andererseits wird am Ende ihre tödliche Gefahr noch einmal (vgl. 2, 18 f; 5, 5–6, auch 9, 18) und stärker als je zuvor eingehämmert, dass „sie“ „viele“ (*rabbîm*), ja, „zahlreiche“ (*ʿᵃṣumîm* ‚mächtig/zahlreich‘) umgebracht hat, und dass „ihr Haus“ die „Wege zur Unterwelt (*šᵉʾôl*)“ meint, und „sie führen hinab zu den Kammern des Todes“ (V. 26–27).

Damit geht das Drama dieser Großeinheit zu Ende, das den verhängnisvollen Zusammenhang von Tun und Ergehen in Bezug auf sexuelle Abwege hat zeigen wollen. Wenn aber der Junge der Beispielerzählung Verstand gehabt hätte und die Weisheit „Schwester“ nennen könnte, wäre auch für ihn dieser verhängnisvolle Zusammenhang ein völlig anderer. Eben das soll der unerfahrene Junge schon im Voraus wissen.

8, 1–36: Die einmalige Hoheit der Weisheit

1 **Ruft nicht[226] die Weisheit,**
und erhebt nicht die Einsicht ihre Stimme?
2 **Am Gipfel der Höhen, auf dem Wege,**
am Kreuzweg steht sie,
3 **neben den Toren, am Zugang zur Stadt,**
am Eingang der Pforten ruft sie laut:

4 **„An euch, ihr Männer, ergeht mein Ruf,**
und meine Stimme an die Menschen:
5 **Gewinnt Einsicht, ihr Unerfahrenen, in die Klugheit,**
und, ihr Toren, gewinnt Einsicht[227] in den Verstand!
6 **Hört zu, denn Edles rede ich**
und öffne meine Lippen mit Redlichem;
7 **denn Wahrheit spricht mein Gaumen,**
aber ein Gräuel für meine Lippen ist Unrecht;
8 **gerecht sind alle Reden meines Mundes,**
darin gibt es nicht Verdrehtes und Verkehrtes;
9 **alle sind sie gerade für den Einsichtigen**
und redlich für die, die Erkenntnis finden.
10 **Nehmt meine Erziehung[228] an und nicht Silber,**
und Erkenntnis lieber als erlesenes Gold!
11 **Ja, besser ist die Weisheit als Korallen,**
und alle Kostbarkeiten kommen ihr nicht gleich.

---

[226] Die verneinte Fragepartikel *hᵃlōʾ* dürfte kaum als Interjektion (so Ringgren 37; vgl. Meinhold 132; Fox 263; GesB 374 a), sondern eher als Einleitung einer rhetorischen Frage aufgefasst werden, bei der eine positive Antwort: „Ja, gewiss“ vorauszusetzen ist (s. etwa Gemser 44; Scott 66; McKane 222; Plöger 85 f; Schäfer, ebd. 202; Baumann, Weisheitsgestalt, 68; Müller, ebd. 214); sie mag eine verstärkende Funktion haben (vgl. HAL 487 a).

[227] Zum doppelten *hāḇînû* vgl. BHQ 37*; Müller, ebd. 214, Anm. 7.

[228] Zum fehlenden Suffix in G S T und 1 Hs^{Ken} vgl. BHK/S, dazu BHQ, die eine Harmonisierung voraussetzt.

12 Ich bin die Weisheit, ich wohne bei der Klugheit,
und das Wissen der Besonnenheit finde ich;
13 – Furcht vor Jahwe heißt Böses hassen –[229]
Hochmut und Übermut und bösen Weg
und einen falschen Mund hasse ich.
14 Mir gehören Rat und Gelingen;
ich bin die Einsicht, mir gehört Stärke;
15 durch mich herrschen Könige
und bestimmen Fürsten das Rechte;
16 durch mich üben Amtsträger ihr Amt aus
und sind Edle[230] alle Richter des Rechten.
17 Ich liebe, die mich lieben,
und die mich suchen, finden mich.
18 Reichtum und Ehre sind bei mir,
uraltes Gut und Erfolg;[231]
19 besser ist meine Frucht als Gold und Feingold
und mein Ertrag als erlesenes Silber.
20 Auf dem Pfad der Gerechtigkeit wandle ich,
mitten auf den Pfaden des Rechts,
21 um denen, die mich lieben, Besitz zu vererben,
und ihre Schatzhäuser werde ich füllen.

22 Jahwe hat mich hervorgebracht[232] als Erstling seines Weges,
vor seinen Werken von damals,
23 in der Urzeit wurde ich gewoben,[233]
im Anfang, zu den Vorzeiten der Erde;
24 als die Wassertiefen noch nicht waren, wurde ich geboren,
als es noch keine wasserreichen Quellen gab,

---

[229] Obwohl allgemein bezeugt ist V. 13 als einziges Trikolon dieser Teileinheit stilistisch auffällig; das erste Kolon legt die Vermutung nahe, dass die erweiterte Form theologisch begründet ist; vgl. Baumann, ebd. 83 f; s. u.

[230] S. HAL 636 b; vgl. Baumann, ebd. 84; s. u. zu 17, 7. 26.

[231] Zu V. 18 bα vgl. Wildeboer 26; für *ṣädäq* V. 18 bβ so mit Ringgren 38; vgl. H. H. Schmid, Gerechtigkeit als Weltordnung, Tübingen 1968, 158.

[232] Der Vers ist textlich schwierig (vgl. BHS, BHQ); und das Verb *qnh* ist mehrdeutig, es kann mit ‚erwerben' (Spr 1, 5; 4, 5; 15, 32; 17, 16 u. ö.; vgl. Vawter, Prov 8:22, 207–214), ‚schaffen' (vgl. Gen 14, 19. 22) oder ‚hervorbringen' (vgl. Gen 4, 1) wiedergegeben werden; öfter wird ‚schaffen' gewählt, vgl. Wildeboer 27; Gemser 46; Ringgren 39; McKane 352–354; Meinhold 133; W. H. Schmidt, THAT II, 650–59; Baumann, ebd. 112; Schäfer, ebd. 203; Müller, ebd. 232 f; doch im Kontext dürfte wohl ‚hervorbringen' vorzuziehen sein, s. u. (vgl. Barucq 92; Plöger 85; 87; auch J. de Savignac, VT 4, 1954, 429–432; P. A. H. de Boer, VT.S 3, 1955, 69; E. Lipiński, ThWAT VII, 66; HAL 1039). Zu *re'šîṯ* als „Erstling" s. Kayatz, Studien, 93; Plöger 85; bes. Baumann, ebd. 118–120; vgl. GesB: „als erstes Erzeugnis (seines Wirkens)"; HAL 1091; Scott, Wisdom, 213 „made me as his first act"; sonst von einigen zeitlich als ‚Anfang' übersetzt (vgl. Gen 1, 1 und „im Anfang" in etwa S T, s. BHQ).

[233] Zu *min* als ‚in' bzw. ‚zu' s. HAL 565 b; Baumann, ebd. 112; zu *nissakṯî* s. u. Anm. 260.

25 ehe die Berge eingesenkt wurden,
vor den Hügeln wurde ich geboren,
26 ehe er Erde und Fluren gemacht hatte
und die ersten Schollen des Erdkreises;
27 bei seinem Errichten des Himmels war ich dabei,
bei seinem Einritzen des Horizontkreises über den Wassertiefen,[234]
28 bei seinem Festigen der Wolken da oben,
bei seinem Starkmachen[235] der Quellen des Urmeers,
29 bei seinem Setzen dem Meer seine Grenze,
so dass die Wasser ihren Rand[236] nicht überschreiten,
bei seinem Festlegen der Grundfesten der Erde,
30 da war ich an seiner Seite ein Handwerker;[237]
da war ich zur Freude Tag für Tag,
frohlockend vor ihm alle Zeit,
31 frohlockend auf seinem Erdenkreis,
und meine Freude war an den Menschen.

32 Nun, ihr Söhne, hört auf mich!
Wohl denen, die meine Wege bewahren!
33 Hört auf Belehrung, damit ihr weise werdet,
und entzieht euch nicht![238]
34 Wohl dem Menschen, der auf mich hört,
dass er wacht an meinen Türen Tag für Tag,
dass er die Pfosten meiner Tore hütet;

---

[234] Vgl. HAL 238 b; 1558 b; Ges[18] 328; Ringgren 39 hat: „abmaß"; s. sonst Ringgren, ThWAT III, 150, sowie Seybold, ThWAT II, 783–784; Baumann, ebd. 112 f; Müller, ebd. 234 f.

[235] Mit MT Meinhold 134; Schäfer, ebd. 204; Baumann, ebd. 112; im Hinblick auf den Kontext und mit Hinweis auf G sowie S T (V) ist der Vorschlag von BHS (vgl. BHQ) erwägenswert: $b^{e\,c}azz^{e}z\hat{o}$ „bei seinem Starkmachen"; vgl. Gemser 46; Plöger 87; Fox 264; bes. Müller, ebd. 235.

[236] Das erste Kolon von V. 28 fehlt in G; vgl. BHQ. Mit Plöger 86 f, der *pîw* „seinen Mund" durch „ihren Rand" wiedergibt; andere übersetzen: „seinen Befehl", vgl. Gemser 46; Ringgren 39; Meinhold 134; Müller, ebd. 235.

[237] So mit HAL 60. Aus der reichen Literatur zum *'āmôn* s. die obige Auswahl. Während man dieses Lexem nun gelegentlich auf ein Kind bezieht und etwa mit ‚Liebling' (Gemser; vgl. Kayatz, Studien, 96), ‚Pflegling' (Plöger), ‚Pflegekind' (Rüger; Meinhold), oder ‚bei ihm auf dem Schoß (gehalten)' (Gese; Schäfer), ‚Schoßkind' (Baumann), ‚geliebtes Kind' (EÜ) oder auch ‚Lehrling' (Kuhn, Beiträge, 16 f) übersetzt (vgl. Ges[18] 71 b), ist die sonst übliche Wiedergabe ‚Handwerker/Werkmeister/Baumeister' auch allgemein vertreten (s. G S V; BHQ 37–38*; vgl. etwa Delitzsch 147; Wildeboer 28; Stecher 428–437; de Savignac, Interprétation, 200: „‚artisane' ou ‚architecte'"; Ringgren 39: „Werkmeisterin"; Ders., Word and Wisdom, 102 f; Murphy 47: „artisan"; auch J. C. H. Lebram, VT 18 [1968] 179, sowie Mowinckel 408 f, der mit „byggmester" [Baumeister] übersetzt); Müller, ebd. 236, hat „Werkmeister", aber auf Jahwe bezogen; Scott, 1960, 222, hat die recht spezielle Übersetzung „a living link", mit der sich de Savignac, La sagesse, auseinandergesetzt hat; vgl. noch McKane 356. S. sonst die Erörterung unten.

[238] Zum fehlenden V. 33 in G vgl. BHQ *38 gegen BHS; auch Plöger 87; der absolute Gebrauch „und entzieht euch nicht" ist möglich (vgl. Ez 24, 14, sonst Delitzsch 149; Baumann, ebd. 152; Müller, ebd. 219).

35 **denn wer mich findet, findet das Leben**
und gewinnt Wohlgefallen von Jahwe;
36 **wer mich aber verfehlt, schadet sich selbst;**
alle, die mich hassen, lieben den Tod.“

Lit.: W.F. Albright, Some Canaanite-Phoenician Sources of Hebrew Wisdom, FS Rowley (1955), 1–15. – J.-N. Aletti, Proverbes 8, 22–31. Etude de structure, Bib. 57 (1976), 25–37. – J. Assmann, Ma'at: Gerechtigkeit und Unsterblichkeit im Alten Ägypten, München 1990. – Ders., Ägypten – Theologie und Frömmigkeit einer frühen Hochkultur, Stuttgart [2]1991. – G. Baumann, Die Weisheitsgestalt (1996), 66–173, bes. 131–138. – H. Cazelles, L'enfantement de la sagesse en Prov. VIII, Sacra Pagina I (BETL XII–XIII), Gembloux 1959, 511–515. – M. Dahood, Proverbs 8:22–31. Translation and commentary, CBQ 30 (1968), 512–521. – H. Donner, Die religionsgeschichtlichen Ursprünge von Prov. Sal. 8, ZÄS 82 (1958) 8–18. – H. Gese, Der Johannesprolog, in: Ders., Zur biblischen Theologie, München 1977, 152–201, bes. 173–181. – M. Gilbert, Le discours de la Sagesse en Proverbes, 8. Structure et cohérence, in: Ders. (Hg.), La Sagesse (1979), 202–218. – W.A. Irwin, Where shall Wisdom be found?, JBL 80 (1961) 133–142. – C. Kayatz, Studien (1966), 76–119. – O. Keel, Die Weisheit „spielt“ vor Gott. Ein ikonographischer Beitrag zur Deutung des *m[e]śaḥäqät* in Spr 8, 30 f., FZPhTh 21 (1974) 1–66 (auch als Buch desselben Titels, Fribourg/Göttingen 1974). – H.-J. Kraus, Die Verkündigung der Weisheit. Eine Auslegung des Kapitels Sprüche 8, BSt 2, Neukirchen Kr. Moers 1951. – G. M. Landes, Creation Tradition in Proverbs 8:22–31 and Genesis 1, in: FS Myers (1974), 279–293. – A. Müller, Proverbien 1–9 (2000), 214–250. – H. Ringgren, Word and Wisdom. Studies in the Hypostatization of Divine Qualities and Functions (1947), 96–104. – H. P. Rüger, 'AMÔN – Pflegekind. Zur Auslegungsgeschichte von Prv. 8:30 a, in: FS Hulst, (1977), 154–163. – M. Sæbø, Was there a ‚Lady Wisdom‘ in the Proverbs?, in: FS Skarsaune (2011), 181–193. – J. de Savignac, La sagesse en Proverbes viii 22–31, VT 12 (1962) 211–215; Ders., Interprétation de Proverbes VIII 22–31, VT.S 17 (1969), 196–203. – R. Schäfer, Poesie der Weisen (1999), 202–232. – W. Schencke, Die Chokma (Sophia) in der jüdischen Hypostasenspekulation, Kristiania [Oslo] 1913. – R.B.Y. Scott, Wisdom in Creation: the *-'āmôn* of Proverbs viii 30, VT 10 (1960) 213–223. – R. Stecher, Die persönliche Weisheit in den Proverbien Kap. 8, ZKTh 75 (1953) 411–451. – B. Vawter, Prov 8:22: Wisdom and Creation, JBL 99 (1980) 205–216. – R.N. Whybray, Proverbs VIII 22–31 and its supposed prototypes, VT 15 (1965) 504–514. – Ders., Book of Proverbs (1995), 74–78. – G.A. Yee, An Analysis of Prov 8, 22–31 According to Style and Structure, ZAW 94 (1982) 58–66. – S. sonst die Literatur zum verwandten Text in Spr 1, 20–33.

In Sprüche 8 häufen sich die Probleme eines sicheren Verstehens, und zwar textlich, wie sich durch die Übersetzung schon ergeben hat, vor allem aber inhaltlich. Wenn sich das achte Kapitel als das meist erörterte Kapitel im ganzen Spruchbuch erweist, ist das nicht so sehr aufgrund seiner verschiedenen Probleme, wo die Diskussion wohl nie zur Ruhe kommen wird, sondern vielmehr auf Grund seines ganz besonderen Inhalts. Sprüche 8 – wie auch Hiob 28 – hat eine einzigartige Wirkungsgeschichte generiert, deren Anfang in der späteren Weisheitsliteratur liegt, namentlich in Sirach 1 und 24 sowie Weisheit Salomos 6–9, und die in der Kirche und ihrer Theologiegeschichte seinen weiteren Gang durchgemacht hat – wie etwa aus den ersten Versen des Johannesprologs (Johs 1, 1–3; vgl. Kol 1, 15–17) oder aus den Worten des Nicaenum: *natum ante omnia saecula* und *per quem omnia facta sunt* leicht erkennbar ist.[239] Nicht unerwartet ist die einschlägige Literatur fast uferlos.[240]

Die strukturelle Gliederung des Kapitels ist aber relativ übersichtlich, weil es sich in deutlich abgegrenzte Hauptabschnitte einteilen lässt. Vor einer langen Ich-Rede der Weisheit, V. 4–36, die das Kapitel prägt, und die man vielleicht eine ‚Bergpredigt' der Weisheit nennen könnte, steht eine einführende Präsentation der Weisheit, V. 1–3. Die Redekomposition selbst ist in vier Teile gegliedert, und zwar sind die Teileinheiten V. 12–21 und 22–31, die als die Kerneinheiten der Rede gelten dürfen,[241] von ermahnenden Anreden umgeben, die aus einer einleitenden Ermahnungsrede in V. 4–10. 11 und aus einer abschließenden Ermahnung in V. 32–36 bestehen, und die hier zweckmäßig als Mahnung I und II bezeichnet werden. Sonst fällt es auf, dass ein Vers und ein Kolon mehr oder weniger aus den stilfesten Rahmen der Ich-Rede der Weisheit ausfallen; das gilt zunächst V. 11, der – mit 3, 15 fast identisch – nun von der Weisheit in 3. Person redet, und demnächst die den Zusammenhang unterbrechende Aussage über die Furcht vor Jahwe im ersten Kolon von V. 13, der dadurch eine Trikola-Struktur erhalten hat (und sonst ohne Atnach ist). Im Übrigen weisen die Kleineinheiten des Kapitels verbindende Züge auf; so ist etwa die Selbstrühmung der Weisheit nicht nur in den zwei Kernteilen (V. 12–21. 22–31) zu finden, sondern auch in den umgebenden Mahnungen I und II; dazu gibt es verbindende Fäden zwischen der Präsentation (V. 1–3) und der ersten Ermahnung (V. 4–11).

Dabei macht Sprüche 8 – ungeachtet gewisser struktureller und inhaltlicher Unebenheiten – eine kunstvolle Ganzheit aus. Außerdem ist vor allem beachtenswert, dass Sprüche 8 der besonderen Weisheitsrede in 1, 20–33 sehr ähnelt; denn auch da folgt nach der einleitenden Präsentation der öffentlich verkündenden Weisheit (V. 20–21) eine längere Ich-Rede der Weisheit, die den Hauptteil ausmacht (V. 22–33, und wo V. 32 f einen ermahnenden Abschluss bilden. Doch haben diese zwei Weisheitsreden in Kap. 1 und 8 trotz aller Übereinstimmungen je ihren einmaligen Charakter, der hier die besondere Beachtung verdient.[242]

Die rhetorische Frage, die mit der Fragepartikel *h^a^lo'* das achte Kapitel eröffnet, bietet eine Präsentation der Weisheit und ihrer Rede und will die Aufmerksamkeit für sie erwecken (V. 1). Zudem mag die darauf folgende Aufrei-

---

[239] Vgl. etwa R. Bultmann, Der religionsgeschichtliche Hintergrund des Prologs zum Johannesevangelium, in: ΕΥΧΑΡΙΣΤΗΡΙΟΝ. Gunkel-Festschrift, 2. Teil, FRLANT 36/2, Göttingen 1923, 3–26, bes. 9–10. 17–21; H. Gese, Der Johannesprolog, in: Ders., Zur biblischen Theologie, BevTh 78, München 1977, 152–201, bes. 173–181.

[240] Oben nur eine Auswahl; unter neueren Monographien s. vor allem Baumann, ebd. bes. 66–173.

[241] So Aletti, Etude de structure, 27 f; zum weiteren s. u.

[242] Man hat auch auf die ähnliche Struktur in 3, 13–18. 19–20. 21–26 hingewiesen; vgl. von Rad, Weisheit, 197.

hung von Ortsangaben ihrer Anwesenheit an öffentlichen Stellen, vor allem an dem wichtigen Stadttor (V. 2–3),[243] die allgemeine Bedeutung der Weisheit hervorheben; denn es handelt sich bei ihr nicht um ein esoterisches Wissen für kleinere Kreise besonderer Menschen, sondern um eine Weisheit, die allgemein gilt und für alle Menschen als Lebenshilfe bedeutsam ist. Die Präsentation der Weisheit in aller Öffentlichkeit will wohl auch im Gegensatz zur ‚fremden Frau', die in nächtlicher Dunkelheit rastlos auf der Suche einer Beute „um die Ecke lauert" (7, 10–12), gesehen werden. So mag sich die Gegenüberstellung der Kapitel 7 und 8 auch dadurch als ein wichtiger Teil der – von Schäfer genannten – „dichotomen Grundstruktur" des ersten Hauptteils erweisen.

Die einleitende Mahnung I (V. 4–10. 11) setzt danach die vorangehende Präsentation (V. 1–3) einigermaßen fort, und zwar zunächst im Anredeteil (V. 4–5); denn da hebt die breite Angabe der Adressaten des Rufs der Weisheit, und zwar „Ihr Männer" (*'îšîm*, diese seltene Form sonst nur noch Jes 53, 3; Ps 141, 4) und „die Menschen" (eig. „der Menschen Kinder", *b^e^nê 'ādām*), die allgemeine Bedeutung der Weisheit hervor (V. 4). Wenn aber die Hörerschaft dazu noch als Individuen angeredet werden, gehört das zur Besonderheit der Redeweise der Weisen; denn sie wenden sich vorwiegend an den Einzelnen mit Rat und Reden. Darüber hinaus drückt die mahnende Aufforderung in V. 4–5 aus, dass es unter den Adressaten auch Unterschiede gibt, insofern als die Aufmerksamkeit gleich auf besondere Personen gerichtet wird, nämlich auf die Bedürftigen, denen die Weisheit spezielle Sorge erweist. Diese sind nun nicht die Armen, wie mehrfach sonst in den Sprüchen – und den Psalmen, sondern diejenigen Jungen, die durch ihre Mangel charakterisiert werden (*p^e^tā'yim*), und die Gegentypen zu den Weisen sind (V. 5 b); ihnen fehlt an Erfahrung, und darum brauchen sie nun „Einsicht" in die „Klugheit" (*'ŏrmâ*) zu erhalten (V. 5 a; vgl. 1, 4). Das wird durch den Imperativ ‚versteht/habt Einsicht' (*hābînû* von Vb. *bîn*) ausgedrückt, und so nochmals im V. 5 b, wo dasselbe den „Toren" (*k^e^sîlîm*) gilt; sie haben es ebenfalls nötig, „Einsicht" in den „Verstand" (*leb*, sonst ‚Herz') zu gewinnen. Durch diese zentralen Lexeme der Weisheitslehre – ‚verstehen/Einsicht haben' und ‚Klugheit' und ‚Verstand' – wird schon einleitend die einzigartige Bedeutung der Weisheit in den Mittelpunkt gerückt, und zwar nicht nur für „die Menschen" allgemein, sondern auch und nicht zuletzt für schwache und lehrbedürftige Gruppen, denen nun Erziehung und Lebenshilfe durch die Weisheit angeboten werden.

Der Fokus auf die hohe Stellung und Bedeutung der Weisheit wird im nächsten Abschnitt der Ich-Rede (V. 6–10. 11) noch gestärkt. Dieser Teil, der in V. 6 und 10 eine Rahmung hat, die zum Anhören (*šim'û* „hört zu", V. 6 aα) und zur Annahme von „Erziehung" (*mûsār*) und „Erkenntnis" (*da'at*, V. 10) auffordert, ist vor allem von beschreibenden Sätzen geprägt, in denen die

[243] S.o. zu 1, 20–21; vgl. Baumann, ebd. 69–72; Müller, ebd. 193. 214.

Weisheit sich selbst und ihrer Rede rühmend vorstellt (vgl. 3, 1–3; 4, 1–2; 5, 1–2), und die danach durch eine Rede über die Weisheit in 3. Person (V. 11), die früheren Preisungen der Vorzüglichkeit der Weisheit ähnlich ist (vgl. 3, 15; 4, 5–9), noch erweitert worden sind. Dabei nähert sich dieser Teil den Kerneinheiten I und II der Ich-Rede (V. 12–21 und 22–31).

Eine wichtige Motivation für das aufmerksame Zuhören, zu dem aufgefordert wird (V. 6 aα), liegt zunächst darin, dass die Weisheit „Edles" (*negîdîm*) redet. Das Lexem *nāḡîd,* das sonst als Personenwort im Sinne von ‚Fürst/Führer/Vornehmer' verwendet wird, ist an dieser Stelle einmalig als Plural-Abstraktum für „Edles" gebraucht worden, und zwar zur Charakteristik der Rede der Weisheit.[244] Dadurch soll wohl der Weisheitsrede selbst ein hoher Rang als etwas vornehm Erhobenes verliehen werden, was aber nicht so sehr im sozialen oder gar ästhetischen als vielmehr im ethischen Sinne gemeint sein dürfte; denn in den folgenden Beschreibungen überwiegen ethisch bezogene Begriffe, wobei ihre Häufung an der besonderen Häufung von Weisheitsbegriffen im Prolog (1, 2–6) erinnern mag; durch diese Häufung nahestehender Lexeme wird die ethische Bedeutung der Weisheit besonders deutlich zum Ausdruck gebracht.

Was sonst das Reden der Weisheit betrifft, geht es zunächst um „Redliches/Redlichkeit" (*yešārîm*, Plur. von *yāšār*, ‚gerade/recht/redlich', vgl. *yošär*, ‚Geradheit/Redlichkeit', V. 6 b, auch im V. 9 b; vgl. 16, 13 b; THAT I, 792 f), sodann um „Wahrheit" (*'ämäṯ*, öfter im Sinne von ‚Zuverlässigkeit', V. 7 a; vgl. 12, 19; 22, 21; ThWAT I, 333–341), zu der das Lexem „Frevel/Unrecht" (*räša'*) chiastisch als Gegenbegriff gesetzt ist (V. 7 b; vgl. 12, 3); das mag vielleicht überraschen, zumal *räša'* öfter im Gegensatz zu ‚Gerechtigkeit' steht (16, 12, vgl. 4, 17; 10, 2; THAT II, 813–818), doch verbunden mit dem kultisch und ethisch stark negativen Wort „Gräuel/Abscheu" (*tô'eḇâ*; vgl. 3, 32; 6, 16 u. ö. im Spruchbuch) will wohl das ebenfalls starke Wort „Frevel" ein Inbegriff all dessen sein, was das Reden der Weisheit eben nicht ist (*räša'* steht womöglich auch im Gegensatz zu *yešārîm*, V. 6 b). Ferner geschehen „alle Reden" der Weisheit „in Gerechtigkeit" (*beṣädäq*, V. 8 a – der Ausdruck ist einmalig im Spruchbuch, vgl. aber 25, 5) und sind somit „gerecht", und zwar im Kontrast zu den Gegenbegriffen „Verdrehtes" (*nip̄tāl*) und „Verkehrtes" (*'iqqeš*), die wohl ein Hendiadyoin bilden (V. 8 b). Die Aufreihung von Begriffen mag im Übrigen zum „Redlichen" am Anfang (V. 6 b) zurückgreifen, wenn versichert wird, dass alle Reden der Weisheit für den „Einsichtigen" (*meḇîn*) und diejenigen, die „Erkenntnis (*da'aṯ*) finden", „gerade" (*nekoḥîm*) und „redlich" (*yešārîm*) sind (V. 9). Das heißt in Summa, dass das Reden der Weisheit nichts Hinterlistiges, Verdrehtes oder Suspektes, sondern die simple und echte Wahrheit bringt; die Weisheit ist wahrhaftig und zuverlässig. Den ganzen Weg wird dies Anliegen nicht nur verstärkend durch eine Häufung nahestehender Begriffe, sondern auch vertiefend durch eine bi-

244 Vgl. Müller, ebd. 215, Anm. 1; Ringgren 38; Meinhold 132; bes. G. F. Hasel, ThWAT V, 204. 217 f.

polare Redeweise ausgedrückt, die kunstvoll mit mehreren einander erklärenden Parallelbegriffen und Gegenbegriffen operiert.

Weil die Reden der Weisheit also von dem „Einsichtigen" und den „Findern der Erkenntnis" als „gerade recht" (*n*e*ḵoḥîm*, s. HAL 660 a) aufgenommen werden können (V. 9), mag es umso wichtiger sein, dass die Angeredeten selbst zum Status der ‚Einsichtigen' gelangen. Darum sei es nur zu erwarten, dass der Abschnitt endet (V. 10), wie er angefangen hat (V. 6 aα), und zwar durch eine inständige und konkrete Aufforderung: „Nehmt meine Erziehung an!". Das Verb dieses Imperativs, „annehmen/erwerben" (*q*e*ḥû* von *lāqaḥ*; vgl. *läqaḥ* u.a. ‚Lehre'/‚Einsicht'; 1,3.5; 9,9; 16,21; HAL 508), handelt auch vom Lernen; wenn das Verb zudem noch mit „Erziehung" (*mûsār*) und „Erkenntnis" (*daʿaṯ*) verbunden wird, erhält dieser Aspekt noch größeres Gewicht; denn bei dem wichtigen Lexem *mûsār*,[245] das von der konkreten ‚Zucht' zur resultativen ‚Bildung' spannt (vgl. 1,2–3.8 u.ö.), geht es eben um Erziehung im Sinne eines Lernprozesses. Wenn dieses Lernen überdies noch höher als Silber und Gold gepriesen wird, liegt es auch sehr nahe, den Abschnitt durch ein Wort abrunden zu lassen, das die Weisheit weit wertvoller „als Korallen und alle Kostbarkeiten" einschätzt (V. 11).[246] Obwohl V. 11 insofern mit dem Duktus der Ich-Rede der Weisheit bricht, als es von der Weisheit in 3. Person spricht, braucht es doch nicht notwendigerweise als „Nachtrag" hinzugekommen zu sein, sondern der auch sonst belegte Spruch (vgl. 3,15) mag vielleicht als ‚krönendes' Zitat herbeigezogen sein; durch sein Stichwort ‚Weisheit' verbindet es darüber hinaus mit sowohl V. 1 als auch mit dem folgenden V. 12 und mag so eine strukturell transitorische Funktion erhalten haben.

Die abschließende Mahnung II (V. 32–36) öffnet nach den Kerneinheiten der Ich-Rede etwas feierlich, doch gleichzeitig hebt sie sich durch das einleitende „Und nun" (*w*e*ʿattâ*) von dem Voranstehenden ab. Sie mag etwas traditioneller als Mahnung I (V. 4–10. 11) sein; sie ist auch teilweise anderen Abschlussworten ähnlich. Nicht nur ist die erste Aufforderung: „Nun, ihr Söhne, hört auf mich!" (V. 32 a) mit 7,24 a identisch, sondern auch sonst hat die Mahnung II mit Kap. 7 einiges Gemeinsames, so vor allem beim Abschluss, wie wenn an beiden Stellen von „Wegen" (7,25.27; 8,32) sowie vom „Tod" die Rede ist (7,26–27; 8,36). Wenn die Weisheit überdies den Menschen, der auf sie „hört", noch dadurch charakterisiert, dass er „wacht an meinen Türen" und „die Pfosten meiner Tore hütet" (8,34), dann mögen diese Ausdrücke eindringlicher Aufmerksamkeit eine Anspielung auf einen Palast sein (vgl. 9,1), und zwar im Kontrast zum unheilvollen „Haus" der ‚fremden Frau', das zur „Unterwelt" und zu „den Kammern des Todes" führt (7,27).

Was sonst die Form der Mahnung II betrifft, ist ihr – wie mehrfach im Spruchbuch – ein stilistisches Geflecht eigen, indem Sätze ineinander ver-

---

245 Vgl. 1,8; 4,1; 19,27, sonst V. 33; Baumann, ebd. 152.157–160; Sæbø, THAT I, 738–742.

246 Vgl. Baumann, ebd. 81–83.

flochten sind.[247] Das ist der Fall, wenn die erste Mahnung (V. 32 a) nicht gleich von einer parallelen Aufforderung gefolgt ist, wie in 7, 24, sondern von einem Makarismus (V. 32 b), der ganz anderer Form ist, weitergeführt wird; und weiter wenn nach einer neuen Aufforderung (V. 33 aα), die zudem noch von einem Finalsatz: „damit ihr weise werdet“ (V. 33 aβ) sowie von einer neuen Mahnung: „und entzieht euch nicht!“ (V. 33 b) gefolgt ist, nun ein zweiter Makarismus im Rahmen eines ausgebauten Trikolons folgt (V. 34), mit dem der Rest des Mahnworts (V. 35–36) verbunden zu sein scheint. Durch dieses Geflecht ist eine kleine Einheit kunstvoll aufgebaut worden; es handelt sich aber nicht nur um ein stilistisches Geflecht, sondern auch noch um ein thematisches.

Wenn nach der ersten Aufforderung der Weisheit: „hört auf mich“ (*šimʿû-lî*, V. 32 a) ihre zweite Aufforderung, durch einen Finalsatz erweitert, lautet: „hört auf Belehrung, damit ihr weise werdet“ (V. 33 a), dann scheint der wichtige Begriff ‚Belehrung/Erziehung‘ (*mûsār*) sich nicht so sehr auf die voranstehenden Kerneinheiten als auf die sie rahmende Mahnung I zu beziehen, wo ja im V. 10 a gesagt wurde: „nehmt meine Erziehung an“ (s. o. zum Text). Wenn nun die zweite Mahnung: „hört auf Belehrung“ gegenüber der ersten (V. 32 a) ihre Eigenart eben durch ihre Verwendung des Lexems *mûsār* zeigt, dann dürfte dadurch vor allem die Funktion der ‚Belehrung/Erziehung‘ als mündlicher Unterricht der Weisen zum Ausdruck kommen (vgl. 1, 8; 4, 1, auch 19, 27); dazu wird durch den Finalsatz: „damit ihr weise werdet“ (V. 33 aβ) dem Unterricht der Weisen ein Ziel gegeben, und zwar das des ‚weise werden‘ der Schüler. Wenn sodann die nächste parallele Aufforderung durch die Formulierung: „und entzieht euch nicht!“ das Thema weiterführt (V. 33 b), mag das aber insoweit überraschen, als das Verb ‚frei lassen/los sagen/sich entziehen‘ (*prʿ* II) hier (wie in Ez 24, 14) absolut und also ohne eine klare Bezugnahme verwendet ist; doch darf es wohl eine eigenwillige Haltung ausdrücken, die auf Aufruhr aus ist (vgl. GesB; anders HAL). Wenn das der Fall sein sollte, geht es in dieser dritten Aufforderung dem Schüler darum, nicht eine Haltung zu zeigen, wobei er sich aufrührerisch ‚frei lässt‘ und ‚los sagt‘, d. h. vom „Rat“ und „Weg“ oder von der „Belehrung“ und „Erziehung“ der Weisheit (vgl. 1, 25; 4, 15; 13, 18; 15, 32). Das würde im Falle einen schroffen Gegensatz zu den Aufforderungen in V. 32 a und 33 a sowie zum V. 10: „nehmt meine Erziehung an“ bedeuten; darum wird auch eindringlich dagegen gewarnt.

Zur Eigenart der Mahnung II gehört vor allem – wie schon erwähnt – das Gepräge zweier Makarismen, die von der stereotypen Form *ʾašrê* ‚Wohl/Heil‘ eingeleitet sind (s. o. zu 3, 13–18). Zwischen diesen Makarismen besteht aber eine gewisse Inkongruenz, und zwar ist der erste Makarismus (V. 32 b) – wie

[247] Das Geflecht als Stilmittel wird verkannt, wenn man etwa mit Gemser 46; Müller, ebd. 219, und mit Hinweis auf G, die V. 33 auslässt, V. 32–34 so umstellt (vgl. BHK/S, aber dazu BHQ *38), dass die Aufforderungen, Makarismen und Infinitiv-Konstruktionen jeweils näher an einander gerückt werden (vgl. aber Plöger 87).

gewöhnlich – kurz, bezieht sich aber auf eine Mehrzahl, was selten ist: „Wohl (*'ašrê*) denen, die meine Wege bewahren", d. h. ihnen Achtung entgegenbringen; auch ist seine Verbindung mit dem Lexem ‚Weg' ungewöhnlich, obwohl sonst im Spruchbuch relativ häufig von ‚Weg' die Rede ist, der dabei eine Metapher für ‚Wandel' sein kann (vgl. etwa 2, 12–13. 20; 3, 17; 4, 15; 5, 6; 7, 25–27). Der zweite Makarismus spricht dagegen, wie üblich, von einem Einzelnen: „Wohl dem Menschen, der auf mich hört (*šomeaᶜ lî*)" (V. 34 a, vgl. V. 32 a); danach wird aber dieser Makarismus im Folgenden ungemein breit erweitert und ist nicht nur durch zwei Infinitiv-Konstruktionen weitergeführt (V. 34 aβb), wobei ein Trikolon entsteht, sondern erhält auch eine durch „denn" (*kî*) eingeführte und über zwei Bikola breit ausgeführte Begründung (V. 35–36). In dieser erweiterten Begründung, die wohl eine Klimax zur Abrundung der langen Ich-Rede intendiert, ist der Gegensatz von ‚Leben und Tod' das Thema (vgl. 7, 26–27; sonst Dtn 30, 15–20, auch 28, 3–6. 16–19); dabei ist der Bezug auf das ‚Leben' der wichtigere, zumal gesagt wird: „wer mich findet", d.h. die Weisheit, „findet Leben" (8, 35 a; vgl. 3,13–18). Den Weisen galt sonst immer das Leben als das vor allem zu sichernde *summum bonum* (vgl. 8, 35–36 mit 7, 26–27; s. dazu 2, 18–20; 5, 22–23).

Endlich ist im V. 35 b – anders als in Mahnung I – von Jahwe und seinem „Wohlgefallen" (*rāṣôn*, sonst nicht in Kap. 1–9, dagegen aber öfter in 10–22, 16) die Rede; diese theologisierende Zuspitzung steht als weiterführende Parallele zum „finden" des „Lebens" durch die Weisheit (V. 35 a), welches eine grundlegend wichtige Aussage über die Weisheit bedeutet; „sie ist es also, die das ganze Leben vor Gott in Ordnung bringt" (von Rad, Weisheit, 224).

So sind in der abschließenden Mahnung II mehrere wichtige Traditionselemente und Motive auf barocke Weise mit einander verwoben, was auf eine teilweise neue Weise geschehen ist. Der Stil ist nicht rigoros, sondern kreativ flexibel – er lässt sich am nächsten mit dem des syntaktisch kunstvollen Prologs am Anfang des Buches (1, 1–6) vergleichen.

Die Kerneinheiten I und II (V. 12–21 und 22–31) sind zwischen diesen unterschiedlichen aber zusammengehörenden Mahnworten I und II eingespannt und sind damit in die Ermahnungsreden der Weisen hineingenommen, was hermeneutisch die wichtige Bedeutung hat, dass die zwei Kerneinheiten nicht als abstrakte Reflexionen frei schweben, sondern durch diesen Kontext konkreter Mahnung eingerahmt und für die praktische Erziehung der Weisen nutzbar gemacht worden sind. Im Verhältnis zum ermahnenden Rahmen sind aber die Kerneinheiten selbst ganz anderer und eigener Art und dürfen als das Proprium dieser Ich-Rede der Weisheit, oder als ihr „Korpus" (Müller 214), gelten. Die zwei Einheiten haben mehreres gemeinsam. Formal sind sie gleicher Länge von je 10 Langzeilen, wobei allerdings die wichtigen V. 29–30 zwei Trikola ausmachen, welches einigermaßen auffällt. Inhaltlich malen die Einheiten die umgreifende und einzigartige Bedeutung der Weisheit aus. Das kommt neben der Personifizierung der Weisheit vor allem durch die Ich-Reden der Weisheitsgestalt zum Vorschein; dies geschieht hier stärker und ausgeprägter als in anderen ähnlichen Texten, zumal in den zwei Kerneinheiten ihre völlige Sonderstellung sowohl in sozialen und moralischen Relationen (V. 12–21) als auch zu Jahwe und seiner Schöpfung der Welt (V. 22–31) in Beziehung gesetzt wird.

Die erste Kerneinheit (V. 12–21) hat einen inhaltlich markanten, aber grammatisch etwas schwierigen Anfang. Die Weisheit beginnt diesen Teil ihrer Ich-Rede nicht mit Anrede, sondern mit einem „ich" (*'ᵃnî*) in „dominierender Vorstellung" (oder casus pendens; s. HebrSynt § 123) und bringt dadurch eine herausfordernde Selbstvorstellung (V. 12 a). Das grammatische Problem aber besteht vor allem darin, wie das innere Verhältnis der vier Lexeme im ersten Kolon (V. 12 a), und zwar besonders die Beziehung des vorangestellten „ich" zur finalen Verbalform „ich wohne/bleibe (verbleibe) bei" (*šāḵantî*; vgl. GK § 117 bb), syntaktisch zu verstehen sei, ob es sich dabei etwa um einen zusammengesetzten Nominalsatz (vgl. GK § 143; Meyer, HG § 92, 4) oder aber um einen asyndetischen oder ‚nackten' Relativsatz (vgl. HebrSynt § 146) handle. Wie dem nun auch sei, wird das erste Halbkolon (*'ᵃnî ḥŏḵmâ*, V. 12 aα) aber öfter dem nächsten (*šāḵantî ʿŏrmâ*, V. 12 aβ) untergeordnet, indem man das einleitende „ich" mit dem Verb „ich wohne/bleibe" verbindet und die „Weisheit" als Apposition zum „ich" auffasst: „Ich, die Weisheit, wohne bei/bin Nachbarin der Klugheit".[248] Doch scheint ein solches Verstehen die inhaltliche Spannweite des Textes nur zu verkürzen, denn auf diese Weise wird eben die durch die Hervorhebung des „Ich" betonte Selbstvorstellung der Weisheit abgeschwächt. Es gibt aber im Kontext mehreres, das für ein Verständnis des Anfangs von V. 12 als eine deutliche Selbstvorstellung der Weisheit spricht. Denn da ist vor allem der Anfang der folgenden V. 14–16 beachtenswert, zumal diese Verse reihenhaft mit einem vorangestellten Präpositionsausdruck (*lî – bî – bî*) beginnen, und zwar „mir" (*lî*, V. 14 a, vgl. V. 14 b mit *'ᵃnî* und *lî*) und zweimal „durch mich" (*bî*, V. 15 und 16); zudem wird auch die nächste Hälfte der ersten Kerneinheit mit einem vorangestellten „ich" (*'ᵃnî*) eingeleitet (V. 17 a). Gegen diesen Hintergrund des nahen Kontexts dürfte daher ratsam sein, den drei Elementen V. 12 aα, 12 aβ und 12 b ihre je relative Selbständigkeit zu gewähren, wobei V. 12 aα rechtmäßig eine größere Emphase erhält: „Ich bin die Weisheit"[249] – oder man könnte noch paraphrasieren: „Eben ich bin die Weisheit"; und der ganze Vers lässt sich dann folgendermaßen wiedergeben: Ich bin die Weisheit, ich wohne/verbleibe bei der Klugheit, und das Wissen/die Erkenntnis der Besonnenheit (*daʿaṯ mᵉzimmôṯ*, s. 1, 4; 2, 11; 3, 21; 5, 2) finde ich.[250]

Darüber hinaus darf es aufschlussreich sein, dass die Form der Selbstvorstellung auch im literarischen Bereich der Nachbarschaft allgemein bekannt

---

[248] Vgl. etwa Gemser 44; McKane 222; Plöger 85; Meinhold 133; Müller, ebd. 221; GesB 828 a; HAL 1388 b.

[249] Vgl. etwa Baumann, ebd. 83 f; Fox 271.

[250] Zum ‚finden' s. V. 9 b oben und V. 17 unten sowie 1, 28; 2, 4; 3, 13; vgl. Baumann, ebd. 100–102.

war, so etwa in Ägypten, und zwar in Bezug auf Hoheitspersonen und Götter bzw. Göttinnen, die sich durch eine Ich-Rede vorstellen, wie beispielsweise Isis, so aber nicht die Ma'at, die Göttin der Ordnung, die doch hier öfter herangezogen worden ist, denn es wurde „immer nur über sie geredet“ (Kayatz 87; Meinhold 136); sonst sei diese Form einer Selbstvorstellung „ursprünglich“ als eine „Präsentationsformel“ und erst später als eine „Identifikationsformel“ verwendet worden (Kayatz 86). Diese und andere Elemente aus der ägyptischen, mesopotamischen oder kana'anäischen Weisheitsbereich[251] mögen zu einem weiteren vorgegebenen Traditionsmaterial gehört haben, das die Weisen Israels zu ihren Zwecken verwendet haben. Die göttliche Selbstvorstellung mit Selbstprädikation ist sonst relativ oft im Alten Testament von Jahwe verwendet worden (vgl. etwa Ex 6, 2; 20, 2; Lev 19, 18; Jes 42, 8; 45, 5); doch ist diese Ich-Rede Jahwes anderer Art als die werbende und selbstrühmende Ich-Rede und Selbstvorstellung der Weisheit.[252] Obwohl sich die Weisheit dem Göttlichen nähert, ist aber zu beachten, dass sich die Weisheitsgestalt im V. 12 zunächst mit „Klugheit“ (*ʿŏrmâ*), „Wissen/Erkenntnis“ (*daʿat̲*) sowie „Besonnenheit“ (*mᵉzimmâ*) verbindet; bei ihrer Selbstvorstellung scheinen also lauter nahestehende Weisheitswörter bevorzugt zu sein, die sich mit der Häufung solcher Begriffe im Prolog, 1, 2–6, noch vergleichen lassen. Es scheint also, dass sich die Weisheit sozusagen durch sich selbst ‚definiert‘.

In Bezug auf den folgenden V. 13 – d. h. V. 13 bc, denn der sehr andersartige Teil 13 a, der eine theologische Aussage über die Jahwe-Frömmigkeit macht, sondert sich ohnehin vom Kontext ab – ist dieser Vers bzw. Teil des Verses von einigen als ein stilistischer Abbruch in der Abfolge von V. 12 und 14–16 verstanden worden, kaum aber mit Recht, zumal die Kerneinheit mehrere jähe thematische Wechsel aufweist (s. V. 14–16; 17, vgl. 21; 18–19; 20). Außerdem ist wichtig, dass sich die Weisheit in V. 13 bc inhaltlich nicht auf zufällige moralische Aspekte, sondern auf die vornehmsten Tugenden der Weisen bezieht, und zwar auf Demut und Bescheidenheit sowie Integrität im moralischen Wandel und Reden, welches aber negativ mit entgegengesetzten Begriffen nun ausgedrückt wird, und zwar „Hochmut und Übermut“ (*geʾâ wᵉg̅āʾôn*, so nur hier und wohl ein Hendiadyoin mit Alliteration; vgl. 16, 18), „bösem Weg“ (*däräk̲ rāʿ*; vgl. 4, 19; 12, 26. 28; 15, 9) und „Mund der Falschheit/Verkehrtheit/Ränke“ (*pî tahpuk̲ôt̲*; vgl. 2, 12. 14; 6, 14; 10, 31 f; 16, 28. 30). Damit erhält der Vers auch den Effekt einer Warnung an die Hörer – und verbindet sich so mit dem ermahnenden Rahmen.

[251] Neben Kayatz, Studien, 86–93, vgl. etwa Gemser 47–49; Donner, Die religionsgeschichtlichen Ursprünge; McKane 352 f; J. Assmann, Ma'at; Meinhold 135 f; Fox 271. 334–338.

[252] Vgl. Kayatz, ebd. 80–85, die in der Schlussfolgerung sagt: „In den Jahwereden im Ich-Stil geht es aufs Ganze gesehen primär nicht um werbende Selbstempfehlung oder um lehrhafte theologische Reflexion, sondern um Offenbarung in der Geschichte und Willenskundgabe mit exklusivem Anspruch“; s. auch Meinhold 136.

Mit V. 14–16 ändert sich das Thema. In Bezug auf diese drei Verse hat man einerseits darauf hingewiesen, dass sich die Weisheit dem göttlichen Raum nähert, wenn hier Wörter und Wendungen von der Weisheit verwendet werden, die auch von Gott gebraucht sind (so bes. V. 14; vgl. Hiob 12, 13: „Bei ihm [d.h. Gott] sind Weisheit und Stärke, ihm gehören Rat und Einsicht").[253] Wenn sich aber die Weisheitsgestalt dem Göttlichen auch nähert, bleibt sie doch immer ‚Weisheit', und ihre Selbständigkeit als solche wird durchgehend gewahrt. Andererseits hat man in der Darstellung der Weisheit in V. 15–16 das Bild eines Staatsmannes sehen wollen.[254] Das lässt sich mit gewissem Recht geltend machen, doch nicht auf eine zu exklusive Weise; die Weisheit ist auf die Aktivität und die Autorität des Staatsmannes bezogen, weil ihm die Weisheit die Befähigung zum Regieren schenkt: „Die Weisheitsgestalt vermittelt die Fähigkeit zu gerechter Regierung" (Baumann 111). So hat die Weisheit in diesen Beziehungen eine Mittelposition inne, wobei sich wohl sagen ließe, dass sie Himmel und Erde verbindet. Überdies wird noch die Beobachtung wichtig, dass zwischen den Würdenträgern – und zwar den „Königen", „Fürsten", „Amtsträgern" (*śārîm*) sowie „Edlen" (*n^e^d̲îb̲îm*) in V. 15–16 – und der sie für ihren Dienst ausrüstenden und dafür über ganz besonderen Gaben (V. 14) verfügenden Weisheit klar unterschieden wird, wie es auf analoge Weise im Verhältnis vom Messias und dem ihn ausrüstenden Geist (Jahwes) der Fall ist (Jes 11, 2).

In den Ich bin-Aussagen der Weisheitsgestalt liegt ein besonderer Autoritätsanspruch, mit dem sie sich als Vorbild vorstellt. Denn wie sie „auf dem Pfad der Gerechtigkeit (*ṣ^e^d̲āqâ*)" und „mitten auf den Pfaden des Rechts (*mišpāṭ*)" wandelt (V. 20), so soll eben das dem weisen Schüler ein Ansporn zum Suchen und zur Nachfolge sein (vgl. v. 17 b, im Gegensatz zu 1, 28 b); im Übrigen wird wohl mit dem Nachdruck auf „Gerechtigkeit" und „Recht" ein Bogen zurück zum ethischem Inhalt im V. 13 bc geschlagen. Die Weisheitsgestalt ist aber mehr als Vorbild, sie stiftet eine Gemeinschaft der Liebe (V. 17–21; vgl. Dtn 4, 29; 6, 5); und wie sie „Reichtum und Ehre" und „uraltes Gut" besitzt (V. 18) und kostbare Frucht und erlesenen „Ertrag" verspricht, was dem konkreten Segen gleichkommt (vgl. etwa Dtn 28, 3–8), werden diejenigen, die sie – als ihre Nachfolger – „lieben", eben dies alles „erben" (V. 17–21; vgl. 3, 9 f; auch Mt 6, 33 Par.).

So ergibt die inhaltsreiche erste Kerneinheit der Ich-Rede der Weisheit (V. 12–21) eine aus unterschiedlichen Elementen sinnvoll aufgebaute Komposition, die zusammen mit der nächsten Kerneinheit eine breite und recht profilierte Selbstschilderung der Weisheit bietet.

---

[253] Vgl. Ringgren 40; Meinhold 140 f; auch P.A.H. de Boer, The Counsellor, FS Rowley (1955), 68 f.

[254] McKane 346–350; mit Hinweis auf sein Buch: Prophets and Wise Men (1965), 23 f, und teilweise mit Kritik an de Boer (s. die vorige Anm.) führt McKane aus: „There is good reason to believe that it is the role of the statesman which Wisdom claims to fill" (346).

Die zweite Kerneinheit (V. 22–31), die im Vergleich mit Kerneinheit I eine Redeweise ganz anderer Art zeigt, stellt zweifellos den eigentümlichsten Teil der Ich-Rede der Weisheit dar; in der langen und recht komplexen Wirkungsgeschichte des achten Kapitels hat unbedingt diese Einheit die größte Aufmerksamkeit auf sich gezogen.[255] Von sich selbst spricht die Weisheit hier vornehmlich in den zwei ersten (V. 22–23) und in den zwei letzten Versen (V. 30–31); diese Verse sind auch am häufigsten diskutiert worden. Dazwischen ist gewiss auch von der Weisheit die Rede, doch ähnelt die Schilderung des Schöpfungshandelns Jahwes in V. 24–29 stärker an anderen Schöpfungsberichten oder Elementen aus solchen (vgl. vor allem Gen 1,6–19, dazu Hiob 38,4 ff; Ps 24,2; 104,2 ff); was aber die konkreten Einzelheiten dieser Schilderung der Schöpfung angeht, dürfen sie im Verhältnis zur Selbstvorstellung der Weisheit wohl kaum die erste Geige spielen, denn in der Ich-Rede der Weisheit spitzt sich alles auf ihre eigene Sache zu. Immerhin fällt in diesem ‚Schöpfungsbericht' auf, dass die Schöpfung des Menschen unerwähnt ist (anders in Weish 9,2); von „den Menschen" (*b^e^nê 'ādām*) ist erst am Ende die Rede (V. 31 b).

Wie die erste Kerneinheit hat auch diese Kerneinheit einen markanten, aber grammatisch und textlich schwierigen Anfang; V. 22 a ist dem V. 12 a weithin ähnlich. Jetzt ist aber nicht mehr die Weisheit (*ḥŏḵmâ*) im Front, sondern Jahwe, der – wie das „ich" im V. 12 a – in „dominierender Vorstellung" steht (s. HebrSynt § 123). Doch wechselt die Aufmerksamkeit rasch wieder auf die Weisheit, nun aber zunächst als Objekt, wobei es nicht um die Weisheit allein geht, sondern vielmehr um die einmalige Beziehung zwischen Jahwe und der Weisheit. Dadurch ist diese Kerneinheit im Vergleich zu der vorigen weit theologischer ausgerichtet.

Ferner ist der Anfang dieser Kerneinheit inhaltlich und stilistisch speziell; ebenso sind die folgenden Verse der Einheit, die eines bemerkenswerten Charakters sind. Drei Sachverhältnisse heben sich heraus. Erstens will die Kerneinheit II offenbar ein komplexes Ganzes bilden – was in der Übersetzung auch zum Ausdruck gekommen ist; zweitens ist aber diese Großeinheit aus mehreren Kleineinheiten aufgebaut, und dann vor allem von V. 22–26 und V. 27–31,[256] wobei der Anfang (V. 22 f) und das Ende (V. 30 f) der Einheit noch inhaltlich zu beachten sind; drittens sind den Kleineinheiten jeweils eine auffallende Syntax bzw. Struktur eigen.

Zur besonderen Struktur der ersten Teileinheit (V. 22–26) gehört zunächst ein listenartiger Gebrauch von Präpositionsausdrücken, und zwar kommt

---

[255] Der Text dieser Kerneinheit ist nach von Rad, Weisheit, 197, „oft durchgeackert und sein Vokabular ebenso wie die von ihm zur Sprache gebrachten Vorstellungen sind nach allen Seiten hin untersucht worden", wobei er auf die ausführliche Erörterung von Stecher, Die persönliche Weisheit, 411–451, verweist; vgl. noch die obige Lit.

[256] Yee, Analysis of Prov 8,22–31, 58–66, will V. 30 aβ-31, u. a. auf Grund des Chiasmus, verselbständigen, aber kaum mit Recht; hier wird auch den „Menschen" (V. 31 b) und dem Verhältnis der Weisheit „to God and humankind" wohl eine zu große Bedeutung für den ganzen Abschnitt V. 22–31 zuerkannt.

die Präp. „in“ (*min*, sonst „von – her/seit“) fünfmal in V. 22–23 vor, und darüber hinaus verschiedene Zeitbestimmungen, auf die noch zurückzukommen ist. Zudem ist auffallend, dass das zweite Kolon der Verse dieser Kleineinheit (V. 22 b, 23 b, 24 b) oder gar ein ganzer Vers (V. 26) eine Weiterführung, und zwar eine zeitliche Näherbestimmung, des vorangehenden Kolons (bzw. Verses) ausmacht, wobei das zweite Kolon eine synthetische Parallele zum Vorangehenden bringt. Danach ändert sich der Stil mit V. 27, was für die nächste Kleineinheit (V. 27–31), eine seltene Syntax ergeben hat; denn nun folgt eine Kette von sechs Infinitiv-Konstruktionen, die von der Präp. „bei“ (*b^e^*) und einem inf. cstr. bestehen (V. 27 a und b, 28 a und b, 29 a und c). Dabei mag wohl die Annahme berechtigt sein, dass diese listenartige Struktur gewissermaßen die Funktion eines Vordersatzes (Protasis) einnimmt, zu dem V. 30 aα durch das *wāw apodosis* („da war ich“, *wā'ähyäh*) mit Emphase den Nachsatz (Apodosis) bietet, wobei er wohl auch zum „war ich dabei (*šām 'ānî*)“ am Anfang der Kleineinheit (V. 27 aβ) anknüpft.[257] Der kurze Nachsatz im V. 30 aα scheint aber sodann in V. 30 aβ-31 mit einem neuen „da war ich“ (*wā'ähyäh*) und mit neuen Elementen im Rahmen eines Chiasmus noch weitergeführt zu sein. Im Übrigen sind V. 29 und 30, im Bruch mit dem übrigen Stil, zu Trikola erweitert worden. Bei alledem hat es den Anschein, dass an den komplizierten Satzgefügen dieser zwei unterschiedlichen aber doch zusammengehörigen Kleineinheiten der Kerneinheit II (V. 22–26 und V. 27–31) viel gearbeitet worden ist, was wohl nicht in erster Linie um ihrer kunstvollen Struktur willen, sondern vielmehr aus inhaltlichen und vor allem theologischen Gründen geschehen sein mag.

Sodann sind die Zeitbestimmungen, die in ihrer Menge und Variation ein besonders wichtiges Kennzeichen für den ersten Teil der Kerneinheit II ausmachen, auch von großer Bedeutung. Es handelt sich sowohl um begriffliche Ausdrücke (V. 23), und zwar „in der Urzeit/von Ewigkeit her“ (*me'ôlām*), „im Anfang/von Anfang an“ (*mero'š*) und „zu (von) den Vorzeiten der Erde (her)“ (*miqqaḏmê-'ārāṣ*), als auch um adverbielle und präpositionale Formulierungen wie „vor“ (*qäḏäm*) und „von damals“ (*me'āz*, V. 22 b) sowie „als noch nicht“ (*b^e'ên-*, zweimal als nom. regens, V. 24 ab), „ehe/vor“ (*b^eṭäräm* und *lip̄nê*, V. 25 ab); hinzu käme wohl auch das schwer deutbare Lexem *re'šîṯ* (V. 22 a), das hier mit „Erstling“ übersetzt, aber von anderen mit „Anfang“ wiedergegeben worden ist.[258] Durch diese Häufung verschiedener Zeitbestimmungen wird die Weisheit zum Schöpfungswerk Gottes und damit zu seinen Ordnungen in Beziehung gesetzt und in Verhältnis zu ‚Zeit‘ und ‚Geschichte‘ eingeordnet, was aber eine Vorordnung bedeutet. Wie die Weisheit in der vorigen Kerneinheit ‚historisiert‘ wurde, indem sie mit gemeinschaftlichen Verhältnissen da verbunden wurde, kann man wohl auch in dieser Kerneinheit von einer gewissen ‚Historisierung‘ der Weisheit reden, nur dass

---

[257] Vgl. Aletti, Structure, 27; auch Schäfer, ebd. 221.

[258] Vgl. Gemser, 49: „die Erstgeborene aller Erzeugnisse des Schöpfers“; s. bes. Baumann, ebd. 118–120; sonst BHQ sowie Anm. 232 zur Übersetzung.

die Weisheit hier „vor“ der Zeit, und zwar „in der Urzeit“ oder „im Anfang, zu den Vorzeiten der Erde“ (V. 23) schon erscheint.

Neben den Zeitbestimmungen sind am Anfang dieser Einheit auch die Verben, die mit der Herkunft der Weisheitsgestalt verbunden sind, aufschlussreich. Dabei fällt zunächst auf, dass nur das erste Verb eine aktive Form und Jahwe als Subjekt hat: „Jahwe hat mich hervorgebracht“ (*qānānî*, V. 22 a),[259] während die folgenden Verben passiv geformt sind, indem es von der Weisheit einmal „wurde ich gewoben“ (*nissak̲tî*, V. 23 a)[260] und danach zweimal „wurde ich geboren/hervorgebracht“ (*ḥôlāltî*, V. 24 a und 25 b; vgl. Hi 15, 7 b; Ps 51, 7 a; 90, 2) gesagt wird. Dieser Befund läge die Annahme nahe, dass die Herkunft der Weisheitsgestalt zwar einerseits auf Jahwe klar bezogen ist, von dem sie herkommt, dass sie aber andererseits – und wohl mit einer gewissen Schüchternheit – nicht allzu direkt mit Jahwe verbunden sein will, sei es nun in der Form einer ‚Geburt‘ oder einer ‚Schöpfung‘; der Text will, wie es scheint, kaum zu starken Auffassungen oder Theorien, sondern eher zu einem exegetischen Leisetreten einladen. Das mag durch den nächsten Punkt noch weiter erhellt werden; denn die Weisheit wird nicht nur in Beziehung zu Jahwe, sondern auch zu seiner Schöpfung der Welt gesetzt. Die folgenden Verben sind wohl übliche Verben in Schöpfungserzählungen, doch geht es in diesem Zusammenhang nicht so sehr um die erwähnten Einzelheiten der Schöpfung als um die ‚Hauptsumme‘ dieser Einheit, nämlich die Vorrangstellung der Weisheit vor der Schöpfung und der ‚Welt‘. Durch die unterschiedlichen Zeitbestimmungen erhält die Schöpfungserzählung einen Kontext, der eine neue Dimension anzeigt, wenn die Aufmerksamkeit auf die Weisheit gerichtet wird. Denn die Weisheit war nicht nur „vor“ der Schöpfung Jahwes da – und damit vor der ‚Zeit‘, wie schon bemerkt, sondern sie war auch beim göttlichen Schöpfungshandeln anwesend (V. 27 a) und hatte als *'āmôn*, das wohl ‚Handwerker‘ meint (s. u.), dazu noch an seinem Schöpfungswerk irgendwie einen Anteil (V. 30 aα). Dabei kann man ein bemerkenswertes Gefälle in der Schilderung der Weisheit erkennen, und zwar ein Gefälle von der von Jahwe hervorgebrachten Weisheit als „Erstling (bzw. Anfang) seines Weges“ (*re'šît̲ darkô*), d. h. seines ersten Handelns, am Anfang der Einheit (V. 22 a), über einen Nominalsatz, wo von ihr gesagt wird: „war ich da bzw. als/während ich da war“ (*šām 'ānî*), am Anfang der zweiten Teileinheit (V. 27 aβ), und zum abschließenden Nachsatz, der kurz feststellt: „da war ich an seiner Seite *'āmôn*“ (*wā'ähyäh 'äṣlô 'āmôn*) (V. 30 aα). Dieses Gefälle will offenbar die ‚Geschichte‘ der Weisheit nachzeichnen, wobei die Weisheit eben eine altehrwürdige ‚Geschichte‘ aufweist: wie sie von Jahwe „hervorgebracht“ ist, stammt sie aus göttlicher Herkunft und aus ältester Zeit (vgl. *ante omnia saecula*). Bedeutsam für das Gesamtbild der Weisheit

---

[259] Zu den Übersetzungen des mehrdeutigen Verbs s. o. Anm. 232.

[260] Zu *nissak̲tî* „gewoben“ (von *nsk* II) s. HAL 664; BHQ, vgl. auch Ps 139, 13 und Hi 10, 11 mit Formen von *skk*; s. HAL 712; s. die Übersicht bei Baumann, ebd. 120–122; vgl. Stecher, Persönliche Weisheit, 422 f; Meinhold 133.

wird – neben der einzigartigen Personifizierung in der Gestalt der verkündenden Weisheit, dass dies einmalige Aufzeigen ihrer göttlichen und urzeitlichen Wurzeln vor allem zur Hervorhebung ihrer hohen Position und Bedeutung beiträgt (vgl. noch Hi 28, 12–27, bes. 25–27).[261] Die Weisheit steht somit zwischen Jahwe und seinem Schöpfungswerk, ist aber als Jahwes „Erstling" ebenso deutlich ihm untergeordnet als auch von seiner Schöpfung abgehoben; andererseits ist Jahwe das einzige Subjekt der Schöpfungsverben; er allein ist der Schöpfer.

Wenn man sodann den Blick vom Anfang der Kerneinheit II (V. 22) zu ihrem Ende (V. 30–31) wendet, begegnet man besonderen linguistischen und strukturellen Problemen, und dabei vor allem dem vieldebattierten Lexem *'āmôn* (V. 30 aα); es „steht wie ein erratischer Block im Zusammenhang der ganzen Stelle" (Stecher 431). Die Übersetzung dieses Lexems verläuft gewöhnlich in die eine von zwei Richtungen, indem man entweder einen Sinn wie ‚Handwerker' oder einen Sinn in die Richtung von ‚Kind' annimmt; in beiden Fällen gibt es reichlich an Variationen.[262] Weil es aber neuerdings eine Tendenz zu sein scheint, das problematische *'āmôn* im Licht des angenommen verständlicheren *m^e^śaḥäqä̱t* (V. 30 b-31 a) sehen zu wollen, darf es aufschlussreich sein, mit dem letzten der zwei Lexeme anzufangen. Als fem. Part. Piel im Sinne von „froh sein/spielen/tanzen"[263] ist das zweimal vorkommende *m^e^śaḥäqä̱t* im Rahmen eines Chiasmus mit dem ebenfalls doppel erscheinenden Subst. *ša'ašu'îm* verbunden; die Form des letzten Nomens ist ein amplifizierender Plural, der einen starken Ausdruck für „Wonne/Entzücken/Freude" ergibt (HAL 1495). Während dieses Nomen eine begrenzte Anwendung aufweist und dabei etwa die „Freude am Gesetz" ausdrückt (Ps 119, 24. 77. 92. 143. 174; s. sonst Jes 5, 7; Jer 31, 20), ist der Gebrauch des Verbs *śḥq* ‚lachen/scherzen' weit breiter belegt und kann im Piel Bedeutungen wie etwa ‚unterhalten/Kurzweil treiben' (Ri 16, 25) oder ‚ein Kampfspiel aufführen' (2Sam 2, 14) umfassen oder in Verbindung mit „Gesang und Reigen" (Jer 30, 19; 31, 4; vgl. GesB 781 f) ein ‚tanzen' ausdrücken, der noch „vor Gott" (*lipnê YHWH*) geschehen kann (vgl. 2Sam 6, 5. 21; vgl. HAL 1226); dabei hat man im *m^e^śaḥäqä̱t* auch einen kultischen Tanz sehen wollen.[264] Wie dem auch sei, will nun der Chiasmus deutlich Freude und Entzücken und Frohlocken, Spielen und Tanzen zur Sprache bringen; und als es im V. 30 b in Bezug auf den Schöpfer Jahwe eben „vor ihm" (*l^e^pānâw*) heißt, dürfte wohl hier die Übersetzung „frohlockend" dem Sinn des *m^e^śaḥäqä̱t* am nächsten

---

261 Vgl. Aletti, ebd. 35–37; vgl. auch die Bemerkung Gemsers, 49: „Die Weisheit zeigt ihren Adelsbrief", und fährt fort: „Je älter der Adel, desto höher, je älter die Weisheit, desto maßgebender".

262 S. die Forschungsübersichten bei Scott; Rüger; bes. Baumann, ebd. 131–140; Fox 285–288; s. o.

263 Vgl. E. Jenni, Das hebräische Pi'el, Zürich 1968, 155.

264 Vgl. Stecher, ebd. 437, der „im Hymnus von 8, 22–31" eine Weisheitsgestalt sieht, „die vor Gott im kultischen Tanz schreitet und den Schöpfer in dieser feierlichen Weise verherrlicht"; auch de Savignac, La sagesse, 214.

kommen. Dabei geht es nicht um ein kindliches Spiel; zwar ist das Verb (*śḥq*) einmal von Kindern benutzt worden (Sach 8, 5), und wohl ist im Vorangehenden von Geburt die Rede (V. 23–25), doch gibt es im Chiasmus selbst überhaupt nichts, das die Annahme eines Kindes notwendig oder wahrscheinlich machen sollte. Eher dürfte die Freude Gottes an seiner Schöpfung in den Blick kommen, wie sie im Schöpfungshymnus Ps 104 ausgedrückt wird: „möge Jahwe sich seiner Werke freuen" (V. 31 b; 33; Hi 38, 7; vgl. Meinhold 147), so wohl auch in dem im Gen 1 siebenmal wiederkehrenden: „und Gott sah, dass es gut war" (V. 10, 12, 18, 21, 25, bes. 31; vgl. V. 4 a).[265] Auf ähnliche Weise mag es nun der Weisheitsgestalt zustehen, das Frohlocken und die Freude an Jahwes Schöpfung und an „den Menschen" (*b^e^nê 'ādām*, V. 31 b) auszusprechen und darzustellen – zur Verherrlichung des allmächtigen Schöpfers.

Dieser Befund ist aber für die Deutung des *'āmôn* (V. 30 aα) als eines ‚Kindes' nicht günstig. Dazu fällt noch ein anderes auf, und zwar beginnt der Chiasmus (V. 30 aβ-31) mit einem „und ich war (da)" (*wā'ähyäh*), gerade wie das erste Kolon anfängt: „da war ich" (*wā'ähyäh*):

da war ich (*wā'ähyäh*) an seiner Seite *'āmôn*;
da war ich (*wā'ähyäh*) zur Freude Tag für Tag,
frohlockend vor ihm alle Zeit,
frohlockend auf seinem Erdenkreis
und meine Freude war an den Menschen

Im Blick auf diese Parallelität ließe sich wohl fragen, ob zwischen den zwei *wā'ähyäh*[266] mal irgendwie eine Konkurrenz bestanden habe, ob etwa das *wā'ähyäh* des Chiasmus auch den Nachsatz zum Vorangehenden hätte einleiten können, wie es oben in Bezug auf V. 30 aα geltend gemacht wurde; und ob im Falle das nun erste Kolon (V. 30 aα) sich dann vor dem Chiasmus, vielleicht korrigierend, eingefügt worden sei, dass also hier ein komplexer redaktionsgeschichtlicher Prozess vorgegangen sein mag.[267] Diese Fragen lassen sich aber nicht recht beantworten, bevor das erste Kolon (V. 30 aα) und besonders das Lexem *'āmôn* näher erörtert worden ist.

Der Sinn des *'āmôn* ist, wie schon erwähnt, von alters her vieldebattiert und umstritten; doch ändert sich diese Lage einigermaßen, wenn man anhand des eben dargelegten Befundes erkennt, dass die Auffassungen von *'āmôn* als ‚Kind' wenig Stütze im Chiasmus von V. 30 aβ-31 finden können. Hinzu kommt noch, dass dieses Verständnis des Nomens andere Lesungen als MT im V. 30 aα fordert; vorgeschlagen ist dabei etwa *'āmûn*, das man mit Hinweis auf A als pass. Part. von *'mn* „gepflegt/gewartet" und sodann als „Pflegling" verstanden hat.[268] Grundsätzlich sollte man aber nicht vom MT

[265] Vgl. etwa C. Westermann, Genesis, Neukirchen-Vluyn 1974, 156.

[266] Hier etwa Ex 3, 14 herbeizuziehen, würde doch *longe petitum* sein, vgl. Meinhold 147.

[267] Vgl. von Rad, Weisheit, 200, Anm. 10, und 222.

[268] S. BHK, vgl. BHS; sonst Ges[18] 71. 74; HAL 60. 62; dazu u. a. Rüger; dagegen Stecher, ebd. 431–437; s. sonst Baumann, ebd. 131–140.

abweichen, es sei denn, dass MT verderbt oder sonst unverständlich sei, was aber hier nicht der Fall ist. Er wird vielmehr von G S V (und Weish 7, 21) gestützt; zwar lässt sich in Bezug auf die spärlich belegten Nomina *'āmôn* (sonst nur Jer 52, 15) und *'ômman* (Hld 7, 2) eine gewisse Unsicherheit in den alten Versionen wahrnehmen, die wohl exegetisch bedingt sein könnte (vgl. BHQ 37–38*); die Unsicherheit mag aber vor allem darin ihren Grund haben, dass es sich bei den zwei verwandten Nomina *'āmôn* und *'ômmān* um technische Lehnwörter handle, die – noch mit entsprechenden Vorkommen in anderen nordwestsemitischen Sprachen[269] – wohl auf das akk. *ummānu* ‚Handwerker' zurückgehen, die aber für einige griechischen Übersetzer fremd gewesen sein mögen. Auf alle Fälle scheint es nun aber ratsam, an den überlieferten Formen des MT festzuhalten und ihre Bedeutung ‚Handwerker/Künstler' als die wahrscheinliche anzusehen.

Mit dem Verständnis des *'āmôn* als ‚Handwerker' dürfte das oben besprochene Gefälle in der Selbstschilderung der Weisheit, und zwar von ihrer Hervorbringung „vor" der Schöpfung Jahwes (V. 22) über ihre Anwesenheit bei seiner Schöpfung (V. 27 a) zu ihrer möglichen Anteilnahme an seiner Schöpfung (V. 30 aα), bestätigt sein, indem *'āmôn* als ‚Handwerker' auf diese Weise einen Höhepunkt in der Schilderung der Weisheit ausmacht und die Verbalform *wā'æhyæh* in ihrer Funktion als *wāw apodosis* im Verhältnis zum Vorangehenden den Nachsatz einzuführen scheint. Demgegenüber kann der folgende Chiasmus (V. 30 aβ-31) – über die Anwesenheit der Weisheit bei der Schöpfung (V. 27 a) hinaus – kaum einen entsprechenden Höhepunkt sein, und die den Chiasmus einleitende Form *wā'æhyæh* kommt der vorangehenden *wā'æhyæh* (V. 30 aα) nicht gleich – und dürfte nun auch nicht in Konkurrenz dazu stehen; eher darf der durch das zweite *wā'æhyæh* eingeführte Chiasmus stilistisch am besten als eine weiterführende Wiederaufnahme des ersten *wā'æhyæh* angesehen werden, zumal er dabei den oben besprochenen Weiterführungen des ersten Kolons im zweiten Kolon ähnlich ist (s. die obige Erörterung von V. 22 b, 23 b, 24 b und 26).

Dass die Weisheit als *'āmôn* im Sinne von ‚Handwerker' Anteil an der Schöpfung Jahwes haben sollte, mag aber theologisch problematisch sein – und ist wohl immer so empfunden worden; das viele Meistern um den Sinn von *'āmôn* und die Versuche, die Bedeutung des Lexems als ‚Handwerker' zu schwächen oder zu ersetzen, wird wohl auch darin ihren letzten Grund haben; doch braucht es nicht, sich so zu verhalten. Wie oben ausgeführt wurde, steht die Weisheit zwischen Jahwe und seinem Schöpfungswerk; und Jahwe ist der alleinige Schöpfer.

Wenn es nun um eine nähere Bestimmung der doppelten Beziehung der Weisheit geht, will wohl die neuere Forschung ergeben haben, dass eine präzise Beschreibung dieser Beziehung, besonders in Bezug auf Jahwe, recht schwierig durchzuführen ist, zumal definitorische Fragen ins Spiel kommen

---

269 Vgl. HAL 60. 62; Ges[18] 74; sonst M. Wagner, Beiträge zur Aramaismenfrage im alttestamentlichen Hebräisch, Baumgartner FS (1967), 355–371, S. 370.

können. So hat man etwa die personifizierende Verselbständigung der Weisheit als die Hypostase einer Eigenschaft Gottes, wie dies Phänomen sonst in der Geschichte der Religionen vorkommen kann, verstehen wollen.[270] Es lässt sich aber fragen, ob man auf diese Weise genügend spezifizierend dem textlichen Befund gerecht werden kann. Denn es ist zu beachten, dass die Weisheit vornehmlich in Bezug auf Jahwes Tun, und zwar sein ordnendes Schöpfungshandeln, als Mittel erwähnt ist, wie es schon in 3, 19–20 zum Ausdruck kommt: „Jahwe hat durch/in Weisheit (*beḥŏkmâ*) die Erde gegründet, den Himmel durch/in Einsicht (*bitbûnâ*) gefestigt; durch sein/in seinem Wissen (*beda'tô*) spalteten sich die Urfluten und träufeln die Wolken den Tau" (vgl. Ps 104, 24: Jahwe hat alles „durch/in Weisheit" [*beḥŏkmâ*] geschaffen; dazu noch Ps 136, 5; Jer 10, 12; dagegen gelten im Ps 33, 6 das „Wort Jahwes" und parallel dazu der „Hauch seines Mundes"[271] als die Schöpfungsmittel). Von da her lässt sich aber ein weiterer Schritt machen, denn insoweit als die „Weisheit" – oder die „Einsicht" und das „Wissen" bzw. das „Wort Jahwes" – in Jahwes schöpferischem Tun ‚inkorporiert' ist, lässt sich die Weisheit auch von seinem Wesen kaum trennen; nur wird aber in den Texten wenig Konkretes darüber ausgeführt, vielleicht aus dem Grund, dass die Verselbständigung der Weisheit nicht eine Freisetzung von Jahwe meinen darf, und dass ihre Unterordnung unter Jahwe im Rahmen des Jahwe-Glaubens als etwas selbstverständliches aufgefasst wurde; so wird auch die Annahme der Abspaltung einer Eigenschaft seines Wesens als Hypostase hier kaum sachgemäß sein. Die Weisen scheinen eher nach mehreren literarischen und metaphorischen Ausdrucksweisen gesucht zu haben, die der Hochschätzung der Weisheit und ihrer Autorität dienen sollen, so auch ihre Personifizierung als verkündende Weisheitsgestalt. Dies ist umso bemerkenswerter, als die Weisen Israels, anders als in den reichen Weisheitstraditionen der Nachbarwelt, eben im hebräischen Begriff der „Weisheit" (*ḥŏkmâ*) das Schaffen eines einmaligen Zentralbegriffs leisten konnten; so kommen gerade der ‚Weisheit' eine einzigartige Bedeutung und Autorität zu.

Alles in allem erweist sich die Ich-Rede der Weisheit im Kapitel 8, sowie die Einzelteile ihrer Komposition, als eine aus sehr unterschiedlichen Bestandteilen sinnvoll aufgebaute Großeinheit, in der das Weisheitsdenken Israels, auch im theologische Sinne, unzweideutig seinen Höhepunkt erreicht hat.

---

[270] S. vor allem W. Schenke, Die Chokma (Sophia), 15–25; H. Ringgren, Word and Wisdom, 95–106; vgl. auch G. Pfeiffer, Ursprung und Wesen der Hypostasenvorstellungen im Judentum, Stuttgart 1967, 25–28; Kayatz, ebd. 93–98; dagegen u. a. Gemser 48; Stecher, ebd. 438–450; Plöger 92 f; von Rad, Weisheit, 193; vgl. McKane 353.

[271] Zum Verhältnis der Weisheit zum Wort und Geist Jahwes vgl. Stecher, ebd. 446–450.

9, 1–18: Weisheit und Torheit – die Gegenpole

Mit dem letzten Kapitel im ersten Hauptteil steht man wieder vor einem strukturell und inhaltlich komplexen Kapitel. In Bezug auf Sprüche 9 erhält man den Eindruck, dass hier wichtige Linien aus den vorigen Kapiteln gewissermaßen zusammenlaufen, so dass das Kapitel eine Art von ‚Summa' bildet – die nun aber keine einfache Größe ausmacht.

Denn es ist nicht leicht, der Struktur und dem Zusammenhang dieses Kapitels völlig gerecht zu werden. Das Kapitel hat zwar drei abgegrenzte Abschnitte, und zwar a. 9, 1–6, b. 9, 7–12 und c. 9, 13–18, und wenn die Septuaginta gerade nach V. 12 und V. 18 längere Zusätze aufweist, mag das ein Hinweis darauf sein, dass sie offenbar abgeschlossene Abschnitte erweitert hat. Das Problem ist aber nicht so sehr diese anscheinend einfache Einteilung des Kapitels, als vielmehr die Beziehungen der drei Teile zu einander. So stellen diese drei Teile den Ausleger vor eine schwierige Alternative, sie entweder gesondert oder im Rahmen des Kapitels als Ganzheit zu behandeln. Der Umstand, dass der erste und der dritte Teil einander am nächsten stehen, und zwar durch gleiche Länge und durch eine mehrfache Nähe – auch in ihren Gegensätzen, während der mittlere Teil diese auf einander bezogene Teile auseinander hält, dürfte aber dafür sprechen, dass man die letztere Alternative bevorzugt, wobei nicht nur die drei Teile für sich, sondern auch ihr etwas problematisches Verhältnis zu einander im Rahmen des Ganzen besser erklärt werden können.

a. 9, 1–6: Die Einladung der Weisheit

1 **Die hohe Weisheit[272] hat ihr Haus gebaut,**
ausgehauen ihre sieben Säulen;
2 **sie hat ihr Schlachtvieh geschlachtet, ihren Wein gemischt,**
auch schon ihren Tisch gedeckt;
3 **sie hat ihre Mägde ausgesandt, sie ruft**
oben auf[273] den Anhöhen der Stadt:
4 **„Wer einfältig ist, kehre hier ein!"[274]**
Wer ohne Verstand ist, zu dem spricht sie:
5 **„Kommt, esst von meiner Speise,**
und trinkt den Wein, den ich gemischt habe!"

---

272 Zur seltenen Pluralform der ‚Weisheit' s. sonst 1, 20 a.

273 So HAL 192 b; Ges^{18} 226 b für *ʿal-gappê (m^{e}romê qārät)*; vgl. V. 14 b. Der Sinn des hap. leg. *gap** ist unsicher und die Übersetzungen wechseln sehr; s. etwa Maier, „fremde Frau", 215 f: „auf den Anhöhen der Oberstadt".

274 Das Nomen *päṯî*, vom Verb *pth* ‚unerfahren, verleitbar sein' abgeleitet, meint den ‚unerfahrenen', ‚leicht verleitbaren' und ‚einfältigen' Menschen, s. V. 6 u. 16; vgl. die hap. leg. *päṯî* II (1, 22) und *p^{e}ṯayyûṯ* (V. 13 b) ‚Einfalt/Unverstand'; sonst HAL 925. 929; Sæbø, THAT II, 495–498.

6 **Verlasst die Einfältigen,[275] dann werdet ihr leben,**
und geht gerade auf dem Weg der Einsicht!

b. 9, 7–12: Sprüche und Mahnworte

7 **Wer einen Spötter zurechtweist, holt sich Schmach,**
und wer einen Frevler rügt, nur eigene Schande.
8 **Rüge nicht den Spötter, damit er dich nicht hasst;**
rüge den Weisen, so wird er dich lieben.
9 **Gib dem Weisen, und er wird noch weiser;**
belehre den Gerechten, und er wird Einsicht[276] vermehren.

10 **Anfang der Weisheit ist die Furcht vor Jahwe,**
und Erkenntnis des Heiligen ist Einsicht.

11 **„Ja, durch mich werden deine Tage zahlreich sein**
und mehren sich dir die Jahre des Lebens.
12 **Wenn du weise bist, so bist du für dich weise;**
und wenn du spottest, musst du es allein tragen.“[277]

c. 9, 13–18: Die Torheit als Verführerin

13 **Frau Torheit[278] ist rastlos,**
ist Einfalt – sie weiß gar nichts.
14 **Sie sitzt am Eingang ihres Hauses,**
auf einem Sessel auf den Anhöhen der Stadt,
15 **um die Vorübergehenden anzurufen,**
die ihre Pfade gerade wandeln:
16 **„Wer einfältig ist, kehre hier ein!“**
Und wer ohne Verstand ist, ja, zu ihm spricht sie:
17 **„Gestohlenes Wasser ist süß,**
und heimliches Brot schmeckt lieblich.“

---

[275] Vgl. Meinhold 149. Dagegen fasst Müller, Proverbien 1–9, 252, Anm. 2, den Plural *p^{e}ṯāʾyim* als Abstraktum auf und übersetzt: „Verlaß die Unerfahrenheit“; in diesem Fall wäre wohl besser: „Verlasst die Einfalt“ zu sagen; s. sonst etwa McKane 224.

[276] So mit HAL 508; s.o. zu 1, 5 a.

[277] Vgl. Müller, ebd. 253; Schäfer, ebd. 233.

[278] Der einleitende Ausdruck *ʾešäṯ k^{e}sîlûṯ* wird personifizierend teils als gen. expl. verstanden (vgl. GK § 128 k) und mit „Frau Torheit“ wiedergegeben (so Gen[18]; vgl. Delitzsch 157; Gemser 48; Ringgren 42; Meinhold 149; auch EÜ, bzw. „Dame Folie“, Barucq 98, oder „Fru Dårskap“, Mowinckel 410) und teils als attrib. Genitiv übersetzt: „Eine törichte Frau“ (so, mit Hinweis auf Kap. 7, Plöger 100; auch McKane 224; 365–367), während Scott 75 den Ausdruck durch „Folly is [like] a woman“ wiedergibt.

18 **Aber er weiß nicht, dass die Toten dort hausen,**
in den Tiefen der Unterwelt ihre Eingeladenen.

Lit.: W.F. Albright, Some Canaanite-Phoenician Sources of Hebrew Wisdom, FS Rowley (1955), 1–15. – G. Baumann, Die Weisheitsgestalt (1996), 199–224. 247–249. – G. Boström, Proverbiastudien (1935), 156–161. – R.J. Clifford, Proverbs ix: A Suggested Ugaritic Parallel, VT 25 (1975) 298–306. – Ders., Woman Wisdom in the Book of Proverbs, FS Lohfink (1993), 61–72. – M.V. Fox, Who Can Learn? A Dispute in Ancient Pedagogy, FS Murphy (1997), 62–77. – J.C. Goldingay, Proverbs V and IX, RB 84 (1977) 87–93. – J. Hausmann, Menschenbild (1995), pass. – B. Lang, Frau Weisheit (1975), 115–144. – M. Lichtenstein, The Banquet Motif in Keret and in Prov 9, JANESCU 1 (1968/69) 19–31. – C. Maier, Die „fremde Frau" (1995), 215–251. – A. Müller, Proverbien 1–9 (2000), 251–267. – M. Sæbø, Was there a ‚Lady Wisdom' in the Proverbs?, in: FS Skarsaune (2011), 181–193. – R. Schäfer, Poesie der Weisen (1999), 232–250. – P. W. Skehan, Studies in Israelite Poetry and Wisdom, CBQ.MS 1 (1971; bes. 9–14: The Seven Columns of Wisdoms's House in Proverbs 1–9; and 27–45: Wisdom's House).

Die drei Teile des Kapitels dürfen nun zunächst vereinzelt und demnächst in Bezug auf ihre Beziehungen zu einander erörtert werden.

a. 9, 1–6: Die Einladung der Weisheit. In dieser ersten Einheit spricht wieder die Weisheit. Sie ist am Anfang – wie in 1, 20 a – durch die seltene Pluralform *ḥŏkmôt* „hohe Weisheit" eingeführt, die einen ‚Hoheitstitel' der personifizierten Weisheit zu meinen scheint. Ihre Rede kommt den Ich-Reden der Weisheit in 1, 22–33 und 8, 4–36 nahe; doch ist die Ich-Rede an dieser Stelle nicht so hervortretend wie an den übrigen Stellen, sondern ist in eine rahmende Erzählung eingebettet. Was die Erzählung betrifft, ist dreierlei kennzeichnend, und zwar erstens, dass die Weisheit ein Haus gebaut hat (V. 1), und zweitens, dass sie ein feierliches Festmahl vorbereitet hat (V. 2–3), zu dem sie nun einladen lässt (V. 4–5), sowie drittens, dass die Einladung in einen allgemeinen Ermahnungsruf mündet (V. 6). Ein ständiger Wechsel unterschiedlicher Elemente, der gewisse innere Spannungen hervorruft, ist also ein stilistisches Kennzeichen dieser Einheit, das sie von den anderen Weisheitskompositionen unterscheidet, und das hier eine gebührende Aufmerksamkeit verdient.

Der Anfang des Berichts, dass die Weisheit „ihr Haus" gebaut und dabei „sieben Säulen ausgehauen" hat (V. 1), ist Gegenstand großes Interesses gewesen und hat mehrere Theorien hervorgebracht, so besonders was die „sieben Säulen" betrifft; dabei hat man viel Material, größtenteils archäologisch, gesammelt. Doch ist man durch einen historischen Gesichtswinkel dieser Art oder auch durch die allegorische Ausdeutung in der jüdischen und in der mittelalterlichen Tradition[279] der Intention des Textes noch kaum gerecht geworden. Literarisch scheinen die spezifizierenden „sieben Säulen" im zweiten

---

279 Zu Einzelheiten vgl. Gemser 51; Plöger 102 f, und bes. Maier, ebd. 231–234; Schäfer, Poesie, 235–239.

Kolon des ersten Verses ihre Funktion darin zu haben, dass sie zur Auszeichnung des „Hauses" der Weisheit im ersten Kolon Wichtiges beizutragen haben; denn so wird „ihr Haus" offensichtlich „als Patrizierwohnung gekennzeichnet" (Gemser 51; vgl. 1Kön 7, 1–12), was wiederum der Weisheit zur Ehre dienen darf. Eben diese einmalige Ehrung der Weisheit wird – neben der Ehrenbezeichnung „hohe Weisheit" – die Hauptsache der Eröffnung der neuen Einheit sein, die somit die Hochschätzung der Weisheit im vorigen Kapitel nun fortsetzt.

Dass die Weisheit ein Haus hat, ist aber nicht neu, denn davon war auch in 8, 34 die Rede. Während da die Weisheit von ihrem Anhänger – wohl kollektiv gemeint – sagt, dass er an „meinen Türen" und den „Pfosten meiner Tore" täglich wacht, werden nun die Zuhörer ihrer Rede zu einem feierlichen Gastmahl in ihrem Haus eingeladen,[280] das mit dem zugehörigen Fleisch und Wein sowie dem gedeckten Tisch gebührend vorbereitet ist (V. 2), und zu dessen Einladung Boten ausgeschickt werden (V. 3 a; vgl. Mt 22, 1–10 Par.). In dem stattlichen Haus wird es offenbar ein Festmahl ‚im großen Stil' geben – anders könnte es wohl auch nicht sein, wenn die „hohe Weisheit" einlädt; vielleicht will die Erzählung von diesem Festmahl noch an die Freude in 8, 30–31 anknüpfen (vgl. Jes 25, 6). Dass es aber letzten Endes um die Weisheit selbst geht, kommt – wohl etwas abrupt – auch im V. 3 b zum Ausdruck, und nun dadurch, dass nicht „ihre Mägde" als die ausgesandten Boten die Einladung vortragen, sondern die Weisheit selbst das Wort ergreift (*tiqrāʾ*, 3 aβb; vgl. 1, 21 a), indem sie „oben auf den Anhöhen der Stadt" (vgl. 1, 2; 8, 2 a), damit alle hören sollen, die Einladung ausruft: „Wer einfältig/unerfahren (*pāṯî*) ist, kehre hier ein!" Dass also die Weisheit nach der Erwähnung des Hauses in 8, 34 nun „ihr Haus" baut, und dass sie nicht bei ihrem Haus die Einladung ausruft, sondern „oben auf den Anhöhen der Stadt" sagt: „kehre hier ein", und endlich dass sie trotz ausgesandter Boten selbst das Wort ergreift, gehört alles zu den raschen Wechseln, die der Erzählung dieser Einheit eigen sind, und die wohl darin gründen, dass die Weisen hier – wie oft zu beobachten war – in ihrer Gestaltung der neuen Komposition weithin mit Traditionselementen verschiedener Art gearbeitet haben. Das setzt sich hier fort. Denn es mag noch überraschen, dass die erste Einladung – oder das erste Zitat der Weisheitsrede – als ein Mahnwort allgemeiner Art an den Unerfahrenen/Einfältigen ergeht (V. 4 a); und erst nachdem von der Weisheit in 3. Person geredet ist (V. 4 b), erfolgt im V. 5 – als das zweite Zitat ihrer Rede – die eigentliche Einladung zu ihrer Speise und ihrem Wein. Dass die Weisheit zu einem Festmahl in ihrem Haus einlädt, darf wohl metaphorisch als eine feierliche Schilderung der Einverleibung in die Lehre der Weisen sowie der Freude darüber, gerade ‚drinnen' zu sein, verstanden werden. Dass endlich

[280] Zur Phraseologie und Traditionsgeschichte der ‚Bankettszene' vgl. die eingehende Behandlung in Maier, ebd. 221–231. 234–251, die sowohl Jes 65, 11–15 als auch ugaritische Texte und die alte Ikonographie der ‚Bankettszene' erörtert, und zwar in Auseinandersetzung mit u. a. R. J. Clifford und O. Loretz; s. dazu noch Schäfer, ebd. 238 f.

die Einladung besonders an die ‚Einfältigen' gerichtet ist, geschieht gewiss daher, dass eben sie vor allem die Lehre und ermahnende Erziehung der Weisen nötig haben.

Wenn nach dem zweiten Zitat ihrer Rede, das sich ja auf die besondere Einladung bezieht, wiederum ein Ermahnungsruf allgemeiner Art folgt (V. 6), will dieser Ruf kaum zum vorangehenden Zitat gerechnet werden, sondern macht ein selbständiges, mit synthetischem Parallelismus geformtes Mahnwort aus. Typisch für die dichotome Redeweise der Weisen wird nun die „Einfalt" (pl. *pᵉṯāʾyim*),[281] die zu verlassen ist, mit der „Einsicht" (*bînâ*), nach der zu streben ist, kontrastiert. Weil die erste Einheit durch dieses übliche Mahnwort abgeschlossen wird, hat sie auch einen Übergang zur nächsten Einheit erhalten, die eben aus Sprüchen und Mahnworten besteht.

b. 9, 7–12: Sprüche und Mahnworte. Diese Einheit gibt den Eindruck, eine kleine Sammlung von drei verschiedenen Kleineinheiten zu sein. Die erste von ihnen umfasst V. 7–9 und besteht aus drei parallel gebauten Sprüchen, die sich nicht direkt auf die vorangehende Einheit oder den Spruch im V. 6 beziehen, die aber ihrer Form nach in den Spruchsammlungen vorherrschen, und die somit eine Überleitung zum nächsten Hauptteil (10, 1–22, 16) sein könnten. Das Thema der zwei ersten Verse (V. 7–8 a) ist das des hoffnungslosen Vorhabens, einen „Spötter" (*leṣ*) zurechtzuweisen (V. 7 a.8 a; vgl. 1, 22 aβ; 3, 34 a; 15, 12; 23, 9) oder einen „Frevler" (*rāšāʿ*, V. 7 b, sonst öfter im Kap. 10) zu rügen, denn dabei erntet man nur „Schmach" und „Schande" (V. 7) und wird gehasst (V. 8 a). Mit V. 8 geschieht aber eine Wende, wenn im zweiten Kolon der „Weise" (*ḥāḵām*) im antithetischen Parallelismus als Gegentypus zum „Spötter" und „lieben" im Gegensatz zu „hassen" gestellt werden; demnach wird das Thema des „Weisen" in V. 9 a weitergeführt und der Weise im synonymen Parallelismus dem „Gerechten" (*ṣaddîq*) gegenübergestellt. Der „Weise" und der „Gerechte" scheinen damit Vorbilder zu sein, weil sie sich belehren lassen und von der Erziehung der Weisen Gewinn haben, indem sie weiser werden und das Wissen mehren können (V. 9; vgl. 1, 5). Einigermaßen sind diese Sprüche / Mahnworte mit einander verwoben.

Die mittlere Kleineinheit, die nur aus dem einen V. 10 besteht, kommt dem theologischen Grundprinzip in 1, 7 nahe, obwohl mehrere Einzelheiten in diesen zwei Versen unterschiedlich sind. Die kompositorische Funktion dieses Verses mag wohl die sein, zwischen Anfang und Ende des ersten Hauptteils den Ring zu schließen – oder ein theologisches Band um den Hauptteil zu schlagen. Die Hauptsache an beiden Stellen ist eben das theologische Anliegen, die Beziehung der „Weisheit" (*ḥŏḵmâ*) bzw. der „Einsicht" (*bînâ*) auf die religiös basale „Furcht vor Jahwe" (*yirʾaṯ YHWH*), dem „Heiligen" (*qᵉḏošîm*) Israels, sicherzustellen; denn darin hat die Weisheit ihren Grund und Anfang (vgl. 1, 7: *reʾšîṯ* „das Erste/Anfang"; 9, 10: *tᵉḥillâ* „Anfang"). In dieser Weise haben die Weisen Israels gesucht, Wissen und Glauben zu ver-

[281] Der Plural, der den Gegenbegriff zu „Einsicht" im Parallelglied bildet, ist hier ein Abstraktum; s.o. Anm. 275.

binden; denn eine *conditio sine qua non* der israelitischen Weisheit war ihre Einordnung in den Jahwe-Glauben.

Das theologische Grundprinzip im V. 10 ist von Sprüchen umgeben, die trotz Unterschiede doch teilweise auf einander bezogen sind. Dabei mag die letzte Kleineinheit, V. 11–12, wohl am meisten überraschen, indem sie Verbindungen mit der ersten Einheit (V. 1–6) aufweist; denn erstens kommt hier eine Ich-Rede vor, wie sie in V. 4 a und 5 der ersten Einheit als Ich-Rede der Weisheit anzutreffen war; zweitens ist sowohl am Ende der ersten Einheit (V. 6) als auch hier (V. 11) von dem wichtigen Begriff „Leben" die Rede. Durch diese Überschneidungen dürfte der mögliche Abstand zwischen der ersten (V. 1–6) und der zweiten Einheit (V. 7–12) kaum so groß sein, wie oft angenommen wird. Auch dürfte der zweiten Einheit selber eine größere Kohärenz eigen sein, als beim ersten Anblick scheinen mag, denn wie diese Einheit mit dem „Spötter" anfängt (V. 7 a), so endet sie auch (V. 12 b), was kaum zufällig ist.

Bedeutsamer als die Form ist jedoch der Inhalt der zwei abschließenden Sprüche. Dabei ist – wie schon erwähnt – der Begriff des „Lebens" (*ḥayyîm*) wichtig, der gerade am Ende dieser Spruchsammlung auftaucht (V. 11), wie es auch sonst der Fall sein kann (vgl. etwa 2,19; 4,22–23; 5,23; 7,23 b; 8,35), weil es dabei um das Wesentliche geht. Die Lehre der Weisen ist eine ‚Lehre für das Leben'; denn es geht dem Einzelnen vor allem darum, das Leben zu bewahren, und dazu gehört die Lebenslänge, wie es hier durch „zahlreiche Tage" und „mehren die Jahre des Lebens" charakteristisch und durch einen synonymem Parallelismus ausgedrückt ist (V. 11; vgl. 3,2. 16). Das Bemerkenswerte an diesem Punkt ist aber, dass dies „durch mich", d. h. durch die Weisheit, geschieht, wenn man sie zulässt. Darauf wird zu etwas ganz anderem gewechselt, wenn das nächste Thema, das für die Lehre der Weisen besonders wichtig war, das strenge Gesetz des Tun-Ergehen-Prinzips ist; und das gilt sowohl für den Weisen, denn „wenn du weise bist, so bist du für dich (zu deinen Gunsten) weise", als auch für den „Spötter", der die Folgen seiner Spottrede „allein tragen muss" (V. 12). Durch diesen Abschluss der mittleren Einheit (V. 7–12) werden hervortretende und inhaltlich bedeutsame Linien aus dem Vorhergehenden kurz und bündig gesammelt, während gleichzeitig eine Hand nach der Spruchsammlung des nächsten Hauptteils (Kap. 10,1 – 22,16) ausgestreckt wird.

c. 9,13–18: Die Torheit als Verführerin. Wie die „hohe Weisheit" in V. 1 (vgl. 1,20; 8,1. 12) wird auch die personifizierte „Torheit" in syntaktischer ‚Vorstellung' (vgl. HebrSynt § 123) eingeführt; dazu ist sie, anders als die Weisheitsgestalt, ausdrücklich eine „Frau" (*'iššâ*) genannt: „Frau Torheit" (*'ešät kᵉsîlût*).[282] Die folgende Schilderung der „Frau Torheit" scheint in erster Linie zwei ‚Wurzeln' zu haben, und zwar ist ihre Darstellung einerseits unverkennbar im Kontrast zum Bild der Weisheit in der ersten Einheit (V. 1–6)

[282] Für dieses Verständnis s. o. Anm. 278 zur Übersetzung; vgl. sonst Sæbø, Was there a ‚Lady Wisdom' in the Proverbs? (2011).

entworfen, und andererseits hat sie wesentliche Züge aus dem Bild der ‚fremden Frau' im Vorangehenden, vor allem dem siebten Kapitel, wo sie am ausführlichsten geschildert ist, übernommen.

Mehrfach war in den früheren Kapiteln von der ‚fremden Frau' die Rede (vgl. 2,16–19; 5,3–14.20; 6,23–35; 7,4–27); sie wurde dann vor allem *'iššâ zārâ* bzw. *nŏk̲riyyâ* „fremde Frau" (2,16; 5,3.20; 6,24; 7,5), und zwar mit der Konnotation ‚ausländisch', aber auch „böse Frau" (*'ešät̲ rāʿ*, 6,24) und „Hure" (*'iššâ zônâ*, 6,24) genannt; bei alledem hat sie sich als eine treulose „Außenseiterin" benommen (vgl. 2,17). Ihr Bild ist völlig negativ gezeichnet. Ihr Charakter ist jedoch zusammengesetzt; obwohl die ‚fremde Frau' in diesen Texten vornehmlich gegen einen soziokulturellen – und religiös-ethischen – Hintergrund gezeichnet ist und realistisch eine konkrete Gefahr für das Leben des Schülers verkörpert (s. bes. 6,24 f),[283] ist wohl aber kaum zu verhehlen, dass die Darstellung der ‚fremden Frau' gewissermaßen auch transparent für eine symbolische Funktion der ‚Torheit', und dann als Gegnerin der Weisheit, sein mag.[284]

Gerade diese symbolische Seite kommt in 9,13–18 vergrößert zum Ausdruck. Die dritte Einheit scheint weithin nach der ersten (9,1–6) gestaltet zu sein, nur ist alles umgekehrt. Formal sind die zwei Einheiten nicht nur von demselben Umfang, sondern mehrere Züge sind parallel, so etwa V. 4 und V. 16; V. 14 b steht in gewisser Spannung zu V. 14 a, ähnelt aber V. 3 b oben; und alle beide, die „hohe Weisheit" wie „Frau Torheit", laden ein – doch auf ganz verschiedene Weise. Vor allem ist aber ihr jeweiliger Charakter konträr unterschiedlich; die personifizierte „Torheit" (*k^esîlût̲*) ist im offenbaren Kontrast zur Weisheitsgestalt in 9,1–6 dargestellt; die zwei treten als Gegenpole hervor. Der Frau Torheit fehlt nicht nur die Klugheit der Weisheit, sie ist vielmehr die personifizierte „Einfalt", denn „sie weiß gar nichts" (V. 13 b; vgl. 5,6 b). Besonders fehlt ihr die große Aktivität der Weisheit; denn zwar ist die Frau Torheit „rastlos" (*homiyyâ*; V. 13 a, vgl. 7,11),[285] aber sie bleibt „am Eingang ihres Hauses" sitzen (V. 14 a); ungleich der Weisheit, hat sie absolut nichts vorbereitet – außer sich selbst; und sie hat keine Boten ausgesandt; anstatt eines wohl vorbereiteten Festmahls mit Fleisch und Wein und gedecktem Tisch (vgl. V. 2) heißt hier im zweiten Zitat der Ich-Rede der Frau Torheit, ironisch und enthüllend (V. 17):

Gestohlenes Wasser ist süß,
und heimliches Brot schmeckt lieblich

---

[283] Vgl. vor allem Maier, ebd. 16–18.258–266.

[284] Vgl. Meinhold 101, der in Bezug auf die Darstellung der ‚fremden Frau' in 5,3–20 meint, sie soll „als Symbol für die Torheit dienen, der die Weisheit gegenübersteht"; vgl. auch Maier, ebd. 256–258; s. noch die abschließende Erörterung von 5,3–20 oben und meine Kritik an Schäfer (ebd. 146 f), der hier eine rein metaphorische Deutung der ‚fremden Frau' verfechtet.

[285] Das fem. Partizip vom Vb. *hmh* düfte hier weder ‚lärmen', wie öfter sonst, oder ‚(leidenschaftlich) erregt sein', vgl. Maier, ebd. 216, sondern ‚unbeständig, unruhig sein', wie mehrfach belegt ist, meinen (HAL 240).

So kann ihre ‚Speise' dem eingeladenen Einfältigen (V. 16) auch nicht ‚Leben' anbieten, wie es die Weisheit tut (vgl. V. 6), sondern dem Unwissenden (V. 18 aα) bleiben nur Untergang und Tod; „ihre Eingeladenen" gehören schon zu „den Tiefen der Unterwelt" (V. 18 aβb; vgl. 2, 18 f; 5, 5–6). Die Polarität der „hohen Weisheit" und der „Frau Torheit" kann wohl kaum eindrucksvoller ausgesprochen werden als durch den Gegensatz von Leben und Tod.

Wenn schließlich diese drei Teile des neunten Kapitels (V. 1–6; 7–12; 13–18) gesammelt zu betrachten sind, ließe sich wohl nun die Frage aufwerfen, was mal das Ende des neunten Kapitels und damit des ersten Hauptteils ausgemacht haben mag, besonders da die obige Analyse mehrere Verbindungslinien zwischen den drei Einheiten ergeben hat. Es wäre etwa zu fragen, ob die erste Einheit und besonders ihr Spruch im V. 6 das Ende gewesen sein könnte, der damit sowohl die vorangehende Weisheitsrede fortsetzt als auch einen geeigneten Übergang zum nächsten Hauptteil im Kap. 10 bildet; oder aber wäre zu fragen, ob ein ehemaliges Ende die kleine Spruchsammlung der zweiten Einheit (V. 7–12) gewesen sein könnte, die nicht nur in ihrer Mitte eine grundsätzliche Aussage (V. 10) in Verbindung mit dem Anfang des ersten Hauptteils (1, 7) hat, sondern daneben auch verschiedene Einzelsprüche, die sowohl mit den vorausgehend en Kapiteln als auch mit der folgenden Spruchsammlung (10, 1 – 22, 16) in Zusammenhang stehen.

Wenn auch diese Fragen sich nie erschöpfend beantworten lassen, scheinen sie doch hinter der dritten Möglichkeit eines Abschlusses dieses Hauptteils als weniger wahrscheinlich zurücktreten zu müssen, und zwar dass die erste und die dritte Einheit (V. 1–6 und 13–18) durch ihre Parallelität und Polarität den Eindruck erwecken, dass sie nicht nur formal und thematisch zusammengehören, sondern dass sie auch gleichzeitig und auf einander bezogen gestaltet worden sind; auf diese Weise haben die Weisen den Gegensatz zwischen der Weisheit – der Hauptsache ihrer Lehre und Erziehung – und ihren Widerpart der Torheit und Unvernunft auf die letzte Spitze führen können. Doch damit war aber das letzte Wort noch nicht gesagt. Denn die Weisen haben trotzdem durch die mittlere Einheit einer Spruchsammlung (V. 7–12) einen Keil zwischen die zwei zusammengehörigen Einheiten getrieben. Das mag sehr überraschend erscheinen, ist wohl aber deshalb geschehen, weil sie einerseits einen durch Sprüche geprägten Übergang zum nächsten Hauptteil herstellen möchten, und dass sie ihn eben nach dem spruchartigen Abschluss der ersten Einheit (V. 6) eingefügt haben, und weil sie andererseits – mit dem Anfang (1, 7) verbindend – nochmals eine grundsätzliche Bindung der Weisheit zur religiösen Basis, wie es auch am Ende des Predigerbuches geschehen ist (vgl. Koh 12, 13 f), und zwar zum Glaubensgrund Israels in der „Furcht vor Jahwe" (V. 10) sichern wollten.

Trotz aller Schwierigkeit, dem Werdegang des neunten Kapitels mit seiner gegenwärtigen komplexen Form in Einzelheiten gebührend nachgehen zu können, lässt sich immerhin mit Gewissheit sagen, dass die Darstellungskunst der Weisen hier wieder großes geleistet hat – zur Abrundung der ersten Sammlung des Spruchbuches.

Zum Aufbau und inhaltlichen Charakter der Sammlung I

1. *Zur kompositorischen Eigenart der Sprüche 1–9*

Wenn ein moderner Mensch der ersten Sammlung des Spruchbuches begegnet, wird er vielleicht etwas unsicher sein oder gar in Verlegenheit gebracht. Weil er sonst daran gewöhnt ist, dass ein Text normalerweise einen Fortschritt oder doch eine Bewegung in Gedankenführung oder Handlungsgang aufweist, wird er wohl von den Texten der Sprüche 1–9 in dieser Beziehung nur enttäuscht werden; denn er kann zwar wahrnehmen, dass in diesen Texten dieselben oder auch verwandte Themen und Metaphern mehrmals zur Sprache kommen, aber ohne dass etwa eine Fortbewegung in den Kapiteln erkennbar zu sein scheint.[286] Es kommt auch etwas ganz anderes und komplizierendes hinzu, zumal es jedem ersichtlich sein wird, dass sich der Hauptteil der Sprüche 1–9 von den folgenden Sammlungen von Einzelsprüchen im Spruchbuch sehr unterscheidet; denn während in den Spruchsammlungen der Schwerpunkt gewöhnlich in dem selbständigen Einzelspruch liegt, ist für die Kapitel 1–9 eine Folge von größeren und kleineren Kompositionen kennzeichnend; und die schwierige Frage nach der literarischen Besonderheit dieser Texte drängt sich auf. In dieser Weise stellt die erste Sammlung in doppelter Hinsicht eine Herausforderung für den Leser und Ausleger dar.

Diese Doppelheit lässt sich noch weiter verfolgen. Denn will man der kompositorischen Entstehung und Eigenart der Texte der Sprüche 1–9 kritisch nachgehen, wird man sich zweierlei bewusst machen, und zwar einerseits, dass diesem ersten Hauptteil ein relativ einheitliches Gepräge eigen ist, dass also die neun ersten Kapitel des Buches ein Ganzes ausmachen wollen, und andererseits ebenso deutlich, dass diese Ganzheit aus vielen und unterschiedlichen Einzelkompositionen gebildet ist, die wiederum von kleineren Einheiten aufgebaut sind. Dabei scheinen die einzelnen Bauelemente einen langen Weg durchgemacht zu haben, bevor sie am Ende zu der gegenwärtigen Großkomposition des Ganzen geworden sind; so wird man diesem langen und komplizierten Werdegang des Überlieferungsstoffes nach Form und Inhalt gerecht werden müssen.

Die Deutungen dieser Probleme in der neueren Forschung haben eine wahre Fülle von Lösungen ergeben. Vereinfachend lassen sich wohl zwei Haupttendenzen beim methodischen *modus procedendi* wahrnehmen, und zwar gibt es einerseits ein Suchen – im ‚Längenschnitt' sozusagen – nach einem möglichen gedanklichen Zusammenhang, das wohl auch dem Aspekt der Einheitlichkeit der Kapitel gerecht werden will, und andererseits ein Su-

[286] Schon J. G. Eichhorn, Einleitung in das Alte Testament 5, Göttingen 1823/24, 110, hat gemeint, die Einheiten seien „nur leicht und lax verbunden", s. Müller, Proverbien 1–9, 268; vgl. Lang, Lehrrede, 28, der meint: Sprüche 1–9 seien „ohne gedankliche Einheit und ohne inhaltlichen Fortschritt"; Baumann, Weisheitsgestalt, 257.

chen – nun etwa im ‚Querschnitt' oder ‚Tiefschnitt' – nach einem ursprünglichen ‚Kern', um wohl so einen ‚festen Punkt' für die weitere – oft literarkritische – Erklärung der vorliegenden Vielfalt zu erreichen. In den obigen einleitenden Erwägungen zu diesem Hauptteil wurde ganz kurz dargelegt, wie sich diese und andere variantenreichen Tendenzen ausgewirkt haben.[287]

Dabei mag es dem ‚Längenschnitt'-Verfahrens entsprechen, wenn nun viele Ausleger eine Folge von ‚Reden' bzw. ‚Lehrreden' annehmen, seien sie zehn (so die meisten) oder zwölf (so Schäfer). Doch scheint man durch ein Verfahren dieser Art nicht auskommen zu können, denn einmal wird die besondere Folge der ‚Reden' kaum hinreichend erklärt oder begründet; und zudem hat man in unterschiedlicher Weise außer den ‚Reden' (öfter mit „Erweiterungen") noch mit anderen Literaturarten rechnen müssen; so hat etwa Meinhold (43) neben zehn „Lehrreden" vier „Weisheitsgedichte" (1,20–33; 8,1–36; 9,1–6; 9,13–18) sowie drei „Zwischenstücke" (3,13–20; 6,1–19; 9,7–12) ermittelt,[288] während auf ähnliche Weise Fox (322 ff) mit zehn „Lectures" und fünf „Interludes" rechnet. Ein heikles Problem bei diesen und entsprechenden Verfahren will vor allem das sein, den Weg von den vielen Teilen zum Ganzen überzeugend zu klären. Wie in der vorangehenden Auslegung öfter zum Vorschein kam, haben die Texte in Kap. 1–9 durchgehend den Charakter ermahnender Anrede; doch braucht das nicht zu bedeuten, dass ihr Ganzes in erster Linie auch eine Sammlung von ‚Reden' ausmache; die Anreden und ‚Reden' – von ihrem literarischen Charakter abgesehen – dürfen vielmehr zum vorgegebenen Traditionsstoff gehören, der in neue Kompositionen eingefügt worden ist.

Auch in den Fällen, wo man – dem ‚Querschnitt'-Verfahren entsprechend – nach einem ‚Kern' gesucht hat, dürfte eine kritische Frage nach dem Weg des Wachstums von den Teilen zum Ganzen weithin aktuell sein, so wenn man beispielsweise die Kap. 4–7 als das „Kernstück" des Hauptteils bezeichnet (Plöger 5), wozu noch zurückzukommen sein wird. Wenn darüber hinaus etwa Müller in seinen eingehenden und erneuernden Analysen neuerdings eine „Rekonstruktion der Entstehungsgeschichte von Prov 1–9" vornehmen will und dabei mehrere „Schichten", vor allem eine „Grundschicht" (Kap. 2) und dazu noch einen „ältesten Kern" (4,10–27; 5,21–22; 6,1–19; [2,1–4.9–15.20]) und sonst eine „formative Redaktion" annimmt, will er aber gleichzeitig, etwas überraschend, den „Aufbau von Prov 1–9 in Analogie zum Schema der klassischen Sonatenhauptsatzform beschreiben" lassen (275.283) – was jedoch, seinem redaktionsgeschichtlichen ‚Tiefschnitt' entgegen, eher dem ‚Längenschnitt'-Verfahren gleichen würde. Bei alledem wird es aber umso dringender, schlüssig zu erklären, wie doch das vielfältige Ganze nun als eine Einheit zusammengehalten wird.

---

[287] S. die anfangs gebotene Forschungsübersicht und die Anm. 3–22; vgl. Plöger 110–114; Meinhold 43–47; Fox 44–47; Maier, „fremde Frau", 7–24; Baumann, Weisheitsgestalt, 251–260; Schäfer, Poesie, 1–8.251–269; Müller, Proverbien 1–9, 1–23.268–283.

[288] Vgl. die Auseinandersetzung mit Meinhold bei Baumann, ebd. 254–260.

Über diese kurz erwähnten Wege hinaus haben die obigen Analysen von Form und Inhalt einer anderen Annäherungsweise ansichtig werden lassen, die es versucht haben, etwas entschiedener als bisher den Werdegang des Stoffes traditions- und redaktionsgeschichtlich in den Griff zu bekommen; darauf darf nun das Augenmerk gerichtet werden. Der Ausgangspunkt mag dann eine frühere Analyse von Spr 10, 2–7 sein, die eine ‚Mini-Komposition' hat erkennen lassen.[289] Diese Sache wird noch unten zur Stelle zu erörtern sein, doch darf schon jetzt, um der methodischen Erhellung willen, das aller Wichtigste der Analyse kurz vorweggenommen werden. In der Einheit 10, 2–7 scheinen dann die Sprüche V. 4–5, und zwar in antithetischer und chiastischer Form, der Ausdruck einer einfachen empirischen Beobachtung zu sein, und zwar dass der Gegensatz von Arm und Reich mit dem Gegensatz von Lässigkeit und Fleiß erklärt wird. Nun sind aber in Voranstellung dazu in den V. 2–3 die entgegengesetzten und ethisch geladenen Begriffe „Frevel/Frevler" und „Gerechtigkeit/Gerechter" hineingebracht, wozu im V. 3 a eine religiöse Aussage („Jahwe lässt den Gerechten nicht hungern") noch hinzu kommt. Die Gegenbegriffe „Frevler" und „Gerechter" befinden sich aber nicht nur in der interpretativen Voranstellung zur empirischen Feststellung in V. 4–5, sondern sie kehren auch in V. 6–7 wieder, und zwar doppel in einem chiastisch geformten Parallelismus, während der religiöse Begriff des „Segens" zweimal vorkommt. So erhält man den Eindruck, dass sich um die zwei einer Erfahrungsweisheit stammenden Sprüche (V. 4–5) als ‚Kern' ein Rahmen anderer Sprüche, die ethisch-religiösen Charakters sind, herum gelegt hat (V. 2–3 und 6–7), wobei dieser Rahmen den empirisch neutralen ‚Kern' nun ethisch-religiös interpretiert – wenn nicht korrigiert – und erweitert hat. Dicsc kreative Anwendung des Überlieferungsstoffes dürfte nun aber von großer hermeneutischer Bedeutung sein; und die Frage wird dann die sein, ob sich eine entsprechende voranstellende bzw. zyklische Überlieferungsweise vom interpretativen Charakter auch in Bezug auf den Aufbau und die Eigenart der Kap. 1–9 ermitteln lasse, nun aber im Format einer Groß-Komposition. Dafür scheint die obige Auslegung dieser neun Kapitel wichtige Ansätze ergeben zu haben, die hier kurz in den Blick kommen dürfen. Dies darf zudem gegen dem Hintergrund der sehr hohen Darstellungskunst der Weisen, die immer wieder zum Vorschein gekommen ist, geschehen, zumal an einigen Stellen, besonders in syntaktisch komplizierten Passagen, wie etwa dem einzigartigen ‚Prolog' in 1, 1–6 oder im Kap. 2, ihre kunstvolle Gestaltung fast den Eindruck eines rhetorischen und stilistischen Spiels erwecken kann.

In der bisherigen Forschung war der Abschnitt 6, 1–19 oft ein Problem und ist sowohl als ein „addendum" (BHK) wie auch als ein „Zwischenstück" (Meinhold; Schäfer) bezeichnet worden. Es wäre aber näher gelegen, ihn zunächst mit den folgenden Spruchsammlungen (von Kap. 10 ab) zu verbinden;

---

[289] Sæbø, From Collections to Book (1986 bzw. On the Way to Canon, 1998); s. sonst unten zu 10, 2–7.

denn die Themen seiner vier Einheiten decken sich weitaus mit Sprüchen in diesen Sammlungen, und zwar etwa das gefährliche Bürgen (V. 1–5; vgl. 11, 15; 17, 18; 20, 16/27, 13; 22, 26 f), die Faulheit (V. 6–11; vgl. 10, 4; 12, 26 u. ö.), das Geschick des Nichtsnutzigen (V. 12–15; vgl. etwa 16, 27–30) sowie der Zahlenspruch einiger „Gräuel für Jahwe" (V. 16–19; vgl. 30, 15–33).[290] Dabei lässt sich 6, 1–19 als eine thematisch gegliederte Sammlung empirischer Spruchweisheit bezeichnen, die ethisch ausgerichtet ist, und die dazu noch den Einheiten 1, 10–19 und 9, 7–12 nahe kommt. Wenn man weiter zur Kenntnis nimmt, dass es in dieser Einheit, wie auch in 16, 27–30, um eine „Erwähnung verschiedener negativ bewerteter Männer" (Baumann 256) geht, gegen die sie warnt, dann wird man der Ansicht geneigt sein, dass die Einheit 6, 1–19 den Zusammenhang von Kap. 5 und 6, 20–7, 27 gar nicht „zerreißt", wie allgemein angenommen wird, sondern umgekehrt, dass ihre sozialethischen Erfahrungen und Mahnworte über besonders gefährliche Situationen und Personen vielmehr den überlieferungsgeschichtliche Ausgangspunkt gebildet haben mag, der sodann von den großen Kompositionen sexualethischer Mahnworte in Kap. 5 und 6, 20–7, 27 umrahmt worden ist; in diesem Rahmen ist die ‚fremde Frau' als die aller größte Gefahr, als eine *femme fatale*, für Zuhörer und Schüler vorgestellt worden, weil vor ihr vor allem zu warnen war. Wenn somit, dem Befund in 10, 2–7 gleich, die drei Kapitel 5–7 in eben dem sozialethischen Abschnitt 6, 1–19 ihren empirischen Ausgangspunkt gehabt haben mag, der sodann durch den sexualethischen Rahmen von Kap. 5 und 6, 20–7, 27 noch breit erweitert worden ist, dann lassen sich diese drei Kapitel als ein Überlieferungsblock mittlerer Größe und ethischen Charakters auffassen. Durch seine starke Warnungen in Bezug auf besonders gefährliche Situationen und Personen, vor allem die ‚fremde Frau', ist der Block der Kapitel 5–7 klar gemeinschaftlich ausgerichtet, sowohl sozialethisch als auch sexualethisch.

Die drei Kapitel 2–4, die nun vor diesem Überlieferungsblock (Kap. 5–7) gestellt sind, bilden einen anderen Überlieferungsblock mittlerer Größe, der aber im Vergleich zu Kap. 5–7 formal und inhaltlich einen ganz verschiedenen Charakter trägt. Formal sind die beiden Blöcke durch Anreden an den Sohn/Schüler bzw. „ihr Söhne" (4, 1) und durch werbende Mahnworte gekennzeichnet und insofern verbunden, sind aber sonst recht unterschiedlich. Die drei Kapitel 2–4 scheinen noch dazu je ihre Gestaltungsgeschichte durchgemacht zu haben. Dabei fällt der Aufbau des mittleren *dritten Kapitels* besonders auf, indem es thematisch sehr unterschiedliche Einheiten umfasst. Diese Einheiten zeigen eine große Spannweite; sie reicht von einer Reihe fünf gebotsähnlicher Mahnsprüche (V. 27–31) zu einem davor gestellten Makarismus über den Wert und Gewinn der Weisheit (V. 13–18 sowie 21–26) und endlich ganz in Front zu einer Mahnung, Jahwe zu vertrauen und ehren (V. 5–12), wobei sich der Bezug auf Jahwe und das „Gräuel" für ihn

290 S.o. zur Stelle; vgl. Baumann, ebd. 256–259; bes. Müller, ebd. 35–51.

(vgl. 6, 16) auch noch in der Begründung der ‚Gebotsreihe' merkbar macht (V. 32–34). So mag sich der *modus* der interpretativen Voranstellung hier mehrfach ausgewirkt haben, aber so auch das rahmende Verfahren, wenn man den Bezug auf Jahwe am Anfang (V. 5–12) sowie am Ende (V. 32–34) des Korpus beachtet. Im Blick auf die große Spannweite von der ethischen ‚Gebotsreihe' (V. 27–31) über eine Rühmung der hohen Bedeutung der Weisheit und ihrer heilsamen Wirkungen (V. 13–18. 21–26) zu der theologischen Mahnung zum Vertrauen auf Jahwe (V. 5–12. 32–34), wobei die Weisheit wohl das vorgegebene ethische Anliegen sowie die theologische Deutung beides interpretativ in sich aufgenommen hat, lässt sich nun vom Kap. 3 sagen, was D. Michel mal für Kap. 2 behauptet hat, dass es „eine Geschichte der Weisheit" zeige.[291] An seinen beiden Seiten hat Kap. 3 zudem noch ein Kapitel, wo die Weisheit auch hoch geschätzt wird. Im *vierten Kapitel* begegnen drei Kleineinheiten verschiedener Themen, aber kein Bezug auf Jahwe; der ethische Einschlag ist wesentlich, sowohl beim Reden vom „Weg der Gerechten" versus dem „der Frevler" (V. 14–19, vgl. 1, 10–19) als auch im Ermahnungswort zum rechten Wandeln (V. 23–27); doch überwiegt das Interesse an der „Unterweisung" und den „Reden" der Weisen (V. 1–2.10–12. 20–22), vor allem aber an der Weisheit selbst, die als „eine prächtige Krone" gepriesen wird (V. 3–9). An der anderen Seite von Kap. 3 und in Voranstellung zu ihm zeigt das *zweite Kapitel* auch ein hohes Interesse an der Weisheit, die noch Einsicht und Erkenntnis, Verstand und Besonnenheit mit einschließt, und die dafür gerühmt wird, dass sie vom „bösen Weg" und von der „fremden Frau" retten kann (V. 12–15. 16–19), vor allem lässt aber Kap. 2 ein Interesse an Jahwe, „der Weisheit gibt", sowie an der „Furcht Jahwes" erkennen (V. 5–8). Das alles ist aber durch eine bemerkenswert komplizierte Syntax ausgedrückt: nach dem Vorsatz (Protasis) in drei Bedingungssätzen (V. 1–4) stellt der lange und sich in thematisch wechselnden Anläufen bewegende Nachsatz (Apodosis, V. 5–20) einen sehr kunstvollen ‚Schachtelsatz' dar – was auch ein Kennzeichen der weisen Darstellungskunst sein darf. So ist in allen drei Kapiteln 2–4 die Weisheit das gemeinsame und sammelnde Thema, das diesen sehr kunstvollen und zudem offensichtlich langsam erstandenen Überlieferungsblock prägt und zusammenhält.

Wenn man dem Weg vom vierten zum zweiten Kapitel folgt, wird man zudem eine wichtige Bewegung zunehmender Sapientalisierung und Theologisierung beobachten können; und wenn man sich dazu von dem durchaus ethisch geprägten Block der Kap. 5–7 zu dem weisheitlich und theologisch stärker ausgerichteten Block der Kap. 2–4 davor bewegt, wird hier die beobachtete Bewegung nur noch deutlicher. Am wichtigsten bleibt aber daran festzuhalten, was die obigen Analysen und Erörterungen im gewissen Ausmaß zum Vorschein gebracht haben, dass auf mehreren Ebenen, in und zwischen den kleineren wie den größeren Einheiten beider Blöcke ein langer und

---

[291] Vgl. Michel, Proverbia 2, 236 ff; s. sonst oben z. St.

komplexer Überlieferungsprozess stattgefunden haben mag, in dem ein Geflecht von vielen Fäden und Einheiten entstanden zu sein scheint, und dass somit im Traditionsstoff mehrere unterschiedliche Bewegungen neben oder in einander anzunehmen sind, die sich nicht immer leicht durchschauen und bestimmen lassen. Sie erinnern eher an die Bewegungen der Räder in der großen Thronwagenvision Ezechiels (vgl. Ez 1, 15–21).

Um die überlieferungsgeschichtlich zentralen, aber sehr komplexen Blöcke von Kap. 5–7 und 2–4 herum haben die Weisen ein bemerkenswertes Band von zwei langen, einmaligen Ich-Reden der personifizierten Weisheit geschlagen, und zwar einerseits Kap. 1, 20–33 und andererseits Kap. 8; diese Reden sind das eigentümliche Kennzeichen der Kap. 1–9 geworden. Dadurch ist der aller wichtigste Schritt der allmählichen Sapientalisierung des Überlieferungsstoffes gemacht worden, so auch in hermeneutischer Hinsicht. Auf diese Weise haben die Kapitel 1–9 ihre einmalige Eigenart – und man darf wohl hinzufügen: ihre Einheit – noch erhalten.

Doch ist den Weisen damit noch nicht das letzte Wort gesprochen; denn ganz am Anfang und am Ende der ersten Sammlung sind wichtige Erweiterungen hinzugekommen. Diese Sammlung hat nämlich nicht mit Kap. 8 geendet, wie gelegentlich behauptet worden ist, sondern Ansätze in sowohl Kap. 5–7 als auch im Kap. 8 sind zu einer abschließenden Kontrastierung weitergeführt worden, und zwar zwischen der ‚Weisheit', die zum Festmahl einlädt, und der ‚Torheit' – wobei diese letzte und noch sonst im Buch wichtige Bezeichnung als ein Inbegriff ihres wahren Wesens die ‚fremde Frau' nur entschleiern darf (9, 1–6 und 13–18). Doch ist auch dies nicht das Ende; denn inmitten des dichotomischen Ausklangs über die Gegenfiguren der ‚Weisheit' und ‚Torheit' (9, 1–6. 13–18) wird eine kleine Sammlung von meist ethischen Mahnworten eingefügt (V. 7–12); und inmitten dieser Kleinsammlung wird das wichtige theologische Grundprinzip von 1, 7 – öfter ‚Motto' genannt – wiederholt: „Anfang der Weisheit ist die Furcht vor Jahwe, / und Erkenntnis des Heiligen ist Einsicht". Mit diesem grundlegenden theologischen *dictum* in 1, 7 und 9, 10 ist der letzte Rahmen und Ring um die Groß-Komposition der Kapitel 1–9 geschlagen. Der Rest der Einheit 9, 7–12 aber, und zwar die ethischen Mahnworte, korrespondiert mit dem ebenfalls ethisch geprägten und sonst als Beispielerzählung geformten Mahnwort in 1, 10–19, das übrigens eine gewisse Ratlosigkeit hinsichtlich ihrer Funktion eben an dieser Stelle hervorgerufen hat. Das Mahnwort dürfte dann vor allem mit 9, 7–12 zu verbinden sein und steht sonst den ethischen Einheiten 3, 27–31 und 6, 1–19 nahe, nur haben diese vier ethischen ‚Tiefpunkte' in der ersten Sammlung recht verschiedene Funktionen; während 6, 1–19 und 3, 27–31 in dem überlieferungs- und redaktionsgeschichtlichen Prozess jeweils einen Ausgangspunkt ethischen Charakters zu bilden scheinen, wollen 9, 7–9. 11–12 und 1, 10–19, durch 1, 8–9 eingeführt, wohl in erster Linie mit dem folgenden Sammlung II, der ersten Salomonischen Spruchsammlung (10, 1 – 22, 16), verbinden. Diese verbindende Funktion wird noch durch den bemerkenswerten Anfang des einleitenden ersten Kapitels verstärkt. Denn es fällt auf, dass eben das Lexem ‚Spruch' (*māšāl*), das sonst den Spruchsammlungen und nicht Kap. 1–9 eigen ist, hier nicht nur im Titel, sondern auch als Einleitung zu der syntaktisch sehr komplizierten Häufung zentraler Weisheitsbegriffe im ‚Prolog' (1,1–6) verwendet ist. Damit dürfte dem einleitenden Kap. 1 sowie dem Kap. 9 am Ausgang ein Doppeltes charakteristisch sein, und zwar vollführen sie alle beide die letzte Rahmung der selbständigen Gross-Komposition der Sammlung I – und zudem strecken sie eine Hand zur Sammlung II hinüber.

Bei alledem stellt sich Sammlung I als ein sehr beeindruckendes Kunstwerk heraus.

2. *Zum inhaltlichen Charakter der Sprüche 1–9*

Auch die Weisen Israels waren „unter dem Druck des Zeitgeistes", d.h. der allgemeinen kulturellen Einwirkung der Zeit, wo die weit ältere Weisheitsliteratur der Nachbarvölker ohne Zweifel eine bedeutende Rolle für die Weisheitsüberlieferung in Israel gespielt hat. Doch haben die Weisen in Israel im Rahmen des einheimischen soziokulturellen und religiösen Kontexts ihren eigenen Weg gefunden, was besonders in der einleitenden Sammlung I des Spruchbuchs zum Ausdruck kommt. Um diesen besonderen israelitischen Weg in den Blick zu bekommen, wurde das Gewicht hier nicht so sehr auf relevante außer-israelitische Weisheitstexte, in der Regel auch nicht auf eine Reihe weiterer alttestamentlicher Texte – die sehr wohl hätten herangezogen werden können, als vielmehr auf *die Endgestalt der Texte des Buches selbst als den sicheren Ausgangspunkt neuer Analysen* gelegt, und dann besonders in Bezug auf ihre Eigenart und Eigenständigkeit.

Wie die überlieferungs- und redaktionsgeschichtlichen Analysen wohl gezeigt haben, stellen Kap. 1–9 ein überaus komplexes Bild dar, das zudem noch eine inhaltlich große Spannweite aufweist. Es gibt aber zwei klare Schwerpunkte, die vor allem den ersten Hauptteil prägen, und zwar einerseits die vielen und abwechselnden Mahnworte, die mit tiefem ethischem Pathos die Zuhörer für eine gute und gerechte Lebensführung werben wollen, und andererseits die Weisheit, von der mehrfach und vielfach die Rede ist, und die auch selbst redet. Die Spannweite des bunten Gesamtbildes lässt sich zudem durch ihre Außenpunkte abgrenzen, und zwar dürfen diese Außenpunkte einerseits die Texte sein, die sich mit dem allgemeinen Spruchgut der Erfahrungsweisheit verbinden, wie etwa die oben erwähnten vier ethischen ‚Tiefpunkte' (1,10–19; 3,27–31; 6,1–19; 9,7–12), und andererseits die einmaligen Ich-Reden der personifizierten Weisheitsgestalt (1,20–33 und 8,1–36). Zwischen diesen Grenzschnitten bewegen sich die Reden und die Lehre der Weisen in großer Vielfalt.

Die direkten Mahnreden und Aufforderungen, die sich wie ein roter Faden durch diese Kapitel ziehen, sowie die in den ethischen Schilderungen und Beispielerzählungen indirekten Mahnungen drücken eine positive Anthropologie aus; denn sie setzen voraus, dass die Zuhörer der Weisen, zu denen wohl vor allem ihre Schüler zählen, auch das Vermögen und die Fähigkeit besitzen, ihren Mahnungen folgen zu können. Das will eben das *raison d'être* der Mahnung und Erziehung der Weisen sein; und dabei dürfte selbst das harte ‚Regiment' der selbstverschuldeten Tun-Ergehen-Kausalität sich auch nicht als unverbrüchlich erweisen. Die Mahnungen drücken für den Einzelnen auch Hoffnung und Erwartung aus.

Das souveräne Hauptthema ist aber das der Weisheit (*ḥǒḵmâ*), zumal die Weisen Israels diesen Begriff anders als in den übrigen Weisheitslehren zu einem Zentralbegriff gemacht haben. Gleichzeitig ist aber dieses dominierende Thema im ersten Hauptteil sehr weitschichtig, indem das Wort ‚Weisheit' auf sehr verschiedene Weisen verwendet worden ist,[292] die etwa von kleinen guten Ratschlägen zu den eigenen Vorteilen der Weisheit und bis zu den einmaligen Ich-Reden der Weisheitsgestalt reichen. Die nähere Bestimmung der Eigenart und des Umfangs der Personifikation der Weisheitsgestalt hat sich aber, wie neuere Untersuchungen zeigen, als ein sehr kompliziertes Unternehmen erwiesen.

Es dürfte dabei beachtenswert sein, dass der Umstand, dass das Wort *ḥǒḵmâ* im Hebräischen, wie auch in einigen anderen Sprachen, ein Femininum ist, zu – wohl etwas kurzschlüssig – einer gewissen Feminisierung der Weisheit geführt hat, indem man gemeinhin von ‚Frau Weisheit' spricht.[293] Zwar kann die ‚Weisheit' als eine Frau handeln (9, 1–6), aber sie wird nie als ‚Frau' bezeichnet, wie bei „Frau Torheit" (*'ešäṯ kᵉsîlûṯ*) einmalig der Fall ist (9, 13), so auch nicht in 9, 1 a, dem Gegenstück zu 9, 13 a, sondern sie wird da, wie in 1, 20 a, mit der seltenen Pluralform *ḥǒḵmôt* ausgedrückt, „hohe Weisheit" genannt – was vielleicht eine Reaktion gegen die verlockende Gefahr aus dem Ausland sein könnte, in ‚Weisheit' eine Weisheitsgöttin zu sehen.[294] Das würde aber das sonst empfindliche Problem des Verhältnisses zwischen Jahwe und der Weisheit nur unerlässlich erschweren. Wohl kann die „hohe Weisheit" wie Gott reden (vgl. 1, 23–28) – und ist sie doch nicht „der Herr" (vgl. 1, 29 b); sehr bedeutsam ist aber dabei, dass die Beziehung Jahwes zur Weisheit schöpfungstheologisch zugespitzt wird, zumal die Weisheit das Mittel Jahwes bei seinem Schaffen (vgl. 3, 19–20), ja, mitwirkend war (8, 22–31); doch Schöpfer war Jahwe allein. Auch trägt seine Schöpfung ein Weisheitsgepräge, das dem Menschen von Jahwes Werken zu „erzählen" vermag.[295] Sonst wird das Verhältnis zwischen Jahwe und der Weisheit noch dadurch ausgedrückt, dass die Weisheit in Beziehung zur „Furcht Jahwes" ge-

---

[292] Das hat vor allem Baumann, ebd. 248–251, vorzüglich differenzierend dargestellt.

[293] Dabei scheint man gelegentlich auch mit dem masc. *'āmôn* in 8, 30 Schwierigkeiten gehabt zu haben, wie wenn etwa Ringgren 39 das Wort mit: „Werkmeisterin" wiedergibt; vgl. Baumann, ebd. 131.

[294] Diese Thematik ist noch neuerdings in meinem Beitrag zur Skarsaune-Festschrift (2011) erörtert worden, und zwar unter dem Titel: „Was there a ‚Lady Wisdom' in the Proverbs?".

[295] Vgl. etwa Hi 28; Ps 8; 19A; 104; dazu G. v. Rad, Weisheit in Israel, 190–205: „Die weltimmanente Weisheit".

setzt wird (vgl. etwa 1,7; 9,10) – die „Furcht Jahwes" scheint am Ende das ‚Juwel in der Krone' der Weisheit zu sein.

So ist der erste Hauptteil nicht nur ein bewundernswertes Kunstwerk der Weisen, sondern er hat außerdem noch eine große theologische Bedeutung darin, dass er Wissen und Glauben zu verbinden sucht. Dabei haben die israelitischen Theologen eine bewundernswerte Leistung getan.

II. Kapitel 10, 1–22, 16: Erste Sammlung von Salomo-Sprüchen

Zur Eigenart und Komposition der Sammlung II

Der Anfang der Sammlung II der Sprüche wird durch die kurze Überschrift *Sprüche Salomos* (*mišlê šᵉlomoh/ô*) klar angegeben (10, 1 aα; vgl. 1, 1). Der Abschluss dieser Sammlung ist ebenso deutlich wie ihr Anfang und erfolgt in 22, 16, weil in 22, 17 eine ganz andere Sammlung beginnt, und zwar 22, 17–24, 22, die eine einzigartige Großkomposition bildet, die vielfach erörtert worden ist, und die von einer recht zusammengesetzten Kleinsammlung, 24, 23–34, noch gefolgt ist. Die zwei Sammlungen sind zwischen der ersten Großsammlung von Salomo-Sprüchen in 10, 1–22, 16 und der nächsten in Kap. 25–29 dazwischengekommen. Die Abfolge der fünf ersten Großsammlungen des Buches ist dann I (1–9), II (10, 1–22, 16), III (22, 17–24, 22), IV (24, 23–34) und V (25–29), die den aller größten Teil des Spruchbuches ausmachen; und diese Abfolge ist dadurch bemerkenswert, dass die Sammlung II (10, 1–22, 16) einmal von der ihr am nächsten stehenden Sammlung V (25–29) abgetrennt ist, und demnächst dass sie an beiden Seiten von Sammlungen ganz anderer Art umrahmt ist, und zwar von Sammlung I (1–9) und Sammlung III (22, 17–24, 22), die alle beide durch einen ermahnenden Anredestil und von größeren Kompositionen geprägt sind. Damit ist aber ein redaktionsgeschichtliches Problem angegeben, dem wohl noch nicht eine gebührende Aufmerksamkeit geschenkt worden ist.[1]

Anders als in den umgebenden Rahmenstücken tritt in Sammlung II – wie in V – der einzelne Spruch in den Vordergrund. Der Spruch wird gewöhnlich nicht begründet wie das Mahnwort, sondern auf der Grundlage eigener und anderer Erfahrungen sowie in der Suche, sie zu ordnen, redet der Spruch allgemein von den Menschen und von den Dingen des Alltags.[2] Wenn dabei vom Menschen Aussagen in dritter Person gemacht werden, charakterisiert der Spruch mehr als er appelliert, wie es dem Stil des anredenden Mahnworts

---

[1] Das redaktionelle Problem wird durch die vom MT abweichende Abfolge der Einheiten in der Septuaginta noch erschwert, denn sie hat nach 24, 22 die folgende Reihenfolge: 30, 1–14; 24, 23–34; 30, 15–33; 31, 1–9; 25–29; 31, 10–31.

[2] Vgl. etwa von Rad, Weisheit (1970) 13–27. 151–165; Delkurt, Grundprobleme (1991) 39: „Die alttestamentliche Weisheit versucht, dauerhaft gültiges Erfahrungswissen festzuhalten und Ordnungsbezüge aufzuzeigen".

eigen ist; der Spruch handelt vom Faktischen und Besonderen, „wie es in der Welt zugeht", und beabsichtigt nicht direkt, die Umstände zu ändern. In dieser Sammlung überschattet das Aussagewort völlig das Mahnwort; wenn es unter den Sprüchen auch Mahnworte gibt,[3] darf es aber den Sprüchen allgemein gelten, dass hier die Mahnung nur indirekt und leise vermittelt wird – für den, der dafür ‚Ohren hat'.

Der einzelne Spruch, der normalerweise aus einem Vers mit Bikola, gelegentlich Trikola, besteht, und der öfter durch einen antithetischen oder einen synonymen oder auch einen sog. synthetischen Parallelismus kunstvoll aufgebaut ist, bleibt eben als eine in sich selbständige Grundeinheit auch die grundlegende und ‚selbsttragende' Größe der Sammlung II (sowie der Sammlung V, Kap. 25–29). Damit ist im vorgegebenen Stoff der einzelne Spruch, die kurze Sentenz, ungeachtet Herkunft und Vorgeschichte,[4] der erste und wichtigste Orientierungspunkt für jede Textanalyse; in einigen Fällen ist nur die eine Vershälfte eines Spruchs auf das jeweils aktuelle Thema bezogen. Es überrascht nicht dann, dass in der Auslegung der Sprüche, vor allem was die Sammlungen II und V betrifft, das kapitel- und versweise Verfahren das übliche – doch nicht unproblematische – methodische Vorgehen ist, so auch in den aller neuesten Kommentaren.[5]

Doch lässt sich in diesem Punkt noch weit mehr zum formalen und inhaltlichen Aufbau der Texte der Großsammlung II (und V) sagen, das sich sowohl forschungsgeschichtlich wie auch aktuell als wichtig erweisen kann. Denn es ist schon lange beobachtet worden, dass die Reihenfolge der Einzelsprüche gar nicht zufällig zu sein braucht, wie es auf den ersten Blick wohl scheinen mag, und wie es zum Teil auch der Fall ist; vielmehr kann in gewis-

---

[3] Es fällt auf, dass die angenommen erste Teilsammlung (Kap. 10–15) nur zwei Belege für Mahnworte aufweist, und zwar 13, 20 a; 14, 7; in der angenommen zweiten Teilsammlung (Kap. 16–22, 16) gibt es aber einige mehr, nämlich 16, 3; 19, 18–20; 19, 27; 20, 16; 20, 22; 22, 6.

[4] Am wichtigsten bleibt hier die gegenwärtige Form der Sprüche; demgegenüber darf die lange – und gewiss nicht abgeschlossene – Debatte über das Verhältnis vom ‚völkischen' Sprichwort und einem sogenannten ‚Kunstspruch' bzw. ‚Lehrspruch' hier auf sich beruhen; s. o. die Einleitung, Pkt. 2 a; vgl. bes. etwa Whybray, The Book of Proverbs (1995) 34–61; J. Schmidt, Studien zur Stilistik (1936); Hermisson, Studien (1968) 18–52; von Rad, Weisheit (1970) 39–53; Fontaine, Traditional Sayings (1982); Scoralick, Einzelspruch (1995) 5–9.

[5] Vgl. etwa Waltke (2004–05); Fox (2009). Doch können Sprüche, die thematisch verbunden sind, gesammelt erörtert werden, wie es bei Gemser 55–71 der Fall ist; oder die Aufmerksamkeit kann auf Gruppierungen von Versen gerichtet werden, wie Plöger (1984) tut, der zwar kapitelweise vorgeht, der aber etwa im Kap. 10 „Gruppierungen ähnlichen Inhalts" in den V. 1–5, 11–13, 18–21, 23–25, 27–32 ermittelt (122; vgl. Plöger in: FS von Rad, 404); oder man kann im Rahmen der Kapitelfolge die Auslegung stärker um kleinere Einheiten konzentrieren, wie Meinhold (1991) tut, der etwa im Kap. 10 die folgenden Einheiten ausscheidet: V. 1 a, 1 b-5, 6–11, 12–18, 19–21, 22, 23–30, 31–32, und der sonst ein gewisses Wachstum im Stoff von kleineren zu größeren Sammlungen aufzeigt (24–26); dabei beachtet er vor allem das „literarische Beziehungsgeflecht, in das die Sprüche eingefügt ist" (11). Anders liegt die Sache bei McKane (s. u.). Zur Kritik des üblichen Verfahrens der Kommentare vgl. Krispenz, Spruchkompositionen, 9–11; zum Problem der Kapiteleinteilung s. Scoralick, ebd. 95–98. 146–156.

sem Ausmaß eine gezielte Anordnung der Sprüche erkennbar sein.[6] Dieser Aspekt am Stoff ist in jüngerer Zeit allmählich stärker ins Blickfeld getreten, zumal die neuere Forschung am Spruchbuch immer deutlicher dargelegt hat, dass kleinere wie auch größere Gruppierungen von Sprüchen an Hand von verschiedenen Merkmalen ausgeschieden werden können; besonders ist dem Phänomen der Stichwörter, die Sprüche verbinden können, Aufmerksamkeit erwiesen worden.[7]

In den Spruchsammlungen scheinen dann allgemein zwei Außenpunkte hervorzutreten, zwischen denen das Spruchgut für den Ausleger pendelt, und zwar einerseits befinden sich die selbständigen Einzelsprüche, die Sentenzen, die gerade in ihrer Einzigartigkeit wahrgenommen werden wollen, und andererseits erscheinen gewisse Kontextbildungen verschiedenen Umfangs und unterschiedlicher Art, die eben als Kontexte die Einzelsprüche hermeneutisch umrahmen. Schon jede einfache Sammlung hat für die einzelnen Sprüche eine hermeneutische Bedeutung; traditionsgeschichtlich gesehen ist (mit Murphy 67) die gelegentliche Bezeichnung der Sammlung als ein „Grabplatz" der Sprüche allzu negativ und vermisst eine wesentliche Seite ihrer Funktion; denn die Sprüche sind Bausteine, die in der Weisheitsüberlieferung auf weit verschiedene Weise verwendet worden sind. Bei alledem begegnet dem Ausleger ein sehr komplexer Befund – und in Bezug auf ihn eine nicht weniger breite und bunte Forschungslage.

Nachdem B. Gemser (1937/1963), zwar mit kurzer Begründung, die Teilung der Sammlung II in A Kap. 10–15 und B 16–22, 16 fast klassisch befürwortet hat (55),[8] wird sie ab den 60-er Jahren teils weiterführend bestätigt und teils differenzierend aufgelockert. Zur Begründung der Teilung wird etwa darauf hingewiesen, dass in A vorwiegend antithetische und in B öfter sog. synonyme Parallelen vorkommen, oder aber, dass einzelne Sprüche der zwei Teilsammlungen doppel vorhanden sind.[9] U. Skladny (1962) hat die Einteilung in A und B mit C 25–27 und D 28–29 noch verbunden, indem er die vier Einheiten A–D formal und thematisch als „vier kleinere, ur-

---

[6] Vgl. schon Delitzsch 160, der – wie noch andere Kommentatoren im 19. Jahrhundert – erkannt hat, dass „die Aneinanderreihung der Sprüche auch hier keine rein zufällige und gedankenlose" ist, und dass ihr „Herausgeber" sich als ein „Ordner" erwiesen hat; vgl. sonst Scoralick, ebd. 99–102.

[7] Ausführliche Liste der angenommenen Stichwörter in Kap. 10–15 bei Boström, Paronomasi (1928), 118 f (vgl. 103, für 28–29; 158 f, für 16–22, 16); Scoralick, ebd. 127–129 (auch „einige Dreiergruppen", 129); Murphy (1998), 65–67; vgl. noch Krispenz, Spruchkompositionen (1989), 163–178.

[8] Vgl. aber schon Toy (1899) xxvii–xxviii.

[9] So etwa 14, 12 und 16, 25 oder 14, 20 und 19, 7. Doch gibt es auch Dubletten zwischen Sammlung II und V, wie 18, 8 und 26, 22, 19, 1 und 28, 6, 20, 16 und 27, 13, 21, 9 und 25, 24, sowie innerhalb von A, wie 10, 1 und 15, 20 oder 10, 2 b und 11, 4 b oder 13, 14 und 14, 27; dazu ist auch ein dreifaches Vorkommen belegt, wie 10, 13, 19, 29, 26, 3 sowie 12, 14, 13, 2, 18, 20, zwar mit gewissen Abänderungen; das alles dürfte die Selbständigkeit des Einzelspruches zeigen; vgl. auch noch die Form einer Beispielerzählung in 24, 30–34 im Verhältnis zu 6, 10–11 und 20, 13; vgl. schon Toy (1899) vii-viii; sonst Scott, Wise and Foolish, 151 f; Snell, Twice-Told Proverbs (1993); Scoralick, ebd. 21–23.

sprünglich selbständige Komplexe“ auffasst,[10] die er in Bezug auf Personengruppen wie Gerechte – Frevler und Weise – Toren[11] oder Themen wie „Jahwe und der König“ oder auch das Thema der Jahwe-Sprüche analysiert; dazu erörtert er gewisse Bezüge in „Wirtschaft und Gesellschaft“ und schließlich den „Haltung-Schicksal-Zusammenhang“ (71–76), und zwar im Anschluss an K. Kochs damals neue „Auffassung von der schicksalswirkenden Tatsphäre“,[12] die auch als ‚Tat-Folge-‘ oder ‚Tun-Ergehen-Zusammenhang‘ bezeichnet worden ist. Damit sind typische Themen der kommenden Forschung kurz aufgegriffen und ins Spiel gebracht worden.

Zunächst bringt H.-J. Hermisson (1968) – teilweise in Auseinandersetzung mit O. Eißfeldts Auffassung von dem Maschal (1913)[13] – den Kunstspruch und die „Kunstdichtung“ in den Fokus; dabei ist aber J. Schmidts wichtigen „Studien zur Stilistik der alttestamentlichen Spruchliteratur“ (1936) nicht gebührende Aufmerksamkeit erwiesen worden, denn Hermisson knüpft vornehmlich an die Studien von G. Boström (1928) an, der die Bedeutung der Lautanklänge bzw. Paronomasien und der Stichwörter für den Aufbau der Sprüche ans Licht gezogen hat,[14] geht aber über ihn hinaus, wenn er den formgeschichtlichen Horizont wesentlich erweitert; zudem ist Hermisson entgegen der bis dahin üblichen Praxis auch auf „die schwierige Frage“ eingegangen, „ob in den Spruchsammlungen auch in der Anordnung der einzelnen Sprüche ein Ordnungselement erkennbar ist“, ohne aber eine „für moderne Begriffe sinnvolle Ordnung“ zu haben;[15] doch bei der Frage nach der „Anordnung der Sprüche“ begrenzt sich Hermisson zur ersten Teilsammlung (Kap. 10–15), weil sie „am meisten Anhaltspunkte bietet“ (173);[16] bei alledem hat er die Erforschung der Sprüche einen wesentlichen Schritt voran gebracht.

---

[10] Spruchsammlungen, 6; vgl. sonst seine wertvolle „vergleichende tabellarische Darstellung“ (A-D), 67–71.

[11] Anders als Skladny haben einige Forscher die Gegensatzpaare Weiser – Tor und Gerechter – Frevler als nicht auswechselbare Größen auseinanderhalten wollen, indem man das erste Gegensatzpaar der alten Weisheit und das zweite ihrer späteren theologisierenden Form zugewiesen hat, s. McKane 11. 15; Scott, Wise and Foolish (1972) 153 f; Westermann, Weisheit im Sprichwort (1974) 160–161; Doll, Menschenschöpfung (1985) 44–48; vgl. aber Delkurt, Ethische Einsichten (1993), und Hausmann, Menschenbild (1995) bes. 9–66, die auch andere personale Themen ausführlich erörtern, sowie bes. Scoralick, ebd. 35–43.

[12] Gibt es ein Vergeltungsdogma im Alten Testament? (1955), ND 1991, 93; s. o. Einleitung, Pkt. 4 c; vgl. neuerdings B. Janowski, Die Tat kehrt zum Täter zurück (1994); und bes. G. Freuling, „Wer eine Grube gräbt –“. Der Tun-Ergehen-Zusammenhang und sein Wandel (2004).

[13] Studien, 38–52; zur Diskussion über den Maschal s. o. Einleitung, Pkt. 2 a.

[14] Paronomasi i den äldre hebreiska maschalliteraturen (1928); Boström hat auch die „Anordnung der Sprüche“ näher untersucht, weil sie eben nicht „völlig willkürlich“ ist (87 ff). Zum Phänomen der Paronomasie und Stichwörter in den Sprüchen vgl. nun Perry, Structural Patterns in Prov 10:1–22:16 (1987); Hildebrandt, Proverbial Pairs (1988); McCreesh, Sound and Sense (1992); Snell, ebd. (1993); Scoralick, ebd. 111–130; Murphy (1998), 64–67.

[15] Studien, 171; zum Kap. 11 vgl. noch Plöger, Auslegung der Sentenzen-Sammlungen (1971), 402–416.

[16] In seinen Studien, 174–179, erörtert Hermisson die folgenden Abschnitte in der ersten Teilsammlung (A): 10, 2–5. 6–9. 10–21(22).23–30. 31–32(11, 1); 11, 2–14. 17–21. 23–31; 12, 1. 2–7. 8–12. 13–23(25).24. 26–27(28); 13, 1. 2–6. 7–11. 12–19. 20–25(14, 1); 14, 2–14. 15–22(23).24–35; 15, 1–4(5. 7). (6)8–11. 12–15(16 f. 18?).(19 f).20–23.(24).25–29.(29)30–33. Das „Ergebnis dieser Durchsicht“ ist, „daß die einzelnen Sprüche in Prov 10–15 auf weite Strecken *nicht* wahllos nebeneinanderstehen, sondern meist unter für uns ganz verschiedenen Gesichtspunkten geordnet sind“ (179).

Demnächst schlägt bei W. McKane (1970), der sich mit dem Vorgehen und den Ansichten Skladnys auseinandersetzt (10–16), das Pendel nach der entgegengesetzten Seite aus, wenn er „no context in the sentence literature" findet (10); stattdessen verlagert McKane das Gewicht auf den Inhalt, indem er die Sprüche inhaltlich in drei „Klassen" einteilt (11–22), und zwar bezieht sich Klasse A auf Sprüche aus der „alten Weisheit", die sich mit der Erziehung des Einzelnen „for a successful and harmonious life" beschäftigen, während Klasse B stärker auf das gemeinschaftliche Leben, also das Kollektive, eingerichtet ist, und endlich Klasse C eine religiös-ethische Orientierung aufweist, die zugleich eine „reinterpretation of the class A material" auf der Grundlage der Jahwe-Frömmigkeit repräsentiert (11).[17] Doch bringt McKanes Auslegung der Sprüche an Hand dieser scharfen – und zum Teil zufälligen – Aufteilung, die schon an sich als problematisch erscheint, so besonders in Bezug auf Klasse B, eine sehr fragwürdige Fragmentierung der Einzelsprüche, vor allem weil sie von einer gebührenden Beachtung ihrer gegenwärtigen Ortung ganz abblendet. So haben Scott (1972) und Whybray (1979) auch gleich das Vorgehen McKanes kritisiert bzw. kritisch weitergeführt. In der eigenen Erörterung des wichtigen aber begrenzten Themas der Jahwe-Sprüche, einschließlich ihrer formalen und kontextuellen Einordnung, zeigt etwa Whybray nicht nur, dass in 10, 1–22, 16 von insgesamt 375 Sprüchen 55 – oder etwa 15 % – Jahwe-Sprüche sind, sondern auch noch dass diese Jahwe-Sprüche eine beachtenswerte Häufung in den Kap. 10 und 14–15 sowie in 16 und 19–22, 16, also am Anfang und Ende der Traditionsblöcke 10–15 und 16–22, 16, aufweisen; vor allem schenkt er ihrer Häufung in 15, 33–16, 9 seine Aufmerksamkeit und bezeichnet diese zehn Verse als „the theological kernel" der Sammlung 10, 1–22, 16[18] – eine Auffassung, die damals allerdings nicht neu war, und die später von Scoralick und anderen weitergeführt worden ist.

Gegen McKanes „rather ‚atomistic' methodical procedure" und unabhängig von Whybray hat M. Sæbø (1986) kurz das redaktionelle Entstehen des Spruchbuches „from collections to book" mit besonderem Bezug auf die Gestaltung der Sammlung II erörtert; dabei fällt auf, dass Kap. 10 und 15 (teilweise auch 11 und 14) sowie 16 und 20–21, anders als die dazwischenstehenden Kapitel, „a clear cast of theological reflection and tradition" aufweisen, wobei sie eine jeweilige theologische Rahmung der

[17] Eine – doch ganz anders formulierte – Entwicklung der Weisheitstradition in drei Stadien hatte schon von Rad 1957 in seiner Theologie des Alten Testaments angegeben (1962, 430–467), und zwar von Sprichwort zum Kunstspruch der „Erfahrungsweisheit Israels", wonach die „theologische Weisheit Israels" folgt; dabei hat er zwischen Kap. 10–29 und 1–9 „die große Kluft" noch feststellen wollen (455) – ob aber mit Recht, lässt sich noch diskutieren.

[18] Yahweh-sayings and their Contexts in Proverbs (1979), 157–160; nach Auseinandersetzung mit McKane und im Anschluss an Hermisson samt Plöger will Whybray „examine those sayings in which the name Yahweh occurs, and the contexts in which they have been placed" (157); übrigens war die Frage nach einem „Verbindungsstück" zwischen Kap. 15 und 16 schon von Boström (1928), 118 sowie von P. W. Skehan (s. u. und Anm. 23) erhoben worden (vgl. noch Scoralick, ebd. 44. 112–115); auch war das Phänomen und die Bedeutung einer israelitischen ‚Prägung' und Theologisierung der Spruchweisheit schon ein altes Thema, vgl. etwa die – von Whybray unerwähnten – Studie von J. Fichtner, Die altorientalische Weisheit in ihrer israelitisch-jüdischen Ausprägung (1933). Später hat Whybray, Composition (1994), 83–85, die Kriterien für die Ausscheidung von Versgruppierungen noch erörtert. S. sonst die Auseinandersetzung mit McKane und Whybray bei Ernst, Kultkritik (1994), 68–79.

zwei Überlieferungsblöcke der Sammlung II erkennen lassen.[19] Dazu lässt sich beispielsweise am Anfang des mehrfach wichtigen Kap.10, und zwar in 10,2–7, eine kleine Kontextbildung oder ‚Mini-Komposition‘ erkennen, insofern als sich in diesen Versen um zwei der Erfahrungsweisheit typische Sprüche als Kern (V. 4–5) ein Rahmen anderer Sprüche, die ethisch-religiösen Charakters sind, herum gelegt haben (und zwar V. 2–3 in Voranstellung zum Kern und sodann die ihnen entsprechenden V. 6–7); dieser Rahmen hat den empirischen Kern nicht nur erweitert, sondern ihn vor allem ethisch-religiös interpretiert, welches vor allem hermeneutisch bedeutsam sein darf.[20] Während der nächsten zwei Dezennien richtet sich die Aufmerksamkeit der Forscher, was die Form und Struktur betrifft, immer mehr auf die Frage nach möglichen Kontextbildungen oder Kompositionen der Einzelsprüche in Sammlung II (sowie V) und in inhaltlicher Hinsicht stärker auf die ethischen Aspekte der Texte.[21]

Ferner hat J. Krispenz (1989), die sich vor allem um eine Analyse der Sprüche als „poetischer Texte“ bemüht, wobei sie auch mehrfach an die Paronomasie-Studien Boströms anknüpft, eine Reihe „Spruchkompositionen“ verschiedener Art in den Kap. 10–13, 15–18, 20–21, 25–28 ermitteln können; dabei scheint ihr die Auffassung Skladnys in Bezug auf die Sammlungen A–D weniger relevant zu sein;[22] wichtiger ist ihr, „die besondere Denk- und Argumentationsweise, die der Sentenzenliteratur durch die Paronomasien eigen ist, zu erkennen und zu respektieren“, auch wenn sie uns „seltsam und unlogisch erscheinen mag“ (36 f); durch ihre Analysen hat Krispenz die Frage nach der literarischen Art der Kompositionen aus Einzelsprüchen wesentlich erhellen können. Diese Frage ist später von mehreren aufgenommen worden. Insbesondere hat R. Scoralick (1995) – mit dem bezeichnenden Titel ihrer Untersuchung – die Bestimmung des Verhältnisses von „Einzelspruch und Sammlung“ noch weiter untersucht, indem sie sowohl die Forschungslage gesichtet hat (11–52. 53–87) als auch der Frage der Kontextbildungen in Kap. 10–15 formal und inhaltlich differenzierend nachgegangen ist (91–159); dabei hat sie fünf größere Einheiten aussondern können, die sie im Einzeln analysiert (160–243), und zwar die Einheiten 10,1–11,7; 11,8–12,13; 12,14–13,13; 13,14–14,27; 14,28–15,32; demgegenüber wird 15,33 von der Teilsammlung dieser Einheiten abgesondert und zusammen mit 16,1–9 als eine „redaktionell gestaltete Mitte der Sammlung II“ verstanden (44–52. 78–84), dazu eröffnet 15,33 auch „eine Teilsammlung 15,33–22,16“ (84) – die aber nicht Gegenstand ihrer Untersuchung ist. Dabei geht Scoralick auf Ansätze bei Boström und Whybray (und andern Forschern wie etwa Murphy, Kaiser, Plöger, Meinhold sowie Römheld)

---

[19] From Collections to Book (1986) 103 bzw. in: On the Way to Canon (1998) 255. Dieser Vortrag aus Jeusalem 1985 ist als eine Skizze zu betrachten, die in Verbindung mit einem Kommentar über die Sprüche (Oslo 1986) verfasst wurde; einigermaßen ist diese Auffassung von dem rahmenden Aufbau im Talmud und in der Rabbiner-Bibel inspiriert worden. Der Artikel von Whybray (1979) war mir damals leider nicht bekannt; vgl. noch Scoralick, ebd. 140–143. 169–174.

[20] Ebd. 102 f bzw. 253 f; zu Einzelheiten s. u. zur Stelle. Sonst entspricht der Kern (V. 4–5) Klasse A und der Rahmen (V. 2–3 sowie 6–7) Klasse C bei McKane (415 ff), dessen inhaltliche Klassen-Aufteilung der Sprüche aber das Erkennen solcher Gebilde im gegenwärtigen Text nur zu erschweren vermag.

[21] Vgl. bes. H. Delkurt, Ethische Einsichten (1993); A. B. Ernst, Weisheitliche Kultkritik (1994).

[22] Die besonderen Spruchkompositionen sind (41–127): 10,1 ab-7 u. 13–17; 11,3–6 u. 17–21; 12,15–23; 13,15–25; 15,11–17 u. 18–24 u.25–33; 16,1–9 u. 10–16; 17,26 – 18,8; 20,5–13; 21,1–8; 25,23–28; 26,1–16 u. 17–22; 27,3–9; 28,22–27.

ein und setzt sich besonders mit P. C. Skehan und seinen sonst weithin übersehenen Studien, etwa „A Single Editor for the Whole Book of Proverbs" (1948),[23] auseinander (44–49); durch ihre gründliche Untersuchung hat Scoralick die Forschung am Spruchbuch, besonders in Bezug auf die Kap. 10–15, wesentlich vorangetrieben.

Später haben vor allem A. Scherer (1999) und K.M. Heim (2001) Fragen der Komposition und Redaktion von 10, 1–22, 16 ausführlich und weiterführend erörtert, während M.V. Fox 2009 seinen großen Proverbien-Kommentar, der weit mehr als ein üblicher Kommentar ist, zu Ende geführt hat.[24] Über Scoralicks Darstellung der einschlägigen Forschungsgeschichte hinaus bringt Scherer einige neue Gesichtspunkte in den Diskurs hinein, wie etwa die von J. M. Grintz;[25] vor allem will er aber das „inhaltlich bedeutsame Wechselspiel zwischen den einzelnen Versen" beachten, wobei „der Schwerpunkt" in seine Kompositionsanalyse gelegt wird, „doch bleibt dabei immer der Einzelspruch im Blick" (2); er nimmt als „methodische Besinnung" auch bekannte Themen aus der früheren Forschung auf, wie etwa „kontextbildende Elemente" (Stichwörter, Wortfelder, Paronomasien) sowie „Kriterien zur Bestimmung redaktioneller Spruchbildungen" (35–46); im Hauptteil seiner Studie untersucht er, fast kommentarartig, zunächst „dreizehn größere Bereiche" oder „Großabschnitte"[26] und bringt demnächst eine „Auswertung" seiner Analysen im Blick auf redaktionelle Fragen (334–352); dabei fällt allerdings auf, dass er den „Großabschnitt" 15, 33–16, 15 als „Sammlungskern" und sodann – wohl etwas überraschend – den „Großabschnitt" 20, 22–21, 3 als „Reminiszenz an den Sammlungskern" nennt (334); die „redaktionell bearbeiteten Sprüche" lassen sich sonst „bestimmten inhaltlichen Kategorien zuordnen" (338);[27] und als „Ort" der Redaktion der Sammlung II scheint er gewissermaßen Schule und Königshof zu verbinden (340–351).[28]

Auch Heim hat seine Studie durch eine ausführliche Darstellung der neueren einschlägigen Forschungsgeschichte beginnen lassen (5–66), die in eine grundsätzliche Erörterung der Fragen von Sammlung und Komposition überleitet: „On Reading Proverbs in a Collection" (67–108), wo verschiedene stilistische Merkmale und besonders die Verwendung und semantische Bedeutung von „synonyms and antonyms" sowie von „co-referentiality" eingehend besprochen werden (67–103); diese Erörterungen führen sodann zu einer Diskussion der Kriterien „for the delimitation of editorial clus-

[23] CBQ 10 (1948) 115–130, rev. ND in: Ders., Studies in Israelite Poetry and Wisdom (1971) 15–26 (vgl. allerdings meine Besprechung in ThLZ 99 [1974] 821–822).

[24] Über die gewöhnliche kapitel- und versweise Auslegung (s.o. Anm. 5) hinaus erörtert Fox vor allem in Proverbs 1–9 (2000) aber auch in Proverbs 10–31 (2009) auf exkursartige Weise eine Reihe von wichtigen Themen; sein Kommentar ist – nach dem von B. K. Waltke (1282 S.) – der umfangreichste moderne Spruchkommentar (1205 S.).

[25] ‚The Proverbs of Solomon'. Clarifications on the Question of the Relation between the Three Collections in the Book of Proverbs Attributed to Solomon – so D. C. Snells engl. Übersetzung des hebr. Originals (in: Lešonēnu 33 [1968] 243–269), in: Snell, Twice-Told Proverbs (1993) 87–114; vgl. Scherer, Das weise Wort (1999) 5–9.

[26] Die „Großabschnitte" (47–333) sind: Kap. 10, 11, 12, 13 sowie die Einheiten 14, 1–15, 1; 15,2–32; 15, 33–16, 15; 16, 16–17, 1; 17, 2–19, 1; 19, 2–20, 21; 20, 22–21, 3; 21, 4–9; 21, 30–22, 16.

[27] Sie sind „weisheitlich-didaktische Sprüche" (10, 1 bc; 10, 8; 12, 11; 12, 15; 13, 1; 14, 1; 15, 2; 16, 16; 16, 21), „ethisch orientierte Sprüche" (10, 2; 10, 11; 12, 12; 13, 2; 16, 8; 16, 17; 19, 19) und „JHWH-Sprüche" (14, 27; 16, 5; 16, 9).

[28] „Der Königshof, genauer gesagt der Bereich didaktischer Aktivitäten am Königshof, stellt meines Erachtens den idealen Nährboden für das Profil der Redaktion von Prov 10, 1–22, 16 dar" (342).

ters in Proverbs“ (105–108);[29] und die angenommenen „Bündel“ (*clusters*) sind: 10, 1–13, 25; 14–16; 17, 1–20, 4 und 20, 5–22, 16, die von einer Reihe kleinerer Einheiten (teilweise auch *clusters* genannt) zusammengesetzt sind, und die sorgfältig analysiert werden (109–311), wobei besonders Kap. 10 beachtet wird (111–134 u. 317–329). Was den „Ort“ („the life-setting“) von Sammlung II betrifft, ist Heim zurückhaltend, besonders in der strittigen Frage nach einer Schule in Israel, doch „the main themes suggest a well-to-do urban background, and the royal court plays an important role“; die Sprüche können aber „in a wide variety of contexts“ verwendet worden sein (316). Letztlich hat A. F. Wilke den Königssprüchen des Spruchbuchs (in Sammlung II und V samt 31, 1–9) eine eingehende Studie gewidmet, wobei sie dies Material mit den ägyptischen Lehren vergleicht.[30] Die eingehenden Studien von Scherer, Heim und Wilke führen in die gegenwärtige Forschungslage gut ein.

So zeigt sich die gegenwärtige Forschung zum formalen und inhaltlichen Charakter der Sammlung II als recht vielgestaltig; und ein Konsensus scheint hier noch lange nicht erreichbar zu sein. Die Großsammlung von 10, 1–22, 16 bleibt gewiss bestehen, aber ihre übliche Trennung in A (10–15) und B (16–22,16) wird nun nicht so eindeutig wie früher angenommen. Dabei ist nicht nur ihre Einteilung in kleinere Einheiten, die immer wechseln wird, sondern vor allem der Übergang von A zu B problematisiert worden, indem man gelegentlich 15, 33 (wenn nicht früher im Kap. 15) mit 16, 1–9 (wenn nicht weiter im Kapitel)[31] hat verbinden wollen, um sodann dieses „Verbindungsstück“ von A und B als ‚Mitte‘ oder gar ‚Kern‘ der Sammlung II zu bezeichnen – darauf wird aber noch zurückzukommen sein.

Wenn man sodann das Augenmerk auf die nähere Gestaltung der ganzen Sammlung II richten will, mag eben die dargestellte bunte Forschungslage dieses Vorhaben wohl etwas erschweren können, zumal man im Verhältnis zu den vielen und verschiedenen Vorschlägen zur Einteilung von Versgruppierungen und kleinen Einheiten im Ausgangspunkt doch möglichst ungebunden sein möchte. In dieser Lage mag – eben als ein ‚neutraler‘ Ausgangspunkt und für den Leser als eine gewohnte Orientierungshilfe – die herkömmliche Kapiteleinteilung zu Hilfe kommen können, obwohl sie weit später auf die Texte gelegt wurde und im Verhältnis zum eigenen Charakter der Texte immer zweitrangig bleibt. Sie darf also hier zeitweilig und mit Vorbehalt benutzt werden; am Ende wird die Problematik noch zu erörtern sein.

---

[29] Es ergibt sich: „The primary criteria for the delimitation of proverbial clusters are consequently not *boundary markers*, as commonly thought, but linking devices (…). The focus should not be on what *divides* or *separates* groups from their environment, but on features which *link* and *combine* sayings into organic units. The most fundamental such device, of course, is repetition – repetition of sound and sense: consonants, word roots, words, synonyms etc.“ (107); vgl. auch noch: „Despite a growing consensus about the existence of editorial groupings, their number, extent and significance remains disputed“ (313).

[30] Kronerben der Weisheit (2006); vgl. früher Shupak, Where can Wisdom be found? (1993).

[31] So bezieht etwa Waltke II, 3, 15, 30–33 zu 16, 1–15, wenn er den zweiten Band seines Kommentars beginnt.

Lit.: A. Alt, Die Weisheit Salomos, KS II, München 1964, 90–99. – J.L. Berezov, Single-Line Proverbs. A Study of the Sayings Collected in Prov 10–22:16 and 25–29, Ann Arbor, MI 1987. – G. Boström, Paronomasi (1928). – H. Brunner, Altägyptische Erziehung, Wiesbaden 1957. – W. Bühlmannn, Reden und Schweigen (1976). – K.J. Dell, The Book of Proverbs in Social and Theological Context, Cambridge 2006, bes. 51–64. – H. Delkurt, Grundprobleme alttestamentlicher Weisheit (1991); Ders., Ethische Einsichten in der alttestamentlichen Spruchweisheit (1993). – P. Doll, Menschenschöpfung und Weltschöpfung in der alttestamentlichen Weisheit, Stuttgart 1985. – G. Freuling, „Wer eine Grube gräbt –". Der Tun-Ergehen-Zusammenhang und sein Wandel in der alttestamentlichen Weisheitsliteratur (2004), 33–108. – G. Gerleman, The Septuagint Proverbs as a Hellenistic Document, OTS 8 (1950) 15–27. – J. Goldingay, The Arrangement of Sayings in Proverbs 10–15, JSOT 61 (1994) 75–83. – S. Niditch, Oral World and Written Word: Ancient Israelite Literature, Louisville 1996. – J. Hausmann, Studien zum Menschenbild der älteren Weisheit (Spr 10 ff.), FAT 7, Tübingen 1995. – K.M. Heim, Structure and Context in Proverbs 10:1–22:16, Liverpool 1996; Ders., Like Grapes of Gold Set in Silver. An Interpretation of Proverbial Clusters in Proverbs 10:1–22:16, BZAW 273, Berlin/New York 2001. – H.-J. Hermisson, Studien (1968), 171–183. – Th. A. Hildebrandt, Proverbial Pairs: Compositional Units in Proverbs 10–29, JBL 107 (1988) 207–224. – B. Janowski, Die Tat kehrt zum Täter zurück. Offene Fragen im Umkreis des „Tun-Ergehen-Zusammenhangs", ZThK 91 (1994) 247–271; ND in: Ders., Die Rettende Gerechtigkeit, Beiträge 2, Neukirchen-Vluyn 1999, 167–191. – K. Koch, Gibt es ein Vergeltungsdogma im Alten Testament?, ZThK 52 (1955) 1–42; ND in: Ders., Spuren des hebräischen Denkens. Beiträge zur alttestamentlichen Theologie. Ges. Aufsätze I (Hg. B. Janowski/M. Krause), Neukirchen-Vluyn 1991, 65–103; Ders., Art. *ṣdq*, THAT II, 507–530. – J. Krispenz, Spruchkompositionen (1989). – J.L. Kugel, The Idea of Biblical Poetry, New Haven 1981. – J.-P. Mathieu, Les deux collections salomoniennes (Prov 10, 1–22, 16; 25, 1–29, 27), LTP 19 (1963) 171–178. – T.P. McCreesh, Biblical Sound and Sense. Patterns of Sound and Meaning in Proverbs 10–29, JSOT.SS 128, Sheffield 1991. – Ph.J. Nel, The Structure and Ethos of the Wisdom Admonitions in Proverbs, BZAW 158, Berlin 1982. – S. C. Perry, Structural Patterns in Prov 10:1–22:16. A Study in Biblical Hebrew Stilistics, Ann Arbor, MI 1987. – O. Plöger, Zur Auslegung der Sentenzen-Sammlungen des Proverbienbuches, FS von Rad (1971), 402–416. – Die Lehre des Ptahhotep; Die Lehre des Amenemope; Die Lehre des Anchscheschonqi, in: TUAT III (1991), 195–221; 222–250; 251–277. – W. Richter, Recht und Ethos (1966), passim – M. Sæbø, From Collections to Book (1986; ND 1998); Ders., Art. *ḥkm* weise sein, THAT I, 557–567. – K.F.D. Römheld, Die Weisheitslehre im Alten Orient. Elemente einer Formgeschichte, BNBeih. 4, München 1989. – A. Scherer, Is the Selfish Man Wise? Considerations of Context in Proverbs 10. 1–22. 16 with Special Regard to Surety, Bribery and Friendship, JSOT 76 (1997) 59–70; Ders., Das weise Wort und seine Wirkung. Eine Untersuchung zur Komposition und Redaktion von Proverbia 10, 1 – 22, 16, WMANT 83, Neukirchen-Vluyn 1999. – H.H. Schmid, Wesen und Geschichte der Weisheit (1966), 144–173; Ders., Gerechtigkeit als Weltordnung (1968). – J. Schmidt, Studien zur Stilistik der alttestamentlichen Spruchliteratur (1936). – R. Scoralick, Einzelspruch und Sammlung. Komposition im Buch der Sprichwörter Kapitel 10–15, BZAW 232, Berlin 1995. – R.B.Y. Scott, Wise and Foolish, Righteous and Wicked, in: Studies in the Religion of Ancient Israel, VT.S 23, Leiden 1972, 146–165. – N. Shupak, Where can Wisdom be found? The Sage's Language in the Bible and in Ancient Egyptian Literature, OBO 130, Fribourg/Göttingen 1993. –

U. Skladny, Die ältesten Spruchsammlungen in Israel, Göttingen 1962. – D.C. Snell, Twice-Told Proverbs and the Composition of the Book of Proverbs, Winona Lake 1993. – F.-J. Steiert, Die Weisheit Israels – ein Fremdkörper im Alten Testament?, FThSt 143, Freiburg 1990. – G. Wallis, Zu den Spruchsammlungen Prov 10, 1–22, 16 und 25–29, ThLZ 85 (1960) 147–148. – B.K. Waltke, The Book of Proverbs. Chapters 1–15 (2004), 17–21 (Units of Collection II). – S. Weeks, Early Israelite Wisdom, Oxford 1994. – J. Wehrle, Sprichwort und Weisheit. Studien zur Syntax und Semantik der *ṭôb ... min* – Sprüche, St. Ottilien 1993. – C. Westermann, Weisheit im Sprichwort (1971), in: Ders., Forschung am Alten Testament, München 1974, 149–161; Ders. Wurzeln der Weisheit, Göttingen 1990. – R.N. Whybray, Yahweh-sayings and their Contexts in Proverbs, 10, 1–22, 16, in: M. Gilbert (Hg.), La Sagesse de l'Ancien Testament (1979/1990), 153–165; Ders., Thoughts on the Composition of Proverbs 10–29 (1992); Ders., The Composition of the Book of Proverbs (1994); Ders., The Book of Proverbs (1995), 34–61. – A. Wilke, Kronerben der Weisheit (2006), 138–216.

Hauptteil A der Sammlung: Kapitel 10 – 15

10, 1–32: Arbeit, Weisheit – und Gottes Segen

10, 1 aα: Die Überschrift

1 Sprüche Salomos

Die kurze Überschrift *Sprüche Salomos* (*mišlê šᵉlomoh/ô*), die in einigen alten Übersetzungen ausgelassen ist, vielleicht weil sie als eine konkurrierende Doppelung zur ersten Überschrift in 1, 1 aufgefasst wurde, unterscheidet sich sowohl von der Überschrift in 1, 1, die mit dem Folgenden eng verwoben ist (1, 1–6), als auch von der im Prosastil breiteren Überschrift in 25, 1.

Die Überschrift ist Teil des ersten Verses und doch von seinem Rest abgehoben. Sie meint wohl nicht nur dem 10. Kapitel, sondern der ganzen Sammlung von 10, 1 – 22, 16 zu gehören. Das Sachwort der kurzen Konstruktion ist das Hauptwort der Spruchtradition, *māšāl* ‚Spruch', und ihr Personenwort ist der Name des weisen Königs Salomo (s. o. zu 1, 1). Die Überschrift will offenbar auf die königliche Herkunft der Sprüche hinweisen; denn so wird ihnen ein besonderer und hoher Status verliehen – und umso hörwürdiger sind die nun folgenden Sprüche. Das dürfte von dem Umstand, worauf mehrfach hingewiesen worden ist, noch unterstrichen werden, dass nämlich die Summe der Zahlwerte der hebräischen Konsonanten im Namen *Salomo* (*šᵉlomoh*), und zwar 375 (d. h. *š*: 300 + *l*: 30 + *m*: 40 + *h*: 5),[32] auch die Summe der Verse der ganzen Sammlung II ist – welches wohl als ein Zeichen des hohen Gestaltungswillens der Weisen verstanden werden darf.

[32] Zum Namen Salomos s. bes. J. J. Stamm, Der Name des Königs Salomo, ThZ 16 (1960) 285–297.

10,1 aβ-32: Eigene Arbeit – Gottes Segen

1 **Ein weiser Sohn erfreut den Vater,**
aber ein törichter Sohn ist der Kummer seiner Mutter.
2 **Keinen Nutzen bringen Schätze des Frevels,**
aber Gerechtigkeit rettet vom Tode.
3 **Jahwe lässt den Gerechten nicht hungern,**
aber die Gier der Frevler stößt er zurück.
4 **Arm wird, wer lässiger Hand seine Arbeit tut,**
aber die Hand der Fleißigen macht reich.
5 **Ein verständiger Sohn legt im Sommer Vorrat an,**
aber ein schändlicher Sohn verschläft die Ernte.
6 **Reicher Segen ruht auf dem Haupt des Gerechten,**
aber der Mund der Frevler deckt Gewalttat zu.
7 **Das Andenken des Gerechten bleibt im Segen,**
aber der Name der Frevler verfault.
8 **Wer weisen Herzens ist, nimmt Gebote an;**
wer aber törichte Lippen hat, kommt zu Fall.
9 **Wer in Lauterkeit wandelt, geht sicher;**
wer aber seine Wege verkehrt, wird ertappt.[33]
10 **Wer mit den Augen zwinkert, bringt Schmerz;**
und wer törichte Lippen hat, kommt zu Fall.[34]
11 **Eine Quelle des Lebens ist der Mund des Gerechten,**
aber der Mund der Frevler deckt Gewalttat zu.
12 **Hass erregt Streitigkeiten,**
aber alle Verfehlungen deckt Liebe zu.
13 **Auf den Lippen des Einsichtsvollen findet sich Weisheit,**
aber für den Rücken des Unverständigen nur der Stock.
14 **Die Weisen bewahren Erkenntnis,**
aber der Mund des Toren ist ein nahes Verderben.
15 **Das Vermögen des Reichen ist seine befestigte Stadt,**
das Verderben der Dürftigen ihre Armut.
16 **Der Erwerb des Gerechten führt zum Leben,**
der Ertrag des Frevlers zur Sünde.
17 **Ein Pfad zum Leben ist derjenige, der auf Zucht achtet;**
wer aber Zurechtweisung missachtet, führt in die Irre.
18 **Wer Hass verbirgt, hat lügnerische Lippen**[35]**,**
und wer Verleumdung verbreitet, ist ein Tor.

---

[33] So mit HAL 374 b; das nif. von *yd'* ‚erkennen' fällt auf und wird gelegentlich, aber unnötig, geändert (vgl. BHS).

[34] G hat eine – vielleicht angleichende – Antithese („aber wer in Offenheit zurechtweist, stiftet Frieden"), die von einigen Auslegern aufgenommen worden ist; s. etwa Toy 204; Ringgren 44; McKane 225; vgl. aber BHQ *39.

[35] G hat auch hier eine Antithese: „Wer Hass verbirgt, hat redliche Lippen" (vgl. 16,13; BHS; BHQ).

19 **Bei vielen Worten nimmt Vergehen kein Ende;**
wer aber seine Lippen zügelt, handelt klug.
20 **Erlesenes Silber ist die Zunge des Gerechten;**
das Herz der Frevler ist wenig wert.
21 **Die Lippen des Gerechten weiden viele;**
aber die Toren sterben durch Mangel an Verstand.
22 **Der Segen Jahwes ist es, der reich macht,**
und neben ihm fügt eigene Mühe nichts hinzu.
23 **Wie ein Vergnügen ist dem Toren Schandtat zu verüben,**
aber Weisheit dem Einsichtsvollen.
24 **Das, wovor dem Frevler graut, kommt über ihn;**
was aber die Gerechten begehren, will er geben.[36]
25 **Wenn der Sturm darüberfährt, ist der Frevler dahin;**
aber der Gerechte hat Bestand für immer.
26 **Wie Essig für die Zähne und wie Rauch für die Augen**
so ist der Faule für die, die ihn ausgesandt haben.
27 **Die Furcht vor Jahwe vermehrt die Tage,**
aber die Jahre der Frevler werden verkürzt.
28 **Das Harren der Gerechten ist Freude,**
aber die Hoffnung der Frevler wird zunichte.
29 **Ein Schutzwehr für Lauterkeit**[37] **ist der Weg Jahwes,**
aber ein Verderben für die Übeltäter.
30 **Der Gerechte wird für immer nicht wanken,**
aber die Frevler bleiben nicht wohnen im Lande.
31 **Der Mund des Gerechten lässt Weisheit sprießen,**
aber eine verkehrte[38] **Zunge wird abgeschnitten.**
32 **Die Lippen des Gerechten achten auf Wohlgefallen,**
aber der Mund der Frevler auf Verkehrtes.

Lit.: G. Boström, Paronomasi (1928), 120–127. – G.E. Bryce, Omen-Wisdom in Ancient Israel, JBL 94 (1975) 19–37. – W. Bühlmann, Reden (1976), pass. – H. Delkurt, Ethische Einsichten (1993). – T. Donald, The Semantic Field of Folly in Proverbs, Job, Psalms, and Ecclesiastes, VT 13 (1963) 285–292. – J. Hausmann, Menschenbild (1995), pass. – K.H. Heim, Coreferentiality Structure and Context in Proverbs 10:1–5, JTT 6 (1993) 183–209; Ders., Like Grapes of Gold Set in Silver (2001), 111–134. 317–329. – Th.A. Hildebrandt, Proverbial Strings: Cohesion in Proverbs 10, GTJ 11 (1990) 171–185. – B. Janowski, Die Tat kehrt zum Täter zurück, ZThK 91 (1994) 247–271. – K. Koch, Art. *ṣdq*, THAT II, 507–530. – T. Krüger, Komposition und Diskussion in Proverbia 10, ZThK 92 (1995) 413–433. – J.C. Matthes, Miscellen – Spr 10,9 und 14,35b, ZAW 23 (1903) 120–127. – A. Scherer, Das weise Wort und seine Wirkung

[36] Das unerwähnte Subjekt ist wohl Gott; vgl. V. 22; 13,21b; dazu Heim, ebd. 127; Fox 525f; sonst wird öfter mit S (T V) passiv wiedergegeben; vgl. BHS; BHQ; vgl. Plöger 121.
[37] Wie in V. 9 (vgl. 13,6); s. BHQ; vgl. Scherer, ebd. 49; Heim, ebd. 127f.
[38] Auch ‚ränkesüchtig', vgl. V. 32b; HAL 1560b; s. auch Spr 2,12.14; 6,14; 16,30.

(1999), 48–72. – R. Scoralick, Einzelspruch und Sammlung (1995), 161–181. – R.N. Whybray, Composition (1994), 93–96.

Besonderes zu Armut und Reichtum: J.B. Burns, *arits:* a ‚Rich' Word, Bible Translator 43 (1992) 124–30. – H. Delkurt, Ethische Einsichten (1993), 84–140. – T. Donald, The Semantic Field of Rich and Poor in the Wisdom Literature of Hebrew and Accadian, OrAnt 3 (1964) 27–41. – J. Hausmann, Menschenbild (1995), 77–93; 331–344. – R. Van Leeuwen, Wealth and Poverty: System and Contradiction in Proverbs, Hebrew Studies 23 (1992) 25–36. – R.E. Murphy, Proverbs (1998), 260–264 (Excursus on Wealth and Poverty). – J. Pleins, Poverty in the Social World of the Wise, JSOT 37 (1987) 61–78. – M. Schwantes, Das Recht der Armen, BET 4, Frankfurt/M 1977, 11–52; 209–279. – H.C. Washington, s.u. zu 22, 17 – 24, 22. – R.N. Whybray, Wealth and Poverty in the Book of Proverbs, JSOT.SS 99, Sheffield 1990.

Diesem Kapitel, das die erste Salomo-Sammlung einleitet, hat in mehrfacher Weise eine besondere Bedeutung; vor allem scheint Kap. 10 als Portal zur ganzen Sammlung II hermeneutisch wichtig zu sein. Das mag nun vorerst darin zum Ausdruck kommen, dass dem Kapitel ein hoher Grad weiser Begrifflichkeit eigen ist; und in diesem Punkt darf es dem Korpus des Prologs (1, 2–6) ähnlich sein; denn einigermaßen erweckt das Kapitel den Eindruck, ein phraseologisches Arsenal zu sein.

Es gibt hier vor allem Wörter für Weisheit (*ḥāḵām* ‚weis', V. 1, 8, 14; *ḥᵃḵam-leḇ* ‚weisen Herzens', V. 8; *ḥŏḵmâ* ‚Weisheit', V. 13, 23; *daʿaṯ* ‚Erkenntnis', V. 14; *maśkîl* ‚verständig', V. 5, 19; *nāḇôn* ‚einsichtsvoll', V. 13; *tᵉbûnâ* ‚Einsicht', V. 23) und Torheit (*kᵉsîl* ‚töricht/Tor', V. 1, 18, 23; *ʾᵃwîl* ‚töricht/Tor', V. 8, 10, 14, 21; *ḥᵃser-leḇ* ‚unverständig', V. 13), demnächst für Gerechtigkeit (*ṣaddîq* ‚gerecht/Gerechter', V. 3, 6, 7, 11, 16, 20, 21, 24, 25, 28, 30, 31, 32; *ṣᵉḏāqâ* ‚Gerechtigkeit', V. 2;) und Frevel (*rāšāʿ* ‚schuldig/Frevler', V. 16, 24, 25; pl. *rᵉšāʿîm* ‚Frevler', V. 3, 6, 7, 11, 20, 27, 28, 32; *räšaʿ* ‚Unrecht/Frevel', V. 2; *poʿᵃlē ʾāwän* ‚Übeltäter', V. 29), sowie für ‚Schandtat' ([*ʿᵃśôṯ*] *zimmâ)* ‚Verderben' (*mᵉḥittâ,* V. 14, 15, 29), für Arbeit mit fleißiger Hand (*yaḏ-ḥārûṣîm* ‚Hand der Fleißigen', V. 4) oder lässiger Hand (*kap̱-rᵉmiyyâ* ‚lässige Hand', V. 4; *ʿāṣel* ‚faul', V. 26), für Vermögen (*hôn* ‚Vermögen', V. 15; *ʿšr* hif. ‚reich machen', V. 4, 22; *ʿāšîr* ‚reich', V. 15; *pᵉʿullâ* ‚Erwerb/Arbeit', V. 16; *tᵉḇûʾâ* ‚Ertrag', V. 16) und Armut (*rāʾš* ‚arm', V. 4; *rêš* ‚Armut', V. 15; *dal* ‚gering/arm', V. 15), für Reden, gutes wie böses (*dᵉḇārîm* ‚Worte', V. 19; *päh* ‚Mund', V. 6, 11, 14, 31, 32; *lāšôn* ‚Zunge', 20, 31; *śᵉp̄āṯayim* ‚Lippen', V. 8, 10, 13, 19, 32), für Zucht und Erziehung (*mûsār* ‚Zucht', V. 17; *tôḵaḥaṯ* ‚Zurechtweisung', V. 17), für ‚Leben' (*ḥayyîm,* V. 11, 16) und ‚Segen' (*bᵉrāḵâ,* V. 6, 7), für Jahwes ‚Weg' und Tun (*däräḵ YHWH,* V. 29; vgl. V. 3, 24) sowie für Furcht vor Jahwe (*yirʾaṯ YHWH,* V. 27).[39]

Für ihre weitere Verwendung wird ihr jeweiliger Kontext aufschlussreich sein; es lässt sich aber schon bemerken, dass mehrere der Lexeme im Rah-

---

[39] Zum Gegensatz von Weisen und Toren vgl. Hausmann, Menschenbild, 9–36, zu dem von Gerechten und Frevlern s. ebd. 37–66, zu dem von Fleißigen und Faulen s. ebd. 66–77, zu dem von Reichen und Armen s. ebd. 77–93; Delkurt, Ethische Einsichten, 69–83 (Fauler und Fleißiger); 84–140 (Armer und Reicher); vgl. sonst etwa Fox 28–43; Murphy 1998, 65; Heim, Grapes, 322–329; dazu noch Sæbø, THAT I, 77–79 (*ʾᵃwîl*); 557–567 (*ḥkm*); 738–742 (y*sr/mûsār*); 836–838 (*kᵉsîl*); THAT II, 26–31 (*nāḇāl*); 824–828 (*śkl*); vgl. auch den phraseologischen Variantenreichtum im Kap. 14.

men eines antithetischen Parallelismus, der hier dominiert, in Gegensatz zueinander gesetzt sind; und einige treten als Stichwörter auf, die zwei oder mehrere Sprüche zu Spruchpaaren oder größeren Spruchgruppen verbinden.[40]

Das Kapitel scheint drei Hauptthemen zu haben, und zwar vor allem die nahe verwandten Themen von zunächst Arbeit und Gewinn, Reichtum und Armut und demnächst von den Gegensatzpaaren Gerechte/Frevler und Weiser/Tor[41] sowie endlich das Thema des Redens; wichtig sind dazu die markanten Einschläge religiöser Prägung, wie vor allem durch die Jahwe-Sprüche (V. 3, 22, 27, 29). Aufs Ganze gesehen zeichnet sich das Kapitel durch ein Geflecht dieser und anderer Themen aus, die mehrmals wiederkehren; und es wird eine Herausforderung sein, dieses Geflecht methodisch in den Griff zu bekommen.

Auf mehrfache Weise erhält Kap. 10 das Gepräge, eine Einführung zum Folgenden zu sein. Neben der Überschrift trägt auch der Rest des Eingangsverses (V. 1 aβb) dieses Gepräge, nun aber nicht in Bezug auf die hohe Herkunft der Sprüche (wie in 10, 1 aα), sondern im Blick auf den zunächst erwähnten „weisen Sohn" (*ben ḥāḵām*), der seinem Vater nicht Kummer, sondern Freude bereiten soll. Der Sohn wird gleich am Anfang wie ein Ideal vorgestellt, und zwar auf dem dunklen Hintergrund seines Antitypus, des „törichten Sohns" (*ben k^esîl*), der unvernünftig und trotzig ist (vgl. 1, 22. 32). Der junge Mann wird wohl als Empfänger der folgenden Sprüche aufzufassen sein, ohne aber direkt als Hörer oder ‚Adressat' angeredet zu sein. Die Einführung im V. 1 scheint gewissermaßen dem Zweck der einleitenden und ermahnenden Anreden der Sammlung I nahe zu kommen (s. 2, 1; 3, 1; 4, 1; vgl. 12,1; 13, 1).

Die Einführung (V. 1 aβb) ist sonst der Sammlung I auch darin ähnlich, dass sie nicht nur der Vater, sondern Vater und Mutter nebeneinander und ‚gleichberechtigt' – wie man heute wohl sagen würde – auftreten lassen (vgl. 1, 8; 6, 20).[42] Alle beide sind also an der Erziehung des Sohns beteiligt. Die folgenden Sprüche dürfen also zunächst der Erziehung des Sohnes dienen; im gegenwärtigen Kontext aber werden sie sich wohl in erster Linie auf die Erziehung des Schülers als ‚Sohns' des weisen Lehrers beziehen, damit sich der Schüler als ein „weiser" und nicht als ein unverständiger und „törichter" Mensch erweise (vgl. 1, 2–7). Die Einführung (V. 1 aβb) verbindet sich auch dadurch mit den folgenden Sprüchen, dass sie gleich einen Kontrast aufstellt, wie schon erwähnt, und zwar zwischen dem „weisen" und dem „törichten"

---

[40] Zu Paronomasien und Stichwörtern vgl. Boström, ebd. 118–127; Scoralick, ebd. 127–129. 161–181; Krispenz, ebd. 32–40; dazu Liste der Stichwörter im Kap. 10 bei Boström, 118; Scoralick, 127 f; Murphy 65; vgl. Krispenz, 164.

[41] Gelegentlich hat man die zwei Gegensatzpaare auch zwei verschiedenen Zusammenhängen oder Phasen der Weisheitstradition zuweisen wollen; im Kap.10 sind aber diese Personengruppen eng verwoben; s. aber den Hauptteil B und sonst die obige forschungsgeschichtliche Skizze zu Sammlung II (u. Anm. 11); vgl. Hermisson, Studien, 174 f.

[42] Vgl. Delkurt, ebd. 23–54; Hausmann, ebd. 105–122.

Sohn. Die Weisen haben offenbar Generalisierungen oder Typisierungen gern gehabt, wobei sie an Hand des antithetischen Parallelismus Personen als Kontrastgruppen oder „Personengruppen als Typoi" (Hausmann 9) vorgestellt haben, wie es bei den Gegensätzen von Weisen und Toren, Gerechten und Frevlern, Reichen und Armen häufig vorkommt. Eine andere Ausdrucksweise der Typisierung können wohl die allgemeinen Wendungen im Reden der Weisen sein, die schon am Anfang erkennbar sind, wenn etwa die Verschiedenheit eines Sohns sowie der Gefühle von „Freuden" bzw. „Kummer" auf die beiden Eltern verteilt wird; diese Verteilung wäre kaum so gemeint, dass „der weise Sohn" notwendigerweise mit dem Vater und „der törichte Sohn" mit der Mutter und ihrem „Kummer" zu verbinden sei, vielmehr mag diese generelle Redeweise eine Eigenart des Stils sein, die eine komplementäre Gegenüberstellung ausdrücken will. Endlich handelt es sich nicht nur um ein Kontrastpaar innerhalb des einzelnen Spruchs, sondern das Kontrastpaar in einem Spruch kann entsprechenden Kontrasten in anderen Sprüchen noch gegenübergestellt werden, so dass sie sich dadurch gegenseitig abgrenzen oder ausfüllen. Durch diese besondere Redeweise verschiedener Gegensätze werden offenbar neue Erkenntnisse angestrebt und gewonnen; und für die – vor allem jungen – Menschen, die sich in einer Wahlsituation befinden möchten, dürfte in dem scharf aufgestellten Gegensatz nicht nur eine Hilfe, sondern auch ein Appell zur rechten Wahl liegen.

Die formale Struktur des folgenden Spruchpaars (V. 2–3) ist mehrfach beachtenswert: beide Verse beginnen mit der Negation *lo'* ‚nicht' und einer Verbalform in hif.; und ihre zwei Kola sind jeweils antithetisch parallel; zudem haben die Verse einen doppelten Chiasmus, zunächst zwischen V. 2 und 3 und demnächst innerhalb von V. 3. Inhaltlich ist der Gegensatz einmal (V. 2) zwischen „Frevel" (*räša'*) und „Gerechtigkeit" (*ṣeḏāqâ*) und sodann (V. 3) zwischen dem „Frevler" (*rāšā'*) und dem „Gerechten/Rechtschaffenen" (*ṣaddîq*) gesetzt,[43] wobei das schlichte Nebeneinander von Abstrakten (V. 2) und Personenworten (V. 3) auffällt. Es geht hier um zwei konträren Sphären, und zwar um Frevel versus Gerechtigkeit, die sich in verschiedenen Menschen verwirklichen. Endlich ist an den Versen bemerkenswert, dass dicht neben der existenziellen Rede von „nicht nutzen" und „retten vom Tode" (V. 2) eine religiös-ethische Aussage steht, die vom Eingreifen Jahwes in das praktische Alltagsleben handelt; er will den Gerechten beistehen, den Frevlern aber entgegenstehen (V. 3). Das ist umso entscheidender, als ihr jeweiliges Leben und Ergehen davon abhängt.

Sodann dreht sich mit V. 4–5 die Szene völlig. Wiederum sind beide Verse antithetisch parallel; dazu ist V. 4 chiastisch gebaut, und V. 4 a und 5 a haben Partizipialformen. Inhaltlich wird der an Vermögen „Arme" dem „Reichen", seinem Antitypus, entgegengestellt, wobei der Gegensatz von Arm und Reich schlicht mit dem Gegensatz von Lässigkeit und Fleiß erklärt wird; und

---

[43] Vgl. Hausmann, ebd. 37–66 (Der Rechtschaffene und der Frevler); Schmid, Wesen und Geschichte, 159–161.

im V. 5 wird dieser Gegensatz durch den Gegensatz von Rechtzeitigkeit und Aufschub bei der Arbeit noch weiter verdeutlicht (vgl. 6, 6–11). Mit diesem Doppelkontrast wird einer empirischen Beobachtung Ausdruck gegeben, die nur nüchtern feststellt, dass Ertrag und Ernte des Einzelnen oder deren Ausbleiben einfach von eigener Hand - ob fleißig oder lässig - abhängen. Darüber hinaus fällt auf, dass der rechtzeitig Erntende, der also „im Sommer Vorrat anlegt“, als ein „verständiger Sohn“ (*ben maśkîl*) bezeichnet wird, was dem „weisen Sohn“ im V. 1 aβ entspricht, während der die Arbeit Aufschiebende ein „schändlicher Sohn“ (*ben meb̲îš*) genannt wird, was im Verhältnis zum „törichten Sohn“ im V. 1 b eine stärkere ethische Note haben dürfte. Dadurch zeigt V. 5 einen Rückbezug auf V. 1, indem jetzt näher und konkret verdeutlicht wird, was von einem weisen und einem törichten Sohn jeweils erwartet wird. Nun darf aber beachtet werden, dass eben zwischen V. 1 und 5 und dann v*or* dem Doppelspruch in V. 4–5, der wohl V. 1 erklären will, nun mit den V. 2–3 eine weitere Erklärung der Umstände und Ursachen des Gegensatzes von Armut und Reichtum hinzu gekommen ist. Durch seine Voranstellung mag der Doppelspruch von V. 2–3 dann als eine ethisch-religiöse Interpretation der empirischen und relativ neutralen Aussage in V. 4–5 verstanden werden. Diese Deutung von V. 2–3 führt, wie gleich oben erwähnt, einen neuen Gegensatz ein, und zwar den von „Frevel“/„Gerechtigkeit“ sowie von „Gerechten“/„Frevlern“; zudem lässt sie eine theologische Zuspitzung auf das Tun Jahwes erkennen.

Damit könnte man 10, 1–5 als eine abgeschlossene Einheit ansehen, wie auch mehrere tun;[44] doch scheint das voreilig zu sein. Denn beim folgenden Doppelspruch, V. 6–7, der mehrere verbindende Stichwörter aufweist, ist zu beachten, dass hier der theologisch bedeutsame Begriff des „Segens“, der in Mehrzahl (pl. *b^erāk̲ôt̲* ‚reicher Segen‘, V. 6 a) erscheint, nun gleich auf die Doppelaussage von der Arbeit auf dem Feld (V. 4–5) folgt; das dürfte kaum reiner Zufall sein, sondern lässt sich als eine wichtige Ausfüllung des Voranstehenden verstehen (vgl. V. 22, auch 20, 21; 28, 20 sowie etwa Dtn 28, 2–6). Demnächst scheint der antithetische Doppelspruch in V. 6–7 eine Brücke zum Doppelspruch von V. 2–3 zu schlagen, zumal alle beide eines ethischen und religiösen Charakters sind. Erstens ist im chiastisch geformten V. 6 und V. 7 wie in V. 2–3 von dem „Gerechten“ und den „Frevlern“ die Rede (das ist erst in V. 11 wieder so); zweitens darf für die Beziehung zwischen V. 2–3 und 6–7 wesentlich sein, dass der „für das Haupt des Gerechten“ kommende „Segen“ in dem verbal ausgedrückten Gedanken des „nutzen“ (V. 2 a, doch wegen der „Schätze des Frevels“ negativ geformt) sowie in dem „nicht hungern“ (V. 3 a) eine gewisse Entsprechung findet, während sich das durch den „Segen“ qualifizierte „Andenken bzw. Gedächtnis (*zek̲är*) des Gerechten“ (V. 7 a) dem „retten vom Tode“ (V. 2 b) nähert. Was in beiden Zusammenhän-

[44] S. nun etwa Plöger 123 f; Meinhold 164–169; Whybray 1994, 156–159; bes. Scoralick, ebd. 169–176; vgl. Scherer, ebd. 48–55; Heim, ebd. 111–113; anders aber Krispenz, ebd. 41–46, die die Einheit zum V. 7 reichen lässt.

gen positiv vom „Gerechten" gesagt wird, ist entsprechend ins Negative gewandt, wenn die Rede auf die „Frevler" kommt; sie wollen ihre „Gewalttat" durch Reden „zudecken/verbergen" (V. 6 b); doch wie ihr Name „verfaulen" wird (V. 7 b), werden ihnen die „Schätze des Frevels" gar „nicht nutzen" (V. 2 a), zumal ihre „Gier" von Jahwe zurückgewiesen wird (V. 3 b). Bei alledem ist ein bedeutsames begriffliches Geflecht geschaffen.

In dieser Weise haben die Weisen dem Kern älterer Erfahrungsweisheit (V. 4–5) einen sehr wichtigen ethisch-religiösen Rahmen (V. 2–3 und 6–7) herum gelegt, wodurch sie noch erreicht haben, eine kleine Komposition von Sprüchen verschiedenen Inhalts kunstvoll zu gestalten.[45] Dabei haben sie allgemeinmenschliche Erfahrungen in den israelitischen Jahwe-Glauben rezipieren und sie ethisch-religiös deuten können:

1 Ein *weiser* Sohn erfreut den Vater,
aber ein *törichter* Sohn ist der Kummer seiner Mutter.

2 Keinen Nutzen bringen Schätze des *Frevels*,
aber *Gerechtigkeit* rettet vom Tode.
3 Jahwe lässt den *Gerechten* nicht hungern,
aber die Gier der *Frevler* stößt er zurück.

4 Arm wird, wer lässiger Hand seine Arbeit tut,
aber die Hand der Fleißigen macht reich.
5 Ein *verständiger* Sohn legt im Sommer Vorrat an,
aber ein *schändlicher* Sohn verschläft die Ernte.

6 Reicher *Segen* ruht auf dem Haupt des *Gerechten*,
aber der Mund der *Frevler* deckt Gewalttat zu.
7 Das Andenken des Gerechten bleibt im *Segen*,
aber der Name der *Frevler* verfault.

Noch eines mag hier auffällig sein; denn nicht nur im V. 6 b kommt das Lexem ‚Mund' vor, das sich sonst mit dem die V. 8–14 prägende Thema des Redens verbindet, sondern das ganze Kolon 6 b ist mit V. 11 b identisch, wobei allerdings dies letztes Kolon „eine bessere Antithese zu V. 11 a" (Plöger 121) zu liefern scheint. Diese Doppelung ließe sich vielleicht als eine gezielte Verzahnung zweier unterschiedlichen Einheiten (10, 1–7 und 10, 8–17) auffassen.

Die folgenden Sprüche V. 8–17 bilden einen bunt zusammengesetzten Abschnitt. Er ist inhaltlich von recht unterschiedlichen Elementen aufgebaut, wird aber von Lexemen des ‚Redens' sowie vom Gegensatz Gerechte/Frevler geprägt und ist durch Bezeichnungen der Weisen umrahmt (*ḥᵃḵam-leḇ* „Wer weisen Herzens …", V. 8 a; und *mûsār* „Zucht/Erziehung", V. 17 a, sowie

[45] Weder das übliche versweise Auslegungsverfahren, wie neuerdings bei Fox, noch ein thematisches, wie etwa bei Gemser, noch die von McKane vorgeschlagene dreigeteilte „classification" (s. o.) können dieser besonderen Kompositionsweise gerecht werden, so auch nicht, wenn man die Einheit mit V. 5 enden lässt.

tôkaḥat „Zurechtweisung", V. 17 b; vgl. noch V. 13 in der Mitte).[46] Formal fällt mehreres auf; so sind V. 9–10 partizipial eingeleitet („Wer …"), wie V. 4–5 oben, und bilden wohl mit V. 8 zusammen eine Dreiergruppe; ferner kehrt V. 8 b in V. 10 b wieder; dabei dürfte der negative Ausgang dieser Verszeile: „wer törichte Lippen hat, kommt zu Fall" (Wildeboer 32: „wer ein Narrenmaul hat") mit dem ebenfalls negativen Ausgang im V. 9 b übereinstimmen, und das etwas dunkle V. 10 a lässt sich wohl als Gegenstück zu V. 9 a verstehen. Vor allem weist die Einheit, außer der Dreiergruppe in V. 8–10, noch mehrere durch Stichwörter verbundene Spruchpaare auf, so etwa V. 11–12 („zudeckt"), V. 14–15 („Verderben") und V. 16–17 („Leben"). Es darf schon hinzugefügt werden, dass die demnächst folgende Einheit, V. 18–21, eine noch größere Spruchgruppe ist, deren Thema an Hand der Stichwörter „Lippen" und „Zunge" das des Redens ist.[47]

Das Thema des Redens ist schon am Anfang angeschlagen, und zwar durch „Lippen" im V. 8 b, wird aber im V. 11 breiter ausgeführt. Wenn das schon im V. 6 b belegte Lexem ‚Mund' (*päh*) nicht nur in V. 11 a und b, sondern auch im V. 14 b vorkommt und im freistehenden Spruch V. 13 von „Lippen" noch ausgefüllt ist, verstärkt sich hier ein Eindruck, der sich auch sonst im Spruchbuch bestätigen lässt, dass nämlich der Mund „eine starke Waffe"[48] ist; so ist der „Mund des Gerechten" eine „Quelle des Lebens" (*m^e^qôr ḥayyîm*, V. 11 a). Das alles mag dem Reden, das für die Weisen so zentral war, eindrücklich eine besondere Bedeutung beimessen. Nun ist im Spruchpaar V. 11–12, vom Verb „zudecken" als Stichwort verbunden, das Thema des Redens nicht direkt weitergeführt, es sei denn, dass im chiastischen V. 12 die Rede vom Erregen von „Streitigkeiten" (*m^e^ḏānîm*)[49] durch Hass und vom Zudecken von „Verfehlungen" (*p^e^šāʿîm*) durch Liebe auch zum Thema des Redens gerechnet worden ist; auf alle Fälle steht sie ihm nahe. V. 11 bringt sonst den Gegensatz Gerechte/Frevler auf, wenn es im Kolon B heißt, und zwar im Gegensatz zum ersten, dass der Mund der Frevler ihre „Gewalttat" (*ḥāmās*) zudeckt/verbirgt (wie im V. 6 b). Im nächsten Spruchpaar, V. 14–15, wo „Verderben" (*m^e^ḥittâ*) das Stichwort ist, wird dies noch stärker ausgedrückt, indem der „Mund des Toren (*pî ʾ^ä^wîl*)" im V. 14 b als „ein nahes Verderben" bezeichnet wird; thematisch anders wird „Verderben" im V. 15 b auf die „Armut" (*rêš*) der „Dürftigen" (*dallîm*) bezogen, und zwar in Antithese zum „Vermögen des Reichen" (*hôn ʿāšîr*, V. 15 a); dabei ist aber das Thema des Gegensatzes Arm/Reich auch angeschlagen, wozu noch zurückzukom-

---

[46] In Bühlmanns bedeutsamer Arbeit, Vom rechten Reden (1976), die am meisten lexikalisch und thematisch und weniger in Bezug auf Einheiten verfährt (vgl. 11–15), werden Verse dieser Einheit an mehreren Stellen erörtert.

[47] Zu den Stichwörtern vgl. Boström, ebd. 118; Scoralick, ebd. 127 f; Murphy 65; auch Krispenz, ebd. 164.

[48] Vgl. F. García López, ThWAT VI, 534; s. sonst 533–536 (*päh*, Pkt. VI).

[49] Von *dîn* ‚richten' abgeleitet ist *māḏôn* ‚Zank/Streitigkeiten' (und andere Derivate) „fast ganz auf das Buch der Sprüche beschränkt", Hamp, ThWAT II, 202 (*dîn*, Pkt. I.3 b); vgl. HAL 520 f; Bühlmann, Reden, 252.

men ist. Wieder anders bezieht sich V. 14, wohl im Anschluss an V. 13, auf den Gegensatz von Weisen/Toren. Im nächsten Spruchpaar, V. 16-17, mit „Leben" (*ḥayyîm*) als Stichwort, weist V. 17 anhand der Lexeme „Zucht" bzw. „Erziehung" und „Zurechtweisung" das Thema der Weisheit auf, während V. 16 das Thema des Gegensatzes Gerechte/Frevler enthält. Bei dieser Anordnung der Spruchpaare fällt aber auf, dass sich die Spruchgruppen von V. 14-15 und V. 16-17 im Thema von Reichtum und Armut überschneiden, und zwar in den V. 15 und 16, wozu das Stichwort „Verderben" in V. 14 b und 15 b vielleicht beigetragen haben mag; wie dem auch sei, greift das Thema vom Arm/Reich in diesen Versen auf die erste Kleinkomposition in V. 2-7 zurück. Während aber der Reichtum in V. 4-5 einfach als Ertrag eigener fleißiger Arbeit und die Armut durch Lässigkeit gedeutet wurden, fügen V. 15 und 16 zwei weitere Aspekte hinzu, und zwar erstens die jeweiligen weiteren Folgen von Reichtum und Armut, zum Guten oder zum Bösen (V. 15),[50] und zweitens für alle beide eine weitere ethisch-religiöse Deutung (V. 16), die somit der obigen Rahmung von V. 4-5 in V. 2-3 und 6-7 nahe kommt:

15 Das Vermögen des Reichen ist seine befestigte Stadt,
das Verderben der Dürftigen ihre Armut.
16 Der Erwerb des Gerechten führt zum Leben,
der Ertrag des Frevlers zur Sünde.

Bei alledem ergibt sich nun, dass es im thematisch bunten Gewebe der Einheit V. 8-17 viele Fäden gibt; doch dürfte das Thema des Redens vorherrschend sein. So kann die Kraft des Mundes, eingespannt in den Gegensätzen von Weisen und Toren, Gerechten und Frevlern, Reichen und Armen ihnen jeweils Leben oder Tod auswirken; durch den Mund wird das Wesen des Menschen charakterisiert, und durch ihn beeinflusst der Mensch sein Heil – oder sein eigenes Verderben.

Neben den nun erwähnten Themen finden sich auch andere Themen und Ausdrucksweisen. Am Anfang (V. 8-9) gibt es ethisch-religiöse Aspekte, die den vorangehenden V. 6-7 nahe kommen, so wenn der Weise die „Gebote (*miṣwoṯ*) annimmt" (V. 8 a), oder wenn von demjenigen die Rede ist, der „in Lauterkeit (*battom*) wandelt" und dabei „sicher geht" (V. 9 a; vgl. V. 29; 13,6), oder auch wenn der Antitypus „seine Wege verkehrt" und dadurch „ertappt wird" (V. 9 b). So geht es um Sicherung versus Zerstörung des Lebens, was für die Weisheit eine basale Angelegenheit war.

Das Thema des Redens wird in V. 18-21 noch fortgesetzt; das zeigt der Gebrauch von „Lippen" im V. 18 a, wo es nun „lügnerische Lippen" heißt, und im V. 19 b, wo es in einem erweiterten Chiasmus vom „klugen" (*maśkîl*; vgl. V. 5 a) „Zügeln der Lippen" handelt, sowie im 21 a (nun: die „Lippen des Gerechten") und dazu noch die Rede von der „Zunge (*lāšôn*) des Gerechten",

---

50 Vgl. Wildeboer 32, der V. 15 b übersetzt: „Und die Armut der Dürftigen ist ihre Zerschmetterung".

die als „erlesenes Silber“ gepriesen wird (V. 20 a).[51] Zudem hat diese Einheit gewissermaßen auch eine weisheitsgeprägte Rahmung, und zwar in V. 18 b und V. 21 b, wo von Toren die Rede ist, so besonders im V. 21 b, wo von den „Toren“ gesagt ist, dass sie einen verhängnisvollen „Mangel an Verstand“ (*ḥ^a^sar-leḇ*; vgl. V. 13 b) haben, der sie töten wird. Wenn zudem der „Gerechte“ (*ṣaddîq*) den Gegensatz dazu ausmacht, dessen Lippen „viele weidet“ (V. 21 a; vgl. auch V. 20 a und, im antithetischen Parallel dazu, die „Frevler“, V. 20 b), mag die Nähe der Gegensatzpaare Weiser/Tor und Gerechte/Frevler zu einander hier wieder klar auf der Hand liegen. Aus alledem dürfte hervorgehen, wie erheblich die Anwendungsmöglichkeiten der einzelnen Sprüche sind; sie lassen sich in recht verschiedene Kontexte einordnen.

Wiedermal dreht sich die Szene, wenn im V. 22 das Thema von Arbeit und Reichtum zum dritten Mal aufgegriffen wird, wobei ein weiter Bogen nun zum V. 4 gespannt ist. An beiden Enden wird nach den Gründen des Reichtums gesucht, aber die Antworten ändern sich sehr. Die mehrmalige Drehung von der neutralen Erklärung alltäglicher Ursachen von Armut und Reichtum am Anfang, V. 4–5, über ihre schicksalsschweren Folgen, die den verschiedenen Gruppen von Menschen erfahrungsgemäß erwarten, V. 15–16, zu ihrer ausschließlich ethisch-religiösen Deutung hier, V. 22, die einigermaßen mit dem Rahmen um V. 4–5 in V. 2–3 und 6–7 übereinstimmt, aber theologisch noch eindeutiger formuliert ist (vgl. Ps 127, 1–2; Sir 11, 22), führt also am Ende zu einer Interpretation, die eine scharfe Korrektur der anfänglichen neutralen Deutung des Erfahrungswissen (V. 4–5) bedeutet, wenn es nun heißt:

Der *Segen Jahwes* ist es, der reich macht,
und neben ihm fügt eigene Mühe nichts hinzu.

Dabei fällt allerdings auf, dass hier nur auf den Reichtum und nicht auf die Armut Bezug genommen ist, und dass sonst im Kapitel Armut wie Reichtum (anders als in 14, 31 und 17, 5) einfach als erfahrene Tatsachen hingenommen werden, ohne dass etwa zum Helfen der Armen aufgefordert wird (vgl. Ex 23, 6; Lev 25, 35 ff oder Dtn 15, 4–11).

Nach dem einleitenden V. 1 sind die Themen von Arm und Reich (V. 2–7; 15–16; 22) sowie vom Reden (V. 8–17; 18–21) mehrmals mit einander gewechselt; das ändert sich aber etwas mit dem nächsten längeren Abschnitt, V. 23–32; denn hier kommen mehrere und andere Themen zur Sprache. Auch dieser Abschnitt scheint weithin von Spruchpaaren aufgebaut zu sein, und zwar in V. 24–25, V. 27–28, V. 29–30 und V. 31–32, die alle die Rede vom Gegensatz Gerechte/Frevler als verbindendes Stichwort haben. Wie die vorigen Einheiten trägt dieser Abschnitt genauso einen weisheitlichen Rahmen, indem der Abschluss (V. 31–32), der auch von der „Weisheit“ geprägt ist, verbindet nicht nur mit V. 23, sondern dazu noch mit dem Anfang des Kapitels. In diesem recht komplexen Abschnitt fällt vor allem V. 26 auf, der

[51] Vgl. Bühlmann, ebd. 38–42. 136 f.

vielleicht als eine Bezugnahme auf V. 4 gemeint sein mag. Durch einen Doppelvergleich (V. 26 a) stellt der empirische Spruch den „Faulen" (*ʿāṣel*)[52] als eine Person heraus, die sich seinen Auftragsgebern nicht als wirksam und zuverlässig erweist. Im Übrigen scheint an dem einleitenden V. 23 formal und inhaltlich ein Dreifaches zu beachten: erstens ist der syntaktische Übergang vom Kolon A zum B elliptisch (so auch in V. 25 und 29); zweitens ist die Einheit einmalig durch ein vorangestelltes und dadurch herausgehobenes Wort der Freude: „(wie ein) Vergnügen" (*śᵉḥôq*, sonst ‚Lachen', vgl. 14, 13) eröffnet, und zwar hat – im Gegensatz zur entarteten Freude des Toren – der „Einsichtsvolle" sein „Vergnügen" an der Weisheit (vgl. V. 28 a, und dazu die Freude am Gesetz in Ps 1, 2; 19B; 119, 24. 77. 92. 143. 174, auch V. 97. 165); und drittens darf der Gebrauch des starken Worts „Schandtat" ([*ʿaśôṯ*] *zimmâ*, vgl. 21, 27 u. etwa Ri 20, 6) in Bezug auf den Toren eine Verbindung zum Folgenden zu haben, wenn da das verwandte Lexem „Frevler" mehrmals verwendet wird (sg./pl. V. 24–25; 27–28; 30; vgl. 29 mit dem stärkeren Synonym *poʿalē ʾāwän* „Übeltäter"). So ist das wichtigste Begriffspaar dieses Abschnitts der Gegensatz von „Gerechten" (sg./pl. 24–25; 28; 30) und „Frevlern" (vgl. noch V. 2–3; 6–7; 11). Dabei werden die Gerechten – anders als die Frevler – auch beim Unerwarteten und Unberechenbaren, wie „wenn der Sturm darüberfährt", Bestand haben (V. 25; 30; vgl. 22, 3). Schließlich ist der Abschnitt vom Jahwe-Glauben theologisch geprägt; dabei fällt auf, dass „die Furcht vor Jahwe" (*yirʾaṯ YHWH*), die in Sammlung I auf die Weisheit bezogen war (vgl. 1, 7; 9, 10), hier für die Lebenslänge bedeutsam ist, denn sie „vermehrt die Tage", während für den Frevler die Jahre „verkürzt" werden (V. 27). Die Gerechten können froh „harren", während für die Frevler die „Hoffnung" (*tiqwâ*) zunichte wird (V. 28); das Tun und „der Weg Jahwes" meint einen „Schutzwehr für Lauterkeit" (*māʿôz lattom*), für den Frevler aber „Verderben" (V. 29). So sind in den V. 23–30 auf verschiedene Weisen wichtige Fäden der weisen Anliegen gesammelt.

Am Ende wird im letzten Spruchpaar V. 31–32 das Thema des Redens an Hand von „Mund" – „Zunge" – „Lippen" – „Mund", in annähernd chiastischer Weise, wieder und abschließend aufgenommen, wobei die Hauptsache wohl ist, dass im Gegensatz zum Tun des Frevlers nun „der Mund des Gerechten" Weisheit hervorbringt, indem er – mit einem bemerkenswerten metaphorischem Wechsel – wie ein Baum die „Weisheit sprießen lässt" (V. 31 a).[53]

Aufs Ganze gesehen stellt Kapitel 10 eine sehr bemerkenswerte Großkomposition dar. Es macht ein kunstvolles Geflecht verschiedener Hauptthemen aus, wobei es auch die Bedeutung des hermeneutischen Zirkels von Ganzheit und Teil demonstriert. Das Kapitel darf, wie schon erwähnt, getrost als eine Einführung zum Folgenden gelten, zumal es mehrere wichtige Fäden sammelt. Die Bausteine sind dabei die einzelnen Sprüche, die aber gewiss nicht

---

[52] Die relativ vielen Belege des Wortfelds des ‚Faulen' kommen nur im Spruchbuch vor, vgl. etwa 6, 6–9; 13, 4; 15, 9; 26, 13–16 (s. HAL 822 a).

[53] Vgl. Bühlmann, ebd. 303–306.

simpel – oder gar zufällig – zusammengestellt worden sind; Teilsammlungen wie Endsammlung lassen vielmehr eine gezielte Gestaltung und Redaktion erkennen. Im Fokus stehen die gegensätzlichen Typen der Gerechten und Frevler sowie die der Weisen und Toren; sonst kehren Variationen der Themen von Reichtum und Armut sowie vom klugen bzw. törichten Reden mehrmals wieder, und im letzten Fall lässt sich das alte Ideal des wortkundigen und schweigsamen Weisen ahnen. Die bei aller Gegensätzlichkeit entscheidende Perspektive scheint aber die existenzielle von Leben und Tod der Menschen zu sein; sie ist durch die ethisch-religiöse Deutung und Beschlagnahme des Spruchgutes durch den Jahwe-Glauben noch wesentlich erweitert und vertieft worden.

11, 1–31: Gerechtigkeit rettet vom Tode

1 Falsche Waagschalen sind Jahwe ein Gräuel,
aber volles Gewicht hat sein Wohlgefallen.
2 Kommt Hochmut, kommt Schande;
aber bei den Bescheidenen ist Weisheit.
3 Die Lauterkeit der Aufrichtigen leitet sie,
aber die Falschheit der Treulosen vernichtet sie.
4 Vermögen nützt nichts am Tage des Zorns,
aber Gerechtigkeit rettet vom Tode.
5 Die Gerechtigkeit des Redlichen ebnet seinen Weg,
aber durch eigene Freveltat fällt der Frevler.
6 Die Gerechtigkeit der Aufrichtigen rettet sie,
aber durch Gier werden die Treulosen gefangen.
7 Wenn ein frevelhafter Mensch stirbt, vergeht die Hoffnung,[54]
und die trügerische Hoffnung wird zunichte.
8 Der Gerechte wird aus der Not gerettet,
aber der Frevler kommt an seine Stelle.
9 Durch den Mund verdirbt der Ruchlose seinen Nächsten,
aber die Gerechten werden durch Erkenntnis gerettet.
10 Durch den Wohlstand der Gerechten freut sich die Stadt,
und durch den Untergang der Frevler bricht Jubel aus;
11 durch den Segen der Aufrichtigen kommt eine Stadt hoch,
aber durch den Mund der Frevler wird sie eingerissen.
12 Wer seinen Nächsten verächtlich macht, ist ohne Verstand;
aber ein einsichtsvoller Mann schweigt.

---

[54] MT des ganzen Verses ist schwierig (s. u. a. Plöger 133; Meinhold 187 f); G hat den Sinn positiv wiedergegeben („Wenn ein gerechter Mensch stirbt, vergeht nicht die Hoffnung“); öfter werden Streichungen vorgeschlagen (s. BHS), etwa von *rāšāʿ* ‚Frevler‘ (vgl. McKane 439 f; BHQ 40*) oder *ʾāḏām* ‚Mensch‘ (vgl. Gemser 54; Fox 533 f). Vielleicht mag eine Kontamination zweier Lesarten zum überladenen Text geführt haben.

13 Wer als Verleumder herumgeht, deckt Geheimes auf;
aber der Zuverlässige hält eine Sache geheim.
14 Wenn es an Führung[55] fehlt, geht ein Volk zugrunde;
aber Rettung ist dort, wo viele Ratgeber sind.
15 Dem ergeht es übel, der für einen Fremden bürgt;
aber wer Handschlag hasst, ist sicher.
16 Eine anmutige Frau erlangt Ehre,
aber die Gewalthaber gewinnen Reichtum.[56]
17 Sich selbst tut wohl, wer ein liebreicher Mann ist;
aber ein Grausamer zerstört seinen eigenen Leib.
18 Ein Frevler erwirbt trügerischen Gewinn,
aber wer Gerechtigkeit sät, einen sicheren Lohn.
19 Gewiss,[57] Gerechtigkeit führt zum Leben,
aber wer Bösem nachjagt, zu seinem Tod.
20 Ein Gräuel für Jahwe sind die mit einem falschen Herzen,
aber sein Wohlgefallen haben diejenigen, die redlich wandeln.
21 Hand auf Hand,[58] der Böse bleibt nicht ungestraft,
aber das Geschlecht der Gerechten entkommt.
22 Ein goldener Ring im Rüssel eines Schweines
ist eine schöne Frau ohne Geschmack.
23 Das Begehren der Gerechten hat nur Gutes gern;
die Hoffnung der Frevler ist Zorn.
24 Einer gibt reichlich und bekommt immer mehr;
ein anderer spart über Gebühr und hat nur Verlust.
25 Wer gerne segnet, wird gesättigt;
und wer andere erquickt, wird selbst erquickt.[59]
26 Wer Getreide zurückhält, den verfluchen die Leute;
aber Segen aufs Haupt dessen, der Getreide verkauft!
27 Wer Gutes erstrebt, sucht Wohlgefallen;[60]
aber wer auf Böses bedacht ist, den wird es treffen.

---

[55] In Bezug auf *taḥbulôṯ* s.o. zu 1, 5.

[56] G fügt jedem Stichos einen neuen, antithetischen hinzu, s. BHS; der so erweiterte Text wird von einigen Kommentaren, wie Gemser oder Ringgren, aufgenommen, aber nicht – mit Recht – von den meisten neuern, vgl. etwa McKane, Plöger, Meinhold, Scherer, ebd. 73. MT *ʿārîṣîm* ist zu behalten, s. HAL 837; BHQ 41*.

[57] Die seltene und schwierige Form *ken* (mit maqqef), die hier kaum das Adverb *ken* II ausmacht (vgl. HAL 459 b; Krispenz, ebd. 52; anders Meinhold 193), könnte vielleicht von qal *kûn* ‚fest sein', und zwar mit trans. Funktion, hergeleitet werden (vgl. Hi 31, 15; GK § 72 cc; Gemser 56; K. Koch, ThWAT IV, 95–107, bes. 101); doch käme hier eher *ken* I ‚richtig/recht' in Frage, und dann im bestätigenden Sinn als ‚gewiss' (s. HAL ebd.); sonst BHQ.

[58] Wohl eine „Bekräftigungsformel": „Gewiss!" (sonst 16, 5); vgl. Plöger 134. 187; Fox 539.

[59] Zur antithetischen Form bei G und S vgl. Plöger 134; Fox 991, auch 543; s. sonst zum Text BHS; BHQ 41*.

[60] Die Kurzformulierung mag das Wohlgefallen Gottes meinen; vgl. 11, 1. 20; 12, 2. 22; 15, 8; s. sonst BHQ.

28 **Wer auf seinen Reichtum vertraut, kommt zu Fall;**
aber wie Laub sprossen die Gerechten.
29 **Wer sein Haus vernachlässigt, wird Wind erben;**
und Knecht wird ein Tor bei dem, der weisen Sinns ist.
30 **Die Frucht des Gerechten ist ein Baum des Lebens;**
und wer Seelen gewinnt, ist weise.[61]
31 **Wenn dem Gerechten auf Erden vergolten wird,**
wie viel mehr dem Frevler und Sünder!

Lit.: G. Boström, Paronomasi (1928), 127–133. – M. Anbar, Proverbes 11,21; 16,5 ..., Bib. 53 (1972) 537–538. – R.G. Bratcher, A Translator's Note on Proverbs 11,30, Bible Translator 34 (1984) 337–338. – J. Hausmann, Menschenbild (1995), pass. – K.M. Heim, Like Grapes of Gold, 134–146; Ders., A Closer Look at the Pig in Proverbs xi 22, VT 58 (2008) 13–27. – W.H. Irwin, The Metaphor in Prov 11,30, Bib. 65 (1984) 97–100. – B. Janowski, Die Tat kehrt zum Täter zurück, ZThK 91 (1994) 247–271. – K. Koch, Art. *ṣdq*, THAT II, 507–530. – O. Plöger, Zur Auslegung der Sentenzen-Sammlungen des Proverbienbuches, in: FS von Rad (1971), 402–416. – A. Scherer, Das weise Wort, 72–94. – D. C. Snell, ‚Taking Souls' in Proverbs XI,30, VT 33 (1983) 362–365. – R. Scoralick, Einzelspruch, 161–181; 182–197. – R.N. Whybray, Composition, 96f.

Der Übergang vom 10. zum 11. Kapitel mag schwierig empfunden sein. Wenn Bombergiana Kap. 11 mit 10,32 anfangen lässt (s. BHS), darf es wohl daran liegen, dass sie in Bezug auf das Vorkommen des Lexems „Wohlgefallen" (*rāṣôn*) sowohl in 10,32 als auch in 11,1 als das Zeichen eines Zusammenhangs verstanden hat; aber das doppelte „Wohlgefallen" in 10,32 und 11,1 mag nur stichwortmäßig zwei Einheiten verbunden haben (vgl. Hermisson 175). Es gibt hier mehrfach Bezüge auf Kap. 10; und wie dort ist auch Kap. 11 durchgehend von Antithesen geprägt (Ausnahmen sind V. 7, 10, 16, 22, 25, 30–31).Wenn aber Scoralick (161–169. 182–197) an Hand einiger „Rückbezüge" in 11,1–7 auf Verse im Kap. 10 zunächst eine erste Großeinheit in 10,1–11,7 und demnächst eine zweite Großeinheit in 11,8–12,13 annimmt, reichen die ersten Querbezüge, etwa zwischen 10,2 und 11,4 oder zwischen 10,28 und 11,7, dafür kaum aus, diese größere Einheit zu begründen, zumal sie mit einer Abschnittsgrenze zwischen 11,7 und 8 in eine Spruchgruppierung, die vom Thema des Gegensatzes Gerechter/Frevler geprägt ist (11,4–11), eingreift. Zweitens scheint auch ihre nächste Großeinheit (11,8–12,13) in Konflikt mit dem thematischen Aufbau im Rest von Kap. 11 (wie mit dem Anfang von Kap. 12) zu geraten, wie unten noch zu erörtern wird. Dass die Vorschläge zur näheren Einteilung von Kap. 11 sonst recht vielerlei sind, dürfte wohl nur die große Komplexität des Kapitels zur Schau tragen. In dieser Lage mag allerdings die schlichte Beobachtung aufschlussreich sein, dass das Kapitel neben Einzelsprüchen noch mehrere Spruchgrup-

[61] Zum schwierigen Text s. BHQ; vgl. Plöger 134; Fox 545; sonst Snell, VT 1983, 362–365; Bratcher, Bible Translator 1984, 337f; Irwin, Biblica 1984, 97–100; neuerdings Heim, ebd. 145f (Exkurs).

pierungen enthält, dabei einige durch Stichwörter verbundene Spruchpaare.[62]
Inhaltlich heben sich die Themen des Gegensatzes Gerechter/Frevler und des
Redens sowie das Thema des Besitztums vor allem heraus.

Das Kapitel fängt mit zwei unterschiedlichen Einzelsprüchen an. Wenn der
einleitende Spruch aussagt, dass „falsche Waagschalen" ein „Gräuel Jahwes"
(*tôʿaḇat YHWH*) sind, während volles „Gewicht" (dafür *ʾäḇän* „[Gewicht-]
Stein') sein „Wohlgefallen" hat (V. 1), dann mag dieser erste Spruch, dessen
Thema auch sonst in dieser Sammlung vorkommt (16, 11; 20, 10. 23; vgl.
Amenemope 18, 4. 21–23), einer theologischen Sentenz gleichkommen, zumal diese Aussage auch der Rechtsverkündigung (vgl. Lev 19, 35–36;
Dtn 25, 13–16) sowie Worten der Propheten (vgl. Hos 12, 8; Am 8, 5; Mi 6, 11)
nahekommt. Wer sich aber „falscher Waagschalen" bedient, der wird auch als
Fälscher entlarvt, denn die Tat entschleiert den Täter; vor allem ist er Gott
ein „Gräuel" (vgl. V. 20; 12, 22; HAL 1570). Der folgende Spruch, V. 2, ist
ganz anderer und zudem komplexer Art. Kolon A stellt einen einzeiligen
Spruch dar, der aus zwei kurzen Sätzen mit Paronomasie besteht,[63] und der
eine eigene Größe ausmachen kann: „Kommt Hochmut/Übermut (*zāḏôn*),
so kommt Schande (*qālôn*)" (vgl. 16, 18). Diese allgemeine Erfahrung von
persönlichem ‚Aufgang und Fall' wird aber im zweiten Kolon dem Ideal der
Demut als Kontrast entgegengestellt (vgl. 3, 34; 6, 17; 13, 10), zumal die Weisheit bei den „Bescheidenen" zu finden ist, was wohl noch meinen könnte,
dass die Weisen die wahren Bescheidenen sind. Demnach sind die Gegensätze hier ‚Hochmut/Hybris' versus ‚Demut' und ‚Schande' versus ‚Weisheit' – oder indirekt gesagt: die Weisheit hätte vor der Schande retten können. In dieser Weise ist das empirische Sprichwort (V. 2 a) weisheitlich und
hermeneutisch erweitert worden (V. 2 b).

Der dritte Spruch, V. 3, fügt neue Aspekte und Antithesen hinzu. Nun besteht der Gegensatz zwischen der „Lauterkeit der Aufrichtigen" (*tummaṯ
yᵉšārîm*), die sie „leitet" (V. 3 a), und der „Falschheit der Treulosen" (*säläp
bôḡᵈîm*), die sie „vernichtet" (V. 3 b). Dabei ließe sich wohl die „Falschheit"
auf die „falschen Waagschalen" im V. 1 a beziehen, wobei V. 3 mit V. 1–2 als
einen weiteren einführenden Vers verstanden werden könnte; doch dürfte
sich der Gegensatz von „Aufrichtigen" und „Treulosen" wohl eher mit dem
folgenden Gerechte/Frevler-Gegensatz verbinden. Positiv geht es im V. 3 a
um die „Lauterkeit der Aufrichtigen"; bei diesem Genitiv wird den einzelnen
„Aufrichtigen/Redlichen" (*yāšār/yᵉšārîm*) ein Wesen und Wandel in „Lauterkeit", d. h. in ‚Ganzheit/Vollkommenheit/Redlichkeit' (*tom; tummâ*), vor-
gehalten. Demgegenüber kommt der „vernichtende" Tun-Ergehen-Zusammenhang der „Falschheit der Treulosen" im V. 3 b noch stärker zum

---

[62] Zu Paronomasien und Stichwörtern vgl. Boström, ebd. 118–119. 127–133; Scoralick, ebd.
128. 180–189; Murphy (1998) 65 f; Krispenz, ebd.165 f; aus den gängigen Listen dürfen (mit Stichwort) erwähnt werden: V. 16–17 (Frau/Mann), 18–19 (Gerechtigkeit), 23–24 (*ʾaḵ* „nur"), 25–26
(Segen); doch werden sie noch zu erörtern sein.

[63] Vgl. Boström, ebd. 127; Meinhold 186; Heim, ebd. 135.

Ausdruck. Wie die zwei ersten Sprüche, trotz aller formaler und inhaltlicher Unterschiede, dürfte auch V. 3 von der Ehrlichkeit und Echtheit und Integrität des Menschen handeln; ansonsten dürfte dieser Vers, wie schon vermutet, vor allem mit den folgenden V. 4–11 zu verbinden sein. Dabei machen diese ersten Teile des Kapitels ein bemerkenswertes Geflecht aus.

Die sehr komplexe Versgruppierung 11,3–11, die sich nicht leicht einteilen lässt, ist nicht nur durch den vorherrschenden Gegensatz Gerechter/Frevler, sondern auch auf andere Weise mit Kap. 10 verwoben, so etwa durch das Verhältnis von V. 4 zu 10,2, wie sich noch ergeben wird, oder durch die Beziehung von V. 7 b zu 10,28 b.[64] Im Übrigen fällt an 11,3–11 ein Dreifaches auf. Erstens macht V. 6 mit der Antithese von „Aufrichtigen" und „Treulosen" eine wichtige Variante zum V. 3 aus, wobei diese Doppelung die große Verwendbarkeit eines Einzelspruchs zeigen mag – vielleicht auch das Spiel der Formulierungskunst der Weisen. Zweitens fällt der mittlere V. 7 mehrfach auf; wegen seiner Länge hat sich dieser Vers schon textlich als schwierig erwiesen; dazu weicht er auch darin vom Kontext ab, dass er keinen antithetischen Parallelismus aufweist, sondern in beiden Kola geht es um die „trügerische Hoffnung" des Frevlers; im Übrigen scheint V. 7 die Einheit in zwei Hälften von je vier Versen zu trennen, denn in V. 3–6 werden Abstrakta, und zwar „Lauterkeit" (V. 3 a; s. o.), „Gerechtigkeit" (*ṣᵉḏāqâ*; V. 4 b; 5 a; 6 a), mit den Gegenbegriffen „Falschheit" (V. 3 b; s. o.), „Freveltat" (*rišʿâ*; V. 5 b) und „Gier" (*hawwâ*; V. 6 b; vgl. 10,3), verwendet, während in V. 8–11 der Gegensatz von Gerechten und Frevlern als Personengruppen vorherrscht; dabei ist vom „Gerechten" als Individuum in V. 8 a (sg. *ṣaddîq*) und als Gruppe in V. 9 b und 10 a (pl. *ṣaddîqîm*) die Rede; darauf wechselt V. 11 a zu den wohl synonymen „Aufrichtigen" (vgl. V. 3; 6), was vielleicht auch als eine Abrundung der Kleineinheit gemeint sein könnte. Demgegenüber tritt der „Frevler" sowohl als Einzelner (sg. *rāšāʿ*; V. 8 b, vgl. 5 b) wie auch als Gruppe (pl. *rᵉšāʿîm*; V. 10 b; 11 b) auf und wird im V. 9 a durch die synonymen „Ruchlosen/Gottlosen" (*ḥānēp̄*) ausgewechselt. So ist diese recht verflochtene Einheit durch eine Reihenbildung von Abstrakta und Personenworten sowie von Synonymen und Antonymen, die sich noch mit Kap. 10 verbinden lassen, gekennzeichnet und lässt sich somit gewissermaßen auch als eine thematische Einheit auffassen. Drittens macht sich das im Kap. 10 noch stärker hervortretende Thema des Redens bzw. Zweigens in den drei letzten Versen (9–11) merkbar; und wenn dieses Thema in den folgenden Versen (12–14 bzw. 15) noch fortgesetzt wird, könnte diese Überschneidung der Themen des Gegensatzes Gerechte/Frevler sowie des Redens und Zweigens zur Kettung oder Verflechtung zweier thematischen Einheiten beigetragen haben.

Darüber hinaus fällt der Anfang der Einheit 11,3–11 dadurch auf, dass V. 4, wie erwähnt, mit 10,2 übereinstimmt, und zwar annähernd im Kolon A, und zwar mit derselben Verbalform, und im Kolon B ganz. Dabei entsteht eine

---

[64] Beides ist von Scoralick ausführlich erörtert worden; s. o.

Verbindung zum Kommentarteil der ersten Einheit im Kap. 10 (V. 2–7); an Stelle der „Schätze des Frevels“ im 10,2a heißt es aber hier allgemeiner: „Vermögen/Reichtum“ (*hôn*; V. 4aα). In 10,2a wurde der Wert der „Schätze“ durch „nützt nichts“ abgeschwächt; hier ist die negative Beschreibung der Lage durch die Zeitbestimmung „am Tage des Zorns“ eher verschärft (V. 4a), zumal sie durch das parallele Glied (V. 4b) als ein Synonym zum „Tod“ verstanden werden kann. In beiden Fällen (10,2b und 11,4b) ist es die „Gerechtigkeit“ (*ṣᵉḏāqâ*), die „vom Tode rettet“ (*taṣṣîl*, hif. von *nṣl* ‚herausreißen/retten‘). Das Verb „retten“ scheint auch sonst im Kap. 11 wichtig zu sein, denn es kommt noch im V. 6a vor (*taṣṣîl*), und zwar mit „Gerechtigkeit der Aufrichtigen“ als Subjekt, sowie im V. 8a, wo der Gerechte „aus der Not gerettet (*miṣṣārâ näḥᵃlāṣ*, nif. von *ḥlṣ*)“ wird, und endlich im V. 9b, wo die Gerechten „durch Erkenntnis (*bᵉḏaʿaṯ*) gerettet (*ḥlṣ*)“ werden. Es geht also um die ‚Rettung‘ des Menschen, was den Sinn der Sicherung des Lebens wohl mit einschließt; und dabei sind sowohl Gerechtigkeit und Erkenntnis als auch das Tun des Einzelnen für das persönliche Ergehen entscheidend (V. 5–6). Das ist aber nicht zum Einzelnen begrenzt, sondern hat auch weitere soziale Folgen, und zwar zunächst für den Nächsten (V. 9a) und sodann für die größere Gemeinschaft der Stadt; denn das „Wohlergehen der Gerechten“ und der „Segen der Aufrichtigen“ bringt die Stadt hoch und schafft in ihr Jubel, während die Frevler sich nur an dem Untergang der Stadt freuen können (V. 10–11). Dabei dürfte der sonst übliche Individualismus der Lehre der Weisen hier sozialethisch gebrochen und erweitert worden sein.

Das Thema der ‚Gerechtigkeit‘ sowie der ‚Gerechten‘ und der ‚Frevler‘ wird – vom V. 22 unterbrochen – zudem noch in V. 18–23 und in den abschließenden V. 30–31, die allerdings nicht die übliche Antithetik aufweisen, fortgeführt. War im V. 6b vom „Gier der Treulosen“ (*hawwaṯ boḡḏîm*; vgl. V. 3b) die Rede, geht es im V. 18a um den „trügerischen Gewinn“ des Frevlers, was den negativen Charakter seines Tuns aufdeckt; und wenn der Frevler „Bösem nachjagt“, führt das zu seinem Tod (V. 19b), denn es wird versichert: „der Böse bleibt nicht ungestraft“ (V. 21), sondern er wird von seinem bösen Benehmen eingeholt; so wird seine Hoffnung nur „Zorn“ (*ʿäḇrâ*) ergeben (V. 23b). Entgegen diesem völlig negativen Bild des „Bösen“ wird in einem positiven Tun-Ergehen-Zusammenhang von der ‚Gerechtigkeit‘ einmalig metaphorisch gesagt, dass „wer Gerechtigkeit sät“,[65] „einen sicheren Lohn“ erwerben wird (V. 18b; vgl. V. 23a); diese „zukunftsträchtige Saat“ (Koch, THAT II, 524) wird kaum auf das Nachkommen, sondern eher auf das gute Tun des Gerechten zu beziehen sein, das sich „sicher/wahrhaftig“ (*ʾᵉmäṯ*) lohnen wird; dabei ist vor allem wichtig, dass die Gerechtigkeit „zum Leben

[65] Die Formulierung ‚Gerechtigkeit sähen‘ ist einmalig und schwierig (G hat V. 18b mit V. 21b assimiliert – und umgekehrt, vgl. BHS; BHQ); die Sache kommt aber sonst verschiedentlich zum Ausdruck, und in der aus dem Agrarleben herstammenden Metaphorik gehört das ‚Sähen‘ naturgemäß mit dem ‚Ernten‘ zusammen; vgl. etwa Hos 10,12–13 Ps 126,5; auch Gal 6,7; der Gegensatz ist ‚Unrecht (*ʿawlâ*) sähen‘ – und Unheil ernten (22,8a; vgl. Hi 4,8).

führt“ (V. 19 a, vgl. V. 21 b; 10, 16 a), was wiederum einen positiven Gegenstück zum V. 4 b (vgl. 10, 2 b) bildet. Der Sinn des im V. 23 a kurz gefassten „Begehren der Gerechten“ (*ta'ᵃwaṯ ṣaddîqîm*; vgl. 10, 24 b) dürfte sodann nicht resultativ, wie oft angenommen (vgl. etwa Meinhold 197), sondern intentional aufzufassen sein (vgl. Fox 541), wobei die Gerechten „nur Gutes“ (*'aḵ-ṭôḇ*) begehren. Darüber hinaus enthält dieser Abschnitt nicht unerwartet eine Jahwe-Aussage (V. 20). Diese Aussage in der Mitte verbindet mit dem Anfang des Kapitels; sie entspricht V. 1, ist aber allgemeiner formuliert, wenn es nun „die mit einem falschen Herzen“ sind, die den „Gräuel für Jahwe“ ausmachen, während Jahwes „Wohlgefallen“ (V. 20 b; vgl. V. 1 und 27) denen gilt, „die redlich wandeln“ (*tᵉmîmḏ däräḵ*; vgl. V. 3 a). Dabei dürfte der theologische Charakter der Aussagen über die „Gerechtigkeit“ (V. 4–6 und 18–19) sowie des Gegensatzes Gerechte/Frevler wesentlich gestärkt sein, indem der Bezug auf Jahwe direkter ausgesprochen ist. Es geht also einerseits um die Taten des Gerechten bzw. des Frevlers sowie auch die schicksalsschweren Folgen ihren jeweiligen Tuns und andererseits um Jahwes „Wohlgefallen“, das zu gewinnen sei, und auch darum, dem „Gräuel für Jahwe“ zu entgehen.[66]

Im letzten Abschnitt zum Thema sind die zusammengehörenden Verse 30–31 etwas ungleich gestaltet, so auch die zwei Kola im V. 30. In diesem Vers geht es nicht um die obigen Antitypen, sondern die Form der zwei Verse scheint subtiler zu sein, wie sich noch zeigen wird. Im Fokus steht der „Gerechte“ (V. 30 a) sowie, im synonymen Parallelglied, der „Weise“ (V. 30 b). Von dem „Gerechten“ ist – recht auffallend – eine doppelte metaphorische Aussage gemacht worden, indem zunächst von der „Frucht des Gerechten“ (*pᵉrî-ṣaddîq*) die Rede ist (V. 30 aα), worauf gleich darauf die „Frucht“ einem „Baum des Lebens“ (*ʿeṣ ḥayyîm*) gleichgestellt wird (V. 30 aβ; vgl. 3, 18). Der Sinn dieser metaphorisch überladenen – und vielleicht zusammenfassenden – Aussage über den „Gerechten“ mag wohl der sein, dass der „Gerechte“ eine lebenserneuernde Kraft besitzt, die auch anderen zugutekommen kann; das dürfte noch dem „Weisen“ nicht weniger gelten, der „Seelen – wohl im Sinne ‚Anhänger‘ – gewinnt“ (V. 30 b). Der abschließende V. 31 hat nicht den üblichen Gegensatz Gerechte/Frevler, sondern weist die seltene Form einer *a fortiori*-Argumentation auf, bei der V. 31 a den die Bedingung gebende Vordersatz ausmacht. Die einleitende Partikel *hen* hat dabei nicht, wie oft, den aufmerksam machenden Sinn „siehe!“, sondern den konditionalen „wenn“;[67] also, wenn es gelten darf, dass „dem Gerechten auf Erden vergolten wird“, dann wird das um so mehr für „Frevler und Sünder“ der Fall sein. Konnten

[66] S. vor allem Koch, etwa in THAT II, 507–530, bes. 523–525; vgl. nun u. a. die Bezugnahme Scherers auf die einschlägige reiche Literatur, ebd. 79–80, Anm. 38; zum „Wohlgefallen“/ „Gräuel“ vgl. Hausmann, ebd. 261–265.

[67] Die Funktion des einleitenden *hen* kann also zweierlei sein, entweder als Aufmerksamkeitspartikel „Siehe!“, die die Bedeutung des Folgenden hervorhebt (vgl. Plöger 133), oder auch als Konjunktion „wenn“, die den Bedingungssatz für die folgende *a fortiori*-Argumentation einführt (vgl. HAL 241; Ges[18] 281; Fox 546), was hier am nächsten liegen dürfte – wenn man nicht beides herausgehört habe.

die Kola von V. 30 nicht den gewohnten Gegensatz Gerechte/Frevler aufweisen, lässt sich wohl der ganze V. 31 als Gegensatz zum V. 30 verstehen, zumal das Hauptgewicht des Verses durch die *a fortiori*-Form eben auf die am Ende erwähnten „Frevler und Sünder" (V. 31 b) zu liegen kommt. Damit spitzt sich der Abschnitt – und das Kapitel – auf das tragische, doch selbstverschuldete Geschick der Frevler zu. Gewiss steht ihre „auf Erden" harrende Vergeltung für alle ihre Missetaten vorerst im Blickfeld, immerhin mag aber dieses Klimax des besonderen Abschlusses vielleicht auch eine trostreiche Vergewisserung gegen alle Theodizee-Anfechtung ausdrücken wollen: die „Frevler und Sünder" werden doch nicht das letzte Wort haben!

Während das Thema des Gegensatzes Gerechte/Frevler in seinen drei Teilen (V. 3–11; 18–21 + 23; 30–31) relativ ausführlich und kohärent durchgeführt ist, erscheint das zweite größere Thema des Kapitels, und zwar das des Redens (V. 9–11. 12–14; zum V. 15 s. u.), als kürzer – wenn etwa mit der breiteren Ausführung in 10,11–14. 18–21. 31–32 verglichen, und wohl auch als weniger distinkt; das mag teilweise daran liegen, dass das Thema des Redens in V. 9–11 mit dem Gegensatz Gerechte/Frevler verwoben ist. Dieser Abschnitt macht sonst ein kunstvolles Gewebe aus, und zwar dadurch, dass er von den Wendungen „Mund" des Ruchlosen (V. 9 a) und „Mund" der Frevler (V. 11 b) gerahmt sind, und dass alle seine sechs Kola von der Präp. *b*^{e} „durch" eingeleitet sind – was auch in der Übersetzung zum Ausdruck gebracht ist; dann kommt noch hinzu, dass V. 9 und 10 eine chiastische Form bilden, während V. 10–11 zwei teilweise analog gestaltete Parallelsprüche ausmachen, in denen der negative Kontrast erst im V. 11 b erscheint. Darüber hinaus lässt sich an der Darstellung der V. 9–14 ein Dreifaches beobachten. Erstens wird das Reden besonders mit dem Frevel verbunden, wie aus V. 9 a und 10 b sowie dem Kolon B des den V. 10 begründenden V. 11 hervorgeht (vgl. noch V. 12–13). Durch „den Segen der Aufrichtigen" im V. 11 a mag wohl auch ein Reden ausgedrückt sein – wenn das aber im Kontext nicht zu schmal wird; denn es ist dabei auffällig, dass es im V. 10 a parallel zur Aussage vom Segen um den „Wohlstand der Gerechten" geht; und beide Ausdrücke werden auf das Wohlergehen der Stadt bezogen. Dieser Bezug ist eben das zweite Merkmal dieser Verse; denn es ist ihnen eine sozialethische Ausrichtung auf kollektive Größen eigen, indem sie von Bezügen zum Nächsten (V. 9 a; 12 a) und, mit Steigerung, zum Kollektiv der Stadt (V. 10–11) und schließlich zur größten Gemeinschaft, nämlich der des Volkes (V. 14), geprägt sind. Drittens bringt diese Spruchgruppierung einen anderen wichtigen Aspekt des Redens hinein, und zwar den des weisen Schweigens (V. 12–13); denn zur klugen Kunst des rechten Redens gehörte auch die Kunst des Schweigens zur rechten Zeit, das nicht nur Besinnen und Überlegen voraussetzt, sondern vor allem „aus Respekt" vor dem Nächsten (V. 12 a) und „aus Gemeinschaftstreue" (V. 13 b) geschieht.[68] Wer das nicht versteht oder auch

[68] Vgl. Bühlmann, ebd. 213–257; zu 11,12–13 bes. 238–243. 251–255; sonst etwa Hausmann, ebd. 24. 212.

„als Verleumder herumgeht“ (V. 13 a), ist wirklich „ohne Verstand“; wer aber „schweigt“ (Vb. *ḥrš* II, hif., V. 12 b; vgl. 17, 28), ist dagegen „ein einsichtsvoller Mann“ (*'îš tᵉbûnôt*). Das Ideal des weisen Schweigers liegt auf der Hand.[69]

In V. 9–14, wie in 10, 11 a.14 b, kommt vor allem die große Macht des Redens zum Ausdruck. Denn „durch den Mund“ – und dies Mittel ist „durch die Voranstellung besonders betont“ – kann der Ruchlose seinen Nächsten „zerstören“ oder „absichtlich verderben“ (Vb. *šḥt*, hif.),[70] während die Gerechten im positiven Gegensatz dazu sich „durch Erkenntnis“ retten können (V. 9; vgl. V. 12 a); „durch den Mund“ der Frevler kann sogar eine Stadt „eingerissen“ werden (V. 11 b); sonst dürfte in dem freudigen Jubel über das Wohlergehen der Stadt (V. 10) wohl ein Reden vom resultativen Charakter vorliegen; sowohl die Gemeinschaft des Volks als auch die Staatsleitung (V. 14) haben „Führungskunst“ (*taḥbulôt*, V. 14 a; vgl. 1, 5; HAL 1581) nötig, und der König muss gute „Ratgeber“ (*yôʿeṣ*, V. 14 b; vgl. 15, 22; 24, 6) bei sich haben, die recht zu reden verstehen, um ihm kluge und rettende Ratschläge geben zu können – was übrigens die Geschichte von Ahithophel und Huschai in 2Sam 15–17 (vgl. 1Kön 12, 6–14) besonders gut illustriert.[71] So ist das rechte Reden und Schweigen auf allen Stufen der menschlichen Gesellschaft von aller größten Bedeutung.

Das dritte größere Thema ist das des Besitztums, das einigermaßen mit dem von Armut und Reichtum im Kap. 10 korrespondiert. Das Thema befindet sich zunächst im V. 4, der wie 10, 2 (und anders als 10, 15) eine negative Einschätzung des Vermögens ausspricht, und demnächst in der komplexen Einheit V. 24–29; sie bietet „in lockerer Aufeinanderfolge verwandte Aspekte“ (Plöger 141). Wie schon der vorangehende – und vielleicht überleitende – V. 23 a, drückt auch diese Einheit keine negative Haltung zum Besitztum aus, sondern scheint darin ihr Anliegen zu haben, dass sie „verwandte Aspekte“ eines ethisch rechten Verhaltens zum Eigentum vorbringt, damit eine verkehrte Haltung beim Gebrauch des Vermögens vermieden werden kann. Am Anfang (V. 24) sind zwei unterschiedliche Verhaltungsweisen als allgemeine Erfahrungen dargestellt, und über ihr gegenseitiges Verhältnis wird man wohl eine gewisse Verwunderung spüren können: „es gibt“ (*yeš*) einerseits einen, der „reichlich gibt“, aber „bekommt immer mehr“, und andererseits einen, der „über Gebühr spart“ und doch „nur Verlust“ hat. Die Spitze dieser paradoxen Doppelaussage darf beim Kolon B liegen, indem das geizige Sparen als etwas besonders Negatives an den Pranger gestellt wird; und im Folgenden bleibt noch der Geiz das negative Thema, das sodann durch verschiedene Beispiele entfaltet wird. Diese Entfaltung geschieht im Rahmen einer Reihe von Wer-Sätzen, die meist eine Partizipialform wieder-

[69] Vgl. etwa von Rad, Weisheit, 116–120.

[70] Vgl. Jenni, Pi'el, 260; HAL 1363 f; THAT II 891–894; Bühlmann, ebd. 295–298; das Zitat 296.

[71] Vgl. W. McKane, Prophets and Wise Men, London 1965, bes. 55–62; sonst HAL 343 f; Ges[18] 402 f.

geben (V. 25–29) und bezieht sich zunächst im V. 26 a auf einen unnötig zurückgehaltenen Verkauf von Getreide, während V. 28 a den – vielleicht ironischen – Sinn haben mag, dass ein Mensch, der einen Reichtum aufgespart hat,[72] sich doch nicht auf ihn verlassen oder so nicht sein Leben sichern kann, denn er „kommt zu Fall“; und im letzten V. 29, der keine antithetische Form hat, dürfte es nicht bloß um faules Versäumnis handeln, wenn jemand „sein Haus vernachlässigt“, sondern wohl auch darum, dass man sich „zur Armut sparen“ kann. Eine derartige Missachtung des eigenen Besitzes wird damit – vielleicht wiederum ironisch – ausgehängt; denn, wie es sprichwörtlich noch heißen kann, „Zuviel und Zuwenig verdirbt alles“; vielleicht steht das alte Ideal der *aurea mediocritas* im Hintergrund. Demgegenüber wird das Positive als Gegenstück zum Geiz dargestellt; dabei fällt auf, dass wie die listenartigen Wer-Sätze durch einen negativen Vers mit synthetischem Parallelismus abgeschlossen ist (V. 29), wird sie durch den ebenfalls synthetisch parallelen V. 25 mit kontrastierender Entsprechung positiv eingeleitet – wohl als Fortsetzung von V. 24 a. Dabei ist das Lexem ‚Segen‘ hervortretend, und zwar zunächst als Teil einer einmaligen Personenbeschreibung, die schwer zu wiedergeben ist: „ein Mensch (Seele/Gemüt) von Segen“ (*näp̄äš-berāḵâ*), was wohl die Meinung haben dürfte, dass einer das Gemüt hat oder dafür gesinnt ist, Segen/Segenswünsche auszusprechen bzw. Wohltat zu üben;[73] ein solcher Mensch wird selbst gesättigt werden (V. 25 a). Demnächst kommt das Wort als Segenswunsch über den vor, der – wie erhofft – Getreide verkauft (V. 26 b; vgl. die Joseph-Erzählung in Gen 41). Konnotativ verbunden mit dem religiösen Aspekt des Segens dürfte ferner das schwierige Kolon A von V. 27 sein, wenn da mit zwei verwandten Verben gesagt wird, dass „wer Gutes erstrebt (*šḥr* II), sucht (*bqš*) das (d. h. Jahwes) Wohlgefallen“ (vgl. V. 1; 20 sowie 10, 32 a), wobei das „Gute“ (*ṭôḇ*; vgl. V. 23 a) wohl als Antithese zum Frevel aufzufassen ist. Der metaphorische V. 28 b, wo von den „Gerechten“ gesagt wird, dass sie lebenskräftig „wie Laub sprossen“, verbindet sich wohl mit den obigen Aussagen über die „Gerechten“ sowie mit V. 30 a. Bei alledem sind das Negative des „Bösen“ (V. 27 b) und das Positive des „Guten“ (V. 23; 27) durch die Reihenbildung in V. (23–24)25–29 eng mit einander verflochten.

Endlich gibt es hier einige Einzelsprüche, die sich anscheinend nicht so leicht in den Kontext einordnen lassen, sondern mehr oder wenig ‚freistehend‘ sind.[74] Das dürfte etwa V. 15 gelten, der vom Bürgen handelt, das schon in 6, 1–5 ausführlicher besprochen wurde; hier kann aber das Reden als Element des Bürgens, und dann wohl im Sinne unbedachten Redens, den Anschluss des Verses an das Thema des Redens in V. 9–14 bewirkt haben. Vor allem scheinen die etwas unterschiedlichen Sprüche über die Frau in V. 16

---

[72] Vgl. noch das Sprichwort: „der Geiz wächst mit dem Geld“.

[73] Vgl. Scharbert, ThWAT I, 832, der den Ausdruck mit „eine Segen austeilende Person“ wiedergibt; vgl. HAL 154: „Segenswunsch“; Ges^{18} 180: eine „Wohltat“/„ein Wohltätiger“.

[74] Vgl. etwa Hermisson, Studien, 175.

und 22 ‚freistehend‘ zu sein; das Thema der Frau kam im ersten Hauptteil ausführlich zur Sprache, und dann vornehmlich in Bezug auf die „böse Frau“ (vgl. Kap. 5 und 7). Hier geht es aber zunächst positiv um die „anmutige Frau“ (*'ešät-ḥen*), die „Ehre (*kāḇôḏ*) erlangt“ (V. 16 a), und die den Gegensatz zu den „Gewalthabern“ bildet, die für sich „Reichtum (*ʿošär*) gewinnen“ (V. 16 b), wobei die Antithese von „Ehre“ und „Reichtum“ dem Letzten eine negative Note verleihen mag (vgl. 4 a). Anders ist der Spruch im V. 22 nur ironisch auf eine Frau bezogen, die zwar „schön“ (*yāp̄â*) ist, der aber entsprechende innere Qualitäten fehlen. Endlich scheint auch V. 17 isoliert zu sein, wenn er nicht eine Beziehung zur Thematik der V. 24–29 haben sollte, nun aber in Bezug auf die eigene Person, wobei sich das Wesen eines „liebreichen Mannes“, der „sich selbst (*nap̄šô*) wohl tut“, wie auch das des „Grausamen“, der sogar „seinen eigenen Leib (*šeʾerô*) zerstört“, durch das jeweilige Handeln entlarvt.

Nicht nur am Anfang, sondern auch im Rest des Kapitels sind mehrere Themen mit einander verwoben; das Kapitel macht also weithin ein Geflecht aus. Im Rahmen der dreigeteilten thematischen Einheit der Gerechte/Frevler-Problematik ist auf das Thema der *Gerechtigkeit* in Zentrum gestellt worden. Dabei geht es auch darum, auf der Grundlage eines reichen und bunten Erfahrungs- und Beobachtungsmaterials aus dem Leben und der Umwelt der Menschen eine *Ordnung*, d.h. eine gewisse Gesetzmäßigkeit, zu erkennen, die aber nicht als eigengesetzlich aufgefasst werden darf, insofern als die Ordnung von Jahwe gesetzt ist und in seiner Hand ruht, wie die Jahwe-Aussagen am Anfang und in der Mitte des Kapitels zum Ausdruck bringen.[75]

12, 1–28: Wer auf Rat hört, ist ein Weiser

1 **Wer Erziehung liebt, hat Erkenntnis lieb;**
aber wer Zurechtweisung hasst, ist ein Vieh.[76]
2 **Der Gute erlangt Wohlgefallen von Jahwe,**
aber den Ränkeschmied spricht er schuldig.
3 **Keinen Bestand hat ein Mensch durch Unrecht,**
aber die Wurzel der Gerechten wird nicht wanken.
4 **Eine tatkräftige Frau ist die Krone ihres Mannes,**
aber wie Fäulnis in seinen Gebeinen ist eine schändliche.
5 **Die Gedanken der Gerechten sind Recht,**
aber die bösen Pläne[77] **der Frevler Trug.**
6 **Die Worte der Frevler sind ein Lauern auf Blut,**
aber der Mund der Aufrichtigen rettet sie.

---

[75] S. die obige Forschungsübersicht zu Sammlung II; vgl. bes. von Rad, Weisheit, 102–130.

[76] Oder ‚viehisch‘ im Sinne von ‚unkultiviert, dumm sein‘; s. Ges[18] 165; HAL 140.

[77] So mit GesB 875; HAL 1581 hat „Erwägungen“; Meinhold, 202: „Steuerungskünste“; s.o. zu 1,5.

7 Wenn die Frevler stürzen, sind sie dahin;
aber das Haus der Gerechten bleibt stehen.
8 Gemäß seiner Klugheit wird ein Mann gelobt,
aber ein verkehrtes Herz verfällt der Verachtung.
9 Besser gering geachtet, aber mit eigenem Knecht,
als ein Wichtigtuer, der ohne Brot ist.
10 Der Gerechte kümmert sich um das Leben[78] seines Viehs,
aber das Innere der Frevler ist grausam.[79]
11 Wer seinen Acker bestellt, kann sich an Brot sättigen;
aber wer Nichtiges[80] nachjagt, dem fehlt es an Verstand.
12 Der Frevler begehrt die Bergfeste[81] der Bösen,
aber die Wurzel der Gerechten besteht.[82]
13 Im Vergehen der Lippen liegt eine böse Falle,
aber der Gerechte entkommt der Bedrängnis.
14 Von der Frucht seines Mundes wird ein Mann mit Gutem gesättigt,
und das Tun der Hände eines Menschen fällt auf ihn zurück.
15 Der Weg eines Toren erscheint in seinen Augen als richtig,
aber wer auf Rat hört, ist ein Weiser.
16 Ein Tor zeigt gar bald seinen Ärger,
aber wer Schmähung verbirgt, ist klug.
17 Wer Zuverlässiges redet, tut Rechtes kund,
aber ein falscher Zeuge Trug.
18 Es gibt den Schwätzer – er ist wie Schwertstiche;
aber die Zunge der Weisen bringt Heilung.
19 Wahrhaftige Lippe hat für immer Bestand,
aber eine falsche Zunge nur für einen Augenblick.
20 Trug ist im Herzen derer, die Böses ersinnen,
aber Freude bei denen, die zum Frieden raten.
21 Keinerlei Unheil trifft den Gerechten,
aber die Frevler sind voll von Unglück.
22 Ein Gräuel für Jahwe sind Lügenlippen,
aber die Wahrhaftigkeit üben, sein Wohlgefallen.
23 Ein kluger Mensch hält mit der Erkenntnis zurück,
aber das Herz der Toren schreit Narrheit aus.
24 Die Hand der Fleißigen wird herrschen,
aber eine lässige Hand wird fronpflichtig.

[78] Das Vb. *yāḏaʿ* ‚(er)kennen' drückt hier die Sorge um etwas aus; s. THAT I, 690; HAL 373 f, qal Pkt. 4.

[79] Vgl. Ges[18] 53; s. sonst 5, 9; 11, 17; 17, 11; 27, 4.

[80] S. BHQ; HAL 325 a.1146 b; Ges[18] 378; mit 28, 19 fast identisch.

[81] So mit HAL 588 a, *māṣôḏ** II; vgl. die nächste Anm.

[82] MT ist unsicher (BHS: „corruptum"), aber nicht sinnlos, vgl. Fox 553; zur ältesten Überlieferung s. BHQ 42*; vgl. Delitzsch 198 f; Wildeboer 37; Gemser 58, dagegen McKane 449 f; Plöger 146. 150 f; Scherer, ebd. 95 f; Heim, ebd. 149 f; zum auffälligen *yitten* „gibt" am Ende s. u.

25 **Kummer bedrückt das Herz eines Mannes,**
aber ein gutes Wort macht es froh.
26 **Der Gerechte hat es besser als sein Nächster,**[83]
aber der Weg der Frevler führt sie in die Irre.
27 **Ein Lässiger brät nicht sein Wild,**
aber ein fleißiger Mensch hat wertvolles Gut.[84]
28 **Auf dem Pfad der Gerechtigkeit ist Leben,**
auf eben dem Weg[85] **sei nicht der Tod!**

Lit.: G. Boström, Paronomasi (1928), 133–139. – M. Dahood, Immortality in Prov 12, 28, Bib. 41 (1960) 176–181. – Ders., The Hapax *ḥārak* in Prov 12, 27, Bib. 63 (1982) 60–62. – J.A. Emerton, A Note on Proverbs XII 26, ZAW 76 (1964) 191–193. – J. Hausmann, Menschenbild (1995), pass. – K.M. Heim, Like Grapes of Gold (2001), 147–159. – A. Scherer, Das weise Wort (1999), 95–119. – R. Scoralick, Einzelspruch, 182–218. – B. Vawter, Intimations of Immortality and the Old Testament, JBL 91 (1972) 158–171. – R.N. Whybray, Composition (1994), 86 f; 96 f. – I. Zolli, Prov 12, 27, Bib. 23 (1942) 165–169.

Das zwölfte Kapitel hat einen Aufbau, der im großen Ganzen dem der vorangehenden zwei Kapitel gleicht – hat aber doch „auffällige Besonderheiten" (gegen Plöger 147). So ist einerseits die antithetische Gegenüberstellung der Kola auch in diesem Kapitel vorherrschend; nur V. 9, der die komparative Form ‚besser als' (*ṭôḇ min*) aufweist, und V. 14, der mit etwas größerer Länge einen sog. synthetischen Parallelismus hat, sowie der abschließende V. 28, der denselben Parallelismus enthält, weichen vom Stil der Antithetik ab. Andererseits scheint die Dominanz der thematisch ‚freistehenden' Einzelsprüche hier etwas stärker als im Vorangehenden zu sein, so besonders am Anfang (V. 1–4) und am Ende des Kapitels (V. 21–28); sonst enthält auch dieses Kapitel einige durch Stichwörter verbundene Spruchpaare.[86]

Zudem liegen auch thematische Bezüge auf Kap. 10 und besonders auf Kap. 11 auf der Hand, so vor allem was das Thema des Gegensatzes Gerech-

---

[83] Die seltene Form *yāṯer* hat mehrfach Textänderungen hervorgerufen; G erweitert, vgl. BHQ 42*; T hat „besser als" (vgl. Ges[18] 515 f); Heim, ebd. 157: „has an advantage over his neighbour"; s. sonst Toy 260; Gemser 60; Ringgren 53; McKane 447 f; Plöger 147; Emerton, ZAW 1964.

[84] MT ist im ganzen Vers unsicher, auch syntaktisch, vgl. BHS; BHQ 42*; hap. leg. *ḥrk* mag mit der jüd. Tradition als ‚braten' verstanden werden, vgl. Meinhold 213; Scherer, ebd. 97; Heim, ebd. 157; Fox 559; das Abstr. *r*ᵉ*miyyâ* ‚Lässigkeit' lässt sich konkret auffassen, vgl. HAL 1160; zur Sache vgl. 19, 24.

[85] MT ist im V. 28 b doppelt auffällig und wird öfter geändert, so schon in G S T V, vgl. BHK; BHS; BHQ 42–43*; HAL 691; sonst etwa Plöger 147; McKane 451 f; Meinhold 214; doch erstens mag wohl *n*ᵉ*ṯîḇâ* ‚Pfad' (öfter poetisch für *däräḵ*) neben *däräḵ* ‚Weg' (sowie *'oraḥ* ‚Pfad', V. 28 a), vielleicht als eine Wahllesart entstanden (vgl. 8, 20), im Kontext als eine Verstärkung verstanden werden; und zweitens mag die Verneinungspart. *'al*, die gewöhnlich mit Jussiv verwendet wird, hier elliptisch konstruiert worden sein (vgl. die poetische Formulierung in 2Sam 1, 21).

[86] Zu Paronomasien und Stichwörtern vgl. Boström, ebd. 119. 133–139; Scoralick, ebd. 128. 189–215; Murphy (1998) 66; Krispenz, ebd.166 f; aus den gängigen Listen dürfen (mit Stichwort) erwähnt werden: V. 5–7 u. 12–13 (Gerechter/Frevler), 15–16 (Tor), 18–19 (Zunge); sie sind hier im Rahmen der Formanalyse zu beachten.

te/Frevler sowie das des Redens betrifft. Trotz einiger Inkohärenz lässt sich die thematische Einheit vom Gegensatz Gerechte/Frevler zu den V. 5–12 (vgl. dazu etwa 10, 2–3. 6–7; 11, 3–11) und die thematische Einheit des Themas des Redens zu den V. 13–20 (vgl. etwa 10, 11–14. 18–21; 11, 9–14) abgrenzen.[87] Diese zwei thematisch wichtigsten Einheiten haben je 8 Verse; dazu zeigen sie gewisse Anknüpfungspunkte zu den Einzelsprüchen in dem sie umgebenden Rahmen von V. 1–4 und 21–28 auf. Im Übrigen ist ihre Kohärenz einigermaßen aufgebrochen; es wurde schon erwähnt, dass V. 9 und V. 14 von ihrem jeweiligen Kontext abweichen; zudem haben beide Einheiten in ihrer Mitte einen weisheitlichen Einschlag, und zwar in V. 8 und in V. 15–16. Aufs Ganze gesehen ist das Kapitel komplex aufgebaut und seine Form zeigt weithin den Charakter eines kunstvollen Geflechts. Wie in den vorangehenden Kapiteln weichen nicht unerwartet die vielen und verschiedenen Versuche moderner Forscher an einer Einteilung des Kapitels sehr von einander ab. Wenn dabei etwa Scoralick (198–218) ihren „dritten Abschnitt" V. 12, 14–13, 13 nicht nur als eine größere Einheit, sondern die „Großgruppe" von 12, 14–13, 2 auch als „die Mitte" und „Knotenpunkt" von Kap. 10–15 nachweisen will, mag das wohl überraschen.

Von den ersten vier Versen, die unter sich sehr verschieden sind, dient vor allem V. 1 zur Eröffnung einer neuen Einheit (vgl. 10, 1; 13, 1), wird aber dabei durch die drei folgenden Verse ausgefüllt. Zunächst werden die weisheitlich wichtigen Begriffe „Erziehung" (*mûsār*, ‚Zucht', auch ‚Unterweisung')[88] und, parallel dazu, die „Zurechtweisung" (*tôkaḥat*) in den Vordergrund gestellt. Wenn sodann die Antithese mit konträren Verben formuliert ist, und zwar „Zurechtweisung hassen" versus „Erkenntnis lieben", und derjenige, der die „Zurechtweisung hasst", durch das schroffe Bild von „Vieh/viehisch" (*baʿar*) als ein „geistloser Mensch, Dummkopf" (Ges[18] 165; vgl. Ps 49, 21; 73, 22) gekennzeichnet wird, dann dürfte sein unerwähnter positiver Gegentypus, der „Erkenntnis liebt", der weise Schüler sein; die Erkenntnis ist nur durch Erziehung zu erhalten. Der demnächst folgende Spruch, der auf das „Wohlgefallen" Jahwes bezogen ist (V. 2; vgl. V. 22; 11, 1), ist theologisch geprägt; und das „Wohlgefallen" gilt in diesem Fall dem „Guten" (*ṭôḇ*), der wohl ein Synonym zum „Gerechten" (V. 3 b) ist. Sein negatives Gegenstück wird „Ränkeschmied" genannt, der ein Mann von bösen Plänen und Anschlägen (*'îš meᵉzimmôṯ*) ist;[89] er wird von Jahwe „schuldig gesprochen" (*ršʿ*, mit deklarativem hif.;[90] vgl. 17, 15). Im kunstvoll gebauten V. 3, der noch Assonanz und Chiasmus aufweist, geht es um das, was „Bestand hat", welches wohl die Sicherung des Lebens meint; und das geschieht nicht „durch Un-

---

[87] Hermisson, ebd. 176, und Meinhold 208 ff grenzen zu V. 13–23 (25) und Krispenz, ebd. 58–62, zu V. 15–23 ab.

[88] S.o. zu 1, 2. 8.

[89] Das Lexem *meᵉzimmâ* kann auch einen positiven Sinn haben; vgl. etwa 1, 4 oben, sonst HAL 536.

[90] Vgl. Jenni, Piʿel, 44.

recht“ (*bᵉrāšaʿ*). Wenn im Gegensatz dazu gesagt ist, dass „die Wurzel der Gerechten“ nicht „wanken“ wird (V. 3 b), so dürfte die recht auffällige Wahl des Wortes ‚Wurzel‘ als des Subjekts zum Verb „wanken“ wohl von seiner Assonanz mit dem vorangehenden „(durch) Unrecht“ (*rāšaʿ/šorāš*) bestimmt sein.[91] Mit dem ebenfalls chiastisch geformten V. 4 ändert sich wiederum das Thema, und nun zu dem der Frau, was wohl auch mit dem lebenssichernden „Bestand“ (V. 3 a) zu tun hat; denn antithetisch wird einerseits von der Frau gesagt, dass eine „tatkräftige/tüchtige Frau“ (*ʾešät-ḥayil*; vgl. 31, 10–31; Ruth 3, 11) die „Krone“ (*ʿaṭärät*) ihres Mannes ist, während andererseits eine „schändliche“ Frau (*mᵉbîšâ*; vgl. 10, 5; 13, 5; 14, 35; 17, 2; 19, 26) „wie Fäulnis/Morschheit (*rāqāb*) in seinen Gebeinen“ ist (vgl. 14, 30); es geht also dem Mann hier entweder um sein stabiles Ansehen oder um seinen Zusammenbruch und Ruin – und dabei ist eben die Wahl der Frau entscheidend. Es fällt allerdings auf, dass diese Charakterisierungen der Frau nur in Bezug auf den Mann erfolgen; in diesem Fall gab es also keine ‚Gleichstellung‘ der Frau, wie etwa in 1, 8; 10, 1.

Nach dieser weisheitlich und theologisch geprägten Einführung (V. 1–4) folgt die thematische Einheit vom Gegensatz Gerechte/Frevler in V. 5–12. Die Einheit ist mit den vorangehenden Versen nicht unverbunden; so hat sie, wie schon erwähnt, eine weisheitliche Prägung im V. 8 a (vgl. V. 1); von „Unrecht“ und vom „Gerechten“ war schon im V. 3 die Rede – was aber nicht zu bedeuten braucht, dass man die Einheit mit diesem Vers anzufangen hat, wie gelegentlich der Fall ist, denn die Einheit ist auch mit den V. 21, 26 und 28 am Ende des Rahmens des Kapitels thematisch verbunden; sonst fällt auf, dass V. 6 das demnächst folgende Thema, und zwar das des Redens (V. 13–20), einigermaßen vorwegnimmt; der erste Vers dieser Einheit (V. 13) mag vielleicht die Funktion eines beide Themen verklammernden Glieds haben.[92] In dieser Weise enthält die komplexe Einheit V. 5–12 verschiedene kontextuelle Bezüge, die zum Gewebe des Ganzen beigetragen haben. Die Hauptsache der Einheit bezieht sich aber auf das Wesen und das Tun der Gerechten und der Frevler und vor allem auf die durch ihr jeweiliges Tun ausgewirkten Folgen, die wie ihr ungleiches Tun auch entsprechend unterschiedlich sein werden. In den drei ersten Versen, V. 5–7, scheint wohl eine Steigerung intendiert zu sein, indem zunächst von den „Gedanken der Gerechten“ sowie den „Überlegungen/Plänen der Frevler“ die Rede ist (V. 5), demnächst von ihren „Worten“ und Ausführungen des Gedachten (V. 6), und schließlich von dem jeweiligen Ergebnis davon, und zwar dem Sturz der Frevler und, im Kontrast dazu, dem Bestand des „Hauses der Gerechten“ (V. 7); oder aber es heißt (V. 6 b), dass die „Aufrichtigen“ (*yᵉšārîm*) von ihrem Mund, also von ihrem rechten Reden, „gerettet“ werden (*nṣl* hif., vgl. 2, 12; 11, 6; 13, 3; 14, 3. 25) –

[91] Vgl. Boström, ebd. 133 f; Meinhold 205.

[92] Vgl. Scoralick, ebd. 183, die hier mit Recht eine „Stichwortverbindung von 12,12 und 13“ erkennt.

falls nicht das Objektsuffix „sie“ andere Personen im Blick haben sollte,[93] was doch unsicher bleibt.

Sodann erscheint, wie schon erwähnt, die Mitte der Einheit, V. 8–9, als etwas uneinheitlich; denn V. 8 a ist weisheitlich geprägt, während sich V. 8 b dem Hauptthema anfügt. Inhaltlich ist wohl hier das Entscheidende, dass der Gerechte nicht „verachtet“ (vgl. V. 8 b), sondern als ein Weiser geachtet wird, zumal der nächste Spruch (V. 9) eben von einem Geachtet-werden handelt; da geht es exemplarisch darum, dass einer, der wohl „gering geachtet“ wird, aber seinen „eigenen Knecht“ hat, doch besser als ein „Wichtigtuer“ auskommt, der wohl prahlt, aber nicht einmal das notwendige Brot besitzt (V. 9 b). In den drei letzten Versen, V. 10–12, mag ein ländlicher Hintergrund durchscheinen, ohne dass er für das kontextuelle Verständnis dieser Sprüche wesentlich bedeutet, denn die Hauptsache ist auch hier der Gegensatz Gerechte/Frevler. Zunächst lässt sich der Gegensatz dadurch erkennen, dass ein gerechter Mensch Sorge für andere trägt, so auch für die Tiere und für das Vieh, das sich in seiner Obhut befindet (V. 10 a; vgl. Dtn 11, 15; 25, 4);[94] dagegen zeigen die Frevler allgemein eine „grausame“ (*'ak̠zārî*) Gesinnung (V. 10 b; vgl. 5, 9; 11, 17). Wer seine Arbeit tut und als Bauer „seinen Acker bestellt“, der will auch Brot haben und ‚normal‘ leben können (V. 11 a; vgl. den Unterschied V. 9 b), und zwar im Gegensatz zum Unverständigen, dem „an Herz/Verstand fehlt“ (*ḥ^asar-leb̠*; vgl. 6, 32; 9; 4; 10, 13; 11, 12 u. ö.), und der nur „Nichtiges (*rêqîm*, ‚leere Dinge‘/‚Nichtiges‘) nachjagt“ (V. 11 b; vgl. 28, 19), der wird nichts haben (vgl. wiederum V. 9 b). Denn wie man sät, wird man ernten – zum Guten wie zum Bösen. Im V. 12, wo die Reihenfolge Frevler/Gerechter im Verhältnis zum V. 10 chiastisch umgekehrt ist, bietet der MT gewisse Schwierigkeiten, wie oben angezeigt. Der Sinn mag wohl darin liegen, dass der Frevler „die Bergfeste der Bösen (*m^eṣôd̠* [II] *rā'îm*, s. o.) begehrt“, oder daran sein Gefallen hat, was allerdings mehrdeutig sein kann. Entsprechend wird die Aussage über die „Wurzel der Gerechten“ im Kolon B etwas Positives für den Gerechten meinen, wenn auch die zugehörige Verbalform „gibt“ (*yitten*) schwer verständlich ist; doch wie in V. 3 b, wo die Konstruktion ebenfalls auffällig war, dürfte das Verb – vielleicht elliptisch – die bestehende Kraft der Wurzel, dass sie also Frucht bringen wird, verheißungsvoll ausdrücken (V. 12 b).[95] Dieser letzte Vers verbindet nicht nur mit V. 3 voran, sondern stichwortmäßig auch mit dem ersten Vers der nächsten Einheit, V. 13, wie oben erwähnt.

Die nächste thematische Einheit, V. 13–20, hat das rechte Reden und Schweigen zum Gegenstand.[96] Wie im Vorangehenden bezieht sich in einigen Fällen nur die eine Vershälfte eines Spruchs auf den thematischen Kontext;

---

[93] Vgl. Bühlmann, ebd. 298–302.

[94] Vgl. Meinhold 207; Fox 551 f.

[95] Vgl. 10, 24; 13, 10; auch Jes 11, 1; 37, 31 // 2Kön 19, 30; GesB 865; HAL 1531; Plöger 146; Meinhold 208.

[96] Vgl. Bühlmann, ebd. 302 u. ö.

nicht bezüglich in dieser Hinsicht sind V. 13 b, der mit dem vorigen Thema (in V. 5–12) verbindet, V. 14 b, der den Tun-Ergehen-Zusammenhang ausdrückt, V. 15 a, der die weisheitliche Antithese zu des Weisen „Hören auf Rat" ausmacht, und wohl auch V. 20 a, der den wichtigen Begriff „Trug" aus V. 17 b wiederaufnehmend nun die negative Antithese zum Kolon B bildet. Dazu hat die Einheit einen weisheitlichen Einschlag in V. 15–16, was aber kaum von ungefähr kommt; im Kolon A beider Verse ist der „Tor" (*'ᵃwîl*) erwähnt (V. 15 a; 16 a), ist aber im Kontext des Reden-Themas eher eine Nebenfigur, denn der Anknüpfungspunkt zu diesem Thema ist der „Weise", der „auf Rat hört" (V. 15 b), und der „Kluge", der versteht eine „Schmähung" zu verbergen, welches meint, zu rechter Zeit schweigen zu können; dabei erweist er sich als der weise Schweiger (vgl. 11, 12–13) – ein Thema, das zum rechten Reden gehört.

Das Thema des Redens wird vor allem von den Nomina „Lippen" (*śᵉpāṯayim*, V. 13 a) bzw. „Lippe" (sg. *śᵉpāṯ*, V. 19 a), „Mund (eines Mannes)" (*pî-'îš*, V. 14 a) und „Zunge" (*lāšôn*, V. 18 b; 19 b) sowie von den Verben „reden" (*yāpîᵃḥ*, V. 17 a; HAL 867 a), „hören" (*šomeᵃʿ*, V. 15 b) und den nahestehenden Nomina „Schwätzer" (Part. qal *bôṭäh*, V. 18 a) und „Zeuge" (*ʿeḏ*, V. 17 b) zusammengehalten. Dabei ist entscheidend, dass diese Lexeme im positiven oder negativen Sinne näher bestimmt werden, wobei die jeweilige Näherbestimmung als das wichtigere Element im Kontext erscheint, denn sie besagt, ob das Reden recht oder verkehrt sei. Im V. 13 a ist es eben das „Vergehen (*päšaʿ*) der Lippen", das die gefährliche „böse Falle" (*môqeš rāʿ*) auswirkt,[97] während im V. 14 a ein Mann von der „Frucht" seines Mundes „mit Gutem gesättigt" wird, und im V. 15 b das „hören auf Rat" ein Kennzeichen des Weisen ausdrückt. Besonders inhaltsschwer ist V. 17, wo es in gerichtlichen Wendungen um das zuverlässige, wahrhaftige Reden geht, das Rechtes (*ṣäḏäq*) kundtut,[98] während im Kontrast „ein falscher Zeuge" (*ʿeḏ šᵉqārîm* ‚Lügenzeuge'; vgl. „Lügenlippen" im V. 22 a) nur „Trug" (*mirmâ*, vgl. V. 20 a) vorbringt; denn Lüge und Trug sind verbunden. Nach diesem rechtlichen Vers sind die restlichen V. 18–20 in höherem Grad vom allgemeinen Charakter,[99] wobei besonders die verschiedenen Folgen des Redens aufgezeigt werden; so geht es um Verwundung durch unbesonnenes Schwätzen, das „wie Schwertstiche" ist (V. 18 a), sowie um die heilbringende Kraft des Redens, der „Zunge", der Weisen (V. 18 b), ferner um die Dauer einer „wahrhaftigen Lippe", die „Bestand hat" (V. 19 a), im Gegensatz zur Flüchtigkeit der „falschen Zunge", die „nur für einen Augenblick" gilt (V. 19 b); und schließlich wird „denen, die zum Frieden raten" (*yoʿᵃṣē šālôm*) „Freude" zuteil (V. 20 b; vgl. V. 15 b; 11, 14). Bei alledem kommen die Kraft und die schicksalsschwere Bedeutung des menschlichen Redens klar zum Ausdruck (vgl. 10, 11–14. 18–21. 31–32; auch 11, 9–14).

---

[97] Vgl. Plöger 146; Meinhold 209.

[98] Vgl. Bühlmann, ebd. 93–100, 93: „proklamiert die rechte Ordnung".

[99] Vgl. Bühlmann, ebd. 137–139. 292–295.

Der Rest des Kapitels, V. 21–28, besteht aus einigen Einzelsprüchen und zeigt einen recht bunt zusammengesetzten Aufbau. Dabei schließen sich – etwas sporadisch – V. 21 und 26 sowie auch V. 28, der im Kolon A von „Pfad der Gerechtigkeit" redet, an den obigen Gerechte/Frevler-Abschnitt an, während sich V. 22 a, der von „Lügenlippen", die „ein Gräuel für Jahwe sind" (vgl. 11, 1. 20), redet, und V. 25 b, der das Freude schaffende „gute Wort" nennt, auf die obige Einheit des Themas Reden beziehen. Ferner mag sich der weisheitliche V. 23, der mit dem einleitenden Vers (V. 1) sowie mit V. 8 a in der ersten Haupteinheit (V. 5–12) und mit V. 15–16 in der zweiten Haupteinheit (V. 13–20) verbunden ist, auf das Thema des Redens beziehen; denn im Gegensatz zum weisen Schweigen gehört „seine Narrheit auszuschreien" (V. 23 b) zu den elendsten Formen des Redens. Im Übrigen greifen V. 24 und 27 durch den Gegensatz von „Fleißigen" und „Lässigen" (vgl. noch V. 9 und 11) das Thema von 10, 4 wieder auf. Eine Bezugnahme auf Jahwe („Gräuel für Jahwe") ist schon mit V. 22 a erwähnt, und im V. 22 b geht es um „sein Wohlgefallen", das denen erwiesen wird, die „Wahrhaftigkeit/Zuverlässigkeit üben/verwirklichen" (*ʿośē ʾᵃmûnâ*). Sonst macht V. 25 einen erfahrungsreichen und ergreifenden Spruch aus (vgl. 15, 13; 17, 22), dem wohl auch ein moralischer Appell zur mitmenschlichen Sorge innewohnt:

Kummer bedrückt das Herz eines Mannes,
aber ein gutes Wort macht es froh.

Im komplexen Kapitel 12 sind somit die zwei Themen des Gegensatzes Gerechte/Frevler (V. 5–12) und des Redens (V. 13–20) relativ vorherrschend; gleichzeitig haben diese Themen wie ein Magnet eine Reihe von Einzelsprüchen verschiedenen und zum Teil verwandten Inhalts an sich gezogen. Mehrere dieser Sprüche machen einen äußeren Kranz oder umgebenden Rahmen aus (V. 1–4 und 21–28).

13, 1–25: Zum Weisen erzogen

1 **Ein weiser Sohn ist die Erziehung des Vaters,**[100]
aber ein Spötter hört nicht auf Zurechtweisung.
2 **Von der Frucht des Mundes eines Mannes isst man Gutes,**
aber die Gier der Treulosen ist Gewalttat.
3 **Wer seinen Mund bewacht, bewahrt sein Leben;**
wer seine Lippen auseinandersperrt,[101] **dem droht Verderben.**

---

[100] Der kurz gefasste Text des ersten Kolons, der schwierig empfunden (s. BHQ zu G T) und mehrfach – aber unnötig – geändert worden ist (vgl. Plöger 156), macht einen Nominalsatz aus, wo *mûsar* (*ʾāḇ*) ‚Züchtigung/Erziehung' (des Vaters) einen resultativen Sinn zu haben scheint (vgl. Sæbø, THAT I, 739; McKane 453).

[101] Vgl. Bühlmann, ebd. 205; HAL 921.

4 **Es sehnt sich – aber vergebens – das Begehren[102] des Faulen,**
aber das Begehren der Fleißigen wird gestillt.
5 **Falsches Wort hasst der Gerechte,**
aber der Frevler handelt schändlich und schimpflich.
6 **Gerechtigkeit behütet einen lauteren Wandel,**
aber Frevelhaftigkeit stürzt in die Sünde.
7 **Einer stellt sich reich und hat nichts,**
ein anderer stellt sich arm und hat großes Gut.
8 **Lösegeld für das Leben eines Mannes ist sein Reichtum,**
aber ein Armer hört nicht auf Zurechtweisung.
9 **Das Licht der Gerechten strahlt,[103]**
aber die Leuchte der Frevler erlischt.
10 **Eben[104] aus Vermessenheit entfacht man Streit,**
aber bei denen, die sich raten lassen, ist Weisheit.
11 **Ein Vermögen aus Nichts schwindet dahin,[105]**
aber wer auf die Hand sammelt, vermehrt.
12 **Hingezogenes Harren macht das Herz krank,**
aber ein Baum des Lebens ist ein erfüllter Wunsch.
13 **Wer ein Wort verachtet, dem geht es schlecht;[106]**
aber wer das Gebot fürchtet, dem wird es belohnt.
14 **Die Lehre des Weisen ist eine Quelle des Lebens,**
um die Fallen des Todes zu meiden.
15 **Guter Verstand bringt Gunst,**
aber der Weg der Treulosen ist ihr Verderben.[107]
16 **Jeder Einsichtige handelt mit Erkenntnis,**
aber ein Tor breitet Narrheit aus.
17 **Ein frevelhafter Bote fällt ins Unglück,**
aber ein treuer Gesandter ist eine Erquickung.
18 **Armut und Schande dem, der Zucht verachtet;**
aber wer Warnung beachtet, wird geehrt.

---

[102] Statt ‚Seele' (so Gemser 62; Ringgren 55; HAL 673, Pkt. 8) als Wiedergabe für *näpäš* oder ‚Verlangen' (s. Plöger 155 f; Meinhold 217; vgl. Heim, ebd. 159; Fox 562; REB; NRSV: ‚appetite') oder auch ‚Kehle' (so Scherer, ebd. 120) darf wohl ‚Begehren' im Kontext eine bessere Wiedergabe sein (vgl. ‚Gier' für *näpäš* im V. 2 b); vgl. BHQ 43*.

[103] HAL 1243 b; vgl. L. Kopf, VT 9 (1959) 276 f; Ringgren 56: „leuchtet klar"; McKane 230: „shines brightly".

[104] *raq-* (mit maqqef) zur Hervorhebung des folgenden Wortes; anders Scherer, ebd. 120; eine Änderung nach G (s. BHS; HAL 1200 b) ist unnötig; vgl. BHQ; Plöger 156; Fox 564 f; zu *yitten* ‚verursachen' vgl. 10, 10; HAL 692.

[105] Mit Ges[18] 266 a; vgl. Heim, ebd. 162; anders G (V): ‚erhastetes' (Vermögen), vgl. Gemser 62; McKane 458 f.

[106] So mit HAL 274 (vgl. Gamberoni, ThWAT II, 714; Ringgren 56), wobei *ḥbl* III nif. und nicht *ḥbl* II ‚pfänden' (Ges[18] 318 a; vgl. Plöger 155) gelesen wird (s. sonst Wildeboer 40; McKane 454 f).

[107] So mit G, vgl. BHS; BHQ 43*; Ges[18] 45 a; 52 a; Wildeboer 40; McKane 455 f; Plöger 155 f; Fox 567.

19 **Ein erfüllter Wunsch ist angenehm für die Seele;**
aber ein Gräuel den Toren ist, das Böse zu meiden.
20 **Wandle mit Weisen, und werde weise!**[108]
Wer aber mit Toren verkehrt, dem geht es übel.
21 **Sündern jagt das Unheil nach;**
aber Gerechten will er mit Gutem vergelten.
22 **Der Gute lässt Kindeskinder erben,**
aber dem Gerechten aufgespart ist die Habe des Sünders.
23 **Reichliche Nahrung trägt der Neubruch der Armen,**[109]
aber durch Unrecht kann sie verloren gehen.
24 **Wer seine Rute spart, hasst seinen Sohn,**
aber wer ihn lieb hat, nimmt ihn früh in Zucht.
25 **Der Gerechte kann essen, bis er satt ist;**
aber der Magen der Frevler leidet Mangel.

Lit.: G. Boström, Paronomasi (1928), 139–144. – H. Brunner, Altägyptische Erziehung (1957). – W. Bühlmann, Vom rechten Reden (1976). – J. A. Emerton, The Meaning of Proverbs XIII 2, JThS 35 (1984) 91–95. – J. Hausmann, Menschenbild (1995). – K. Koch, Spuren des hebräischen Denkens (1991), 66–73.92–93. 106. – J. Krispenz, Spruchkompositionen (1989) 63–70. – K.M. Heim, Like Grapes of Gold (2001), 147–159. – A. Scherer, Das weise Wort (1999), 95–119. – R. Scoralick, Einzelspruch und Sammlung (1995), 215–222. – R.N. Whybray, Composition (1994), 99 f.

Wie die vorangehenden Kapitel ist auch das Dreizehnte von antithetischen Parallelen beherrscht; nur V. 14, der im Kolon B eine Infinitivkonstruktion mit ‚um zu' aufweist, und V. 22, wo das Kolon B wohl synthetisch parallel zum A steht, fallen aus diesem Rahmen aus. Ferner findet man hier weithin dieselben Themen wie in den vorangehenden Kapiteln, so besonders den Gegensatz von Gerechte/Frevler und von Weisen/Toren oder von Reichtum und Armut sowie das Thema des rechten und des falschen Redens.[110] Es fällt aber vor allem auf, das in diesem Kapitel kein direkter Jahwe-Spruch vorkommt, am nächsten käme wohl nur V. 21 b, wenn man „er" als Subjekt des „will vergelten" (*yešallām*) auf Gott bezieht;[111] auch mag wohl den sonst allgemein religiös geprägten Begriffen des „Gebot" (*miṣwâ*, V. 13 b) und des „Gräuel (der Toren)" (*tôʿabat* [*kesîlîm*], V. 19 b) hier kein klar religiöser Aspekt innewohnen. Im Übrigen unterscheidet sich Kap. 13 von Kap. 10–12 vor allem darin, dass es weniger von kleineren Kompositionen wie Spruchketten und thematischen Einheiten und stärker von eigenständigen Einzelsprüchen geprägt ist. Öfter scheint aber ein Einzelspruch auf den nächsten bezogen zu sein – zu-

108 Mit dem doppelten ketib; vgl. BHQ, sonst Meinhold 226; Scoralick, ebd. 22; Scherer, ebd. 121; gewöhnlich wird aber das dobbelte qere gewählt: „Wer mit Weisen umgeht, wird weise"; s. u. zur Auslegung.

109 Vgl. BHQ 43*; HAL 658 a; Gemser 64; s. auch 21, 4 (sonst Jer 4, 3; Hos 10, 12); Plöger 156 f; Meinhold 226.

110 Vgl. etwa Ringgren 57 f; Hermisson, ebd. 176 f.

111 Meinhold 226 hat: „man"; vgl. sonst Plöger 157.

mal es hier nicht an Stichwörtern und Paronomasien fehlt, wobei sich einige Sprüche paarweise, wenn nicht mehr, verbinden.[112]

Wie in 10,1 und 12,1 gibt V.1 die weisheitliche Einführung zu einer neuen kompositorischen Einheit (vgl. auch 14,1). Es ist aber eine Besonderheit dieses Kapitels, dass der erste Vers, der von Zucht und Erziehung (*mûsār*) handelt, mit dem nächstletzten Vers (24) thematisch verbunden ist, während V.2, der im Kolon B von den „Treulosen" (*bogdîm*) redet, mit dem letzten Vers im Kapitel, wo es um den Gegensatz von Gerechte/Frevler geht (V.25), thematisch verwandt ist; trotzdem V.1 und 2 wie auch V.24 und 25 im Verhältnis zu einander recht unterschiedlich sind, scheinen aber dabei das Kapitel am Anfang und Ende gewissermaßen einen Rahmen erhalten zu haben. Das Thema der Zucht/Erziehung ist allerdings nicht nur in diesem ‚Rahmen' vorhanden, sondern so auch im V.18. Von Zucht/Erziehung war schon mehrfach die Rede (vgl. 1,2–3.7–8.11; 3,1; 4,1.13; 5,12.23; 6,23; 7,22; 8,10.33; 10,17; 12.1), doch scheint die Sache in diesem Kapitel auf besondere Weise thematisiert zu sein.

Das Thema der Zucht/Erziehung ist in erster Linie der Wortsippe *yāsar* ‚züchtigen' und *mûsār* ‚Züchtigung/Zucht/Erziehung' zugeordnet, wird aber von anderen nahstehenden Wörtern mit bestimmt; so hat das zentrale Nomen *mûsār* im V.1 „Zurechtweisung/Schelte" (*geʿārâ*) als Parallelwort (vgl. V.8b), und im V.18b „Zurechtweisung/Rüge/Warnung" (*tôkaḥat*, vgl. 12,1),[113] während im V.24 von „Rute/Stock" (*šebāṭ*, vgl. 10,13; 22,8; 26,3; 29,15) in Verbindung mit der Erziehung die Rede ist. Wenn Kap. 13 mit dem Ausdruck „weiser Sohn" (*ben ḥākām*, vgl. 10,1) beginnt, besteht aber zwischen dieser Bezeichnung und der Rede von „Rute" im V.24 ein gewisser Abstand, der eine inhaltliche Spannweite bedeutet. Denn wohl bestätigt V.24 auch für Israel, was für die alten ägyptischen Weisheitsschulen eine Praxis war, dass nämlich der Stock ein Disziplinarmittel bei der Erziehung sein konnte;[114] es ist aber umso beachtenswerter, dass im Spruchbuch nicht nur gegen eine zu strenge Bestrafung gewarnt werden konnte (19,18; vgl. 23,13f; 29,15), sondern vor allem dass bei der übrigen Rede von Zucht/Erziehung das besondere Gewicht doch nicht auf der körperlichen Bestrafung, sondern auf der mündlichen „Zurechtweisung" und „Warnung" liegt, wie es etwa in V.11b und 18b der Fall ist, oder auch auf der Ermahnung.[115] Aufs Ganze

[112] Zu Paronomasien und Stichwörtern vgl. Boström, ebd. 119.139–144; Scoralick, ebd. 128.208–222; Murphy (1998) 66; Krispenz, ebd.167f; aus den gängigen Listen dürfen (mit jeweiligem Stichwort) erwähnt werden: V.2–3 (Mund), 5–6 (Gerechter/Frevler), 7–8 (reich), 19–20 (Böses), 21–22 (Gutes); doch sind sie noch zu erörtern sein.

[113] Zur Wortsippe vgl. Ges[18] 473.644; sonst Sæbø, THAT I, 738–742; Branson, ThWAT III, 668–697;.

[114] S. bes. Brunner, Altägyptische Erziehung (1957), 56ff.131ff; vgl. A. Lemaire, Les écoles et la formation de la Bible dans l'Ancien Israel, Fribourg/Göttingen 1981, 62; Delkurt, Ethische Einsichten, 41–44.

[115] Vgl. die eben erwähnten Stellen in Sammlung I; so auch pi. von *ysr*; s. Jenni, Piʿel, 217f.

zeichnet sich in dieser Sache somit eine Tendenz ab, die sich von körperlicher „Züchtigung" zur mündlichen Warnung und Belehrung bewegt – denn wichtiger als was die Hand tut, ist was der Mund sagt; oder aber es lässt sich eine Bewegung von der Tätigkeit (der „Züchtigung") zu ihrer Wirkung erkennen, wobei am Ende die „Zucht" den Sinn von Erziehung und Bildung erhält;[116] resultativ kann *mûsār* auch ein Wechselbegriff zu „Weisheit" und „Einsicht" sein (vgl. etwa 1, 2–3; 8, 33). So ist der „weise Sohn" (V. 1 a) das Ergebnis väterlicher Erziehung (*mûsār*), was im Kontext wohl im weiteren Sinne zu erfassen ist; er ist zum Weisen erzogen worden, und dabei war aber nicht die Rute, sondern das Wort das vornehmste Erziehungsmittel; darum sind das Wort und das rechte Reden für die Weisen von solcher grundlegender Bedeutsamkeit.

Das Reden dürfte auch ein sammelndes Thema für die nächsten Verse sein (V. 2–5; vgl. 10, 11–14. 18–21; 11, 9–14; 12, 13–20),[117] doch ist die Abgrenzung hier nicht leicht. Zwar verbinden sich zunächst das zweimalige Lexem „Mund" (V. 2 a.3 a) und das „falsche/trügerische Wort" (*d^ebar šäqär*; V. 5 a), aber im Blick auf den Gegensatz Gerechte/Frevler verbindet sich V. 5 demnächst mit V. 6 und macht mit ihm ein Spruchpaar aus; andererseits bilden auch V. 2 und 3 ein Spruchpaar, und zwar durch „Mund" als verbindendes Stichwort zwischen V. 2 a und 3 a sowie durch „Gier" (*näpäš*) im V. 2 b und „Lippen" im V. 3 b. Dieses Spruchpaar scheint dazu noch zu einem Trippelspruch (V. 2–4) erweitert zu sein, indem das Lexem *näpäš* (V. 2 b, von der Bedeutung ‚Kehle' mit „Gier" wiedergegeben) in V. 4 a und b (hier mit „Begehren" übersetzt) wiederkehrt. Bei all diesem komplexen Geflecht[118] bleibt aber an dem inhaltlich Wichtigen festzuhalten, dass nämlich die hohe Bedeutung des weisen Redens im Gegensatz zum törichten (V. 3 b) und falschen Reden (V. 5 a) auf diese Weise ausgedrückt worden ist. In Bezug auf das jeweilige Tun handelt das entsprechende Ergehen nicht nur um das Genüge von Essen als „Frucht des Mundes" (V. 2 a, vgl. V. 25; auch 12, 14; 18, 20) versus „Gewalttat" (*ḥāmās*) der „Treulosen" (V. 2 b; vgl. V. 15 b), sondern vielmehr um das Existentielle, „sein Leben zu bewahren" (V. 3 a) versus „Verderben/Untergang" (*m^eḥittâ*, V. 3 b; vgl. V. 13 a; sonst 10, 14–15. 29; 14, 28; 18, 7). Bei alledem zeigt sich das weise und besonnene Reden als eine besonders lebenswichtige und schicksalsschwere Kunst, die erlernt werden muss.

Bei der Verbindung des Redens mit Weisheit bzw. Torheit geht es aber nicht um ‚Weisheit' bzw. ‚Torheit' *in abstracto*, sondern um ihre jeweiligen menschlichen Träger, also um die Weisen und Toren. Von ihnen ist einleitend im V. 1 die Rede, wo die Gegentypen der „weise Sohn" und der „Spötter" (*leṣ*) sind; im V. 10 besteht der Gegensatz zwischen dem Hochmütigen, der

---

[116] Vgl. G. von Rad, ThAT I (1962), 444, Anm. 33; Weisheit (1970), 75.

[117] Vgl. Bühlmann, ebd. 202–206. 306–312.

[118] Vgl. Meinhold 218, der findet, „daß sich zwei Themen ineinanderschieben, das rechte und falsche Reden (V. 2 a.3) und das Begehren (V. 2 b.4)".

„aus Vermessenheit Streit entfacht“, und „denen, die sich raten/beraten lassen (nif. v. *yʿṣ*)“; bei diesen ist die „Weisheit“ (*ḥŏkmâ*) zu finden. Darüber hinaus machen die Weisen und Toren das Thema in V. 14–16 und 20 aus. Gegen den Hintergrund der „Treulosen“ (V. 15 b) und des „Toren“ (*kᵉsîl*, V. 16 b) werden sodann die Vorzüge der Weisen und des „Einsichtigen“ hervorgehoben. Wenn dabei ein „guter Verstand“ (*śeḵäl-ṭôḇ*) „Gunst (*ḥen*, vgl. 22, 1) gibt/bringt“ (V. 15 a; vgl. V. 18 b), braucht das nicht so sehr im intellektuellen als vielmehr im persönlichen und ethischen Sinne aufgefasst zu werden (vgl. etwa 22, 1); denn es geht auch hier um Leben und Tod, und zwar darum, durch die Verkündigung der Weisen das Leben zu gewinnen (zu „Quelle des Lebens“ vgl. 10, 11; 14, 27) und „die Fallen des Todes zu meiden“ (V. 14; vgl. 10, 2; 11, 4; 12, 28). Wenn „Lehre des Weisen“ (*tôraṯ ḥāḵām*) gesagt ist, darf wohl der auch hier wichtige Begriff der *tôrâ* „Weisung/Lehre“ – im Gegenüber zum traditionsschweren „Gebot“ im vorangehenden Kolon – die hohe Bedeutung der Lehre der Weisen herausheben. Wenn demnächst V. 20 a im ketib eine im Kontext recht auffällige Aufforderung hat, dürfte das doppelte Vorkommen von ketib und qere in diesem schon früh als schwierig empfundenen Text wohl zwei Wahllesarten bieten,[119] von denen das qere, das wohl als eine Anpassung zum Stil des Kontexts anzusehen ist, von vielen gewählt wird, während aber das ketib als *lectio difficilior* doch vorzuziehen ist: „Wandle mit Weisen, und werde weise!“. Das dürfte noch als ein Zeichen der Freiheit, die sich die Weisen bei der Gestaltung einer Spruchsammlung leisten konnten, betrachtet werden. Hier bricht die Mahnung als Ausdruck ihres Engagements hervor; denn es gilt vor allem, mit den Weisen Umgang zu pflegen und von ihnen zu lernen.

Auch das im Hauptteil A (10–15) häufig vorkommende Thema des Gegensatzes Gerechte/Frevler (vgl. etwa 10, 6–7. 11. 16. 20. 24–25. 27–32; 11, 5–6. 8–11. 18–21; 12, 5–7. 10. 12–13. 20–22) ist hier vertreten, wenn auch etwas sporadisch, und zwar in V. 5–6. 9.21. 25. In dem V. 5 a einleitenden Ausdruck „falsches/trügerisches Wort“ (*dᵉḇar-šäqär*, sonst 29, 12) wird das Element „Wort“ (*dāḇār*) gelegentlich mit ‚Wesen‘ wiedergegeben;[120] aber sowohl im Blick auf den Kontext wie auch auf verwandte Ausdrücke wie „falsche Zunge“ (6, 17; 12, 19; 21, 6; 26, 28) oder „Lügenlippen“ (10, 18; 17, 7) ist an der Wiedergabe „falsches Wort“ (bzw. „Lügenwort“), oder im weiteren Sinne als „Sache“ (Wildeboer 39), doch festzuhalten, was der „schändlichen und schimpflichen“ Handlungsweise der Frevler (V. 5 b) auch am besten entspricht. Während V. 5, der sich dadurch auf das Thema des Redens in V. 2–3 bezieht, aber sonst mit V. 6 verbunden ist, nun den Gegensatz Gerechte/Frevler schroff, aber doch traditionell aufstellt, wie es auch in V. 21 und 25 der Fall ist, bringt demgegenüber V. 6 ein beachtenswertes Neues zu diesem

---

[119] Zum Text s. o. und vgl. Fox 569: „The qeré and the ketiv represent variant proverbs“.

[120] So Gemser 62; Ringgren 55: „Falsches Wesen“ (aber in 29, 12: „Lügenwort“); Meinhold 217: „Die Sache der Lüge“ (aber in 29, 12: „Trugwort“, wie HAL 1522 a; vgl. GesB 154 b).

Gegensatz; denn der Übergang von V. 5 zum V. 6 führt von konkreten zu abstrakten Aussagen, wenn nun „Gerechtigkeit" (*ṣ^eḏāqâ*, V. 6 a) als Gegenteil zur „Frevelhaftigkeit" (*riš'â*, auch ‚Gottlosigkeit', V. 6 b) zur Sprache gebracht ist, und zwar in einer Weise, die in die Richtung einer sehr bemerkenswerten Personifizierung der beiden Abstrakta führt: „Gerechtigkeit behütet (qal v. *nṣr* ‚bewachen/bewahren') einen lauteren Wandel (*tŏm-dārăḵ*),[121] aber Frevelhaftigkeit stürzt in die Sünde" (vgl. 11,5; auch Sach 5,8; HAL 1209). Auch V. 9 fällt thematisch auf, wenn hier gesagt wird, dass „das Licht der Gerechten strahlt" (V. 9 a; vgl. 4,18; 6,23), während „die Leuchte/Lampe der Frevler erlischt" (V. 9 b; vgl. 4,19; 20,20 b; 24,20 b), und sie von Finsternis umgeben werden; durch den Gegensatz von „Licht" (*'ôr*) und Finsternis[122] werden die Gerechten und die Frevler jeweils einer Sphäre von Heil versus Unheil zugeordnet, was sonst dem weisheitlichen Ordnungsdenken entspricht. Schließlich aktualisiert noch der Gegensatz von Gerechte/Frevler den Lehrpunkt eines Tun-Ergehen-Zusammenhangs auf eine interessante Weise im V. 21, wenn man in „er" von Kolon B Jahwe erkennen darf; wenn hier Ausdruck einer „schicksalswirkenden Tatsphäre" gegeben wird, so doch ohne jede ‚Eigengesetzlichkeit', zumal „Jahwe über dem Zusammenhang von Tat und Schicksal wacht",[123] wie es V. 21 klassisch zum Ausdruck bringt:

> Sündern jagt das Unheil (*rā'â*) nach,
> aber Gerechten will er mit Gutem vergelten.

Sonst beziehen sich vereinzelte Sprüche auf das mehrmals begegnete Thema von Reichtum und Armut (s. etwa 6,6–11; 10,4–5; 11,27–31; 12,11.27), so zunächst im V. 4, obwohl indirekt, indem der empirische Gegensatz von ‚Nicht-Haben' und ‚Haben' anhand des unterschiedlichen Stillens von „Begehren/Verlangen" (*nāpăš*; vgl. „Gier" V. 2 b) im Falle des Faulen (*'āṣel*) gegenüber den Fleißigen (*ḥāruṣîm*) erklärt wird, denn anders als die Fleißigen kann der Faule nur hoffen, erhält aber nichts. Im Spruchpaar V. 7–8 wird das Thema direkter angesprochen; während im V. 7 (vgl. 12,9) die Verschiedenheit von Reichen und Armen kaum mit Galgenhumor oder Ironie (so Plöger 159), sondern eher als ein Paradox betrachtet wird, hat nach V. 8 der Reichtum seine große Vorteile, wogegen ein Armer durch sein eigenes Verschulden in seine ärmliche Lage geraten ist, denn er „hört nicht auf Zurechtweisung" (V. 8 b). Ähnliches wird auch im V. 18 ausgedrückt; und in V. 22–23 kommt eine indirekte Warnung, denn nicht nur Fleiß ist nötig, sondern auch Gerechtigkeit, sonst kann Erworbenes „durch Unrecht (*b^elo' mišpāṭ*) verloren gehen" (V. 23 b); das ‚Haben' kann sich als recht vergänglich erweisen.

---

121 Vgl. HAL 1605; Koch, THAT II, 1045–1051, bes. 1047; Kedar-Kopfstein, ThWAT VIII, 688–701, bes. 696 f.

122 Vgl. S. Aalen, ThWAT I, 160–182, bes. 174–178; Sæbø, THAT I, 84–90, bes. 88.

123 So Koch, Spuren des hebr. Denkens (1991), etwa 72.93.106; Freuling, „Wer eine Grube gräbt …" (2004), 64.

Schließlich geben die erfahrungsschweren V. 12 und 19 a Ausdruck der großen Spannweite, die menschliche Empfindungen und Erwartungen – in fast psychosomatischer Weise[124] – aufweisen können (vgl. noch 15, 13. 15. 30), so besonders V. 12:

> Hingezogenes Harren macht das Herz krank,
> aber ein Baum des Lebens ist ein erfüllter Wunsch

Dabei mögen diese Stellen auch das inhaltlich sehr breite Spektrum der gesammelten Sprüche dieses locker aufgebauten Kapitels gut illustrieren.

14, 1–35: Der Kontrast von Weisheit und Torheit

1 **Die Weisheit der Frauen[125] erbaut ihr Haus,**
aber Torheit reißt es mit Händen ein.
2 **Wer in seiner[126] Geradheit wandelt, fürchtet Jahwe;**
aber wer krumme Wege geht, verachtet ihn.
3 **Im Mund des Toren ist ein Reis des Hochmuts,**
aber die Lippen der Weisen bewahren sie.[127]
4 **Wo keine Rinder sind, bleibt der Speicher leer;[128]**
aber großer Ertrag kommt durch die Kraft des Stiers.
5 **Ein wahrhaftiger Zeuge lügt nicht,**
aber Lügen bringt der falsche Zeuge vor.
6 **Der Spötter sucht Weisheit – aber vergebens,**
aber Erkenntnis ist dem Einsichtigen leicht.
7 **Geh weg von einem törichten Mann,**
denn verständige Lippen wirst du nicht erkennen.
8 **Die Weisheit des Klugen ist Erkennen seines Weges,**
aber die Torheit der Toren ist Enttäuschung.

---

[124] Vgl. Ringgren 58 (65): „zwei psychologische Beobachtungen, die ohne weiteres verständlich sind"; Plöger 160.

[125] Die Spannung im Text lässt sich wohl dadurch erklären, dass die einleitende und nur hier im Spruchbuch (sonst Ri 5, 29) belegte Form *ḥaḵmôt*, die als fem. plur. vokalisiert und auf das folgende Wort *nāšîm* ‚Frauen' bezogen ist („die klugen Frauen", G; vgl. BHQ), aber Verb im sing. hat, von der Sonderform *ḥŏḵmôt* ‚Weisheit' (die personifizierte ‚hohe Weisheit' in 1, 20; 9, 1) klar auseinander gehalten sein will, zumal 14, 1 a im Übrigen mit 9, 1 a fast identisch ist (vgl. Plöger 166; Meinhold 229; Heim, ebd. 171); wenn zudem noch eine Tilgung von *nāšîm* ‚Frauen', wie BHK und BHS vorschlagen (vgl. Ges^{18} 350 a; HAL 302 a; sonst etwa Gemser 66; Ringgren 58; McKane 231), ohne jede textgeschichtliche Grundlage ist, dürfte eine Angleichung von 14, 1 a an 9, 1 a noch weniger empfehlenswert sein.

[126] Mit MT, vgl. aber BHS; BHQ.

[127] Zum schwierigen Text vgl. etwa Bühlmann, Reden, 126–129; sonst Plöger 165. 167; Meinhold 229; Fox 573.

[128] So mit Ges^{18} 4 b und 172 a (*bar*$_2$).

9 Tore spotten über das Schuldopfer,[129]
aber unter Redlichen ist Wohlgefallen.
10 Das Herz kennt die eigene Bitternis,
und in seine Freude mischt sich kein Fremder.
11 Das Haus der Frevler wird vertilgt,
aber das Zelt der Redlichen blüht auf.
12 Mancher Weg dünkt einem Mann gerade,
aber sein Ende sind Todeswege.
13 Auch beim Lachen leidet das Herz,
und das Ende der Freude[130] ist Kummer.
14 Von seinen Wegen wird ein Abtrünniger satt,
und von dem, was ihm obliegt,[131] ein guter Mann.
15 Ein Einfältiger vertraut jedem Wort,
aber ein Kluger gibt acht auf seinen Schritt.
16 Ein Weiser fürchtet sich und meidet das Böse,
aber ein Tor ereifert sich und fühlt sich sicher.[132]
17 Ein Jähzorniger begeht Torheit,
und ein Ränkeschmied wird verhasst.
18 Die Einfältigen erben Torheit,
aber die Klugen werden mit Erkenntnis gekrönt.
19 Die Bösen müssen sich vor den Guten bücken
und die Frevler an den Toren des Gerechten.
20 Selbst seinem Nächsten ist der Arme verhasst,
aber die Freunde des Reichen sind zahlreich.
21 Wer seinen Nächsten verachtet, sündigt;
aber wer sich der Elenden erbarmt - wohl ihm!
22 Gewiss[133] gehen in die Irre, die Böses planen;
aber Güte und Treue eignen denen, die Gutes bereiten.
23 Bei jeder Mühe gibt es Gewinn,
aber bloßes Gerede führt zum Mangel.
24 Die Krone der Weisen ist ihr Reichtum,[134]
aber die Narrheit der Toren bleibt nur Narrheit.

---

[129] Vgl. Plöger 165; Scherer, ebd. 141; dagegen Ringgren 59: „Schuld"; so u.a. auch Fox 575, der - wie etwa Gemser 66 - G folgt. Der Text, bes. V. 9a, ist eine *crux*, seine verschiedenen Wiedergaben sind zahlreich (vgl. McKane 476: „The verse is an unsolved problem"; sonst Bonora, L'enigmatico proverbio di Pr 14,9); s. BHQ 43f*; Ges[18] 108b; HAL 119; Meinhold 232f; Heim, ebd. 174.

[130] Der MT ist schwierig; vgl. G; BHS; Scherer, ebd. 142.

[131] S. BHQ 44*; vgl. Meinhold 234; Scherer, ebd.

[132] So mit HAL 737b, anders Ges[18] 138b; vgl. Meinhold 236; Scherer, ebd.; Heim, ebd. 179.

[133] So für unsicheres *h^{a}lô'* (vgl. BHK; BHQ) mit GesB 374a und etwa Ringgren 59 („Sicherlich"); Plöger 166; Fox 581, während mehrere für das erste Kolon (etwa Gemser 66; McKane 232; Meinhold 238; Scherer, ebd. 142) oder für beide Kola (so Heim, ebd. 181) eine rhetorische Frage annehmen; vgl. zum Text in 8,1.

[134] Statt ‚Reichtum' liest G ‚Klugheit'; vgl. BHS; (zum ganzen Vers) BHQ 44*; sonst etwa Gemser 66.

25 Ein wahrhaftiger Zeuge rettet Leben,
aber wer Lügen vorbringt, der enttäuscht.
26 In der Furcht Jahwes ist zuverlässiger Schutz
und für seine Kinder eine Zuflucht.[135]
27 Die Furcht Jahwes ist eine Quelle des Lebens,
um den Fallstricken des Todes zu meiden.
28 In der Menge an Volk liegt die Erhabenheit des Königs,
aber ohne Volk geht ein Herrscher unter.
29 Der Langmütige hat große Einsicht,
aber der Jähzornige zeigt höchste Torheit.[136]
30 Ein gelassenes Herz[137] bringt Leben für den Leib,
aber Fäulnis im Gebein ist die Eifersucht.
31 Wer den Geringen bedrückt, schmäht dessen Schöpfer,
aber ihn ehrt, wer sich des Armen erbarmt.
32 Durch seine Bosheit wird der Frevler gestürzt,
aber getrost bleibt in seinem Sterben[138] der Gerechte.
33 Im Herzen des Einsichtigen ruht Weisheit,
und inmitten der Toren wird sie zu erkennen sein.[139]
34 Gerechtigkeit erhöht ein Volk,
aber eine Schande[140] der Völker ist die Sünde.
35 Die Gunst des Königs wird dem kundigen Diener zuteil,
aber sein Zorn[141] trifft den schändlichen.

Lit.: G. Boström, Paronomasi (1928), 144–150. – A. Bonora, L'enigmatico proverbio di Pr 14,9, RivB 36 (1988) 61–66. – M. Dahood, Philological Observations on Five Biblical Texts. A Needless Emendation in Prov 14,35, Bib. 63 (1982) 392 f. – H. Donner, Ugaritismen in der Psalmenforschung, ZAW 79 (1967) 322–350, bes. 331–333. – J.C. Matthes, Miscellen – Spr 10,9 und 14,35 b, ZAW 23 (1903) 120–127. – J. Haus-

---

[135] Für *ʿoz* im Sinne von ‚Zuflucht/Schutz' s. GesB 575 b, Pkt. 2 c; McKane 474; G vergeistigt in beiden Vershälften. Es ist unklar, worauf sich ‚seine' bezieht; vgl. Plöger 167; Murphy 1998, 102; Toy 297 f.

[136] So mit HAL 1124 a, Pkt. 2 d.

[137] Im *leḇ marpeʾ* dürfte *marpeʾ*, sonst ‚Heilung', hier von *rph* II abgeleitet sein, und zwar im Sinne von ‚Sanftheit'/‚Lindigkeit' /‚Gelassenheit', also „ein ruhiges, gelassenes Herz", so GesB 463 a; HAL 602 b; vgl. 15,4; Koh10,4.

[138] So mit Delitzsch 242. BHS schlägt vor, statt MT *bᵉmôṯô* ‚in seinem Sterben' mit G (S) eine Lesung *bᵉṯûmmô* ‚bei seiner Redlichkeit' zu lesen (s. etwa McKane 475), vgl. aber BHQ 44*; Scherer, ebd. 143; Heim, ebd. 187. 189–191.

[139] Vgl. HAL 1060 a; Ges^{18} 443; sonst Fox 586 f; Heim, ebd. 186 f. Aufgrund des antithetischen Parallelismus ist vorgeschlagen worden, mit G S im V. 33 b ein ‚nicht' einzufügen (BHS, so mehrere); anders wollen Meinhold 242; Murphy 101 f die zweite Vershälfte als eine „nicht eingeleitete Frage" verstehen; doch beides erübrigt sich.

[140] Zum schwierigen MT, wo BHS eine Änderung in *ḥäsär* ‚Mangel' erwägt, ist im Kontext *ḥäsäḏ*$_2$ ‚Schande/Schmach' vorzuziehen (s. Lev 20,17; Spr 4,8; 25,10) vgl. BHQ 45*; HAL 323 a; Ges^{18} 376 a; sonst Gemser 66 f.

[141] In Bezug auf 4QProv erwägt de Waard, BHQ 45*, *wʿbtw* ‚sein Strick' (vgl. Ps 2,3) als Variantenlesart.

mann, Menschenbild (1995), 178–185 u. pass. – J. Krispenz, Spruchkompositionen (1989), 68–70. – L. Prijs, Eine schwierige grammatikalische Form in Prov 14, 3, ThZ 5 (1949) 395. – D. Schumann, Zu Spr 14, 34, ThStKr 87 (1915) 525 f. – K.M. Heim, Like Grapes of Gold (2001), 147–159. – A. Scherer, Das weise Wort (1999), 95–119. – R. Scoralick, Einzelspruch und Sammlung (1995), 218–225. – F. Vattioni, La casa della sagezza (Prov 9:1; 14:1), Augustinianum 7 (1967) 349–351. – W.A. v. d. Weiden, Prov XIV 32 B „mais le juste a confiance quand il meurt", VT 20 (1970) 339–350. – R.N. Whybray, Composition (1994), 100–103. – Wilke, Kronerben (2006), 138–158.

Das vierzehnte Kapitel scheint redaktionell lockerer aufgebaut zu sein als Kap. 13 – und so noch mehr im Verhältnis zu den Kapiteln 10–12. Das Kapitel weist thematische Versgruppierungen sowie durch Stichwörter verbundene Spruchpaare auf;[142] aber stärker als im Vorangehenden machen sich ‚selbständige' Einzelsprüche geltend; methodisch wird dann am besten sein, von den Einzelsprüchen auszugehen. Im Aufbau der Sprüche ist wie gewöhnlich im Hauptteil A der antithetische Parallelismus vorherrschend; doch öfter als in den früheren Kapiteln kommen Langverse (und sog. synthetischer Parallelismus) im Kolon B vor (vgl. V. 7 b; 10 b; 13 b; 14 b; 17 b; 19 b; 26 b; 33 b). V. 27 b hat eine Infinitivkonstruktion mit ‚um zu' (vgl. 13, 14). V. 7 a weicht vom übrigen Stil ab, indem er die Form eines Mahnworts hat (vgl. 13, 20 a), während Kolon B eine Begründung ausmacht. Mehrere Sprüche sind chiastisch gestaltet.

Im Unterschied zum Kap. 13 weist Kap. 14 wieder Jahwe-Sprüche auf (V. 2, 26–27; vgl. V. 31: „Schöpfer"). Thematisch ist aber auffallend, dass die im Vorangehenden dominierenden Themen des Redens und besonders des Gegensatzes Gerechte/Frevler nun stark zurücktreten, während aber der Gegensatz von Weisen und Toren demgegenüber vorherrschender ist. Dies Bild wird allerdings dadurch ausgefüllt, dass die Hauptwörter dieser Gegensätze einen großen Variantenreichtum an Synonymen aufweisen. So liegt zwar der Gegensatz Gerechte/Frevler nur in V. 19 und 32 direkt vor (vgl. noch V. 34 a: „Gerechtigkeit", mit „Sünde" als Gegenwort); dabei hat V. 11 eine interessante Variante, indem „Frevler" (*rešā'îm*), mit Lautanklang, als Gegenbegriff zum Lexem „Redlichen" (*yešārîm*) erscheint, das seinerseits im V. 9 b den Gegensatz zu „Toren" (V. 9 a) bildet. Darüber hinaus gibt es für „Gerechter" neben den „Redlichen" (*yešārîm*, V. 9, 11) als Synonyme auch „guter Mann" (*'îš ṭôḇ*, V. 14) sowie „die Guten" (*ṭôḇîm*, V. 19), und entsprechend für „Frevler", und zwar als Parallelwort, die „Bösen" (*rā'îm*, V. 19, vgl. das „Böse", V. 16, 22, und des Frevlers „Bosheit", V. 32), weiter „Abtrünniger" (*sûḡ leḇ*, ‚abtrünnigen Herzens', V. 14),[143] und „Ränkeschmied" (*'îš mezimmôṯ*, V. 17,

[142] Zu Paronomasien und Stichwörtern vgl. Boström, ebd. 119.144–150; Scoralick, ebd. 128. 218–225; Murphy (1998) 66; Krispenz, ebd.168–170; aus den gängigen Listen dürfen (mit jeweiligem Stichwort) erwähnt werden: V. 17–18 (Torheit), 20–21 (Der Nächste), 26–27 (Furcht Jahwes), 28–29 (Menge), doch sind sie noch zu erörtern.

[143] Vgl. HAL 703, auch GK § 72 p.128 x, dazu noch den Jahwe-Spruch im V. 2, der von der „Geradheit" des Wandels und im Gegensatz dazu von „krummen Wegen" redet; sonst Meinhold 234: „wer mit dem Herzen abgewichen ist"; Plöger 165. 171: „der Abweichende".

vgl. 12, 2). Ferner ist in Bezug auf die hier vorherrschende Antitypik Weiser/Tor bezeichnend, dass neben den abstrakten Hauptwörtern „Weisheit" (die seltene Form *ḥakmôṯ*, V. 1, sonst die übliche Form *ḥǒkmâ*, V. 6, 8, 33) und „Torheit" (*ʾiwwälät*, V. 1, 8, 17–18, 24, 29) nicht nur die Personenwörter „Tor" (*ʾäwîl*, V. 3, 9, bzw. *kesîl*, V. 7, 8, 16, 24, 33) und „Weiser" (*ḥāḵām*, V. 16, pl. *ḥaḵāmîm*, V. 3, 24) belegt sind, sondern dass auch hier Synonyme vorkommen; für „Weiser" gibt es „Einsichtiger" (*nāḇôn*, V. 6, 33), „Kluger" (*ʿārûm*, V. 8, 15, 18) sowie „Langmütiger" (*ʾäräḵ ʾappayim*, V. 29), und für „Tor" gibt es „Spötter" (*leṣ*, V. 6), „Einfältiger" (*päṯî*, V. 15, 18) sowie „Jähzorniger" (*qeṣar-ʾappayim/rûaḥ*, V. 17, 29). Durch diese Häufung und Variation synonymer Begriffe dürfte die oft monotone Stilisierung gegensätzlicher Personengruppen in der Verkündigung der Weisen nun etwas lebhafter oder gar spielender hervortreten.[144]

Wenn oben vorgeschlagen wurde, den methodischen Ausgangspunkt in den einzelnen Sprüchen zu nehmen, handelt es vor allem darum, der bunten Pluralität der Einzelsprüche möglichst gerecht zu werden und so ‚jedem das Seine' zu lassen. Das kann einerseits auch zur Folge haben, dass man einige ‚freistehenden' Sprüche, die sich nicht oder nur schwerlich einordnen lassen, sie noch so stehen lässt, ohne ihre mögliche Ortung und Funktion in der Sammlung erklären zu müssen; das bedeutet aber auch andererseits, dass man von den Einzelsprüchen her ihre mögliche Kombinationen und Strukturen verschiedenen Umfangs, wie Spruchpaare und thematische Einheiten, behutsam zu beschreiben versucht.

In Bezug auf den Anfang des Kapitels gewinnt man leicht den Eindruck, dass die ersten Sprüche, etwa V. 1–5, Einzelsprüche sind, die im Verhältnis zu einander nicht nur verschieden, sondern auch unverbunden sind. Wenn aber der einleitende und weisheitlich geprägte V. 1 von einem Jahwe-Spruch im V. 2 gefolgt ist, dann ist diese Abfolge dem Anfang von Kap. 15 ähnlich, wo nach den einleitenden und weisheitlich geprägten V. 1–2 mit V. 3 ein Jahwe-Spruch folgt; so könnten auf ähnliche Weise auch hier V. 1 und 2 zusammen eine weisheitlich-theologische Einführung zum Kap. 14 gemeint sein (vgl. sonst 10, 1; 11, 1; 12, 1–2; 13, 1) – wenn nur nicht V. 3 auch dazu gerechnet werden sollte, zumal hier die Lexeme für „Weisheit" und „Torheit" im V. 1 mit denen von „Toren" und „Weisen" im V. 3 einen Chiasmus bilden (vgl. Meinhold 229). Es fällt aber in diesem Punkt noch einiges mehr auf, und zwar kommen im V. 3 die Lexeme „Mund" und „Lippen" noch vor, die sonst Marköre des Themas des Redens sind (vgl. etwa 10, 8–14 und das Spruchpaar 10, 31–32 oder 12, 13–20), wobei V. 3 sich dann auch mit V. 6–9 zu verbinden scheint, wo ebenfalls „Lippen" und Rede vorkommen; doch sind den V. 6–9 ein weisheitlicher Charakter vor allem eigen, wo allerdings gewisse Einschläge des Reden-Themas vorkommen. Gesammelt ließen sich dann V. 1–3 als eine erweiterte Einleitung, „ein schönes Trifolium" (Delitzsch 223),

[144] Vgl. die phraseologische Aufstellung beim Anfang der obigen Auslegung von Kap. 10 (u. Anm. 37), sowie die begriffliche Häufung in V. 2–6 des Prologs zum Spruchbuch (1, 1–7).

ferner V. 4 und V. 5, der noch V. 25 ähnlich ist, als selbständige Einzelsprüche und endlich V. 6–9 als eine weisheitlich geprägte thematische Spruchgruppe verstehen, wozu V. 3 ein Verbindungsglied – in ‚Fernstellung' – ausmacht.

Wie schon bei der Übersetzung erörtert wurde, gibt V. 1 a besondere Probleme auf, weil er erstens die seltene Form *ḥaḵmôṯ* für ‚weis/Weisheit' hat, und zweitens weil er mit 9, 1 a fast identisch ist. Gelegentlich ist versucht worden, 14, 1 a an 9, 1 anzugleichen,[145] wobei man aber der Sache nicht gerecht wird; denn 14, 1 will – trotz aller Ähnlichkeit – doch deutlich von 9, 1 auseinander gehalten werden. Ein Blick auf den weiteren Gebrauch der hier zwar einmaligen, aber außerhalb des Spruchbuchs doch mehrmals belegten Form *ḥaḵmôṯ* mag aufschlussreich sein. Die sonst fünfmal belegte adjektivische fem. Form, vom Nomen *ḥāḵām* ‚kundig/weis, Weiser', ist an allen Stellen mit Frauen verbunden, sei es sing. eine ‚kundige/weise Frau' (Ex 35, 25; 2Sam 14, 2; 20, 16) oder plur. ‚kundige Frauen' (Jer 9,16 bzw. 9, 17).[146] Neben Spr 14, 1 kommt die Form *ḥaḵmôṯ* nur noch in Ri 5, 29 vor, und zwar an beiden Stellen als *nomen regens* vorangestellt, was für die Ri-Stelle einen superlativischen Sinn gibt: „die klügsten unter ihren Fürstinnen" (*ḥaḵmôṯ śārôṯäyhā*);[147] demgegenüber ist im Spr 14, 1 eine höchst beachtenswerte Wendung geschehen, indem hier das Prädikat singularisch ist, wobei sich der Fokus von den „Frauen" zu ihrer „Weisheit" wohl verschiebt; gleichzeitig wird aber die Weisheit durch die Tüchtigkeit der Frauen positiv profiliert. Mit diesem neuen Gebrauch einer üblichen Redewendung nähert sich 14, 1 der Aussage in 24, 3: „durch Weisheit wird ein Haus gebaut", und dadurch lässt er sich wohl als ein ‚Vorstadium' zur Formulierung in 9, 1 verstehen (vgl. noch 31, 10–31). Durch die personifizierte Gegenfigur der „Torheit" (*'iwwäläṯ*), die Bebautes „mit Händen niederreißt" (V. 1 b), wird die Personifizierung der „Weisheit" nicht nur weiter profiliert, sondern auf diese Weise wird der Kontrast zwischen der konstruktiven „Weisheit" und der destruktiven „Torheit" wesentlich verschärft.

Außerdem mag es ein bedeutsames Anliegen gewesen sein, dem Kapitel schon am Anfang ein theologisch-moralisches Profil zu verleihen, und das geschieht durch den Jahwe-Spruch im V. 2. Dabei wird der Zusammenhang von Glauben und Leben noch hervorgehoben; denn einer, der „Jahwe fürchtet" und ihn nicht „verachtet", muss „in seiner Geradheit (*beyŏšrô*, oder auch ‚Redlichkeit') wandeln" (vgl. V. 12; 2, 13; 4, 11) und nicht „krumme Wege gehen", also einen geraden und rechten Wandel führen und dabei eine wahre Integrität zeigen. Durch den Chiasmus von „Weisheit" und „Torheit" im V. 1 mit „Toren/Narren" und „Weisen" im V. 3 betont schließlich die Einleitung die Bedeutsamkeit der Rede der „Lippen der Weisen", die vermag, die Wei-

---

[145] Vgl. BHK; BHS und einige Kommentare, s.o. zum Text.

[146] Vgl. Mandelkern 392 c; Even-Shoshan 687 a.689 a; Lisowsky 492 c; sonst H.-P. Müller, ThWAT II, 920–944, bes. 928; Sæbø, THAT I, 557–567.

[147] Vgl. GK § 128 i; HebrSynt 76 b; Wildeboer 41.

sen zu „bewahren/behüten“ (V. 3 b; vgl. 10, 13);[148] das geschieht eben im Gegensatz zum „Mund des Toren“, denn aus ihm sprosst nur „Hochmut/Stolz“, d. h. „arrogantes Reden“ (Bühlmann 128). So dürfen diese Verse, die Weisheit mit Glauben und verantwortlichem Wandel und Reden kombinieren, einen Schlüssel zum Verständnis des Folgenden hergeben.

Auf die Einleitung folgen zwei Einzelsprüche, zunächst V. 4, in dem landwirtschaftliche Verhältnisse eine sprichwörtliche Spitze erhalten haben, der aber hier freistehend zu sein und schwer einzuordnen scheint – vielleicht sei er in irgendeinem übertragenen Sinn aufzufassen. Der demnächst folgende V. 5 enthält einen chiastisch gestalteten Spruch, der das mehrmalig vorkommende Thema des „Zeugen“ aufgreift (vgl. das Pendant im V. 25, sonst 6, 19 a; 12, 17; 19, 5. 9; 21, 28; auch Ex 20, 16), und der einen Bezug zum V. 3 wie auch zum Thema des Redens in V. 6–9 zu haben scheint.[149] Mit einem fast tautologischen Nachdruck weist der Gegensatz zwischen dem „wahrhaftigen Zeugen“ (*ʿeḏ ʾᵃmûnîm*) und dem „Lügenzeugen“ (*ʿeḏ šäqär*) einen unüberbrückbaren Kontrast zwischen Wahrheit und Lüge auf; dabei lässt sich wohl – wenn auch indirekt – eine weise Mahnung zur Wahrhaftigkeit und Zuverlässigkeit hören, zumal eben sie für das Reden der Menschen allgemein und insbesondere für ihr Rechtsleben und ihre soziale Gemeinschaft von entscheidender Bedeutsamkeit ist.

Der Aufbau der weisheitlich geprägten Spruchgruppierung V. 6–9 hat eine erwägenswerte Besonderheit, die auch im Rest des Kapitels vorzuliegen scheint. Es fällt nämlich auf, dass V. 6 a und V. 9 a dasselbe Lexem bzw. Formen desselben Wortstamms, und zwar „Spötter“ (*leṣ*,) und „spotten“ (*yālîṣ*,) enthalten, als seien sie Stichwörter, die dieser Spruchgruppe, an ihrem Anfang und Ende stehend, einen Rahmen geben wollen. Auf entsprechende Weise sind V. 10–13 durch das Lexem „Herz“ (*leḇ*, V. 10 a und 13 a), V. 15–18 durch das Lexem „Einfältiger“ (*päṯî*, V. 15 a, und *pᵉṯāʾyim*, V. 18 a), V. 19–22 durch das Lexem „Böse“ bzw. „Böses“ (*rāʿîm*, V. 19 a, und *rāʿ*, V. 22 a) eingerahmt, und zudem umfassen diese vier Spruchgruppen je vier Verse; endlich hat die längere Spruchgruppe V. 28–35 das Lexem „König“ (*mäläḵ*, V. 28 a und 35 a) an ihrem Anfang und Ende (vgl. Plöger 174 f). Wenn diese Stichwörter jeweils Rahmungen der erwähnten Spruchgruppen ausmachen wollen, sind sie aber recht dünne Bänder, die den jeweiligen Stoff sehr verschiedener Sprüche zusammenhalten sollen. Zwischen den Spruchgruppen befinden sich die Einzelsprüche V. 14, der mit dem Thema Gerechte/Frevler zusammenhängt, ferner V. 23–24, die wohl ein Spruchpaar zum Thema Reichtum/Mangel sind, sowie V. 25, der – wie schon erwähnt – eine Variante zu V. 5 darstellt; hinzu kommen die Jahwe-Sprüche in V. 26–27, die auch ein Spruchpaar ausmachen, das zudem noch auf die Einleitung zurückgreift (vgl. V. 2). So ergibt sich die Gestalt des Kapitels auch in dieser Weise als gar nicht einfach, sondern eher recht ‚ausgeklügelt‘ zu sein.

---

[148] Vgl. Bühlmann, ebd. 126–129, auch 270 ff.

[149] Vgl. Bühlmann, ebd. 164–169.

Machen nun die ,Außen-Verse' 6 und 9 einen Rahmen der Spruchgruppe V. 6–9 aus, sind die ,Innen-Verse' 7–8 – trotz beachtlicher formaler Differenz – chiastisch gebaut und sind somit aufeinander bezogen. Diese komplexe Einheit setzt das Thema der Weisheit fort. Das geschieht vornehmlich durch eine scharfe Kontrastierung des „Spötters" und des „törichten Mannes" mit dem „Einsichtigen" (*nāḇôn*) und „Klugen" (*ʿārûm*); und die tiefe Kluft, die sie von Grund aus trennt, wird von ihrem jeweiligen Verhältnis zur Weisheit bestimmt. Völlig negativ und fast ironisch wird in dieser Beziehung die Hoffnungslosigkeit des Toren mehrfach herausgestellt; denn der „Spötter", der ein „zügelloser, gewissenloser und frecher" Mensch ist,[150] sucht die Weisheit vergebens (V. 6 a); die „Toren" zeigen ihre Frechheit noch dadurch, dass sie über das „Schuldopfer" (*'āšām*)[151] spotten (V. 9 a), während mit Nachdruck „die Torheit der Toren" (*'iwwälät kᵉsîlîm*) als bloße „Enttäuschung" (*mirmâ*) hingestellt wird; mit dem Toren ist gewiss nichts anzufangen. Der weise Gegentypus ist der „Kluge" und „Einsichtige"; ihm ist die Weisheit „leicht" (V. 6 b), und er hat „unter Redlichen Wohlgefallen" (V. 9 b); er ist einfach angesehen und wird respektiert.

Die Spruchgruppierung V. 10–13 macht sodann eine neue Vierer-Gruppe von Sprüchen aus, bei denen der erste und letzte Vers, die auch inhaltlich verwandt sind, das Lexem „Herz" als rahmendes Stichwort haben (V. 10 a und 13 a). Demgegenüber scheinen die ,Innen'-Sprüche hier (V. 11–12) unterschiedlicher als in der vorigen Gruppe und die Kohärenz dieser Gruppe im Verhältnis zu jener weniger ersichtlich zu sein. Die ,Außen-Verse' 10 und 13 reden innig von der Einsamkeit des Einzelnen und seinen inneren Erfahrungen und Empfindungen, die allein „das Herz kennt", sei es „Bitternis" (V. 10 a) und „Kummer" (V. 13 b) oder „Freude" (V. 10 b) und „Lachen" (V. 13 a); ein Thema ist dazu noch die Gleichzeitigkeit konträrer Gefühle wie Freud und Leid, denn „auch beim Lachen leidet das Herz" (V. 13).[152] Hier erhält man Blicke in die geheimen Erfahrungen menschlicher Gegensätzlichkeit, die der Mensch im Leben ertragen muss – und die moderne Dichtung hätte es nicht eindrucksvoller ausdrücken können. Die ,Innen'-Verse 11 und 12 dagegen blicken nicht in das Innere, sondern nach außen; sie reden zunächst wie öfter von dem moralischen und sozialen Gegensatz der „Frevler" und „Redlichen" und von ihrem jeweiligen unterschiedlichen Ergehen (V. 11), und demnächst vom Gegensatz zwischen einem „geraden" Lebensweg und dem unvermeidbaren Tod des Menschen (V. 12) – das ist sonst ein Thema bei Kohelet (vgl. etwa Koh 8, 8–10; 9,2–6).

Die dritte Vierer-Gruppe von Sprüchen befindet sich in V. 15–18 und ist von der Wortgruppe des/der „Einfältigen" umrahmt. Diese Spruchgruppe bringt neue Variationen über das gängige Thema des Gegensatzes Weiser/

---

[150] So GesB 389; vgl. HAL 507: „Schwätzer"; vgl. Hausmann, ebd. 12–14.

[151] Gelegentlich wird das kultisch profilierte Wort verallgemeinert und mit ,Schuld' wiedergegeben; s. o. zum Text.

[152] S. auch V. 30 sowie 15, 13–14; vgl. Wolff, Anthropologie, 68–95; Hausmann, ebd. 178–186.

Tor;[153] und in diesem Fall steht der Tor im Fokus, wie schon vom Rahmen anvisiert ist. Die Einheit ist von dem scharfen Gegensatz gekränzt, der zwischen dem leichtgläubigen „Einfältigen“, der „jedem Wort vertraut“ (V. 15 a), und dem behutsamen „Klugen“, der „auf seinen Schritt“ achtet (V. 15 b), besteht. Die Folgen, die den Unterschied zwischen ihnen noch vertiefen, sind erheblich, wenn gesagt wird, dass die Einfältigen nur „Torheit erben“ (V. 18 a), während die Klugen „mit Erkenntnis“, d. h. mit noch größerer Weisheit, „gekrönt“ werden (V. 18 b). Der Gegensatz Weiser/Tor erhält in den ‚Innen‘-Versen 16–17 eine besondere Note; denn während der Weise behutsam ist (V. 16 a, vgl. 15 b), zeigt der Tor (*k^esîl*), auf dem nun das Gewicht liegt, sein Wesen nicht nur dadurch, dass er „sich ereifert“ und unbekümmert „sich sicher fühlt“ (V. 16), sondern er wird im nächsten Vers, der einen Langvers mit sog. synthetischen Parallelismus abweichend aufweist, zudem noch durch zwei andere törichte Typen weiter charakterisiert, und zwar zunächst durch den „Jähzornigen“, der nur Torheit zu veranstalten vermag (V. 17 a, vgl. V. 29 b), sowie durch den „Ränkeschmied“, der sich verhasst macht (V. 17 b, vgl. 12, 2). Der Tor hat viele Gesichter, und keines ist positiv; sein Benehmen, das ihn entschleiert, weckt keine Sympathie.

Die letzte Vierer-Gruppe, in V. 19–22, hat Lexeme des Wortstamms ‚Böser/Böses‘ als verbindende Stichwörter. Der Rahmen steht dem üblichen Gegensatz Gerechte/Frevler nahe, hat doch teilweise eine andere Phraseologie. Im ersten Vers, der einen synonymen Parallelismus aufweist, sind die „Bösen“ (*rāʿîm*) den „Frevlern“ (*r^ešāʿîm*) gleich, während ihre Antitypen, die „Guten“ (*ṭô*b̲*îm*), dem „Gerechten“ (*ṣaddîq*) synonym sind; dabei ist nicht nur ein Gegensatz, sondern auch noch eine Rangordnung genannt, denn die Bösen/Frevler müssen den Guten/Gerechten dienen (V. 19 ab). Im letzten Vers des Rahmens werden – wie bei der vorigen Spruchgruppe – die jeweiligen Folgen der gegensätzlichen Personengruppen geschildert: diejenigen, „die Böses planen/vorbereiten“,[154] was allerdings die Durchführung des Geplanten in sich trägt, werden gewiss „umherirren/in die Irre gehen“ (vgl. 12, 26 b), also „in Irrsal hineingeraten werden“ (Delitzsch 237); ganz anders aber werden denen, „die Gutes planen/bereiten“, noch „Güte und Treue“ (*ḥäsäd̲ wäʾ^ämäṯ*) zuteilwerden (V. 22). Wieder geht es um den bewährten Zusammenhang von Tun und Ergehen. Dagegen mag der erste der ‚Innen‘-Verse 20–21 wohl einer Verwunderung über gewisse Tatbestände Ausdruck geben, wenn hier die Rede auf das schwierige Verhältnis von Arm und Reich kommt, denn ein Armer kann sogar (Heim 182) von seinem „Nächsten“, oder „Freund“ (HAL 1169 b), verhasst werden (V. 20 a), während „die Freunde des Reichen zahlreich sind“ – was wohl weniger verwunderlich ist (V. 20 b; vgl. Sir 13, 19–23). Indem aber das Lexem ‚Nächster‘ (*re^aʿ*) nicht nur im V. 20 a, sondern auch im V. 21 a belegt ist, können die ‚Innen‘-Verse 20–21 überdies als ein Spruchpaar bezeichnet werden, das auch noch Alliteration

[153] Vgl. Wolff, ebd. 298–308; bes. Hausmann, ebd. 9–36.
[154] S. Ges[18] 402 a; vgl. HAL 343 b.

aufweist. Im Übrigen handelt V. 21 von einer konträren Haltung, nämlich einerseits der „Sünde", seinen Nächsten zu verachten (V. 21 a), und andererseits der guten Tat, „sich der Elenden (qere: *ʿanāwîm*) zu erbarmen"; dem das tut, wird ‚gratuliert' (*'ašrâw*; V. 21 b; vgl. V. 31). So macht diese kleine Spruchgruppe ein Gewebe aus, das mehrere Themen vereint.

Die letzte größere Spruchgruppe, in V. 28–35, wird – wie erwähnt – vom Lexem „König" (*mäläḵ*) umrahmt (V. 28 a und 35 a), ist aber inhaltlich sehr zusammengesetzt, zumal die Themen der Einzelsprüche rasch wechseln; doch gibt es hier auch verbindende Bezüge. So haben Plöger und Meinhold beachtenswerte Beobachtungen zum Aufbau der Spruchgruppe gemacht und sind darin weithin von Heim gefolgt worden.[155] Dabei werden zunächst Verbindungen zwischen V. 28 und 29 durch die Lexeme „Menge" (*roḇ*) bzw. „groß" (*raḇ*) sowie zwischen V. 28 und 34 anhand verschiedener Lexeme für „Volk/Völker" (*ʿām*, V. 28 a; *gôy*, V. 34 a; *leʾom*, V. 28 b/plur. *leʾummîm*, V. 34 b) aufgezeigt, wonach gefolgert wird, dass V. 28 und 34–35 den Rahmen dieser Einheit ausmachen. Darüber hinaus lassen sich noch inhaltliche Bezüge zwischen V. 29–30 und 33 erkennen, zumal „Herz" als Stichwort V. 30 und 33 verbindet; endlich hat der Abschnitt in V. 31–32, und zwar „genau in der Mitte" (Meinhold 242), zwei Sprüche zum Gottesverhältnis. Auf diese Weise scheint die Spruchgruppe V. 28–35 einen – wohl kaum zufälligen – symmetrischen Aufbau um der theologischen Achse von V. 31–32 herum erhalten zu haben; und diese ‚Zirkel-Komposition' dürfte zudem der ‚Mini-Komposition' sehr ähnlich sein, die in 10, 2–7 zu beobachten war.

Die Königssprüche in V. 28 und 35 sind die ersten von mehreren, die aber im nächsten Teil der Sammlung II vorliegen (s. 16, 10. 12–15; 19, 12; 20, 2. 8.26. 28; 21, 1; 22, 11). Der Ausdruck „die Erhabenheit des Königs" (*hadrat-mäläḵ*), der für die Beschreibung des Königs entscheidend sein darf, ist allerdings schwer deutbar; das Lexem *hadārâ* meint ‚Schmuck' oder ‚Erscheinung',[156] will aber in Bezug auf den hiesigen Kontext, wo es um „Menge an Volk" (V. 28 a) oder „ohne (*beʾäpäs*) Volk" geht (V. 28 b), wohl weiter und bildlich erfasst werden, etwa als ‚Erhabenheit/Hoheit' im Sinne von Würde und Macht, wovon sein Königsein abhängig ist; die Alternative ist sein „Untergang/Verderben" (*meḥittâ*), wenn er „ohne Volk" ist (V. 28 b). Von der Würde und Macht des Königs handelt ebenfalls V. 35; nun ist sie aber nicht nach außen gerichtet, sondern im Verhältnis zu seinem Hof, in dem sich „kundige" wie auch „schändliche" Diener befinden, die auf ganz unterschiedliche Weise seine Macht erfahren werden, und dann entweder „seine Gunst/sein Wohlgefallen" oder seinen strafenden „Zorn". Weil aber V. 35 mit V. 1 verbunden zu sein scheint, und weil da zweimal vom „Volk" die Rede war, was ebenfalls im chiastisch geformten V. 34 der Fall ist, hat man diesen

---

155 Vgl. Plöger 174–176; bes. Meinhold 242 f; sonst Heim, ebd. 187 f. Anders registriert Scoralick, ebd. 226–230, Verbindungen in ihrem größeren Abschnitt 14, 28–15, 32; Waltke I, 608 ff, rechnet 14, 33–15, 4 als einen Abschnitt.

156 Vgl. Donner, ZAW 79 (1967) 331–333; sonst Ges[18] 269 a; auch HAL 230 b.

Vers mit V. 35 – wohl als ein Spruchpaar – noch verbinden wollen. Doch ist das Thema im V. 34 teilweise ein anderes, denn es geht um die für ein Volk erbauende Macht der „Gerechtigkeit“ (V. 34 a) – die gewiss auch für den König wichtig ist, und dann im Kontrast zur „Sünde“, die nur „eine Schande der Völker“ (*ḥäsäḏ le'ummîm*; s. o.) ausmacht (V. 34 b); darum liegt hier am wahrscheinlichsten eine Antithetik vor, die sich als eine ‚nationale‘ Variante des Gegensatzes Gerechte/Frevler auffassen lässt. Ferner ist in den auf einander bezogenen V. 29–30 und 33 der Gegensatz von Weisheit und Torheit wieder das Thema, zumal das „Herz“, das auch den Sinn und Verstand meinen kann, hier V. 30 und 33 stichwortmäßig verbindet. Was sodann den einsichtsvollen „Langmütigen“ betrifft (V. 29 a; vgl. V. 33 a), der im Kontrast zum törichten „Jähzornigen“ vorgestellt wird (V. 29 b, vgl. V. 17), mag er ein Ausdruck des Ideals des weisen Schweigenden sein; damit nahe verbunden dürfte auch das „gelassene Herz“ sein (V. 30 a), in dem die Weisheit ruht (V. 33 a), und das auch, im Gegensatz zur „Eifersucht“ (*qin'â*, V. 30 b) – fast psychosomatisch – für den Körper des Menschen lebensfördernd wirkt, was noch bedeutet, dass es für die ganze Person heilsam ist. Diese Verse dürfen außerdem die ganz praktische und lebensnahe Ausrichtung der Verkündigung der Weisen zeigen. Durch V. 31–32, also in der Mitte der Spruchgruppe, wird zudem einem theologischen Anliegen Ausdruck gegeben, obschon etwas indirekt. Denn hier liegt kein direkter Jahwe-Spruch vor, wie im V. 2 der Einleitung, sondern im chiastisch geformten V. 31 wird zunächst sozialethisch von dem „Geringen“ (*dāl*) und dem „Armen“ (*'äḇyôn*) gesprochen, wobei sodann der sozialethische Aspekt eine theologische Zuspitzung erfährt, wenn gesagt wird, dass derjenige, der „den Geringen bedrückt“, über das Unrecht gegen ihn hinaus „seinen – wohl des Geringen – Schöpfer schmäht“ (*'osehû*, V. 31 a), während einer, der „sich des Armen erbarmt“, den Schöpfer „ehrt“ (V. 31 b). Demnächst handelt V. 32, textlich teilweise schwierig, nicht nur von dem Gegensatz Frevler/Gerechter, sondern von dem gegensätzlichen Geschick bei der äußersten Grenze des Lebens, wo der Frevler wegen seiner „Bosheit“ nun „gestürzt wird“, während der Gerechte „in seinem Sterben getrost bleibt“;[157] in beiden Fällen ist der Schöpfer ungenannt – und doch gegenwärtig (vgl. V. 26 f).

So ist das vierzehnte Kapitel formal und inhaltlich sehr komplex gestaltet und zeigt in seinen verschiedenen kleinen Spruchgruppen eine große Spannweite, die von wirtschaftlichen und sozialen Bezügen zu den letzten Fragen des Menschenlebens und zu theologischen Sprüchen reicht. Das Ganze scheint von dem grundlegenden Dreiklang der Weisheit, Gerechtigkeit und Gottesfurcht zusammengehalten zu werden.

---

[157] Oder „sich in seinem Sterben birgt“ vgl. Meinhold 245; Waltke I, 607 f; Heim, ebd. 186–191; zum Text s. o.

15, 1–33: Der Einsichtsvolle macht Gehen gerade

1 **Eine sanfte Antwort beschwichtigt Wut,**
aber ein kränkendes Wort erregt Zorn.
2 **Die Zunge der Weisen macht Erkenntnis angenehm,**
aber der Mund der Toren lässt Torheit sprudeln.
3 **An jedem Ort sind die Augen Jahwes,**
sie überwachen Böse und Gute.
4 **Eine linde Zunge[158] ist ein Baum des Lebens,**
aber Falschheit an ihr bringt zerbrochenen Geist.
5 **Der Tor verachtet die Zucht seines Vaters,**
aber wer Zurechtweisung beachtet, handelt klug.
6 **Das Haus des Gerechten hat große Schätze,**
aber beim Ertrag des Frevlers ist Zerrüttung.[159]
7 **Die Lippen der Weisen verbreiten Erkenntnis,**
aber so nicht mit dem Herzen der Toren.[160]
8 **Das Opfer der Frevler ist ein Gräuel für Jahwe,**
aber das Gebet der Redlichen hat sein Wohlgefallen.
9 **Ein Gräuel für Jahwe ist der Weg des Frevlers,**
aber wer Gerechtigkeit nachjagt, den liebt er.
10 **Böse Züchtigung erfährt der, der den Pfad verlässt,**
wer Zurechtweisung hasst, der stirbt.
11 **Totenreich und Unterwelt liegen offen vor Jahwe,**
wie viel mehr die Herzen der Menschen.
12 **Der Spötter liebt nicht, dass man ihn zurechtweist;**
zu den Weisen geht er nicht.
13 **Ein frohes Herz macht ein fröhliches Gesicht,**
aber bei Herzeleid ist das Gemüt bedrückt.
14 **Das Herz des Verständigen sucht Erkenntnis,**
aber der Mund[161] der Toren weidet Torheit.
15 **Alle Tage des Bedrückten sind böse,**
aber wer frohen Mutes ist, hat ständig ein Festmahl.
16 **Besser wenig mit Furcht vor Jahwe**
als ein großer Schatz und Unruhe dabei.
17 **Besser ein Gericht Gemüse mit Liebe**
als ein gemästeter Ochse und Hass dabei.

---

[158] So HAL 602 b; GesB 463 a; vgl. Ringgren 62; Plöger 177; auch 14, 30 („ein gelassenes Herz“) u. Anm. 137.

[159] Zum schwierigen Text s. BHS; BHQ; vgl. McKane 484 f; Plöger 178; Meinhold 249; Scherer, ebd. 165.

[160] Vgl. Meinhold 249; Murphy 109; Heim, ebd. 193; Fox 591; anders Bühlmann, ebd. 129 („nichts Festes“).

[161] Mit M^{qere}, G S T; s. BHQ; vgl. McKane 478 f; Bühlmann, ebd. 190 f; Scherer, ebd. 165; anders Heim, ebd. 196 f.

18 Ein jähzorniger Mann erregt Zank,
aber ein Langmütiger beschwichtigt Streit.
19 Der Weg des Faulen gleicht einer Dornenhecke,
aber der Pfad der Redlichen ist gebahnt.
20 Ein weiser Sohn erfreut den Vater,
aber ein Tor von einem Menschen verachtet seine Mutter.
21 Torheit ist eine Freude für den Unverständigen,
aber der einsichtsvolle Mann macht Gehen gerade.
22 Pläne scheitern, wo Beratung fehlt,
aber bei vielen Ratgebern kommen sie zustande.
23 Freude hat der Mann an der Antwort seines Mundes,
und ein Wort zur rechten Zeit – wie gut!
24 Der Pfad des Lebens führt aufwärts für den Klugen,
damit er dem Totenreich unten entgehe.
25 Das Haus der Stolzen reißt Jahwe ein,
aber die Grenze der Witwe legt er fest.
26 Ein Gräuel für Jahwe sind böse Pläne,
aber freundliche Reden sind rein.
27 Sein Haus zerstört, wer unrechten Gewinn einstreicht;[162]
wer aber Bestechung hasst, wird leben.
28 Im Herzen überlegt der Gerechte seine Antwort,
aber der Mund der Frevler lässt Bosheiten sprudeln.
29 Fern ist Jahwe den Frevlern,
aber das Gebet der Gerechten hört er.
30 Leuchtende Augen erfreuen das Herz,
eine gute Nachricht erquickt den Körper.
31 Ein Ohr, das auf lebensfördernde Zurechtweisung hört,
wird inmitten der Weisen weilen.
32 Wer sich der Zucht entzieht, verachtet sein Leben;
aber wer auf Zurechtweisung hört, erwirbt Verstand.
33 Furcht vor Jahwe ist die Erziehung der Weisheit,
und der Ehre geht Demut voran.

Lit.: G. Boström, Paronomasi (1928), 150–157. – W. Bühlmann, Vom rechten Reden (1976), pass. – H.-W. Fischer-Elfert, *(b)yr't yhwh* in Prov 15, 16 und sein ägyptisches Äquivalent, BN 32 (1986) 7–10. – J. Hausmann, Menschenbild (1995), 178–185. – B.W. Kovacs, Sociological-structural Constraints upon Wisdom: The Spatial and Temporal Matrix of Proverbs 15, 28–22, 16, Ann Arbor, MI 1978. – J. Krispenz, Spruchkompositionen (1989), 71–79. 170 f. – K.M. Heim, Like Grapes of Gold (2001), 147–159. – L.G. Perdue, Wisdom and Cult (1977). – A. Scherer, Das weise Wort (1999), 95–119. – R. Scoralick, Einzelspruch und Sammlung (1995), 226–237. – F. Stummer, Secura mens quasi iuge convivium (Prov 15, 15 b), MThZ 34 (1953)

[162] So Ges[18] 167 a, wie in 1, 19; vgl. Scherer, ebd. 166; Heim, ebd. 201; anders HAL 141 b: „Gewinn machen".

37–45. – R. Van Leeuwen, Wealth and Poverty: System and Contradiction in Proverbs, Hebrew Studies 33 (1992) 25–36. – G. Vanoni, Volkssprichwort und YHWH-Ethos. Beobachtungen zu Spr 15, 16, BN 35 (1986) 73–108. – R.N. Whybray, Composition (1994), 103–106.

Anders als bei den vorangehenden Kapitelübergängen ist beim Wechsel von 14, 35 zum 15, 1 ein Zusammenhang der zwei Kapitel gelegentlich erörtert worden, indem man dafür besonders den Begriff „Zorn" an beiden Stellen als ein verbindendes Stichwort verstanden hat.[163] Doch darf die Sache differenzierter gesehen werden. Denn erstens geht es formal um zwei ganz verschiedene Einheiten, nämlich einerseits den umfassenden Königsspruch in 14, 28–35, und andererseits erwecken die ersten Verse von Kap. 15 den Eindruck, eine Einleitung zum Folgenden zu sein. Zweitens wird man in Bezug auf das Vorkommen des Wortfelds von „Zorn" in 14, 35 und den beiden Kola von 15, 1 beachten müssen, dass es sich um drei verschiedene hebräische Lexeme handelt (*ʿäb̲râ*, 14, 35 b, *ḥemâ*, 15, 1 a und *ʾap̄*, 15, 1 b); sehr wohl mögen die drei Wörter zur Anknüpfung der zwei Einheiten beigetragen haben, jedoch ohne dass man eine durchgehende Einheit zu postulieren braucht.

Allgemein scheint der Aufbau von Kap. 15 recht komplex zu sein, und es wird wohl schwer sein, ihm ganz gerecht zu werden. Wie im Kap. 14 sind hier die Einzelsprüche vorherrschend; auch tritt wie dort der antithetische Parallelismus beachtlich zurück; dafür gibt es einen synonymen Parallelismus (V. 30) sowie öfter Langzeilen (bzw. einen sog. synthetischen Parallelismus) mit einem weiterführenden Kolon B (so in V. 3, 10–12, 23, 31, 33). Ferner kommt im V. 24 b eine Infinitivkonstruktion mit ‚um zu' (*lemaʿan*) vor (vgl. 13, 14; 14, 27); und V. 16–17 weisen den ‚besser als'-Stil auf. Vor allem aber scheinen etwa zehn Spruchpaare vorzuliegen (so V. 1–2 oder eher 2 und 4, ferner 8–9, 10 und 12, 13–14, 16–17, 20–21, 25 und 27, 28–29, 30–31, 32–33; vgl. 22–23), die damit als das wohl wichtigste Strukturelement des Kapitels angesehen werden dürfen.[164] Inhaltlich ist Kap. 15 vielfältig, zumal Themen teilweise auf einander übergreifen oder mit einander verflochten sind. Das Kapitel ist zunächst vom Thema des Redens geprägt (V. 1, 2, 4, 5, 7, 10, 12, 22–23, 26, 28, 31 f). Ebenso hervortretend sind aber das Thema der Erziehung von Seiten der Eltern (V. 5, 20) und der Weisen (V. 2, 7, 12, 31; vgl. 10, 32–33) sowie die Antithese Weiser/Tor (V. 2, 5, 7, 12, 14, 20, 21), wobei dieses Kapitel noch stärker als das vorige vom besonderen Weisheitsgut gekennzeichnet ist; auch ist der oben häufig vorkommende Gegensatz Gerechte/Frevler vertreten (V. 6, 8–9, 28–29). Ganz besonders in diesem Teil A ist das Erwähnen der Rechte einer Witwe (V. 25 b). Schließlich sind die Jahwe-Sprüche hier nicht nur relativ viel und verschieden (V. 3, 8, 9, 11, 16, 25, 26, 29, 33), sondern vor allem fällt die eigentümliche Ortung von drei seiner neun Belege auf, die nämlich jeweils in Spruchpaare eingestuft sind, wie es bei V. 3,

---

[163] Vgl. Scoralick, ebd. 96–98; Scherer, ebd. 156.

[164] Zu Paronomasien und Stichwörtern vgl. sonst Boström, ebd. 119. 150–157; Scoralick, ebd. 128 f. 221–237; Murphy (1998) 66 f; Krispenz, ebd. 170 f.

11 und 26 der Fall zu sein scheint;[165] dabei werden zwar die zwei Teile des jeweiligen Spruchpaars (V. 2 und 4, 10 und 12, 25 und 27) auseinandergerissen, doch gleichzeitig sind diese Spruchpaare dadurch theologisch erweitert worden, was noch eine hermeneutische Bereicherung ausmacht. Neben den Jahwe-Sprüchen und Spruchpaaren gibt es einige ‚freistehende' Einzelsprüche (vgl. 5, 6, 7, 15, 18, 19, 24).

Die ersten Verse erwecken – wie erwähnt – den Eindruck, eine thematische Einführung darzustellen; ihr Umfang ist aber aufgrund der verflochtenen Textgestalt nicht leicht zu bestimmen. Der Ausgangspunkt ist auf jeden Fall V. 1, der ein Hauptthema des Folgenden einführt, nämlich das des Redens.[166] Im Blick auf die besondere Phraseologie des Verses wäre wohl eine Anknüpfung an den vorangehenden Königsspruch verständlich (vgl. 16, 14), doch ist die Hauptsache des Eingangsspruches sein scharfer Gegensatz zwischen einem „sanften" und einem „kränkenden Wort" (V. 1 b) sowie die jeweilige Wirkung dieser Worte; denn die Worte können entweder „Wut beschwichtigen" oder „Zorn erregen", was vom Redenden abhängt (vgl. V. 18); so ist der Redende für seine Worte und ihre Folgen verantwortlich. Durch diese moralisch wichtige Aussage des Eingangsspruches wird das Kapitel eröffnet. Ferner könnte V. 1 ein thematisches Spruchpaar mit V. 2 ausmachen, indem das Thema des Redens sie verbindet; das mag aber auch in Bezug auf V. 2 und 4 der Fall zu sein, weil ihr verbindendes Thema anhand der Stichworte „Zunge" und „Mund" ebenfalls das des Redens ist; damit dürften sich diese Verse an den einleitenden V. 1 eng anschließen und ihn gleichzeitig thematisch erweitern, indem sie die verschiedenen Auswirkungen des gesprochenen Wortes weiter vor Augen führen. Die Verse 2 und 4 sind allerdings verschieden. So ist V. 2 auch vom Gegensatz Weiser/Tor geprägt, wobei ihre verschiedene Rede enthüllt, wer Weiser und wer Tor ist (vgl. 14, 24). Demgegenüber bezieht sich V. 4 im Kolon A auf die „linde Zunge" (vgl. 14, 30), die lebensfördernd ist, wie es anhand des Bildes „Baum des Lebens" (vgl. 3, 18; 11, 30; 13, 12) noch eindrücklich zum Ausdruck kommt, während das Thema des Redens im Kolon B nicht weitergeführt wird; denn da wird als Gegenteil zur gelassenen, linden Zunge (V. 4 a) die „Falschheit/Verkehrtheit (*säläp̄*, sonst nur 11, 3) der Zunge" gestellt,[167] weil sie lediglich „einen zerbrochenen Geist" bewirkt (V. 4 b). So ist es V. 4, der dadurch V. 1 thematisch am nächsten kommt. Dann wird aber die schon komplizierte Einheit von V. 1, 2 und 4 mit V. 3 von einem Jahwe-Spruch thematisch aufgebrochen (vgl. noch V. 11). Dieser Spruch handelt von den allgegenwärtigen „Augen Jahwes" (vgl.

---

[165] Es ist schwer, der Meinung Whybrays zuzustimmen, wenn er umgekehrt die Jahwe-Sprüche zum Kernteil macht: „Much of the chapter appears to have been built round these: vv. 8–11, 12–17, 25–33"; so auch wenn er meint, V. 20 „may have once marked the beginning of a separate collection" (225); anders aber in seinem Art. Yahweh-Sayings (1979/1990) 160 und Anm. 17 (da versteht er die Jahwe-Sprüche als Interpretation ihres jeweiligen Kontexts).

[166] Vgl. Bühlmann, ebd. 75–77 u. pass.

[167] Vgl. Bühlmann, ebd. 75–77 (zu V. 1), 53–55 (zu V. 2), 279–283 (zu V. 4).

Pss 33, 13–15; 139, 1–12; 2 Chr 16, 9); sie „erspähen/überwachen" (*ṣop̄ôṯ*) „Böse und Gute", was wohl ein Merismus für alle Menschen ist. Es scheint wesentlich für die Struktur der Großeinheit des Kapitels zu sein, dass eben der weite Horizont dieses Jahwe-Spruches an ihren Anfang gestellt worden ist.

Jahwe-Sprüche kommen auch in dem nächsten und zweiten Spruchpaar (V. 8–9) vor, wenn da zweimal von „Gräuel für Jahwe" (V. 8 a.9 a) die Rede ist. Im ersten Fall (V. 8) gilt der „Gräuel Jahwes" (*tôʿᵃḇaṯ YHWH*, s. 3, 32; 11, 1. 20; 12, 22; vgl. 6, 16; 8, 7) das „Opfer (*zäḇaḥ*) der Frevler" (vgl. V. 26), das auf diese Weise kultisch disqualifiziert wird (vgl. sonst Lev 11, 11; Dtn 7, 25; Ez 8, 6. 17). Dabei ist beachtenswert, dass die Antithese zum Opfer „das Gebet der Redlichen" (*tᵉp̄illaṯ yᵉšārîm*) ist, das Jahwes Gefallen hat (vgl. V. 29 b), ohne aber dass das Gebet dadurch gegen das Opfer ausgespielt werden darf (vgl. aber etwa Ps 50, 8–13 und 14–15; 51, 18–19);[168] denn die Antithese ist hier – wiederum – der scharfe Gegensatz zwischen den Frevlern und den Redlichen bzw. Gerechten, wie im V. 29; das Kultische ist dem Ethischen untergeordnet, sie schließen einander aber nicht aus (vgl. 21, 3. 27; 28, 9). Im zweiten Fall (V. 9) geht es auch um den Gegensatz Frevler/Gerechter, jedoch durch allgemeinere Formulierungen ausgedrückt, wenn im Kolon A der „Weg des Frevlers" (*däräḵ rāšāʿ*), also sein „Lebensweg/Wandel", als der „Gräuel Jahwes" gekennzeichnet wird (vgl. 11, 20), während im Kolon B der Kontrast dazu die Liebe Jahwes ist (par. zum „sein Wohlgefallen", V. 8 b), die demjenigen zuteilwird, der „Gerechtigkeit nachjagt" (V. 9 b; vgl. 21, 21). Die zwei Teile des Spruchpaars sind inhaltlich und durch Stichworte gekettet worden; doch scheint der zweite Spruch (V. 9) kaum eine „Begründung" des ersten Spruchs (V. 8) auszumachen, wie gelegentlich behauptet wird.

Das dritte Spruchpaar (V. 10 und 12) ist – wie beim Spruchpaar von V. 2 und 4 – auch von einem formal und thematisch verschiedenen Jahwe-Spruch (V. 11) getrennt. Dieser Spruch kommt inhaltlich dem Jahwe-Spruch im V. 3 nahe, wenn nun von Jahwe gesagt wird, dass „vor" (*näḡäḏ*) ihm „Totenreich (*šᵉʾôl*) und Unterwelt (*ʾᵃḇaddôn*)" sind bzw. offenliegen (V. 11 a; vgl. 1, 12; 2, 18; 7, 27; 27, 20; Hi 26, 6; Pss 38, 10; 139, 8. 11); danach wird mit einer *a fortiori*-Argumentation (vgl. 11, 31 b) steigernd fortgesetzt: „wie viel mehr die Herzen der Menschen", was hier das Hauptgewicht haben dürfte (V. 11 b; s. V. 3 b: er „überwacht" alle Menschen; vgl. 17, 3; 24, 12). Demgegenüber ist das dadurch getrennte Spruchpaar (V. 10 und 12) durch das Wortfeld „Zucht/Züchtigung" (*mûsār*) und „Zurechtweisung/Rüge" (*tôḵaḥaṯ*) thematisch verbunden, obwohl die zwei Verse sonst recht verschieden sind. Im V. 10 liegt eine Steigerung vor; denn von einer „bösen/harten Züchtigung", die derjenige erfahren wird, der den rechten „Pfad", im Sinne eines moralischen Wandels, verlässt (vgl. 10, 17), wird da gewechselt zu einer Verhaltung des Hasses

---

[168] S. sonst 3, 9; 7, 14; 20, 25; 21, 3. 27; 28, 9. Vgl. Ernst, Weisheitliche Kultkritik, 9–96; Perdue, Wisdom and Cult, 156–161; Meinhold 251; Fox 591 f; auch die prophetische Kultkritik in etwa Am 5,21–25; Jes 1, 11–15; Jer 7, 22 f.

gegenüber der erzieherischen „Zurechtweisung", die aber nur zum Tode führen kann (vgl. 14, 12; 16, 25). Diese Verhaltungsweise hat im V. 12 ihre Entsprechung im Verhalten des frechen „Spötters" (*leṣ*), der hier wieder die Aufmerksamkeit hat (vgl. 1, 22; 3, 34; 9, 7 f; 13, 1; 14, 6); er „liebt nicht" die „Zurechtweisung/Rüge", und er sucht nicht, sondern hält sich fern von der Gemeinschaft der Weisen (V. 12 b), die ihm doch zum Guten hätte dienen können. Die negative Schilderung des Spötters kann wohl eine herabsetzende Ironie ausdrücken, dürfte vielleicht ebenso sehr eine etwas mutlose Sorge über misslungene Erziehung enthalten; denn die Weisen hätten ihn wohl gerne in ihrer Gemeinschaft gehabt.

Das verbindende Stichwort im vierten Spruchpaar (V. 13–14) ist „Herz", das die beiden Sprüche einleitet und bestimmt (V. 13 a; 14 a). Das Lexem „Herz" (*leḇ*, oder *leḇāḇ*, nur in 4, 21 und 6, 25), das ein Hauptwort der alttestamentlichen Anthropologie ausmacht, und das eine breite Anwendung aufweisen kann,[169] bezeichnet das konstitutiv Innere des Menschen und umfasst sowohl seine Empfindungen als auch seinen Verstand; und in diesem Spruchpaar kommt beides zum Ausdruck. Zudem bringt V. 13 – wie schon 14, 10 und 13 sowie 12, 25 und 17, 22 – eine Erfahrung zum Ausdruck, die den nahen Zusammenhang von inneren Regungen und äußeren Reaktionen oder Handlungen zeigt, und zwar positiv wie negativ, wenn es heißt:

> Ein frohes Herz macht ein fröhliches Gesicht,
> aber bei Herzeleid ist das Gemüt bedrückt.

Danach handelt V. 14 a von einem „verständigen Herzen" (*leḇ nāḇôn*), das „Erkenntnis (*da'aṯ*) sucht" (vgl. 18, 15), und zwar im Kontrast zum „Mund der Toren" (mit qere), der eben „Torheit weidet/sucht" (V. 14 b).[170] Dabei ist die ‚Kreuzung' der Antithese von „Herz" und „Mund" mit der eines klugen und eines törichten Menschen in Bezug auf den sonst üblichen Gegensatz Weiser/Tor einzigartig. Der folgende ‚freistehende' Spruch, V. 15, ist mit seiner Antithese von einem „Bedrückten" und einem „frohen Mutes" (*ṭôḇ-leḇ* ‚guten Herzens') gewissermaßen dem vorangehenden V. 13 thematisch ähnlich, weshalb er an das vierte Spruchpaar angeschlossen sein mag.

Das fünfte Spruchpaar (V. 16–17) enthält ein Doppelvorkommen des ‚besser als'-Stils, der somit V. 16 mit 17 verbindet (vgl. 12, 9). Dabei ist aber beachtenswert, dass der theologische Vergleich mit Bezug auf die „Furcht vor Jahwe" (*yir'aṯ YHWH*) als der wichtigere vorangestellt worden ist (V. 16); da heißt es, dass im Vergleich zum großen Reichtum, der „Unruhe" geben kann, ein „wenig" (*m*^e^*'aṭ*) mit „Furcht vor Jahwe" das Bessere ist (vgl. 16, 8). Demgegenüber gibt der Vergleich im V. 17 Ausdruck einer allgemeinen Erfahrung aus dem Alltag der Menschen, wenn der Gegensatz von einem einfachen Essen und einem Festgericht mit der Antithese von Liebe und Hass kombiniert

---

169 Vgl. 6, 32; 10, 8; 11, 20; 12, 8. 25 bes. 14, 10–13 und 30.

170 Vgl. Bühlmann, ebd. 190–193; anders Gemser 68 f; Ringgren 63 („erstrebt").

wird; dann ist ein einfaches Gemüsegericht „mit Liebe dabei“ (*wᵉ'ahᵃḇâ-šām*) besser als ein Festgericht, das man „mit Hass dabei“ serviert (vgl. V. 15; 17, 1).

Das sechste Spruchpaar (V. 20–21) zeigt darin eine Besonderheit, dass die vier Kola seiner zwei verwandten, aber zugleich verschiedenen Sprüche einen Chiasmus (ab : b'a') bilden; und das Thema, das hier der häufige Gegensatz Weiser/Tor ist (s.o. V. 2, 5, 7, 10, 12, 14), wird, mit phraseologischen Variationen, in dieses Muster hineingepasst. Im V. 20 a, der mit 10, 1 aβ identisch ist, geht es um den „weisen Sohn“ (*ben ḥāḵām*), dem im V. 21 b der „einsichtsvolle Mann“ (*'îš tᵉḇûnâ*; sonst 10, 23; 17, 27; 20, 5) entspricht. Zudem fällt auf, dass im V. 20 b (wie in 21, 20 b) der bemerkenswerte Ausdruck „Tor von einem Menschen“ (*kᵉsîl 'āḏām*)[171] vorkommt, der im V. 21 a als Parallele die Wendung *ḥᵃsar-leḇ* hat, die von einem Menschen, „dem das Herz/der Verstand fehlt“, also einem „Unverständigen“, gebraucht wird (s. sonst 6, 32; 7, 7; 9, 4; vgl. 17, 16). Dass V. 20 darüber hinaus dem 10, 1 aβ auch darin gleicht, dass er die Gegenüberstellung von Vater/Mutter hat, die gerne in einleitenden Textabschnitten auftaucht (neben 10, 1 vgl. etwa 1, 8; 4, 3; 6, 20), die doch auch sonst vorkommt (vgl. 17, 25; 20, 20; 23, 22; 30, 11. 17), braucht aber nicht zu der Annahme zu führen, dass dieser Vers eine neue größere Einheit einleite; der Spruch ist vielmehr auf den folgenden Vers im Spruchpaar bezogen. V. 21 ist seinerseits traditioneller, so vor allem im V. 21 a, der wie öfter den Tor zu seiner Torheit bindet, zumal er daran „Freude“ hat (vgl. 10, 23), während V. 21 b die Rede vom Weisen durch einen moralischen Aspekt geprägt ist, wenn er vom „Einsichtsvollen“ die einmalige Aussage macht, dass er das „Gehen/Wandeln gerade macht“ (*yᵉyaššär-läḵäṯ*),[172] also in seiner Lebensführung nicht von dem Rechten abweicht, sondern einen steten Kurs hält. Das sechste Spruchpaar ist von zwei Sprüchen gefolgt, V. 22–23, die zum Thema des Redens gehören, und die einigermaßen thematisch verwandt sind, insofern als „Beratung“ und „Ratgeber“ (V. 22) und „Antwort“ mit „Wort zu rechten Zeit“ (vgl. 23) zusammengehören, die aber doch ein verbindendes Stichwort, das gerne zu einem Spruchpaar gehört, fehlen.

Moralische Themen sind auch im siebten Spruchpaar deutlich vorhanden, dessen zwei verschiedene Sprüche vom Stichwort „Haus“ (V. 25 und 27) zusammengehalten werden. Das Spruchpaar ist – wie die Spruchpaare von V. 2 und 4 sowie 10 und 12 – von einem eingefügten Jahwe-Spruch getrennt worden (V. 26); wenn aber von Jahwe auch im V. 25 die Rede ist, könnte das in diesem Fall ein Anknüpfungspunkt für V. 26 gewesen sein. Im V. 25 scheint es einen inhaltlichen Zusammenhang zwischen den zwei Kola zu geben, der

---

[171] So mit HAL 14 a; Ges[18] 15 b; der Ausdruck *kᵉsîl 'āḏām* wird gelegentlich durch „einen törichten Menschen“ wiedergegeben (mit G sowie S und T, vgl. BHS; bes. BHQ; sonst etwa Ringgren 63; McKane 234; Fox 599 f; Scherer, ebd.166; Heim, ebd. 199), was aber als eine fragliche Schwächung der besonderen Genitiv-Konstruktion angesehen werden darf, die etwa in Gen 16, 12 eine analoge Charakteristik hat, und zwar „ein Wildesel von einem Menschen“ (vgl. GK § 128*l*; sonst Gemser 68 f; Plöger 178; Meinhold 256; Murphy 110; Delitzsch 253: „ein Mensch von Thoren-Art, der das Exemplar eines solchen unter Menschen ist“; ähnlich Wildeboer 46).

[172] Vgl. 9, 15; auch 3, 6; 11, 5; sonst HAL 429 a; Ges[18] 512 a.

dem üblichen Reich/Arm-Gegensatz entspricht; denn beim „Haus der Stolzen/Hochmütigen (*ge'îm*)" sind wohl die Reichen und ihre reichliche Habe gemeint (V. 25 a; vgl. aber 8, 13; 16, 19); und wenn sodann von der „Grenze der Witwe" die Rede ist (V. 25 b), ist wohl die Witwe als Prototyp der Schwachen genannt worden, von deren Eigentum man sich leicht bereichern könnte (vgl. Ex 22, 22; 23, 6; Am 2, 6–9; Jes 5, 8–9), und die daher besonders schutzbedürftig waren (vgl. 22, 28; 23:10 f; sonst Dtn 10, 18; 24, 17; 27, 19; Jes 1, 17. 23; Pss 68, 6; 146, 9). So wird sich Jahwe gegen die Hochmütigen und Reichen wenden und ihr „Haus einreißen", während er sich der Schwachen annehmen will, wobei er die „Grenze der Witwe festlegt". Im zweiten Teil des Spruchpaars, V. 27, geht es aber nicht um irgendwelche göttliche Eingriffe, sondern – nach dem Grundsatz vom Tun-Ergehen-Zusammenhang – darum, dass der Täter selbst „sein Haus zerstört", wenn er einen „unrechten Gewinn einstreicht" (V. 27 a). Der Gegentypus ist hier derjenige, der „Bestechung hasst"; er „wird leben", denn seine rechte Lebensführung gibt ihm Bestand. Trotz allem Unterschied hat das Spruchpaar eine thematische Kohärenz ethischer Art. In diesen moralischen Zusammenhang hinein schiebt sich nun der Jahwe-Spruch in V. 26, der ja eine Beziehung zum V. 25 haben mag. Wenn er auch durch diesen Kontext geprägt sein sollte, so dürfte sein Thema doch unabhängig davon das des Redens sein. Denn einerseits sind die Gegensätze die „bösen Gedanken/Pläne", die ja immer die Wurzel entsprechender Worte und Taten sind (vgl. 3, 29; 12, 5, auch 24, 8), und die hier ein „Gräuel für Jahwe" sind (V. 26 a; vgl. V. 8 a.9 a); und andererseits gibt es die „freundlichen/lieblichen Reden" (*'imrê no'am*), die nicht „böse", sondern „rein" (*ṭehorîm*) sind, was dem göttlichen Wohlgefallen gewiss entsprechen würde (V. 26 b). Im Kontext lassen sich wohl die „bösen Pläne" mit dem Vorhaben der „Stolzen" (V. 25 a) verbinden; damit wird der Eingriff Jahwes gegen sie nur noch stärker hervorgehoben.

Die zwei nächsten Spruchpaare, und zwar das achte (V. 28–29) und das neunte (V. 30–31), mögen nicht so deutliche verbindende Stichwörter wie die vorangehenden haben, doch sind sie nicht ohne einen inneren thematischen Zusammenhang. So scheint das achte Spruchpaar vom Thema des Redens vereint zu sein, indem es im V. 28 a um „Antwort" (vgl. V. 1, 23), im V. 28 b um „Mund" (vgl. V. 2 b, 14 b) und im V. 29 b um „Gebet" (vgl. V. 8 b) geht. Zudem weist das Spruchpaar noch die Antithese Gerechte/Frevler auf, und zwar im chiastischen Aufbau, wobei die zwei Sprüche auch dadurch verbunden sind, wie es schon im sechsten Spruchpaar (V. 20–21) der Fall war. Das Spruchpaar weist auch noch den Gegensatz Weiser/Tor auf, wenn der Gerechte als ein Weiser gezeichnet ist, der seine Antwort „im Herzen überlegt" (V. 28 a; vgl. V. 14; auch 4, 23), und andererseits wenn „der Mund der Frevler Bosheiten sprudeln lässt" (V. 28 b), wie der Mund der Toren ihre Torheit „sprudeln lässt" (V. 2 b, vgl. 14 b). Schließlich ist V. 29 auf Jahwe bezogen, der „den Frevlern fern" ist, „das Gebet der Gerechten" aber hört (vgl. V. 8; auch 28, 9). So ist im Ganzen das achte Spruchpaar trotz seiner Kürze thematisch bunt gewebt.

Mit dem neunten Spruchpaar (V. 30–31) ändert sich das Bild völlig; denn hier scheinen die menschlichen Organe, und zwar die „Augen“ und das „Herz“ (V. 30 a; vgl. V. 28 a) sowie das „Ohr“ (V. 31 a), seine verbindenden Elemente auszumachen, wozu noch die Bezugnahme auf den „Körper“ beiträgt (V. 30 b; vgl. 6, 17–18). Dabei mag auch dieser erfahrungsreiche Spruch eine – modern gesagt – ‚holistische‘ Ausrichtung haben (vgl. 14, 30), zumal die „leuchtenden Augen“ das Herz „erfreuen“, und „eine gute Nachricht“ den Körper „erquickt“ (V. 30; vgl. V. 13. 15 sowie 13, 12. 19 a). Demgegenüber dreht das Lexem „Ohr“ im nächsten Vers den Inhalt in eine andere Richtung, und zwar in die des Hörens auf das erzieherische Reden der Weisen, das lebenswichtig ist (vgl. 6, 23). Denn wenn das Ohr auf die „lebensfördernde Zurechtweisung“/„heilsame Rüge“ (*tôḵaḥaṯ ḥayyîm*) der Weisen hört, wird es in ihrem Kreis auch „bleiben/weilen“ (*tālîn*, ‚übernachten/wohnen‘) können (V. 31; vgl. die antithetische Verhaltungsweise des törichten Spötters im V. 12). Dabei verbindet sich das neunte Spruchpaar mit dem nächsten.

Im zehnten und abschließenden Spruchpaar (V. 32–33) ist „Zucht/Erziehung“ (*mûsār*) das Stichwort (V. 32 a.33 a). Das Spruchpaar trägt damit einen weisheitsgeprägten Charakter, der nicht nur eine Verbindung mit dem Anfang des Kapitels (V. 2. 5, vgl. noch V. 10. 12) erstellt, sondern der auch noch dem Weisheitsgepräge der vorangehenden Kapitel entspricht. Dass das letzte Spruchpaar auf diese Weise im Kontext des Vorangehenden mehrfach eingegliedert ist, bleibt sonst gegen diejenige Versuche festzuhalten, die einen Anschluss des letzten Verses (V. 33) an den Anfang von Kap. 16 im nächsten Hauptteil B befürwortet haben.[173] Das Spruchpaar scheint vielmehr das Kapitel abrunden zu wollen – so auch in Bezug auf den ersten Hauptteil A. Für eine abschließende Funktion spricht nicht zuletzt die allgemeine und grundsätzliche Art der Formulierungen dieser Sprüche; sie sammeln Fäden aus dem Vorangehenden und lenken die Aufmerksamkeit auf das Wichtigste. So kann vor allem – mit dem ersten von vier einen Zustand beschreibenden Partizipien im V. 32 – das ‚loslassen/freistellen‘ von der Zucht und Erziehung der Weisen dem Menschen nicht etwas Beliebiges sein, weil ein solches „Entziehen“ sich auf das Bewahren seines Lebens negativ auswirkt: „Wer sich der Zucht entzieht, verachtet sein Leben/seine Seele (*nap̄šô*)“ (V. 32 a; vgl. 1, 25; 4, 15; 13, 18; 19, 8); ja, es geht um seine Identität, denn er „missachtet sich selbst“ (Plöger 178). Im Gegensatz dazu wird derjenige, der „auf Zurechtweisung hört“ und danach tut, auch „Verstand (*leḇ* ‚Herz‘) erwerben“ (V. 32 b) und dadurch lernen, wie er sein Leben meistern soll; es fällt sonst auf, dass die „Zurechtweisung“ gleich davor „lebensfördernd“ genannt wurde (V. 31 a). Wie öfter in diesen Kapiteln geht es auch hier um Leben und Tod, und zentral ist dabei die „Zucht/Erziehung“ (*mûsār*) der Weisen.

Im Übrigen dürfte der Abschlusscharakter des Spruchpaars im Kolon A des letzten Verses noch deutlicher zum Ausdruck kommen, wenn man be-

---

[173] Vgl. etwa Scoralick, ebd. 78–87; Scherer, ebd. 189–195; s. sonst die obige Einführung zur Sammlung II.

denkt, dass die allgemeine Formulierung des Verhältnisses von Jahwe-Furcht und Weisheit im V. 33 a auch der Rede von der Jahwe-Furcht in 9, 10, die sich am Ende des ersten Hauptteils befindet, gleicht, und dazu dem sog. ‚Motto' von 1, 7 am Anfang des ersten Hauptteils und Buches noch entspricht.[174] Wenn die „Furcht vor Jahwe" (*yirʾaṯ YHWH*) im 1, 7 als „Anfang des Wissens" (*reʾšîṯ daʿaṯ*) und im 9, 10 als „Anfang der Weisheit" (*tᵉḥillaṯ ḥŏḵmâ*) bezeichnet wird, wobei die „Weisheit" bzw. das „Wissen" als Objekt näher bestimmt ist, wird in 15, 33 a die „Jahwe-Furcht" einmalig – hier am Anfang eines Nominalsatzes stehend – in Beziehung zur „Zucht/Erziehung der Weisheit" (*mûsar ḥŏḵmâ*) gesetzt. Nun könnte man diese einzigartige Konstruktion in Analogie mit den Näherbestimmungen in 1, 7 und 9, 10 verstehen und die Weisheit auch hier als Objekt auffassen; das hat etwa Delitzsch getan, der einerseits seine Übersetzung der Luther-Bibel folgen lässt: „Die Furcht Jahve's ist Zucht zur Weisheit", und der darin von mehreren gefolgt ist.[175] Doch andererseits hat Delitzsch noch zur Erwägung gestellt, dass man die Jahwe-Furcht „auch als Präd. fassen" könnte (259); dann ist es aber die „Zucht/Erziehung der Weisheit" bzw. resultativ die „moralische Bildung der Weisheit" (GesB 406 a), die „die Furcht vor Jahwe" ist oder bewirkt, wobei die Konstruktion syntaktisch wie der Ausdruck „die Zucht seines Vaters" (*mûsar ʾāḇîw*) im V. 5 und 4, 1 aufzufassen ist, der die Erziehung des Vaters, die also der Vater ausführt, meint.[176] Diese religiöse Deutung der Weisheit drückt eine besonders hohe Einschätzung der Weisheit aus, die sich wohl nur mit der hohen Bewertung der Weisheit in Sammlung I messen lässt. Danach erhält im Kolon B (V. 33 b; vgl. 18, 12; 22, 4) das weise Ideal der „Demut" (*ʿᵃnāwâ*) buchstäblich das letzte Wort, indem es das Kapitel – und den ersten Hauptteil – abschließt; mit der Weisheit verbunden darf die Demut ein Ausdruck der weisen Frömmigkeit sein, von der die sozial wichtige „Ehre" (*kāḇôḏ*) auch noch abhängig ist (vgl. 3, 34 f; 22, 4; 29, 23).

Nicht nur der oben besprochene V. 15, der auf das Spruchpaar V. 13–14 bezogen sein mag, sondern auch die anderen ‚freistehenden' Einzelsprüche sind nicht ohne Beziehung zu den übrigen Sprüchen im Kapitel. So bezieht sich V. 5 auf die Erziehung der Eltern (vgl. V. 20, auch 10. 12; 4, 3–9; 13, 24); thematisch verbindet sich V. 6 mit dem sonst im Kapitel belegten Gegensatz Gerechte/Frevler und V. 7 mit dem Thema des Redens sowie mit der Antithese von Weisen und Toren, während im V. 24 der „Kluge" (*maśkîl*) in der Wahl zwischen dem „Pfad des Lebens" (vgl. 10, 17; 12, 28), der „aufwärts führt", und dem „Totenreich unten" (vgl. 1, 12; 7, 27) steht, wobei die Wahl wie so oft

---

[174] Dass die Rede von der Jahwe-Furcht auch sonst vorkommen kann (vgl. 14, 27; 22, 4; 23, 17), braucht nicht ein Argument gegen den abschließenden und rahmenden Charakter der hier genannten Stellen zu sein (gegen Fox 605).

[175] Vgl. Gemser 68 („Zucht zur Weishet"), der auch ausführt: „ebenso sicher wie die Gottesfurcht die Erzieherin ist, welche zur Weisheit führt, wird die Demut zur Ehre führen" (69); Plöger 178; Scherer, ebd. 189; auch Sir 1, 25–27.

[176] Vgl. etwa McKane 234. 487; Heim, ebd. 203: „Wisdom instruction brings fear of the Lord"; Fox 604 f: „What wisdom teaches is the fear of the Lord".

um Leben und Tod handelt und auf das Bewahren seines Lebens abzielt. Etwas isolierter stehen aber V. 18, der den Gegensatz zwischen dem törichten „Jähzornigen“, der „Zank erregt“ (vgl. 12,16; 14,17; 29,22), und dem weisen „Langmütigen“, der „Streit beschwichtigt“ (vgl. 1; 20,3; 25,15), aufstellt, sowie V. 19, der den „Weg des Faulen“ und den „Pfad der Redlichen“ kontrastiert (vgl. 6,6–11; 10,26).

Nicht ungleich den vorangehenden Kapiteln erweist sich nun Kap. 15 in Form und Inhalt als sehr komplex; es ist aus weit verschiedenen Sprüchen aufgebaut. Vor allem fällt die Abfolge von den zehn Spruchpaaren auf, die als das Rückgrat der formalen Struktur verstanden werden dürfen. Ganz besonders ist aber, dass drei von den insgesamt neun Jahwe-Sprüchen des Kapitels, und zwar V. 3, 11 und 26, eben in Spruchpaaren auftreten, wobei die zwei Teile des jeweiligen Spruchpaars getrennt werden. Dadurch und auch sonst, vor allem am Schluss, hat das Kapitel ein stark ethisch-religiöses und theologisches und in diesem Sinne auch interpretierendes Gepräge erhalten – wobei sich der Kreis zum Anfang dieses Hauptteils A, besonders Kap. 10, und darüber hinaus zur weisheitsgeprägten Sammlung I schließt.

Nachwort zum Hauptteil A der Sammlung II

Wenn man kurz auf die kommentierten Kapitel 10–15 zurückblickt, fällt zunächst auf, dass diese Kapitel nicht nur verschiedener Länge sind, sondern auch dass sich die längeren Kapitel am Anfang und Ende (Kap.10–11 und 14–15) und die zwei kürzeren (Kap. 12–13) in der Mitte des Hauptteils A befinden.[177] Dieser Umstand mag noch bedeutsamer erscheinen, wenn er mit dem weiteren Befund verbunden wird, dass eben die Kapitel, die stilistisch und theologisch am meisten ‚entwickelt‘ sind, ebenfalls am Anfang und Ende des Hauptteils zu finden sind. Das dürfte wohl kaum zufällig sein, sondern mag die redaktionsgeschichtliche Annahme nahelegen, dass um die Kapitel mit kürzeren und einfacheren Sammlungen, in denen die Einzelsprüche vorherrschen (12–13), längere und stärker redigierte Sammlungen herum gelegt worden sind (Kap. 10–11 und 14–15), die in formaler und inhaltlicher Hinsicht eine weitere kunstvolle Bearbeitung der Sprüche erfahren haben, und zwar in der Form von Spruchpaaren und anderen Spruchbildungen bis zu Klein-Kompositionen; das gilt insbesondere die ersten Kapitel, vor allem 10, aber auch 11. Inhaltlich wollen die rahmenden Kapitel am Anfang und am

---

[177] Die Anzahl der Verse der Kapitel im Hauptteil A sind: Kap. 10 hat 32 Verse, und entsprechend haben 11: 31; 12: 28; 13: 25; 14: 35 und 15 hat 33 Verse. Im Übrigen hat sich ergeben, dass die übliche Kapitel-Einteilung, die gewiss weit später hinzugekommen ist, kaum von ungefähr gemacht worden ist, denn hier scheint sie mit der formalen und inhaltlichen Struktur der Einheiten dieser Kapitel im großen Ganzen zu übereinstimmen.

Ende (Kap. 14 und besonders Kap. 15) den Eindruck erwecken, dass sie eine ethisch-religiöse und theologische Deutung und damit auch gewissermaßen eine Re-Interpretation des alten und sehr reichen Überlieferungsgutes der Erfahrungsweisheit ausmachen. So mag sich denn ein lebendiger und komplizierter sowie auch variantenreicher Gestaltungsprozess vollzogen haben, in dem man sich beim *modus procedendi* auch Rahmungen oder eines Ringmusters bedient hat. Dabei erscheint in hermeneutischer Hinsicht vor allem wichtig, dass *der Rahmen das Gerahmte* deutet; und dabei lässt sich auch und nicht zuletzt beobachten, dass das Wichtigere einer Deutung dem Gedeuteten öfter vorangestellt wird. Das methodische Phänomen einer *interpretativen Voranstellung* des Neuen vor dem Vorgegebenen sowie der methodische Griff eines Rahmens oder Ringmusters als strukturelle Mittel in der redaktionellen und interpretativen Gestaltung waren aber auch mehrfach in Sammlung I (Kap. 1–9) anzutreffen.

Darüber hinaus haben die sechs Kapitel dieses Hauptteils viel Gemeinsames, obschon die Gestaltung im Stil und Inhalt eine beeindruckend hohe Beweglichkeit und Variabilität an den Tag legt.[178] Zum Gemeinsamen gehört zunächst das Phänomen des *parallelismus membrorum*, vor allem der antithetische Parallelismus, der in den ersten vier Kapiteln durchgehend ist, der aber in den letzten Kapiteln etwas nachlässt, während in denen der synonyme und der sog. synthetische Parallelismus stärker vortreten (vgl. etwa 14,7.10.14.26; 15,3.10–12.23), wobei auch dieses Stilmittel eine größere Variation erkennen lässt, als oft wahrgenommen wird.[179] Inhaltlich zeigt sich die hier typische Antithetik vor allem in der Kontrastierung bestimmter Personengruppen, die als Gegentypen dargestellt werden, und zwar die Gegensätze von Gerechten und Frevlern, so besonders in den ersten Kapiteln, und von Weisen und Toren sowie von Reichen und Armen. Im Übrigen weist der oft rasche Wechsel der Themen eine hohe Beweglichkeit in der Darstellung, die dann gelegentlich schwer zu erklären sein kann. In dem allen ergibt sich somit ein überaus komplexes thematisches Gewebe, das für die hoch entwickelte Gestaltungskunst der Weisen ein eindrucksvolles Zeugnis ablegt. Die wichtigsten Themen entsprechen weithin den eben erwähnten Gruppen von Menschen, die einander entgegengestellt sind, und handeln von Recht und Gerechtigkeit versus Frevel oder von Gutem versus Bösem, von Weisheit, Wissen und Einsicht versus Torheit, Dummheit und Spott, von Reichtum und Wohlleben versus Armut und Not sowie – damit nahe verbunden – von Lässigkeit versus Fleiß. Im Übrigen ist hier das „rechte Reden" ein wichtiges Thema, so auch der oft anzutreffende Lehrpunkt der Weisen von einem Tun-

[178] S. etwa die obige phraseologische Übersicht zum 10. Kapitel; vgl. sonst Scott, Proverbs (1965), 130f; Ders., Wise and Foolish (1972), 151–159; Fox 477–498 und passim; auch Murphy (1998) 67: „it is clear that the arrangement of sayings at many points shows signs of deliberate placing. Themes, catch words, and various forms of plays on words (alliteration, assonance, etc.) indicate units of varying lengths, whether proverbial pairs or larger groupings".

[179] Vgl. J. Kugel, The Idea of Biblical Poetry (1981), 1–58; Fox 493–498.

Ergehen-Zusammenhang im Leben der Menschen. Die Einschläge der Jahwe-Sprüche wechseln sehr, geben aber dem Ganzen ein deutliches religiöses Gepräge, wobei es allerdings auffällt, dass im Kap. 13 Jahwe nicht erwähnt ist. Bei alledem dürfte das Bild des Ganzen formal und inhaltlich weit reicher und bunter hervortreten, als es gemeinhin gesehen und aufgefasst wird.

Hauptteil B der Sammlung: Kapitel 16, 1 – 22, 16

Mit Kapitel 16 beginnt Hauptteil B der Zweiten Sammlung, der zwar viel Gemeinsames mit dem ersten Hauptteil A hat, der sich aber auch mehrfach von ihm unterscheidet, wie sich noch erweisen wird. Dabei fällt unter anderem auf, dass sich hier wie im Hauptteil A – abgesehen von 22, 1–16 – die längsten Kapitel am Anfang und Ende des Hauptteils befinden;[180] ob nun aber dies gemeinsames Merkmal auch dieselbe Bedeutung haben mag, wie es im Hauptteil A hatte, wird man noch abwarten müssen zu sehen.

16, 1–33: Der Mensch unter der Gewalt Jahwes

1 **Dem Menschen gehören die Überlegungen des Herzens,**
aber von Jahwe kommt die Antwort der Zunge.
2 **Alle Wege eines Mannes sind rein in seinen Augen,**
aber der die Geister prüft, ist Jahwe.
3 **Wälze[181] auf Jahwe deine Werke,**
so werden deine Pläne bestätigt werden.
4 **Alles hat Jahwe zu seiner Absicht[182] geschaffen,**
ja, selbst den Frevler für den Tag des Unheils.
5 **Ein Gräuel für Jahwe ist jeder Hochmütige –**
Hand auf Hand,[183] er wird nicht straflos bleiben.

---

[180] Die Anzahl der Verse der Kapitel im Hauptteil B sind: Kap. 16: 33 Verse, 17: 28, 18: 24, 19: 29, 20: 30, 21: 31.

[181] Der Imperativ ist im Kontext befremdlich; vgl. BHS; BHQ; Ps 22, 9; 37, 5; McKane 496 f; Krispenz, ebd. 80.

[182] Die auffällige Form *lamma*^{ca}*nehû*, die doppelt determiniert ist (s. HebrSynt § 73 d; M. Dahood, Proverbs, 35 f; vgl. BHQ), wird allgemein (s. GesB 447; HAL 581 u. Ges^{18}) als ein hap. leg. *ma*^{ca}*näh* II im Sinne von ‚Absicht/Zweck/Sinn/Bestimmung' gedeutet, aber Ableitung und Bedeutung sind unsicher; vgl. Delitzsch 261 f („zu vorbedachtem Zwecke"); Toy 319 („for its own end"); McKane 235; 497; Boström, God of the Sages (1990), 60–62; Plöger 186 f; Meinhold 263; Fox 611 f; s. u.

[183] Dieser offenbar feste Ausdruck, wie in 11, 21, ist wohl eine „Bekräftigungsformel": „Gewiss!".

6 **Durch Liebe und Treue wird Schuld gesühnt,**[184]
und durch die Furcht vor Jahwe meidet man das Böse.
7 **Wenn die Wege eines Menschen Jahwe gefallen,**
versöhnt er sogar seine Feinde mit ihm.
8 **Besser ein wenig durch Gerechtigkeit**
als eine Menge an Erträgen durch Unrecht.
9 **Das Herz des Menschen plant seinen Weg,**
aber Jahwe lenkt seinen Schritt.
10 **Gottesurteil**[185] **ist auf den Lippen des Königs,**
beim Rechtsspruch trügt sein Mund nicht.
11 **Waage und rechte Waagschalen gehören Jahwe,**
sein Werk sind alle Gewichtssteine im Beutel.
12 **Ein Gräuel für Könige ist frevelhaftes Tun,**
denn durch Gerechtigkeit steht der Thron fest.
13 **Ein Wohlgefallen für Könige sind gerechte Lippen,**
und wer Redliches redet, den liebt er.[186]
14 **Der Grimm des Königs ist wie Boten des Todes,**
aber ein weiser Mann kann ihn besänftigen.
15 **Im Leuchten des Antlitzes des Königs ist Leben,**
und sein Wohlgefallen ist wie eine Wolke des Spätregens.
16 **Erwerben**[187] **von Weisheit – wie ist das besser als Gold,**
und Erwerben von Einsicht erlesener als Silber!
17 **Die Bahn der Rechtschaffenen ist, Böses zu meiden;**
sein Leben bewahrt, wer seinen Weg bewacht.
18 **Dem Zusammenbruch geht Stolz voran,**
und vor dem Fall ein hochmütiger Sinn.
19 **Besser bescheiden sein mit Demütigen**
als Beute teilen mit Stolzen.
20 **Wer klug auf das Wort achtet, findet Gutes;**
und wer auf Jahwe vertraut – wohl ihm!
21 **Wer weisen Herzens ist, wird ein Verständiger genannt,**
und die Anmut der Lippen vermehrt die Belehrung.[188]

---

[184] Zum ‚bedeckt' statt des gewöhnlichen ‚gesühnt' vgl. McKane 235; 498; Plöger 186. Im Übrigen weicht G hier mehrfach vom MT ab, so hat sie etwa V. 6–8 in Ergänzung zu 15, 27–29; vgl. Toy 321 f; bes. Fox 1009–1014.

[185] Mit Ringgren 66; HAL 1042 a; vgl. Delitzsch 264 f; Gemser 70: „Orakelspruch"; McKane 499 f.

[186] Auffallend ist in V. 13 und V. 14 eine gewisse Spannung zwischen Plur. und Sing. (vgl. BHQ 46*), und zwar einerseits ‚Könige' (V. 13 a) sowie ‚Boten des Todes' (V. 14 a) und andererseits ‚er' (V. 13 b), der doch ‚den König' meint, sowie ‚Grimm des Königs' (V. 14 a).

[187] Zu den zwei unterschiedlichen Inf.-Formen des Verbs *qnh* s. BHQ 46*; die Part. *mah* ‚was/wie' ist nicht als Dittographie zu streichen (vgl. BHS; HAL 523 b; Gemser 70); vgl. Heim, ebd. 216; McKane 489; Plöger 186; Meinhold 272; Scherer, ebd. 211; Fox 618.

[188] Zu *mätäq* ‚Süsse', hier: „Anmut der Sprache", s. HAL 619 b; zu *läqaḥ* ‚Belehrung', V. 21; 23, s. Plöger 187; McKane u. Heim, ebd. 215 (‚learning'); vgl. HAL 508 (‚Lehrgabe'); Ringgren 67 (‚Überredungskraft'); s. o. zu 1, 5: „Wissen"; 4, 2: „(gute) Lehre"; 7, 21: „Überredung".

22 **Wer Verstand besitzt, hat eine Quelle des Lebens;**
aber Erziehung der Toren ist Torheit.
23 **Wer weisen Herzens ist, macht seinen Mund klug**
und vermehrt auf seinen Lippen die Belehrung.
24 **Ein Honigseim sind liebliche Worte,**
süß für die Seele und heilsam für den Leib.
25 **Mancher Weg dünkt einem Mann gerade,**
aber sein Ende sind Todeswege.
26 **Der Hunger eines Arbeiters arbeitet für ihn,**
denn sein Mund treibt ihn an.
27 **Ein nichtsnutziger Mann gräbt Unheil,**
und auf seinen Lippen ist es wie sengendes Feuer.
28 **Ein ränkesüchtiger Mann erregt Streit,**
und ein Verleumder trennt Freunde.
29 **Ein gewalttätiger Mann verlockt[189] seinen Nächsten**
und bringt ihn auf einen Weg, der nicht gut ist.
30 **Wer seine Augen zukneift, ersinnt Ränke;**
wer seine Lippen zusammenpresst, hat Böses vollendet.
31 **Eine prachtvolle Krone ist graues Haar,**
auf dem Wege der Gerechtigkeit wird sie gefunden.
32 **Besser ein Langmütiger als ein Held**
und einer, der sein Gemüt beherrscht, als einer, der eine Stadt erobert.
33 **Im Gewandbausch schüttelt man das Los,**
aber von Jahwe kommt jeder Entscheid.

Lit.: G. Boström, Paronomasi (1928), 158. 159–166. – W. Bühlmann, Vom rechten Reden (1976), pass. – M. Anbar, s.o. zum Kap. 11. – H. Brunner, Gerechtigkeit als Fundament des Thrones, VT 8 (1958) 426–428. – J. Hausmann, Menschenbild (1995), pass. – J. Krispenz, Spruchkompositionen (1989), 80–88. – K.M. Heim, Like Grapes of Gold (2001), 147–159. – A. Scherer, Das weise Wort (1999), 95–119. – R. Scoralick, Einzelspruch und Sammlung (1995), 85–108. – F.-J. Steiert, Die Weisheit Israels – ein Fremdkörper im Alten Testament? (1990). – R.N. Whybray, Composition (1994), 87–90. 106–110. – Wilke, Kronerben (2006), 158–179.

Der zweite Hauptteil unterscheidet sich vom ersten auf mehrfache Weise. Der formale Abstand vom Hauptteil A zeigt sich zunächst im Gebrauch des Parallelismus. Der im vorigen Hauptteil ganz vorherrschende antithetische Parallelismus kommt im Kap. 16 nur gelegentlich vor (V. 1–2. 9.14. 22. 25. 33), während der synonyme und der sog. synthetische Parallelismus, in Langzeilen, überwiegen (V. 4–7. 10–13. 15–18. 20–21. 23–24. 26–31). Ferner ist die komparative ‚besser als'-Form viermal belegt (V. 8. 16. 19 und im V. 32 doppel; vgl. 15, 16). Das motivierte Mahnwort (V. 3), das in einem Spruchkontext formal zwar überraschen kann, fügt sich aber inhaltlich gut ein. Im Übrigen schwingt das Pendel auch in diesem Kapitel – wie im vorigen Haupt-

[189] So mit Bühlmann, ebd. 274; vgl. aber 77–81; HAL 925; ‚überreden'.

teil – zwischen ‚freistehenden' Einzelsprüchen und thematisch größeren Spruchbildungen verschiedener Art; es kann oft schwierig sein, die Schnittpunkte im Kontext recht zu bestimmen. Inhaltlich ist die thematische Antithetik nicht so vorherrschend wie im Hauptteil A; am nächsten kommt wohl der Gegensatz Weiser/Tor in V. 22, im Rahmen von V. 21–23, während die oben häufigen Gegenpole Gerechte/Frevler nicht direkt belegt sind (vgl. aber Einschläge in V. 4 b.8. 12–13. 17. 31 b sowie in V. 27–29), so auch nicht der Gegensatz Reicher/Armer (vgl. aber V. 26).

Die Spannung zwischen Einzelspruch und Sprucheinheit kommt schon im ersten Vers zum Ausdruck. Denn beim V. 1 ist ein Doppeltes zu beachten; einerseits bildet er mit dem inhaltlich verwandten V. 33 am Ende dieses Kapitels einen Rahmen um den Großabschnitt des Kap. 16, und andererseits leitet er die Einheit von V. 1–9 ein, wobei er mit dem sinnverwandten V. 9, der diese Einheit abschließt, korrespondiert.[190] Allgemein hat man V. 1–9 und 10–15 als zwei thematische Einheiten verstanden, die durch „Jahwe" bzw. „König" als Stichworte jeweils verbunden sind. Einige Ausleger aber haben V. 8 und V. 11 von der jeweiligen Einheit ausscheiden wollen, was sich doch als kurzschlüssig erweist; denn erstens sind die einzelnen Sprüche in V. 1–9, die von „Jahwe" als Stichwort zusammen gehalten werden, für sich genommen sehr unterschiedlich, wofür man nicht zu rasch und rigoros V. 8 auszuscheiden braucht (zur Antithese „Gerechtigkeit"/„Unrecht/Frevel" vgl. V. 12). Zweitens lässt sich eine „Verzahnung beider Spruchgruppen", also der Einheiten V. 1–9 und 10–15, noch erkennen (Meinhold 264), indem mehrere Lexeme in beiden Einheiten auftreten, und zwar „Gräuel" (V. 5.12), „Wohlgefallen" (V. 7. 13. 15), „Frevler/Frevel" (V. 4. 12, vgl. V. 8), „sühnen/abwenden/besänftigen" (*kpr*; V. 6. 14), die dann einerseits auf Jahwe und andererseits auf den König bezogen sind. Im Rest des Kapitels sind die ‚freistehenden' Einzelsprüche vorherrschend, doch machen sich auch verschiedene Spruchbildungen merkbar. So scheinen V. 18–19 ein chiastisch gebautes Spruchpaar und V. 27–29 eine Dreiergruppe auszumachen, indem diese drei Verse mit dem Lexem „Mann" (*'îš*) anfangen, dem je eine negative Charakterisierung des Mannes folgt; hierzu mag sich noch V. 30 fügen, der von dem handelt, der „Ränke ersinnt", und der „Böses vollbringt". Endlich bilden die vier Verse 20–23 eine weisheitlich geprägte Spruchgruppe.

Die einleitende Einheit lenkt alle Aufmerksamkeit auf Jahwe (V. 1–9). Das dürfte umso auffälliger sein, als die Rede von Jahwe mit einer teilweise identischen Phraseologie der Rede vom König (V. 10–15) vorangestellt ist. Die Nähe und Parallelität zwischen diesen zwei Einheiten wird eine Herausforderung sein, wenn man ihr gegenseitiges Verhältnis möglichst recht zu verstehen sucht.

Der ‚König' (*mäläk*) wurde schon 14,35 kurz erwähnt, kommt aber im Hauptteil B mehrmals zur Sprache (19,12; 20,2. 8.26. 28; 21,1; 22,11), so

---

[190] Vgl. Bühlmann, ebd. 322–324.

auch in Sammlung V (25, 2–6; 29, 4. 14); doch macht die Einheit 16, 10–15, neben Kap. 20, die wichtigste Sammlung von Königssprüchen aus – nicht zuletzt in ihrem Gegenüber zu den Jahwe-Sprüchen in V. 1–9. Das Bild des Königs ist hier positiv gezeichnet, und dann ganz anders als die kritischen Aussagen über den „Herrscher" (*mošel*) in 28, 15 und 29, 12. Anhand des seltenen Wortes *qäsäm* „Entscheidung (durch Orakel)/Gottesurteil" (V. 10 a), das hier im Licht des parallelen und üblichen *mišpāṭ* „Rechtsspruch" (V. 10 b) zu sehen ist, wird der König zunächst in seinem Amt als Rechtssprecher dargestellt (vgl. Ps 72); er ist dabei zuverlässig und gibt mit fast göttlicher Autorität seine Entscheidung kund (vgl. 2Sam 14, 17.20; 1Kön 3, 28). Sodann wird allgemein von gerechten Königen geredet; einerseits ist „frevelhaftes Tun" ihnen ein „Gräuel", zumal der königliche Thron „durch Gerechtigkeit/rechter Ordnung (*biṣdāqâ*) fest gegründet (*yikkŏn*) ist"[191] und in seinem Bestand von gerechtem Tun abhängt (V. 12; vgl. 25, 5; 29, 14; sonst Ps 89, 38; 2Sam 7, 16; auch Pss 97, 2; 93, 2 von Gottes Thron); und andererseits sind „gerechte Lippen" ihnen ein „Wohlgefallen"; und dem, der „Redliches (*yᵉšārîm*) redet", wird königliche Liebe zuteil (V. 13).[192] Am Ende wird die große Macht des Königs demonstriert, denn sie waltet über Leben und Tod; so bedeutet der Grimm des Königs „Boten des Todes" (*mal'ᵃkê māwät*, „Todesengel") und – entgegengesetzt – sein „Leuchten des Antlitzes" das Leben eines Menschen (V. 14–15).

Innerhalb dieser Einheit dürfen die zwei Verse 14 und 15, mit ihren doppelten Antonymen „Grimm" und „Leuchten des Antlitzes" sowie „Tod" und „Leben", ein Spruchpaar ausmachen. Dasselbe wird auch für V. 12 und 13 der Fall sein, die ebenfalls doppelte Antonyme aufweisen; und wenn V. 10–11 noch mit hinzugenommen werden, könnte die zweite Einheit (V. 10–15) aus drei Spruchpaaren bestehen. Doch ist die Sachlage in dem angenommen ersten Paar in dieser Hinsicht problematisch; denn das zweite Paarglied, V. 11, soll ja nach der Meinung mehrerer aus dem Rahmen ausfallen, weil es als Jahwe-Spruch von Königssprüchen umgeben ist und bestenfalls in der vorangehenden Einheit (V. 1–9) zu erwarten wäre. Nun könnte die Ortung des Verses mit gewissem Recht zwar als Teil der „Verzahnung" der zwei Einheiten verstanden werden (vgl. Meinhold 264); doch läge wohl eine andere Möglichkeit noch näher, die sich auf das Verhältnis von Jahwe und dem König bezieht. Man hat mit Recht darauf hingewiesen, dass Jahwe und der König in diesen Einheiten nahe an einander gerückt sind – und eben darin dürfte das Problem liegen. Die hohen Schilderungen des Königs bzw. der Könige lassen sich gewiss als „Hochbewertungen des Königs" bezeichnen (Meinhold 269). Dann mag aber die Annahme an Wahrscheinlichkeit gewinnen, dass der anscheinend unpassend eingefügte Jahwe-Spruch, gerade nach dem Reden vom „Gottesurteil" und vom „Rechtsspruch" des Königs (V. 10), eine leise Kor-

[191] Vgl. H. Brunner, Gerechtigkeit als Fundament des Thrones (1958) 426–428.

[192] Zum Wechsel zwischen Sing. und Plur. s. o. zum Text (Anm. 186). Vgl. sonst Bühlmann, ebd. 88–93.

rektur zu den „Hochbewertungen des Königs“ hineinspielen will, wenn nun gesagt ist, dass „Waage und Waagschalen“, die unentbehrliche Mittel für einen gerechten Handel sind, „Jahwe gehören“, und dass „alle Gewichtssteine sein Werk sind“ (V. 11; vgl. 11,1; 20,10.23; Lev 19,36). Denn dadurch wird der mächtige König in den Schatten des mächtigeren Herrn Jahwe gestellt; und das mögliche Sakrale, das dem König nach Vorbildern in der Umwelt beigemessen werden könnte, wird ihm trotz aller Hochhebung dadurch abgesprochen.

Diese Korrektur, die eben eine theologische Kritik am Königtum mit einschließt, wird durch die Jahwe-Sprüche der vorangestellten Einheit (V. 1–9) implizit fortgeführt und verstärkt. Allerdings sind die einzelnen Sprüche dieser Einheit, wie schon erwähnt, formal und inhaltlich recht verschieden, doch darf der Konvergenzpunkt ihrer wechselnden Schilderungen in der Hervorhebung der souveränen Macht und Herrschaft Jahwes liegen, die man auch durch den Begriff der ‚Pankausalität‘ charakterisiert hat. Denn vor allen folgenden Sprüchen, die von den verschiedenen und mal verwirrenden Situationen des Alltags zeugen, soll nun am Anfang und unbedingt ausgesagt sein: Jahwe hat einen Plan; durch seine Schöpfung hat er eine feste Ordnung gesetzt, die auch für den Einzelnen Sinn hat. Dabei kommt auch dem Menschen eine hohe Würde zu; denn auch er darf planen, es gehört ihm, in seinem Herzen „Überlegungen“ zu machen (V. 1 a); und er kann wohl den Wandel seiner Wege noch als „rein/lauter/unschuldig“ (*zaḵ*, nur in P, Sprüche und Hiob) betrachten (V. 2 a; vgl. 20,11; 21,8) sowie daran hoffen, dass seine „Pläne bestätigt werden (*yikkonû*)“ (V. 3 b). Doch darf er nie vergessen, dass über dem allen Jahwe waltet (V. 1 b.2 b),[193] dass er „die Geister prüft/wägt (*toḵen*)“[194] (V. 2 b; vgl. 21,2; 24,12; Ps 139,23), und zudem noch derjenige ist, der für die Bestätigung der Pläne eines Menschen sorgt (V. 3 b); darum wird auch gemahnt: „Wälze auf Jahwe deine Werke!“ (V. 3 a; vgl. Ps 22,9; 37,5).

Auf diese Weise besteht zwischen Jahwe und dem Menschen, dem Schöpfer und seinem Geschöpf, ein ganz nahes Zusammenwirken, und doch wird der Abstand zwischen ihnen immer gewahrt. Das kommt demnächst im V. 4 zum Ausdruck, der vor allem das Sinnvolle der Schöpfung ausdrückt. Der Vers ist früh als sehr schwierig empfunden worden, wie schon die älteste Textgeschichte zeigt. Das gilt besonders die irreguläre Form *lammaʿanehû*; denn die Bedeutung des darin angenommenen und nur hier belegten Lexems *maʿanäh* II* ist unsicher, darf wohl aber ‚Absicht/Zweck/Bestimmung‘ meinen.[195] Während Kolon A vom Absichtlichen und Sinnvollen der Schöpfung Jahwes im Allgemeinen redet und damit eine festgesetzte Ordnung in der

193 Vgl. Bühlmann, ebd. 322–324; Steiert, Weisheit Israels (1990), 29–32.

194 Vgl. Delitzsch 260: „aber Wäger der Geister ist Jahve“.

195 G (V. 9) hat exegetisch gedeutet und gegen alle Theodizee versichert: „Alle Werke des Herrn [sind] mit Gerechtigkeit [getan], und der Gottlose wird für den bösen Tag aufgehoben“; s. BHQ; Fox 1010 f.

Schöpfung herausstellt,[196] doch ohne dass dieser Ordnung – eben als einer geschaffenen Ordnung – irgendwelche ‚Eigengesetzlichkeit' beigemessen wird (V. 4 a), nennt sodann Kolon B steigernd den „Frevler" (*rāšāʿ*) als Grenzfall; denn zwar ist er geschaffen, doch durch sein frevelhaftes Tun stellt er eine Art ‚Unordnung' dar; und seine gesetzte ‚Bestimmung' wird entsprechend „dem Tag des Unheils" (*yôm rāʿâ*) zugeordnet; hat auch er „seine Zeit" (vgl. Koh 3, 1. 14. 17; 7, 29), ist sie eine unheilvolle Zeit, weil sein Ergehen auf sein Tun folgt (V. 4 b).

Aufgrund der Hoheit Jahwes heißt es außerdem, dass ihm „jeder Hochmütige ([*kŏl-*]*g*ᵉ*ḇah-leḇ* ‚stolzen Herzens')" ein Gräuel ist, und der wird gewiss nicht straflos bleiben (V. 5). Im Übrigen scheinen V. 5–7 neben dem Jahwe-Namen noch andere verbindende Elemente zu haben, und zwar zwischen V. 5 und 6 in den gängigen rituellen Ausdrucksweisen „nicht straflos bleiben" (V. 5 b; vgl. 6, 29; 11, 21) und „Schuld sühnen" (V. 6 a), und zwischen V. 5 und 7 durch die Antonyme „Gräuel" (V. 5 a) und „Wohlgefallen" (V. 7 a). Inhaltlich stellt V. 6 a allerdings eine *crux* dar, indem die kurze Form es offen lässt, inwieweit das Hendiadys „Liebe und Treue" (*ḥäsäḏ wäʾ*ᵃ*mäṯ*, oder: „Güte und Wahrheit") auf Gott oder auf Menschen zu beziehen sei. Für eine mögliche Beziehung des Hendiadys auf Gott dürfte nicht nur die Kontrast-Verbindung mit V. 5, sondern vor allem seine sonstige Anwendung in Bezug auf Gott sprechen (vgl. etwa Gen 24, 27; 32, 11; Ex 34, 6; 2Sam 2, 6; 15, 20; Ps 25, 10; 86, 15); im andern Fall läge eine einmalige Spiritualisierung des im Spruchbuch seltenen Sühnebegriffs vor,[197] was nun wohl weniger wahrscheinlich wäre. Etwas lockerer im Kontext der Einheit ist V. 8, doch mag „Gerechtigkeit" eine gewisse Anknüpfung zum Vorangehenden, besonders V. 7, haben. Am Ende (V. 9) wird schließlich der Kreis der Kleineinheit geschlossen und ihre Hauptsumme gezogen (was noch im abschließenden V. 33 wieder aufgenommen wird):

Das Herz des Menschen plant seinen Weg,
aber Jahwe lenkt seinen Schritt.

Nach diesen zwei Kleineinheiten folgt mit V. 16 ein komparativer Einzelspruch, dessen Position bemerkenswert ist, denn kaum zufällig steht er nicht nur in der Mitte des Kapitels, sondern auch in Voranstellung zum V. 17, der nach den Massoreten die Mitte des Spruchbuches markiert. Dabei ist diesem Vers 16 offensichtlich eine redaktionsgeschichtlich wichtige Stellung verliehen, die aber inhaltlich ebenso bedeutsam erscheint, indem der Vers die Weisheit ins Zentrum bringt. Doch geht es nun nicht so sehr um die Weisheit selbst als um das Erwerben von Weisheit und Einsicht, welches als besser und

[196] Vgl. Fox 611: „This verse reveals the idea of world order ... It is not a mechanistic grid laid down at creation ..., but rather a harmonious moral ecology in which everything is, ideally, integrated and serves its proper role".

[197] Das Verb kommt nur noch V. 14 b vor, und dann von des Königs Grimm zu ‚besänftigen'; vgl. Meinhold 267.

„erlesener“ (*nibḥār*) als Gold und Silber gepriesen wird (vgl. 22, 1). Diese „Empfehlung des Trachtens nach Weisheit“,[198] die so oft ein Thema in Sammlung I war (s. etwa 2, 1–5; 3, 13–18; 4, 5–9; 8, 11. 18 f), handelt um den wichtigen Lernprozess, Weisheit und Einsicht zu gewinnen; damit ist auch die ‚andere Seite‘ der weisen Interaktion, nämlich die Aktivität der Erziehung und des Lehrens der Weisen, mit einbegriffen. Hinzu kommt noch, dass der ‚zentrale‘ V. 17 auch inhaltlich einen Mittelpunkt markiert, wenn er gut weisheitlich von den „Rechtschaffenen“ (*y^e^šārîm*), die „das Böse meiden“, und im Kolon B vor allem vom Bewahren des Lebens redet (vgl. 13, 3; 19, 16), wo es nun sprichwörtlich straff und stilistisch kunstvoll heißt: „sein Leben bewahrt, wer seinen Weg bewacht“ (*šomer nap̄šô noṣer darkô*).

Im Folgenden gibt es mehrere Einzelsprüche, dazu aber auch einige Spruchgruppierungen verschiedener Art. Das gilt zunächst für V. 18 und den komparativen V. 19, die zusammen ein chiastisch gebautes Spruchpaar ausmachen, das vom Stichwort „Stolz“ sowie vom Gegensatz „hochmütig“/„demütig“ – einem in der Weisheitslehre beliebten Thema – zusammengehalten wird (vgl. V. 5; sonst 11, 2; 18, 12; 29, 23).

Ferner sind V. 20–23 durch eine Reihe weiser Charakterisierungen verbunden. Es geht um Menschen, die „weisen Herzens“ sind, und die „Verstand besitzen“, und die ihre „Belehrung (*läqaḥ*) mehren“; sie haben eine „Quelle des Lebens“ (vgl. 10, 11; 13, 14; 14, 27; 18, 4). Darin kommt das Ideal des Weisen zum Ausdruck, das für den Jungen ein Vorbild sein sollte. Zudem preist V. 20 b den glücklich, der „auf Jahwe vertraut“, was mit der Einleitung (V. 1–9) verbindet; endlich sind diese Verse mehrfach vom Thema des Redens geprägt (V. 20–21. 23), dem sich noch V. 24 anschließt.[199] Im Kreis der Weisen war das weise Reden eine Hauptsache – und dazu eine Kunst, die erlernt werden musste; denn es ging darum, „seinen Mund klug machen“ (V. 23 a; vgl. V. 20 a).[200]

Die Verse 27–29 bilden eine kleine Reihe von Sprüchen, die – wie schon erwähnt – alle mit „Mann“ (*ʾîš*) anfangen, und die alle eine negative Kennzeichnung ausdrücken; es handelt sich um den „nichtsnutzigen Mann“ (*ʾîš b^e^lîyaʿal*), der Unheil verursacht (V. 27; vgl. 6, 12; 19,28), um den „ränkesüchtigen Mann“ (*ʾîš tahpukôt*), der „Streit erregt“ (V. 28; vgl. V. 30; sonst etwa 2, 12. 14; 8, 13; 10, 31), und um den „gewalttätigen Mann“ (*ʾîš ḥāmās*), der „seinen Nächsten verlockt“ (V. 29; vgl. 1, 10; 9, 13; 24, 28; HAL 925 b). An diese Dreiergruppe hat sich der inhaltlich verwandte V. 30 noch angeschlossen, der von jedem redet, der Kniffe benutzt, und der dadurch „Ränke ersinnt“ und „das Böse schon fertig“ hat (s. Bühlmann 20; vgl. 6, 13; 10, 10). Diese Gruppe von Menschen, die auf verschiedene Weise Unheil stiften und dadurch die gute Ordnung menschlicher Gemeinschaft stören, ist vielleicht als Gegengruppe zu den Weisen in V. 20–23 gemeint.

---

[198] Delitzsch 268, der sonst *nibḥār* mit „vorzüglich“ wiedergibt.
[199] Vgl. Bühlmann, ebd. 55–59. 64–66; s. o. Anm. 183.
[200] Vgl. Bühlmann, ebd. 81–85.

Die sonst ‚freistehenden' Einzelsprüche sind V. 25, der mit 14, 12 identisch ist, V. 26, der vom „Gier/Hunger/Verlangen" (*näpäš*)[201] eines Arbeiters redet, und der wohl das Thema der Armut anschneidet (vgl. 10, 3. 15), V. 31, der metaphorisch vom „grauen Haar" spricht (vgl. 20, 29; auch Lev 19, 32) und dadurch den hohen Alter rühmt, der in einem gerechten Wandel („Weg der Gerechtigkeit") gründet (vgl. V. 17 b.25), sowie der komparative V. 32, der den „Langmütigen" (*'äräk 'appayim*) höher als einen Held und denjenigen, „der sein Gemüt beherrscht", besser als einen, „der eine Stadt erobert", einschätzt (vgl. 14, 29; 15, 18; 19, 11), wobei dieses Hervorheben der Selbstbeherrschung auch das Ideal des weisen Schweigenden, der „zur rechten Zeit" zu reden weiß, wachrufen mag (vgl. 12, 16.23; 15, 23).[202]

Am Ende knüpft der abschließende V. 33 an den einleitenden V. 1 an und sammelt dadurch die wichtigen Themen dieser komplex aufgebauten Großkomposition in den Brennpunkt der Aussagen über Jahwes souveräne Macht und Herrschaft:

Im Gewandbausch schüttelt man das Los,
aber von Jahwe kommt jeder Entscheid.

17, 1–28: Nicht passt zum Toren treffliche Rede

1 **Besser ein trocken Stück Brot mit Frieden**
als ein Haus voll von Opferfleisch mit Streit.[203]
2 **Ein kluger Knecht wird Herr über einen schändlichen Sohn,**
und inmitten der Brüder teilt er das Erbe.
3 **Der Tiegel für das Silber und der Schmelzofen für das Gold –**
und der Prüfer der Herzen ist Jahwe.[204]
4 **Der Übeltäter achtet auf unheilvolle Lippe,**
Falschheit hört auf verderbliche Zunge.
5 **Wer über einen Armen spottet, schmäht seinen Schöpfer;**
wer sich über ein Unglück freut, bleibt nicht ungestraft.
6 **Die Krone der Alten sind Kindeskinder,**
und der Kinder Ehre sind ihre Väter.
7 **Nicht passt zum Toren treffliche Rede,**[205]
noch weniger zu einem Edlen Lügenrede.

---

[201] Vgl. HAL 672; H. Seebass, ThWAT V, 540: „Verlangen"; Meinhold 276 f.

[202] Vgl. Bühlmann, ebd. 213 ff.260–267.

[203] Vgl. HAL 252 a: „Opferfleisch mit Hader"; Wildeboer 50; Delitzsch 274.

[204] Öfter wird ein Gegensatz im Bikolon des Verses (wenn da nicht ein Trikolon vorliegt, vgl. Heim, ebd. 227) angenommen, wobei man V. 3 b durch ‚aber' oder ‚doch' einleitet, aber kaum mit Recht, denn ein Vergleich ist gemeint: „Wie …, so prüft Jahwe die Herzen"; vgl. McKane 237; 511; LB; vgl. 27, 21.

[205] Zu G s. BHQ *47 gegen BHS; vgl. Plöger 199; bes. Bühlmann, ebd. 142–145; Scherer, ebd. 230.

8 Ein Glücksstein ist die Bestechung in den Augen ihres Besitzers;
wo immer er sich hinwendet, hat er Erfolg.
9 Wer eine Verfehlung zudeckt, trachtet nach Liebe;
wer aber eine Sache weitererzählt,[206] trennt Freunde.
10 Schelten erschüttert einen Verständigen mehr
als einen Toren hundertmal schlagen.
11 Nur nach Auflehnung trachtet ein Böser,
aber ein grausamer Bote wird gegen ihn entsandt.[207]
12 Lieber einer Bärin begegnen, die ihrer Jungen beraubt ist,
als einem Toren in seiner Torheit.
13 Wer Gutes mit Bösem vergilt,
von seinem Haus wird das Böse nicht weichen.
14 Wie wenn man Wasser loslässt, ist der Anfang des Zanks;
doch bevor der Streit losbricht, lass ab!
15 Wer Schuldige freispricht und wer Unschuldige verurteilt,
ein Gräuel für Jahwe sind sie beide.
16 Wozu denn Geld in des Toren Hand –
um Weisheit zu erwerben, wenn ihm Verstand fehlt?
17 Zu jeder Zeit erweist der Freund Liebe,
und ein Bruder ist für die Not geboren.
18 Unvernünftig ist ein Mensch, der Handschlag gibt,
der Bürgschaft vor seinem Nächsten eingeht.
19 Wer Verfehlung liebt, liebt Streit;
wer seine Tür hoch macht, sucht Einsturz.
20 Wer ein falsches Herz hat, findet nichts Gutes;
und wer eine verdrehte Zunge hat, fällt ins Unglück.
21 Wer einen Toren zeugt, dem bringt es Kummer;
und nicht freut sich der Vater eines Narren.
22 Ein freudiges Herz bringt gute Heilung,[208]
aber ein zerschlagener Geist trocknet das Gebein aus.
23 Bestechung aus dem Gewandbausch nimmt der Frevler an,
um die Pfade des Rechts zu verdrehen.
24 Der Einsichtige hat die Weisheit vor sich,
aber die Augen des Toren sind am Ende der Erde.
25 Verdruss für seinen Vater ist ein törichter Sohn
und Bitternis für die, die ihn geboren hat.
26 Wenn schon[209] Geldstrafe für den Gerechten nicht gut ist,
so sind Schläge für Edle gegen das Recht.

---

[206] Vgl. 16, 28; sonst KBL 996 b; HAL 1477 a; Ringgren 70; Plöger 198 f.

[207] Ges[18] 53 a: „ein verderbenbringender Bote".

[208] So mit HAL 174; Ges[18] 204 für hap. leg. *gehâ*; vgl. Ringgren 71; Plöger 199; Heim, ebd. 237; sonst BHQ; anders Scherer, ebd. 231: „Gesundheit"; McKane 238. 506: „good health".

[209] So mit Ges[18] 221 a zu *gam* und zur Syntax des Spruchs; vgl. Gemser 74; Ringgren 71; anders Heim, ebd. 238 f.

27 **Wer seine Reden zurückhält, hat Einsicht erkannt;**
und der Kaltblütige[210] ist ein einsichtsvoller Mann.
28 **Selbst ein Tor kann, wenn er schweigt, als weise gelten,**
wenn er seine Lippen verschließt, als verständig.

Lit.: G. Boström, Paronomasi (1928), 158. 166–171. – W. Bühlmann, Vom rechten Reden (1976), pass. – T. Donald, The Semantic Field of „Folly" in Proverbs, Job, Psalms, and Ecclesiastes, VT 13 (1963) 285–292. – G. Gerleman, Der Nicht-Mensch. Erwägungen zur hebräischen Wurzel NBL, VT 24 (1974) 147–158. – J. Hausmann, Menschenbild (1995), pass. – M.A. Klopfenstein, Die Lüge nach dem Alten Testament, Zürich 1964. – J. Krispenz, Spruchkompositionen (1989), 89–92. 173. – K.M. Heim, Like Grapes of Gold (2001), 147–159. – W.M.W. Roth, NBL, VT 10 (1960) 394–409. – A. Scherer, Das weise Wort (1999), 95–119. – R.N. Whybray, Composition (1994), 110 f.

Noch stärker als im vorangehenden Kapitel ist Kapitel 17 von ‚freistehenden' Sprüchen in bunter Abfolge geprägt; doch gibt es auch einige Verbindungsfäden zwischen den Sprüchen, wie etwa in den Spruchpaaren in V. 24–25 und V. 27–28,[211] sowie mehrere wiederkehrende Themen. Die im Vorangehenden allmählich zunehmende Tendenz, im Kolon B statt des antithetischen Parallelismus, der hier nur viermal vorkommt (V. 9. 11. 22. 24, nicht aber V. 3 b), synonyme und weiterführende sog. synthetische Parallelen, in Langzeilen, zu verwenden, wird hier fortgeführt (s. besonders V. 3. 15. 26, wo in V. 3 und 15 wohl Trikola statt Bikola anzunehmen sind).[212] Ferner erscheint die komparative ‚besser als'-Form einmal (V. 1, vgl. zudem noch die Vergleiche in V. 10 und 12). Beachtenswert ist auch „die Abfolge zweier Partizipien, die den beschreibenden Satz ein wenig auflockert" (Plöger 200), und zwar in V. 4 a.9 a.15 a.19 a.27 a. Inwieweit das Kapitel einen Großabschnitt ausmacht, lässt sich noch diskutieren; dafür dürfte wohl aber das weisheitlich geprägte Spruchpaar V. 27–28 sprechen, das einen abschließenden Charakter zu haben scheint; demgegenüber ist der Anfang kaum entsprechend deutlich als Einleitung, doch hebt sich V. 1 vom 16, 33 ab;[213] es lässt sich mehr zu diesem Vers sagen (s. u.).

Thematisch fällt zunächst auf, dass Jahwe nur zweimal erwähnt ist, und zwar zunächst als der läuternde „Prüfer (*boḥen*) der Herzen" (V. 3), der zwischen Schein und Echtheit scheidet (vgl. noch 15, 3. 11); und demnächst ist ihm alles Unrecht bei Rechtsprechung ein „Gräuel" (V. 15; vgl. Jes 5, 20. 23); hinzu kommt, dass er auch dem Armen „sein Schöpfer" (*'ośehû*) ist (V. 5; vgl. den ähnlichen 14, 31 a). Das Kapitel ist sonst nicht speziell theologisch geprägt. Vorherrschend sind dagegen die in den Einzelsprüchen hervortretenden Alltagserfahrungen weit verschiedener und vor allem sozialer Art, wobei

[210] So Gemser 74 f; nach ketib: „kühlen Geistes", s. BHQ; vgl. McKane 238. 507; Plöger 199; Meinhold 293. 295.

[211] S. sonst Boström, ebd. 158. 166–171.

[212] Vgl. etwa Heim, 227. 233.

[213] 17, 1 mit Kap. 16 zu verbinden wird bei Scherer, ebd. 212. 221 (u. Anm. 53), nicht hinreichend begründet.

die Freundschaft speziell erwähnt werden darf, weil sie hier anders als vorher thematisiert ist (V. 9. 17). Außerdem sind das öfter vorkommende Thema des Redens, Aussagen über Gerechte und Frevler bzw. Gerechtes und Böses sowie der Gegensatz Weiser/Tor anzutreffen, doch auf andere Weisen als früher und mit teilweise neuen Akzenten.

Im komparativen V. 1 wird „Ruhe/Frieden" (*šalwâ*) vor „Streit/Hader" (*rîḇ*, auch V. 14 b) vorgezogen, was nichts Besonderes zu sein braucht; das Besondere liegt eher in den näheren Bestimmungen, wobei vor allem die einmalige Konstruktion „Opfer bzw. Opfermahlzeiten des Haders (*ziḇḥê-rîḇ*)" (Wildeboer 50) ein Problem darstellt. Die Sache ist recht verschiedentlich behandelt worden; vor allem ist das Kultische des Ausdrucks in neuerer Zeit gelegentlich abgestreift worden, aber kaum mit Recht. Man scheint den Ausdruck etwa als Gegenteil zum „trockenen Stück Brot" sehen zu wollen, und hat ihn dann mit „Festspeisen" wiedergegeben (Gemser 72).[214] Der Terminus „Opfer" aber, der mehrmals in der Weisheitsliteratur und immer als *zäḇaḥ* vorkommt,[215] behält seinen kultischen Charakter, auch wenn er mit moralischen Forderungen an die Opfernden verbunden wird; so handelt 15, 8 vom „Opfer der Frevler", das eben aufgrund ihrer bösen Taten ein „Gräuel für Jahwe" ist (s. sonst 21, 27; 7, 14; vgl. auch 15, 17). Der Gegensatz im 1. Vers dürfte darum in erster Linie zwischen dem Frieden in armer Bescheidenheit und dem Lärm der eben beim heiligen „Schlachtessen" (Delitzsch 274) unpassenden Streitigkeiten bestehen, ohne dass das Kultische als solches dadurch entwertet ist;[216] vielmehr tendiert dieser krasse Kontrast zum Paradoxen und fast Grotesken. Der völlig negativ beurteilte „Streit/Hader" wird noch zweimal erwähnt; im V. 14 a ist vor „Zank/Hader" (nun: *māḏôn*) gewarnt, und im V. 19 a wird das „Lieben" (*'oheḇ*) des „Streits" (nun: *maṣṣâ* II; sonst nur noch Spr 13, 10; Jes 58, 4) mit dem unheilvollen „Lieben" zur „Verfehlung/Sünde" (*päša'*) verbunden. Vielleicht mag dann V. 1 durch seine Bevorzugung des Irenischen vor Hader, Zank und Streit ein Ideal der Weisen ausdrücken und hier wohl eine dem Anliegen der Weisen geeignete Einleitung zum Folgenden ausmachen, die zudem mit dem weisheitlichen Abschluss in V. 27–28 noch korrespondiert.

Von „Verfehlung" und „Liebe" handelt ferner V. 9 a, nun aber auf eine positivere Weise als im eben erwähnten V. 19. Denn während V. 9 b vom Geschwätz (*šonäh* „weitererzählen") redet, das einen „Freund (*'allûp*) abtrennt", oder kollektiv: „Freunde trennt" (Plöger 199), und also eine Freundschaft verdirbt (vgl. die „Verleumdung" im 16, 28 b) – was übrigens mit den obigen „Streit"-Worten verbinden mag, steht dagegen im V. 9 a die „Liebe" (*'ahᵃḇâ*) positiv im Fokus; denn sie fördert die Freundschaft, wenn sie in

---

[214] Vgl. etwa Toy 335: „feasting"; Plöger 198; Meinhold 282: „Festmahlzeiten"; anders Fox 623 f.

[215] Vgl. R. Rendtorff, Studien zur Geschichte des Opfers im alten Israel, WMANT 24, Neukirchen-Vluyn 1967, 66.

[216] S. sonst oben zu 15, 8.

Sorge für einen Mitmenschen eine „Verfehlung – nicht ein Verbrechen – zudeckt" (vgl. 10, 12; 1 Petr 4, 8; Jak 5, 20); denn „wer an dieser Stelle barmherzig schweigen kann, erhält die Freundschaft" (Meinhold 287). Diese freundschaftliche und stetige Solidarität kommt auch im V. 17 betont zur Sprache, wenn da zunächst gesagt wird, dass „der Freund" (*hāreaᶜ*, hier determiniert von *dem* Freund) „zu jeder Zeit" (*bekŏl-ᶜeṯ*), also unter allen Umständen,[217] „Liebe erweist" und sich dadurch als einen echten Freund herausstellt (V. 17 a). Wenn demnächst im V. 17 b weiter ausgeführt wird, dass ein „Bruder" (*'āḥ*) eben „für die Not (*leṣārâ*) geboren ist", hat man das Verhältnis zwischen den Vershälften und besonders die Beziehung von ‚Freund' und ‚Bruder' öfter diskutiert, und zwar inwiefern sie antithetisch oder synonym bzw. synthetisch zu verstehen sei,[218] zumal „Bruder" – als Parallelwort zum Freund – sowohl denjenigen meinen kann, der für die aller schlimmste Lage da ist (vgl. 2Sam 1, 26; Ps 35, 14; Hi 6, 15),[219] als auch von einem verwendet worden ist, der sich mehr als einen Freund erweist (vgl. 18, 24; 27, 10). Doch dürfte hier wohl nicht so sehr das personale Verhältnis zwischen ‚Freund' und ‚Bruder' als vielmehr die Sache der äußersten Verbundenheit und Solidarität im Blickfeld sein, die in beiden Vershälften synonym und steigernd zu erkennen ist; denn dabei kommt die Solidarität in wahrer Freundschaft wie auch in naher Verwandtschaft exemplarisch zum Ausdruck. Es geht also hier um die engsten menschlichen Relationen, die sich auf beharrliche Freundschaft und verbindliche Verwandtschaft gründen, und die dadurch ein existenzielles Sicherheitsnetz bilden können – und ein schöneres Zeugnis von Freundschaft dürfte es wohl kaum geben.

Die obigen Sprüche zum Streit und zur Freundschaft stehen sodann teilweise dem Thema des Redens nahe; dieses Thema kommt aber noch deutlicher in V. 4, 7, 10, 20 sowie am Ende in V. 27–28 zur Sprache. Dabei geht es im V. 4 um „Lippe" und „Zunge", auch im V. 20 b um „Zunge" und im V. 7 zweimal um „Lippe", während V. 10 von „Schelten" (*geᶜārâ*) handelt (und V. 9 b von ‚Geschwätz'). Dabei überschneidet sich das Thema des Redens in V. 4 und 20 mit dem des Frevelhaften, das sonst in V. 11, 13, 15, 19, 23 und 26 vorkommt, und in V. 7, 10 und 27–28 mit dem Thema des „Toren" und nächstliegenden Themen, die sonst in V. 12, 21, 24–25 und 27–28 erscheinen.

In diesem Zusammenhang mag V. 4 speziell sein, denn da wird dem Reden ein besonders großes Gewicht beigemessen. Der „Übeltäter/Bösewicht" (*meraᶜ*), zu dem das Abstraktum „Falschheit/Trug" (*šäqär*) steigernd als Parallele steht, wird durch Beachtung der „unheilvollen Lippe" (*śep̄aṯ-'āwän*) bzw. der „verderblichen Zunge" (*lešôn hawwoṯ*), d.h. durch bereitwilliges Zuhören auf unheilvolles und verderbliches Gerede, zu seiner Übeltat bewegt (vgl. 1, 10–19; 6, 27–29); dabei wirkt sich also das unheilvolle Reden zur

[217] Vgl. Wildeboer 52: „d.i. im Glück, wie im Unglück".

[218] S. etwa Toy 346 f; McKane 505 f; Plöger 199 f; Heim, ebd. 235.

[219] S. Ges[18] 32 a, Pkt. 6; vgl. etwa Delitzsch 284.

konkreten Untat aus.[220] Ferner macht im V. 20 „Herz/Verstand" (*leḇ*) das Parallelwort zur „Zunge" aus, wodurch die ganze Person umfasst wird; wenn man aber dann das „Herz verdreht" (*ʿiqqäš-leḇ*) und die Zunge „verkehrt/fälscht" (*nähpāḵ*), wird die Folge dieses Tuns, dass man selbst „ins Unglück/Unheil (*beraʿâ*) fällt". Wiederum stellt sich heraus, dass dem falschen Tun ein unheilvolles Ergehen folgt.

In Bezug auf die übrigen Belege für Gerechte und Frevler sowie für Gutes und Frevelhaftes (V. 11. 13. 23. 26; vgl. V. 15 und 19 oben) fällt zunächst auf, dass der im Vorangehenden häufige Gegensatz Gerechte/Frevler hier nicht vorkommt, sondern dass „Frevler" bzw. „Böser/Böses" sowie „Gerechter" bzw. „Recht" je für sich erwähnt werden. Doch den in diesem Punkt sonst üblichen Kontrasten am nächsten kommen einigermaßen V. 23, wo der „Frevler" (*rāšāʿ*) sucht, „die Pfade des Rechts (*mišpāṭ*) zu verdrehen", sowie V. 13, wo es um das verhängnisvolle Vorhaben geht, „Gutes mit Bösem (*rāʿâ*)" zu vergelten, das freilich an den Täter zurückschlägt (V. 13 b); sonst trachtet der „Böse" (*rāʿ*) nach „Auflehnung/Widerspenstigkeit" (*merî*), was ebenfalls ins Unheil endet (V. 11). Demnächst ist beachtenswert, dass in Parallele zum „Gerechten" (*ṣaddîq*) nun der „Edle" auftritt (V. 26); in Verbindung mit dem Thema des Redens ist er auch Antitypus zum „Toren", und zwar in dem mit Alliteration kunstvoll geformten V. 7.[221] Der „Edle/Vornehme" (*nāḏîḇ*) hat hier nicht so sehr eine moralische Bedeutung, wie gelegentlich angenommen, als den Sinn von Rang und Namen.[222] Er ist der Reiche, „der aus freiem Entschluss Spendende" (HAL 636; vgl. 8, 15–16; 19, 6; 25, 7); und er wird positiv mit dem „Gerechten" verbunden (V. 26); denn ihm steht keine „Lügenrede" (*śep̄aṯ-šäqär*) zu (V. 7).

Im V. 7 – wie in Jes 32, 5–6 – gibt „Tor" das völlig negative Lexem *nāḇāl* wieder (vgl. noch V. 21 b; 30, 22); dadurch kann ein Mensch stark abwertend als ein „Taugenichts" (HAL 627) oder gar „Außenseiter"[223] und „Nicht-Mensch" gekennzeichnet werden.[224] Zudem werden hier für „Tor" noch zwei andere Termini verwendet, und zwar *kesîl* (V. 10 b.12 b.16 a.24 b.25 a sowie 21 a, wozu *nāḇāl* im V. 21 b das synonyme Parallelwort ausmacht) und *ʾäwîl* (V. 28 a) sowie dessen Abstraktum *ʾiwwäläṯ* „Torheit/Dummheit" (V. 12 b; sonst 5, 23; 12, 23 u. ö.; vgl. *kesîlûṯ* „Torheit", in 9, 13). Durch die relativ vielen Belege dieser drei wichtigsten Termini *ʾäwîl, kesîl* und *nāḇāl*[225] wird der „Tor" nicht nur als eine Hauptfigur im Kapitel vorgestellt, wie öfter im Spruchbuch, und dann als eine völlig negative Gestalt (vgl. den ‚Torenspiegel'

[220] S. bes. Bühlmann, ebd. 15–25.

[221] Vgl. Boström, ebd. 168; Bühlmann, ebd. 142–145; Meinhold 286.

[222] Vgl. J. van der Ploeg, Les chefs du peuple d'Israël et leurs titres, RB 57 (1950) 40–61; McKane 506–508; Bühlmann, ebd. 144 f.

[223] So Roth, VT 1960, 409: „‚separating from the community', that is, *outcast, sacrilege*".

[224] So Gerleman, Der Nicht-Mensch (1974) 147–158, bes. 156 f.

[225] Vgl. Donald, The Semantic Field of „Folly" (1963); Cazelles, ThWAT I, 148–151 (*ʾäwîl*); Schüpphaus, ThWAT IV, 277–283 (*kesîl*); Marböck, ThWAT V, 171–185 (*nāḇāl*); zu allen: Sæbø, THAT I, 77–79; 836–838; II, 26–31.

in 26, 1–12), sondern dadurch wird auch ein breites Register seiner Charakterisierungen geboten, das sich in der traditionellen Wiedergabe „Tor/Narr“ nur sehr begrenzt ausdrücken lässt. Als Gegenpol zum „Edlen“, wie schon erwähnt, gebührt dem „Toren“ ein niedriger sozialer Status, ohne Ehre und Namen, doch kann ein Knecht „klug“ (*maśkîl*) und erfolgreich sein (V. 2; vgl. 14, 35 a); als Antitypus zum „Verständigen“ (*meḇîn*) ist der „Tor“ dumm und selbstklug (V. 10; vgl. 10, 21 b; 12, 15 a; 13, 16 b; 14, 7–8), und im Kontrast zur „Weisheit“ ist seine „Torheit/Dummheit“ nicht nur unverbesserlich (V. 10. 16; vgl. 15, 2), sondern auch gefährlich, sogar gefährlicher als eine „Bärin, die ihrer Jungen beraubt ist“ (V. 12; vgl. 10, 1; 14, 1 b). Sein Unverstand wird durch sein Reden entschleiert und lässt sich nur durch Schweigen verhehlen (V. 28; vgl. Hi 13, 5 sowie das alte Wort: *si tacuisses sapiens mansisses*),[226] und zwar im Gegensatz zum weisen Schweiger, der klug beherrscht ist und die rechte Zeit für Reden kennt (V. 27; vgl. 10,19; 11, 12 b; 14, 29; 15, 18). Erzieherisch bringt der „Tor“ seinen Eltern nur „Kummer“, „Verdruss“ und „Bitternis“ (V. 21. 24; vgl. 10, 1; 15, 5 a).

Unter den noch ‚freistehenden‘ Einzelsprüchen preisen V. 6 den durch Nachkommen gesegneten hohen Alter (vgl. 16, 31; Ps 128, 6) und V. 22 die „gute Heilung“, die von einem „freudigen Herzen“, im Gegensatz zu einem „zerschlagenen Geist“, gefördert wird (vgl. 12, 18; 13, 17; 14, 30; 15, 4). Im Übrigen bringen die Sprüche in V. 8 und V. 18 indirekt wirtschaftliche Warnungen hervor, und zwar zunächst gegen „Bestechung“ (*šoḥaḏ*), die dem Besitzer wie ein „Glückstein“ (*'äḇän-ḥen* „Stein der Gunst/des Glücks“; Ges[18] 370 b) erscheint, der ihm Erfolg bringen mag, sowie demnächst gegen das Bürgen, weil derjenige, der „Handschlag gibt“, sich als ein „unvernünftiger Mensch“ (*'āḏām ḥasar-leḇ*) erweist (vgl. 6, 1–5; 11, 15).

Bei alledem geht es auf vielfache Weise darum, dass der Mensch und in Sonderheit der Junge sein Leben sichern muss; und dazu wollen ihm die Weisen durch ihre Erziehung helfen.

18, 1–24: Tod und Leben sind in der Macht der Zunge

1 **Dem Eigenwillen folgt der Abgesonderte,**[227]
gegen alles Vernünftige fängt er Streit an.
2 **Kein Gefallen hat der Tor an Einsicht,**
sondern am Bloßlegen seines Herzens.
3 **Kommt ein Frevler, kommt auch Verachtung,**
und mit der Schande Schmach.

---

[226] Vgl. Delitzsch 289.

[227] So mit Plöger 208 f; der Text ist aber sehr schwierig; vgl. BHQ z. St. u. 47*; doch ist das *ta'awâ* zu behalten (gegen BHS nach G); vgl. HAL 1543 f; sonst Toy 354; Meinhold 297 f; McKane 238. 519; zum mehrdeutigen *tûšiyyâ* vgl. Shupak, Wisdom, 251 f; HAL 1579 f; sonst Scherer, ebd. 231; Heim, ebd. 241; zu *glʿ* ‚losbrechen/Streit anfangen‘ s. Ges[18] 219 b.

4 Tiefe Wasser sind die Worte aus Mannesmund,
ein sprudelnder Bach, eine Quelle der Weisheit.
5 Begünstigung des Schuldigen ist nicht gut,
um den Gerechten im Gericht zu unterdrücken.
6 Die Lippen des Toren kommen in Streit,
und sein Mund ruft nach Schlägen.
7 Der Mund des Toren ist sein Verderben,
und seine Lippen eine Falle für sein Leben.
8 Die Worte des Verleumders sind wie Leckerbissen,
und sie gleiten hinab in die Kammern des Leibes.[228]
9 Wer eben lässig bei seiner Arbeit ist –
ein Bruder des Zerstörers ist er.
10 Ein fester Turm ist der Name Jahwes;
in ihn eilt der Gerechte und ist sicher.
11 Das Vermögen des Reichen ist seine feste Stadt
und wie eine hohe Mauer – in seiner Einbildung.
12 Vor dem Zusammenbruch ist das Menschenherz stolz,
aber vor der Ehre ist Demut.
13 Wer Antwort gibt, bevor er hört –
Torheit ist das für ihn und Schande.
14 Der Mut[229] des Mannes hält seine Krankheit aus,
aber ein zerschlagener Geist – wer kann ihn ertragen?
15 Das Herz des Verständigen erwirbt Einsicht,
und das Ohr der Weisen trachtet nach Erkenntnis.
16 Das Geschenk eines Menschen schafft ihm Raum,
und vor die Großen führt es ihn.
17 Recht hat der erste in seinem Rechtsstreit,
aber dann kommt sein Gegner und prüft ihn.
18 Streitigkeiten beendet das Los,
und zwischen Mächtigen trennt es.
19 Ein betrogener Bruder ist mehr als eine befestigte Stadt,[230]
und Streitigkeiten sind wie der Riegel einer Burg.
20 Von der Frucht des Mundes wird der Magen eines Mannes satt,
vom Ertrag seiner Lippen sättigt er sich.
21 Tod und Leben sind in der Macht der Zunge,
und wer sie liebt, isst ihre Frucht.
22 Wer eine Frau gefunden, hat Glück[231] gefunden
und das Wohlgefallen Jahwes erlangt.

---

[228] Vgl. BHQ 47*.

[229] Zu „Mut“ für *rûaḥ* s. u.

[230] Zum schwierigen Text (s. BHS; BHQ 47*) vgl. etwa Toy 363 f; McKane 520; Heim, ebd. 247; das Prädikat, etwa ‚unzugänglich‘, kann elliptisch ausgelassen sein, vgl. Gemser 75.

[231] So HAL 356 a; Ges[18] 419 b.

23 **Flehentlich redet der Arme,**
aber der Reiche antwortet frech.
24 **Ein Mann kann Freunde haben und geht doch zugrunde,**[232]
aber ein Freund kann anhänglicher sein als ein Bruder.

Lit.: G. Boström, Paronomasi (1928), 158. 171–174. – W. Bühlmann, Vom rechten Reden (1976), pass. – J. Hausmann, Menschenbild (1995), pass. – J. Krispenz, Spruchkompositionen (1989), 89–94. – A. Meinhold, Zur strukturellen Eingebundenheit der JHWH-Sprüche in Prov 18, FS Wagner (1995), 233–245. – K.M. Heim, Like Grapes of Gold (2001), 147–159. – A. Scherer, Das weise Wort (1999), 95–119. – R.N. Whybray, Composition (1994), 112 f. – J.G. Williams, The Power of Forms, in: J.D. Crossan (Hg.), Gnomic Wisdom (1980), 35–58.

Kapitel 18 ähnelt Kap. 17 darin, dass der straffe Aufbau durch den antithetischen Parallelismus, wie im Hauptteil A, hier stark zurückgetreten ist (er kommt nur in V. 12. 17. 23. 24 vor); dagegen sind die Weiterführungen im Kolon B syntaktisch variantenreicher. Wie das vorangehende Kapitel macht auch dieses Kapitel zunächst den Eindruck, dass es vor allem von Einzelsprüchen in freier Folge gebaut ist; doch beim näheren Zusehen lassen sich kompositionelle Einheiten erkennen. Dabei fallen zuerst V. 4–8 auf, die anhand der Stichworte „Mund" (V. 4. 6 b.7 a), „Lippen" (V. 6 a.7 b) und „Worte" (V. 4 a.8 a) vom Thema des Redens zusammengehalten werden; dieses Thema ist aber auch im Spruchpaar V. 20–21 vorhanden (mit den Lexemen „Mund", V. 20 a, „Lippen", V. 20 b, und „Zunge", V. 21 a); dabei mögen V. 4–8 und 20–21 einen Rahmen um der locker zusammengestellten Sammlung von thematisch recht verschiedenen Einzelsprüchen in V. 9–19 bilden, wo allerdings V. 10–11 (wohl auch V. 18–19) Spruchpaare ausmachen. Zudem scheinen die drei Verse im Front (V. 1–3) und die drei am Ende (V. 22–24) einander kontrapunktisch angepasst zu sein, indem V. 1–3 drei Menschentypen negativ und V. 22–24 drei anderen Menschentypen positiv zeichnen. Während die Antithetik, vor allem durch den antithetischen Parallelismus ausgedrückt, allgemein zum einzelnen Spruch oder Spruchpaar begrenzt ist, wird sie dabei noch von Anfang und Ende der Großkomposition getragen, was einmalig sein dürfte, zumal die zwei Dreiergruppen auch einen Rahmen des Kapitels bilden. Schließlich tritt hier, wie im Kap. 17, das theologische Gepräge zurück; nur zweimal ist Jahwe erwähnt, dafür aber im V. 10 a in Bezug auf den „Namen Jahwes", was im Spruchbuch einmalig ist, und im V. 22 a traditioneller mit Bezugnahme auf „das Wohlgefallen Jahwes" in Verbindung mit dem „Fund" einer Ehefrau. Dass die Großkomposition des Kapitels auf diese Weise zirkular gestaltet ist, darf in diesem Hauptteil als recht bemerkenswert angesehen werden.[233]

---

[232] S. GesB 769 a; Wildeboer 55; anders HAL 1185 b; Ringgren 74; vgl. McKane 518 f; zu *'îš* „Mann" vgl. BHS.

[233] Meinhold hat zuerst im Kommentar (296) und dann in der Wagner-FS (233–245) eine andere Struktur erkannt.

Um nun mit dem äußeren Rahmen (V. 1–3. 22–24) anzufangen, stellen die drei einleitenden Verse drei „Vertreter verkehrten Menschseins" (Meinhold 297) vor. Im ersten Fall geht es um den „Sonderling" (Delitzsch 290), der sich von der Gemeinschaft „absondert" (*nip̄rāḏ*, nur hier), indem er seinem „Eigenwillen" (*ta'ᵃwâ*, s. o.) folgt (V. 1 a), und der somit individualistisch und asozial nur zum Abbau des Kollektiven, das für das alte Israel so grundlegend war, beizutragen vermag; dies wird im Kolon B noch steigernd erweitert (V. 1 b; „losbrechen/Streit anfangen" nur noch 17, 14; 20, 3). Im zweiten Fall, wobei V. 2 b mit V. 1 b durch Alliteration verbunden sein mag (Boström 171), handelt es noch einmal um den „Toren" (*kᵉsîl*), der nun seine Torheit darin zeigt, dass er nicht an erhellender „Einsicht" (*tᵉḇûnâ*), sondern nur „am Bloßlegen seines Herzens" interessiert ist (V. 2). Im dritten Fall wird der „Frevler" (*rāšā'*) bloß mit „Verachtung" (*bûz*) und „Schande" (*qālôn*) verbunden (V. 3). Entgegen dieser völlig negativ geschilderten Dreiergruppe von Sonderling, Toren und Frevler, die vielleicht darum am Anfang gesetzt worden sind, weil sie die am meisten hilfsbedürftigen sind, wird sodann am Ende eine andere Dreiergruppe in Kontrast dazu gestellt (V. 22–24), die durchaus positiv geschildert ist; und diese drei sind die „Frau" (*'iššâ*), der „Arme" (*rāš*) und der „anhängliche Freund" (*'oheḇ*, V. 24 b; im V. 24 a pl. *re'îm* „Freunde"), die alle näherbestimmt werden. Die „Frau" wird im Spruchbuch auf verschiedene Weise dargestellt, und zwar teils negativ (vgl. etwa 2, 16–19; 5, 3–6; 7, 10–23; 11, 22; 12, 4 b; 19, 13; 21, 9) und teils positiv (vgl. etwa 11, 16 a; 12, 4 a; 19, 14 b; 31, 10–31); im letzten Fall geht es meistens um die Ehefrau, wie hier (V. 22), zumal sie nun in Verbindung mit Jahwe und seinem Wohlgefallen gebracht wird (V. 22 b; vgl. 19, 14 b; 31, 30). Der „Arme" hat aber alle Sympathie, wenn sein demütiges Flehen vom Reichen (*'āšîr*) nur „frech" (*'azzôṯ*)[234] beantwortet wird (V. 23; vgl. V. 1; sonst 10, 15; 14, 21. 31; 22, 7), welches eine scharfe sozialethische Kontrastierung darstellt. Schließlich kann auch „Freund" mehrfaches bedeuten, was hier noch zum Ausdruck kommt; denn einerseits gibt es einen „Mann der Freunde" (*'îš re'îm*), dem also Freunde nicht fehlen, und der doch „zugrunde geht" (V. 24 a), und andererseits gibt es den guten und wahren Freund, der „anhänglicher als ein Bruder" (*dāḇeq me'āḥ*) sein kann (V. 24 b; vgl. 17, 9 a. 17); der Kontrast ist erheblich.

Der innere Rahmen (V. 4–8. 20–21) ist, wie schon erwähnt, vom Thema des Redens getragen; doch in diesen Sprüchen wird das Thema ständig von anderen Themen gekreuzt, so besonders im V. 5, der vielleicht den Eindruck erweckt, an der Seite der anderen Sprüche zu liegen, weil er auf das Rechtssprechen bezogen ist (vgl. V. 17; s. sonst 17, 15. 23; 24, 23 b; 28, 21). Der erste Vers des Rahmens (V. 4) ist allgemein formuliert und ist recht schwer zu deuten,[235] denn wer ist hier der „Mann", und was ist mit den Worten seines Mundes gemeint, dass sie „tiefe Wasser" seien? Man hat einen Unterschied

---

[234] So mit HAL 760 b zum einmaligen Adv. *'azzôṯ*; vgl. GesB 575 a: „Hartes, d. h. Grobes"; Gemser 74; Plöger 209.

[235] Vgl. Bühlmann, ebd. 275–279.

zwischen den zwei Vershälften sehen wollen; der Spruch dürfte aber einen Hinweis zur Lösung geben, wenn er mit dem Lexem „Weisheit“[236] endet, weil sich dadurch der kryptische Spruch am Ende doch entlarven mag, und zwar dass er eine lobende Aussage über den Weisen und sein tiefgründiges Reden sein will (vgl. 1, 6; 20, 5; auch Koh 7, 24). Im Gegensatz dazu stehen V. 6–7, die durch die Stichwörter „Lippen“ – „Mund“/„Mund“ – „Lippen“ einen Chiasmus bilden; hier wird das provokative und Verderben bringende Reden des streitbaren „Toren“ (*k*ᵉ*sîl*) recht anschaulich geschildert, das ihm selbst eine „Falle“ (*môqeš*) sein wird (V. 7 b). Wenn sich nun V. 5 auf den ungerechten Richter beziehen sollte und danach V. 6–7 auf den querulierenden Toren, dürfte der „Verleumder/Ohrenbläser“ (*nirgān*) im V. 8 – der übrigens mit 26, 22 identisch ist – die dritte negative Figur dieser Reihe darstellen (vgl. 16, 28; 26, 20. 22). Im Kontrast zum V. 4 bewirken sie alle ein Unheil und sind neben der Dreiergruppe der Einleitung (V. 1–3) gefährliche Personen, vor denen indirekt gewarnt wird. Am andern Ende des inneren Rahmens redet das Spruchpaar der V. 20–21 einerseits von der unheimlich großen „Macht der Zunge“, weil sie über „Tod und Leben“ waltet (V. 21 a; vgl. Sir 37, 17–24), und andererseits, und zwar am Anfang und Ende des Spruchpaars, redet es von der „Frucht des Mundes“ (V. 20 a; vgl. 12, 14; 13, 2) bzw. der „Frucht“ der Zunge (V. 21 b) und zudem vom „Ertrag der Lippen“ (V. 20 b), die bzw. den jeder zu essen hat, welches eine neue Variante des Tun-Ergehen-Prinzips sein dürfte, sei es im Kleinen oder in der großen Perspektive von Leben und Tod. Dabei wird dem Reden, zumal es ein basales Anliegen der Weisen war, eine hohe Bedeutung und Auswirkung – zum Guten wie zum Bösen – beigemessen.

Die Einzelsprüche, die in V. 9–19 gesammelt und also von innerem und äußerem Rahmen umgeben zu sein scheinen, bringen viele Themen zur Sprache, darunter das Thema des Redens im V. 13, wobei er vielleicht einen Anknüpfungspunkt zum inneren Rahmen haben mag. Es geht in diesem Vers darum, dass das genaue Hinhören „eine wichtige Voraussetzung zum wirkungsvollen Reden“ ist (vgl. 21, 28 b),[237] zumal das Reden hier mit dem Thema der „Torheit“ (*'iwwälät*) verbunden ist, wohl um zu zeigen, dass sie sich durch Reden entschleiern kann:

Wer Antwort gibt, bevor er hört –
Torheit ist das für ihn und Schande

Im V. 9 ist dem Thema der Lässigkeit ein weit schärferer Ton verliehen als in 10, 4, wo sie als Grund der Armut angegeben wurde (vgl. 10, 26; 12, 27; 13, 4; 15, 19); denn nun wird der bei seiner Arbeit Lässige (*miṯrappäh*) ein Bruder des „Zerstörers/Verderbers“ (*ba'al mašḥîṯ*) genannt (vgl. 28, 24 b), welches

---

[236] Wenn G (u. 10 M^{Hss}) dafür „Leben“ haben (s. BHK, vgl. BHQ), darf das wohl als eine Assimilation gelten (vgl. 10, 11; 16, 22).

[237] Vgl. Bühlmann, ebd. 196–198.

ein besonders starker Ausdruck des unheimlichen Zerstörens ist.[238] V. 10 und 11 scheinen ein Spruchpaar zu gestalten,[239] und zwar nicht nur weil die Ausdrücke „fester Turm" (V. 10 a) und „feste Stadt" (V. 11 a) als verbindende Stichwörter fungieren, sondern vor allem aus einem inhaltlichen und wichtigeren Grund. Wenn im V. 11 das „Vermögen des Reichen" (*hôn ʿāšîr*) als seine „feste Stadt" und „hohe Mauer" gerühmt wird, weil es ihm die Sicherheit schaffen soll, hat das offensichtlich zwei kritische und eingrenzende Kommentare ausgelöst, und zwar erstens am Ende des Spruchs, wo nur lakonisch festgestellt wird: „– in seiner Einbildung" ([*b*ᵉ]*maśkîṯ*[*ô*] ‚Bild/Gebilde/Einbildung'; vgl. 25, 11; Ps 73, 7), vor allem aber in dem vorangestellten Spruch (V. 10), der theologisch korrigiert, wenn entgegen der Aussage, dass dem Reichen der Reichtum eine „feste Stadt" sei (V. 11), nun verkündet wird, dass der „Name Jahwes" ein „fester Turm" ist (V. 10 a), in den der „Gerechte" (*ṣaddîq*) eilen und in dem er „sicher" (*niśgāḇ*) sein kann (V. 10 b). Weiter dürfte V. 12 nicht ohne thematische Verbindung mit diesen Versen sein, wenn es da heißt, dass vor dem „Zusammenbruch" (*šäḇär*) das „Herz eines Mannes hochmütig" (*yiḡbah leḇ-'îš*) ist, während aber „Demut" (*ʿᵃnāwâ*) zur „Ehre" (*kāḇôḏ*) führt; dabei ist im V. 12 nicht nur eine neue Variation eines mehrfach vorkommenden Themas gegeben (vgl. 11, 2; 16, 5; 17, 19 b), sondern es kommt hinzu, dass V. 12 a mit 16, 18 a und V. 12 b mit 15, 33 b identisch ist, was die Verwendbarkeit der einzelnen Sprüche in verschiedenen Zusammenhängen noch gut erkennen lässt. Auch V. 14 greift ein bekanntes Thema auf, wenn er vom guten Zusammenhang zwischen dem „Mut des Mannes" (*rûᵃḥ 'îš*)[240] – anders als beim „zerschlagenen Geist" – und dem Ertragen „seiner Krankheit" (*maḥᵃlehû*, sonst nur 2 Chr 21, 15) auf eine ganzheitliche, ‚psychosomatische' Weise redet (vgl. 12, 25; 13, 12. 19; 15, 13. 15; 17, 22). Ferner zeichnet V. 15, der im Kolon A mit 15, 14 a fast identisch ist, ein recht traditionelles Bild des Weisen, dessen Wesen es ja ist, „Einsicht/Erkenntnis" (*daʿaṯ*) zu „erwerben" (*qnh*, vgl. 1, 5) und danach zu „trachten" (*bqš*, vgl. 15, 14 a). Demgegenüber wechselt V. 16 zum sozialen und politischen wenn nicht zum juristischen Feld, wenn er vom „Geschenk" (*mattān*) redet, das ein Mensch gibt, um sich „Raum zu schaffen", also Einfluss zu erlangen, und „vor die Großen" geführt zu werden. Das braucht zwar nicht notwendig eine Bestechung zu meinen, denn dafür gab es einen anderen Terminus (*šoḥaḏ*, so in 17, 8. 23), und isoliert betrachtet bleibt wohl die Sache offen (vgl. 19, 6; 21, 14); doch darf beachtet werden, dass sich der nächste Spruch im juristischen Raum bewegt (V. 17, vgl. V. 5 sowie 17, 23), wenn es um den üblichen „Rechtsstreit" (*rîḇ*) geht. Wenn demnächst in V. 18 a und V. 19 b von „Streitigkeiten" die Rede ist, erscheint aber die Sache nicht ‚neutral'; im ersten Fall werden zwar die „Streitigkeiten" (*miḏyānîm*) in letzter Instanz vom „Los"

[238] Vgl. etwa J. Conrad, ThWAT VII, 1243 f.

[239] Vgl. Heim, ebd. 245 f, mit weiteren Hinweisen.

[240] So mit Delitzsch 295; Wildeboer 54; GesB 749 a; Tengström, ThWAT VII, 398; vgl. Plöger 208: „Mannhafter Geist"; Scherer, ebd. 232: „mannhaftes Gemüt".

(*gôrāl*) beendet, das auch „zwischen Mächtigen" trennt (V. 18 b; vgl. noch 16, 33), und das von der Härte der prozessualen „Streitigkeiten" zeugen mag; im letzten Fall aber sind die „Streitigkeiten" (diesmal: *mid̲wānîm*) noch wesentlich härter; denn nun werden sie mit dem „Riegel einer Burg" verglichen (V. 19 b), was nur bedeuten kann, dass sie unüberwindbar sind; das ist von V. 19 a noch erhärtet worden, wenn da gesagt wird, dass „ein betrogener Bruder mehr/widerständiger als eine befestigte Stadt" ist. Bei alledem hat es nun den Anschein, dass V. 16–19, die sich mehr oder weniger im juristischen Feld zu bewegen scheinen, thematisch zusammen gesehen werden dürfen; dann mag auch die Rede vom „Geschenk" im V. 16 hermeneutisch in diesem Kontext gewürdigt werden.

Zusammenfassend lässt sich nun sagen, dass Kap. 18 nicht nur eine aus dem reichen Spruchgut zusammengesetzte Sammlung von Einzelsprüchen ausmacht, sondern auch einen thematisch weitgreifenden und gleichzeitig gezielten Aufbau darstellt, was vor allem durch seinen in diesem Hauptteil seltenen zirkularen Charakter zum Ausdruck kommt.

19, 1–29: Höre auf Rat und nimm Zucht an!

1 **Besser ein Armer, der rechtschaffen wandelt,**
als einer mit falschen Lippen, der ein Tor ist.
2 **Ohne Verstand ist auch Eifer nicht gut,**[241]
und wer hastig rennt, verfehlt sich.
3 **Die Torheit eines Menschen verdirbt seinen Weg,**
und gegen Jahwe zürnt sein Herz.
4 **Vermögen fügt viele Freunde hinzu,**
aber der Geringe wird von seinem Freund getrennt.
5 **Ein falscher Zeuge bleibt nicht ungestraft,**
und wer Lügen aussagt, kann nicht entrinnen.
6 **Viele schmeicheln einem Vornehmen,**
und jeder ist Freund eines freigiebigen Mannes.
7 **Alle Brüder des Armen hassen ihn,**
wie viel mehr entfernen sich seine Freunde von ihm,
– Leute, die nur Reden nachjagen, sind sie ihm.[242]

[241] Vgl. Wildeboer 56; Gemser 76 f; vgl. Ringgren 76; McKane 527; HAL 673 b; Heim, ebd. 252 f.

[242] Das dritte Kolon (V. 7 b), das die übliche Verslänge überschießt und sonst unabgeschlossen ist, mag der Anfang eines anderen Spruches sein; MT ist kaum in Ordnung und jede Übersetzung höchst unsicher, so auch eine Einbeziehung der G, die hier weit ausführlicher ist; vgl. BHQ 48*; BHS und etwa Gemser 77; vgl. sonst Toy 370; McKane 527; Plöger 218; Scherer, ebd. 262 f; Heim, ebd. 253 f. Fox 650. Mit Vorbehalt wird hier *hemmāh* ‚sie' auf *m^e re'ehû* ‚seine Freunde' bezogen, qere *lô* ‚ihm' statt ketib *lo'* ‚nicht' gelesen und demnach sing. *m^e raddep* ‚nachjagen' kollektiv (‚Leute') verstanden; vgl. BHQ 48*.

8 Wer Verstand erwirbt, liebt sein Leben;
wer Einsicht bewahrt, findet Gutes.[243]
9 Ein falscher Zeuge bleibt nicht ungestraft,
und wer Lügen aussagt, geht zugrunde.
10 Nicht gehört sich dem Toren ein Wohlleben,
noch weniger einem Knecht, über Fürsten zu herrschen.
11 Die Klugheit eines Menschen macht ihn langmütig,
und seine Ehre ist, Verfehlung zu übergehen.
12 Wie das Knurren eines Löwen ist der Zorn des Königs,
aber wie Tau auf dem Gras sein Wohlgefallen.
13 Verderben für seinen Vater ist ein törichter Sohn,
und ein ständiges Tropfen[244] das Gezänk einer Frau.
14 Haus und Vermögen sind Erbe der Väter,
aber von Jahwe ist eine verständige Frau.
15 Faulheit versenkt in Tiefschlaf,
und eine lässige Seele muss hungern.
16 Wer das Gebot bewahrt, bewahrt sein Leben;
wer aber seine Wege verachtet, muss sterben.
17 An Jahwe leiht, wer sich des Geringen erbarmt,
und seine Wohltat wird er ihm vergelten.
18 Züchtige deinen Sohn, denn noch ist Hoffnung;[245]
aber ihn zu töten lass dich nicht hinreißen!
19 Der übermäßig Hitzige[246] muss Busse bezahlen;
denn wenn du retten willst, musst du es wiederholen.[247]
20 Höre auf Rat und nimm Zucht an,
damit du weise wirst in deiner Zukunft![248]
21 Viele Gedanken sind im Herzen eines Mannes,
aber der Rat Jahwes hat Bestand.
22 Das Anziehende an einem Menschen ist seine Güte,[249]
und ein Armer ist besser als ein Lügner.
23 Die Furcht vor Jahwe dient dem Leben –
satt kann man nächtigen, von keinem Übel heimgesucht.
24 Der Faule steckt seine Hand in die Schüssel
und bringt sie nicht einmal zu seinem Mund.

---

[243] Zur Inf.-Konstruktion vgl. 16,30a; GK § 114i; McKane 494f.528; Plöger 218; Meinhold 315, Anm. 75.

[244] S. Ges^{18} 428b; vgl. Scherer, ebd. 264.

[245] Vgl. Gemser 76; McKane 240; 523f; Meinhold 320.

[246] Mit qere; ketib: ‚das Los'; s. BHQ 48*; vgl. Delitzsch 311; McKane 529f; Heim, ebd. 260f.

[247] Mit Ringgren 77; Murphy 140; Heim, ebd. 260; wie V. 19a ist auch 19b schwer verständlich; vgl. Toy 376f; McKane 529; sonst HAL 677b.813b.

[248] So Ges^{18} 42a; vgl. Ringgren 77; Nel, Structure and Ethos, 21 (gegen McKane 240.524); Meinhold 320; Scherer, ebd. 264; Heim, ebd. 260f; anders wird *ʾaḥ*^{a}*rîṯ* als „Ende" aufgefasst bei etwa Gemser 76f; McKane ebd.

[249] Vgl. Wildeboer 57; Meinhold 320; Scherer, ebd. 264.

25 **Schlägst du den Spötter, wird der Unerfahrene klug,**
und weist man den Einsichtigen zurecht, gewinnt er Einsicht.
26 **Wer dem Vater Gewalt antut, die Mutter verjagt,**
der ist ein schandbarer und schändlicher Sohn.
27 **Lass nur ab, mein Sohn, auf Zurechtweisung zu hören –**
um dann von den Reden der Erkenntnis abzuirren![250]
28 **Ein nichtsnutziger Zeuge verhöhnt das Recht,**
und der Mund der Frevler verschlingt[251] **Unheil.**
29 **Bereit für die Spötter sind Strafgerichte**[252]
und Schläge für den Rücken der Toren.

Lit.: G. Boström, Paronomasi (1928), 158f.174–178. – W. Bühlmann, Vom rechten Reden (1976), pass. – H. Delkurt, Ethische Einsichten (1993), pass. – J. Hausmann, Menschenbild (1995), pass. – K.M. Heim, Like Grapes of Gold (2001), 147–159. – A. Scherer, Das weise Wort (1999), 95–119. – R.N. Whybray, Composition (1994), 113f. – F.-J. Steiert, Die Weisheit Israels – ein Fremdkörper im Alten Testament? (1990). – Wilke, Kronerben (2006), 179–186.

Wie in Kap. 17 und 18 sind auch im Kapitel 19 die ‚freistehenden' Einzelsprüche vorherrschend. Doch lassen sich auch thematische Spruchgruppierungen erkennen, wie das Spruchpaar in V. 13–14, mit „Frau" als Stichwort, oder das Spruchpaar in V. 18 und 20, mit „Zucht" als Stichwort, die aber von V. 19 getrennt sind. Wenn man vom V. 5 absieht, dürfte das wohl auch V. 4 und 6 gelten, oder mit V. 7 hinzugenommen, nun eher eine Dreiergruppe, in der „Freund" als Stichwort die drei Verse verbindet; weitere Dreiergruppen dürfen auch V. 1–3 und V. 25–27 sein. Weil der doppelt vorkommende V. 5, der mit V. 9 fast identisch ist, nun zwischen V. 4 und 6 eingeschoben worden ist, und weil der textlich und formal schwierige V. 7 zu einem Trikolon erweitert ist (vgl. 17, 3. 15), erweist sich die Abfolge von V. 4–7 als ein textlich und strukturell problematischer Abschnitt. Außerdem ist auch in diesem Kapitel die Zahl der antithetischen Parallelen geringer im Verhältnis zum Hauptteil A, denn sie kommen nur fünfmal vor (V. 4. 12. 14. 16. 21), während die synonymen und sog. synthetischen Parallelismen ganz vorwiegen; es mag ein Anzeichen lockerer Struktur sein, dass es auch Fälle von weiterführenden Langversen gibt, wo der Parallelismus ganz zu fehlen scheint (V. 3. 17. 24. 26).[253] Mit der geringeren Antithetik in den Parallelen fehlt aber auch durchgehend die scharfe Antithese zwischen Personengruppen, wie Weiser/Tor, obwohl „Tor" für sich mehrfach vorkommt; der Gegensatz Gerechter/ Frevler fehlt ganz, nur „Frevler" kommt im V. 28 b vor; von „arm/gering" und „reich" ist

[250] Die negative Form ist schwierig und hat mehrere textliche Varianten, etwa in G, bewirkt, s. BHS; BHQ; s. u.

[251] MT ist zu behalten; vgl. Barucq 158; Plöger 218; Meinhold 324; Scherer ebd. 265; Heim, ebd. 266f.

[252] Vgl. Meinhold 324; Plöger 218 („Bestrafungen"); sonst HAL 1501 f.

[253] Vgl. McKane 522; Plöger 219.

mehrmals die Rede, und in Verbindung mit dem „Armen" ist übrigens die vergleichende ‚besser als'-Form zweimal verwendet (V. 1. 22 b); endlich ist mehrfach vom Verhältnis von Vater und Sohn sowie von Erziehung die Rede (vgl. 13. 18–20. 26–27). Jahwe wird in recht verschiedenen Beziehungen fünfmal erwähnt (V. 3. 14. 17. 21. 23).[254]

Zu den Besonderheiten dieses Kapitels – wie auch des nächsten – gehören aber vor allem die in einem Spruchstil befremdlichen Mahnworte, die hier viermal bzw. fünfmal vorkommen (V. 18. 19. 20. 27 bzw. 25 a). Dabei geht es meistens um Erziehung und Zucht in einem Vater-Sohn-Verhältnis, das sich auch auf ein Lehrer-Schüler-Verhältnis übertragen lässt. Im V. 18 ist der Vater bzw. der Lehrer der Angeredete, und das Ermahnungswort an ihn ist doppelseitig; denn zuerst lautet die Aufforderung zur – offenbar körperlichen – Züchtigung kurz und bündig: „Züchtige (*yasser*) deinen Sohn" (V. 18 aα; vgl. 13,24; 22, 15; 29, 17. 19), und demnächst wird diese Aufforderung gleich zwiefach eingegrenzt, indem der einleitende Imperativ zuerst im V. 18 aβ positiv begründet wird: „denn es gibt Hoffnung/denn noch ist zu hoffen" (*kî-yeš tiqwâ*);[255] danach setzt eine Vetitiv-Form (*'al-tiśśā'* [*nap̄šäk̲ā*]) den Imperativ begrenzend fort: „Lass dich aber nicht hinreißen, ihn zu töten", was – etwa im Verhältnis zu Dtn 21, 18–21 – eine ethisch bedeutsame Humanisierung der Zucht mit sich führt.[256] Zucht ist also nötig – aber mit Maß! Züchtigung ist nur ein Mittel, nicht der Zweck der Erziehung. Es ist wohl eben dieses ernstes *caveat* von V. 18 b, an den man den textlich schwer zugänglichen V. 19 hat anschließen wollen. Es bleibt im jetzigen Kontext allerdings unentschieden, auf wen „der übermäßig Hitzige" im V. 19 a zu beziehen ist; doch will wohl dieser Spruch vor allem gesagt haben, dass übermäßiger Jähzorn kostet – und sich auch nicht leicht beenden lässt (V. 19 b). Dabei dürfte dieser Vers, der sich zwischen die zusammengehörigen V. 18 und 20 einschiebt, dem Vorangehenden in einer etwas subtilen Weise ein neues *caveat* hinzufügen. Mit V. 20 ändert sich die Anrede, nun wird der Sohn bzw. der Schüler angesprochen, und zwar zunächst durch eine in der Weisheitsrede relativ traditionelle und mit Imperativen ausgedrückte Mahnung: „Höre auf Rat und nimm Zucht an!" (V. 20 a; vgl. etwa 5, 2; 12, 15 b; 13, 10 b). „Rat" (*'eṣâ*) geben war das vornehmste Geschäft der Weisen (vgl. etwa Jer 18, 18) und „auf Rat hören" das wichtigste Tun des Sohns bzw. Schülers. Wenn dazu noch gesagt wird: „und nimm (*qabbel*) Zucht (*mûsār*) an", dann hat das Abstraktum ‚Zucht' hier offensichtlich einen etwas anderen Sinn als das Verb ‚züchtigen' im V. 18 a und ist nun als ‚Erziehung' zu verstehen.[257] Der Sohn/Schüler soll

---

[254] Vgl. etwa McKane 533–535; Whybray, Composition, 114; Heim, ebd. 263

[255] Vgl. etwa Delitzsch 310; Wildeboer 57; Gemser 76; McKane 523 f; Meinhold 320 f; das temporale Verständnis des *kî-yeš* (vgl. dazu Ringgren 77: „so lange noch …"; Plöger 218: „wenn es noch …"; Delkurt, Ethische Einsichten, 42–44; Scherer, ebd. 264; Heim, ebd. 260 f) wird wohl weder der Sache noch der Syntax gerecht (so Fox 656 f).

[256] S.o. zur Behandlung von 13, 24.

[257] Vgl. Sæbø, THAT I, 739 f; HAL 400; sonst Hausmann, Menschenbild, 114 f.316.

also dazu bereit sein, die Erziehung und Lehre der Weisen anzunehmen, damit er, wie die weitere Motivierung lautet, „zukünftig (*bᵉ'aḥᵃrîṯ*) weise“ wird (V. 20 b). Dadurch ist auch das Ziel seiner Erziehung klar angegeben; er soll wie seine Lehrer werden.

Schließlich hat auch V. 27 a die Form einer Aufforderung, wie im V. 20 a, aber die einmalige negative Form der Aufforderung, die dazu noch die in Sammlung II sonst nicht belegte Anrede „mein Sohn“ aufweist, überrascht hier sehr und hat Anlass zu Textvarianten und Änderungen gegeben – wie etwa in der Septuaginta, die harmonisierend einen Aussagesatz hat; nicht unerwartet wechseln auch die Deutungen der Ausleger erheblich.[258] Doch darf die allgemeine Annahme eines ironischen Sinns im V. 27 a wohl am wahrscheinlichsten sein; und dagegen spräche kaum der Umstand, dass der Spruch sich an V. 26 anschließt, etwa als Begründung (vgl. Plöger 227); denn im V. 26 ist ja vom „schandbaren und schändlichen Sohn“ die Rede, der seinem Vater „Gewalt antut“ und seine Mutter „verjagt“, und eben in einen solchen Extremfall hinein lässt sich die Ironie von V. 27 a gut hören; dazu noch stellt der Spruch durch eine überraschende Infinitiv-Konstruktion im Kolon B die negative Folge vom Nichthören auf „Zurechtweisung“ heraus, und zwar dass man von den die Erkenntnis gebenden Reden des Vaters und der Weisen „abirrt“ (*lišgôṯ* von Vb. *šgh* ‚fehl gehen/abirren‘) und auf falsche Wege kommt (V. 27 b). Hinter der Form der Ironie verbirgt sich die Sorge des Erziehers, den Sohn und Schüler vor dem „Abirren“ zu bewahren. Die Form der Anrede kommt sonst noch im V. 25 a vor, mag sie auch hier einen abgeblassten und allgemeinen Sinn haben oder ein Fragment sein. Wenn aber dieser Spruch mit dem Fall anfängt, dass ein „Spötter“ (*leṣ*) geschlagen wird (vgl. den abschließenden V. 29), ohne dass eine Besserung – außer beim Unerfahrenen (*pätî*) – in Sicht ist, dann mag sehr wohl eine thematische Verbindung dieses Spruchs zur Rede vom „schandbaren und schändlichen Sohn“ im V. 26 intendiert sein (vgl. Dtn 21, 18. 20). In dem Fall ist der Spruch im V. 26 an beiden Seiten von Anreden umgeben, und V. 25–27 mögen wohl eine thematische Dreiergruppe ausmachen.

In der ersten Hälfte des Kapitels ist mehrmals vom „Toren“ (*kᵉsîl*) die Rede, so schon im V. 1, wo übrigens V. 1 a mit 28, 6 a identisch ist, während im V. 3 das Abstraktum „Torheit“ (*'iwwäläṯ*) verwendet ist, und sonst ist „Tor“ belegt in V. 10 a und 13 a sowie ganz am Ende, als letztes Wort, im V. 29 b; dabei scheint das Kapitel gewissermaßen von Aussagen über den „Toren“ umrahmt zu sein. Wenn nun V. 1 und 3 direkt von Toren/Torheit und V. 2 zudem vom Mangel an Verstand (*bᵉlo'-daʿaṯ* ‚ohne Verstand‘) spricht, dann sind die drei einleitenden Verse einigermaßen thematisch verbunden und bilden insofern eine Dreiergruppe. Neben dem „Toren“ sind aber hier auch andere negativ geladene Personenworte und Elemente erwähnt, so im V. 1 a der „Arme“ (*rāš*), im V. 2 b derjenige, der es eilig hat und „hastig rennt“ (*'āṣ bᵉraḡlayim*

---

[258] S. BHS; BHQ, und vgl. etwa McKane, 525; Meinhold 326 f; Heim, ebd. 266 f; Fox 661 f.

‚eilt mit den Füssen'; vgl. 21, 5 b; 28, 20 b; 29, 20 a), wobei er sich „verfehlt" (*ḥôṭe'*); zudem bewirkt die „Torheit eines Menschen", dass er „gegen Jahwe zürnt", also auch eine religiöse Auswirkung hat, V. 3 b. Vom „Armen" (*rāš*) bzw. „Geringen" (*dāl*) ist übrigens, außer V. 1 a, auch in V. 4. 7. 17. 22 die Rede. So scheinen in diesem Kapitel „Armer" und „Tor" wichtige Personenworte zu sein, die gleich am Anfang gegen einander gestellt werden.

In der einleitenden Dreiergruppe fällt vor allem V. 1 auf. Dieser Vers im Front ist mehrfach kunstvoll aufgebaut, und zwar mit ‚besser als'-Form sowie auch Chiasmus, und hat dazu eine doppelte Antithetik, denn der seltene Gegensatz „Armer"/„Tor"[259] wird noch vom Gegensatz zwischen „rechtschaffen/tadellos wandeln" (*hôlek̲ beṯummô*) und „falschen/verkehrten Lippen" (*ʿiqqeš śep̄āṯāw*) gekreuzt. Der „Arme", dem sonst Vieles fehlt – was auch gewöhnlich angeführt wird (vgl. V. 4 b.7, dazu 14, 20; sonst etwa 10, 15 b; 13, 18 a; 15, 5 a; 17, 5; 18, 23), hat dagegen in seinem „rechtschaffenen Wandeln" einen geschätzten Vorteil, für den er kreditiert wird; das kommt auch im V. 22 b zum Ausdruck, wo es mit der zweiten ‚besser als'-Form vergleichend heißt: der Arme ist „besser als ein Lügner (*'îš kāzāḇ*)" (vgl. V. 1 b). So dürfte das Bild vom Armen in diesem Kapitel positiver sein, als sonst öfter im Spruchbuch der Fall ist; dazu trägt auch V. 17 erheblich bei, wo einmalig von dem gesagt wird, „der sich des Geringen erbarmt", dass er „an Jahwe leiht" (vgl. 3, 27 f; 14, 31; 17, 5 a; auch Dtn 15, 4–11); und es wird versichert, dass Jahwe „ihm seine Wohltat vergelten" wird (*gemulô yešallām-lô*; vgl. 24, 29). Das, was „für die Spruchweisheit eher als selbstverständlich" galt,[260] erhält durch die Bezugnahme auf Jahwe eine klare religiöse Dimension. Das günstigere Bild des Armen, das hier auf verschiedene Weise gezeichnet wird, darf wohl auch als ein wichtiger Schritt auf dem Wege aufgefasst werden, der zur späteren Auffassung der ‚frommen Armen' führte.

Der Antitypus zum gerechten Armen ist also hier, etwas überraschend, der „Tor" (*kesîl*). Ganz bezeichnend wird er durch sein Reden charakterisiert, denn dadurch entschleiert er gewöhnlich seine Dummheit, nun aber durch „falsche Lippen" seine Lügenrede (V. 1 b; vgl. V. 5. 9; 17, 7); er führt nicht, wie der Arme, einen „rechtschaffenen Wandel" (V. 1 a). Das Bild des Toren ist auch in seiner Negativität ethisch ausgerichtet; das wird vom V. 3 noch ausgefüllt, wo es zudem eine religiöse Note erhält, und zwar dass die „Torheit eines Menschen" ihm nicht nur „seinen Weg verdirbt/irreführt (*tesallep̄*)" (vgl. 13, 6; 21, 12), sondern „sein Herz" noch zur aufrührerischen Gotteslästerung führt, dass er „gegen (*ʿal*) Jahwe zürnt/wütet (*yizʿap̄*)" (V. 3 b), wobei der Tor

---

[259] Der Vers fehlt in G und ist mehrfach schwierig; dass die fast identische Parallelstelle 28, 6 am Ende „Reicher" (*ʿāšîr*) statt „Tor" hat, dürfte aber keinen Anlass zu einer harmonisierenden Änderung in 19, 1 b geben, wie BHK, BHS vorschlagen und etwa Toy 368; Gemser 76; Fox 647 lesen; dagegen aber Boström, ebd. 174; Meinhold 311; eher mag diese Variation eine Bekräftigung der relativen Freiheit der Weisen bei der Gestaltung der Sprüche sein, dass man hier, wo mehrfach von „Toren" die Rede ist, auch einleitend „Tor" gewählt hat; sie ist *lectio difficilior.*

[260] So Delkurt, Ethische Einsichten, 134, sonst 133–140; vgl. McKane 534 f; Meinhold 320 f; Whybray (1994) 282.

„die Schuld des Unglücks, das über ihn kommt, nicht auf sich, sondern auf Gott schiebt" (Wildeboer 56). Außerdem ist ein „törichter Sohn" seinem Vater ein „Verderben/Unglück" (pl. *hawwoṯ*) (V. 13 a; vgl. 17, 4). Schließlich kommt auch der sozial niedrige Status des Toren zum Ausdruck, wenn zunächst im V. 10 von dem die Rede ist, was sich dem Toren „nicht gehört", nämlich „Wohlleben" (vgl. auch 17, 7, wo „treffliche Rede" ihm nicht passt), während im Parallelglied (V. 10 b) der Gegensatz zwischen „Knecht" und „Fürsten" das Thema ist; demnächst wird, und zwar im synonymen Parallelismus zu den „Spöttern" (*leṣîm*), denen „Strafgerichte" warten (V. 29 a), von den „Toren" gesagt, dass sie ihren Rücken für „Schläge" bereitstellen müssen (V. 29 b). Das Bild des Toren ist auch in diesem Kapitel durchaus negativ.

In der nächsten Dreiergruppe, V. 4. 6–7, ist auch vom „Armen/Geringen" die Rede, nun aber als Antitypus zum Reichen (V. 4) und als Gegenstand des Hasses, denn „alle Brüder hassen ihn (*śᵉne'uhû*)" – sie werden in einem Kolon C dazu noch als „Leute, die nur Reden nachjagen" bezeichnet (V. 7; vgl. 14, 20). Vor allem wird er in Beziehung zum „Freund" (*reᵃʿ*) gesetzt, der ja das verbindende Stichwort dieser Dreiergruppe ist (V. 4. 6.7). Während „Vermögen/Besitz" viele Freunde „hinzufügt (*yosip̄*)" und, personal ausgedrückt, der „Vornehme" (*nāḏîḇ*) und der „freigiebige Mann" (*'îš mattān*) leicht Freunde sammelt (V. 4 a.6), wird der „Geringe" von seinem Freund „getrennt" (*yippāreḏ*); so ist er der sozial Einsame (V. 4 b; vgl. 16, 28; 17, 9).

In dem in dieser Dreiergruppe isolierten V. 5, der mit V. 9 identisch ist – abgesehen von deren Abschluss (5 b: *lo' yimmāleṭ* „kann nicht entrinnen"; V. 9 b: *yo'ḇeḏ* „geht zugrunde"), wird die Aufmerksamkeit auf den „falschen Zeugen" (*ʿeḏ šᵉqārîm*) gelenkt, der noch dem, der „Lügen (*kᵉzāḇîm*) aussagt", gleicht (V. 5 b; vgl. 1 b; 6, 19; 14, 5; 21, 28; 24, 28); den beiden warten Strafe und Untergang (vgl. Dtn 19, 18 f). Von „Zeugen" ist sonst im V. 28 a die Rede, da wird von dem „nichtsnutzigen Zeugen" (*ʿeḏ bᵉliyyaʿal*) gesagt (vgl. 6, 19), dass er „das Recht verhöhnt/spottet (*yālîṣ*)"; das ist umso verhängnisvoller, als in einer Gesellschaft das Recht zu wahren ist.

In den übrigen Einzelsprüchen sind mehrere Themen vertreten. Nach der zweiten Dreiergruppe (V. 4. 6–7) kommt zunächst das Thema der Weisheit zur Sprache (V. 8), und zwar mit lauter positiv geladenen, obschon etwas überraschenden Begriffen, indem der synonyme Parallelismus der zwei Kola ihren Sinn gegenseitig erklärt; so geht es im V. 8 a um den, der „Verstand (*leḇ* ‚Herz/Verstand')[261] erwirbt (*qonāh*)" (vgl. 15, 14 a.32 b; sonst 1, 5; 4, 5. 7; 16, 16; 17, 16) und dadurch „sein Leben (*nap̄šô*, *näp̄äš* sonst oft ‚Seele/selbst') liebt", und im V. 8 b ist „Einsicht" (*tᵉḇûnâ*) Parallelwort zu *leḇ* sowie „Gutes" (*ṭôḇ*) zu *näp̄äš*. Das durchaus positiv verstandene ‚gute Leben', das der Mensch „liebt", und also gerne hat, findet er dann durch die „Einsicht"; so ist die Weisheit hier wie sonst eine wahre Lebenshilfe, die angeboten wird. Das kommt zudem noch in V. 11 und 25 zum Ausdruck; denn die „Klugheit"

---

261 Vgl. etwa HAL 488 b-490 a; Hausmann, Studien 10–12. 258–260, pass.

(*śekāl*) macht den Menschen „langmütig" und damit lebensfähiger (V. 11 a); und der „Einsichtige" (*nābôn*) gewinnt, im Gegensatz zum „Spötter", Einsicht dadurch, dass er sich „zurechtweisen" lässt (V. 25; vgl. 21, 11). Sonst ist in diesem Kapitel einmal vom König die Rede, V. 12 (vgl. etwa 16, 10. 12–15; 20, 8. 26. 28); seine große Macht wird metaphorisch und durch die Antithese von seinem „Zorn" (*zaʿap̄*) und „seinem Wohlgefallen" (*rᵉṣônô*) geschildert. Die „Faulheit" (*ʿaṣlâ)* wird im V. 15 (sonst nur 31, 27) und der „Faule" (*ʿāṣel*) im V. 24 (mit 26, 15 identisch) völlig negativ und zudem auch ironisch dargestellt (vgl. etwa 6, 9; 12, 27; 13, 4; 18, 9).

Wenn im Spruchpaar V. 13–14 antithetisch von der Frau die Rede ist, wird sie einerseits als eine zänkische Frau (V. 13 b; vgl. 27, 15) und andererseits als eine „verständige Frau" von Jahwe (V. 14 b) geschildert (vgl. vor allem 31, 10–31). Von Jahwe war schon mehrmals die Rede (vgl. V. 3 b; 17, auch V. 16); im V. 21 b ist der „Rat Jahwes" (*ʿaṣaṯ YHWH*, vgl. Ps 33, 11), der anders als menschliche Gedanken Bestand hat,[262] und im V. 23 a die „Furcht vor Jahwe" (*yirʾaṯ YHWH*) die Themen.

So spiegelt in bunter Breite das von Weisheitsthemen geprägte Kapitel 19 verschiedene Lebenserfahrungen der Menschen sowie ihren Glauben wider.

20, 1–30: Treue und Wahrheit behüten den König

1 **Ein Spötter ist der Wein, ein Lärmender der Rauschtrank,**
und jeder, der davon taumelt, ist nicht weise.
2 **Wie das Knurren eines Löwen ist der Schrecken vom König;**
wer sich seinen Zorn zuzieht,[263] verwirkt sein Leben.
3 **Eine Ehre ist es dem Mann, vom Streit abzulassen,[264]**
aber jeder Narr bricht los.
4 **Vom Herbst an pflügt der Faule nicht;**
und sucht er in der Erntezeit, ist nichts da.
5 **Tiefes Wasser ist das Planen im Herzen eines Mannes,**
aber ein einsichtsvoller Mann schöpft es aus.
6 **Viele Menschen rufen jeder seine Güte aus,[265]**
aber ein zuverlässiger Mann – wer findet ihn?
7 **In seiner Rechtschaffenheit wandelt der Gerechte –**
wohl seinen Kindern nach ihm!
8 **Der König sitzt auf dem Richterstuhl,**
er sondert mit seinen Augen alles Böse aus.

---

[262] Vgl. etwa Steiert, Die Weisheit Israels (1990), 29–32.

[263] So mit HAL 737 b; s. BHQ; vgl. Delitzsch 317 f; McKane 543 f; Plöger 229: „wer seinen Zorn veranlaßt".

[264] Zur Zweideutigkeit von *šäbät*, die doch von *yšb* abzuleiten sei, vgl. McKane 537; Plöger 232; Meinhold 331.

[265] So mit Ges[18] 375 b.

9 Wer kann sagen: „Ich habe mein Herz lauter erhalten,
ich bin rein von meiner Sünde“?
10 Zweierlei Gewichtsteine, zweierlei Maß –
ein Gräuel für Jahwe sind sie beide.
11 Schon an seinen Taten lässt sich ein Knabe erkennen,
ob lauter und ob redlich sein Verhalten wird.
12 Ein hörendes Ohr und ein sehendes Auge –
Jahwe hat sie beide geschaffen.
13 Liebe den Schlaf nicht, dass du nicht verarmst;
öffne deine Augen, dann kannst du dich mit Brot sättigen!
14 „Schlecht, schlecht“, sagt der Käufer,
aber wenn er weggeht, dann rühmt er sich.
15 Es gibt Gold und Korallen in Menge,
aber ein kostbarer Schmuck sind verständige Lippen.
16 Nimm sein Kleid, denn er hat für einen Fremden gebürgt,
und der Fremden[266] wegen pfände ihn!
17 Süß ist einem Mann erschwindeltes Brot,[267]
aber hinterher füllt sich sein Mund mit Kieselsteinchen.
18 Pläne kommen durch Beratung zustande,
darum leite mit Führungskunst[268] den Krieg!
19 Geheimnisse[269] verrät, wer als Verleumder umhergeht,
darum lass dich mit einem Schwätzer nicht ein!
20 Wer seinem Vater und seiner Mutter flucht –
seine Leuchte erlischt in tiefster Finsternis.[270]
21 Ein Erbe, übereilt errafft am Anfang,[271]
wird am Ende nicht gesegnet.
22 Sage nicht: Ich will Böses vergelten;
warte auf Jahwe, so wird er dir helfen!
23 Ein Gräuel für Jahwe sind zweierlei Gewichtsteine,
und falsche Waagschalen sind nicht gut.
24 Von Jahwe stammen die Schritte eines Mannes,
aber ein Mensch – wie verstände er seinen Weg?
25 Es ist eine Falle dem Menschen, unbedacht „Geweiht!“ zu rufen
und erst nach den Gelübden zu überlegen.
26 Ein weiser König worfelt die Frevler
und lässt über sie das Rad gehen.

---

[266] Mit ketib, s. BHS; BHQ; vgl. 27,13; sonst McKane 542f; Heim, ebd. 276f.

[267] S. HAL 1522a; vgl. Heim, ebd.

[268] S. HAL 1581b; sonst 1,5; 24,6; zum Imp. s. BHQ 49*; s.o. zu 1,5.

[269] Zu *sôd* s. HAL 703–704; vgl. Sæbø, THAT II, 144–148, bes. 146; Richter, Recht und Ethos, 151f.

[270] Mit ketib, s. BHQ *49; s.o. 7,9b u. Anm. 214; vgl. Wildeboer 60; Gemser 78 („in dickster Finsternis“); Scherer, ebd. 267; Heim, ebd. 280f.; anders etwa Ringgren 80 („beim Anbruch der Finsternis“); Plöger 230; Meinhold 338.

[271] Mit qere (s. BHS; BHQ); vgl. 13,11a; sonst Plöger ebd.

27 **Eine Leuchte[272] Jahwes ist der Atemhauch des Menschen,**
sie durchsucht alle Kammern des Leibes.
28 **Treue und Wahrheit behüten den König,**
und durch Treue stützt er seinen Thron.
29 **Der Ruhm der jungen Männer ist ihre Kraft**
und der Schmuck der Alten graues Haar.
30 **Wundstriemen säubern von Bösem**
und Schläge die Kammern des Leibes.

Lit.: G. Boström, Paronomasi (1928), 159. 178–183. – H. Brunner, Gerechtigkeit als Fundament des Thrones, VT 8 (1958) 426–428. – W. Bühlmann, Vom rechten Reden (1976), pass. – M. Franzmann, The Wheel in Proverbs XX 26 and Ode of Solomon XXIII 11, VT 41 (1991) 121–123. – J. Hausmann, Menschenbild (1995), pass. – J. Krispenz, Spruchkompositionen (1989), 95–97. – K.M. Heim, Like Grapes of Gold (2001), 147–159. – A. Scherer, Das weise Wort (1999), 95–119. – H.H. Schmid, Wesen und Geschichte der Weisheit (1966). – D.C. Snell, The wheel in Proverbs XX 26, VT 39 (1989) 503–507. – F.-J. Steiert, Die Weisheit Israels – ein Fremdkörper im Alten Testament? (1990). – R.N. Whybray, Composition (1994), 114–116. – Wilke, Kronerben (2006), 186–209.

Wie bei den Kapiteln 17–19 ist es auch dem 20. Kapitel eigen, dass ‚freistehende' Einzelsprüche in bunter Folge wechseln, und mehr als früher scheinen sie das Gesamtbild zu prägen.[273] Vielleicht machen V. 18–19 ein Spruchpaar aus, aber ohne ein deutlich verbindendes Stichwort zu haben; in V. 22. 23. 24 ist Jahwe erwähnt, so dass die Verse eine Dreiergruppe bilden können, aber die jeweiligen Themen sind sehr unterschiedlich. Wenn V. 26 und 28 mit „König" als Stichwort ein Spruchpaar bilden (s. Toy 395 f), wird es aber durch den eingefügten Jahwe-Spruch im V. 27 problematisiert (vgl. noch V. 9 und 11 mit einem Jahwe-Spruch dazwischen). In formaler Hinsicht wechselt auch die Struktur der Einzelsprüche beträchtlich; der antithetische Parallelismus kommt, wie in Kap. 17–19, einige Male vor (V. 3. 6.17. 24, vielleicht auch V. 5. 14. 15). Wie im Kap. 19 tritt hier die unter Sprüchen befremdende Form des Mahnworts auf (V. 13. 16. 18 b.19 b.22); und dreimal sind Zitate verwendet worden (V. 9. 14. 22). Inhaltlich weisen die Sprüche des Kapitels ein breites Register an Themen auf, die im Vorangehenden mehrfach anzutreffen waren. Dabei ist der Gegensatz Gerechte/Frevler, der im Hauptteil A so hervortretend war, hier nicht vorhanden, doch kommt der „Gerechte" vereinzelt im V. 7 a und der „Frevler" im V. 26 a vor; ferner liegt die Antithese Weiser/ Tor nicht vor, doch gibt es weisheitliche Themen in V. 1 b.5 b.15 b, und der

---

[272] MT ist zu behalten; zu Änderungsvorschlägen (s. BHS) vgl. McKane 547; Meinhold 342; sonst Toy 396.

[273] Vgl. Boström, ebd. 159. Gegen Krispenz, Spruchkompositionen, 95–97, und Whybray, Composition, 114, die eine Einheit in V. 5–12 (13) finden wollen, sagt Murphy 149, zum Kapitel: „Rather, there is a potpourri of various types of sayings". Sonst fällt auf, dass in G V. 14–22 fehlen, vgl. Fox 1024 f: „The absence has not been explained".

„Narr/Tor“ (nun: *'ᵃwîl*) ist im V. 3 b erwähnt; zurücktretend ist endlich das Thema des Redens, doch nennt V. 15 b die „Lippen“, und Formen des „Redens“ mögen wohl das Spruchpaar in V. 18–19 verbinden.[274] Demgegenüber ist aber der König ein häufigeres Thema, das hier (V. 2. 8.26. 28; auch V. 18), wie im Kap. 16 (V. 16, 10. 12–15), breiter als sonst im Hauptteil B vertreten ist (s. außerdem 19, 12; 21, 1; 22, 29). Schließlich sind Jahwe-Sprüche verschiedener Art und andere theologische Formulierungen siebenmal belegt (V. 9. 10. 12. 22. 23. 24. 27) – also etwas öfter als in den vorangehenden Kapiteln 17–19.

V. 1 mag an den letzten Teil von Kap. 19 anschließen, wenn er den Wein als „Spötter“ nennt (vgl. „Spötter/verspotten“ in 19, 25. 28. 29) und das Verb „taumeln/abirren“ (*šgh*) verwendet (vgl. 19, 27 b).[275] Wie in anderen verwandten Sprüchen (vgl. etwa 21, 17; 23, 20; 31, 4) dürfte in der beschreibenden Aussage über die Rauschtränke eine Warnung vor ihren negativen Folgen inbegriffen sein. Das Besondere an dieser Stelle ist aber erstens, dass anstelle einer Schilderung des Trinkers – wie etwa im Spottlied über den Trunkenbold in 23, 29–35 – der „Wein“ (*yayin*) personifizierend als ein „Spötter“ (*leṣ*) und der „Rauschtrank“ (*šekār*, wohl Bier) als „ein Lärmender“ (*homāh*) bezeichnet werden (V. 1 a), sowie zweitens, dass derjenige, der „davon taumelt“ (*šogäh bô*), nicht „weise ist/sein kann“ (*yäḥkām*). Der Wein hat übernommen und wird der „Spötter“, wenn er sich einen Menschen bemächtigt,[276] und der Trinker erweist sich dann nicht als ein Weiser (V. 1 b). Mit dem Wein als *exemplum instar omnium* leitet V. 1 ein Kapitel ein, das überwiegend von Einzelsprüchen sozial-ethischer Art geprägt ist, und das dabei vor allem auf Erziehung und Gesellschaft sowie, wie schon erwähnt, auf den König bezogen ist.

Der nächste Vers handelt eben vom König (*mäläk*), V. 2. In der Gesellschaft kommt keiner ihm gleich an Macht und Autorität; und seine unbeschränkte Macht ist metaphorisch mit dem Knurren eines Löwen – des ‚Königs der Tiere‘ – verglichen (V. 2 a; vgl. den fast identischen 19, 12 a) und anhand des nominalen Ausdrucks „Schrecken des Königs“ (*'êmaṯ mäläk*) sowie der seltenen Verbalform *miṯʿabbᵉrô* (√ *ʿbr* II): „sich ereifert/ihn provoziert“ konkret beschrieben worden (vgl. 14, 16; 26, 17); derjenige, der den König provoziert, „verwirkt sein Leben (*napšô*)“ (V. 2 b; vgl. 6, 32 b; 8, 36 a). So ist es dann mit Lebensgefahr verbunden, durch Unverstand in des Königs Hände zu fallen (vgl. 16, 14 a). Der König hat zwar souveräne Macht, ist aber als Feldherr von „Rat/Beratung“ (*ʿeṣâ*) abhängig, wenn er den Krieg mit „Führungskunst“[277] leiten soll, so V. 18 – der sich wohl nur auf den König be-

---

[274] Zu etwa V. 15 u. 19 vgl. Bühlmann, ebd. 42–45. 238–244.

[275] Vgl. Meinhold 328; Scherer, ebd. 265; Heim, ebd. 265–270.

[276] Vgl. Delitzsch 317: „Der Wein ist ein Spötter, weil der Weinselige leicht auch das Heilige in seine Witzjägerei hereinzieht“.

[277] Vgl. oben 1, 5.

ziehen kann (vgl. 11,14; 15,22; 24,6). Außerdem ist der König der höchste Richter, V. 8 (vgl. 16,10; 2Sam 14,17; 15,2–4; 1Kön 3,16–28; Ps 72,2.4), wenn er „auf dem Richterstuhl (*kisse'-dîn*, nur hier) sitzt" und mit seinen Augen „alles Böse" (*kŏl-rāʿ*) „aussondert" (*mᵉzāräh*); diese Verbalform im V. 8 b kommt auch im nächsten Königsspruch, V. 26, vor, nun aber mit den „Frevlern" (*rᵉšāʿîm*) als Objekt, die der „weise König" (*mäläk ḥākām*) „worfelt".[278] Im Übrigen scheint die Metaphorik des ‚aussondern/zerstreuen/worfeln' (√ *zrh* I) an diesen Stellen aus dem landwirtschaftlichen Dreschen geholt zu sein; darin gehört auch die Rede von „Rad" (*'ôpān*), und zwar dem Rad des Dreschwagens, das der König „über sie gehen lässt" (V. 26 b; vgl. Jes 28,27 f; Jer 15,7; auch Mt 3,12);[279] es handelt sich wohl hier kaum um ein Torturgerät, sondern stellt einen Teil der Metaphorik des Dreschens dar, die in V. 8 und 26 in Bezug auf das königliche Richten verwendet worden ist, wobei Frevler von Gerechten gesondert werde, wie man Spreu vom Weizen trennt.[280] Wurde der königliche Thron (*kisse'*) im V. 8 einmalig „Richterstuhl" genannt, ist die Rede vom königlichen Thron im vierten und letzten Königsspruch, V. 28, etwas traditioneller, wenn da im Kolon B vom König gesagt ist, dass er „seinen Thron auf Treue/Güte (*baḥäsäd*) gründet" (V. 28 b; vgl. bes. 16,12; sonst 25,5; 29,14).[281] Wenn das Fundament des königlichen Thrones hier als „Treue/Güte (*ḥäsäd*)" beschrieben wird, während die entsprechende Stelle 16,12 „Gerechtigkeit/rechte Ordnung (*ṣᵉdāqâ*)" hat (vgl. Ps 89,15 a; auch Ps 97,2), mag darin eine gewisse Verschiebung vorliegen, und zwar von dem im *ṣᵉdāqâ* enthaltenen Weltordnungsgedanken zu einem stärker auf das Gemeinschaftsleben ausgerichteten Anliegen, das im Begriff der „Treue/Güte (*ḥäsäd*)" ausgedrückt ist.[282] Weil der Begriff der „Treue" in der jerusalemitischen Königsüberlieferung noch bedeutsam war (vgl. 2Sam 7,14–16; Ps 89,34), lässt er wohl zudem einen geschichtlichen Hintergrund der Rede vom König erkennen, zumal auch im V. 28 a eine Anspielung auf Elemente dieses Überlieferungsguts vorliegen mag, wenn da personifizierend vom Hendiadys „Treue und Wahrheit" (*ḥäsäd wäʾämät*) gesagt wird, dass sie den König „bewachen/behüten" (vgl. Ps 89,15 b).[283]

Wenn V. 26 und 28 in ihrem Bezug auf den König verbunden sind und wohl ein Spruchpaar bilden, sind sie doch – wie schon erwähnt – vom Jah-

---

[278] So hat man auch im *kŏl-rāʿ*, V. 8 b, ein personales Objekt, etwa „jeden Bösen", finden wollen, vgl. Meinhold 331, Anm. 88; Fox 666; doch darf der übrige Gebrauch des Abstraktums *rāʿ* für die übliche Wiedergabe „alles Böse", die noch den personalen Aspekt mit einschließt, sprechen; vgl. HAL 1167; sonst 2,14; 3,7; 16,6.17; Jes 56,2.

[279] Vgl. Franzmann, The Wheel in Proverbs XX 26, VT (1991) 121–123; Snell, The wheel in Proverbs XX 26, VT (1989) 503–507; s. sonst Wildeboer 60; Ringgren 80; Meinhold 344; Heim, ebd. 281 f.

[280] Vgl. Wildeboer 60.

[281] Vgl. H. Brunner, Gerechtigkeit als Fundament des Thrones (1958) 426–428.

[282] Vgl. etwa Stoebe, THAT I, 600–621, bes. 609–610; Zobel, ThWAT III, 48–71, bes. 55–56.

[283] Der Thron Salomos war von zwei Löwen flankiert, s. 1Kön 10,19 b; vgl. M. Noth, Könige (BK IX/1, 1968) 230–232; H.-J. Kraus, Psalmen (BK XV, 1978) 788.

we-Spruch im V. 27 getrennt. Das braucht kaum ein Zufall zu sein; denn im Königsabschnitt 16, 10–15 ist Ähnliches geschehen, wenn da der Jahwe-Spruch 16, 11 eben in einen Abschnitt eingefügt worden ist, der „Hochbewertungen des Königs“ enthält (Meinhold 269), wobei dieser Jahwe-Spruch sich am besten als eine leise Korrektur zu den „Hochbewertungen“ verstehen lässt. So darf nun hier, auf entsprechende Weise, dem den doppelten Königsspruch (V. 26. 28) spaltenden Jahwe-Spruch (V. 27) eine ähnliche Funktion beigemessen werden (vgl. noch das Königsgesetz in Dtn 17, 14–17, das in einem Kontext sakraler Rechtsprechung die Macht des Königs begrenzt). Im Übrigen hat V. 27 inhaltlich der Auslegung gewisse Verständnisprobleme bereitet; es darf aber dabei wichtig sein, wie man den Spruch in den Kontext einordnet. Zunächst scheint der Spruch mehr Gemeinsames mit V. 24 als mit V. 26 zu haben; denn an beiden Stellen (V. 24 und 27) geht es um das Verhältnis zwischen Jahwe und dem „Menschen“ (*'ādām*), das vornehmlich als ein Verhältnis zwischen Jahwe dem Schöpfer und dem Menschen als seinem Geschöpf dargestellt ist; diese Stellen verbinden sich zudem mit V. 12, wo in Bezug auf das „hörende Ohr“ und das „sehende Auge“ gesagt wird, dass Jahwe „sie beide geschaffen (*ʿāśâ*) hat“. Wenn dann im V. 24 a gesagt ist, dass der „Mann“ (*gäbär*) seine „Schritte“ wohl macht, dass sie aber doch „von Jahwe her“ sind, und wenn im V. 24 b dazu noch die Frage gestellt wird, ob der Mensch „seinen Weg verstehe“ (*mah-yābîn darkô*), kommt wohl dadurch eine Begrenzung des Menschen im Gegenüber zu Gott zum Ausdruck. Das Verhältnis des Menschen zu Jahwe wird in dieser Weise als ein Verhältnis von schlechthinniger Abhängigkeit dargestellt, das aber nicht deterministisch, sondern eben im Blick auf das Erschaffen-Sein des Menschen zu verstehen ist, oder anders – und mit einer neuen Metapher – gesagt: der Mensch bewegt sich in Gottes Hand. Gegen diesen Hintergrund wäre nun V. 27 mit seiner besonderen Ortung am besten zu verstehen. Denn gerade nach der Rede vom mächtigen „weisen König“ und seinem Tun als Richter im V. 26 will der Spruch im V. 27 feststellen, dass der Mensch (*'ādām*) „nicht aus eigener Vernunft noch Kraft“ weise ist, sondern dass sein „Atemhauch/Lebensodem“ (*nešāmâ*), den er bei seiner Schöpfung „von der Erde“ (*min-hā'adāmâ*) durch Gottes ‚Einhauchen‘ erhalten hat (Gen 2, 7), eine „Leuchte Jahwes“ (*ner YHWH*) in ihm ist, die „alle Kammern des Leibes“, also den ganzen Menschen, „durchsucht/prüft (*ḥopeś*)“. Diese metaphorische Rede gilt eben auch den „weisen König“, der Gott sein Leben und seine Ausrüstung schuldet. Das Lexem „Leuchte“ ist außerdem im V. 20 anzutreffen, wo es in Bezug auf den entarteten Sohn, der seine Eltern verflucht, verwendet ist; die Strafe wird für ihn darin bestehen, dass „seine Leuchte in tiefster Finsternis erlischt“ (V. 20 b), also zu der Stunde, als er sie am meisten benötigte; dabei meint das Bild der „Leuchte“ auch hier das gottgegebene Leben und ihr „Erlischen“ das Ende des Lebens; so geht es wiederum, wie öfter in den Sprüchen, um Leben und Tod. In Bezug auf V. 27 hat man überdies noch diskutiert, inwieweit der Spruch eine Drohung oder eine Trost für den Menschen bedeute, was aber kaum eine valide Alternative hergeben mag; denn es geht vielmehr um die Stellung des Menschen zu Gott, dem er einerseits ausgeliefert ist, und in dessen Hand er sich andererseits sicher befindet.[284]

Jahwe ist der souveräne Herr; das kommt nicht nur in den eben erörterten Stellen V. 12, 24 und 27 zum Ausdruck, sondern so auch in den zwei anderen Jahwe-Sprüchen der Dreiergruppe von V. 22–24, und zwar V. 22 und 23, die allerdings recht unterschiedlich sind. Dabei macht V. 22, der ein erlittenes Unrecht voraussetzt, ein Mahnwort aus, das dazu auffordert, die Rache nicht in eigene Hand zu nehmen: „Sage nicht (*'al-to'mar*; vgl. 24, 29; Fox 673): ‚Ich will Böses vergelten' (*'ašall^emāh-rā'*)" (V. 22 a), sondern das ‚Vergelten' Jahwe zu überlassen, denn er will den Gekränkten „retten" (*yoša'*; V. 22 b). Das ist gewiss eine Aufforderung, die im Geiste von Lev 19, 18 ist, die aber hier um so beachtenswerter ist, als sie in einer Gesellschaft ergeht, die in ihrem Rechtsleben auch ein *ius talionis* (Ex 21, 23–25; Lev 24, 19–20; Dtn 19, 21) kannte, und als sie zudem im Rahmen einer Weisheitsverkündigung geschieht, die durchgehend von der Tun-Ergehen-Lehre geprägt war (vgl. noch 24, 29; 25, 21).

Demgegenüber bringt der nächste Vers der Dreiergruppe, V. 23, ein Thema zur Sprache, das öfter vorkommt, so auch im V. 10, und zwar das der „Gewichtsteine" und „Waagschalen"; wenn sie „zweierlei" und „falsch" sind, ist das „ein Gräuel für Jahwe" (vgl. 11, 1; 16, 11; Lev 19, 36). So war eine zuverlässige Waage nicht nur eine notwendige Bedingung für den rechten Handel, sondern war auch im weiteren Zusammenhang des Religiös-ethischen bedeutsam; denn der Spruch verbindet sich noch mit anderen Sprüchen aus dem wirtschaftlichen Sektor der Gesellschaft. Die Weisen zeigen ein waches sozialethisches Engagement, und öfter geht es um erwiesene oder fehlende Gerechtigkeit im praktischen Leben der Menschen. Das geschieht nicht ohne Humor, wie im V. 14 vom pfiffigen Käufer, oder mit Sarkasmus, wie im V. 17 vom „erschwindelten Brot", und im V. 21 vom „übereilt errafften Erbe", oder auch im V. 16, der – wie im fast identischen 27, 13 – das mehrfach erwähnte Thema der Bürgschaft aufgreift, die eine dumme Handlung sein kann (vgl. das Ermahnungswort in 6, 1–5; sonst 11, 15; 17, 18), sowie in V. 4 und 13, wo wiederum vom „Faulen" negativ geredet ist (s. sonst etwa 10, 4; 12, 27; 19, 24; 26, 13–16). In diesen Fällen wird man vom bitteren Ende überrascht; denn das falsche Tun trägt das verhängnisvolle Ergehen in sich. Die Sprüche wollen die weite Perspektive der kommenden Folgen ‚rechtzeitig' aufzeigen.

Mehrfach kreisen die Sprüche um den Menschen selbst; und öfter geht es dabei – direkt oder indirekt – um seine Erziehung, die den Weisen ein Hauptanliegen in all ihrem Treiben war; der Mensch ist gewiss nicht ein statisches

[284] Vgl. hierzu das Abendlied von Jochen Klepper, zu Ps 4, 9: „Ich liege, Herr, in deiner Hut / und schlafe ganz mit Frieden. / Dem, der in deinen Armen ruht, / ist wahre Rast beschieden", Kyrie, Witten/Berlin 1960, 16.

Wesen, sondern lässt sich formen und erziehen (vgl. etwa 19, 20; 22, 6).[285] Dann ist aber der Spruch im V. 11 höchst bemerkenswert, weil er eine empirisch begründete Erkenntnis ausdrückt, die in eine andere Richtung zu führen scheint:

Schon an seinen Taten lässt sich ein Knabe erkennen,
ob lauter und ob redlich sein Verhalten wird.

Der Spruch ist als schwierig empfunden worden; und vielleicht hat er schon vom Anbeginn ein leises Wundern hervorrufen wollen. Das einführende „schon" (*gam*) hebt wohl das darauf folgende „an seinen Taten/Handlungen" (*b^ema^ca lālāw*) und nicht den „Knaben" (*na^car*), also sein Benehmen, hervor und will die Aufmerksamkeit auf die gemachte Beobachtung des Einklangs der Handlungen eines Kindes oder Jünglings mit seinem Verhalten als Erwachsenen lenken; das mag als etwas Besonderes aufgefasst sein. Außerdem fällt auf, dass die Wortsippe des „lauter/rein" (*zak*; V. 11 b; vgl. 21, 8 b) auch im V. 9 a vorliegt, und zwar als eine Verbalform von „lauter erhalten/reinigen" (*zikkîtî*), und zudem dass dieser Spruch die Form einer rhetorischen Frage hat (wie noch V. 6 und 24): „Wer kann sagen ...?" (*mî-yo'mar*); die Frage, die sich kritisch zu einer Beteuerung von Reinheit von Sünde zu stellt (vgl. 16, 2; 22, 11), ist schwer zu beantworten; die „Allgemeinheit der Sünde wird hier deutlich gelehrt" (Wildeboer 59). Vielleicht will auch dieser Spruch eine leise Verwunderung erwecken – und vielleicht wollen V. 9 und 11 darin zusammen gehört werden, obwohl sie nun von einem Jahwe-Spruch getrennt sind (V. 10). Wie dem auch sei, lässt V. 11 einen ehrfürchtigen Realismus in Bezug auf die Erziehung erkennen; denn es darf wohl begrenzt sein, was man durch Erziehung zu erreichen kann, und doch ist die Erziehung notwendig (vgl. 22, 6; auch 1, 3; 19, 18; 23, 13). Außerdem lässt sich wohl fragen, ob dieser Spruch auch ein Wort zum Phänomen verschiedener Personentypen sein will. Wie anders eine Erziehung misslungen ist, zeigt der entartete Sohn, der seine Eltern verflucht, und dessen Strafe dementsprechend ist (V. 20; vgl. 1, 7 b; 6, 23); wenn noch nötig, wurde eine körperliche Züchtigung mit „Wundstriemen" und „Schlägen" benutzt, wie es im abschließenden Spruch heißt (V. 30; vgl. 13, 24; 29, 15).

Entgegen diesen negativen Fällen und – darf man wohl nun sagen – als Beispiele einer gelungenen Erziehung stehen sodann die Männer hohen moralischen Standards, die am Anfang des Kapitels aufgereiht sind (V. 3. 5–7); das ist zunächst derjenige, der im Gegensatz zum „Narren/Toren" (*'^äwîl*) weiß, „vom Streit abzulassen", und der sich dadurch „Ehre" (*kābôd*) gewinnt (V. 3; vgl. 17, 14), demnächst der „einsichtige Mann" (*'îš t^ebûnâ*), der sich darauf versteht, wie man das unergründlich „tiefe Wasser" des Planens „im Herzen eines Mannes" ausschöpfen und erklären kann (V. 5; vgl. 19, 21, auch 18, 4 a), ferner der „zuverlässige Mann" (*'îš '^ämûnîm*), der gegen alle, die „jeder seine

[285] S. bes. Delkurt, Ethische Einsichten, 23–54; Hausmann, Studien, 168–178; sonst Branson, ThWAT III, 688–697; Sæbø, THAT I, 738–742.

Güte (*ḥasdô*) ausrufen", ein Mann von Integrität ist (V. 6; vgl. 28 a; auch 11, 13; 14, 5; 25, 13), der aber schwer zu finden ist – denn auch dieser Spruch ist mit einer Frage versehen, die die Seltenheit einer solchen Person ausdrückt (V. 6 b; vgl. 31, 10), und endlich am Ende, fast zusammenfassend, der „Gerechte" (*ṣaddîq*), der „in seiner Rechtschaffenheit/Tadellosigkeit (*beṯummô*) wandelt" (V. 7); das meint aber nicht die Sündenfreiheit (vgl. V. 9), sondern dass der „Gerechte" Gerechtigkeit durch sein Leben verwirklicht und von der „Gerechtigkeit" (*ṣeḏāqâ*) beschützt wird (vgl. 13, 6 a). Dabei ist er seinen Kindern auch ein Segen – wofür ihnen nur zu gratulieren ist: „wohl seinen Kindern nach ihm!" (*'ašrê bānāw 'aḥarāw*), wie es in V. 7 b heißt (vgl. 13, 22 a; 14, 26; 17, 6).[286] Mit dieser Reihe exzellenter Personen darf schließlich der nächstletzte Spruch im Kapitel verbunden werden, der positiv die jungen Männer (*baḥûrîm*) für ihre Kraft und die Alten (*zeqenîm*) für ihr graues Haar rühmt (V. 29; vgl. 16, 31).

Im Universum der Weisen ist nicht zuletzt das rechte Reden mit Erziehung verbunden; das Thema des Redens ist zwar nicht so hervortretend wie in den vorangehenden Kapiteln vorhanden, doch ist es auch hier vertreten. Bezeichnend für die Hochachtung des Redens ist dabei V. 15, wo „verständige Lippen" (*śip̄ṯê-ḏaʿaṯ*) im Vergleich mit Gold und „Korallen in Menge" als „kostbarer Schmuck" gepriesen wird. Der negative Kontrast kommt im V. 19 zum Ausdruck, wo gegen den „Verleumder" und den „Schwätzer" gewarnt wird.[287] Vielleicht sollte auch V. 25 zu diesem Thema gerechnet werden.

Auf mehrfache Weise zeigt somit Kap. 20 eine beachtenswerte Nähe zum Kap. 16, besonders was die Königssprüche betrifft; es ist aber sonst vor allem sozialethisch ausgerichtet.

21, 1–31: – aber der Sieg steht bei Jahwe

1 **Wie Wasserkanäle ist das Herz des Königs in Jahwes Hand,**
wohin es ihm gefällt, lenkt er es.
2 **Alle Wege eines Mannes sind gerade in seinen Augen,**
aber der die Herzen prüft, ist Jahwe.
3 **Gerechtigkeit und Recht tun**
gefällt Jahwe besser als Schlachtopfer.
4 **Hochmütige Augen und ein maßloses Herz –**
der Neubruch[288] der Frevler ist Sünde.

---

[286] Vgl. Wildeboer 59: „Das Ganze ist Subj. zu 7^{b}".

[287] Vgl. Bühlmann, ebd. 42–45 bzw. 238–244.

[288] Text und Übersetzung sind unsicher; vgl. Gemser 81. MT *nir* ist sowohl als *nîr* ‚Neubruch' (so Mas. parva; vgl. Meinhold 347; McKane 243; Plöger 242) als auch als *ner* ‚Leuchte' (bei vielen M^{HSS} und Vers.; s. BHS; so Ringgren 82; Scherer, ebd. 304; Heim, ebd. 281 f; dagegen etwa Toy 399; McKane 559) gelesen worden (s. HAL 658 a.683 a).

5 Die Pläne des Fleißigen führen gewiss zum Gewinn,
aber jeder, der eilt, wird nur Verlust erleben.
6 Erwerb von Schätzen durch lügenhafte Zunge –
eine verwehte Nichtigkeit für die, die den Tod suchen.[289]
7 Die Gewalttätigkeit der Frevler reißt sie fort,
denn sie weigern sich, das Recht zu tun.
8 Gewunden ist der Weg des schuldbelasteten Mannes,[290]
aber ein Reiner – rechtschaffen ist sein Verhalten.
9 Besser ist, auf einer Ecke des Daches zu wohnen
als eine streitsüchtige Frau und ein gemeinsames Haus.
10 Die Seele des Frevlers begehrt Böses;
kein Mitleid findet sein Nächster in seinen Augen.
11 Wenn ein Spötter büßt, wird der Unerfahrene weise;
und beim Unterrichten eines Weisen nimmt er Erkenntnis an.
12 Der Gerechte hat acht auf das Haus des Frevlers;
er stürzt die Frevler ins Unheil.
13 Wer sein Ohr vor dem Hilferuf des Geringen verschließt,
der wird selbst rufen und keine Antwort bekommen.
14 Ein Geschenk im Geheimen beschwichtigt Zorn
und Bestechung im Gewandbausch starken Grimm.
15 Eine Freude für den Gerechten ist das Tun des Rechts,
aber ein Schrecken für die Übeltäter.
16 Ein Mensch, der vom Weg der Einsicht abirrt,
wird in der Versammlung der Toten ruhen.
17 Dem Mangel verfällt, wer Vergnügen liebt;
wer Wein und Öl liebt, wird nicht reich.
18 Ein Lösegeld für den Gerechten ist ein Frevler
und an die Stelle der Redlichen ein Treuloser.
19 Besser ist, im wüsten Land zu wohnen
als eine streitsüchtige Frau und Ärger.
20 Ein kostbarer Schatz und Öl[291] sind am Wohnplatz des Weisen,
aber der Tor von einem Menschen[292] verprasst es.
21 Wer Gerechtigkeit und Güte nachjagt,
wird Leben, Gerechtigkeit[293] und Ehre finden.

---

[289] Text und Übersetzung sind unsicher, so bes. in der zweiten Hälfte des einen Satzes; G wird öfter gefolgt, weicht aber vom MT sehr ab; vgl. BHS; BHQ; Gemser 81; Ringgren 82; Plöger 242; Heim, ebd. 287.

[290] Zum hap. leg. *wāzār* s. BHQ 49*; vgl. McKane 562; Scherer, ebd. 304, mit Hinweis auf HAL; Ges^{18}; DCH.

[291] Zum *paseq* s. o. 1, 22. Zur G („ruht im Munde") s. BHS; BHQ 50*; Gemser 80; Heim, ebd. 297.

[292] Vgl. oben zu 15, 20 b.

[293] Neben 21 a kommt *ṣᵉḏāqâ* auch im 21 b vor, fehlt aber in G und einigen V^{HSS} (BHQ) und wird etwa von Gemser 80; Fox 688 als Glosse gestrichen (s. BHS), anders Wildeboer 62; Plöger 243; Meinhold 351; bes. Heim, ebd. 297.

22 Eine Stadt von Kriegshelden erstieg ein Weiser
und stürzte die Festung, auf die sie vertraute.
23 Wer seinen Mund und seine Zunge behütet,
der behütet sein Leben vor Bedrängnissen.
24 Der vermessene Stolze – „Spötter" ist sein Name,[294]
er handelt in maßlosem Übermut.
25 Das Begehren des Faulen tötet ihn,
denn seine Hände weigern sich zu arbeiten.
26 Den ganzen Tag begehrt der Gierige,[295]
aber der Gerechte gibt und spart nicht.
27 Das Opfer der Frevler ist ein Gräuel,
wieviel mehr, wenn er es für eine Schandtat[296] darbringt.
28 Ein lügenhafter Zeuge geht zugrunde;
aber ein Mann, der zuhört, redet erfolgreich.[297]
29 Der frevelhafte Mann setzt eine freche Miene auf;
aber der Rechtschaffene macht seine Wege fest.[298]
30 Es gibt keine Weisheit und keine Einsicht
und keinen Rat gegenüber Jahwe.
31 Das Pferd wird gerüstet für den Tag der Schlacht,
aber der Sieg steht bei Jahwe.

Lit.: G. Boström, Paronomasi (1928), 159. 183–188. – W. Bühlmann, Vom rechten Reden (1976), pass. – J.A. Emerton, The Interpretation of Proverbs 21, 28, ZAW 100 (1998) 161–170. – J. Hausmann, Menschenbild (1995), pass. – J. Krispenz, Spruchkompositionen (1989), 98–102. – K.M. Heim, Like Grapes of Gold (2001), 147–159. – A. Scherer, Das weise Wort (1999), 95–119. – F.-J. Steiert, Die Weisheit Israels – ein Fremdkörper im Alten Testament? (1990). – R.N. Whybray, Composition (1994), 117–119. – Wilke, Kronerben (2006), 210–216.

Aufgrund der inhaltlichen Korrespondenz zwischen dem Abschluss von Kap. 20 und dem Anfang von Kap. 21 sind die ersten Verse von Kap. 21 gelegentlich mit dem Vorangehenden zusammen genommen worden.[299] Doch darf dann einem anderen Merkmal des Kapitels kaum die gebührende Aufmerksamkeit erwiesen worden sein, und zwar dass 21, 1–3 mit den zwei letzten Versen, V. 30–31, die alle einen Jahwe-Spruch ausmachen, dem Kapitel eine Rahmung theologischer Prägung verleihen. Außer diesem Rahmen sind

[294] Vgl. McKane 550 f; Meinhold 358; Fox 690.

[295] Das Abstraktum *ta'^a wâ* ‚Begehren, Gier' (s. HAL 1543) ist personal wiedergegeben; vgl. Plöger 242 f; zur Syntax und möglichen Verbindung von V. 25 und 26 vgl. McKane 557; Whybray 314; Heim, ebd. 299.

[296] S. HAL 261 b; Ges[18] 303 b; vgl. sonst Delitzsch 347; Heim, ebd. 296–298.

[297] So mit HAL 676 b, Pkt. 3; vgl. Ringgren; Whybray 316; Heim, ebd.; sonst Gemser 81; McKane 555 f; Bühlmann, Reden, 199–202; Emerton, ZAW 100 (1998) 161. 170.

[298] So ketib; s. BHS; BHQ; vgl. McKane 244. 562.

[299] S. etwa Scherer, ebd. 293–303: 20, 22 – 21, 3; Heim, ebd. 280–287: 20, 20 – 21, 4.

aber etwaige Spruchgruppierungen und Abschnitte im Großabschnitt V. 4–29 nur schwer nachzuweisen, doch mögen wohl V. 20–22 eine Dreiergruppe und V. 25–26, vielleicht auch V. 28–29, ein Spruchpaar bilden;[300] wie in den vorangehenden Kapiteln aber haben die ‚freistehenden' Sprüche auch hier die Dominanz, weshalb es geraten sein darf, den Ausgangspunkt einer Analyse in den Einzelsprüchen zu nehmen.[301] Zur Struktur der Einzelsprüche fällt erstens auf, dass das Kolon B der meisten Sprüche bei seiner Weiterführung des Kolon A entweder ohne einen Parallelismus ist oder einen synthetischen Parallelismus hat, und zweitens, dass etwa ein Drittel der Sprüche den antithetischen Parallelismus aufweist, was markant mehr als in den vorangehenden Kapiteln ist (V. 2. 5.8. 15. 20. 26. 28. 29. 31, wohl aber nicht V. 11);[302] in diesem Punkt nähert sich das Kapitel dem Hauptteil A (Kap. 10–15). Sonst weist das Kolon B zweimal einen Begründungssatz (V. 7 b.25 b) auf, was bei Sprüchen selten ist, und einmal eine Argumentation *a fortiori* (V. 27 b); zudem kommt die Formulierung ‚besser als' (*ṭôḇ min*) zweimal vor (V. 9. 19; vgl. V. 3 b), und zwar in Verbindung mit einer negativen Erwähnung der Frau (s. sonst 19, 13; 25, 24; 27, 15). Außerdem sind, wie öfter, Chiasmen benutzt worden (etwa im V. 17).

Thematisch geht es auch im Kap. 21 um Gegensätze; und im Großabschnitt V. 4–29 werden mehrere Personengruppen gegen einander gestellt. Obwohl die Gegensätze hier gewöhnlich nicht in einem Spruch bzw. Spruchpaar gepaart sind, wie es vor allem in Kap. 10–12 der Fall ist, so weisen doch die Kontrastierungen in diesem Kapitel – ähnlich dem höheren Anteil des antithetischen Parallelismus – eine größere Nähe zum Hauptteil A als in den vorangehenden Kapiteln; der Gegensatz Gerechte/Frevler (*ṣaddîq/rāšāʿ*), der hier wieder häufiger vorkommt, trägt vor allem dazu bei. Diese und entsprechende Antithesen bewegen sich alle in einem Raum zwischenmenschlicher Beziehungen und verleihen dem Großabschnitt V. 4–29 ein ethisches bzw. ein sozialethisches Gepräge. Darüber hinaus gibt es die üblichen Antitypen Weiser/Tor (V. 11. 20. 22. 24, vgl. V. 16 a) und Fleißiger/Fauler (V. 5. 25), doch geschieht das mit teilweise neuen Aspekten.

Der theologisch geprägte Rahmen (V. 1–3 und 30–31) besteht, wie schon erwähnt, aus fünf Jahwe-Sprüchen; von ihnen ist der erste Spruch dadurch speziell, dass er von Jahwe und vom König handelt (V. 1). Das verbindet mit dem vorangehenden ‚Königskapitel' 20, wo mehrfach von der hohen Stellung des Königs (V. 2. 8.26. 28) und siebenmal von Jahwe (V. 9. 10. 12. 22–24. 27) die Rede ist, und wo sich auch ein Jahwe-Spruch,

---

[300] Vgl. etwa Heim, ebd. 299 f; auch Scherer, ebd. 306 f.

[301] Während Plöger 243 im Kap. 21 keine „Ordnung nach inhaltlichen Gesichtspunkten" findet, hat anders Meinhold, 329 f.346–362, aber kaum überzeugend, eine „kunstvolle Anlage des Kapitels", und zwar innerhalb der Rahmung von V. 1–2 und 30–31 drei Abschnitte: a. V. 3–9, b. 10–23 (Hauptabschnitt) und c. V. 24–29, nachweisen wollen; und Krispenz, ebd. 98–102, hat V. 1–8 als eine Einheit gerechnet, was ebenfalls fraglich ist; s. u.

[302] So McKane 549; Plöger 241; vgl. Scherer, ebd. 307.

V. 27, zwischen V. 26 und 28, die wohl ein Spruchpaar über den König bilden, korrigierend hineinschiebt; das mag wohl auf ähnliche Weise geschehen sein, wie 16, 11 in den Königsabschnitt 16, 10–15 eingefügt ist, und zwar als eine leise Korrektur zu den „Hochbewertungen des Königs" im Kontext (vgl. Meinhold 269). Im Verhältnis zu diesen Stellen mag nun 21, 1, der ja Jahwe-Spruch und Königsspruch vereint, noch eindeutiger als sie eine theologisch motivierte Korrektur gegenüber den vorausgehenden Königssprüchen ausdrücken. Denn mit dem sehr starken Bild, dass das Herz des Königs wie „Wasserkanäle" (*palḡê-mayim*) – die sich regulieren und lenken lassen – in Jahwes Hand ist, wird des Königs Unterordnung unter Jahwe, der souverän waltet, besonders klar ausgedrückt; denn wohin es immer Jahwe gefällt, lenkt er das Herz des Königs (V. 1 b). Damit bildet der einleitende Spruch eine metaphorisch schön gestaltete Variation des bekannten Sprichworts: „der Mensch denkt, Gott lenkt" (vgl. 16, 1. 33; 19, 21); hier gilt das dem König, dem höchsten unter Menschen.

Gleichzeitig trägt aber der erste Spruch in struktureller Hinsicht ein Janus-Gesicht und fungiert als Bindeglied zwischen Kap. 20 und 21; er wendet sich dabei, wie eben erwähnt, einerseits kritisch gegen die Königssprüche im Kap. 20, indem er ihnen eine besonders scharfe Korrektur liefert, und andererseits richtet er den Fokus auf Jahwe und errichtet zusammen mit V. 2–3 ein theologisches Portal für das Folgende. Geht es im ersten Spruch um die Relation zwischen Jahwe und dem König (V. 1), handelt V. 2, der mit 16, 2 fast identisch ist, allgemein um den „Mann" (*'îš*) und Jahwe, wobei V. 2 mit V. 1 einen Chiasmus bilden. Während „alle Wege eines Mannes" (*kŏl-däräk̲-'îš*), also seine ganze Lebensführung, „gerade (*yāšār*, in 16, 2: *zak̲* ‚rein/lauter') in seinen Augen sind" (vgl. 14, 12; 16, 25), wobei er sich selbst als „rechtschaffen" urteilt, wird lapidar von Jahwe gesagt, dass er der ist, „der die Herzen (*libbôt̲*; in 16, 2: *rûḥôt̲* ‚Geister') prüft/wägt (*tok̲en*)" (vgl. 15, 11; 17, 3 b; 24, 12; Ps 33, 14–15). So soll der Mensch sich selbst nicht rühmen oder gegenüber Gott sich nicht weise dünken (vgl. 3, 7; Jes 5, 21; Jer 9, 23 f), sondern – wie es der dritte Jahwe-Spruch ausführt – sich nur daran halten, „Gerechtigkeit und Recht zu tun/auszuführen" (V. 3 a); denn dadurch fügt man sich dem Gefallen und Willen des allmächtig prüfenden Jahwes, zumal das Tun des Rechten für Gott „angenehmer (*nib̲ḥār*) als Schlachtopfer" ist (V. 3 b; vgl. V. 27), was allerdings nicht die Institution des Opfers aufheben, sondern den Schwerpunkt eines rechten und frommen Lebens herausheben will, und zwar einer Lebensführung, die von „Gerechtigkeit und Recht" bestimmt ist (vgl. 15, 8; Ps 50, 7–15 und die prophetische Kultkritik, etwa Jes 1, 11–14; Hos 6, 6; Mi 6, 6 f).

Die theologisch wichtige Einleitung findet im letzten Teil der Rahmung ihre inhaltliche Entsprechung, wenn es in den Abschlussworten V. 30–31 nochmals um das Verhältnis des Menschen zu Jahwe handelt, wobei aber neue Themen noch hinzukommen. Weil sich nichts gegen Jahwe und seine Souveränität erheben darf, heißt es zunächst – vielleicht überraschend – von der Weisheit, dem höchsten Gut der Weisen, dass es „gegenüber Jahwe" (*l^e^nāḡāḏ YHWH*), „d. h. *im Gegensatze zu*“ ihm,[303] „keine Weisheit (*ḥŏḵmâ*) und keine Einsicht (*t^e^ḇûnâ*)“ gibt, so auch nicht die wichtigste Tätigkeit der Weisen, nämlich „Rat“ (*ʿeṣâ*) zu geben; diese Kritik darf der theologischen Begründung der Weisheit im Motto von 1, 7 inhaltlich nahekommen (vgl. 9, 10; sonst Hi 5, 13; 28, 28; Ps 111, 10). Demnächst heißt es vom Krieg, der ja mit dem Rat-Geben verbunden war (vgl. etwa 1Kön 22), dass man wohl ihn gut vorbereiten und dabei auch „das Pferd für den Tag der Schlacht rüsten“ kann, doch „der Sieg steht bei Jahwe“ (V. 31); das stimmt sonst gut mit der „Theorie vom heiligen Krieg“ überein (vgl. Ri 6,2–9; Dtn 8, 17 f; Ps 33, 16–19),[304] wenn es an beiden Stellen eben darum geht, die Macht und die Ehre nur Gott zukommen zu lassen.

Innerhalb dieser Rahmung, die in Verbindung mit der übrigen Theologie Israels steht, weisen die Einzelsprüche im ethisch geprägten Großabschnitt V. 4–29 formal und inhaltlich eine bunte Vielfalt auf; Jahwe wird aber nicht erwähnt (s. doch V. 12). Wenn die theologische Einleitung mit einer Aussage über das „Tun von Gerechtigkeit und Recht“ (*ʿaśoh ṣ^e^ḏāqâ ûmišpāṭ*) endet (V. 3), kommt dadurch erstens die Nähe von Ethos und Glauben zum Ausdruck und wird zweitens damit ein wichtiges Thema im folgenden Großabschnitt angeschlagen, und zwar das Tun des Gerechten (*ṣaddîq*), das in Kontrast zur Tätigkeit des Frevlers (*rāšāʿ*) gesetzt wird. Anders als in den vorangehenden Kapiteln, aber ähnlich dem Hauptteil A, kommt der Gegensatz Gerechte/Frevler hier häufiger vor (V. 3. 4.7. 10. 12. 15. 18. 21. 27. 29). Diese Antithese tritt dabei allerdings seltener gesammelt auf, und dann mit dem antithetischen Parallelismus auf die zwei Versteile eines Spruchs verteilt; bemerkenswert ist aber V. 15, der besagt, dass das „Tun des Rechts“ (*ʿaśoh mišpāṭ*) für den Gerechten gerade eine „Freude“ (*śimḥâ*), für die „Übeltäter“ aber ein „Schrecken“ (*m^e^ḥittâ*, auch ‚Verderben‘, vgl. 10, 14–15. 29 b.13, 3 b) ist, sowie auch V. 29, wo der Frevler mit seiner Frechheit dem „Rechtschaffenen“ entgegengestellt wird (vgl. V. 7. 12; auch Fox 686 f). Demgegenüber treten aber die Antitypen dieses Gegensatzes öfter je für sich auf, und zwar der „Gerechte“ in V. 3.(8).21. 26 und der „Frevler“ in V. 10. 27. Es fällt dann auf, dass der „Gerechte“ und besonders der „Frevler“ hier viele Gesichter oder Namen trägt; so sind die dieser Antithese entsprechenden Personen einerseits der „Rechtschaffene/Redliche“ (*yāšār* ‚gerade‘, V. 8 b.29 b.18 b) oder der „Reine/Lautere“ (*zaḵ*, V. 8 b); andererseits gibt es den „Spötter“ (*leṣ*, V. 11. 24), den „Schuldbelasteten/Verkehrten“ (*wāzār*, ein hap.leg. V. 8 b), den „Treulosen“ (*bôḡeḏ*, V. 18 b), den „Stolzen“ (*yāhîr* ‚stolz/übermütig‘, V. 24 a, sonst nur noch Hab 2, 5), die „Übeltäter“ (*poʿ^a^lê ʾāwān*, V. 15 b) sowie Menschen mit „hochmütigen Augen (*rûm-ʿênayim*) und einem maßlosen/weiten Herzen (*r^e^ḥaḇ-leḇ*)“ (V. 4 a). Alle diese Personen wechseln das ethische bzw. sozialethische Gepräge des Großabschnitts V. 4–29 eindrück-

[303] So Wildeboer 63; vgl. Steiert, Die Weisheit Israels (1990), 29–32.

[304] G. von Rad, Der Heilige Krieg im alten Israel, Göttingen ³1958, 6–14; vgl. F. Stolz, Jahwes und Israels Kriege, AThANT 60, Zürich 1972.

lich ab; aber *in summa* geht es einerseits vor allem darum, nicht sich selbst zu bereichern, wie der frevelhafte Mensch tut, wenn er sich Schätze „durch lügenhafte Zunge“ erwirbt (V. 6 a; vgl. V. 4 b.26 a), oder wenn im V. 10 – mit Paronomasie – von ihm gesagt wird, dass sein „Nächster“ (*reʿehû*) in seinen Augen „kein Mitleid findet (*lo’-yuḥan*)“, weil er nur „Böses (*raʿ*) begehrt“ (vgl. 10,23; 15,21). Es handelt andererseits vielmehr darum, in allen zwischenmenschlichen Beziehungen die Gemeinschaft zu wahren und zu fördern, dabei auch das Ohr für den „Hilferuf des Geringen (*dal*)“ nicht zu verschließen (V. 13). Es gehört ferner hierzu, dass man „Wein und Öl“, was wohl exemplarisch für das Gut eines Mannes steht, nicht selbstsüchtig zum eigenen „Vergnügen“ (*śimḥâ* ‚Freude/Lustbarkeit‘, HAL 1245 b) verprassen darf (V. 17. 20 b). Diese sozialen Aspekte werden sodann in einen größeren und verhängnisvolleren Rahmen eingeordnet, wenn sie auf den Tun-Ergehen-Zusammenhang bezogen werden, wie es etwa im V. 7 von den Frevlern negativ gesagt ist:

Die Gewalttätigkeit der Frevler reißt sie fort,
denn sie weigern sich, das Recht zu tun

oder aber im V. 21 vom Gerechten positiv ausgedrückt wird:

Wer Gerechtigkeit und Güte nachjagt,
wird Leben, Gerechtigkeit und Ehre finden

Wie mehrfach früher wird hier wiederum daran erinnert, dass die böse Tat wie die gute ihre Frucht in sich trägt, zum Bösen wie zum Guten (s. ferner V. 6 b.12 b.13. 16. 25. 26. 28; vgl. noch etwa Röm 6,23; Eph 6,8). Das gilt auch in Bezug auf die Arbeit, die für die Gemeinschaft wie für den Einzelnen grundlegend wichtig ist, und die hier mit der Antithese des Fleißigen (*ḥārûṣ*) und des Faulen (*ʿāṣel*) sowie mit dem Verhältnis von Reichtum und Armut verbunden wird; die ehrliche Arbeit des Fleißigen gibt Gewinn (V. 5 a), der „Hastige“ (*’āṣ*, vgl. 19,2), der „auf bequeme Weise schnell reich werden will“,[305] wird aber nur Mangel erfahren (V. 5 b; V. 25; s. dazu besonders 10,4–5; 13,11; 20,21).

Das Thema von Gut und Reichtum ist hier auch mit dem geläufigen Gegensatz Weiser/Tor verflochten (V. 11. 20. 22, vgl. V. 16 a.24). Denn „am Wohnplatz des Weisen (*ḥāḵām*)“ gibt es „einen kostbaren Schatz und Öl“ aufgespart (V. 20 a; vgl. 24,4), was wohl großen Reichtum andeuten will, während „der Tor von einem Menschen“ (*kᵉsîl ’āḏām*, wie im 15,20 b) es gedankenlos „verschwendet/verprasst“ (*yᵉḇallᵉʿännû*; V. 20 b). Ferner kann die Weisheit auch in einer Kriegssituation ihre Stärke und ihren Vorzug vor Festung und Waffen erweisen (V. 22; vgl. 24,5–6; Koh 9,14–16). Endlich heißt es im V. 11 (vgl. noch 1,4; 8,5; 19,25), dass der junge „Unerfahrene“ (*päṯî*) „beim Unterrichten eines Weisen (*bᵉhaśkîl lᵉḥāḵām*) Erkenntnis (*daʿaṯ*) annimmt“ (*lqḥ*), also dadurch lernt (V. 11 b), sowie er auch „weise wird“, wenn

[305] So Wildeboer 61.

„ein Spötter büßt“ und dabei gestraft wird (V. 11 a). Der Gegensatz besteht darin, „vom Weg der Einsicht abzuirren“ (V. 16 a), was zum Untergang und Tod führt (V. 16 b), oder auch „in maßlosem Übermut“ zu handeln (V. 24), was nur „vermessen“ und dumm ist.

Wie schon aus V. 6 hervorging, spielt das Thema des rechten Redens auch hier eine Rolle. Während im V. 6 a von einer „lügenhaften Zunge“ die Rede war, stellt V. 28 einen etwas überraschenden Gegensatz zwischen einem „lügenhaften Zeugen“, der „zugrunde geht“ und so sein eigenes Ende auswirkt (V. 28 a; vgl. 19, 5. 9), und einem Mann, der wie ein Weiser „zuhört“, und der damit „erfolgreich (*lānäṣaḥ*) reden“ kann (V. 28 b; vgl. 12, 15 b).[306] Die große Bedeutung des rechten Redens kommt aber vor allem im V. 23 zum Ausdruck, der eine Grundbedingung dafür nennt, und zwar dass man Mund und Zunge „behütet“ (*šomer*) und damit die „Kontrolle über das Reden“ behält,[307] welches auch das weise Schweigen mit einschließen darf (V. 23 a; vgl. 10, 19; 13, 3 sowie 4, 23); wer das vermag, „behütet“ (*šomer*) auch „sein Leben (*nap̄šô*, öfter ‚Seele‘) vor Nöten/Bedrängnissen (*ṣārôṯ*)“ – und rettet also sich selbst. Das rechte Reden, das in den Sprüchen manchmal und auf mancherlei Weise beschrieben wird, und die Kunst, zur rechten Zeit reden zu können, darf man nun wohl als ein Hauptanliegen oder gar als eine Generaltugend der Weisen bezeichnen.

Das Kapitel hat überdies noch seine *cruces interpretum*, die an Charakter und Grad der Schwierigkeit wechseln. Problematisch ist zunächst V. 4, weil das Verhältnis seiner zwei Vershälften änigmatisch bleibt, und zwar besonders wenn man im V. 4 b *nir* als „Neubruch“ behält (vgl. 13, 23); statt einer Änderung der massoretischen Lesung (s. o. zum Text) darf die Annahme wahrscheinlicher sein, dass der Spruch einfach aus zwei Fragmenten anderer Sprüche gebildet worden ist,[308] und dass sich jeder Erklärungsversuch eines angenommenen Sinnzusammenhangs der beiden wohl erübrigt. Schwierig ist demnächst V. 18, und zwar inhaltlich aufgrund des Gebrauchs von „Lösegeld/Sühnegeld“ (*kop̄är*), das zur Verwendung kam, wenn man sein Leben von Schuld und Strafe loskaufen musste (vgl. Ex 21, 30). Davon war schon in 6, 35 und 13, 8 die Rede (vgl. 1Sam 12, 3; Ps 49, 8), aber da war es verdienterweise, was hier nicht der Fall zu sein scheint, und das ist eben das Problem. Als Parallelglied zum *kop̄är* steht aber die Präp. *taḥaṯ* ‚an Stelle/anstatt‘, was wohl den juristischen bzw. kultischen Charakter von *kop̄är* einigermaßen schwächt und dem Spruch einen allgemeineren Sinn verleiht. Vielleicht will dann der Spruch einer empirischen Beobachtung Ausdruck geben, die als schwerverständlich und fast wie ein Paradox erscheinen mag, vor dem man nur staunen konnte, und zwar dass ein Frevler für den Gerechten und

[306] Vgl. Bühlmann, ebd. 199–202; McKane 555 f; Fox 691 f, der *lānäṣaḥ* durch „(speak) victoriously“ wiedergibt.

[307] Vgl. Bühlmann, ebd. 202, bes. 206–208, auch 208–211.

[308] Vgl. Toy 399; McKane 558 f; Meinhold 348 f; auch Delitzsch 335 f.

ein Treuloser für die Redlichen eintritt; damit nähert sich das Paradox einer Theodizee,[309] die auch noch das Tun-Ergehen-Denken im Grunde problematisiert. Doch hat man den Spruch so stehen lassen.

22, 1–16: Wer Unrecht sät, erntet Unheil

1 Wertvoller ist ein Name als großer Reichtum,
besser als Silber und Gold ist rechte Beliebtheit.[310]
2 Reicher und Armer begegnen sich;
der sie alle erschaffen hat, ist Jahwe.
3 Ein Kluger sieht das Unheil und verbirgt sich,
aber Einfältige gehen weiter und müssen es büßen.
4 Das Ergebnis der Demut ist Furcht vor Jahwe,[311]
Reichtum und Ehre und Leben.
5 Dornen, Fangnetze, sind auf dem Weg des Falschen,
wer sein Leben behüten will, hält sich von ihnen fern.
6 Erziehe[312] **den Knaben gemäß seinem Weg,**
dann weicht er auch im Alter nicht von ihm ab.
7 Der Reiche herrscht über die Armen,
und der Schuldner wird seines Gläubigers Knecht.
8 Wer Unrecht sät, wird Unheil ernten;
und der Stock seiner Wut wird ein Ende haben.
9 Wer gütig blickt,[313] **er wird gesegnet,**
denn er gibt dem Geringen von seinem Brot.
10 Vertreibe den Spötter, so schwindet der Zank,
und Streit und Schimpf hören auf.
11 Wer die Reinheit des Herzens liebt,
wessen Lippen anmutig sind – sein Freund ist der König.[314]

---

309 Vgl. McKane 561; auch Meinhold 355; Murphy 160 f.

310 So Ges[18] 370 a für *ḥen ṭôḇ*, vgl. Plöger 251; anders HAL 319 a: „rechte Anmut“; vgl. Toy 413: „To be well thought of“; Meinhold 362: ‚Gunst‘; Fox 694: „good favor“.

311 Der häufige Ausdruck *yirʾaṯ YHWH*, ‚Jahwefurcht‘, der dem Lexem *ʿᵃnāwâ* ‚Demut‘ asyndetisch angefügt ist (vgl. auch V. 5), ist öfter als erklärende Apposition verstanden, vgl. etwa Plöger 251; Meinhold 362; McKane 244. 570, kann aber auch Prädikat sein, vgl. Wildeboer 63; Fox 697; dann erübrigt sich das Einfügen von *waw* (BHS).

312 Das Verb *ḥnk* wird einmal mit ‚erziehen‘ (und sonst dreimal mit ‚einweihen‘ eines Hauses) wiedergegeben (s. HAL 320 b; Ges[18] 372 b); vgl. Ringgren 85; Plöger 251; und der Ausdruck *ʿal-pî* dürfte ‚gemäß‘ meinen (s. HAL 866 a), vgl. etwa Plöger 251; sonst McKane 564; Heim, ebd. 308.

313 So Ges[18] 419 a (wörtl.: ‚(einer) guten/gütigen Auges‘; HAL774 a: ‚freundlich‘); vgl. Scherer, ebd. 320.

314 Der Vers ist textlich schwierig, die Übersetzungen unsicher; G weicht vom MT sehr ab, und ihr Wert ist fraglich; s. BHS; BHQ; vgl. Boström, ebd. 189; Bühlmann, ebd. 59–63; McKane 567 f; Plöger 251; Meinhold 367; Fox 700 f.

12 **Die Augen Jahwes behüten Erkenntnis,**
aber die Worte des Treulosen macht er zunichte.
13 **Es spricht der Faule: „Ein Löwe ist draußen;**
auf den freien Plätzen[315] kann ich getötet werden“.
14 **Ein tiefer Abgrund ist der Mund der Fremden;**
wer von Jahwe verflucht ist, fällt hinein.
15 **Haftet Torheit im Herzen des Knaben –**
die Rute der Züchtigung entfernt sie von ihm.
16 **Wer den Geringen bedrückt, will sich[316] Gewinn verschaffen;**
wer dem Reichen gibt, hat nur Verlust.

Lit.: P. Auffret, Note sur la structure littéraire de Proverbes 22,8–9 ..., Folia Orientalia 21 (1980) 43–46. – G. Boström, Paronomasi (1928), 159. 188–190. – W. Bühlmann, Vom rechten Reden (1976), 59–63 u. pass. – M. Dahood, Northwest Semitic Philology and the Biblical Texts Koh 10,18; 6,4; Prov 22,8, Journal of Nortwest Semitic Languages 2 (1972) 17–22. – J. Hausmann, Menschenbild (1995), pass. – Th. A. Hildebrandt, Proverbs 22:6a: Train Up a Child?, GTJ 9 (1988) 3–19. – R.E. Murphy, Proverbs 22,1–9, Interp. 41 (1987) 398–402. – K.M. Heim, Like Grapes of Gold (2001), 147–159. – A. Scherer, Das weise Wort (1999), 95–119. – R.N. Whybray, Composition (1994), 119f.

Der Abschnitt 22,1–16, der weder eine klare Einleitung noch einen besonderen Abschluss hat, scheint aus einer lockeren Sammlung verschiedener Einzelsprüche zu bestehen, die mehrmals Parallelsprüche zu Sammlung V (Kap. 25–29) aufweisen. Das Verhältnis zwischen den zwei Kola der Sprüche ist nur selten durch den antithetischen Parallelismus ausgedrückt (V. 3 und 12, vgl. V. 16); gewöhnlich wird der Inhalt von Kolon A auf verschiedene Weise von Kolon B weitergeführt. Die meisten Themen dieser Sprüche sind schon aus dem Vorangehenden wohl bekannt, wobei einige mehrmals belegt sind, was eine thematisch gesammelte Behandlung noch ermöglicht. Wie die einzelnen Sprüche einander im bunten Wechsel folgen, sind auch keine besonderen Spruchgruppierungen zu erwarten; am nächsten mögen wohl V. 10, 11 und 12 kommen, die vom Thema des Redens einigermaßen verbunden sind. Im Übrigen hat der Abschnitt vier Jahwe-Sprüche (V. 2. 4.12. 14), zwei Mahnworte (V. 6 und 10) und einmal den ‚besser als‘-Stil (V. 1). Aufs Ganze gesehen erweckt dieser Abschnitt den Eindruck, nicht so sehr eine eigene Einheit oder gar eine abgeschlossene Komposition als vielmehr einen – etwas fragmentarischen – Anhang zum Voranstehenden auszumachen.

Der 1. Vers führt eine neues Thema ein, das im sozialen Zusammenhang der Menschen von größter Bedeutung war – und immer ist, und zwar das eines guten „Namens“ und Rufs (vgl. Koh 7,1 sowie die Klage im Hi 30):

---

[315] So Ges[18] 307b; vgl. Scherer, ebd. 321.

[316] Der Beziehungspunkt des *lô* bleibt ungewiss: entweder ‚sich‘ (der Bedrücker), vgl. etwa Plöger 251f; Meinhold 372; Scherer, ebd. 321, oder aber ‚ihm‘ (dem Geringen), vgl. Gemser 82; Ringgren 86; McKane 571f; Fox 703f; Heim, ebd. 308.

Wertvoller ist ein Name als großer Reichtum,
besser als Silber und Gold ist rechte Beliebtheit.

Wie der „gute“ Name (so LXX) mit „großem Reichtum“ – und im Kolon B, mit synonymem Parallelismus und Chiasmus, die „rechte Beliebtheit“ mit „Silber und Gold“ – verglichen wird, und zwar als der bessere Teil, ist im Folgenden mehrmals von „Reichtum“ (*ʿošär*) und besonders vom Gegensatz von „reich“ (*ʿāšîr*) und „arm“ (*rāš*) bzw. „gering“ (*dal*) die Rede (V. 2. 4.7. 9.16). Ist aber mit dem Vergleich im V. 1 eine gewisse Relativierung des Reichtums geschehen, so bietet V. 2 gleich eine weitere, wenn da die religiös motivierte Gleichberechtigung von reich und arm das Thema ist, indem grundlegend festgestellt wird: „der sie alle erschaffen hat, ist Jahwe“ (V. 2b); als Gottes Geschöpfe haben die Reichen wie die Armen dieselbe menschliche Würde (vgl. 14, 31; 17, 5; Hi 31, 15: 34, 19). Wenn sie dann einander begegnen (V. 2a; vgl. 29, 13), wobei ihr unterschiedlicher sozialer Rang leicht zur Schau kommt, soll der Reiche dem Armen gegenüber nicht überheblich sein oder ihn sonst unbarmherzig ausbeuten (vgl. 18, 23), sondern sich vielmehr des Armen als seines Mitmenschen annehmen (vgl. auch V. 9; 19, 17; Dtn 15, 4–11); und umgekehrt darf der Arme den Reichen nicht mit Argwohn oder Verachtung betrachten, sondern eher ihm als seinem von Gott erschaffenen Mitmenschen Vertrauen zukommen lassen. Das dürfte in diesem kompakten Spruch liegen, der eine ungewöhnlich radikale sozialethische Spitze zu haben scheint; eben das mag aber umso auffallender sein, als im Rest des Abschnitts andere Töne lauten. Denn im V. 4 wird der Reichtum, zusammen mit „Ehre“ (*kāḇôḏ*) und „Leben“ (*ḥayyîm*), als „Ergebnis/Lohn“ (*ʿeqäḇ*) der „Demut“ (*ʿanāwâ*), höchst positiv eingeschätzt, während das asyndetisch dazwischentretende „Furcht vor Jahwe“ vielleicht eine milde Korrektur dazu bringen will; sodann ist im V. 7 auf gängige Weise vom „herrschen“ (Vb. *mšl*) der Reichen über die Armen sowie auch von einem demütigenden Schuldigwerden die Rede; endlich wird im V. 16a von Bedrückung des Geringen, und zwar aus Gewinnsucht, geredet, während der Reiche als sein Antitypus wohlauf bleibt (V. 16b). Doch andererseits wird auch Sorge für den Armen getragen, und zwar nicht nur schöpfungstheologisch wie im V. 4, sondern auch so wie im V. 9 ausgedrückt ist, wo von dem, der „gütig blickt“ (*ṭôḇ-ʿayin*; s.o. zum Text) und gesegnet wird, begründend gesagt ist: „denn er gibt dem Geringen von seinem Brot“. Das Thema von „reich“ und „arm“ kann offenbar nicht leicht auf einer Formel gesetzt werden, wenn dieser Abschnitt nun Sprüche vereint, die trotz thematischer Verwandtschaft doch recht unterschiedlich sind.

Weisheitliche Themen sind in V. 3, 6, 12 und 15 vorhanden. Dabei reden der Mahnspruch in V. 6 sowie V. 15 relativ traditionell von der Erziehung des Knaben, nun aber „gemäß seinem Weg“ (*ʿal-pî darkô*), was wohl im Sinne seines rechten Lebenswegs meinen mag (V. 6a),[317] und bei der „die Rute der

---

[317] Vgl. McKane 564; Meinhold 366; Fox 695–697.

Züchtigung" (*šeḇät mûsār*) außerdem noch benutzt werden kann (V. 15 b; s. sonst 3, 12 b; 13, 24; 19, 18). Traditionell ist auch noch V. 12, insofern als da wie so oft von der „Erkenntnis" (*daʿaṯ*) gesprochen ist, wo aber auffällt, dass die Erkenntnis von den Augen Jahwes „behütet" (Vb. *nṣr* ‚bewachen/behüten') wird, während er die „Worte des Treulosen" (*diḇrê ḇogeḏ*) zunichtemacht. Bemerkenswert ist vor allem V. 3, der mit 27, 12 fast identisch ist, und der im Kolon A durch Alliteration (*ʿārûm rāʾâ rāʿâ*) eine besonders kunstvolle Struktur hat; er verleiht dem klugen Voraussehen einen klassischen Ausdruck:

Der Kluge sieht das Unheil und verbirgt sich,
aber Einfältige gehen weiter und müssen es büßen.

Es geht also um den Gegensatz „Kluger" (*ʿārûm*)/„Einfältiger" (*päṯî*) sowie darum, wie man im Falle eines kommenden Unglücks sein Leben sichern kann; dann hat der Weise einen großen Vorteil, der dem Einfältigen vorenthalten ist, und der dafür „büßen" (Vb. *ʿnš*) muss (vgl. 17, 26; 21, 11), und zwar das Vermögen, einsichtsvoll das Unheil im Voraus sehen und ‚berechnen' zu können – und danach zu handeln (vgl. 13, 16). Weise sein ist voraussehend zu sein.

Das kluge Voraussehen hebt den Tun-Ergehen-Zusammenhang nicht auf, der auch hier zum Ausdruck kommt, und zwar sowohl im V. 4 (vgl. 21, 21) wie auch in dem mit Paronomasie formulierten Grundsatz V. 8 a: „Wer Unrecht sät, wird Unheil ernten" (*zôreaʿ ʿawlâ yiqṣŏr-ʾāwän*, vgl. V. 5; 11, 18 b).[318] Die Weisheit vermag vielmehr den Menschen eine Einsicht zu verleihen, die vor vermeidbarem Unheil und seinen bitteren Folgen schützen kann.

Außerdem kommt in der Versfolge 10–12 das Thema des Redens vor, ohne eine Hauptsache zu sein. Dabei handelt es im Mahnwort in V. 10 negativ um den vom Spötter verursachten Zank, Streit und Schimpf, aber in V. 11 positiv um die „Anmut/Lieblichkeit" (*ḥen*) der Lippen, also um das liebliche, schöne Reden (vgl. Sir 6, 5),[319] und in V. 12 wiederum negativ um die „Worte des Treulosen", die Jahwe „zu Fall bringt" (*yesallep̄*; s. HAL 716). Ferner wird im V. 13, wie im 26, 13, die Untauglichkeit des Faulen durch ein Zitat seiner eigenen Worte ironisch beschrieben (vgl. sonst 10, 4; 12, 27; 13, 4; 19, 24). Im nächsten Vers wird etwas überraschend von den „Fremden" (*zārôṯ*), also Frauen, geredet, deren Mund „ein tiefer Abgrund" (*šûḥâ ʿamuqqâ*) ist (V. 14 a; vgl. 23, 27), in den der von Jahwe Verfluchte (*zeʿûm*) hineinfällt (V. 14 b); während in Sammlung II die Rede von der ‚Frau' gewöhnlich die Ehefrau meint (vgl. etwa 12, 4; 18, 22; 19, 14), ist die ‚fremde Frau' vor allem in Sammlung I ein Thema, und zwar da in großer Breite (s. etwa 2, 16 ff; 5, 3 ff; 6, 24 ff; 7, 6 ff), aber nun auch hier.

---

318 Vgl. Boström 188 f; Hi 4, 8; auch Gal 6, 7 f.
319 Vgl. Bühlmann, ebd. 59–63; auch Fox 700 f.

So stellt der Abschnitt 22, 1–16 eine lockere Sammlung von Einzelsprüchen dar, die die Großeinheit von Kap. 21 erweiternd ausgefüllt zu haben scheint.

Nachwort zum Hauptteil B der Sammlung II

Wie Hauptteil A hat auch B – kaum zufällig – sechs Kapitel (16–21), wenn man von 22, 1–16, der wohl einen Anhang bildet, absieht. Zudem ist der zweite Hauptteil dem ersten darin gleich, dass sich die kürzeren und strukturell einfacheren Kapitel in seiner Mitte und die längeren an seinem Anfang und Ende befinden.[320] Wenn zwischen Kap. 16 und 20–21 auch mehrmals inhaltliche Bezüge zu erkennen sind, während Kap. 17, 18 und 19 einander formal und inhaltlich näher stehen,[321] darf wohl die Annahme naheliegend sein, dass Kap. 16 und 20–21 einen Rahmen um Kap. 17–19 bilden, und zwar auf ähnliche Weise, wie sich im Hauptteil A Kap. 10–11 und 14–15 rahmend um Kap. 12–13 gelegt haben;[322] ein besonderes Gewicht darf dabei dem einleitenden Kap. 16 beigemessen worden sein – wie dem 10. Kapitel im A. Übrigens fällt auf, dass Kap. 18 einen zirkularen und also rahmenden Aufbau zu haben scheint. In hermeneutischer Hinsicht dürfen diese Rahmungen für den Rest des Materials interpretativ bedeutsam sein. Im Übrigen gibt es auch hier wie im Hauptteil A Spruchgruppierungen unterschiedlicher Art, wie etwa die durch Stichwörter verbundenen Spruchpaare, die weithin thematisch bestimmt sind.[323]

Wenn auch Hauptteil B in diesen und anderen Weisen viel Gemeinsames mit Hauptteil A aufweist, so unterscheidet er sich aber andererseits mehrfach vom ersten Hauptteil, und zwar vor allem in formaler Hinsicht. Zum einen sind die ‚freistehenden' Einzelsprüche im Hauptteil B weit vorherrschender als im A; und besonders darf dabei erwähnt werden, dass der antithetische Parallelismus beim Aufbau der Sprüche weniger im Hauptteil B als im A vorkommt, erscheint allerdings am Ende des Hauptteils, und zwar im Kap. 21, etwas häufiger; dafür aber werden der synonyme und der sog. synthetische Parallelismus, die auf verschiedene Weise inhaltlich weiterführend sind, weit häufiger benutzt. Zum anderen tritt die Kontrastierung bestimmter Personengruppen, wie vor allem die Antithese Gerechter/Frevler, hier merkbar

[320] Kap. 16 hat 33 Verse, ferner hat 17: 28, 18: 24, 19: 29, 20: 30 und Kap. 21 31 Verse.

[321] Vgl. etwa Meinhold 296.

[322] Vgl. das obige Nachwort zum Hauptteil A.

[323] Neben Boström, Paronomasi, vgl. etwa T. Hildebrandt, Proverbial Pairs: Compositional Units in Proverbs 10–29, JBL 107 (1988) 207–224; auch J. Goldingay, The Arrangement of Sayings in Proverbs 10–15, JSOT 61 (1994) 75–83; sonst R. Scoralick, Einzelspruch, 126–130; Murphy 64–69; Fox 499–506.

zurück, wogegen aber der Gegensatz Weiser/Tor etwas öfter belegt ist, so besonders im Kap. 19. Im Übrigen sind die meisten Themen in diesem Hauptteil dieselben wie im ersten Hauptteil (so vor allem Recht/Gerechtigkeit vs. Frevel; Gutes vs. Böses; Weisheit/Wissen/Einsicht vs. Torheit/Dummheit/Spott; Reichtum/Wohlleben vs. Armut/Not; Lässigkeit vs. Fleiß).[324] Das betrifft auch das für die Weisen wichtige Thema von Wort und Reden sowie den bekannten Lehrpunkt eines Tun-Ergehen-Zusammenhangs im Leben der Menschen. Sonst ist noch beachtenswert, dass das Thema des Königs in diesem Hauptteil entschieden breiter und markanter als in dem vorigen auftritt. Auch macht sich im Hauptteil B ein sozialethisches Engagement besonders merkbar.[325] Wenn, schließlich, die Jahwe-Sprüche vor allem in den rahmenden Kap. 16 und 20–21 zum Vorschein kommen, darf diese Rahmung auch für den Rest des jeweiligen Hauptteils eine deutlich theologisch bestimmte interpretative Bedeutung haben.

Zum Aufbau und inhaltlichen Charakter der Sammlung II

1. Zur kompositorischen Eigenart der Sprüche 10, 1–22, 16

Es ist allen klar, was auch oben herausgestellt wurde, dass das Spruchbuch eine Sammlung von Sammlungen ausmacht; es ist wohl aber eine Überraschung, wie sehr sich die Sammlungen voneinander unterscheiden. Das springt vor allem beim Übergang von der einleitenden ersten Sammlung (1–9) zur ersten salomonischen Sammlung (10, 1–22, 16) in die Augen; denn da sind die Unterschiede besonders auffallend; man hat sogar von einer „großen Kluft" zwischen diesen Sammlungen reden wollen.[326] Doch gibt es mehrere Verbindungspunkte zwischen ihnen, als es beim ersten Sehen wohl scheinen mag; es gilt, beides zu sehen.

Im Unterschied zu Sammlung I (1–9), wo durchgehend eine ermahnende Redeweise und größere Kompositionen vorherrschend waren, macht die Großsammlung von 10, 1–22, 16 ein recht buntes Gewebe vieler Fäden aus, in dem aber der in sich selbständige Einzelspruch, die Sentenz, die Grundeinheit bildet; in großer Variation verleihen die Aussagesätze der Einzelsprüche der Zweiten Sammlung ihr besonderes Gepräge. In den erfahrungsträchtigen Sprüchen wird der Mensch nicht angeredet, sondern in dritter Person wird von ihm geredet; in dieser Sentenzen-Literatur fehlt im großen Ganzen die Form des begründeten Mahnworts, sein gelegentliches Vorkommen ist eher

---

[324] S. sonst etwa die Übersicht bei Scott, Proverbs, 130–131.

[325] Vgl. Delkurt, Ethische Einsichten (1993); Ernst, Weisheitliche Kultkritik (1994).

[326] G. v. Rad, Theologie des ATs, I (^{4}1962), 455, hat diesen Übergang als „die große Kluft" bezeichnet.

zufällig; andererseits aber wäre wohl möglich, von einer indirekten Mahnung zu reden – wenn die Sprüche dem Menschen wichtige Zusammenhänge seines Lebens aufdecken.[327]

Der springende Punkt ist nun aber formal, ob die Struktur der Sammlung bei den einzelnen Sentenzen und ihrer einfachen Sammlung auch stehen geblieben ist, oder ob es zu weiteren und übergreifenden Einheiten – wie etwa Spruchgruppierungen oder gar Kompositionen – noch gekommen sein mag. Darüber gehen die Meinungen allerdings sehr auseinander. Aus der obigen kurzen Forschungsübersicht zur Sammlung II dürfte es hervorgehen, dass die neuere Forschung im weiten Ausmaß um eben diese Frage gekreist ist, und dass in ihren unterschiedlichen Beiträgen eine Reihe neuer Vorschläge zur Einteilung des Spruchstoffes vorgebracht worden ist – ohne aber dass es hier möglich war, ihnen allen hinreichend gerecht zu werden. Doch durch die Analysen der gegenwärtigen Auslegung, bei denen die Einzelsprüche grundsätzlich den Ausgangspunkt gebildet haben, sind einige Annahmen der aktuellen Forschung bestätigt worden, während andere Einsichten hier neu vorgebracht sind. Dabei ist mehrfach aufgefallen, dass in der Gestaltung der Sprüche der ersten Spruchsammlung (10, 1–22, 16) sich oft große und bunte Variationen erkennen ließen. Durch Beachtung der Risse und Säume im Text hat man nicht nur gewisse Spruchgruppen und kompositorische Einheiten, sondern auch Bewegungen beim Textwerden aufdecken können.

Bestätigt hat sich dabei vor allem die ältere Annahme zweier Hauptteile in Sammlung II. Sie bestehen aus je sechs Kapiteln, die sich im einzelnen mit dem Umfang der kompositorischen Großeinheiten der Doppelsammlung zu decken scheinen, und zwar A Kap. 10–15 und B Kap. 16–21, wozu aber der Abschnitt 22, 1–16, der eine lockere Spruchsammlung ist, wohl als Anhang zum Voranstehenden gerechnet werden darf. In sowohl formaler als auch inhaltlicher Hinsicht lassen sich die Hauptteile A und B am besten als selbständige redaktionelle Einheiten verstehen. Doch ist nicht nur ihre Einteilung in kleinere Einheiten, die sich immer wechselnd einschätzen lässt, sondern vor allem der Übergang vom Hauptteil A zum B problematisiert worden. Ihr ‚Nahtpunkt' am Ende von Kap. 15 und Anfang von Kap. 16 mag durch einige verbindende Elemente bemerkenswert erscheinen und ist öfter und besonders in jüngster Zeit diskutiert worden.[328] Man hat dabei den letzten Vers im Hauptteil A, 15, 33 (wenn nicht früher im Kapitel), mit 16, 1–9 (wenn nicht weiter im Kap. 16) verbinden wollen; ferner hat man diese Verbindung nicht nur als ein „Verbindungsstück" von A und B, sondern sogar auch als die „Mitte" oder aber als den „theologischen Kern" der ganzen Sammlung II bezeichnen wollen.[329] Der Annahme eines „Verbindungsstücks" dieser Art

---

[327] Vgl. etwa C. Westermann, Weisheit im Sprichwort (1971/1974).

[328] So schon bei Boström, Paronomasi (1928), 118; s. aber die kurze Forschungsübersicht am Anfang der Sammlung II.

[329] S. bes. Whybray, Yahweh-sayings (1979/1990), 159 f; vgl. Scoralick, ebd. 44–46. 78–84. 136 f.

zwischen A und B haben aber die obigen Analysen eine andere Annäherungsweise gegenüberstellen können, wobei die Annahme der relativen Eigenständigkeit des jeweiligen Hauptteils an Wahrscheinlichkeit gewonnen haben mag.

Zwischen den zwei Hauptteilen gibt es natürlich Ähnlichkeiten wie auch Unterschiede.[330] Den Hauptteilen gemeinsam ist erstens, dass ihre Grundeinheit - wie oben erwähnt - der Einzelspruch ist, der gewöhnlich aus einem Vers mit Bikola, selten Trikola, besteht, und dessen Verbindung von Kolon A und B gemeinhin durch einen Parallelismus kunstvoll ausgedrückt wird.[331] Ihnen unterschiedlich ist aber, dass im Hauptteil A der Parallelismus durchgehend antithetisch ist, obwohl er gegen Ende des Hauptteils etwas nachlässt, während im Hauptteil B der synonyme und der sog. synthetische Parallelismus vorherrschend sind, wenn auch der antithetische gelegentlich vorkommt, und zwar besonders im Kap. 21.

Den Hauptteilen gemeinsam ist zweitens, dass die einzelnen Sentenzen als die Bausteine des Spruchstoffs meistens nicht simpel oder gar zufällig zusammengestellt worden sind, sondern dass sich öfter gewisse Spruchgruppierungen verschiedenen Umfangs gebildet haben, wie etwa durch Stichworte verbundene Spruchpaare sowie Kontextbildungen unterschiedlicher Art. Den Hauptteilen unterschiedlich aber ist in diesem Punkt, dass Hauptteil A im größeren Umfang als Hauptteil B Spruchbildungen verschiedener Art und dazu noch Mini-Kompositionen aufweist, so vor allem im Kap. 10, während im Hauptteil B die ‚freistehenden' Einzelsprüche im höheren Ausmaß als im A vorherrschen; dabei sind allerdings das einleitende Kap. 16 kompositorisch bemerkenswert und ist die zirkulare Rahmung in Kap. 18 (und 21) auffallend.

Den Hauptteilen gemeinsam ist drittens, dass sich innerhalb beider Hauptteile eine zirkulare Großstruktur erkennen lässt, die schon dem Aufbau der Sammlung I eigen war.[332] Dabei haben sowohl Hauptteil A als auch B in ihrer Mitte einige kürzere Kapitel, die vor allem von den Einzelsprüchen geprägt sind, und um die sich etwas längere Kapitel als Rahmen herum gelegt haben. Diese Rahmenkapitel lassen im größeren Ausmaß als die mittleren eine kunstvolle Bearbeitung der Einzelsprüche erkennen, indem sich in ihnen Spruchpaare sowie weitere Spruchbildungen und Kompositionen gebildet haben und zudem noch ein ethisch-religiöser und theologischer Charakter hier hervortritt. Dadurch kommt außerdem die hermeneutisch wichtige interpretative Bedeutung der Rahmenkapitel zum Ausdruck.

Unterschiedlich zwischen den zwei Hauptteilen ist hingegen, dass Hauptteil A im höheren Grad als B von den Kontextbildungen des deutenden Rah-

---

[330] S. die „tabellarische Darstellung" bei Skladny, Die ältesten Spruchsammlungen (1962), 67–71, die nicht nur die Hauptteile A und B, sondern auch die von ihm genannten C und D (Kap. 25–27. 28–29) sowie Inhaltliches umfasst.

[331] Es gibt auch andere Formen, wie etwa den komparativen ‚besser als'-Stil; vgl. etwa Fox 597 f.

[332] Vgl. den obigen Abschnitt „Zum Aufbau und inhaltlichen Charakter der Sammlung I".

mens geprägt sein mag, und zwar scheinen Kap. 10–11 und 14–15 einen deutlicheren Rahmen um Kap. 12–13 gebildet zu haben, als es bei den rahmenden Kap. 16 und 20–21 im Verhältnis zu Kap. 17, 18 und 19 wohl der Fall ist. Hinzu kommt, dass nicht nur innerhalb des jeweiligen Hauptteils, sondern auch zwischen ihnen sich die Ortung als bedeutungsvoll erweist; denn indem Hauptteil A vor dem Hauptteil B gestellt wird, mag dem ersten Teil eben durch seine Voranstellung eine höhere inhaltliche Bedeutsamkeit zuerkannt worden sein.

2. *Zum inhaltlichen Charakter der Sprüche 10, 1–22, 16*

Bei der Erörterung des Formalen wurden im vorigen Punkt vor allem zwei Phänomene beachtet, und zwar erstens dass der einzelne Spruch, der anders als das Ermahnungswort keine Begründung hat, die Grundeinheit der Sammlung II darstellt und auch den Ausgangspunkt jeder Analyse dieser Sammlung ausmachen darf, und zweitens dass der Spruch hier nicht isoliert, sondern im Kontext mit anderen Sprüchen steht, wobei er Teil einer Zusammenstellung, einer weiteren Gruppierung und am Ende einer Sammlung bildet. Beides schließt inhaltliche Aspekte mit ein.

Der Inhalt eines Spruchs hängt teilweise mit seiner Herkunft zusammen; er stammt aus dem Alltag – sei es dem allgemeinen in der Gesellschaft oder auch dem einer Elite, wie etwa der, die sich beim königlichen Hof befindet. In bewundernswert konzentrierter und ‚geballter' Form gibt er Beobachtungen und Erfahrungen aus dem Leben der Menschen wieder; der Spruch mag eine kristallisierte Lebenserfahrung genannt werden. Wie das Leben vielfältig ist und widersprüchlich sein kann, spannen auch die einzelnen Sprüche inhaltlich über ein sehr breites Spektrum. Wenn Sprüche außerdem kombiniert werden, wird ihr reicher Schatz von Erfahrungen und Einsichten noch erweitert und bereichert – aber ihr Aussagegehalt entsprechend komplizierter.

Bei den Zusammenstellungen der Sprüche handelt es zunächst und im gewissen Ausmaß um ein additives Vorgehen;[333] aber gleichzeitig geht es um weit mehr. Denn der Spruch will gerne Phänomene vergleichen und Gegensätze aufstellen, indem dadurch neue Einsichten gewonnen werden können, und weil es dabei vor allem bedeutsam ist, „Ordnungsbezüge aufzuzeigen",[334] zumal das Erfahrungswissen nie ‚neutral' geboten wird. Man hat beobachtet und erfahren, dass nicht alles gut oder recht sein kann, sondern dass es vielmehr einen grundlegenden Unterschied von Gutem und Bösem, Recht und Unrecht im Leben gibt. Das wird durch die Sprüche in ihrem langen Überlieferungs- und Formprozess auf verschiedene Weise erkannt und zur Schau gestellt, wobei die Antithetik der Sprüche als ein ihnen besonderes Kennzeichen hervortritt – und so immer mehr, wenn man den ‚Weg' von

[333] Vgl. Wilke, Kronerben (2006), 38.
[334] So Delkurt, Grundprobleme (1991), 39.

Hauptteil B zum A, und besonders zu den rahmenden Kap. 10–12 und 14–15, nachvollzieht.

Wie die Sprüche aus dem Alltag her gekommen sind, zielen sie nicht weniger auf den Alltag ab; denn sie sind ja nicht um ihretwillen geformt, gepflegt und überliefert worden, sondern um der Menschen willen; und so beabsichtigen sie, als Lebenshilfe den Menschen zurückgegeben zu werden. Deshalb sind die Sprüche ein gewichtiger Bestandteil der pädagogischen Tätigkeit der Weisen und das Reden ihr vornehmstes Kommunikationsmittel, das mit aller Sorge gepflegt und entwickelt wurde, wie es vor allem W. Bühlmann ausführlich nachgewiesen hat.[335] Aus dem Grund sind Wort und Reden so zentral in ihrer Lehre und Verkündigung sowie ein ständig wiederkehrendes Thema in beiden Hauptteilen der Sammlung II (wie auch in Sammlung V). Dazu gehört aber auch das alte Ideal der wortkundigen und schweigsamen Weisen.

Allgemein kommen dann die wesentlichsten Themen, die immer wieder aufgegriffen werden, aus dem sozialethischen Alltagsleben unterschiedlicher Kreise der Gesellschaft her. Einerseits handeln sie zunächst von Recht und Gerechtigkeit sowie von Weisheit, Wissen und Erziehung und sodann etwa von Arbeit und Fleiß und von Reichtum und Wohlleben. Andererseits, und zwar im scharfen Gegensatz zu dem eben erwähnten, handelt es sich besonders um Frevel und Böses und um Torheit und Spott und sonst etwa um Armut und Lässigkeit. Was aber vor allem die Aufmerksamkeit verdient, ist die markante Besonderheit der weisen Rede, dass sie nicht nur sachliche Themen weit verschiedener Art einander gegenüberstellt, sondern auch noch von gegensätzlichen Personengruppen redet; im Fokus befinden sich dann die gegensätzlichen Typen der Gerechten und Frevler sowie der Weisen und Toren und dazu noch eine Reihe anderer Personengruppen wie etwa die der Reichen und Armen. Durch diese weitreichende Antitypik sachlicher Themen und bestimmter Kontrastgruppen von Personen macht sich die grundlegende Dichotomie, die der Sammlung I so eigen war,[336] nun auch in Sammlung II sichtbar, und zwar vor allem im ersten Hauptteil A. Das dürfte einigermaßen dazu beitragen können, die erwähnte „große Kluft“ zwischen I und II zu überbrücken; das gilt aber noch mehr dem die beiden Sammlungen verbindenden Lehrsatz der Weisen von einem Tun-Ergehen-Zusammenhang.

Außerdem darf es von inhaltlicher und hermeneutischer Bedeutung sein, dass sich neben dem Werdegang von Gruppierungen und Sammlungen im Spruchbuch mehrere inhaltliche Bewegungen im Überlieferungsstoff noch wahrnehmen lassen; dafür dürfen nun zwei Beispiele aus Sammlung II genügen. Zum ersten weist das Wortfeld *yāsar* ‚züchtigen'/*mûsār* ‚Zucht/Erziehung', und zwar in beiden Hauptteilen, eine sehr breite Anwendung auf, die zudem eine aufschlussreiche Bewegung von körperlicher Züchtigung mit dem „Stock“, wie sie in der Praxis der alten Schulen Ägyptens und auch in Is-

---

[335] Vom rechten Reden und Schweigen. Studien zu Proverbien 10–31 (1976).

[336] S. bes. Schäfer, Die Poesie der Weisen (1999).

rael vorkam,[337] zur mündlichen Zurechtweisung und Warnung sowie Belehrung erkennen lässt, oder aber die Bewegung stellt sich als eine Bewegung von der Tätigkeit der körperlichen Züchtigung bzw. mündlichen Zurechtweisung zu ihrer Wirkung heraus, wobei die „Zucht" (*mûsār*) resultativ auch den Sinn von Erziehung und Bildung erhält und dazu noch ein Wechselbegriff zu Weisheit und Einsicht wird.[338] Modern ausgedrückt, würde man diese Bewegung als eine Bewegung ins Humane nennen können.

Zum anderen darf ein größerer Sachverhalt ins Auge gefasst werden. In Bezug auf die Gestaltung der zwei Hauptteile der Sammlung II lässt sich eine Bewegung erkennen, die den Anschein hat, umgekehrt von einer entsprechenden Bewegung in Sammlung I zu verlaufen. Was zunächst den Werdegang der Großstruktur der ersten Sammlung betrifft, darf da eine Bewegung von den ethisch ausgerichteten Kap. 5–7 zu den weisheitlich und theologisch stärker geprägten Kap. 2–4 eine zunehmende Sapientalisierung ergeben haben.[339] Wenn man demgegenüber sich der Sammlung II (10–22,16) zuwendet, um eine wichtige inhaltliche Bewegung vom Hauptteil B, der nur gelegentlich vom Gegensatz Gerechter/Frevler, aber stärker durch den Gegensatz Weiser/Tor geprägt ist, zum Hauptteil A (10–15) zu verfolgen, wo vor allem der Gegensatz Gerechter/Frevler dominiert, und zwar im Rahmen mehrerer nahestehender, zum Teil synonymer Bezeichnungen, dann lässt sich aber hier eine Bewegung zunehmender Ethisierung und Theologisierung wahrnehmen können.[340]

Die Theologisierung der zweiten Sammlung ist jedoch vor allem mit den Jahwe-Sprüchen verbunden, die zwar im Kap. 13 fehlen, die aber sonst in der ganzen Sammlung belegt sind, und dann besonders in den rahmenden Kap. 10–11 und 14–15 sowie in Kap. 16 und 20–21, wo sie noch auf beachtenswerte Weise mit Königssprüchen verbunden sind. Dabei stellen die rahmenden Jahwe-Sprüche – zusammen mit anderen theologischen Anliegen und Themen – eine entschieden ethisch-religiöse Deutung und Beschlagnahme des umfassenden und bunten Überlieferungsstoffs und auch zum Teil königlichen Spruchgutes durch den Jahwe-Glauben Israels eindrücklich dar.

---

[337] S. bes. Brunner, Altägyptische Erziehung (1957), 56 ff.131 ff; sonst Delkurt, Ethische Einsichten (1993), 41–44; Hausmann, Menschenbild (1995), 168–178.

[338] S. dazu 1,2–3; 8,33, sonst die Erörterung von 13,8. 18. 24; vgl. auch etwa 10,13 b; 19,18; 22,5; auch 26,3; 29,15.

[339] S. Näheres im obigen Abschnitt „Zum Aufbau und inhaltlichen Charakter der Sammlung I".

[340] Das braucht aber nicht zu der Annahme führen, dass sich beim Gegensatz Gerechter/Frevler um eine „eigene Spruchgruppe" handelt, die dem Gegensatz Weise/Toren entgegen steht; vgl. Scoralick, Einzelspruch, 35–43, die sich in diesem Punkt mit McKane, Scott, Westermann, Doll und Albertz auseinandersetzt.

III. Kapitel 22, 17–24, 22: Erste Sammlung von „Worten der Weisen"

Zur Komposition und Eigenart der Sammlung

Sprüche 22, 17 - 24, 22 macht aus mehreren Gründen eine eigene Sammlung aus; so gibt es zum einen verschiedene Angaben zu ihrer Bestimmung und Abgrenzung im Spruchbuch selbst; zum anderen hat diese dritte Sammlung des Buches in neuerer Zeit ein besonderes Interesse erweckt, und zwar auf Grund ihrer großen Ähnlichkeit mit dem ägyptischen Weisheitsbuch des Amenemope, das wohl aus dem 12. Jahrhundert v. Chr. Stammt; nachdem dieses Weisheitsbuch 1923 veröffentlicht wurde, hat es gleich eine rege Diskussion entfacht und ist später vielfach übersetzt und kommentiert worden.[1]

Sucht man zuerst nach direkten Angaben im Spruchbuch zur Abgrenzung der Sammlung, stößt man auf gewisse Probleme; denn eine Bestimmung ihrer vorderen und hinteren Grenze wird sich nur indirekt ergeben können. Dabei lässt sich zunächst das Ende der Sammlung angeben; denn 24, 23 a klingt wie eine Überschrift: „Auch diese [d. h. Worte, oder vielleicht Sprüche] stammen von Weisen" und leitet dadurch eine neue Sammlung ein, und zwar die vierte, 24, 23–34, die eine Fortsetzung des Vorangehenden sein will, wobei also 24, 22 das Ende der dritten Sammlung ausmacht. Der Anfang dieser Sammlung, der allerdings keine direkte Überschrift hat, ist insofern klar, als er sich formal von der vorangehenden Sammlung deutlich abhebt. Doch darüber hinaus enthält der erste Vers (22, 17) – zwar mit einem schwierigen Text – in seiner Mitte eine Formulierung: „Worte der Weisen" (*dibrê ḥ^{a}kāmîm*), die sich wohl als eine Überschrift verstehen lassen kann, was übrigens durch die Formulierung der Überschrift in 24, 23 a: „Auch diese sind [Worte] von Weisen" noch nahegelegt wird.[2] Sonst fällt auf, dass diese Wörter von der Septuaginta an die Spitze des Verses gerückt und somit in ih-

---

[1] E. A. W. Budge, Facsimiles of Egyptian Hieratic Papyri in the British Museum, 2. Series, London 1923, Taf. 1–14, S. 9–18. 41. 51; vgl. A. Erman, Eine ägyptische Quelle der „Sprüche Salomos" (SPAW.PH XV, Berlin 1924, 86–93); Ders., Weisheitsbuch des Amen-em-ope, OLZ 27 (1924) 241–252; unter den vielen kommentierten Übersetzungen s. nun bes. I. Shirun-Grumach, Die Lehre des Amenemope, in: TUAT III, 222–250, der hier gefolgt wird; sonst M. Lichtheim, Instruction of Amenemope, in: W. W. Hallo (Hg.), The Context of Scripture, I, Leiden etc. 1997, 115–122, sowie ANET 432–434; s. sonst die folgende Literaturübersicht sowie die obige Einleitung, Pkt. 1.

[2] Auf ihre etwas schwierige syntaktische Stellung darf noch unten zurückzukommen sein.

rem Charakter als Überschrift erhärtet worden sind. Die mehrfach abweichende Textform der Septuaginta ist auch auf eine andere Weise für die Frage der Abgrenzung dieser Sammlung aufschlussreich. Denn Septuaginta hat nach 24,22 zunächst eine Erweiterung im Verhältnis zum MT – wie so ähnlich auch beim Abschluss von Sammlung I – und zwar fünf Verse, und bringt demnächst 30,1–14 sowie, nach der Sammlung IV, 24,23–34, noch 30,15–33 und 31,1–9 an diese Stelle ein, bevor sie mit Sammlung V, Kap. 25–29, fortsetzt; dies dürfte die relative Selbständigkeit der einzelnen letzten Sammlungen und kleineren Teile des Spruchbuches noch zeigen. So darf die Abgrenzung der dritten Sammlung auch auf diesem Umweg über Septuaginta gefördert sein.

Für den Charakter der dritten Sammlung ist vor allem die Form ihrer Aussagen entscheidend. Wie im Vorangehenden dominieren auch hier die Einzelsprüche (meistens mit Bikola, aber gelegentlich auch Trikola); sonst gibt es einige mehrzeilige Spruchgruppen und zudem eine größere Komposition in 23,29–35; die Form der Sprüche ist aber durchgehend eine andere. Nun begegnet wieder dieselbe Gattung wie in Sammlung I, und zwar die Form des ermahnenden Redens, die mit Mahnungen im Imperativ bzw. Warnungen im Vetitiv beginnt, und die sodann, eingeleitet durch „denn" oder „damit nicht", gewöhnlich begründet werden; öfter sind die Mahnung bzw. die Warnung und ihre Begründung auf zwei Verse verteilt. In dieser Weise unterscheidet sich die dritte Sammlung von der Sammlung II voran wie auch der folgenden Sammlung IV, wo die Form beschreibender und aussagender Sprüche wieder vorherrscht.

Wie die Form des ermahnenden Redens außerdem der ägyptischen Form der „Instruktion" (*sebayit*) ähnelt, kommt die dritte Sammlung zudem dem – schon erwähnten – Weisheitsbuch des Amenemope nahe, und zwar nicht nur in diesem Punkt, sondern auch auf andere Weisen.[3] Dabei ist das Wort am Ende des ersten Kolons in 22,20 (*šlšwm*) beachtenswert. Dieses Wort ist in seiner MT-Form schwerverständlich; denn nach seinen Konsonanten (ketib) ergibt sich die Bedeutung „vor drei Tagen/vorgestern" (*šilšôm*), was eine Fehlschreibung sein mag (BHQ), die wenig Sinn gibt; nach der massoretischen Lesetradition (qere) meint es etwa „Adjutanten" oder „Häuptlinge" (*šālîšîm*), was ebenfalls auffällig und kaum zutreffend ist, wenn man es nicht als „Kernsprüche" deutet (so Delitzsch 360). Nun geben aber die alten Übersetzungen eine andere Richtung an, die für die Erstellung der ursprünglichen Form aufschlussreich sein mag, indem sie verschiedentlich die Zahl „drei" (*šālôš*) wiedergeben. Wenn es sich nun um eine Zahl handelt, ist aber nicht ‚drei', sondern ‚dreißig' (*šᵉlošîm*) als die ursprüngliche Lesung vorgeschlagen worden,[4] indem man besonders auf die Einteilung des Weisheitsbuches des

[3] Zu einer Übersicht der Form bei Amenemope s. bes. McKane 110–117.

[4] So schon F. Perles, 1905/06, vgl. Fox 710, Anm. 305; doch mit Verweis auf die Einteilung Amenemopes so zuerst Erman, Eine ägyptische Quelle, 1924, 89; vgl. BHS sowie Anm. 11 unten.

Amenemope in 30 „Häuser" - oder Kapitel - Bezug genommen hat. Doch weil sich die dritte Sammlung faktisch nicht leicht in 30 Einheiten einteilen lässt, was die verschiedenen modernen Versuche nur noch bestätigen,[5] wird es wohl verständlich sein, dass eine Lesung ‚dreißig' nicht bewahrt worden ist.[6] Wenn sich eine vollständige Einteilung von 22, 17–24, 22 in 30 ‚Worte' nun als schwer durchführbar erweist, weil der Einfluss des Weisheitsbuches Amenemopes durch die ganze Sammlung III ja nicht gleich spürbar ist, so ist sein Einfluss wenigstens im Teil 22, 17–23, 11 gut nachweisbar (s. Fox 757–759), wofür man diesen Teil auch als die erste Teilsammlung gelten lassen kann. Sie kann noch - mit mehreren Auslegern - in zehn Worte eingeteilt werden; die Weisen haben offenbar Stoff aus dem Weisheitsbuch Amenemopes relativ selbständig aufgenommen und für ihren eigenen Zweck benutzt. Demnach wird der Rest der dritten Sammlung gewöhnlich in drei weitere Teilsammlungen von „Worten der Weisen" eingeteilt, und zwar 23, 12–28 mit erziehenden Mahnworten, 23, 29–35 mit einem ironischen Rätselgedicht über den Trunkenbold und schließlich 24, 1–22 mit verschiedenen Mahnworten und Sprüchen.

Neben Übereinstimmungen mit dem ägyptischen Weisheitsbuch in den einzelnen Sprüchen, vor allem in den zehn „Worten" der ersten Teilsammlung, gibt es noch mehr Beachtenswertes beim Vergleich der beiden literarischen Werke, und dann besonders in Bezug auf ihren jeweiligen Anfang. Denn vor seinen 30 Kapiteln („Häusern" genannt) hat Amenemope einen längeren einführenden Vorspruch, der die Absicht seines Vorhabens nennt (vgl. den Prolog zum Spruchbuch in 1, 2–6) und vor allem den Urheber selbst, den ‚Verfasser', umfassend vorstellt; dem dürften hier die „Weisen" wie sonst der weit kürzere Abschnitt 22, 17–21 dem Vorspruch bei Amenemope entsprechen. Sein Weisheitsbuch wird durch die Worte: „Anfang der Lehre für das Leben" eröffnet (TUAT III, 225); eine ‚Lehre für das Leben' wollten aber auch die Weisen Israels den Jungen geben. Während ferner Amenemope etwa im ersten „Haus" seines Weisheitsbuchs die Aufforderung zum Hören durch einen Hinweis auf die „Nützlichkeit" begründet (Amen. III,9–11), hat das Spruchbuch aber, auch in seiner besonderen Sammlung von 22, 17–24, 22, seine praktische ‚Lebenslehre' im Jahwe-Glauben gegründet – wie es an Hand von Rahmungen durch Jahwe-Sprüche zum Ausdruck kommt (vgl. 22, 19 und 24, 21 f sowie 22, 23 und 23, 11 a, wenn hier der „Löser" auf Jahwe zu beziehen sei).

[5] Zu Vorschlägen, Sammlung III auf 30 Einheiten zu verteilen, vgl. etwa McKane 372 f; Murphy 291 f; Waltke II, 217–288; dabei finden etwa Römheld, Wege der Weisheit (1989), 37–59, und Meinhold, 374, in 22, 17–23, 11 zehn, in 23, 12–35 acht und in 24, 1–22 zwölf Mahnsprüche; vgl. neuerdings Clifford 199–218; Fox 707–769.

[6] Vgl. Fox 711: „Since *thirty* has no thematic significance in a Hebrew Text, the word could easily have become obscured in scribal transmission".

Lit. – bes. zum Weisheitsbuch Amenemopes: A. Alt, Zur literarischen Analyse der Weisheit des Amenemope, FS Rowley (1955/60), 16–25. – Chr. B. Ansberry, Be Wise, My Son, and Make My Heart Glad: An Exploration of the Courtly Nature of the Book of Proverbs, Berlin 2011, 119 121. – H. Brunner, Altägyptische Erziehung, Wiesbaden 1957; Ders., Altägyptische Weisheit. Lehren für das Leben, Zürich 1988; Ders., Zentralbegriffe ägyptischer und israelitischer Weisheitslehren, in: W. Röllig (Hg.), Das hörende Herz, OBO 80, Fribourg/Göttingen 1988, 402–416. – G. E. Bryce, Another Wisdom-„Book" in Proverbs, JBL 91 (1972) 145–157; Ders., A Legacy of Wisdom. The Egyptian Contribution to the Wisdom of Israel, Lewisburg/London 1979. – A. Cody, Notes on Proverbs 22,21 and 22,23 b, Bib. 61 (1980) 418–424. – K. J. Dell, The Book of Proverbs, Cambridge 2006, 65–75. – J. A. Emerton, The Teaching of Amenemope and Proverbs XXII 17 – XXIV 22: Further Reflections on a Long-standing Problem, VT 51 (2001) 431–465 [Auseinandersetzung mit Whybray, s. u.]. – J. Fichtner, Die altorientalische Weisheit in ihrer israelitisch-jüdischen Ausprägung. Eine Studie zur Nationalisierung der Weisheit in Israel, BZAW 62, Giessen 1933. – H. Gressmann, Die neugefundene Lehre des Amen-em-ope und die vorexilische Spruchdichtung Israels, ZAW 42 (1924) 272–296. – K. A. Kitchen, Proverbs and Wisdom Books of the Ancient Near East: The Factual History of Literary Form, TynB 28 (1977–78) 69–114. – J. Krispenz, Spruchkompositionen im Buch Proverbia, Frankfurt a.M. 1989, 148–157. – W. McKane, The Egyptian Instruction, in: Proverbs (1970), 51–150 (u. 102–117 bes. zur Form des Amenemope). – R.E. Murphy, Proverbs (1998), 290–294 (Excursus on the Book of Proverbs and Amenemope). – P.J. Nel, The Structure and Ethos of the Wisdom Admonitions in Proverbs, BZAW 158, Berlin 1982. – W. Richter, Recht und Ethos, 1966, 11–16. 17–40. – D. Römheld, Wege der Weisheit. Die Lehren Amenemopes und Proverbien 22,17–24,22, BZAW 184, Berlin 1989; Ders., Die Weisheitslehre im Alten Orient. Elemente einer Formgeschichte, BN.Beih. 4, München 1989. – J. Ruffle, The Teaching of Amenemope and Its Connection with the Book of Proverbs, TynB 28 (1977) 29–68. – N. Shupak, Where can Wisdom be found? The Sage's Language in the Bible and in Ancient Near East, OBO 130, Fribourg/Göttingen 1993. – F.-J. Steiert, Die Weisheit Israels – ein Fremdkörper im Alten Testament? Eine Untersuchung zum Buch der Sprüche auf dem Hintergrund der ägyptischen Weisheitslehren, FThSt 143, Freiburg 1990. – H. C. Washington. Wealth and Poverty in the Instruction of Amenemope and the Hebrew Proverbs, SBL.DS 142, Atlanta 1994. – R.N. Whybray, Wealth and Poverty (1990); Ders., Composition (1994), 132–141; Ders., The Structure and Composition of Proverbs 22:17–24:22, in: S.E. Porter (Hg.), Crossing the Boundaries: Essays in Honour of Michael D. Goulder, Leiden etc. 1994, 83–96; Ders., Proverbs (1994), 78–85; Ders., The Book of Proverbs. A Survey of Modern Study (1995), 6 ff.78 ff.

22, 17–23, 11: Eine besondere Teilsammlung

a. 22, 17–21: Vorspruch mit Mahnungen zum Hören

17 Neige dein Ohr und höre die Worte der Weisen,[7]
und richte dein Herz auf meine Erkenntnis!
18 Denn angenehm ist es, wenn du sie in deinem Innern bewahrst;
allesamt[8] werden sie auf deinen Lippen bereit sein.
19 Damit dein Vertrauen auf Jahwe gerichtet sei,
habe ich dich heute, ja eben dich, unterwiesen.[9]
20 Siehe,[10] ich habe dir ‚dreißig' [Worte][11] aufgeschrieben,
mit Ratschlägen und Wissen,
21 um dir Wahrheit, Reden der Wahrheit,[12] kundzutun,
so dass du zuverlässig denen antworten kannst, die dich senden.

Der Aufbau des Vorspruchs ähnelt zwar anderen Einführungen im Spruchbuch, die mit einer ermahnenden Aufforderung zum „Hören" anfangen, wobei zum ermahnenden Stil die direkte Anrede gehört, und zwar mit oder ohne einen Adressaten – wie hier (s. 1, 8. 15; 2, 1; 3, 1 u. ö.); dieser Vorspruch ist aber speziell. Er ist zunächst dadurch eigenartig, dass die imperative Aufforderung zum Hören (V. 17) eine mehrfach erweiterte und kunstvoll gestaltete Begründung im Rest des Vorspruchs erhalten hat (V. 18–21). Demnächst ist eine ganz bemerkenswerte Nähe zum Weisheitsbuch Amenemopes dem Vorspruch hier eigen, wenn das erste Kapitel, „Haus", bei Amenemope mit einem ähnlichen Mahnwort anfängt: „Gib deine Ohren /

---

[7] So mit Ringgren 87; Meinhold 374. Der MT mag hier – wie auch mehrmals im Folgenden – nicht in Ordnung sein; in G sind, wie erwähnt, „Worte der Weisen" an die Spitze des Verses gestellt und mit „neige dein Ohr" verbunden worden, während „mein Wort" das Objekt des „höre" ausmacht. Mehrere Komm. folgen dem Vorschlag der BHS, „Worte der Weisen" als Titel nach vorne zu rücken und stattdessen „meine Worte" als Objekt zu lesen, vgl. Gemser 82; Scott 135; Fox 707; so auch EÜ: „Worte der Weisen: Neige mir dein Ohr zu, und hör auf meine Worte"; vgl. sonst Plöger 258; McKane 245. 369.

[8] So Ges[18] 458 a für das auffällige *yaḥdāw* ‚zusammen'; vgl. Barucq 170; Plöger 262; eine Änderung zum „Zeltpflock" (so BHS; etwa Ringgren 87) passt hier nicht wie im Kontext von Amen. 1, 15–16.

[9] Zu den Änderungsvorschlägen in BHS vgl. etwa Plöger 258. 262; Murphy 168 f.

[10] So GesB 374 a (s. G); vgl. Wildeboer 65; Plöger 258: „Fürwahr", vgl. 14, 22; sonst öfter als Frage wiedergegeben.

[11] Vgl. Erman, Eine ägyptische Quelle, 1924, 89. G liest ‚dreimal' (vgl. noch S T V; s. BHS; BHQ). Der Wechsel von ketib und qere, deren jeweilige Form im Kontext nur schwerverständlich ist, sowie die alten Versionen stellen die textliche Lage als besonders labil heraus; vielleicht ließen sich die abweichenden Formen auch als frühe Versuche verstehen, einem ursprünglichen *šᵉlošîm* ‚dreißig' auszuweichen; vgl. sonst etwa Gemser 84; McKane 372; Bühlmann, Reden, 146; Plöger 262; 265; 268; Murphy 169; Clifford 200. 204; Fox 707–712.

[12] Das aram. LW *qošṭ* ‚Wahrheit' (s. HAL 1075 b) und hebr. *ʾᵃmäṯ* ‚(Worte der) Wahrheit' (vgl. Wildeboer 65) mögen zwei Textvarianten darstellen, weshalb sie kein verbindendes ‚und' haben.

höre, was <ich> sage, / gib dein Herz, es zu verstehen“ (Amen. III,9–10; TUAT III, 227).[13]

Der einleitende Vers (17) hat aber durch den Ausdruck „Worte der Weisen“ ein syntaktisches Problem – und mag dadurch vielleicht von Bikola zu Trikola erweitert worden sein (vgl. BHS, anders BHQ). Denn im ersten Vers besteht zwischen den zwei Objekten „Worte der Weisen“ und „meine Erkenntnis“ eine gewisse Spannung, die sich vielleicht so erklären lässt, dass die als Überschrift intendierten „Worte der Weisen“ nun in den Text „eingeebnet“ worden sind,[14] was wohl nicht unmöglich sei, denn in dieser Weise verweist der Redende zusätzlich auf eine andere Größe als seine eigene „Erkenntnis“. Dadurch, dass das Lexem „Wort“ (*dāḇār*) und nicht „Spruch“ (*māšāl*) hier verwendet ist, wird diese Sammlung mit den „Worten“ der Überschriften in 24, 23; 30, 1; 31, 1 verbunden, während anders 10, 1 und 25, 1 „Sprüche“ haben; sonst fällt auf, dass es sich in 30, 1 ff und 31, 1 ff ausdrücklich um „Worte“ fremder Herkunft handelt; so mag der Ausdruck „Worte der Weisen“ bei seinem verschleierten Vorkommen in 22, 17 auch ein Hinweis auf Stoff fremder Herkunft in 22, 17 – 23, 11 (bzw. – 24, 22) sein; vielleicht hat man dann das ‚Fremde‘ durch eine ‚Einebnung‘ der Worte in den Text einigermaßen dämpfen wollen.

Die Aufforderung zum Hören (V. 17 a) ist im nächsten Kolon um die parallele Aufforderung „richte dein Herz auf meine Erkenntnis/mein Wissen (*daʿaṯ*)“ erweitert worden, wobei nicht nur das ‚äußere‘ Hören des Angeredeten, sondern auch sein ‚inneres‘ Aufnehmen der Erkenntnis des weisen Redners betont wird (V. 17 b; vgl. 15, 14; auch Amen. III,10). Das Letztere wird, eingeleitet durch „denn“ (*kî*), zudem noch in der folgenden ersten Begründung hervorgehoben, wenn es da heißt, dass es „angenehm“ (*nāʿîm*) sei, wenn einer „sie“, d. h. die „Worte der Weisen“, in seinem „Innern“ bewahrt und sie durch sein Reden wieder herausbringt (V. 18; vgl. 20, 15; auch Amen. III,13). Durch die Abfolge: höre – Herz – Innere – Lippen, erhält die Aufforderung (V. 17–18) einen chiastischen Aufbau, der dazu noch die Ganzheit der Person sowie die ganzheitliche Ausrichtung der Erziehung der Weisen schön zum Ausdruck bringt. Die erste Begründung (V. 18) ist darüber hinaus durch eine finale Inf.-Konstruktion noch etwas pleonastisch ausgebaut (V. 19); durch sie wird der Zweck der aktuellen Unterricht des Einzelnen nun theologisch begründet: „damit dein Vertrauen auf Jahwe gerichtet / in Jahwe (*bᵉYHWH*) sei“.[15] Schließlich wird diese erweiterte Begründung noch durch einen Doppelspruch (V. 20–21) weitergeführt und abgeschlossen.[16] Dabei fällt auf, dass neben der mündlichen Unterricht auch von einer schriftlichen gesprochen wird, zumal diese Stelle die einzige im Spruchbuch ist, wo das Verb

[13] Vgl. etwa Römheld, Wege der Weisheit, 18–27; auch Richter, Recht und Ethos, 20–21. 26 ff.

[14] So Plöger 265; vgl. BHQ 50*.

[15] Vgl. *häʾᵃmîm bᵉYHWH* als Ausdruck der israelitischen Glaubensweise; dazu s. etwa Ges[18] 73; HAL 61 f; THAT I, 178–209, bes. 187–193; ThWAT I, 313–348, bes. 321–333.

[16] Vgl. Bühlmann, Rerden, 146–154.

„schreiben“ (*kātab*) in einem konkreten Sinne gebraucht wird.[17] So werden wohl der Vorspruch und besonders sein Abschluss einen einmaligen Einblick in die pädagogische Situation der Weisen sowie auch in das – wohl höfische – Schreibermilieu gewähren können.

Im Übrigen weist auch der abschließende Doppelspruch Textprobleme auf; dabei lässt sich zunächst das Verhältnis des Präpositionalausdrucks „mit Ratschlägen und Wissen“ (V. 20 b) zum Vorangehenden und besonders zur *crux* des Wortes *šlšwm*, das oben erörtert wurde, nur schwer deuten. Demnächst befremdet etwas die im V. 21 asyndetische Doppelheit von „Wahrheit“ und „Reden der Wahrheit“, die vielleicht auf einer Doppeltradition beruhen mag. Aufs Ganze gesehen darf die recht labile Textgestalt des Vorspruchs vielleicht als ein Zeichen dessen gesehen werden, dass man am Text des Vorspruchs im Laufe der Überlieferung besonders intensiv gearbeitet hat; der Text wurde dabei ganz offenbar als wichtig erachtet.

b. 22, 22 – 23, 11: Zehn Worte der Weisen

Es wurde oben ausgeführt, dass die auffällige Nähe zum Weisheitsbuch des Amenemope sich vor allem im größeren Abschnitt 22, 22 – 23, 11 des Spruchbuchs nachweisen lässt, und dass das ägyptische Weisheitsbuch nach einem Vorspruch in 30 „Häuser“ oder Kapitel eingeteilt ist, die vom wechselnden Umfang sind, und die gewöhnlich je ein Thema behandeln; öfter beginnt ein „Haus“ mit einer positiven oder negativen Aufforderung, die sodann in verschiedener Weise begründet wird. Auch die besondere Sammlung des Spruchbuchs in 22, 17 – 23, 11 ist von thematisch bestimmten Mahnsprüchen oder Spruchpaaren aufgebaut, die durchgehend kürzer als die im ägyptischen Weisheitsbuch sind; denn öfter sind sie von zwei Versen zusammengesetzt, von denen der erste aus einer Aufforderung oder Mahnung besteht, die danach im nächsten Vers begründet wird, oder aber können im zweiten Vers mögliche Folgen aufgewiesen werden.

1. 22, 22–23: Beraube nicht einen Geringen!

22 **Beraube nicht einen Geringen, weil er gering ist,**
und unterdrücke nicht einen Elenden im Tor!
23 **Denn Jahwe wird ihren Rechtsstreit führen**
und ihren Räubern das Leben rauben.

In diesem ersten motivierten Mahnungswort, der keinen bestimmten Angeredeten erwähnt, sondern allgemein formuliert ist, tritt die eben erwähnte

[17] Sonst wird es metaphorisch in den Parallelstellen 3, 3 b und 7, 3 b verwendet.

Doppelform besonders deutlich hervor; ebenso markant weist die Mahnung Nähe und Abstand zu Amenemope auf.

Bezeichnend für den besonderen Stil dieses Ermahnungsworts ist dann zunächst die zweifache Doppelheit; denn neben der Doppelheit von Aufforderung und zugehöriger Begründung sind sowohl die mahnende Aufforderung als auch ihre Begründung doppelt und eindrücklich mit Parallelismus formuliert; und die Mahnung wird hier wie in den drei folgenden Mahnsprüchen (V. 24, 26 und 28) durch Vetitiv (*ʾal* „nicht" + Imperf.) ausgedrückt.[18] Im Verhältnis zum ägyptischen Weisheitsbuch fällt demnächst auf, dass das Ermahnungswort zwar der Ordnung bei Amenemope folgt, die nach der Aufforderung zum Hören eben den Elenden zuerst berücksichtigt: „Hüte dich, einen Elenden zu berauben, / gegen einen Schwachen mächtig zu sein" (Amen. IV,4–5), dass aber das Ermahnungswort nur diesen Anfang des 2. Kapitels bei Amenemope aufnimmt, während da noch viel anderes gebracht wird (Amen. IV,3–V,8). Vor allem hat das Thema, das den beiden gemeinsam ist, im Mahnungswort von V. 22–23 eine völlige israelitische Einordnung erfahren, rechtlich und theologisch.

Dem Mahnungswort eigen ist auch die erste kurze Begründung am Ende des ersten Kolons (V. 22 ab), wenn es heißt, dass man „einen Geringen" (*dal*) nicht berauben soll, „weil er gering ist" (*kî dal-hûʾ*). Diese Formulierung mag mehrdeutig sein (s. Fox 714 f); sie kann etwa einen Appell zur Rücksichtnahme seines ärmlichen Zustands ausdrücken; aber im Kontext dürfte sie wohl eher im Licht der parallelen Aussage: „unterdrücke nicht einen Elenden (*ʿānî*) im Tor" (V. 22 b) gesehen werden; und dann würde es sich hier in erster Linie um die rechtliche Situation und Stellung der Armen handeln, was von der Begründung (V. 23) noch bestätigt wird. Denn „im Tor" (*baššāʿar*) gibt die wichtigste Rechtsinstanz an, wo gerichtliche Entscheidungen getroffen wurden (vgl. 24, 7; 31, 23. 31; sonst Ruth 3. 18; 4, 1–12);[19] und da war der Geringe nicht nur gering, sondern könnte auch leicht allein stehen und ausgenützt werden, eben „weil er gering ist". Darum will wohl das Ermahnungswort ihm vor allem Rechtsschutz sichern, was in der folgenden Begründung noch wesentlich stärker zum Ausdruck kommt. Denn da wird versichert, dass die Armen einen mächtigeren Verteidiger erhalten werden, als die Reichen je aufbringen können, wenn Jahwe selbst „ihren Rechtsstreit führen (*yārîḇ rîḇām*)" wird (V. 23 a; vgl. etwa Ex 22, 21–23; 23, 6–8; Dtn 16, 18–20; 24, 14. 17; Ps 68, 6; 146, 7. 9; Hi 31, 13–21); und der ‚Schadenersatz', den die Räuber zu bezahlen haben, wird das übliche *ius talionis* (Ex 21, 23–25; Lev 24, 18. 20) weit übersteigen,[20] indem sie mit ihrem eigenen Leben büßen

[18] Vetitiv kommt mehrfach in den Mahnreden in Kap. 1–9 vor; vgl. etwa 4, 2 b; sonst etwa Richter, Recht und Ethos, 15–25. 68–72; Nel, Structure and Ethos, 36 f.

[19] Vgl. L. Koehler, Die hebräische Rechtsgemeinde, in: Ders., Der hebräische Mensch, Tübingen 1953, 143–171; F. Crüsemann, Die Tora, München 1992, 98–104.

[20] Vgl. A. Alt, Zur Talionsformel, in: Ders., KS I, München 1953, 341–344; Crüsemann, ebd. 175–177.

müssen (V. 23 b). So bringt dann das Mahnungswort eine ernste Ermahnung zu einem gerechten Rechtsleben zur Sprache, zumal das gerade an dem Umgehen mit den aller Schwächsten gemessen sein darf.

Mit diesem starken sozialethischen und religiösen Gepräge leitet das erste Ermahnungswort, das kunstvoll gebaut ist, die Reihe der folgenden Mahnworte eindrucksvoll ein; die Weisen Israels haben es wohl bewusst in Front gestellt – wie ein Portal zu der besonderen Sammlung.

2. 22,24–25: Entgehe einem Jähzornigen!

24 **Befreunde dich nicht mit einem Jähzornigen,**
und mit einem Hitzkopf verkehre nicht,
25 **damit du nicht seine Pfade erlernst**
und dir eine Falle schaffst für dein Leben.

Noch eine doppelt geformte Aufforderung folgt, die auch keinen Adressaten erwähnt; diesmal handelt es sich um eine Warnung, die das beliebte Thema des „Jähzornigen" (*baʿal ʾap̄*), zu dem der „Hitzkopf" (*ʾîš ḥemôṯ*) im synonymen Parallelismus steht, wieder aufgreift (vgl. 12, 16; 14, 17. 29; 15, 18; 16, 32). Diese warnende Aufforderung erhält keine direkte Begründung, wie das vorige Ermahnungswort, sondern mögliche fatale Folgen dessen, vor dem gewarnt wird, werden aufgezeigt, denen man unbedingt entgehen muss (V. 25). Amenemope beschäftigt sich mit diesem Thema im 3. Kapitel seines Weisheitsbuchs (Amen. V,9–19), wo es u. a. gemahnt wird: „schlafe vor dem Reden" (V,13), sowie im umfangreicheren 9. Kapitel (XI,12–XII,19), das wie hier anfängt: „Verbrüdere dich nicht mit dem Heißen, / und tritt nicht an ihn heran, um zu reden" (Amen. XI,13–14).

Das Thema des „Jähzornigen" bzw. des „Hitzkopfes" erweist sich wohl darum so wichtig, weil sich eine Person dieser verhängnisvollen Art als der Antitypus zum weisen Schweiger herausstellen kann; denn während dieser eben versteht, sich zu beherrschen und zu rechter Zeit das richtige Wort zu sagen, bleibt der Jähzornige in der Gewalt seiner Wut und kann sich damit wenig beherrschen; der Gegensatz ist wie der zwischen dem Toren und dem Weisen. Wenn man dann durch die Worte: „befreunde dich nicht" vor einer Gemeinschaft mit dem Jähzornigen gewarnt wird (V. 24), so weil sich sein Wesen und Verhalten, das mit dem Bild der „Pfade/Wege" beschrieben wird (V. 25 a; vgl. Ps 1), ganz verödend auswirkt und dem Angeredeten „eine Falle für sein Leben" werden kann. Wiederum geht es also um Leben und Tod; denn wie sich der Jähzornige im Bann seines Zorns befindet, wird auch eine nahe Gemeinschaft mit ihm keine neutrale Sache sein können, sondern derjenige, der so tut, wird einfach in seinen Bann hineingezogen, so dass er „seine Pfade erlernt" (V. 25 a). In diesem Zusammenhang dürfte es schließlich naheliegend sein, auf die große Macht der Zunge und des Redens, die auch oft erwähnt wird, hinzuweisen (vgl. 10, 19; 13, 3; 17, 14. 27 f, und besonders 18,21: „Tod und Leben sind in der Macht der Zunge“; bei Amenemope ist im 8. Kapitel von der Zunge die Rede, s. Amen. X,21–XI,11).

3. 22,26–27: Meide das Risiko einer Bürgschaft!

26 **Sei nicht unter denen, die Handschlag geben,**
unter denen, die Bürgschaft leisten für Schulden,
27 **wenn du nichts zum Bezahlen hast![21]**
Warum soll man dein Bett unter dir wegnehmen?

Dem dritten Mahnungswort, das mit einem synonymen Parallelismus auch doppel ist (V. 26), fehlt eine direkte Begründung; stattdessen weist der zweite Vers eine weiterführende Argumentation auf, die auf mögliche negative Folgen hinweist (V. 27) und insofern die warnende Mahnung zu unterstützen vermag; es ist aber dazu noch mehr zu sagen.

Das Thema ist nun das der Bürgschaft, das allerdings öfter zur Sprache gekommen ist, so besonders in 6,1–5 (vgl. sonst 11,15; 17,18; 20,16). Die Formulierung der Warnung im V. 26 mag wohl allgemein erscheinen, doch wird sie von der weiterführenden Argumentation im nächsten Vers abgegrenzt; denn es geht hier um den Fall des Möglichen: wenn man nichts hat, kann man nichts geben oder bieten (V. 27 a). Dazu gehört auch die abschließende Frage nach dem Bett, die wohl kaum ironisch, sondern argumentativ gemeint ist; es dürfte ein Beispiel der notwendigen Existenzgrundlage eines Menschen sein, die geschützt werden soll.

Zu diesem Thema gibt es im Weisheitsbuch Amenemopes keine Entsprechung, und zwar aus dem einfachen Grund, dass es in Ägypten eine Ordnung wie Bürgschaft nicht gab.

4. 22,28: Verrücke nicht die Grenze, I

28 **Verrücke nicht die uralte Grenze,**
die deine Väter gesetzt haben.

Dieses kurze Mahnungswort fällt auf zweifache Weise auf, und zwar fehlt er einerseits die übliche Begründung, wenn nicht der Relativsatz im zweiten Kolon als eine Art Begründung gerechnet werden darf; und andererseits hat die Mahnung in 23,10–11 eine erweiterte Dublette, die als das 10. Wort den Abschluss dieser ‚Serie‘ ausmacht. Zudem hat das Mahnungswort bei Amenemope eine Entsprechung in dem relativ umfangreichen Kap. 6 (Amen. VII,11–IX,8), das in folgender Weise beginnt: „Verschiebe nicht den Stein auf

[21] Zur Versteilung vgl. Plöger 263; Meinhold 375.

den Grenzen des Fruchtlandes, / und störe nicht den Ort der Meßschnur“ (Amen. VII,12–13).

Das Thema der „Grenze“ ist eine sozialrechtliche Angelegenheit und kann gegebenenfalls eine politische werden; und wenn hier dazu noch „uralte Grenze“ (*geḇûl ʿôlām*) gesagt ist, dann wird auch das Gewicht der Tradition und ihrer Autorität hereingebracht; dieser Aspekt wird im zweiten Kolon noch weitergeführt, wenn „deine Väter“ als die Urheber erwähnt sind (V. 28 b); ihre altehrwürdige Autorität verleiht dieser Mahnung ihre letzte Grundlage – und hier wohl auch die Begründung. In der Rechtsverkündigung Israels hatte das Thema der „Verrückung der Grenze“ ebenfalls ihren Platz, und zwar in Dtn 19, 14, wo unter „Gesetzen zum Rechtsverfahren“ ein Prohibitiv lautet: „Du sollst nicht verrücken die Grenze deines Nächsten, die die Vorfahren gezogen haben in deinem Erbbesitz“; und wie hier eben „Erbbesitz“ gesagt wird, darf als illustrierendes Beispiel die Geschichte von Nabots Weinberg in 1Kön 21, 1–16 herbeigezogen werden, und dann besonders die Antwort Nabots an den König: „Es sei fern von mir vor Jahwe, dass ich dir das Erbe meiner Väter gebe“. Schließlich gehört es in Hi 24, 2 zu den Taten der Frevler, dass sie „Grenzen verrücken“ (vgl. Hos 5, 10 a). Die mehrfache Rede vom Verrücken der Grenze zeigt die große Wichtigkeit dieses Themas.

5. 22, 29: Die Möglichkeiten eines Geschickten

29 **Siehst du einen Mann,[22] der in seiner Arbeit geschickt ist?**
Vor Königen wird er hintreten dürfen,
vor Geringen sich nicht hinstellen.

Mit diesem Spruch, der ein Trikolon ausmacht, ist die erste Hälfte der gegenwärtigen Sammlung von 10 Worten durchgemacht. Er sondert sich aber vom Kontext ab, indem er kein Mahnungswort ist, sondern eine Aussage bringt, die eine Beobachtung oder Erfahrung ausdrückt, was sonst den Weisen eigen ist. Doch lässt sich dies noch zuspitzen, denn die Beobachtung ist in der Form einer rhetorischen Frage gekleidet, die einen – gedachten oder aus dem Alltagsleben geholten – Fall setzt, wie in 26, 12; 29, 20, was für die mündliche Unterricht der Weisen bezeichnend sein dürfte. Eine ähnliche Stelle im Kap. 30 des Weisheitsbuchs Amenemopes, fast ganz am Ende, führt zudem in das Milieu der königlichen Schreiber ein: „Der Schreiber, der erfahren in seinem Amte ist: / er findet sich würdig, ein Hofmann zu sein“ (Amen. XXVII,16–17).

[22] Vgl. Wildeboer 66, der hier ein Perf. Hypoth. annimmt; s. sonst Meyer, HebrG § 122, 2 c. Die dritte Zeile wird gelegentlich, aber unnötig, als Zusatz angegeben, vgl. Ringgren 88; Plöger 263.

Thematisch weist der Spruch auch noch auf den Kreis der Weisen hin. Wenn hier von einem Mann die Rede ist, der in seiner Arbeit „geschickt" ist (*'îš māhîr*), dann ist diese Bezeichnung zwar ein Terminus für den Schreiber (Ps 45, 2; Esr. 7, 6), doch darf es allgemein gelten, dass es ein Kennzeichen des weisen Menschen ist, dass er sich in seiner Arbeit kundig, geschickt und erfahren zeigt (vgl. etwa Ex 28, 3; 31, 6; 36, 4; Jes 40, 20; 1 Chr 22, 15); denn „weiser" (*ḥākām*) ist „jemand, der sich auf etwas meisterlich versteht".[23] Ein solcher Mensch hat Erfolg und darf vor Königen treten, nicht aber vor „Geringen" oder „Unbedeutenden" (*ḥ^ašukkîm* ‚dunkel', hap. leg. für ‚gering/unbedeutend').[24]

6. 23, 1–3: Benehmen beim Tisch

1 **Wenn du sitzt, um mit einem Herrscher zu speisen,**
dann beachte sehr, was vor dir steht;[25]
2 **und lege das Messer an deine Kehle,**
wenn du sehr hungrig bist.
3 **Lass dich nicht nach seinen Leckerbissen gelüsten,**[26]
sie sind eine trügerische Speise.

Mit diesem Tripelspruch ist die Form der Mahnungsrede zurück. Die Mahnwortgruppe beginnt damit, dass ein Fall gesetzt wird: „Wenn du sitzt, um mit einem Herrscher zu speisen" (V. 1 a); dabei ähnelt sie einigermaßen dem vorigen Spruch. Eine gewisse Ähnlichkeit mit ihm besteht auch darin, dass in beiden Fällen in das Milieu eines Mächtigen, sei es das eines Königs oder das eines Herrschers, eingeführt wird. Nun ist die für solche Fälle wichtige Speisetikette das Thema; so ähnlich auch – obschon auf einer niedrigeren Stufe – bei Amenemope, im kurzen Kap. 23 (Amen. XXIII,12–20), wo ebenfalls zunächst ein Fall gesetzt wird, auf den sich die folgenden Mahnungen beziehen: „Wenn du Brot isst in Gegenwart eines Beamten, / so setze nicht deinen Mund an vor *ihm*" (Amen. XXIII,13–14).[27] Später bietet Sir 31, 12–21 eine Reihe von Mahnungen zu einem ‚korrekten' Benehmen bei großen Tafeln. Es war gewiss eine Ehre dazu eingeladen zu werden, umso mehr war es wichtig, sich dann richtig benehmen zu können; vor allem wird gegen Gier gewarnt. Auch in Fragen des guten Benehmens könnte der Weise mit seinen Ratschlä-

---

[23] Vgl. HAL 301; Ges[18] 349; Sæbø, THAT I, 560; das Zitat ist von G. Fohrer, ThWNT VII, 483 ff.

[24] S. HAL 348; Ges[18] 408; mehrere gehen von der Bedeutung ‚dunkel' aus; vgl. McKane 246: „he will not hold office with obscure men"; Murphy 169: „it will not be shadows that he serves", oder Clifford 201: „he will never enter the service of the obscure".

[25] Oder im personalen Sine, vgl. Toy 428: „Consider well who is before thee".

[26] Vgl. Ges[18] 22; HAL 20; sonst bes. Römheld, Wege, 30–36. 72–82.S150–184.

[27] Weitere Belege aus verschiedenen ägyptischen Weisheitsschriften bei Fox 720–723; auch McKane 381 f.

gen helfen, weil er wohl damit vertraulich war; auf alle Fälle dürfte es sich um ein Gemeingut des guten Tons handeln, das auch in den Weisheitsbüchern seinen Platz fand.

7. 23,4–5: Flüchtig ist der Reichtum

4 **Bemühe dich nicht, Reichtum zu erwerben;**
von deiner Klugheit lass ab!
5 **Lenkst du deine Augen auf ihn, ist er schon weg;**
denn Flügel hat er sich gemacht,
wie ein Adler fliegt[28] er gen Himmel.

Dieses Mahnungswort ist komplex gebaut und hat zum Teil einen schwierigen Text, so zunächst im V. 4 b. Die warnende Mahnung, im Vetitiv ausgedrückt, ist doppel, und zwar wird im V. 4 a vor dem Erwerben von Reichtum gewarnt (vgl. 28,20), während im V. 4 b dem Angeredeten überraschend gesagt wird: „von deiner Klugheit lass ab“ (*mibbînāṯᵉḵā ḥᵃdāl*), was aber eine gewisse Ratlosigkeit in Bezug auf das Verstehen dieses Ausdrucks hervorgerufen haben mag, wie die Auslegungen zeigen. Dazu lässt sich aber nun zweierlei sagen; erstens mag *bînâ* hier nicht den üblichen positiven Sinn ‚Einsicht‘ haben, sondern in seinem Kontext, und zwar im Parallelismus zum „Reichtum erwerben“, scheint das Lexem eine negative – und vielleicht ironische – Bedeutung von „Klugheit“ erhalten zu haben, und zwar etwas wie ‚ausklügeln‘ im Blick auf ein rasches reich werden.[29] Zweitens darf eben der Kontext hier ein klärendes Licht hineinbringen können; denn der Schlüssel mag in der Metaphorik des 5. Verses liegen, die eine Art Begründung schafft.

Der Reichtum, der im Spruchbuch ein sehr wichtiges Thema ist, wird recht verschiedentlich eingeschätzt, wurde aber gewöhnlich nicht negativ beurteilt, wie es vor allem im Kap. 10 zum Ausdruck kommt (vgl. etwa 14,31; 17,5; 19,2; 21,5; 28,20).[30] Im gegenwärtigen Mahnungswort wird der besondere Aspekt der Vergänglichkeit oder Flüchtigkeit des Reichtums zum Ausdruck gebracht. Nach der Warnung vor Bemühungen um ein Reichwerden (V. 4 a) wird der Reichtum in dem indirekt begründenden V. 5 seinem Reiz entkleidet, wenn zunächst auf seine Vergänglichkeit hingewiesen wird (V. 5 a; vgl. Koh 2,4–11; auch die Rahmenerzählung des Hiobbuches, 1–2 und 42,7 ff), was sodann begründend durch das Bild eines Vogels, der wegfliegt, ausge-

---

[28] So qere; zu den übrigen Varianten des MT s. BHS; vgl. Barucq 178; Plöger 263.

[29] Versteht man mit Wildeboer 66 das Lexem *bînâ* hier nicht im gewöhnlich guten Sinn ‚Einsicht‘, sondern in einem negativen Sinne, wie *ʿårmâ* ‚Klugheit‘ (etwa *smartness*), erübrigen sich Textänderungen (vgl. BHS; Plöger 261. 263); s. Delitzsch 365: „von solcher deiner Klugheit stehe ab“; vgl. Fox 723: „Leave off your staring!“.

[30] S. die obige Erörterung des 10. Kapitels; vgl. sonst etwa Whybray, Wealth and Poverty (1990); Hausmann, Menschenbild (1995), 77–93. 331–344; Murphy 260–264: „Excursus on Wealth and Poverty“.

malt wird (V. 5 bc). Diese Warnung vor dem Reichtum und die Metaphorik seiner Flüchtigkeit ist im Kap. 7 in Amenemope (Amen. IX,9–X,15) noch breiter ausgeführt, wo es u. a. heißt: „Strebe nicht danach, Überfluss zu suchen; / dein Bedarf wird dir bewahrt werden" (Amen. IX,14–15).

So ist dieses Mahnungswort ein schön komponiertes Ganzes, der vor der Vergänglichkeit und Flüchtigkeit des Reichtums warnen will. Dabei ist die oft hoch gepriesene Weisheit zu wertvoll, um zur simplen ‚Klugheit' korrumpiert zu werden – dann „lass ab", denn *vestigia terrent*!

8. 23, 6–8: Trügerische Gastfreundschaft

6 **Verzehre nicht das Brot eines missgünstigen Auges,**
und begehre nicht nach seinen Leckerbissen![31]
7 **Denn wie ‚Haar'**[32] **in seiner Kehle, so ist er.**
„Iss und trink!" sagt er zu dir;
aber sein Herz ist nicht bei dir.
8 **Deinen Bissen, den du gegessen, musst du ausspeien;**
und vergeudet hast du deine lieblichen Worte.

Dieses erweiterte und komplexe Mahnungswort verbindet sich thematisch mit dem Tripelspruch in V. 1–3; die zweigeteilte Form des motivierten Mahnworts ist aber hier deutlicher, denn nach einer doppelten Warnung im V. 6, folgt – durch „denn" (*kî*) eingeführt – eine breit ausgeführte und zur Erzählung tendierende Begründung (V. 7, mit Trikola, und 8).

Wiederum handelt es sich um Essen und Tischgemeinschaft, aber diesmal nicht so sehr um das Benehmen des Gasts, wie in V. 1–3, als vielmehr um das trügerische Wesen und Handeln des Gastgebers, der als ein Mann „bösen Auges" (*raʿ ʿāyin*), also ein „Missgünstiger", bezeichnet wird. Er ladet zwar zum Gastmahl ein, aber dem Gast kann versichert werden: „sein Herz ist nicht bei dir" (V. 7 c); sein Essen und seine „Leckerbissen" (V. 6 b; auch 3 a) werden ihm nicht bekommen – und er wird sowohl das Essen wie auch seine liebenswürdigen Worte bereuen müssen. Hier wie im 6. Spruch (V. 2 b) ist die menschliche Gier ein sammelndes Thema (s. noch 22, 22 f; 22, 26 f; 22, 28; 23, 4 f; 23, 10 f; vgl. Meinhold 377 f.387 f); so ist es auch im 11. Kap. bei Amenemope (XIV,4–XV,7), zu dem der 8. Spruch (23, 6–8) mehrfache Entsprechungen bietet, und wo etwa gesagt wird (Amen. XIV,5–10; TUAT III, 237):

---

[31] So nach Meinhold 375.

[32] Das schwierige hap. leg. *šāʿar* I ‚berechnen' (so S, s. BHQ 51*), vgl. GesB 854; HAL 1490, wird öfter geändert, etwa zu *śaʿar* I ‚Haar', so G, s. BHS (oder auch ‚Schauder'/ ‚Sturm'); vgl. Plöger 263; Römheld, Wege, 30–35, der Amen. 14, 7 b durch „es ist Verstopfung für die Kehle" wiedergibt; vgl. McKane 384 f; vielleicht wäre auch *šoʿār* (v*šʿr* III) ‚abscheulich/schlecht', Jer 29, 17 (vgl. GesB 855 b; HAL 1494 b), noch zu erwägen?

Begehre nicht die Ration eines Abhängigen,
und hungere nicht nach seinem Brote.
Die Ration eines Abhängigen / sie ist ein Sturm für die Kehle,
sie ist ein Husten für den Hals.
Er erwirbt es ja durch einen großen falschen Eid,
während sein Herz in seinem Leibe entwertet ist.

In der Weisheitslehre werden oft Themen aufgegriffen, die sich nicht leicht regulieren lassen, oder die in Gesetze und Regeln nicht einen Eingang finden können, die aber doch für das gemeinschaftliche Leben der Menschen von grundlegender Bedeutung sind; so drücken etwa Gier und Neid, Missgunst und Falschheit oder auch Benehmen beim Tisch, wie hier, etwas Allgemeinmenschliches aus, das Zeiten und Grenzen trotzen – und sind ebenso aktuell heute wie damals. Aufgrund ihrer breiten Erfahrungsweisheit mögen die Weisen in eben diesen Sachen durch ihre Ratschläge, ihre werbenden Warnungen und Mahnungen den Menschen zu einem besseren Leben verhelfen.

9. 23, 9: Die Verachtung des Toren

9 **In die Ohren eines Toren rede nicht!**
Denn er verachtet die Klugheit deiner Worte.

Dieses ganz kurze Mahnungswort ist auch eine motivierte Mahnung. Es hat im ersten Kolon eine Warnung (V. 9 a) und bringt im zweiten Kolon eine durch „denn" (*kî*) eingeführte Begründung (V. 9 b). Auf dem Hintergrund des allgemein bekannten Gegensatzes von Weisen und Toren ist das Thema des Mahnungsworts nun die unverbesserliche Torheit des Toren (*k^e^sîl*); so kann der Weise ihn eindringlich „in seine Ohren" anreden, und er wird doch nicht die „Klugheit" (*śeḵäl*) seiner Worte verstehen oder gar annehmen, sondern sie nur „verachten". Das Mahnungswort mag ein Ausdruck gesammelter bitterer Erfahrung oder auch Resignation sein, wenn es darum geht, dem Toren Klugheit beizubringen (vgl. 17, 10; 27, 22, oder den Torenspiegel in 26, 1–12).

10. 23, 10–11: Verrücke nicht die Grenze, II

10 **Verrücke nicht die uralte[33] Grenze,**
und in die Felder der Waisen dringe nicht ein!
11 **Denn ihr Rechtshelfer ist stark;**
er wird ihren Rechtsstreit mit dir führen.

[33] Die Konjektur „Witwe" (*'almānâ*) statt „uralt" (*'ôlām*) (BHS; vgl. etwa Gemser 86 f) lässt sich nicht durch 15, 25 und Amen. VII,15 rechtfertigen, denn dagegen sprechen die alten Versionen sowie die Parallele 22, 28 a.

Dieses Mahnungswort zum Thema „Grenze“ ist breiter als der kurze im Wort 4 (22,28); und über das hinaus, was in Bezug auf ihn ausgeführt wurde, darf das Auge nun besonders auf das Plus dieses 10. Mahnungsworts gerichtet sein; doch, wie oben, lässt sich noch erwähnen, dass beide Stellen im Kap. 6 bei Amenemope (Amen. VII,11–IX,8) Entsprechungen haben.

Dabei fällt zunächst auf, dass diese Mahnung anders als die vierte die volle Form eines motivierten Mahnungsworts aufweist, und zwar mit doppelter Mahnung im V. 10, dessen Kolon A mit V. 28 a identisch ist, worauf mit V. 11 eine durch „denn“ (*kî*) eingeleitete Begründung folgt, die theologisch geprägt sein mag. Wenn hier der Rechtsbegriff „Löser/Rechtshelfer“ (*go'el*) erscheint, der auch öfter von Jahwe gebraucht wird,[34] legt sich die Annahme nahe, dass der „Rechtshelfer“ auch hier Jahwe sei; und diese Annahme wird durch die Nähe des Worts zum ersten Mahnungswort, V. 22–23, noch verstärkt. Wenn nun die warnende Mahnung im V. 10 a die schutzbedürftigen „Waisen“ (V. 10 b) schützen will, und wenn sodann V. 11 verspricht: „ihr Rechtshelfer“, der „stark“ ist (V. 11 a), eben er (*hû'*) „wird ihren Rechtsstreit führen“ (*yārîḇ 'äṯ-rîḇām*) „mit dir“ (V. 11 b), dann fällt auf, dass in V. 22–23 es eben auch Jahwe ist, der „ihren Rechtsstreit“, und diesmal für die Geringen, „führen wird“ (*yārîḇ 'äṯ-rîḇām*).

So sind die zehn Mahnungsworte dieser Kleinsammlung recht unterschiedlicher Art, formal wie inhaltlich, was noch die Breite und Vielfalt der Spruchtradition zur Schau stellt; aber ihnen gemeinsam ist, dass sie erfahrungsbezogene Themen aus dem Alltag zur Sprache bringen. Darüber hinaus erscheint es vor allem als bemerkenswert, dass diese Mahnungsworte – außer dem 3. Mahnungswort (22,26–27) – eine auffällige Nähe zum ägyptischen Weisheitsbuch Amenemopes aufweisen. Das mag zweierlei zeigen, und zwar einerseits dass die „Worte der Weisen“ mit dem Ausland verbunden waren, und andererseits, was hier als noch wichtiger angesehen werden darf, dass die Weisen Israels eine bewusste und gezielte Auswahl aus der ausländischen Weisheitsüberlieferung vorgenommen haben, dass sie mit anderen Worten recht selbständig mit diesem umfassenden Material umgegangen sind.[35] Schließlich darf es als besonders wesentlich gelten, dass diese Kleinsammlung von einer theologischen Rahmung zusammengehalten wird, indem Jahwe als „Rechtshelfer“ in der Begründung des ersten und des letzten Spruchs erwähnt ist (22,23 und 23,11). Das fremde Gut ist seinem religiösen Gepräge entkleidet und in einen israelitischen Rahmen eingefügt worden.

---

[34] Vgl. etwa Rut 2,20; und von Gott: Ex 22,21–23; Num 35,12; Jer 50,34; Hi 19,25.

[35] S. etwa Römheld, Wege der Weisheit, bes. 151–181; sonst Fichtner, Die altorientalische Weisheit (1933).

23, 12–28: Erziehung zur Weisheit

12 Wende zur Zucht dein Herz
und dein Ohr zu Reden des Wissens!

13 Erspare nicht dem Knaben die Zucht;
wenn du ihn mit der Rute schlägst, wird er nicht sterben.
14 Du schlägst ihn mit der Rute,
doch sein Leben rettest du von der Unterwelt.

15 Mein Sohn, wenn dein Herz weise ist,
freut sich auch mein eigenes Herz;
16 und meine Nieren frohlocken,
wenn deine Lippen reden, was Redliches ist.

17 Dein Herz ereifere sich nicht über die Sünder,
sondern über die Furcht vor Jahwe allezeit!
18 Denn sicher gibt es eine Zukunft;[36]
und deine Hoffnung wird nicht verschwinden.

19 Höre, du mein Sohn, und werde weise;
und lenke auf geradem Weg dein Herz!
20 Sei nicht unter den Weinsäufern,
nicht unter den Fleischprassern!
21 Denn Säufer und Prasser verarmen;
und in Lumpen kleidet die Schläfrigkeit.

22 Höre auf deinen Vater, der dich gezeugt hat;
und verachte nicht, wenn sie alt geworden, deine Mutter.
23 – Kaufe Wahrheit und verkaufe sie nicht,
Weisheit und Zucht und Einsicht!
24 Laut jubeln[37] kann der Vater eines Gerechten;
wer einen Weisen gezeugt hat, kann sich über ihn freuen.
25 Dein Vater und deine Mutter mögen sich freuen;[38]
und jubeln möge, die dich gebar.

26 Gib mir, mein Sohn, dein Herz;
und deinen Augen mögen meine Wege gefallen.[39]

---

[36] So mit EÜ. MT mag aber nicht in Ordnung sein, s. V. 17 b; G fügt „(denn wenn) du darauf achtgibst“ hinzu (s. BHS; BHQ 51*; vgl. etwa Gemser 86 f; Ringgren 93; Meinhold 393).

[37] So qere; vgl. Plöger 260; 263.

[38] Anstatt „und deine Mutter“ des MT wird gelegentlich mit G „über dich“ gelesen; s. BHS; vgl. etwa Gemser 86.

[39] So ketib; s. BHS; vgl. Plöger, ebd.

27 **Denn eine tiefe Fanggrube ist die Hure,**
und ein enger Brunnen die Fremde.
28 **Ja, sie lauert wie ein Räuber**
und vermehrt die Treulosen unter den Menschen.

Wiederum liegt eine kleine Sammlung vor, bei der es wohl „nicht um wirr verkettete Fragmente einzelner Prologe handeln kann“ (Römheld 56), sondern um ein komponiertes Ganzes. Doch mag die nähere Einteilung der Sammlung ein Problem sein. Wenn man dann das Merkmal der Anrede gelten ließe, besonders im Blick auf die spezifizierte Anrede „mein Sohn“ (V. 15, 19 und 26), läge sich formal eine Einteilung in fünf Einheiten nahe, und zwar V. 12–14, 15–18, 19–21, 22–25 und 26–28, wobei der erste, dritte und fünfte Spruch drei Zeilen, während der zweite und vierte vier Zeilen haben würden. Doch thematisch würden bei dieser Einteilung ganz unterschiedliche Sprüche kombiniert werden, was besonders die zwei ersten betrifft; daher dürfte es sich empfehlen, beim ersten Spruch V. 12 als Einleitung zu verselbständigen und den nächsten Spruch (V. 15–18) zu teilen, wobei man die folgende sieben Kleineinheiten erhält: 12, 13–14, 15–16, 17–18, 19–21, 22–25, 26–28. Das ergibt zwar „Sprüche unterschiedlicher Länge“ (Meinhold 389 f), aber im Ganzen dürfte es sich nun um eine relativ große, obwohl komplex komponierte, Redeeinheit handeln, wie im Hauptteil I (Kap. 1–9); und zudem fällt auf, dass „Herz“ (*leḇ*)[40] als wiederkehrendes Stichwort (V. 12. 15. 17. 19. 26) das Ganze verbindet. Sodann grenzt sich diese Sammlung von den zwei umgebenden Kompositionen klar ab, und zwar am Anfang von der besonderen Sammlung der Zehn Worte (22, 17–23, 11) und am Ende von dem Spottlied über den Trunkenbold (23, 29–35). Die Gattung der Sammlung ist, vom dritten Spruch (V. 15–16) abgesehen, die Form einer Ermahnungsrede, die meistens begründet ist. Ein sammelndes Thema ist das der Erziehung, was den Weisen vor allem am Herzen lag.

Die *erste* Kleineinheit, V. 12, ist ein Mahnungswort, das ohne Begründung ist, und das den Charakter einer einleitenden Aufforderung zum Hören hat (vgl. etwa 1, 8; 2, 1–4; 4, 1; 5, 1). Nun ist zwar die Stellung des ersten Verses angefochten worden, indem man V. 12 mit dem Vorangehenden hat verbinden wollen, doch kaum mit Recht; denn, wie oben gezeigt, bildet 23, 11 einen geeigneten theologischen Abschluss der Sammlung der Zehn Worte (22, 22–23, 11), während sich 23, 12 thematisch mit dem Folgenden verbindet; dazu kommt V. 12 dem einleitenden Vers der vorigen Sammlung, 22, 17, nahe, so einigermaßen auch 23, 26 am Ende dieser Sammlung, zumal an diesen Stellen „Herz“ ein Thema ist. Im Übrigen ist das öfter anzutreffende hebr. Lexem *mûsār* ein zentraler Begriff. Das Wort meint zunächst ‚Züchtigung/Zucht‘, die körperlich praktiziert werden konnte, und zwar sowohl in

[40] Zu „Herz“ als „Chiffre für Verstand, Emotion und Verantwortung“, vgl. Hausmann, Menschenbild, 178–186.

den ägyptischen Weisheitsschulen[41] als auch in den israelitischen Weisheitskreisen (vgl. 13, 24; 19, 18; 22, 15); darüber hinaus weist das Wort einen breiten Bedeutungsbogen auf, der vom Konkreten zum Überführten reicht. So kann es sowohl mündliche „Zurechtweisung" als auch „Belehrung" und „Erziehung" sowie resultativ „Bildung" bedeuten und zudem ein Wechselbegriff zu „Weisheit" und „Einsicht" sein (vgl. etwa 1, 2–3; 8, 33);[42] ferner ist zu beachten, dass mehrmals gegen strenge Bestrafungen gewarnt wurde (19, 18; 23, 13 f; 29, 15). So wird man in dieser Beziehung wohl von einer gewissen humanisierenden Tendenz in der israelitischen Weisheitsüberlieferung reden dürfen; und dabei liefert die gegenwärtige erste Einheit einen aufschlussreichen Beitrag zu diesem Bild der ‚Vergeistigung' der Zucht. Denn im V. 12 – mit einer Verbalform in Front und einem folgenden Chiasmus – heißt es nun: „Wende (imp. ‚bringe' *hāḇîʾâ*) zu Zucht dein Herz / und dein Ohr zu Reden des Wissens".[43] Wenn in dieser doppelten Aufforderung die Parallelität von „Herz/Verstand" und „Ohr" (in 22, 17 umgekehrt) mit der einzigartigen Parallele von „Zucht" und „Reden des Wissens", das sich auf das aktuelle Reden der Weisen beziehen mag, kombiniert worden ist, dürfte wohl hier das äußere und innere Aufnehmen der Verkündigung und Lehre der Weisen gemeint sein.

Die *zweite* Kleineinheit, V. 13–14, ist ein begründetes Mahnungswort, das durch Vetitiv eingeleitet ist, und das mit dem Vorangehenden durch „Zucht" als thematisches Stichwort (V. 13 a) verbunden ist. Doch mag die Ortung der im V. 12 ‚vergeistigten' Bedeutung der „Zucht" eben vor diesem Mahnungswort vielleicht auch korrigierend geschehen sein, weil die „Zucht" im Mahnungsteil (V. 13 a) nun in Beziehung zu den invertiert wiederholten „Rute" (*šeḇäṭ*) und „Schlag" im kunstvoll gestalteten Begründungsteil (V. 13 b-14) gesetzt worden ist und dabei ein durchaus negatives Profil erhalten hat; zudem wird die Zucht einem Wort in der Weisheitsschrift des Achikar nahegebracht, wenn es da in Z. 81–82 heißt:[44]

Verschone deinen Sohn nicht vor der Rute.
Wenn du (ihn) nicht erretten kannst, so …
Wenn ich dich schlage, mein Sohn, so wirst du nicht sterben.
Wenn ich dich aber dir selbst überlasse, so …

Dem Mahnungswort fehlt eine direkte Begründung, doch mag sie indirekt in V. 13 b.14 b vorliegen; und insofern als diese ‚Begründung' auch die positiven Folgen der Zucht betont, dass nämlich die harte Zucht das Leben vor Tod und Unterwelt zu retten vermag, wird das sonst negativ gezeichnete Bild der Zucht dadurch einigermaßen gemildert.

---

[41] S. bes. Brunner, Altägyptische Erziehung, 56 ff.131 ff.

[42] Vgl. Ges[18] 473. 644; sonst Sæbø, THAT I, 738–742; Branson, ThWAT III, 668–697.

[43] Die Kombination der Verbalform mit diesen Objekten ist einmalig, s. Fox 733; in Bezug auf ‚Herz' s. sonst etwa Hausmann, Menschenbild, 179–181; F. Stolz, THAT I, 861–867, bes. 863.

[44] So nach der Übersetzung bei Römheld, Wege, 51; vgl. die Übersetzung von I. Kottsieper in TUAT III, 334.

Die *dritte* Kleineinheit, V. 15–16, die einen chiastischen Aufbau hat, stellt keine Mahnung dar, hat aber – wie die Mahnungsworte in V. 19–28 – die spezifische Anrede: „Mein Sohn“. Diese Anrede lässt sich sowohl in einem engeren Sinne, wie wenn der Vater redet, als auch in einem erweiterten Sinne, wie wenn der Weise seinen Schüler anspricht, verstehen (vgl. etwa 1, 10. 15; 2, 1; 3, 1; 5, 1; 6, 1); und vielleicht will sie unentschieden beides ausdrücken. Im Übrigen macht diese Kleineinheit, die chiastisch gebaut ist, eine auffällige oder überraschende Aussage aus, weil sie unter einer Bedingung („wenn“ *'im*) steht: „wenn dein Herz weise ist …“; es ist etwas Gedachtes: Gesetzt der Fall, dass dein Herz weise sein sollte (V. 15 a), dann würde auch mein Herz sich freuen können (V. 15 b); eine Mahnung dürfte wohl hier noch inbegriffen sein, sie wird aber nur indirekt ausgesagt: Möge dein Herz sich weise zeigen! Vielleicht ist damit auch ein Ideal ausgesprochen, und vielleicht steht das Bild des weisen Königs Salomo im Hintergrund; er hat in Gideon um „ein hörendes Herz“ erbetet, und sein Gebet wurde von Jahwe erhört, denn er will ihm „ein weises und verständiges Herz“ geben (1Kön 3,9–12); dabei ist aber noch zu beachten, dass der Begriff ‚hörendes Herz‘ „speziell auf ägyptische Vorstellungen zurückzugehen“ scheint.[45] Das „weise Herz“ verstand zu „reden, was Redliches (*y^{e}šārîm*) ist“ (V. 16 b; vgl. V. 23; sonst 2, 2; 14, 33; Hi 17, 4). Wenn dies sich erfüllen würde, dann würden auch das „Herz“ und die „Nieren“ des Vaters, d. h. – in unserer Sprache – sein ‚Kopf‘ und seine Gefühle, also die ganze Person, „sich freuen“ und „frohlocken“.

Die *vierte* Kleineinheit, V. 17–18, die ein begründetes Mahnungswort ausmacht, stellt ein völlig anderes Thema vor; das geschieht gleich am Anfang durch die einleitende Vetitiv-Form: „Eifere sich nicht/sei nicht neidisch (*'al-y^{e}qanne'*) dein Herz“ (s. ferner 24, 1. 19). Es geht also um ein „sich erhitzen/ereifern“ bzw. „neidisch sein“ (vgl. das Abstraktum „Eifer/Eifersucht“, *qin'â*). Einmalig ist aber hier „dein Herz“ als Subjekt, während das Objekt, wie sonst, ein böser Mensch oder öfter ein Kollektiv frevelhafter Männer und an dieser Stelle allgemein die „Sünder“ (*ḥaṭṭā'îm*) sind (vgl. 1, 10; sonst 3, 31: „Gewalttäter“; 24, 1: „böse Menschen“; 24, 19: „Übeltäter“ und „Frevler“; s. ferner Ps 37, 1; 73, 3; Jer 12, 1; Mal 2, 17; 3, 13–15). Inhaltlich – wenn nach dem Gegenstand des Eifers oder des Neids gefragt wird – geht es um die tief anfechtende Frage, die durch Frage nach der Gerechtigkeit Gottes noch verschärft wird, nämlich warum es den Sündern doch gut gehe (vgl. etwa Ps 73, 3). Der Spruch will wohl dann beim heiklen Problem der Theodizee aushelfen, und das geschieht auf eine ganz praktische und recht einfache Weise, und zwar durch die doppelte Mahnung, von der Eifersucht gegen die Sünder abzulassen (V. 17 a), und sich allezeit, „den ganzen Tag“, auf den Eifer für die Furcht vor Jahwe zu konzentrieren (V. 17 b), oder aber die dem Einzelnen mögliche Wendung vom Negativen zum Positiven vorzunehmen; und

---

[45] So M. Noth, Könige, BK IX/1, Neukirchen-Vluyn 1968, 42. 51, und zwar mit Hinweis auf H. Brunner, Das hörende Herz, ThLZ 79 (1954) 697–600; s. nun auch Ansberry, Be Wise, My Son, 119–124.

die Begründung ist die ermutigende Verheißung, dass es noch „Zukunft" (*'aḥ^{a}rîṯ*) und „Hoffnung" (*tiqwâ*) geben wird (V. 18; vgl. 24, 14; Jer 29, 11; s. sonst unten zu 24, 1. 19).

Die *fünfte* Kleineinheit, V. 19–21, besteht aus einem doppelten Mahnungswort (V. 19–20) und einer Begründung (V. 21), die durch „denn" (*kî*) eingeleitet ist, und die sich nur auf das zweite Mahnungswort bezieht. Wenn die beiden Teile des doppelten Mahnungsworts (V. 19 u. 20) je wiederum doppelt geformt sind, und wenn die erste Mahnung zudem recht feierlich durch „Höre, du mein Sohn" eingeleitet ist, erhält das ganze Mahnungswort eine etwas barocke Gestalt. Thematisch ist das Mahnungswort zweigeteilt, und zwar auf eine vielleicht überraschende Weise. Die erste doppelte Mahnung weist zunächst eine für die Weisen bezeichnende Verknüpfung auf: „Höre – und werde weise" (*š^{e}maʿ – waḥ^{a}ḵām*), zumal die Weisheit durch das Hören der erziehenden Verkündigung der Weisen kommt (V. 19 a); demnächst fährt sie mit der Mahnung fort, dass der Angeredete sein „Herz", also Sinn und Gedanken, „auf geradem Weg" lenken soll (V. 19 b), was wohl die praktische Folge der ersten Aufforderung ausdrücken will, damit er sich nicht nur als Hörer, sondern auch als Täter der Lehre der Weisen erweist (vgl. Jak 1, 25); denn „Weg" und Wandel werden von den Gedanken des Gemüts gelenkt (vgl. 4, 11. 14; 8, 20; 9, 6; 16, 21). Das zweite Mahnungswort, das eine Warnung ausspricht, die auch begründet wird (V. 20–21), scheint ein ganz neues Thema aufzugreifen, wenn er von „Weinsäufern" und „Fleischprassern", also von Schwelgerei, redet (vgl. 20, 1; 28, 7); doch mag der Sinn dieser Koppelung wohl darin liegen, dass das Mahnungswort die vorangehende positive Mahnung warnend veranschaulichen und exemplifizieren will, was durch die die Folgen einer Verarmung erweisende Begründung (vgl. 6, 9–11; 19, 15; 20, 13; 24, 34) noch erweitert wird: So geht es dem, dessen Herz sich nicht als weise erweist und sich auch nicht „auf geradem Weg" lenken lässt!

Die *sechste* Kleineinheit, V. 22–25, ist um einen Vers länger als ihre Nachbareinheiten (V. 19–21 und 26–28), was daran liegen mag, dass die Mahnung, V. 22, um einen Vers erweitert ist, der nun den Zusammenhang von V. 22 und 24–25 unterbricht (zu v. 23 s. die Folge von 4, 1–4 und 4, 5–9; sonst 16,16);[46] vielleicht gehört auch V. 24 zu dieser Erweiterung. Das Mahnungswort greift das häufig belegte Thema des Verhältnisses zwischen dem Sohn und seinen Eltern wieder auf (vgl. 1, 8–9, sonst etwa 4, 3–4; 6, 20; 10, 1; 15, 20; 19, 26; 20, 20; 28, 7; 30, 11. 17). Es geht vor allem darum, den Eltern, die ihm das Leben gegeben und ihn erzogen haben, Respekt zu erweisen (vgl. Ex 20, 12; Dtn 5, 16), auch wenn sie alt geworden sind, zudem noch darum, ihnen Freude zu geben, wenn sich der Sohn als einen „Gerechten" (*ṣaddîq*) und „Weisen" (*ḥāḵām*) erweist (V. 24). Der Gegentypus ist der „störrische und trotzige Sohn" (Dtn 21, 18–21).

[46] Dass V. 23, wie 4, 5. 7, in G fehlt (s. o.), mag theologisch begründet sein, so BHQ 33*; vgl. Meinhold 394 f.

Die *siebente* Kleineinheit, V. 26–28, ist ein Mahnungswort mit erweiterter Begründung, indem der letzte Vers, V. 28, nun die durch „denn“ eingeführte Begründung (V. 27) anhand einer Steigerung („ja, sie“ *ʾap̄-hîʾ*) erweitert. Die Aufforderung im V. 26 ist besonders bemerkenswert, denn wer redet so: „Gib mir dein Herz“ und „deinen Augen mögen meine Wege gefallen“? Es wird mit einer Vollmacht geredet, die einem Vater oder Weisen oder auch anderen Menschen doch fremd sein würde. In Frage käme wohl nur die personifizierte Weisheit, die mit ihren werbenden Reden in der ersten Sammlung eine so markante Stellung hat (s. bes. 1, 20–33 und Kap. 8). Es geht darum, dass die Weisheit das Herz des Angeredeten beschlagnahmen will, so dass er seinen Wandel auf ihren „Wegen“ führen kann. Auf diese Weise dürfte diese letzte Mahnung auch mit der einleitenden im V. 12 einen verbindenden Rahmen noch ausmachen. Doch darüber hinaus weist die erweiterte Begründung vor allem zur Sammlung I eine Nähe auf, wenn sie von den verhängnisvollen Gefahren der „Hure“ (*zônâ*) und „fremden Frau“ (*nŏḵriyyâ*) redet (vgl. 5, 3 ff; 7, 6 ff; 9, 13 ff) und sie zunächst mit einer gefährlichen „tiefen Fanggrube“ (*šûḥâ*, auch 22, 14) und einem „engen Brunnen“ (V. 27; vgl. Gen 37, 18–24; Jer 18, 20. 22; 38, 6; Klgl 3, 53. 55–56) und sodann mit einem lauernden „Räuber“ (V. 28 a; vgl. 7, 13–21) vergleicht. Das Endergebnis, das warnend am Ende geschildert wird, erweist sich aber darin, dass die „Treulosen“ (*bôḡeḏîm*), die sie verführt, nur noch vermehrt werden (V. 28 b).

23, 29–35: Ein Spottlied auf den Trunkenbold

29 Wer hat Ach? Wer hat Wehe?
Wer hat Gezänk? Wer hat Klage?
Wer hat Wunden ohne Grund?
Wer hat gerötete[47] Augen?
30 Jene, die spät beim Wein sitzen;
jene, die kommen, den Mischtrank zu kosten.
31 Schau nicht den Wein an, wenn er rot schimmert,
wenn er im Becher[48] ein Auge wirft;
er gleitet leicht hinunter.
32 Am Ende beißt er wie eine Schlange,
und spritzt wie eine Viper.[49]
33 Deine Augen sehen Fremdartiges,
und dein Herz redet Verworrenes.

---

[47] Vgl. Meinhold 390. 397; Fox 740 („bloodshot eyes“), sonst öfter „trübe Augen“, s. Ges[18] 348; Plöger 260.

[48] So mit qere und den Vers., vgl. BHS; BHQ.

[49] Verdeutlichend hat G (s. BHS) ‚Gift‘ hinzugefügt; vgl. HAL 918; Gemser 88; Plöger 264; Fox 740.

34 **Dann bist du wie einer, der mitten im Meer liegt,**
und wie einer, der im Mastkorb[50] liegt.
35 **„Man hat mich geschlagen, es schmerzte mich nicht;**
man hat mich verprügelt, ich spürte es nicht.
Wann werde ich nüchtern[51] sein,
damit ich fortfahren kann, ihn[52] wieder zu suchen?“

Lit.: M.E. Andrew, Variety of Expression in Proverbs XXIII 29–35, VT 28 (1978) 102–103.

Diese komplexe Großeinheit ist aus verschiedenen Formelementen aufgebaut und macht doch ein thematisches Ganzes aus. Sie beginnt mit einer katechisierenden Frageform oder aber mit der Form eines sechsfachen Rätsels (V. 29), dessen Lösung im nächsten Vers gegeben wird (V. 30); beides ist der Redeweise und Erziehung der Weisen eigen (vgl. 1,6; aus den Hofkreisen s. etwa Ri 14,12–18; 1Kön 10,1). Danach folgt eine Warnung, die vielleicht den Kern der Einheit ausmacht: „Schau nicht den Wein an“ (V. 31 aα); sie ist aber zu kurz, um recht sinnvoll zu sein, weshalb sie gleich ausgefüllt wird, und zwar durch eine Schilderung der verlockenden Macht des funkelnden Weins (V. 31 aβbc) sowie der traurigen Folgen der Trunkenheit; denn „am Ende“ beißt der Wein „wie eine Schlange“ und spritzt Gift „wie eine Viper“ (V. 32); darauf setzt sich die herbe Schilderung der Folgen für den Trunkenbold fort (V. 33–35), teilweise anhand einer malenden Metaphorik sowie durch ein Selbstzitat des Betrunkenen. Diese Schilderungen fungieren wie eine breit ausgeführte Begründung der kurzen Warnung am Anfang von V. 31.

Das thematisch vereinte Ganze macht ein ironisches – und auch recht humorvolles – Gedicht über den Trunkenbold und die traurigen Folgen seiner Trunkenheit aus; am besten ließe es sich als ein Spottlied auf den Trunkenbold bezeichnen. In Bezug auf seine Ortung fällt zunächst auf, dass dieses Spottlied dem obigen warnenden Mahnungswort gegen die Weinsäufer und Prasser (V. 20–21) nahe kommt; es geht dabei nicht um Essen und Trinken an sich, sondern um Völlerei und Schwelgerei; so auch nicht um den üblichen Gebrauch des Weins (vgl. etwa 9,2; 31,6–7; Ps 104,15; Koh 9,7; 10,19), sondern um seinen verhängnisvollen Missbrauch. Demnächst ist zu beachten, dass das Spottlied direkt auf eine Warnung gegen die Hure und die „fremde Frau“ (V. 27–28) folgt; diese Abfolge mag wohl dann eine Doppelwarnung gegen gefährliche Frauen und gefährliches Weintrinken sein wollen (vgl. die ähnliche Warnung gegen Frauen und Wein in 31,3–5). So mag die Ortung des Spottlieds keine zufällige, sondern eine ganz bewusst gemachte sein.

---

50 Zum Wort, das ein hap. leg. ist, und dessen Bedeutung unsicher bleibt, s. Ges[18] 319.
51 Wörtlich: „wach“ (s. 6,22); vgl. Meinhold 390.
52 Gemeint ist der Wein.

24,1–22: Eine kleine Sammlung weiser Worte

1 Sei nicht neidisch auf böse Menschen
und begehre nicht, bei ihnen zu sein!
2 Denn Gewalttätigkeit plant ihr Herz,
und von Unheil reden ihre Lippen.
3 Durch Weisheit wird ein Haus gebaut,
und durch Einsicht wird es befestigt;
4 und durch Wissen werden die Kammern gefüllt
mit jeglichen kostbaren und lieblichen Gütern.
5 Ein weiser Mann hat Stärke,
und ein verständiger Mann vermehrt seine Kraft.[53]
6 Denn durch Führungskunst gewinnst[54] du den Krieg
und den Sieg durch eine Menge von Beratern.
7 Zu hoch[55] ist die hohe Weisheit[56] für den Toren;
im Tor kann er seinen Mund nicht auftun.
8 Wer zu schaden sinnt,
den nennt man einen Ränkeschmied.
9 Der böse Plan der Torheit ist Sünde;
und ein Gräuel für die Menschen ist der Spötter.
10 Zeigst du dich schwach am Tage der Bedrängung,
ist knapp deine Kraft.[57]
11 Rette, die zum Tode gebracht werden,
und die zur Hinrichtung wanken, halte zurück!
12 Wenn du sagst: „Siehe, wir haben dies nicht gewusst“,
wird nicht er, der die Herzen prüft, es durchschauen?
Der deine Seele beobachtet, wird wissen
und dem Menschen nach seinem Tun vergelten.
13 Iss Honig, mein Sohn, denn er ist gut;
und Honigseim ist süß für deinen Gaumen.
14 Wisse, genauso ist deiner Seele die Weisheit;
hast du sie gefunden, gibt es eine Zukunft,
und deine Hoffnung wird nicht zunichte.

---

[53] BHS schlägt mit G Komparativ vor; vgl. Gemser 88; Ringgren 95; McKane 249; dagegen halten Barucq (186), Plöger (264) und Meinhold (399) am MT fest; dafür spricht auch der Parallelismus.

[54] Wörtlich: „machst du dir“; zu ‚Führungskunst‘; s.o. zu 1,5 und Anm. 24.

[55] Die Bedeutung von *rā'môṯ* ist unsicher; in Ez 27,16 und Hiob 28,18 kann es etwa „kostbare Korallen“ bedeuten; aber es mag hier auch als Sonderform von *rāmôṯ* ‚hoch‘ verstanden werden; vgl. HAL 1085f; Murphy 178f.

[56] Zur Pluralform s.o. zu 1,20; vgl. Bühlmann, Reden, 215–219.

[57] Zum schwierigen Text s. BHS; BHQ 51f*; zur Paronomasie in der Mitte s.u.; vgl. Meinhold 404; Fox 745f.

15 **Belaure nicht, Frevler,[58] des Gerechten Wohnplatz;**
zerstöre nicht seine Lagerstätte!
16 **Denn siebenmal fällt der Gerechte und steht wieder auf;**
aber die Frevler straucheln durch Bosheit.[59]
17 **Wenn dein Feind[60] fällt, freue dich nicht,**
und wenn er strauchelt, juble nicht dein Herz,
18 **damit nicht Jahwe es sieht und missbilligt**
und seinen Zorn von ihm abwendet.
19 **Erhitze dich nicht über die Übeltäter;**
ereifere dich nicht gegen die Frevler!
20 **Denn es gibt keine Zukunft für den Bösen;**
die Leuchte der Frevler wird verlöschen.
21 **Fürchte Jahwe, mein Sohn, und den König;**
mit Andersgesinnten[61] lasse dich nicht ein!
22 **Denn plötzlich kommt ihr Verderben**
und das Unheil der beiden[62] – wer weiß?

Während die vorangehende Komposition des Spottlieds den Redeeinheiten in Sammlung I (Kap. 1–9) formal ähnlich ist – wie so vieles in Sammlung III, ähnelt diese letzte Teilsammlung aber mehr der Zweiten Sammlung (10, 1–22, 16), wo die einzelnen Sprüche vorherrschend sind; denn auch das Gepräge von 24,1–22 ist weithin von den recht unterschiedlichen Einzelsprüchen bestimmt; doch gibt es gewisse Spruchgruppierungen, aber ihre Abgrenzung und Bestimmung ist schwierig; die Sammlung ist in der Tat „durch einen Mischcharakter geprägt" (Plöger 278). Wie die Sammlung formal ein breites Spektrum aufweist, so auch inhaltlich; denn thematisch wechseln die Einzelsprüche sehr; mehrere kommen auch sonst vor; allgemein rühren sie von der reichen Erfahrungsweisheit her. Gott ist zweimal direkt und einmal indirekt erwähnt; direkt kommt der Jahwe-Name in einer Begründung (V. 18) und sodann – von strukturell größerer Bedeutung – am Anfang des letzten Mahnungsworts (V. 21–22) vor, wo wohl Jahwe rahmend mit dem Anfang der Sammlung III (vgl. 22, 19. 23) verbinden mag; der ungenannte ‚er' im V. 12 b wird ebenfalls Jahwe sein.

---

[58] Statt Anrede, die doch sonst im Vers vorliegt, liest etwa Plöger 262: „als Frevler", EÜ: „frevlerisch", während BHS das Wort auslässt; doch beides dürfte sich erübrigen.

[59] So mit Meinhold 400; doch mag *b^erā^cāh* doppelsinnig sein und kann auch „Unglück" (so Gemser 88; Plöger 262) bzw. „Unheil" (so Ringgren 95) meinen.

[60] Es wird mit qere und übereinstimmend mit der zweiten Vershälfte Sing. gelesen; s. BHS.

[61] So mit GesB 851, von Vb. *šnh* II ‚verschieden sein/sich ändern'; vgl. HAL 1476; Wildeboer 70; Hausmann, ebd. 137; auch Ges[18] 1392: „Mit Andersdenkenden"; Plöger 262: „Mit solchen, die anders denken"; Meinhold 400: „Mit Veränderern"; anders HAL 1477 f.1482, von *šnh* III ‚erhaben sein': „Hochgestellte"; vgl. Ringgren 96 der, mit Kopf, VT 9 (1959) 280, „mit Leuten von hohem Rang" hat; mit der sehr abweichenden G hat BHS (nicht BHQ) für V. 21 b eine breite, doch wenig überzeugende Konjektur, der aber Fox 751 f folgt: „Do not anger either of them".

[62] D. h. von Jahwe und dem König; vgl. McKane 406; s. sonst den Abschluss der vorigen Anmerkung.

Formal verteilen sich die Einzelsprüche erstens auf Mahnungsworte verschiedener Art, die größtenteils durch „denn“ (*kî*) begründet sind, und zweitens auf Aussagen oder Sentenzen, die ebenfalls recht unterschiedliche Formen aufweisen. Die meisten Mahnungsworte beginnen mit Vetitiv und sind somit Warnungen (V. 1, 15, 17, 19), während einige Mahnworte positiv durch Imperative geformt sind (V. 11, 13, 20 a); dabei weisen allerdings die zwei Mahnworte V. 11–12 und V. 13–14 ganz besondere und erweiterte Formen auf. Die Sprüche von Aussagecharakter sind in V. 3–10 gesammelt, unter denen ein Spruch noch begründet zu sein scheint (V. 5–6);[63] gelegentlich gibt es Anrede (V. 6. 10). In formaler Hinsicht greifen einzelne Einheiten der Sammlung auf einander über;[64] dabei ist aber das so Verwobene nicht immer leicht zu trennen. Das darf etwa in Bezug auf das Verhältnis zwischen dem Mahnungswort im V. 1 und den zwei folgenden Aussagesprüchen (V. 3–4. 5–6) der Fall sein, indem die Verse 1, 3 und 5 jeweils mit den drei ersten Buchstaben des hebräischen Alphabets anfangen und somit eine abgekürzte, aber wohl intendierte akrostische Folge auszumachen scheinen, zumal diese kleine Sammlung auch 22 Verse hat.[65] Doch thematisch liegt eine Verbindung zwischen dem ersten Mahnungswort (V. 1–2) und dem ersten Aussagespruch (V. 3–4) kaum auf der Hand.

Das Mahnungswort von V. 1–2, das als Mahnung hier allein steht – bevor die Reihe der Aussagesprüche (V. 3–10) übernimmt, mag eine einleitende Funktion haben; auch diese Sammlung will wohl eine werbende Anrede sein (vgl. auch V. 6 u.10). Das Mahnungswort greift ein besonders heikles Thema auf, das auch oben vorkommt und erörtert worden ist (3, 31; 23, 17), und das unten noch wiederkehrt (V. 19). Es wird kurz angekündigt (V. 1 a; 19 b): „Sei nicht neidisch/ereifere dich nicht“ (*'al-tᵉqanne'*), oder V. 19 a: „Erhitze dich nicht“ (*'al-tiṯhar*); und das Objekt, das in 3, 31 „Gewalttäter“ und in 23, 27 „die Sünder“ war, ist nun „böse Menschen“ (V. 1 a.20 a) bzw. die „Übeltäter“ und „Frevler“ (V. 19. 20 b). Das, worum es nun geht, besteht vor allem in der anfechtenden Erfahrung, dass die bösen und unheilschwangeren Menschen nicht nur geduldet werden, sondern dass es ihnen sogar gut geht; und im Hintergrund steht das vor allem in der späten Zeit schwere theologische Problem der Theodizee (vgl. noch Ps 37, 1; 73, 3 sowie etwa Mal 3, 13–15). Dieses Problem wird aber an den genannten Stellen nicht theoretisch, sondern durch praktische Weisungen ‚gelöst‘; auf die erste Aufforderung (V. 1 a) folgt die einfache nächste, die dazu mahnt, die Gemeinschaft der Bösen zu meiden,

[63] Die einleitende Partikel *kî* „denn“ (V. 6) ist textlich umstritten, s. BHS; BHQ.

[64] Vgl. Meinhold 400–401, der sowohl auf „die geschachtelte Anordnung der Sprüche“ hinweist als auch eine Dreiteilung der Sammlung vornimmt, und zwar 1) V. 1 mit 7–9. 10–12; 2) V. 3–6. 13–14; 3) V. 15–20, wonach der letzte Spruch folgt, der nicht nur das Vorangehende begründen kann, sondern der „mit der Zusammenstellung von JHWH und dem König auch auf den Anfang der Hauptsammlung E [d. h. V, Kap. 25–29] (25, 2 f.)“ weist.

[65] Vgl. Meinhold 401; Fox 743, mit Hinweis auf V.A. Hurowitz, An Often Overlooked Alphabetic Acrostic in Proverbs 24:1–22, RB 107 (2000) 526–540.

um nicht in den Bann ihrer Bosheit zu geraten (V. 1 b; vgl. 1,10; 3,31 b), „denn" (*kî*), wie die Begründung (V. 2) besagt, mit „Herzen" und „Lippen" – was wohl ein Merismus für ihre ganze Person sein darf – planen die Bösen nur „Gewalttätigkeit" (*šoḏ*) und „Unheil" (*ʿāmāl*); und die Begründung der nächsten Aufforderung in diesem Punkt (V. 19) fügt noch versichernd hinzu, dass es „für den Bösen" keine „Zukunft" (*ʾaḥᵃrîṯ*) gibt, und dass „die Leuchte (*ner*) der Frevler verlöschen wird" (V. 20; vgl. 13,9; 20,20 b; 23,18; Hi 18,5–6). So darf das unheilvolle, aber vergängliche Tun der Bösen letzten Endes doch nicht wert dem Neid der Gerechten sein.

Die Reihe der Aussagesprüche, V. 3–10, besteht aus zwei zweizeiligen (V. 3–4. 5–6) und vier einzeiligen (V. 7. 8. 9. 10) Sprüchen. In den drei ersten Sprüchen (V. 3–7) ist die Weisheit das sammelnde Thema; dabei bezieht sich die Weisheit im ersten Spruch auf das Gelingen des häuslichen Lebens (V. 3–4; vgl. 3,10; 14,1), im zweiten Spruch auf das kraftvolle Gelingen des Mannes, vor allem im Krieg, wenn er dazu kluge Berater hat (V. 5–6; vgl. 11,14; 15,22; 20,18), und im dritten Spruch auf den schroffen Gegensatz zwischen der „hohen Weisheit" (*ḥōḵmôṯ*, vgl. 1,20; 9,1; 14,1) und dem Toren, der sich im öffentlichen Raum, „im Tor", durch seinen Mangel an Weisheit nur unbeholfen zeigt (V. 7; vgl. etwa 3,35; 13,16 b; 17,7; 18,6 f). Sodann sind in den einzeiligen Sprüchen von V. 8–10 drei Erfahrungsbeispiele aus dem Alltag gesammelt, und zwar kommt zunächst eine einfache ‚Definition' des „Ränkeschmids" (*baʿal-mᵉzimmôṯ*) als eines Mannes, der „zu schaden sinnt" und also nur daran denkt, Schaden anzurichten (V. 8; vgl. 16,28; 17,9). Demnächst folgen zwei weitere ‚Definitionen', von denen sich die erste (V. 9) wieder mit der „Torheit" (*ʾiwwälät*) beschäftigt, aber nun stärker unter einem religiösen Gesichtspunkt. Denn der „böse Plan" der Torheit – mit charakterisierendem Abstraktum für das Konkrete – wird als „Sünde" definiert, während der „Spötter" (*leṣ*), der sonst öfter als Antitypus zum Weisen auftritt und hier ein Synonym zum Toren ist (vgl. 1,22; 13,1; 21,24), als ein „Gräuel/Abscheu für die Menschen" bezeichnet wird (V. 9 b).[66] Demnächst lässt sich aber der Text und Sinn des letzten einzeiligen Spruchs (V. 10) nur schwer deuten.[67] In seiner Mitte hat er Paronomasie (*ṣārâ* ‚das Enge/Bedrängung/Not' – *ṣar* ‚eng/knapp'; HAL 984. 986); und sonst mag er eine Verbindung zum V. 5 haben, wenn dabei „Kraft" als Stichwort gerechnet werden darf. Inhaltlich geht es allgemein um die physische und, vielleicht vor allem, die geistige Kraft einer Person, die sich besonders in Zeiten von Not und Bedrängnis zu bewähren hat. Zudem fällt auf, dass der Spruch trotz seiner Aussageform die Anrede – nach V. 1 und 6 – wieder aufnimmt; dadurch bezieht sich der Spruch wohl auch auf das Mahnungswort in

---

[66] Wohl etwas überraschend, denn „Gräuel" steht öfter im Verhältnis zu Jahwe, vgl. 3,32; 16,5; sonst HAL 1569.

[67] Ob im Kolon B etwas ausgefallen sei, vgl. BHS; Ringgren 95, bleibt sehr unsicher; vgl. Plöger 281; Fox 745 f.

V. 11–12, und eine Verzahnung zwischen dem Aussageteil und dem Mahnwortteil entsteht.[68]

Unter den Mahnsprüchen, die sich meistens im sozialen Raum bewegen, nehmen die mit Imperativ eingeleiteten Sprüche in V. 11–12 und 13–14 eine Sonderstellung ein, indem sie alle beide, wie schon erwähnt, eine erweiterte Form aufweisen; inhaltlich sind sie aber ganz verschieden. Beim ersten Spruch (V. 11–12) wird ein Fall verhandelt und es geht darum, sich nicht zu entschuldigen (V. 12 a), sondern vielmehr mit Mut und Kraft dann einzugreifen, wenn es gilt, Hilfe in tiefster Not zu leisten – konkret handelt es um Personen, die zum Tod verurteilt sind (V. 11 b); es wird dabei zur selbstlosen Tat des Rettens und Einschreitens aufgefordert (V. 11; vgl. V. 10). Wer nun zu so einer Tat befugt sein mag, lässt sich allerdings nicht ermitteln; es darf aber beachtet werden, dass zur Form des Mahnungsworts auch in diesem konkreten Fall der allgemeine Charakter seiner Gestaltung gehört. Es fällt zudem auf, dass diese Aufforderung zum Einschreiten und damit zu einem mutigen ethischen Handeln ohne eine direkte Begründung ist, doch hat die Mahnung indirekt eine religiöse Begründung erhalten, wenn auf den hingewiesen wird, „der die Herzen prüft“ und „der deine Seele beobachtet“, also Jahwe, denn er wird „durchschauen“ und er „wird wissen und dem Menschen nach seinem Tun vergelten“ (V. 12 aγb; vgl. 12, 14; 16, 2; 21, 2); hinter der ethischen Forderung steht unbedingt Gott, wenn auch mit dem Zusammenhang von Tun und Ergehen noch gerechnet wird. Ganz anders verfährt aber das nächste erweiterte Mahnungswort, V. 13–14. Es fordert zunächst zum Honigessen auf, weil es „gut“ und heilsam ist (V. 13; vgl. 16, 24). Die erste Mahnung scheint wohl nur ein ‚Sprungbrett‘ für die nächste und gewiss wichtigere Aufforderung zu sein: „Wisse, genauso ist deiner Seele die Weisheit“; denn wenn man sie „findet“, dann gibt es mit ihr „Zukunft“ und „Hoffnung“ (V. 14; vgl. 23, 18). So darf dieses Mahnungswort vor allem davon handeln, die Weisheit zu suchen (vgl. auch etwa 2, 1–4); denn eben sie ist „gut“ und heilsam, wie Honig.

Die zwei nächsten Mahnungsworte (V. 15–16 und 17–18) sind doppeltgeformten Warnungen, im Vetitiv, die zudem noch doppelt begründet sind, obwohl auf verschiedene Weisen. In dem ersten Warnspruch (V. 15–16) wird der „Frevler“ (*rāšāʿ*) angeredet (V. 15 a), was etwas überraschend ist, insofern als die Frevler gewöhnlich nicht angeredet werden.[69] Thematisch geht es hier allgemein um den Gegensatz Gerechter/Frevler, nun unter dem besonderen Gesichtswinkel, dass der Frevler das Eigentum des Gerechten („Wohnplatz/Haus“ und „Lagerstätte“ der Tiere) „belauert“ und „zerstört“ (V. 15); wenn er nun davor gewarnt wird, dann auch aus dem Grund, dass sich so ein Un-

[68] Während Toy 444 f; McKane 399 f mit Recht für die Eigenständigkeit von V. 10 plädieren, wird der Vers öfter mit V. 11–12 zusammen genommen, vgl. BHS; Plöger 281 f; Meinhold 404 f; Murphy 181; Clifford 215; es dürfte aber hier darauf ankommen, zwischen Eigenständigkeit und Bezogenheit des Spruchs recht zu balancieren.

[69] Diese Abweichung gibt aber kaum einen Anlass zur Textänderung; s. o. zum Text.

ternehmen als völlig aussichtslos ergeben wird. Das wird in der mit „denn“ eingeleiteten Begründung lapidar erklärt, wobei die Begründung wohl als inhaltlich wichtiger als die Warnung anzusehen ist, weil nun der Gegensatz Gerechter/Frevler verschärft zum Ausdruck kommt (V. 16), und zwar kann der „Gerechte“ (*ṣaddîq*) – mit einer runden Zahl – siebenmal „fallen“, welches bedeutet, dass er gewiss nicht von Schlägen und Angriffen frei geht, und doch schlägt das ihn nicht aus, denn er „steht wieder auf“ (*yippôl* ‚er fällt‘ – *wāqām* ‚und steht auf‘), während die „Frevler (*rᵉšāʿîm*) durch Bosheit (*bᵉrāʿāh*)“[70] straucheln und also keinen Bestand haben werden. Das nächste Mahnungswort (V. 17–18), das mit dem vorangehenden durch die Verben „fallen“ (*npl*) und „straucheln“ (*kšl* nif.) als Stichwörter verbunden sein mag, warnt vor Schadenfreude: „Freue dich nicht“ (*ʾal-tiśmāḥ*), wenn dein Feind fällt oder strauchelt, „damit nicht“ (*pän*) Jahwe es missbilligend sehen soll und er „seinen Zorn von ihm abwendet“ (V. 18); wer der „Feind“ (*ʾôyeḇ*) sein mag, wird nicht spezifiziert, sondern ist wohl absichtlich in einer allgemeinen Formulierung gehalten worden. Das Thema kommt aber noch mehrfach vor (vgl. etwa 20,22; 24,29; 25,21; Hi 31,29; Ps 35,15; auch Ex 23,4–6).

Das vorletzte Mahnungswort, V. 19–20, das sich thematisch mit dem einleitenden Spruch im V. 1–2 verbindet, wurde mit ihm erörtert. Mit ihm mag er auch, wie erwähnt, dieser Kleinsammlung einen Rahmen verleihen, wozu das abschließende Mahnungswort (V. 21–22) noch beitragen dürfte; V. 21 a scheint sich zudem noch mit dem Anfang von Sammlung III zu verbinden (vgl. 22,19). Gegenüber den obigen Warnungen gibt diese letzte Mahnung, die anders als der einleitende Spruch die direkte Anrede: „mein Sohn“ hat (V. 21 a; hier nur noch V. 13 a), zuerst die doppelte Aufforderung, Jahwe und den König zu „fürchten“; in dieser einmaligen Zusammenstellung von Jahwe und dem König, den Garanten der guten Ordnung, ist der König zum ersten Mal in Sammlung III erwähnt (V. 21 a; vgl. sonst etwa 16,9–15; 20,8–10. 24–28; Ex 22,27). Demnächst folgt, im Vetitiv, die Warnung, sich nicht „mit Andersgesinnten“ (*šônîm*) einzulassen (V. 21 b), wobei die schwer deutbare Partizipialform *šônîm*, die hier durch „Andersgesinnten“ übersetzt ist, nun wahrscheinlich von der Bedeutung ‚verschieden sein/sich ändern‘ herzuleiten und auf Leute zu beziehen sein mag, die sich in irgendwelcher Opposition zu Gott und König stellen.[71] Die Begründung (V. 22) malt schließlich das unheilschwangere Ende der „Andersgesinnten“ relativ traditionell aus, wenn es heißt, dass „ihr Verderben/Unglück“ (*ʾêḏām*, vgl. 1,26 f; 6,15; 27,10) „plötzlich“ kommt (vgl. 6,15; 29,1), und dass ein mögliches „Unheil/Unglück“ (*pîḏ*) von Gott und König noch aussteht (vgl. 16,14; Hi 12,5; 30,24; 31,29).

Im Übrigen fällt auf, dass der Spruch mit einer kurzen Frage abrupt schließt: „– wer weiß?“ (V. 22 bb), wobei die nähere Beziehung der Frage

[70] Oder „im Unheil/Unglück“, s.o. Anm. 60.

[71] S.o. Anm. 62. Meinhold 408 findet hier: „ein deutliches Beispiel für die konservative Haltung der Weisen“.

schwer zu bestimmen ist. Vielleicht mag dieser Abschluss ein Ausdruck textlicher Labilität am Ende der Sammlung III sein, bevor eine neue Sammlung sich anschließt, zumal die Septuaginta an dieser Stelle noch fünf Verse bietet, von denen vier vom König handelt, und danach 30, 1–14 hier bringt.[72]

So macht Sammlung III – formal wie inhaltlich – ein sehr zusammengesetztes Gebilde aus, das vor allem Fremdes aus Ägypten mit dem Einheimischen und Eigenen verbunden hat, wobei das Fremde völlig im Dienst des Eigenen genommen worden ist.

[72] S. BHK; vgl. Plöger 284; bes. Fox 752 f.

IV. Kapitel 24, 23–34: Zweite Sammlung von „Worten der Weisen"

Diese Sammlung, die die kleinste im Spruchbuch ausmacht, scheint in einer schwierigen Zwischenstellung zu stehen; denn einerseits will sie mit eigener Überschrift eine selbständige Sammlung darstellen, und andererseits stellt sie sich eben durch ihre Überschrift als einen ‚Anhang' zur vorigen Sammlung vor; diese Doppelheit wird noch zu erörtern sein.

Lit.: W. Bühlmann, Vom rechten Reden (1976), 104–109. – G.R. Driver, Problems in the Hebrew Text of Proverbs, Bibl. 32 (1951) 173–197. – R.N. Whybray, Composition (1994), 145–147. – Ders., The Book of Proverbs (1995), 78–85.

24, 23 a: Die Überschrift

23 a **Auch diese sind [Worte] von Weisen.**

Durch ihre Überschrift, V. 23 a, sowie durch die eine neue Sammlung einleitende Überschrift in 25, 1 ergibt sich 24, 23–34 als eine kleine, eigenständige Sammlung. In der Septuaginta, wo die Abfolge einiger Sammlungen anders als in der hebräischen Bibel sowie in den modernen Bibelübersetzungen ist, wird die Eigenständigkeit der Sammlung 24, 23–34 noch dadurch befestigt, dass zwischen ihr und der vorangehenden Sammlung 22, 17–24, 22 der Abschnitt 30, 1–14 und danach zwischen ihr und der folgenden Sammlung 25–29 noch 30, 15–31, 9 geortet worden sind. Andererseits aber ist die Sammlung 24, 23–34 durch die Anschluss-Formel „auch diese" (*gam-'elläh*) sowie durch die Bestimmung „von Weisen" (*laḥᵃḵāmîm*), die dem Ausdruck „Worte der Weisen" in 22, 17 a ähnelt, deutlich an die vorangehende Sammlung 22, 17–24, 22 angeschlossen. Die zusammengesetzte Kleinsammlung 24, 23–34, die einen lockeren Aufbau zeigt, scheint aber im großen Ganzen der größeren Sammlung 22, 17–24, 22 verwandt zu sein.

Doch hat diese kleine Sammlung auch ihr eigenes Gepräge. Thematisch gliedert sie sich in zwei unterschiedliche Teile, und zwar erstens in 24, 23 b-29 und zweitens in 24, 30–34. Dabei ist aber in formaler Hinsicht ihr zweiter Teil weit einheitlicher als der erste Teil, der eine ganz besondere Struktur aufweist, was noch unten darzulegen wird.[1]

24,23 b-29: Von Recht, Richtern und Zeugen

23 b Partei nehmen bei Gericht ist nicht gut.
24 Wer zum Frevler sagt: „Gerecht bist du",
den werden Völker verfluchen, Nationen verwünschen.
25 Denen aber, die zurechtweisen, wird es wohl ergehen;
und über sie kommt der Segen des Guten.
26 Lippen küsst,
wer aufrichtig antwortet.[2]
27 Richte draußen deine Arbeit aus
und bereite dir auf dem Feld,
danach magst du dein Haus bauen.[3]
28 Sei kein grundloser Zeuge gegen deinen Nächsten,
oder willst du täuschen mit deinen Lippen?[4]
29 Sage nicht: „Wie er mir getan, so will ich ihm tun;
ich will dem Mann nach seinem Tun vergelten".

Lit.: Bühlmann, Reden (1976), 105–109 (bes. zu V. 26). – Driver, Problems in the Hebrew Text of Proverbs (1951) 173–197; 189.

Dieser erste Teil stellt in formaler Hinsicht ein komplexes Gebilde dar. Er umfasst Spruchform (V. 23 b-25) wie Mahnungsstil (V. 27–29) und dazu noch wahrscheinlich Vergleichsrede (V. 26). Darüber hinaus werden zweimal Zitate wiedergegeben (V. 24 und 29), wobei im ersten Fall die Reaktion auf das Zitierte das am wichtigsten zu sein scheint. Anhand Aussagen verschiedener Form ist somit eine recht komplexe Komposition geschaffen worden, die formal gewiss etwas uneinheitlich ist, die jedoch thematisch zusammengehalten wird, und zwar vor allem am Anfang (V. 23 b-25) und Ende (V. 28–29); denn die Komposition kreist um das Thema des Rechts; und konkret geht es um rechtes Gerichtsverfahren und um gerechte Richter und Zeugen.[5] Der gemeinsame und verbindende Hintergrund ist also der Gerichtshof, während der weitere Horizont das allgemeine soziale Leben zu sein scheint. Im Raum

---

[1] BHS (aber nicht BHQ) teilt die Sammlung in fünf Einheiten zu je drei Zeilen ein; anders findet Meinhold 409 f in 24,23 b-34 eine bemerkenswerte Komposition von sechs Sprüchen; beides lässt sich diskutieren.

[2] Vgl. HAL 1330; Bühlmann, Reden, 108.

[3] Zur Syntax des Perf. cons. s. GK § 112 oo; Wildeboer 71; sonst Gemser 90; McKane 575 f; Meinhold 409. 411 f.

[4] Zum ganzen Vers vgl. McKane 573 f; Murphy 184 f.

[5] Toy 452 nennt V. 23–25 einen „Richterspiegel"; vgl. Bühlmann, ebd. 105. 108.

des Rechtlichen dürfte wohl auch die allgemein formulierte und doch einzigartige Vergleichsrede im V. 26 vom rechten Antworten noch gehören.[6]

Der unterbrechende V. 27 handelt demgegenüber von der Arbeit. Insofern sich diese Aussage auf das richtige oder ‚ordnungsgemäße' Vorgehen bei der Arbeit beziehe, vertritt sie ein zentrales weises Anliegen; und ihre Einfügung dürfte somit einigermaßen verständlich sein, so vor allem aber gegen einen weiteren sozialen Hintergrund. Doch darüber hinaus ließe sich noch etwas anderes in Erwägung ziehen. In Analogie mit einem Text wie Kap. 29, der nach dem auffälligen Muster eines thematischen Geflechts gestaltet sein mag, wie noch nachzuweisen wird, könnte auch V. 27 mitten im ersten Teil schon ein vorgreifender Hinweis auf den zweiten Teil (V. 30–34) ausmachen.[7] Wenn nun dies der Fall sein darf, könnte es sich hier um eine recht subtile Komposition des Ganzen handeln.

Was die Einzelheiten betrifft, fällt vor allem auf, dass nach der Überschrift (V. 23 a) zunächst ein ungewöhnlich kurzer Spruch folgt (V. 23 b); seine Kürze lässt sich aber dadurch erklären, dass Kolon A als Überschrift, anders als in 22, 17 verselbständigt ist – was nicht immer verstanden wurde,[8] und dass der kurze Spruch eigentlich ein Kolon B ausmacht; in welchem Zusammenhang der Spruch sonst oder früher gestanden haben mag, lässt sich nunmehr nicht ermitteln,[9] doch fungiert er in dem jetzigen Kontext als eine selbständige Aussage. Diese Aussage handelt davon, ‚das Gesicht/die Person anzusehen' im Sinne von ‚parteiisch zu sein', und das wird nun als „nicht (poet. *bal*) gut (*ṭôḇ*)" bezeichnet; sie hat auch noch eine nähere Umstandsbestimmung, und zwar „bei Gericht" (*b^{e}mišpāṭ*), die als den aktuellen ‚Sitz im Leben' eine Ortung beim Gerichtshof nennt. Dieses Element fehlt aber in der sonst identischen Stelle 28, 21 a. Was noch näher im Ausdruck „nicht gut" dieser zwei Stellen liegen mag, lässt sich durch zwei anderen verwandten Textstellen noch etwas erhellen, und zwar zunächst 17, 15, wo von einer Korruption des Rechts dieser Art die Rede ist, und wo falsches Rechtsprechen als „ein Gräuel für Jahwe" gebrandmarkt wird; demnächst warnt 18, 5 vor ‚Parteilichkeit' beim Richten, wobei der Schuldige begünstigt und der Gerechte unterdrückt werden. Mit diesem Kontext als Hintergrund mag der einleitende kurze Spruch nicht nur den moralischen Ernst der Sache des Rechts, sondern zudem noch eine religiöse Begründung des Gerichtsverfahrens ausdrücken (vgl. sonst etwa Ex 23, 7; Dtn 25, 1; Jes 5, 23).

Was in dem einleitenden V. 23 b in gedrängter Form ausgedrückt worden ist, wird demnächst in V. 24–25 breiter ausgeführt. Ist das Anliegen von V. 23 b auch außerhalb der Weisheitslehre zu belegen, dürfte die Redeweise

---

[6] Vgl. Bühlmann, ebd. 105–109.

[7] Plöger 287 versteht den Schlussabschnitt (V. 30–34) „als Antithese" zur Aussage von V. 27.

[8] Vgl. Delitzsch 391: „Die alten Uebers. (ausgen. nur Lth.) haben diese Ueberschrift nicht verstanden".

[9] Vgl. Delitzsch ebd. 15 f. 391; man braucht aber nicht, wie Plöger 286, den Spruch „als unvollständig" anzusehen.

von V. 24–25 für sie wohl typischer sein. Wenn ein Richter einen Schuldigen unschuldig erklärt, wird ihm selbst Verfluchung widerfahren; entsprechend wird es im positiven Sinne von denen, „die zurechtweisen",[10] ausgesagt, dass es ihnen gut gehen wird; sie werden den „Segen des Guten" (vgl. Ps 21,4) erleben. Durch den Kontrast von Fluch und Segen werden somit entschieden, wie öfter in der Weisheitslehre, die weitreichenden Folgen von unrechtem und rechtem Handeln aufgezeigt. Was als Zusammenhang bzw. Gesetz von Tat-Folge oder Tun-Ergehen bezeichnet worden ist, war vor allem in Sammlung II anzutreffen, und da besonders in ihrem ersten Teil (vgl. etwa 10,28; 11,18.25–27; 12,14; 14,14).

Die Aussage von V. 26, die zwar nicht die übliche Vergleichspartikel hat, die doch am wahrscheinlichsten als Vergleichsrede aufzufassen sei (Bühlmann, 104), hat im Verhältnis zum Kontext einen allgemeinen Charakter. Andererseits ist der Ausdruck des ‚Küssen der Lippen' einmalig im AT (Meinhold, 411). Im Spruchbuch war schon in verschiedener Weise von ‚Mund' und ‚Lippen' die Rede (s. etwa 10,11.13.18–21.31–32; 11,9; 12,14; vgl. auch Gen 41,40; Hl 4,11; 5,13), so besonders in 12,17, wo es um wahrhaftes Reden in einem rechtlichen Kontext geht, und dann entgegengesetzt dem „Trug" von einem „falschen Zeugen"; anders reden die ähnlichen Stellen 14,5.25 vom „wahrhaftigen Zeugen", der nicht „lügt", und der dabei „Leben retten" kann. So scheint sich die allgemeine Aussage von V. 26 über „rechte Worte erwidern", und zwar im Sinne von ‚gerader, aufrichtiger Antwort', in die rechtliche Einheit von V. 23 b-25 (samt 28–29) recht gut einfügen zu können;[11] auf alle Fälle darf sie im jetzigen Kontext so verstanden werden.

Demgegenüber hat aber der folgende V. 27 einen völlig anderen Charakter und steht, wie schon erwähnt, etwas isoliert im Zusammenhang. Im Stil eines dreifältigen Mahnworts redet dieser Spruch von der Arbeit auf dem Feld und der Arbeit eines Hausbauens. Das Entscheidende dabei ist die notwendige Beachtung der richtigen Priorität oder Reihenfolge der beiden Dinge: Erst kommt die Arbeit auf dem Feld, die allein die wirtschaftliche Grundlage für andere Aktivitäten herbeischaffen kann, und „danach" folgt das wichtige „Haus bauen". Dieser Ausdruck mag aber nicht nur ‚Haus' im Sinne von ‚Gebäude', als dem äußeren Rahmen um das Familienleben, meinen, sondern lässt sich auch im übertragenen Sinne auf die Gründung einer Familie noch beziehen (vgl. Dtn 25,9; Ruth 4,10).[12] Der Spruch kann somit einen weiteren Sinn haben und mag an dieser Stelle zweideutig sein; bei alledem geht es aber um die richtige Ordnung im Tun (vgl. Koh 3,1 ff).

Mit V. 28 wendet das Thema des Rechts zurück, und zwar nun in der Form des Mahnworts, die ja auch die Form des vorigen Verses war. Das Augenmerk der Mahnungen von V. 28–29 liegt auf der Funktion und Situation der

---

[10] Vgl. G. Liedke, THAT I, 730–732.

[11] Vgl. Bühlmann, 15 ff und 107 f.

[12] Vgl. McKane, 575 f; dazu Wildeboer 71: „Der Sinn ist: Erst Brot verdienen und dann daran denken, eigne Familie zu haben!"

Zeugen beim Gerichtsverfahren. Dabei wird nicht nur gegen falsches Zeugnis ermahnt, wovon oben die Rede war (V. 28; vgl. sonst 6,19; 19,5; 25,8; Ex 20,16; Dtn 5,20; 19,15–20), sondern in erster Linie wird davor gewarnt, dass man als „willkürlicher Zeuge“ auftrete.[13] Man soll auch nicht rachsüchtig das Recht in eigene Hand nehmen (V. 29; vgl. 17–18; 20,22; 25,21; 28,17). Diese Mahnung dürfte darin ihre Begründung haben, dass eine derartige Handhabung des Rechts, und zwar die Selbstjustiz, einem selbst sehr wohl gerecht scheinen mag; sie wird aber kaum der Gerechtigkeit oder dem Rechtsverfahren förderlich sein, sondern kann vielmehr zu neuer Ungerechtigkeit führen. Die Selbstjustiz wird auch nicht mit dem Talionsrecht gleichzusetzen sein (Ex 21,23–25; Dtn 19,21; Lev 24,17–21; auch 25,21–22).[14]

24,30–34: Faulheit bringt Armut

30 Am Acker eines faulen Mannes ging ich vorbei
und am Weinberg eines unverständigen Menschen;
31 und siehe, überall wuchs Unkraut auf,
mit Wildwuchs war seine Fläche bedeckt,
und seine Steinmauer eingerissen.
32 Da schaute ich und nahm es mir zu Herzen,
das sah ich und gewann eine Belehrung:
33 „Ein wenig Schlafen, ein wenig Schlummern,
ein wenig Händefalten, um zu ruhen“ –
34 aber dann kommt wie[15] ein Wegelagerer deine Armut
und deine Mangel wie ein bewaffneter Mann.

Lit.: O. Loretz, *`js mgn* in Proverbia 6.11 und 24.34, Ugarit-Forschungen 6 (1974) 476–477. – H.-J. Hermisson, Studien, 1968, 183–186.

Der bemerkenswerte narrative Stil dieses Abschnitts, der von dem des ersten Teils dieser Kleinsammlung ganz abweicht, der aber in 7,6ff eine gewisse Parallele hat, lässt den Abschnitt als eine Beispielerzählung bezeichnet werden. Wichtig ist jedoch nicht die Erzählung als solche, sondern das Thema, das durch sie eindrücklich illustriert werden soll; am wichtigsten ist wohl auch nicht die illustrierende Funktion der Erzählung, sondern ihr indirekt ermahnender Sinn, als könnte man hier von einem narrativen Ermahnungswort reden.[16] Im Übrigen sind V. 33 mit 6,10 ganz und V. 34 mit 6,11 fast identisch. Es ist also in diesem Teil eine gewisse Nähe zur Sammlung I.

---

[13] Vgl. McKane 574; Meinhold 409. 412f.
[14] Vgl. etwa Wildeboer 71–72; Gemser 90; Meinhold 413.
[15] Wie im 6,11, mehreren HSS und V, vgl. BHS; BHQ; sonst Loretz, a.a.O; Plöger 285f; Fox 774.
[16] Vgl. Hermisson, Studien (1968), 184.

Die ermahnende Erzählung gründet in einer praktischen Beobachtung – „ich habe gesehen" – und Erfahrung; ob das faktisch oder als eine literarische Fiktion aufzufassen sei, lässt sich aber schwerlich sagen, doch haben die Weisen aus dieser kleinen Geschichte eine „Belehrung" (*mûsār*)[17] gezogen (V. 32). Die Veranlassung der aktuellen Empirie ist ein Mensch, der Faule, der öfter Gegenstand der kritischen Beobachtung der Weisen gewesen ist (s. 10,4; 12,24.27; 13,4; 19,24; 22,13 sowie 26,13–16), und der hier zudem noch als ein „Mensch ohne Verstand" (*'āḏām ḥ^a^sar-leḇ* ‚ein Mensch, der an Herzen/Sinn/Verstand fehlt'; vgl. 6,32; 17,16) schroff bezeichnet wird. Den Zentralpunkt der Erzählung und der Lehre machen aber die Folgen seiner Faulheit und seines Unverstands aus; denn zwar besitzt er Acker und Weinberg, doch hat er beide versäumt und verödet, alles dem Unkraut und Wildtier überlassen; sogar ist die schützende „Steinmauer eingerissen". Andererseits aber hat diese Elendsschilderung ihre positiven Gegenbilder in Jes 5,2 und 28,24–25.

Wenn auch die „traurige Hinterlassenschaft" des Faulen diese kurze Erzählung prägt, ist es doch die Figur des Faulen und sein Geschick, vor dem das narrative Mahnwort durch eine lebhafte Schilderung des katastrophalen Ergebnisses seiner Faulheit und seiner Liebe zum Schlafen warnen will (vgl. 19,25; 20,13).[18] Die abschließende ‚Lehre', durch vielsagende Bilder ausgedrückt, wendet sich in Anrede eben an ihn, meint wohl aber dazu jeden Menschen, der der Armut entgehen will; er soll wissen, dass Faulheit – sozusagen mit ‚innerer Notwendigkeit' – nur Armut zu bringen vermag. Die Beispielerzählung ist wie ein Warnschild aufgehängt.

Abschließende Bemerkungen zu den Sammlungen III und IV

Öfter werden die Sammlungen III und IV als „Anhänge" bzw. „Nachträge" zur Sammlung II bezeichnet.[19] In gewissem Sinne mag das auch zutreffend sein, doch reicht es dafür kaum aus, den ganzen Sachverhalt zu beschreiben – und darum wird das leicht als zu einseitig erscheinen können; zudem gilt es, hier Nahestehendes recht auseinanderzuhalten.

---

[17] Die Bedeutung des Worts reicht von ‚Zucht/Züchtigung' zur ‚Erziehung/Belehrung'; s. THAT I, 738–742.

[18] Vgl. Hermisson, ebenda.

[19] Vgl. etwa Gemser 83.89, und, etwas vorsichtiger, Plöger 117.258–289. Völlig anders verfährt McKane, wenn er gattungsmässig einteilt, indem er erstens unter „Instruction Genre" a. 1–9, b. 22,17–24,22, c. 31,1–9, zweitens unter „Sentence Literature" a.10–22,16, b. 24,23–34, c. 25–29, und drittens unter „Poems and Numerical Sayings" a. 30, b. 31,10–31 rechnet; diese Einteilung, deren dritte Gruppe recht unpräzis ist, vermag aber nicht, der eigenen Fassung des Spruchbuchs gerecht zu werden; so auch nicht Fox in seinem „Essay 5. The Growth of Wisdom", 923–933.

Denn erstens dürfte es wohl terminologisch erwägenswert sein, „Anhang“ und vor allem „Nachtrag“ von etwa „Anschluss“ zu unterscheiden, weil beim „Anhang“ wie auch beim „Nachtrag“ der Schwerpunkt des Nachgetragenen nicht so sehr im Eigenen und Besonderen, als beim Voranstehenden, und in diesem Fall Kap. 10,1–22,16, liegen bleibt, während etwa beim „Anschluss“ dem Angeschlossenen ein größerer Eigenwert zuerkannt werden kann. Zweitens darf zwischen den zwei Sammlungen III und IV noch deutlicher unterschieden werden, als es gemeinhin geschieht. Denn nicht nur durch ihre Überschrift, sondern auch formal und inhaltlich schließt sich die kurze Sammlung IV auf eine ganz andere und nähere Weise an Sammlung III an, als sich diese Sammlung ihrerseits an die vorangehende Sammlung II anfügt. Drittens mag der obige Durchgang von Sammlung III und IV gezeigt haben, wie sehr sich diese Sammlungen, vor allem aber III, von der ersten salomonischen Sammlung in 10,1–22,16 abheben, und zwar besonders in formaler Hinsicht. Denn wohl weisen die Sammlungen III und IV einige Sentenzen und allgemeine Aussagen auf, doch sind sie vor allem von Anreden und Mahnsprüchen geprägt. Formal nähert sich dabei die Sammlung III – über II hinweg – der ersten Sammlung (Kap. 1–9); außerdem weisen die Sammlungen I und III auch mehrfach thematische Verbindungen auf. Dadurch tritt die Eigenständigkeit der Sammlung III im Verhältnis zur Sammlung II noch eindeutiger hervor, was für das Verständnis des strukturellen Werdegangs des Spruchbuchs von Bedeutung sein mag.

Die dritte Sammlung zeigt aber ihre Eigenständigkeit vor allem darin, dass sie explizite auf eine – im ganzen Alten Testament – einmalige Weise einer ägyptischen Weisheitsschrift, und zwar der des Amenemope, sehr nahe kommt, und so namentlich in dem ersten und wichtigen Teil 22,17–23,11. In Bezug auf die Frage des redaktionellen Aufbaus des Buches darf es vor allem aufschlussreich sein, dass der ägyptisch Einschlag hinter dem deutlich einheimischen Überlieferungskomplex der ersten salomonischen Sammlung folgt; oder aber anders gesagt: der einheimische Überlieferungsstoff wird dem fremden und ausländischen Stoff vorangestellt, wobei die Priorität des Eigenen durch den redaktionellen Griff einer Voranstellung des typisch Israelitischen der salomonischen Sammlung vor dem Fremden entschieden ausgedrückt wird.

Kurzer Rückblick auf die Sammlungen I–IV – erste Zwischenbilanz

Wenn man im Rückblick die Abfolge der ersten vier Sammlungen des Spruchbuchs betrachtet, fällt auf, dass die Sammlungen sehr unterschiedlich sind. Ihre Reihenfolge ist kaum zufällig. Zentral ist die größte Sammlung II

(10,1–22,16), die Salomo zugeschrieben wird, und die von der Spruch-Form (*māšāl*) völlig geprägt ist. Sie ist vor zwei kleineren Sammlungen von „Worten der Weisen“ (*diḇrê ḥ*ᵃ*ḵāmîm*) gestellt worden (III: 22,17–24,22 und IV: 24,23–34), die zum Teil einen ausländischen Einfluss erkennen lassen, und die vornehmlich die Form des Mahnworts haben (III mehr als IV) und zudem noch kleinere Kompositionen enthalten. Auf der anderen Seite und also der salomonischen Spruchsammlung voran steht sodann eine Sammlung ganz anderer Art (I: 1–9), die von der Sache der „Weisheit“ (*ḥŏḵmâ)* durchaus dominiert ist; indem auch sie die Form des Ermahnungsworts, und zwar oft mit direkter Du-Anrede, sowie größere Reden aufweist, kommt sie der Sammlung III (und IV) nahe, und mit ihnen zusammen scheint sie einen Rahmen um das Zentralstück der Sammlung II zu bilden. Neben dem redaktionellen Griff der Voranstellung beim überlieferungsgeschichtlichen Werdegang des Spruchstoffes kommt also ein zweiter methodisch wichtiger Griff zum Vorschein, und zwar der des Rahmens, wie es oben schon angeschnitten wurde. Es verdient dabei alle Aufmerksamkeit, dass das in Sammlung II gesammelte und vielfältig bearbeitete Überlieferungsgut von Sprüchen oder Sentenzen verschiedener Herkunft und Art nun an beiden Seiten von den in den Sammlungen I und III (mit IV) enthaltenen und meistens argumentativ begründeten Ermahnungsreden sowie von Erzählungen und längeren Kompositionen rahmend umgeben worden ist. Dabei erweisen sich die Verkündigung und Lehre der Weisen als sehr mehrschichtig und komplex.

So ist durch die das Überlieferungsgut gestaltenden Methodengriffe der Voranstellung und der Rahmung etwas redaktionsgeschichtlich sehr Bedeutsames geschehen, das nicht übersehen werden sollte. Denn durch die Voranstellung des Einheimischen in Sammlung II ist das anmutende Fremde Gut der Sammlung III angeschlossen und damit klar dahinter gestellt worden; die Voranstellung meint Priorität. Anhand der durch die Sammlungen III (und IV) und vor allem die vorangestellte Sammlung I vorgenommenen Rahmung des Überlieferungsstoffes der Sprüche dürfte das redaktionsgeschichtlich aller Wichtigste des Werdegangs des Spruchbuches geschehen sein. Denn formal und inhaltlich kommt dadurch zum Ausdruck, dass die ‚neutralen‘ Sprüche der ersten salomonischen Großsammlung (II) in eine Weisheitslehre aufgenommen worden sind, die durch ihre Mahnreden und ethische Verkündigung vor allem auf Erziehung und Bildung ausgerichtet ist. Auf diese Weise erweist sich die Weisheitslehre wirklich als eine vielseitige Lehre des Lebens im Sinne einer Lehre für das Leben der Menschen, insonderheit der jungen Menschen.

Abschließend darf noch hinzugefügt werden, dass diese Rahmungen wohl nicht zuletzt dazu erheblich beigetragen haben, die angenommene „große Kluft“ zwischen Sammlung I und II zu überbrücken.

V. Kapitel 25–29: Zweite Sammlung von Salomo-Sprüchen: die Hiskianische Sammlung

Zur Komposition und Eigenart der Sammlung

Die fünfte Sammlung des Spruchbuchs (Kap. 25 – 29) macht im großen Ganzen eine neue Sammlung von Sprüchen aus; durch ihre Überschrift und ihren überwiegend sentenzartigen Stil kommt sie der zweiten und größten Spruchsammlung (Kap. 10, 1–22, 16) am nächsten, ist aber wesentlich kürzer als sie (nur drei Achtel im Vergleich). Zwischen den Sammlungen II und V gibt es sonst mehrere Verbindungen, so etwa Dubletten (wie 21, 9 und 25, 24; 19, 13 b und 27, 15; 22, 3 und 27, 12; vgl. auch 24, 23 und 28, 21); doch zeigt Sammlung V vor allem ihr eigenes Gepräge, und ihre Nähe zur Sammlung II wechselt mit ihren unterschiedlichen Teilen.

Die Sammlung lässt sich zwar als eine Großsammlung verstehen, ist aber stilistisch nicht einheitlich und wird auch öfter in Teilsammlungen eingeteilt, und zwar gewöhnlich in A. Kap. 25 – 27 und B. Kap. 28 – 29.[1] Diese Teilsammlungen sind vor allem formal verschieden. Dabei zeigt Sammlung A (25–27) eine relativ große Anwendung von Bildern und Vergleichen, teils durch Zusammenstellungen und teils durch eine Vergleichskonjunktion ausgedrückt, hat aber auch Anreden und Mahnworte, so etwa im sog. Torenspiegel (26, 1–12); auf diese Weise nähert sich A einigermaßen der Sammlung III (22, 17–24, 34). Demgegenüber ist Sammlung B (28–29) im größeren Ausmaß von kurzen Einzelsprüchen mit antithetischen Parallelen geprägt und hat nur ein Mahnwort (29, 17), und aus dem Grund kommt Teil B der Sammlung II (10, 1–22, 16) am nächsten. Im Übrigen darf es wohl nur eine Kuriosität sein, dass abgesehen von der Überschrift in 25, 1 die Zahl der Verse der fünf Kapitel folgendermaßen läuft: 27 – 28 – 27 – 28 – 27; das könnte vielleicht auch ein Ausdruck der spielenden Gestaltungskunst der Weisen sein.

Das religiöse Gepräge durch Hinweis auf Gott (25, 2) und, wie öfter, durch Jahwe-Sprüche ist in beiden Teilen relativ schwach (in A: 25, 22 b; in B etwas mehr: 28, 25; 29, 13. 25–26).

---

[1] Vgl. etwa Plöger 293; Meinhold 415; Fox 775 f.817–819 teilt in Kap. 25–26. 27–29 ein; Malchow, A Manual (1985), 244 f, rechnet 27, 23–27 als Einleitung zu Kap. 28–29; vgl. Tavares, Eine königliche Weisheitslehre? (2007) 13–27.

Lit.: J.L. Berezov, Single-Line Proverbs. A Study of the Sayings Collected in Prov 10–22:16 and 25–29, Ann Arbor, MI 1987. – H. Brunner, Altägyptische Erziehung, Wiesbaden 1957. – G.E. Bryce, A Legacy of Wisdom, Lewisburg 1979. – W. Bühlmann, Vom rechten Reden (1976), pass. – Th.A. Hildebrandt, Proverbial Pairs: Compositional Units in Proverbs 10–29, JBL 107 (1988) 207–224. – H.V. Kieweler, Erziehung zum guten Verhalten und zur rechten Frömmigkeit. Die Hiskianische Sammlung. Ein hebräischer und griechischer Schultext, BEAT 49, Frankfurt/M. 2001. – J.-P. Mathieu, Les deux collections salomoniennes (Prov 10, 1–22, 16; 25, 1–29, 27), LTP 19 (1963) 171–178. – T.P. McCreesh, Biblical Sound and Sense. Patterns of Sound and Meaning in Proverbs 10–29, JSOT.SS 128, Sheffield 1991. – R.C. Van Leeuwen, Context and Meaning in Proverbs 25–27, SBL.DS 96, Atlanta 1988. – B.V. Malchow, A Manual for Future Monarchs, CBQ 47 (1985) 238–245. – H.H. Schmid, Wesen und Geschichte der Weisheit (1966); Ders., Gerechtigkeit als Weltordnung (1968). – U. Skladny, Die ältesten Spruchsammlungen in Israel, Göttingen 1962, 46–67. – R. Tavares, Eine königliche Weisheitslehre? Exegetische Analyse von Sprüche 28–29 und Vergleich mit den ägyptischen Lehren Merikaras und Amenemhats, OBO 234, Fribourg/Göttingen 2007. – G. Wallis, Zu den Spruchsammlungen Prov 10, 1–22, 16 und 25–29, ThLZ 85 (1960) 147–148. – R.N. Whybray, Composition (1994), 120–129. – Ders., The Book of Proverbs (1995), 34–61. – A. Wilke, Kronerben der Weisheit (2006), 216–265.

25, 1: Die Überschrift

1. **Auch diese sind Sprüche Salomos, die die Männer Hiskias, des Königs von Juda, zusammengestellt haben.**

Lit.: P. Behnke, Spr 10, 1. 25, 1, ZAW 16 (1896) 122. – M. Carasik, Who Were the ‚Men of Hezekiah' (Proverbs XXV 1)?, VT 44 (1994) 289–300. – R. C. Van Leeuwen, Context and Meaning (1988).

Die Überschrift, die für beide Teile gilt, ist ausführlicher als die obigen, besonders 10, 1, kommt aber 1, 1 am nächsten, allerdings mit einer Erweiterung, wenn sie „die Männer Hiskias" einführt. Sie mag wohl als schwierig aufgefasst worden sein; denn ihre älteste Textgeschichte macht einen recht labilen Eindruck; sie ist aber, anders als in 10, 1, allgemein behalten worden, so auch von der Septuaginta, die zwar mehrere Abweichungen aufweist.[2] Sie darf bei alledem als mehrfach aufschlussreich eingeschätzt werden – wie es sich noch ergeben wird.

Mit derselben Anschluss-Formel wie in 24, 23: „auch diese" (*gam-'elläh*), verbindet nun die Überschrift die neue Sammlung – über die Sammlungen III und IV hinweg – mit der Sammlung II und stellt somit Sammlung V als eine zweite salomonische Großsammlung vor: „Auch diese sind Sprüche Salomos

---

[2] S. BHS; BHQ; vgl. Toy 457 f. 461.

(*mišlê š^elomoh*)". Die Nennung Salomos ist besonders wichtig und ist daher wiederholt; denn er, weiser als alle andere (s. 1Kön 3,9–12; 5,9–14; 10,1 ff), scheint der Schirmherr der israelitischen Weisheitsüberlieferung gewesen zu sein.[3] Indem König Hiskia (mit einer unsicheren Datierung) von 715/14 – 697/96 in Juda regierte,[4] also nach dem Untergang des Nordreichs in 722/21, ist die – auch sprachlich gestützte – Vermutung geäußert, dass diese zweite Spruchsammlung Weisheitsstoff aus dem ehemaligen Nordreich ausmache;[5] doch fehlt der an sich interessanten Theorie einen hinreichenden Nachweis. Wesentlicher ist aber demgegenüber der Hinweis auf „die Männer Hiskias" (*'anšê ḥizqiyyâ*); denn dadurch tritt der königliche Hof eindeutig als eine zentrale Stätte für die Sammlung und Pflege der alten Weisheitsüberlieferung hervor (s. M. Carasik), ohne dass dies andere Kreise von Weisen ausschließe. Dabei ist auch schlüssig, dass die Männer des Königs hier nicht als Verfasser, sondern als ‚Sammler' bezeichnet werden, die Sprüche „zusammengestellt haben", wie auch *hä'tîqû* ‚versetzen/übernehmen/sammeln' (HAL 856 f; s. Fox 777) nun näher zu verstehen sei.

25,2–28: Lebenserfahrungen in Bildern

2 **Gottes Ehre ist es, eine Sache zu verbergen,**
aber die Ehre der Könige, eine Sache zu erforschen.
3 **Der Himmel an Höhe und die Erde an Tiefe**
und das Herz der Könige sind unerforschlich.
4 **Entferne die Schlacken vom Silber,**
so kommt für den Schmelzer ein Gefäß heraus;
5 **entferne den Frevler vor dem König,**
so hat durch Gerechtigkeit sein Thron Bestand.
6 **Rühme dich nicht vor dem König,**
und stelle dich nicht an den Platz der Großen!
7 **Denn besser sagt man zu dir: „Rück hier herauf",**
als dass man dich erniedrigt vor einem Edlen.
Wenn deine Augen etwas gesehen haben,[6]

[3] S.o. zu 1,1; 10,1 sowie die Einleitung, Pkt. 1 b; vgl. auch etwa Fox 776 f.

[4] Vgl. etwa S. Herrmann, Geschichte Israels, München 1973, 310.

[5] Vgl. Wildeboer 72; H. Cazelles, À propos d'une phrase de H. H. Rowley, FS Rowley (1955/60), 29, zu den Kap. 25–29: „le fond de ces chapitres provient sans doute du Nord"; sonst Plöger 297 f; Wilke, Kronerben, 225 f.

[6] Zur konditionaler Bedeutung ‚wenn' von *'ašär* vgl. HAL 95 b, Pkt. IIg; anders Joüon/Muraoka, Grammar, 158*l*. Mit ΣV (nicht G; s. BHQ) und aufgrund der üblichen Zweizeiligkeit der Sprüche lässt sich erwägen, V. 7 c als begründenden Vordersatz zu V. 8 a aufzufassen; s. Bühlmann, ebd. 245 f; Meinhold 417, Anm. 128; so auch die meisten Ausleger, neuerdings Waltke II, 303, aber nicht Fox 778.

8 so gehe nicht eilig zum Rechtsstreit;
sonst[7] – was machst du an seinem Ende,
wenn dich dein Nächster beschämt?
9 Deinen Rechtsstreit trage mit deinem Nächsten aus,
aber verrate nicht das Geheimnis eines anderen,
10 damit dich nicht schmäht, wer es hört,
und die Nachrede über dich nicht aufhört.
11 Äpfel aus Gold in Gebilden[8] aus Silber –
ein Wort gesprochen in rechter Art.[9]
12 Ein goldener Ring und kostbarer Goldschmuck –
ein weiser Mahner am hörenden Ohr.
13 Wie kühlender Schnee am Tag der Ernte
ist ein treuer Bote für den, der ihn sandte;
er erquickt die Seele seines Herrn.
14 Nebelschwaden und Wind ohne Regen –
ein Mann, der prahlt mit trügerischer Gabe.
15 Durch Langmut wird ein Richter überredet,
und eine sanfte Zunge kann Knochen zerbrechen.
16 Hast du Honig gefunden, dann esse, was du brauchst,
damit du ihn nicht satt bekommst[10] und speist ihn aus.
17 Mach selten deinen Fuß im Hause deines Nächsten,
damit er dich nicht satt bekommt und dich hasse.
18 ‚Kriegshammer'[11] und Schwert und gespitzter Pfeil –
ein Mann, der gegen seinen Nächsten als falscher Zeuge erwidert.
19 Ein bröckliger[12] Zahn und ein wankender Fuß –
das Vertrauen auf einen Treulosen am Tag der Not.
20 Einer, der Kleider am kalten Tag ablegt[13] – Essig auf Natron[14] –
einer, der Lieder auf einem traurigen Herzen singt.[15]

---

[7] Die Part. *pän*, gewöhnlich durch ‚damit nicht' wiedergegeben, hat eine schwierige Stellung und wird öfter in ‚denn' geändert oder weggelassen (s. BHS; vgl. Ringgren 98), kann aber anakoluthisch im Sinne von ‚sonst' verstanden werden, so HAL 884; vgl. HebrSynt § 133 e; Bühlmann, ebd; sowie Murphy 188.

[8] Vgl. HAL 605 f; Plöger 295; Wilke, Kronerben, 221; sonst Bühlmann, ebd. 45–52, 45.

[9] So mit HAL 76 b; vgl. Ges^{18} 89 b; bes. Bühlmann, ebd. Der Text ist aber unsicher, s. u. z. St.

[10] So in V. 16 b und 17 b mit Gemser 92; Meinhold 422 f hat beide Mal ‚übersättigt werden'; so auch Wilke, ebd. 222.

[11] Mit Vrs. u. BHS: *mappeṣ* ‚(Kriegs-)Hammer' (HAL 585 a) oder ‚Keule', sonst nur Jer 51, 20; vgl. Wildeboer 74.

[12] Die Part.-Form des MT als Kontraktion aus √*r*ʿʿ: *roʿaʿâ*, s. GK § 67 s; BHQ 52*; vgl. Wildeboer 74; Meinhold 423.

[13] MT scheint im A-Kolon, das in G fehlt, unsicher zu sein; s. BHS; BHQ 52*; vgl. Meinhold, ebd.; Murphy 188.

[14] Hebr. *nätär* wird von G. R. Driver (VT 4, 1954, 241 f) aus dem Arab. im Sinne von ‚Wunde' erklärt; vgl. G (s. BHS; BHQ 52*); Gemser 92; Ringgren 99: „(Wie) Essig auf einer Wunde"; McKane 251. 588 f; dagegen Fox 786.

[15] G (und andere Versionen, s. BHS), die hier vom MT sehr abweicht und sonst interpretierend sein mag, fügt noch einen Vers an, den Gemser (92) so wiedergibt: „Wie Motte am Kleid und

21 **Wenn dein Hasser hungert, speise ihn mit Brot;**
und wenn er dürstet, tränke ihn mit Wasser!
22 **Wenn[16] du feurige Kohlen[17] auf sein Haupt häufst,**
wird es dir Jahwe vergelten.
23 **Der Nordwind erzeugt Regen**
und erzürnte Gesichter heimliches Geschwätz.[18]
24 **Besser wohnen auf einer Ecke des Dachs**
als eine streitsüchtige Frau und gemeinsames Haus.
25 **Kühles Wasser auf eine lechzende Kehle -**
gute Nachricht aus fernem Land.
26 **Ein getrübter Born und eine verdorbene Quelle -**
ein Gerechter, der vor einem Frevler wankt.
27 **Viel Honig essen ist nicht gut,**
noch das Suchen von Ehre aus Ehre.[19]
28 **Eine zerstörte Stadt ohne Mauer -**
ein Mann, dem Selbstbeherrschung fehlt.

Lit.: G. Boström, Paronomasi (1928), 73-86. 92-102. 103-117 - G.E. Bryce, Another Wisdom-‚Book' in the Proverbs, JBL 91 (1972) 145-157; Ders., Legacy (1979), 135-162. - R.C. Van Leeuwen, Proverbs xxv 27 Once Again, VT 36 (1986) 105-114. - Ders., Context (1988), 57-86. - A. Meinhold, Der Umgang mit dem Feind nach Spr 25,21 f. als Maßstab für das Menschsein, FS Preuß (1992), 244-252. - S. Morenz, Feurige Kohlen auf dem Haupt, ThLZ 78 (1953) 187-192. - Wilke, Kronerben (2006), 218-236.

Wie Teil A (Kap. 25 - 27) allgemein einen ständigen Wechsel von aussagenden Sprüchen und ermahnenden Worten aufweist, ist das vor allem in diesem ersten Kapitel der Fall. Ein anderes Merkmal der komplexen Form sind die durch Stichwörter und andere Formelemente vereinten Spruchpaare (V. 2-3; 4-5; 6-7; 11-12; 13-14; 16-17; 21-22, sowie auch, mit einem schwierigen Text, 8-10), die noch thematisch verbunden sein können, wie etwa die drei ersten (V. 2-7 ab), die vom König handeln, und wo Aussagen (V. 2-3) und Ermahnungen (V. 4-7 ab) wechseln; sonst sind ein Trippelspruch in V. 18-20 (vgl. V. 8) und sieben freistehenden Einzelsprüche (V. 15; 23; 24; 25; 26; 27; 28) vorhanden; zudem wollen wohl V. 11-14; 18-20; 23-28 Reihenbildungen darstellen. Endlich sind hier die Sprüche vor allem von Bildern und Vergleiche, die oft aus der Natur stammen, sehr geprägt.[20]

Wurm am Holz, so verzehrt Kummer eines Mannes Herz". MT braucht aber nicht nach G korrigiert zu werden; vgl. McKane ebd.; Fox ebd.

[16] Vgl. HAL 449 a, Pkt. 11.

[17] Vgl. HAL180 a; Ges[18] 211 f; s.u.

[18] So mit HAL 509 b.

[19] MT scheint nicht in Ordnung zu sein (s. BHS); hier ist *mem* (finale) des ersten *kāḇôḏ* zum zweiten *kāḇôḏ* übertragen (*kāḇôḏ mikkāḇôḏ*), mit Barucq 196; Murphy 188 f; vgl. Bühlmann, Reden, 179-183; Meinhold 431.

[20] Vgl. Boström, Paronomasi, 94-98.

Im ersten Abschnitt (V. 2–7 ab) – wohl nicht unerwartet nach der ‚königlichen‘ Überschrift – ist eben der König die Hauptfigur. Wenn aber im ersten Spruchpaar (V. 2–3) „Gott“ (*'ălohîm*; sonst im Spruchbuch: 2, 5; 3, 4; vgl. 2, 17; 30, 9) und seine „Ehre“ (*kāḇôḏ*) zunächst erwähnt sind (V. 2 a), könnte das vielleicht, zusammen mit dem – in diesem Teil einmaligen – Jahwe-Spruch im V. 22 b,[21] als eine Rahmung gemeint sein; doch wahrscheinlicher ist wohl, dass „Gott“ wie auch der kosmische Merismus „Himmel“ und „Erde“, d. h. das All der Schöpfung, allgemein mit Königen und ihrer „Ehre“ verbunden sind, weil man ihre einzige hohe Stellung dadurch noch verherrlichen, gleichzeitig aber, trotz dieser Hochschätzung, ihre Unterordnung unter Gott ausdrücken und ihnen so jede Göttlichkeit absprechen will, wie dies auch in Sammlung II, vor allem in ihrem Teil B, mehrfach zum Ausdruck gekommen ist (vgl. 14, 28. 35; 16, 10–15; 20, 2. 8.26. 28; 21, 1). Dies geschieht anhand des der Weisheit typischen Wortfelds *ḥāqar/ḥeqär* ‚erforschen/Erforschung‘, das hier im Gegensatz zum Vb. *str* hif. ‚verbergen‘ steht; so ist es Gottes „Ehre“ zu „verbergen“ (vgl. Dtn 29, 28; Jes 45, 15; auch Hi 11, 8; 15, 8; 26, 14; Koh 8, 17), während es die „Ehre der Könige“ ist, Sachen zu „erforschen“, zumal sie eine besondere Verantwortlichkeit für das Erhalten des Rechts tragen (vgl. Ps 72, 1–2; 1Kön 3, 9. 16–28); und wenn auch, wie „Himmel“ und „Erde“, das Herz der Könige – wohl durch die königliche Unnahbarkeit – „unerforschlich“ (*'ên ḥeqär*) bleibt (V. 3), so doch nicht für Jahwe, der es in seiner Hand hat (21, 1).

Im nächsten Spruchpaar, V. 4–5, und nun mit ermahnender Anrede, die wohl auch eine Warnung enthält, wird durch Anapher und Inf. abs. das „Entfernen“ (*hāḡô*) „der Schlacken vom Silber“ im Prozess des Schmelzens (V. 4 a; vgl. 17, 3; 27, 21) als Bild des Entfernens des „Frevlers“ (*rāšā'*) von der königlichen Gegenwart verwendet (V. 5 a); dabei dürfte wohl nicht nur der königliche Hof, sondern weiter hinaus jedes der Macht und Autorität des Königs feindliches Element im Blick sein, zumal es im V. 5 b gerade um die Sicherung des königlichen Thrones „durch Gerechtigkeit“ (*baṣṣädäq*) geht (vgl. 16, 12; 20, 28; 29, 14; auch 20, 8). Die „Frevler“ sind also metaphorisch die „Schlacken“ des Königreiches; auch hier geht es denn um den wichtigen Grundunterschied von Recht und Unrecht. Das folgende Spruchpaar, V. 6–7 ab, hat ebenfalls mahnende Anrede, und zwar eine Warnung im Vetitiv und mit Begründung (V. 7) und dazu Chiasmus (V. 6). Wiederum handelt es sich um das Erscheinen „vor dem König“, und bei dieser besonderen Lage geht es um den der königlichen Gegenwart gebührenden Takt sowie um eine kluge Bescheidenheit (vgl. 22, 29; auch Sir 7, 4). Die Warnung enthält einen guten Rat.

Das textlich schwierige Spruchpaar, V. 7 c.8–10, führt die Mahnrede fort und spricht eigentlich auch von Bescheidenheit, wechselt aber zum Thema des „Rechtsstreits“ (*rîḇ*). Die zwei Sprüche (V. 8 und 9–10, vgl. V. 15), von denen der erste ein Trikolon mit einer – gelinde gesagt – ungewöhnlichen Syn-

---

[21] Jahwe-Sprüche sonst in Sammlung V nur in 28, 25 b; 29, 13 b.

tax ausmacht, sind durch mehrere Stichwörter thematisch eng verbunden. Der erste Spruch ist das Problem; er beginnt mit einer allgemeinen Warnung: „Gehe nicht eilig zum Rechtsstreit" (V. 8 a), fügt aber dann überraschend die negative Finalpartikel *pän* ‚damit nicht' hinzu, jedoch ohne die übliche linea maqqef (HAL 884) und ohne mit einem negativen Finalsatz fortzusetzen, wie etwa im V. 10 a (vgl. 26, 4 b), sondern „springt … in die Fragform ab",[22] was wohl als eine Art Begründung gemeint ist (V. 8 b); die Frage bezieht sich darauf, was der Angeredete „an seinem Ende" (*bᵉ'aḥᵃrîṯāh*), d. h. des angeblichen Rechtsstreits,[23] tun werde, um heil davonzukommen, wonach die Frage zur weiteren Begründung fortfährt: „ … wenn dich dein Nächster beschämt?" (V. 8 c). Das Problematische an diesem Vers dürfte aber wesentlich abnehmen, wenn man zweierlei beachtet, und zwar zunächst dass nicht nur V. 8, sondern auch V. 7 ein Trikolon ausmacht; demnächst fällt auf, dass Symmachus und Vulgata V. 7 c mit V. 8 a verbinden;[24] auf diese Weise entsteht aus V. 7 c.8 a und 8 bc ein zweizeiliges, begründetes Mahnwort (s. BHS), wie die umgebenden Mahnworte (V. 6–7 und 9–10). Wenn man also V. 7 c nun nicht auf das Vorangehende bezieht,[25] sondern mit textgeschichtlicher Stütze V. 7 c in Zusammenhang mit V. 8 a bringt, dann lässt sich V. 7 c als der begründende Vordersatz und damit als Bedingung für die Warnung im V. 8 a verstehen: „Wenn (*'ᵃšär*)[26] deine Augen etwas gesehen haben, (so gehe nicht eilig zum Rechtsstreit)". Dabei erhält nicht nur die Warnung im V. 8 a einen allgemeinen Charakter, wie oben erwähnt, sondern so auch ihr konditionaler Vordersatz (V. 7 c), der einen nicht näher angegebenen Fall setzt. Das andere Mahnwort im Spruchpaar, V. 9–10, das durch „damit nicht" (*pän*) negativ begründet ist, und das mit dem ersten thematisch eng verbunden ist, hat im Vergleich einen weit einfacheren Aufbau. Es bringt ein zeitloses Problem zur Sprache, wenn es den Angeredeten dazu ermahnt, sich damit zu bescheiden, seine eigene Sache mit seinem Nächsten zu plädieren, und ihn vor allem warnt: „Verrate/enthülle nicht (*'al-tᵉgāl*) das Geheimnis (*sôḏ*) eines anderen", ihn also dazu rät, sich nicht in die private Sache anderer zu mengen (V. 9); denn das wird nur Ärger und üble „Nachrede", die nie aufhört, geben (V. 10).

Die zwei folgenden Spruchpaare, V. 11–12 und 13–14, sind einander darin gleich, dass sie keine Mahnworte sind, sondern ohne Anrede Aussagen machen, vor allem aber darin, dass sie anhand von Bildern, die teils aus dem Alltag und teils aus der Natur genommen sind, kunstvoll Vergleiche ergeben; gleichzeitig sind sie in der Weise unterschiedlich, dass ihre Vergleiche sowohl mit der Vergleichspartikel „wie" (*kᵉ*) als auch ohne gemacht sind; und hier ist vor allem das Letzte der Fall (V. 11–12 und 14). Im ersten Spruch des Spruch-

---

22 So Delitzsch 401; s. o. Anm. 7.

23 Das fem. Suffix bezieht sich auf das Lexem *rîḇ* ‚Rechtsstreit', das Fem. sein kann (HAL 1143; Delitzsch 401).

24 G (sowie S und T) aber nicht; vgl. BHS und BHQ; s. o. Anm. 6.

25 So etwa Delitzsch 400–401; Wildeboer 73; neuerdings Fox 778.

26 Vgl. HAL 95 b; s. o. Anm. 6.

paars besteht der Vergleich aus einem Bild (V. 11 a) und einer ihm entsprechenden Ausdeutung (V. 11 b); ohne jede formale Verbindung sind Bild und Anwendung schlicht nebeneinander gestellt. Das Bild will etwas selten Kostbares und kunstvoll Ausgeführtes ausdrücken, wie dem präzisen Verständnis einzelner Lexeme auch sei; die Ausdeutung ist ebenfalls sprachlich schwer verständlich, und zwar aufgrund des letztes Wortes *'ŏp̄nâw*, das im Spruchbuch ein hap. leg. ist und später nur noch in Sir 50, 27 vorkommt, und dann im Sinne von „kunstgerechtem (Spruch)“.[27] Wenn man nun diesen zwar späten, aber doch einmaligen Beleg sowie kontextuell das vorangehende Bild des Kunstfertigen im Blick hat, dürfte Bühlmanns Wiedergabe: „in vollendeter Form“[28] wohl sachgemäß sein. Immerhin, auch das Reden „zur rechten Zeit“, wie die übliche Übersetzung ist, war den Weisen ein wichtiges Anliegen, und obwohl diese Übersetzung im Hinblick auf die Stelle 15, 23 vielleicht harmonisierend sein mag, wäre es doch ratsam, eine etwas allgemeinere Formulierung zu suchen, die auch diesem Aspekt Raum gibt, deshalb: „in rechter Art“.[29] Das dürfte umso bedeutsamer sein, als im nächsten Spruch des Spruchpaars, V. 12, der sich durch Stichwörter und Alliteration mit V. 11 verbindet, nun vom „weisen Mahner“ (*môk̲îaḥ ḥāk̲ām*) die Rede ist, dem ein „hörendes Ohr“ offen ist. Das ist die Wunschsituation des weisen Lehrers und seiner Erziehung, die wie „ein goldener Ring und kostbarer Goldschmuck“ (V. 12 a) hoch eingeschätzt wird. Dabei geht es wohl nicht nur um die Hochschätzung des Wortes der Erziehung, sondern auch um die Schönheit der weisen Rede, weil sich die Weisen eben um die „schöngeformte Rede“ gekümmert haben, wie es auch in Koh 12, 10 zum Ausdruck kommt.[30] Nicht nur das weise Wort wird hoch eingeschätzt, sondern so werden auch die Bilder; denn durch sie werden menschliche Umstände abgedeckt und Lebenserfahrungen widerspiegelt; sie erhöhen die Macht des Wortes. Das kommt auch im Folgenden eindrucksvoll zur Sprache.

Mit dem nächsten Spruchpaar, V. 13–14, wechselt das Thema, und die Bilder kommen nun aus der Natur, wie es die Naturweisheit liebt; zudem hat V. 13 die Vergleichspartikel, V. 14 aber nicht – *variatio delectat*. Im ersten Spruch des Spruchpaars, V. 13, der ein Trikolon ausmacht, meint „kühlender Schnee am Tag der Ernte“ (V. 13 a), im Gegensatz zu „Schnee im Sommer“ (26, 1), also etwas ganz Positives, das auch in der Anwendung des Bildes auf den „treuen Boten“ ausgedrückt wird (V. 13 b; vgl. 13, 17), und das danach in einer Erweiterung des Spruchs als Erquickung für den Herrn des Boten noch ausgedeutet wird (V. 13 c). Im zweiten Spruch des Spruchpaars, V. 14, will das meteorologische Bild: „Nebelschwaden und Wind ohne Regen“ die Enttäuschung zum Ausdruck bringen (V. 14 a; vgl. Hos 6, 4 b; 13, 3 a), was auf einen Mensch angewendet wird, „der mit trügerischer/falscher Gabe (*mattat̲-šäqär*)

---

[27] So mit Ges[18] 89 b; vgl. HAL 76 b.
[28] Bühlmann, ebd. 45; s. o. Anm. 9.
[29] So mit HAL 76 b; vgl. Fox 782: „in the right way“.
[30] S. sonst 15, 2; 16, 21. 23; 22, 11, und dazu Bühlmann, ebd. 45–63; auch Fox 782 f.

prahlt“ – und also nur Enttäuschung bringt (V. 14 b); vor so einem Menschen wird indirekt gewarnt.

Die zwei nächsten, Spruchpaare, V. 16–17 und 21–22, sind dagegen Mahnworte, wo Mahnung wie Warnung direkt ausgedrückt werden; sie sind thematisch verschieden und umgeben den komplexen Trippelspruch in V. 18–20. Beim ersten Spruchpaar (V. 16–17), wo die zwei Mahnworte durch die negativ begründende Konstruktion „damit nicht/sonst“ (*pän*) und „satt werden/bekommen“ (Vb. *śb*ʿ) als Stichwort verbunden sind, geht es im ersten Spruch (V. 16) um das „finden“ von Honig (*d*ᵉ*ḇaš*), wobei ermahnt wird, ihn nur nach Bedarf zu essen (V. 16 a; vgl. 27 a; 24, 13; 27, 7), „damit du ihn nicht satt bekommst“ (V. 16 b). Danach wird zu einem ganz anderen Thema gewechselt, das aber auch vom „satt werden/bekommen“ handelt; nun wird dazu ermahnt, die Türschwelle des Nachbarhauses nicht niederzutreten (V. 17 a), „damit er dich nicht satt bekommt“ (V. 17 b). In beiden Fällen gilt damit die Mahnung, jede Übertreibung zu vermeiden (vgl. 23, 1–3), was positiv das kluge Maßhalten – *aurea mediocritas* – meint; sonst wird man die negativen Folgen schmerzlich erfahren müssen.

Das nächste Spruchpaar, V. 21–22, ist mehrfach beachtenswert. Der erste Spruch stellt einen Fall auf und macht eine schön geformte Doppelmahnung aus (V. 21 ab); der zweite Spruch ist kein Mahnwort, setzt aber ebenfalls einen – allerdings schwer deutbaren – Fall (V. 22 a), was wohl seine Verbindung mit dem ersten Spruch stiftet, aber kaum seine Begründung bildet; dagegen mag der zweite Spruch durch die im Jahwe-Spruch ausgesprochene Verheißung selbst begründet sein (V. 22 b). Der Fall des ersten Spruchs setzt einen herausfordernden Extremfall: Wenn „dein Hasser“ (*śona*ʾᵃ*ḵā*), d.h. dein persönlicher Feind,[31] „hungert/dürstet“, dann – ist die Mahnung – sollst du ihm Hilfe leisten und nicht die für ihn ungünstige Lage ausnützen (V. 21; vgl. 19, 11; 20, 22; 24, 17–18. 29). Sodann fährt der zweite Spruch mit einem neuen Fall fort: „Wenn du glühende Kohlen (*gäḥālîm*) auf sein Haupt häufst, …“ (V. 22 a), was wohl einen Ritus widerspiegeln mag, die Frage bleibt aber: welcher? Es ist dabei auf einen ägyptischen Bußritus hingewiesen, der allerdings nicht als Ritus in Israel belegt oder erwähnt ist, der aber hier als ein metaphorischer Ausdruck dafür verwendet sein kann, dass man jemand zur Busse führt.[32] Wenn dann einer seinem Feind in einer Notlage nicht nur körperlich, sondern auch geistlich hilfreich beisteht, wird Jahwe ihm das „vergelten“ (*y*ᵉ*šallām-lāḵ* [dir] ‚Ersatz leisten/vergelten‘; HAL 1420). In diesem Fall mag die Verbindung mit dem ersten Teil des Spruchpaars (V. 21) sachlich intendiert sein (vgl. sonst 1Sam 24, 18–20; Röm 12, 21); dabei kommt das Spruchpaar dem Gebot der Nächstenliebe nahe.

---

[31] So wenn das Part. persönliches Suffix hat, vgl. GesB 789 a; HAL 1248 b.

[32] Vgl. Morenz, Feurige Kohlen (1953), 187–192; sonst Ges[18] 211 f; bes. Meinhold 430: „Solches Feuer auf dem Kopf veranschaulicht Bewußtsein und Haltung von Beschämung, Reue, Buße und letzten Endes Umkehr“; auch Fox 787 f (mit ägyptischen Texten).

Der Trippelspruch in V. 18–20, hat wiederum die Form von Aussagen, weist aber dazu eine einzigartige Struktur auf. Er bringt neue Vergleiche, und zwar ohne Vergleichspartikel, nur durch einfache Nebeneinanderstellung, wie im Spruchpaar V. 11–12. Die dabei angewandten Bilder und Umstände, die teils aus dem Krieg und teils aus dem menschlichen Alltag stammen (V. 18 a; 19 a; 20 a), zeigen in den A-Kola, besonders der zwei letzten Sprüche, einen negativen Katalog dessen, das nicht brauchbar oder passend ist oder aber normalerweise nicht getan wird; und ohne jeden Übergang werden demnächst diese Bilder in den B-Kola (V. 18 b; 19 b; 20 b) zu ganz negativen Charakterisierungen bestimmter Personen angewandt, und zwar ist derjenige, der als „falscher Zeuge" (*ʿeḏ šäqär*) „gegen seinen Nächsten" antwortet, wie zerstörende Waffen: Kriegshammer, Schwert und Pfeil (V. 18); sodann ist „das Vertrauen auf einen Treulosen (*bôḡeḏ*) am Tag der Not" ebenso wenig dienlich wie „ein bröckliger Zahn und ein wankender Fuß" (V. 19); und dass jemand „Lieder auf einem traurigen Herzen singt", ist ebenso wenig passend wie „Kleider am kalten Tag abzulegen" (V. 20). Die Vergleiche des Trippelspruchs – vielleicht mit Humor oder gar Sarkasmus geschaffen – stehen kontrapunktisch zu dem, was vernünftig ist.

Endlich weist das Kapitel sieben freistehende Einzelsprüche auf (V. 15. 23. 24. 25. 26. 27. 28), die alle der Aussagen-Form sind, und von denen die sechs letzten eine lockere Reihenbildung auszumachen scheinen. Drei Sprüche ergeben Vergleiche ohne Vergleichspartikel (V. 25; 26 u. 28, wie V. 11–12. 14. 18–20 oben), und diese drei Stellen wie auch V. 23 haben ihre Bilder oder Bezugspunkte aus der Natur („der Nordwind, der Regen erzeugt", V. 23 a, vgl. V. 14; „kühles Wasser", V. 25 a, vgl. V. 13; „eine verdorbene Quelle", V. 26 a, sowie eine „zerstörte Stadt ohne Mauer", V. 28 a). Ein Spruch, der von „einer streitsüchtigen Frau" handelt (V. 24), hat, wie auch die übrigen verwandten Stellen (21, 9. 19; vgl. 19, 13 b; 27, 15; 27, 15), den ‚besser als'-Stil. Im V. 27 wird im Kolon A das „viel Honig essen" als „nicht gut", also als nicht förderlich, bezeichnet, was ganz auf der Linie von V. 16 liegt; anders aber als V. 16 b ist das B-Kolon hier sowohl textlich[33] als auch im Verhältnis zum Kolon A schwerer verständlich; der mögliche Vergleich liege wohl darin, dass wie zu viel Honig „zum Überdruss und zu Beschwerden führt", so auch eine übermäßige Ehrsucht.[34] Endlich ist zwischen V. 15, 23 und 28, also am Anfang und Ende dieser Reihenbildung, eine gewisse thematische Verbindung, die in Weisheitstexten öfter vorkommt, und zwar das Thema meiner Gegenüberstellung vom Menschen der „Langmut" (*ʾoräḵ ʾappayim*), V. 15, mit einer wirkungsvoller „sanfter Zunge" als Parallelbegriff, und seinem Gegenpart, dem „Mann, dem Selbstbeherrschung fehlt", und der mit der überaus gefährlichen Lage einer „zerstörten Stadt ohne Mauer" verglichen wird, V. 28, dem dazu noch Menschen „erzürnter Gesichter", die nur „heimliches Geschwätz" hervorbringen können, nahe kommen, V. 23. Im

[33] S.o. Anm. 19.

[34] So Plöger 305; vgl. Meinhold 433 f.

Hintergrund steht wohl das alte Ideal der Weisen von dem weisen Schweiger, der Selbstbeherrschung zeigt.

Die Bilder und Vergleiche, die dieses Kapitel so stark prägen, haben ein breites Register von Lebenserfahrungen veranschaulicht; dabei kann man sich des Eindrucks kaum erwehren, dass die Weisen nicht nur das weise Wort und die „schöne Rede", sondern auch das Bild und den guten Vergleich hoch geschätzt haben.

26, 1–28: Die Gesellschaft verderbende Menschen

1 **Wie Schnee im Sommer und Regen in der Ernte**
so unpassend ist Ehre für den Toren.
2 **Wie ein Sperling im Flattern und eine Schwalbe im Fliegen**
so ist ein grundloser Fluch: er trifft nicht ein.[35]
3 **Die Peitsche für das Pferd, der Zaum für den Esel –**
und der Stock für den Rücken der Toren.
4 **Antworte dem Toren nicht nach seiner Dummheit,**
dass nicht auch du ihm gleich wirst.
5 **Antworte dem Toren nach seiner Dummheit,**
dass er nicht sich selbst für weise hält.
6 **Einer, der die Füße verstümmelt, einer, der Unheil trinkt**[36] **–**
einer, der Botschaften durch einen Toren sendet.
7 **Schlaff hängen die Schenkel an einem Lahmen –**
und ein Weisheitsspruch im Mund der Toren.
8 **Wie das Binden eines Steins an die Schleuder,**[37]
so, wer einem Toren Ehre erweist.
9 **Ein Dornstrauch gelangt in die Hand eines Betrunkenen –**
und ein Weisheitsspruch in den Mund von Toren.
10 **Ein Schütze,**[38] **der alle Vorbeigehenden verwundet –**
und einer, der einen Toren und Betrunkenen dingt.[39]

---

[35] So ketib (s. BHS); vgl. Wildeboer 75; Meinhold 435.

[36] Vgl. Gemser 94; sonst McKane 597; Meinhold 435; Murphy 196 f; Clifford 228; Fox 791.

[37] Die übliche Wiedergabe (mit G S T); aber die Bedeutung des hap. leg. *margemâ* bleibt unsicher, vgl. HAL 597; BHQ 53*; Wildeboer 76; und die Übersicht bei Meinhold, ebd.

[38] Das *rāḇ* wird im Kontext nicht als *rāḇ* I ‚viel', sondern als *rāḇ* III ‚Schütze' (vgl. Jer 50, 29; Hi 16, 13) zu verstehen sein, s. HAL 1094 b; BHS; vgl. Gemser 94; McKane 252; Meinhold 436; Murphy 196 f; anders Fox 795 f.

[39] MT ist nicht in Ordnung. Die Versionen raten, und die Änderungsvorschläge sind zahlreich (s. BHS; BHQ; vgl. die Übersicht bei Toy 476; Fox 795 f). G weicht vom MT sehr ab und wird etwa von Plöger (306–308) gefolgt: „Viel heimgesucht wird alles Fleisch der Toren; / denn vernichtet wird ihr Übermut", was aber kaum ratsam ist. Der hebr. Text lässt sich zwar nicht mit Sicherheit wiederherstellen, doch anhand zwei kleinerer Änderungen scheint eine Übersetzung ermöglicht zu sein, die dem Vergleichsstil im Kontext auch entsprechen mag; dabei ist erstens das letzte Wort *ʿoḇrîm* ‚Vorbeigehende' ans Ende der ersten Vershälfte, und zwar an das nun nicht näher relatierte *kol* ‚alles/alle' zu versetzen, und zweitens ist das Part. *weśoḵer*[2] ‚und dingend' ins

11 **Wie ein Hund, der zu seinem Gespei zurückkehrt,**
ist der Tor, der seine Torheit wiederholt.
12 **Siehst du einen Mann, der sich für weise hält?**
Die Hoffnung ist größer für einen ⌜Toren⌝ als für ihn.
13 **Der Faule sagt: „Ein Löwe[40] ist auf dem Wege,**
ein Löwe ist mitten auf den Plätzen!“
14 **Die Tür dreht sich in ihrer Angel**
und der Faule in seinem Bett.
15 **Der Faule steckt seine Hand in die Schüssel**
und ist zu träge, sie wieder zum Mund zu führen.
16 **Weiser ist der Faule in seinen eigenen Augen**
als sieben, die gescheit antworten können.
17 **Einer, der einen Hund an den Ohren greift –**
ein Vorbeigehender, der sich über einen Streit ereifert,
der ihn nichts angeht.
18 **Wie einer, der sich verrückt aufführt und schießt**
Brandpfeile, Pfeile und Tod,
19 **so ist ein Mann, der seinen Nächsten betrügt**
und sagt: „Ich habe doch nur gescherzt“.
20 **Gibt es kein Holz mehr, erlischt das Feuer;**
und gibt es keinen Verleumder, legt sich der Streit.
21 **Kohlen für die Glut und Holz für das Feuer –**
und ein zänkischer Mann zum Entfachen einen Streit.
22 **Die Worte des Verleumders gleichen Leckerbissen,**
sie gleiten hinab in die Kammern des Leibes.
23 **Schlackensilber über Tongeschirr gezogen –**
brennende[41] Lippen und ein böses Herz.
24 **Mit seinen Lippen verstellt sich der Hasser,**
doch in seinem Inneren hegt er Trug.
25 **Wenn er freundlich redet, traue ihm nicht!**
Denn sieben Gräuel sind in seinem Herzen.
26 **Es verbirgt sich Hass hinter Täuschung,**
aber seine Bosheit wird in der Versammlung enthüllt.
27 **Wer eine Grube gräbt, fällt selbst hinein;**
und wer einen Stein wälzt, auf den fällt er zurück.
28 **Falsche Zunge hasst, die sie zerschlägt,[42]**
und ein glatter Mund verursacht Verderben.

---

w^{e}*šikkor* ‚und betrunken‘ (s. V. 9 a) zu ändern; s. HAL 1380 a; vgl. BHS; Gemser 94; McKane 252. 599; Murphy 196 f.

[40] S. HAL 1355.

[41] Öfter wird mit G *ḥ*^{a}*lāqîm* ‚glatt‘ statt MT *dolqîm* (‚brennen‘, s. HAL 214 b; Ges^{18} 252 a) gelesen (s. BHS), wozu Murphy (197) bemerkt: „which is so obvious it is suspicious“; vgl. sonst Wildeboer 77.

[42] So mit Meinhold 446; vgl. Plöger 307; MT ist aber unsicher (s. BHS; BHQ 53*).

Lit.: G. Boström, Paronomasi (1928), 98–100. – K.G. Hoglund, The Fool and the Wise in Dialogue, FS Murphy 1987, 161–180. – R.C. Van Leeuwen, Context (1988), 87–122.

Das Kapitel hat die Form der Mahnrede im Spruchpaar V. 4–5, sonst nur aussagenden Sprüche, die öfter Vergleiche enthalten; es hat keine Jahwe-Sprüche. Inhaltlich lässt sich das Kapitel in drei größere Abschnitte oder Kompositionseinheiten gliedern. Dabei hat die erste Einheit den Toren als Thema – und ist gelegentlich ein ‚Torenspiegel' genannt worden, V. 1–12;[43] die zweite ist um den Faulen konzentriert, V. 13–16; und die dritte und längste Einheit, V. 17–28, stellt ein buntes Bündel von Einzelsprüchen dar, die mehrmals Bilder und Vergleiche aufweisen, und die auch als Spruchpaare auftreten, wie etwa V. 20–21; oder aber können verbindende Stichwörter über mehrere Sprüche spannen, wie in den vom Thema der Rede verbundenen V. 22–28.

In den ersten 12 Versen ist dann der „Tor" die Hauptfigur. Es war im Vorangehenden schon öfter von ihm die Rede, so vor allem in den beiden Teilen der Sammlung II; die Toren-Sprüche sind nicht sonst in solcher Breite gesammelt worden wie in dieser Reihenbildung, und die sind alle negativ. Es gibt für den „Toren" mehrere Bezeichnungen; es fällt aber auf, dass dabei und bei dem großen Wechsel der gegenwärtigen Toren-Sprüche doch nur das Lexem *k^e^sîl* (und nicht etwa *'^ä^wîl* oder *nāḇāl*) gewählt worden ist, und zwar wechselnd entweder im Sing. (V. 1, 4–5, 6, 8, 10, 11, 12) oder im Plur. *k^e^sîlîm* (V. 3, 7, 9); und für „Dummheit/Torheit" hat man nur *'iwwälät* (und nicht etwa *k^e^sîlûṯ*) benutzt (V. 4–5, 11).[44] In diesen Sprüchen kommen mehrere Bilder und Vergleiche vor, wobei V. 1–2, 8 und 11 die Vergleichspartikel „wie" (*k^e^*) haben, während aber V. 3, 6–7, 9–10 und, mit einer besonderen Form, auch V. 12 so nicht, sondern nur die einfache Nebeneinanderstellung zweier Größen verwenden – wie mehrmals im vorigen Kapitel. Das alles ergibt für diese Einheit Kohärenz und Variation.

Das durchaus negative Bild des Toren ist verschiedentlich ausgedrückt worden. Der Tor wird vor allem nicht respektiert, denn ebenso wenig „Schnee im Sommer" und „Regen in der Ernte" (V. 1) oder auch „das Binden eines Steins an die Schleuder" (V. 8) passend oder dienlich ist, passt für ihn „Ehre" (*kāḇôḏ*). Erwähnt sind Dinge, die nicht zusammen gehören oder zueinander passen, und das wird in den folgenden Bildern und Vergleichen weiter entfaltet. Wie Tiere sich nur durch „Zaum" und „Peitsche" leiten lassen, lässt sich der Tor nur durch das harte Mittel des „Stocks" (*šeḇäṭ*) erziehen, weil die mündliche Erziehung durch „Zurechtweisen"[45] ihm nicht dienlich ist

---

[43] V. 2 gehört anscheinend nicht zur Schilderung des Toren, ist aber äußerlich durch ‚wie' mit V. 1 verbunden, vielleicht auch stilistisch mit V. 1 und 3 aufgrund derselben Struktur; vgl. van Leeuwen, Context, 91.

[44] Vgl. Sæbø, THAT I, 77–79 (*'^ä^wîl/'iwwälät*); 836–838 (*k^e^sîl/k^e^sîlûṯ*); II, 26–31 (*nāḇāl*); Cazelles, ThWAT I, 148–151 (*'^ä^wîl/'iwwälät*); Schüpphaus, ThWAT IV, 277–283 (*ksl*); Marböck, ThWAT V, 171–185 (*nāḇāl*); sonst etwa Hoglund, The Fool and the Wise (1987), 161–180.

[45] Vgl. THAT I, 738–742; ThWAT III, 688–697.

(vgl. etwa 1, 7; 10, 17; 12, 1; 13, 16; 14, 24). So unbeholfen und ungeschickt ist er, dass er einem, der als einen herausfordernden Auftrag „Botschaften senden/Geschäfte ausrichten" (*šoleaḥ debārîm*) möchte, nur Schaden und Ärger bringen würde (V. 6). Dem klugen Reden ist er gar nicht fähig; denn ein „Weisheitsspruch" (*māšāl*) – dem Stolz der Weisen – verliert seine Macht „in seinem Munde" und wird nur „schlaff hängen", wie „die Schenkel des Lahmen" (V. 7); er ist „a verbal cripple" (Fox 794); oder der „Weisheitsspruch" mag „in seinem Munde" etwas Gefährliches sein und Unheil anrichten, wie ein „Dornstrauch in der Hand eines Betrunkenen" (V. 9) – wie auch dies sarkastisches Bild nun zu deuten sei; gefährlich ist er außerdem dadurch, dass er wie ein „Schütze" ist, „der alle Vorbeigehenden verwundet" (V. 10). Der zweimal erwähnte „Weisheitsspruch", der dem Toren etwas Fremdes ist, macht seinen Abstand zum Weisen offenbar, er ist vor allem sein Gegentypus. Das kommt auch in dem kunstvoll ausgeführten Spruchpaar V. 4–5 zum Ausdruck, und zwar durch ein Wortspiel über die „Dummheit/Torheit" (*'iwwälät*) des Toren, mit der er verhängnisvoll verbunden ist und von der er sich nicht zu befreien vermag (vgl. V. 11; 14, 24):

Antworte dem Toren nicht nach seiner Dummheit,
dass nicht auch du ihm gleich wirst.
Antworte dem Toren nach seiner Dummheit,
dass er nicht sich selbst für weise hält.

Die scheinbare Kontradiktion des Doppelspruchs spielt auf dem doppelsinnigen Gebrauch des Ausdrucks „nach seiner Dummheit" (*ke'iwwaltô*); denn erstens hat der Ausdruck den Sinn: „gemäß der Dummheit des Toren" (V. 4), was also bedeutet, dass man ihn nicht auf seinem Niveau antworten, sich nicht so dumm wie er zeigen soll; und zweitens meint er: „wie es seine Dummheit verlangt" (V. 5 a), dass man ihn so antworten soll, dass seine Dummheit zur Schau gestellt wird, und, wie es auch zum Schluss heißt, „dass er nicht sich selbst für weise hält" (V. 5 b).[46] Dieser Schluss bleibt auch der Schluss der Einheit in ihrem letzten V. 12: der Tor darf sich nicht für weise halten. Bei dem durchgehend negativen Bild des Toren, das hier einen intellektuellen Aspekt besonders zeigt, zu dem aber auch ein moralischer Aspekt gehört, könnte vielleicht zum Verdacht einer Menschenverachtung führen; das braucht aber nicht der Fall zu sein; denn in der Weisheitslehre war ein Ordnungsdenken hervortretend (vgl. etwa Koh 3, 1 ff),[47] und in dem hatte auch der Tor seinen Platz – mag auch sein Platz weder moralisch noch sonst für die Gemeinschaft besonders ergiebig sein.

Eine andere negative Figur ist der „Faule" (*'āṣel*, nur im Spruchbuch), der in den V. 13–16 das Thema ist; auch von ihm war mehrfach die Rede (etwa 6, 6. 9 f; 10, 4; 13, 4; 18, 9; 21, 25 sowie die ‚Erzählung' in 24, 30–34); es galt, vor ihm zu warnen. An dieser Stelle sind vier Sprüche über ihn gesammelt,

---

[46] Vgl. Wildeboer 75 f; Skladny, Spruchsammlungen, 50–52; Meinhold 438; Fox 793–794.
[47] Vgl. etwa von Rad, Weisheit, 102–130.

die ihn auf unterschiedliche Weise charakterisieren. Besonders prägnant ist der Vergleich im V. 14, wo ohne Vergleichspartikel zwei Feststellungen meisterhaft neben einander gestellt sind, und zwar machen die Tür und der Faule je eine Bewegung, deren Vergleichspunkt aber ist, dass die Bewegungen sie nicht von der Stelle bringen – der Faule bleibt im Bett:

Die Tür dreht sich in ihrer Angel
und der Faule in seinem Bett

Dieselbe Unbeweglichkeit mag auch im ersten Spruch, V. 13, der 22, 13 ähnlich ist, sowie im dritten Spruch, V. 15, der mit 19, 24 fast identisch ist, gemeint sein, so dass die drei ersten Sprüche dabei im gewissen Ausmaß inhaltlich verbunden zu sein scheinen. Die kleine Reihe verwandter Sprüche endet wie die vorige; denn wie der Tor wird auch der Faule zum Schluss mit der Weisheit konfrontiert, wenn er sich selbst weiser ansieht, „als sieben, die gescheit antworten können“ (V. 16). So ist das Bild des Faulen – wie das des Toren – völlig negativ und ironisch gezeichnet; weder der Faule noch der Tor führt ein Leben, das für die Gemeinschaft ertragbar ist, sondern das eher die Zeit nur unnütz vertut.

Der dritte und letzte Teil des Kapitels, V. 17–28, fährt mit Sprüchen negativer Aussagen fort; und bei mehreren werden Bilder verwendet, ohne aber dass ihr Sinn immer leicht greifbar ist. Das mag beim ersten schwierigen Spruch, V. 17, der Fall sein; denn was die vergleichende Gegenüberstellung von einem, „der einen Hund an den Ohren greift“ (V. 17 a), und einem Vorbeigehenden,[48] der sich „über einen Streit ereifert, der ihn nichts angeht“, meinen soll, scheint etwas dunkel zu sein. Der Sinn darf wohl aber etwas mehr als eine Warnung vor unangebrachter Einmischung sein;[49] denn wenn der Spruch mit dem folgenden doppelzeiligen Vergleich (mit *k^e^* ‚wie‘ und *ken* ‚so‘), V. 18–19, verbunden wird, der zunächst von einem wild schießenden Desperado handelt, der sodann als Bild für einen Mann dient, der aus seinem Betrug gegen seinen Nächsten nur einen Scherz machen kann, dann dürfte es hier um etwas wirklich Gefährliches gehen; die Folgen können in jedem Fall verhängnisvoll werden. In dem darauf folgenden Spruchpaar, V. 20–21, wo sowohl „Feuer“ wie auch „Streit“ verbindende Stichwörter sind, handelt es sich ebenfalls um einen Menschentyp, der einen verderbenden Einfluss auf die Gesellschaft ausübt, und zwar der „Verleumder“ (*nirgān*, vgl. V. 22 a;

---

[48] Ob das Part. *ʿoḇer* ‚vorübergehend‘ nach vorn mit dem „Hund“ zu verbinden sei, wie mehrere vorziehen (vgl. etwa Wildeboer 77; Gemser 94; Ringgren 102; Meinhold 443; Murphy 196; Fox 708), oder es, mit MT, auf das folgende Part. „der sich Ereifernde“ zu beziehen sei (so etwa Toy 477; McKane 252; Plöger 307), bleibt wohl unsicher; doch dürfte das ‚vorübergehen‘ eher mit einem vorübergehenden Mann, der etwas erfährt und „sich darüber ereifert“, was „ihn nichts angeht“, als mit dem Hund verbinden – denn wer spricht eigentlich von einem ‚vorübergehenden‘ Hund?

[49] Mehrere Textzeugen gehen in diese Richtung, vgl. G S V; vielleicht haben sie aus Ratlosigkeit so gedeutet, oder es könnte dabei eine Metathese von *miṯʿabber* und *miṯʿāreḇ* (von *ʿrb* II ‚einmischen‘) vorliegen; vgl. BHQ 53*.

16,28; 18,8) und, in Parallele dazu, der „zänkische Mann“, der Querulant (*ʾîš midwānîm*, vgl. 21,9. 19; 25,24, nun von einer Frau); wie Holz für Feuer nötig ist, sind solche Menschen das ‚Material‘ für einen „Streit“ (*mādôn*, V. 20b; *rîb*, V. 21b; vgl. 17,14; 28,25). Durch „Verleumder“ als Stichwort schließt sich zudem der mit 18,8 identischem V. 22, an dies Spruchpaar an. Im Übrigen leitet aber dieser Vers eine Reihenbildung ein, die von „Wort/Reden“ thematisch verbunden ist, und die – abgesehen vom V. 27 – den Rest der Verse des Kapitels umfasst (V. 22–28), wobei es am Anfang nun auch „Worte des Verleumders“ heißt (V. 22). Diese Spruchreihe wird aber nicht nur durch „Worte“ und „Reden“ gebündelt, sondern vor allem durch den Gegensatz von einem glatten, aber trügerischen Äußern und einem boshaften Innern konstituiert, der sich wie ein roter Faden durch die Sprüche zieht. Während „Worte“ und „Reden“ sonst von den Weisen hoch eingeschätzt werden, stellt aber diese Reihe einen negativen Kontrapunkt dazu dar; denn der trügerische äußere Schein wird eben durch süße „Worte“ (V. 22), „brennende Lippen“ (V. 23b; 24a), freundliches Reden (V. 25a) und eine „falsche Zunge“ (V. 28a) ausgedrückt, wonach die Reihe gerade mit dem Satz: „ein glatter Mund verursacht Verderben“ abgeschlossen wird (V. 28b). Andererseits decken „Worte“ und „Reden“ über den Trug, Hass und die Bosheit des Herzens (V. 24b; 26), wie es im V. 23 metaphorisch durch eine vergleichende Gegenüberstellung noch ausgedrückt wird:

> Schlackensilber über Tongeschirr gezogen –
> brennende Lippen und ein böses Herz

Wie die generelle Aussage des Spruches im V. 27 hier einzuordnen ist, lässt sich wohl nur mit Vorbehalt bestimmen, denn sie scheint schwer zu erklären sein. Doch vielleicht will der Spruch, der auch als ein klassischer Ausdruck des für die Weisen grundlegenden Lehrpunkts vom Tun-Ergehen-Zusammenhang angesehen werden darf, allem Vorangehenden einen allgemeinen Abschluss verleihen und einen Schlussstrich setzen:[50]

> Wer eine Grube gräbt, fällt selbst hinein;
> und wer einen Stein wälzt, auf den fällt er zurück

27,1–27: Was dem Zusammenleben der Menschen dient

1 **Rühme dich nicht des morgigen Tages,**
denn du weißt nicht, was ein Tag gebiert.
2 **Es rühme dich ein anderer und nicht dein Mund,**
ein Fremder und nicht deine Lippen!
3 **Die Schwere des Steins und die Last des Sandes –**
aber Ärger über einen Toren ist schwerer als beide.

[50] Vgl. Freuling, „Wer eine Grube gräbt …“ (2004), bes. 50–57.

4 **Die Härte des Zorns und das Überfluten der Wut –**
aber wer hält der Eifersucht stand?
5 **Besser ist unverhüllte Zurechtweisung**
als verborgene Liebe.
6 **Treu gemeint sind die Schläge des Liebenden,**
aber trügerisch[51] die Küsse des Hassers.
7 **Der Satte tritt Honigseim mit Füßen,**
aber dem Hungrigen ist alles Bittere süß.
8 **Wie ein Vogel, der sein Nest verlässt,**
ist der Mann, der seinen Ort verlässt.
9 **Öl und Räucherwerk erfreuen das Herz**
und die Süße seines Freundes mehr als Duftholz.[52]
10 **Deinen Freund und deines Vaters Freund gib nicht auf,**
aber das Haus deines Bruders betritt nicht am Tag deines Unglücks!
Besser ist ein naher Nachbar als ein ferner Bruder.
11 **Sei weise, mein Sohn, und erfreue mein Herz,**
damit ich dem antworten kann, der mich schmäht.
12 **Ein Kluger, der das Unheil sieht, verbirgt sich;**
aber Einfältige, die weiter gehen, müssen es büßen.[53]
13 **Nimm sein Kleid, denn er hat für einen Fremden gebürgt,**
und für eine Fremde pfände ihn.
14 **Wer seinen Nächsten mit lauter Stimme am frühen Morgen[54] grüßt,**
als Fluch kann es ihm angerechnet werden.
15 **Ein tropfendes Leck am verregneten Tag**
und ein zänkisches Weib gleichen sich.[55]
16 **Wer sie greifen will, greift den Wind;**
und Öl begegnet[56] seiner Rechten.
17 **Eisen wird durch Eisen ‚geschliffen',[57]**
und ein Mann ‚schleift' seinen Freund.[58]

---

[51] Zur Form *na῾tārôṯ* s. BHQ 53*; HAL 857; vgl. Toy 483; Gemser 96; Ringgren 104; Wildeboer 78; Plöger 318.

[52] Der Text ist unsicher, vgl. BHS; zu *māṯäq re῾ehû* s. BHQ 54*; gelesen wird hier *῾eṣâ* III, s. HAL 821, vgl. Ringgren 104; gewöhnlich wird *῾eṣâ* I ‚Rat/Beratung/Plan' gewählt, vgl. Murphy 204 f, oder eine Änderung vorgezogen, vgl. Gemser 96; Plöger 318. MT ist im Kolon B zwar unsicher, lässt sich wohl aber behalten.

[53] Mit 22,3 fast identisch; es sind Relativsätze ohne Relativpronomen; vgl. HebrSynt, 143, Pkt. 2.

[54] Der etwas überfüllte Text wird von einigen Auslegern vereinfacht, indem man den in einer HS fehlenden Teil „am frühen Morgen" als Glosse m. c. streicht (s. BHS; vgl. Gemser 96 f); vielleicht machen aber *bᵉqôl gāḏôl* und *babboqär haškêm* eine Kombination zweier Lesarten aus.

[55] Zu *ništāwâ* (√*šwh* I) s. HAL 1334 a; Ges[18] 252 a; GK § 75 x; vgl. 19, 13 b.

[56] So mit Delitzsch 442; HAL 1056 a für Vb. *qr'* II, I. qal; vgl. BHS; BHQ 54*; Wildeboer 78 f.

[57] Statt Adv. *yaḥaḏ* ‚miteinander' wird mit den Vrs., s. BHS; BHQ, durch veränderte Vokalisierung 1. hof. *yuḥăḏ* und 2. hif. *yāḥeḏ* von Vb. *ḥdd* ‚schleifen' gelesen; vgl. Ges[18] 324. 457 f; HAL 280; vgl. McKane 614 f.

[58] Zu *pᵉnê-re῾ehû* s. HAL 886 b, Pkt. A3 e.f: ‚das Selbst einer Person'.

18 **Wer einen Feigenbaum pflegt, isst seine Frucht;**
und wer seinen Herrn beachtet, wird geehrt.
19 **Wie sich das Gesicht im Wasser spiegelt,**
so das Herz des einen in dem des andern.
20 **Totenreich und Unterwelt sind unersättlich;**
und die Augen des Menschen werden nicht satt.
21 **Der Tiegel für das Silber und der Schmelzofen für das Gold –**
und ein Mann gemäß seinem Ruf.[59]
22 **Zerstießest du den Toren in dem Mörser,**
mitten unter den Sandkörnern mit dem Stößel,
würde seine Torheit von ihm nicht weichen.
23 **Beachte wohl das Aussehen deines Kleinviehs,**
richte deinen Sinn auf die Herden;[60]
24 **denn nicht ewig währt ein Schatz –**
oder bleibt ein Diadem[61] **von Geschlecht zu Geschlecht?**[62]
25 **Das Gras ist vergangen und frisches Grün wird sichtbar,**
und die Kräuter der Berge werden gesammelt;
26 **da sind Lämmer für deine Bekleidung**
und Böcke als Kaufpreis für ein Ackerfeld,
27 **und reichliche Ziegenmilch ist für deine Nahrung,**
für die Nahrung deines Hauses,[63]
und zum Lebensunterhalt für deine Mägde.

Lit.: G. Boström, Paronomasi (1928), 100–102. – B.V. Malchow, A Manual for Future Monarchs (1985) 238–245. – R.C. Van Leeuwen, Context (1988), 123–143. – R. Tavares, Eine königliche Weisheitslehre? Exegetische Analyse von Sprüche 28–29 und Vergleich mit den ägyptischen Lehren Merikaras und Amenemhats (2007), 1–52. – Wilke, Kronerben (2006), 236–242.

In diesem Kapitel dürften vor allem die abschließenden V. 23–27 Aufmerksamkeit erwecken; sie scheinen – nach gewöhnlicher Auffassung – eine kleine Komposition, und zwar eine Mahnrede für einen Kleinviehzüchter auszumachen, die vielleicht auch eine ‚Haustafel' für den Bauer genannt werden könnte;[64] doch in dieser Beziehung wird unten noch mehr zu erörtern sein. Auch sonst gibt es Ermahnungsrede, so schon am Anfang (V. 1–2) sowie in V. 10, 11 und 13; und V. 22 hat Anrede ohne Ermahnung. Im Übrigen sind die

---

[59] Zum hap. leg. *mahᵃlālô* s. HAL 524 a; Ges[18] 279 a; BHQ; vgl. Murphy 205 f; Fox 813.

[60] Mit Plöger 318; Gemser 96.

[61] Vgl. HAL 646 f; Barucq 206; Meinhold 461. Der Text ist syntaktisch ungewöhnlich und mag sonst unsicher sein und wird verschiedentlich geändert, aber kaum nötig; vor allem wird statt *nezär* ‚Diadem', parallel zu *ḥosän* ‚Schatz', ein *'ôṣār* ‚Vorrat/Schatz' oder *'ošär* ‚Reichtum' gelesen (s. BHS; anders BHQ).

[62] Zum Anakoluth und Übergang zur Frageform vgl. etwa Delitzsch 448; vgl. Wilke, Kronerben, 237 f.

[63] Zum überfüllten Vers vgl. Plöger 319; Murphy 206.

[64] Vgl. Skladny, Spruchsammlungen, 55.

Einzelsprüche vorherrschend, teilweise mit antithetischem Parallelismus; es scheint auch thematische Spruchgruppierungen zu geben. Es fällt sonst auf, dass V. 10, 22 und 27 ein Trikolon ausmachen, vielleicht weil sie als abschließende Verse verstanden sind, wie auch V. 23–27 einen Abschluss markieren mag, wie 24,30–34 am Ende der Sammlung IV (24,23–34). Endlich gibt es Vergleiche (V. 3, 8, 19) sowie ‚besser als'-Stil (V. 5, 10 c). Wie im Kap. 26 findet man hier keine Jahwe-Sprüche.

Die einleitende Mahnrede ist breit ausgeführt. Zunächst erscheint, mit Vetitiv, eine Warnung davor, sich „des morgigen Tages" zu rühmen (V. 1 a); danach folgt, durch „denn" (kî) eingeführt, die Begründung, dass man ja im Voraus nicht weiß, was ein neuer Tag bringen wird (V. 1 b). In diesem Rühmen wird wohl auch ein Selbstruhm enthalten sein, denn das Mahnwort ist durch eine neue einschärfende Ermahnung erweitert (V. 2): „Es rühme dich ein anderer und nicht dein Mund,/ein Fremder und nicht deine Lippen!" (vgl. Jer 9,23; Jak 4,13–16) – zumal „Eigenlob stinkt". Diese Mahnung zur Bescheidenheit ist den Weisen besonders eigen. Aufgrund seiner Aussage über den Toren mag V. 3 vielleicht an V. 1–2 angeschlossen worden sein, obwohl seine Form mit V. 4 verbindet; anhand eines Vergleichs wird im V. 3 ganz ironisch gesagt, dass der „Ärger" (*kaʿas*) über den Toren schwerer als Stein und Sand sei (vgl. 12,16; 17,25; 26,1–12); nicht nur, dass dieser Ärger nicht nützen wird, sondern er wird zudem noch nur eine schwere Bürde sein.

Die folgenden V. 4–6, die unter sich recht verschieden sind, mögen thematisch eine gewisse Verbindung haben, insofern als hier zwischenmenschliche Gefühle und Relationen im Fokus stehen. Zuerst wird, und zwar durch einen Vergleich mit den starken Gefühlen von „Zorn" und „Wut", die Härte und überwältigende Macht der „Eifersucht" (*qinʾâ*) geschildert und durch die Frageform noch herausgehoben: „wer hält der Eifersucht stand?" (V. 4). In dem durch das Stichwort „Liebe" zusammengehaltenen Spruchpaar V. 5–6 werden sodann zwei Gegensätze aufgestellt, und zwar zunächst zwischen „unverhüllt" und „verborgen", und dabei ist sogar eine „unverhüllte Zurechtweisung/Rüge (*tôḵaḥaṯ*)", wie schmerzlich sie auch sei, besser als[65] die „verborgene Liebe", denn verborgen ist die Liebe nicht kommunikativ und kann anderen nicht zu gute kommen; demnächst wird der Gegensatz von dem „treuen/zuverlässigen" (*näʾ^{ä}mānîm*) und dem „trügerischen" (*naʿtārôṯ*) noch mit den Gegensätzen von „Schlägen" und „Küssen" sowie von „Liebenden" und „Hassenden" kombiniert. Dabei kommt es vor allem auf die echte Zuverlässigkeit des Liebenden an; denn mit ihr wird selbst das Extrem der Schläge leichter ertragbar als falsche Küsse. Falschheit bleibt das aller schlimmste.

Im V. 7 ist von „Honig" die Rede, wie öfter in den Sprüchen (vgl. etwa 16,24; 24,13). Nun scheint aber V. 7 im Kontext isoliert zu sein; doch mag die Hauptsache des Spruches der große Kontrast zwischen dem „Satten" und

[65] Anders Bühlmann, Reden, 113, der hier den ‚besser als'-Stil weglässt, aber kaum mit Recht.

dem „Hungrigen“ sein; und um diesen Gegensatz noch zu verstärken, ist der „Satte“ nicht nur satt, sondern er ‚watet‘ im „Honigseim“, während „dem Hungrigen alles Bittere süß“ ist. Wiederum dürfte es ersichtlich sein, wie sehr die Weisen Kontraste – fast zum Barocken – lieben.

Auch die drei nächsten Sprüche, V. 8–10, handeln von menschlichen Relationen; zudem scheint „Freund“ (*re*ᵃʿ) ein verbindendes Stichwort zwischen V. 9 und 10 als Spruchpaar zu sein. Davor wird aber das Spruchpaar durch einen schönen Vergleich (mit *k*ᵉ ‚wie‘ und *ken* ‚so‘) aus der Natur (vgl. 26, 2) eingeleitet, der auf eindrucksvolle Weise die enge Verbundenheit eines Menschen mit seinem Heim bzw. seiner Heimat zur Sprache bringt:

> Wie ein Vogel, der sein Nest verlässt,
> ist der Mann, der seinen Ort verlässt

Das Spruchpaar selbst ist allerdings mit textlichen und strukturellen Problemen belastet, so schon im V. 9, der von dem handelt, das „das Herz erfreut“, und dann besonders die „Süße/Anmut“ (*māteq*) des Freundes;[66] vor allem aber erweckt V. 10, der nun ein Trikolon ausmacht, den Eindruck, etwas überladen zu sein, zumal seine Kola A und B, die einen antithetischen Parallelismus und – etwas abrupt – die Form eines Mahnworts, mit Vetitiv, vorstellen, ein abgerundetes Ganzes zu bilden scheinen. Demgegenüber ist das Kolon C ein allgemeiner Satz: „Besser ist ein naher Nachbar als ein ferner Bruder“; doch ist dieser generelle Satz mit dem Vorangehenden nahe verbunden, denn es geht auch hier um nahe menschliche Beziehungen, und nun um das Verhältnis zwischen einem Freund bzw. Nachbar und einem Verwandten, wobei die Verbundenheit mit einem Freund näher sein kann als die mit einem nahen Verwandten; das ist auch sonst zum Vorschein gekommen (vgl. 17, 17; 18, 24; 19, 7). Von besonderer Bedeutung ist das Verhältnis zu „deinem Freund und deinem Vaters Freund“, die wohl dieselbe Person ausmachen, und zwar im Sinne „ein alter, erprobter Freund“ (Wildeboer 78). Mehrfach wird also die gute Freundschaft hoch eingeschätzt – ob das wohl mit der bewährten Gemeinschaft im Kreis der Weisen zu tun haben könne? Es wäre wohl nicht undenkbar. Schließlich macht zwar V. 10 einen überladenen Eindruck, es fällt aber auf, dass auch V. 22, am Ende der Spruchreihe V. 11–22, sowie V. 27, am Ende des ganzen Kapitels, ebenfalls ein Trikolon ausmachen; so mag vielleicht die Form des Trikolons den wichtigen Abschluss eines Abschnitts markieren.[67]

Wie eben erwähnt, können V. 11–22 als eine Spruchreihe bezeichnet werden, aber nur im Sinne einer Sammlung von Einzelsprüchen in bunter Folge – und doch so nicht ganz, denn Anfang und Ende scheinen einigermaßen redigiert zu sein. Der erste Spruch kann als ein einleitendes Mahnwort gemeint sein. Es hat die Anrede „mein Sohn“, die öfter eine neue Einheit einführt (vgl. etwa 1, 8; 2, 1; 5, 1; 7, 1), während aber die konkrete Aufforderung nicht

---

[66] Zu *māteq** s. HAL 619 b; sonst s. o. zum Text.

[67] Vgl. Meinhold 454.

die übliche zum Hören oder Achtgeben ist, sondern einmalig mit dem Imperativ „Sei weise“ (*ḥ^aḵam*) beginnt, dem ausfüllend „und erfreue mein Herz“ folgt (V. 11 a). Diesem ersten Teil des Spruchs kommt sonst 23, 15 am nächsten, wo gesagt wird: „Mein Sohn, wenn dein Herz weise ist, freut sich auch mein eigenes Herz“, aber die Fortsetzung ist hier im V. 11 b eine andere. Da wird die beabsichtigte Folge durch ein Kohortativ ausgedrückt: „damit ich dem antworten kann, der mich schmäht“, welches ebenfalls eine einmalige Aussage ist, die sich aber nicht näher erklären lässt. Nach dieser ‚weisen‘ Einleitung darf es wohl kaum überraschen, dass der nächste Vers, der wie der fast identische 22, 3 eine mit Alliteration kunstvolle Form (*ʿārûm rāʾâ rāʿâ*) aufweist, eben den „Klugen“ (*ʿārûm*) einführt, der für seinen klugen Voraussehen gerühmt wird (V. 12). Während hier die „Einfältigen“ (*p^eṯāʾim*) die Antitypen zum „Klugen“ sind, ist im letzten Vers dieser Reihe, V. 22, der wie V. 11 Anrede hat, aber nun ohne Ermahnung, wieder vom „Toren“ (*ʾ^äwîl*) die Rede, und zwar mit dem sarkastischen Bild vom Toren „im Mörser“, der zeigt, dass er völlig unverbesserlich an seiner „Torheit“ (*ʾiwwaltô*) gebunden ist – sie lässt sich auf keinen Fall entfernen.

In dieser Weise mag ein weisheitlicher Rahmen um der an sich anspruchslosen Reihe von sehr unterschiedlichen Sprüchen, die sich teilweise auch als textlich schwierig erweisen, gebildet sein. Einige dieser Sprüche sind mit anderen thematisch verbunden; so ist V. 13, der vom Bürgen handelt, und nun wie immer in einer negativen, warnenden Weise, mit 20, 16 fast identisch und verbindet sich sonst thematisch mit 6, 1–5; 11, 15; 17, 18; 22, 26. Ferner nimmt V. 15 das Thema der zänkischen Frau wieder auf, und an dieser Stelle wird sie ironisch mit einem „tropfenden Leck am verregneten Tag“ verglichen (vgl. 19, 13 b sowie 21, 9; 25, 24); zudem scheint die Aussage von ihr eine Erweiterung erhalten zu haben, indem der etwas änigmatische V. 16 aufgrund des fem. Objekts „sie“ hierher zu rechnen ist, hier wird gesagt, dass sie sich ebenso wenig wie der Wind „greifen“ lässt. Vom „unersättlichen“ Totenreich, V. 20 a, ist auch in den Zahlensprüchen die Rede (vgl. 30, 15 f), ist aber hier ein Vergleich für „die Augen der Menschen“, die auch nicht satt werden (V. 20 b). V. 21 a ist mit 17, 3 a identisch, während aber ihre B-Kola jeweils anders sind; dabei scheint allerdings 17, 3 b in besserem Einklang mit V. 3 a als hier V. 21 b im Verhältnis zu V. 21 a zu sein,[68] der Sinn ist aber klar: ein Mann wird „gemäß seinem Ruf“, d. h. nach Anerkennung und Lob durch andere, eingeschätzt (vgl. 12, 8 a), wobei die Wertung und das ‚Prüfen‘ der anderen wohl dem „Tiegel“ und „Schmelzofen“ im Kolon A am nächsten kommt (vgl. den „Prüfer“ im 17, 3 b, der Jahwe ist).

Die restlichen vier Sprüche dieser Kleinsammlung (V. 14. 17. 18. 19) sind eigenständiger; einige von ihnen sind auf menschliche Relationen bezogen, wie mehrere andere Sprüche im Kapitel; zum Teil haben sie einen unsicheren Text und sind zum Teil schwer zu erklären. Das gilt schon den viel diskutier-

---

[68] Vgl. Ringgren 105; sonst Delitzsch 446 f; McKane 608 f; Fox 813.

ten ersten Spruch, V. 14, zumal das da geschilderte Geschehen mehrdeutig zu sein scheint; doch braucht es bei diesem Spruch nicht von „Unaufrichtigkeit" (Plöger 325) bzw. „Falschheit" (Meinhold 457) zu handeln, wie man gelegentlich annimmt; denn das für „grüßen" verwendete Verb ‚segnen' (Part. *m*ᵉ*ḇārek*) sowie sein begrifflicher Gegenpart „Fluch" (*q*ᵉ*lālâ*) haben hier kaum einen religiösen Sinn, wie sonst öfter, sondern eher eine allgemeinere Bedeutung (vgl. Fox 809 f); was dann – vielleicht etwas übertrieben – als freundlicher Gruß gemeint wäre, könnte aus irgendwelchem Grund dem andern zum Ärger werden. Ob auch der Spruch im V. 17, der einen schwierigen Text hat, auf das Verhältnis von Frau und Mann zu beziehen sei, wie der Kontext von V. 15–16 nahelegen könnte, bleibt fraglich, denn mit dem besonders starken Vergleich: „Eisen wird durch Eisen geschliffen" hat der Spruch eine sowohl einfache wie auch allgemeine Form erhalten und dürfte ein zwischenmenschliches Verhältnis schlechthin im Blick haben, wenn von einem Mann und seinem Freund die Rede ist.[69] Mit diesem Spruch darf wohl auch der Spruch im V. 19 in Verbindung gebracht werden, wo der Vergleich und seine Anwendung in ebenfalls allgemeiner Weise die innige Beziehung zwischen zwei Menschen zum Ausdruck bringt (s. die obige, freiere Übersetzung):

Wie Wasser zeigt Gesicht zu Gesicht,
so das Herz des Menschen dem Menschen

Anders geht es im V. 18 um das Verhältnis zwischen einem Diener und seinem Herrn, wo die Hauptsache des Spruches in dem einfachen Satz gesammelt werden kann: „Treue Dienste werden vergolten" (Wildeboer 79). Dieser ‚landwirtschaftliche' Spruch mag zwar den Eindruck erwecken, etwas isoliert im Kontext zu stehen, scheint aber doch eine thematische Verbindung zu der abschließenden Komposition in V. 23–27 zu haben.

Die mehrfach eigenartige Komposition V. 23–27 verdient besondere Beachtung. Textlich wirft sie Probleme auf (s. o.); und formal zeigt sie einen komplizierten Aufbau. Sie beginnt mit einem Mahnwort, das nach einer doppelten Mahnung (V. 23) eine Begründung (V. 24) aufweist, das aber sodann eine längere Erweiterung erhält (V. 25–27), die sich noch vielleicht in einen Vordersatz (V. 25) und einen Nachsatz (V. 26–27) gliedern lässt, wie gelegentlich angenommen wird,[70] wenn sie nicht bloß eine listenartige Erwähnung einzelner wichtiger Güter ausmache. Teilweise wird das Stilmittel des Chiasmus verwendet (V. 24. 26). Die verschiedenen Elemente werden aber thematisch zusammengehalten, wobei sie ein einzigartiges Ganzes bilden, in dem es um die Sorge für die Kleinviehherde sowie um die guten Folgen davon geht.

Die Mahnung, die hier eine doppelte ist, hat wie immer eine Anrede, aber diesmal ergeht sie nicht an den Sohn oder den Schüler, sondern an eine nicht näher angegebene Person, die mit einer oder mehreren Kleinviehherden zu tun hat, wobei diese Mahnung wohl aus irgendwelchem landwirtschaftlichem

[69] Vgl. die Wiedergabe bei Toy 489: „As iron sharpens iron, / So man sharpens man".
[70] Vgl. etwa Wildeboer 79; Plöger 318; Fox 814; auch Wilke, Kronerben, 238.

Zusammenhang herstammen dürfte (V. 23). Das Interesse gilt aber nicht der Person selbst, sondern ihrem wichtigen und wirkungsvollen Tun. Die Aufforderung zum sorgsamen Achtgeben[71] auf „das Aussehen/die Erscheinung (*p^e^nê* von *pānîm* ‚Angesicht/Aussehen') deines Kleinviehs (*ṣo'n^e^ḵā*)", und in synonymer Parallele dazu: „richte deinen Sinn (*šît libb^e^ḵā* ‚richte dein Herz')/ kümmere dich auf die Herden (*ʿ^a^ḏārîm*)" will zum Ausdruck bringen, dass sich eine Herde nicht von selbst tut, sondern muss behutsam gepflegt werden, zumal in der Welt der Menschen nichts von selbst geht – ausgenommen der Verfall; stetige Arbeit will immer eine notwendige Bedingung für die Bewahrung des Gewonnenen sein. Das wird auch durch die folgende Begründung ausgeführt, und zwar zunächst durch zwei negative Aussagen, nämlich erstens dass ein gesammelter „Schatz" (*ḥosän*, sonst nur 15,6) keine ewige Dauer habe, und zweitens – nun mit einem syntaktischen Anakoluth und der Form einer rhetorischen Frage, die eine verneinte Antwort voraussetzt – ob wohl „ein Diadem von Geschlecht zu Geschlecht" bleibe? (V. 24). Mag diese erste Begründung eine negative Form auch haben, so hat sie doch ein positives Ziel; denn trotz der Vergänglichkeit von Reichtum und hohem Rang will sie zum Einsatz ermahnen, und zwar für die nächsten alltäglichen Dinge, die sich hier im Wohlbefinden der Tiere der Herden sammeln. Dieser Einsatz wird sich auch gewiss lohnen, wie es in V. 25–27 positiv ausgemalt wird; denn wie sich die Erde erneuert und ihre Erzeugnisse gibt (V. 25), wird die Herde mit neuen „Lämmern" und mit „Böcken" gedeihen und dadurch sowohl eine Grundlage für Erweiterung des „Ackerfelds" (*śāḏäh*) als auch die Nahrung für alle Menschen des Hauses herbeischaffen (V. 26–27).

Die im Spruchbuch einmalige Verwendung des Lexems „Diadem" (*nezär* ‚Kranz/Diadem') in der Begründung (V. 24 b) ist verschieden eingeschätzt worden. Zum einen hat man Anstoß an seinem Vorkommen in diesem Kontext genommen und hat es daher, in Parallele zu *ḥosän* ‚Schatz', in Wörter wie ‚Vorrat' oder ‚Reichtum' geändert.[72] Zum andern hat man gelegentlich nicht nur das Lexem „Diadem", das öfter in Verbindung mit Königen gebraucht ist (vgl. etwa 2Sam 1,10; 2Kön 11,12; Ps 89,40; 132,18), sondern auch das Übrige dieser Komposition auf den König als ‚Hirten' des Volkes als „Herde" bezogen.[73] Doch dürfte sich beides erübrigen; denn im ersten Fall kommt die generelle Regel hier zur Anwendung, dass ein schwer verständlicher oder nur überraschender Gebrauch eines Wortes doch nicht eine hinreichende Veranlassung zur Änderung gibt; und im andern Fall würde eine durchgeführte royalistische Deutung, vor allem in Bezug auf die konkreten Einzelheiten in V. 25–27, die übrigens auch im Weisheitsgedicht von 31,10–31 vorkommen,

---

[71] Die Mahnung ist dadurch gewichtiger gemacht, dass das Vb. *ydʿ* doppelt verwendet ist, und zwar mit inf. abs.

[72] Vgl. BHS; etwa Gemser 96 f.

[73] Vgl. Malchow, A Manual for Future Monarchs (1985), 238–245; Van Leeuwen, Context (1988), 123–143; bes. Wilke, Kronerben (2006), 236–242; Tavares, Eine königliche Weisheitslehre? (2007), 1–52; dagegen bes. Fox, s. die nächste Anm.

zu fraglichen allegorisierenden und im schlimmsten Fall zu geschraubten Ausdeutungen führen können.[74] Vielmehr wird sich die Wahl von dem relativ seltenen Wort für „Schatz" (*ḥosän*)[75] sowie vom königlichen „Diadem" in diesem Kontext wohl dadurch am besten erklären lassen, dass man hier ganz hoch gegriffen hat, um einen möglichst großen Kontrast zu der unansehnlichen Kleinviehherde zu schaffen, die aber doch, wenn gepflegt, das Sichere bleibt; denn eben auf das Sichere kommt es den Weisen an; und ihre Gestaltungskunst, die Kontraste liebt, macht sich hier wieder bemerkbar.

28, 1–28: Der Gerechte bleibt sicher

1 Ohne Verfolger ‚flieht'[76] der Frevler,
aber ‚der Gerechte' vertraut wie ein Löwe.
2 Durch Frevelhaftigkeit des Landes werden seine Fürsten zahlreich,
aber durch einen einsichtigen, wissenden Mann hat das Recht Dauer.[77]
3 Ein Mann, der arm[78] ist, und der Geringe unterdrückt –
ein Platzregen, der kein Brot bringt.
4 Die, die Weisung verlassen, rühmen den Frevler;
aber die, die Weisung beachten, erregen sich über ihn.
5 Böse Menschen verstehen nicht, was Recht ist;
aber die Jahwe suchen, verstehen alles.
6 Besser ein Armer, der rechtschaffen wandelt,
als einer, der krumme Wege geht und reich ist.
7 Wer die Weisung befolgt, ist ein verständiger Sohn;
wer aber mit Schlemmern umgeht, macht seinem Vater Schande.
8 Wer sein Vermögen durch Zins und Aufschlag vermehrt,
sammelt es für einen, der sich der Geringen erbarmt.
9 Wer sein Ohr vom Hören der Weisung abwendet –
selbst sein Gebet wird ein Gräuel sein.
10 Wer Redliche auf bösem Wege irreführt, wird selbst in seine Grube fallen;
aber die Rechtschaffenen werden Gutes erben.
11 Weise in seinen Augen ist ein reicher Mann,
aber ein einsichtsvoller Geringer durchschaut ihn.

---

[74] Vgl. Fox 815: „Still, the royal interpretation hangs too much on too little", dazu seinen Exkurs, 815–819.

[75] Sonst nur noch 15, 6; Jer 20, 5; Ez 27, 24; auch Jes 33, 6.

[76] Zur syntaktischen Inkongruenz s. BHS; BHQ z.St. u. 54*; vgl. Wildeboer 79 f; Plöger 330; Murphy 212; s.u.

[77] MT ist, bes. im Kolon B, sehr schwierig, und weitgehende Änderungsvorschläge sind gemacht worden, vor allem unter Verweis auf G; vgl. BHS; BHQ 54*; sonst etwa Delitzsch 450–452; Wildeboer 80; Toy 495; Gemser 98; McKane 630 f; Plöger 329 f; Meinhold 407 f.

[78] Das Wort wird oft geändert (s. BHS), aber ohne einen ausreichenden Grund; vgl. Wildeboer 80; Meinhold 466.

12 **Wenn Gerechte triumphieren, ist die Herrlichkeit groß;**
kommen aber Frevler hoch, verstecken sich die Menschen.
13 **Wer seine Sünden verheimlicht, hat keinen Erfolg;**
aber wer bekennt und ablässt, findet Erbarmen.
14 **Heil dem Menschen, der stets Ehrfurcht hegt;**
aber wer sein Herz verhärtet, fällt ins Unglück.
15 **Ein brüllender Löwe und ein gieriger Bär –**
ein frevelhafter Herrscher über ein geringes Volk.
16 **Ein Fürst, gering an Verstand, aber groß[79] an Erpressungen**
wer unrechten Gewinn hasst, wird lange leben.
17 **Ein Mann, durch Blutschuld bedrückt,**
ist flüchtig bis zum Grab; man ergreife ihn nicht![80]
18 **Wer rechtschaffen wandelt, wird gerettet;**
aber wer krumme Wege geht, wird im Nu[81] fallen.
19 **Wer seinen Acker bestellt, kann sich an Brot sättigen;**
aber wer Nichtiges nachjagt, sättigt sich an Armut.
20 **Ein zuverlässiger Mann ist reich an Segen;**
aber wer hastet, reich zu werden, bleibt nicht schuldlos.
21 **Ansehen der Person ist nicht gut;**
um ein Stück Brot kann sich ein Mann versündigen.
22 **Nach Reichtum hastet ein missgünstiger Mann**
und bedenkt nicht, dass Mangel ihn treffen kann.
23 **Wer einen Menschen zurechtweist, findet hinterher[82] mehr Dank**
als einer, der schmeichelt.
24 **Wer seinen Vater und seine Mutter beraubt und sagt:**
„Es ist kein Vergehen“ –
ein Genosse ist er des Zerstörers.
25 **Der Habgierige erregt Streit,**
wer aber auf Jahwe vertraut, wird erquickt.
26 **Wer auf seinen Verstand vertraut, ist ein Tor;**
wer aber in Weisheit wandelt, wird sich retten.
27 **Wer dem Armen gibt, hat keinen Mangel,**
wer aber seine Augen verschließt, hat viel an Flüchen.[83]
28 **Wenn die Frevler hoch kommen, verbirgt sich der Mensch;**
aber wenn sie umkommen, mehren sich die Gerechten.

---

[79] Wenn statt *w^erab̲* ‚und/aber groß‘ eine Verbform *yāreb̲* ‚vermehrt‘ gelesen wird, was wohl nicht nötig scheint (vgl. Plöger 331), wechselt der Charakter der ersten Vershälfte von einem Ausruf zum gewöhnlichen Satz; so Gemser 98; Ringgren 107; Murphy 212 f.

[80] So mit Plöger, S. 330 f; vgl. BHQ 54–55*; sonst HAL 1613 a.

[81] Vgl. Meinhold 472; Murphy 212 f. Anders wird *b^e'äḥāṯ* ‚in einem‘ ins *b^ešāḥaṯ* ‚in die Grube‘ geändert (s. BHS); vgl. Toy 502; Ringgren 107; Plöger 330 f.

[82] Die auffällige Form *'aḥ^aray* mag eine aramaisierende Form für ‚danach/hinterher‘ sein (vgl. V), s. Meinhold 473.

[83] Vgl. Meinhold 473; Wilke, Kronerben, 246.

Lit.: G. Boström, Paronomasi (1928), 103–117. – W. Bühlmann, Vom rechten Reden (1976), 116–119. – B. Malchow, A Manual for Future Monarchs, CBQ 47 (1985) 238–245. – M.V. Fox, 817–819: Excursus. Chapters 28–29: A „Royal Instruction"? – R. Tavares, Eine königliche Weisheitslehre? Exegetische Analyse von Sprüche 28–29 und Vergleich mit den ägyptischen Lehren Merikaras und Amenemhats, OBO 234, Fribourg/Göttingen 2007. – Wilke, Kronerben (2006), 138–158. 243–265.

Das 28. Kapitel darf zunächst für sich erörtert werden; inwieweit dieses Kapitel mit dem folgenden eine Großeinheit bildet, wie es in verschiedenen Formen dargestellt worden ist, wird noch zu erörtern sein.[84] Das Kapitel weist keine Ermahnungsrede, sondern nur Sprüche auf, die durchgehend mit antithetischem Parallelismus geformt sind, und die – den Kap. 25–27 ungleich – nur wenige Vergleiche und Bilder enthalten (V. 1 b.3. 15). In Mahnungsreden ist öfter der „Sohn" angeredet, was hier nicht aktuell ist, doch einmal ist von „einem verständigen Sohn" die Rede (V. 7 a). Es fällt auf, dass V. 6 und V. 18 sowie V. 12 und 28 einander sehr ähnlich sind, vor allem inhaltlich. Das Kapitel ist im Grunde eine Sammlung von Einzelsprüchen, indem die einzelnen Sprüche ganz vorherrschend sind; doch gleichzeitig scheint es auch umfassendere Spruchgruppierungen oder kleinere thematische Einheiten zu geben;[85] dabei fällt auf, dass sich die Verse 20 und 22 – durch das Stichwort „hastet" in Bezug auf das Reichwerden – verbunden sind, und so wohl auch die Verse 21 und 23, so dass das stilistische Phänomen eines ‚Geflechts', das vor allem im Kap. 29 vorkommt, auch hier zu belegen ist (vgl. noch V. 13 und 14, V. 16 und 17). Einige wenige Themen, die sonst mehrfach anzutreffen waren, werden wieder mehrmals aufgegriffen; das betrifft vor allem die Gegensätze Gerechter/Frevler, Weiser/Tor sowie arm/reich; sie und noch andere Wortfelder sind allerdings öfter in einander verwoben. Zweimal ist von Jahwe die Rede (V. 5 b.25 b), aber das religiöse Gepräge greift noch weiter aus.

Bei einem thematischen Verfahren darf mit dem Gegensatz Gerechter/Frevler angefangen werden, zumal das Kapitel mit einem chiastisch geformten Spruch dieses Inhalts beginnt (V. 1):

Ohne Verfolger ‚flieht' der Frevler,
aber ‚der Gerechte' vertraut wie ein Löwe

Im ersten Vers liegt eine syntaktische Inkongruenz vor, indem MT im Kolon A Prädikat im Plural („fliehen" *nāsû*) aber Subjekt im Singular („der Frevler" *rāšāʿ*) hat (V. 1 a), während Kolon B umgekehrt verfährt: „die Gerechten" (*ṣaddîqîm*) „vertraut" (*yiḇṭāḥ*), wobei das sing. Prädikat durch einen Ver-

---

[84] Eventuell mit 27, 23–27 als Einleitung dazu, s. o. und vgl. etwa Meinhold 464 f; neuerdings bes. Tavares, Eine königliche Weisheitslehre?, 28–165.

[85] So hat in dieser Hinsicht vor allem Meinhold, der Kap. 28 mit 29 eng verbindet, einen bemerkenswerten Aufbau dieser Kapitel nachzuweisen gesucht (464 f), indem er ausführt, dass der Aufbau „an den strukturierenden Sprüchen" zu erkennen ist, „die am Anfang, etwa in der Mitte und am Ende beider Kapitel erscheinen (28, 1. 12. 28; 29, 16. 27) und den gesamten Text in vier Abschnitte einteilen (28, 2–11. 13–27; 29, 1–15. 17–26). Die strukturierenden Sprüche sind dadurch gekennzeichnet, daß sie alle das Gegensatzpaar Gerechte-Frevler enthalten".

gleich im Singular erweitert ist: „wie ein Löwe" (V. 1 b); doch haben mehrere Textzeugen die Inkongruenz aufgehoben,[86] und die obige Übersetzung hat entsprechend vereinfacht. Die grammatische Irregularität des Hebräischen dürfte wohl nicht als allzu störend aufgefasst worden sein, weil in den Personenwörtern der Subjekte eine scharfe Scheidelinie zwischen ihrem individuellen und kollektiven Sinn kaum noch empfunden worden sei.[87] Inhaltlich will der einleitende Spruch zum Ausdruck bringen, dass das Gegensatzpaar Gerechter/Frevler, wie öfter sonst und vor allem im ersten Hauptteil von Sammlung II, Kap. 10–15, auf die gesetzte und feste Weltordnung zu beziehen ist, die das geschaffene Dasein trägt, und die vor allem mit dem Begriff der „Gerechtigkeit" (*ṣädāq*) als Ordnungsbegriff verbunden ist.[88] Wenn dann die „Gerechten" darin ‚eingeordnet' sind, haben sie auch einen dauerhaften Bestand und können von nichts gedroht werden, sondern „vertrauensvoll" sein, „wie ein Löwe", während die Existenz der Frevler dagegen so unsicher und ‚flüchtig' ist, dass sie sogar „fliehen", auch wenn niemand sie „verfolgt" (V. 1 a; vgl. V. 17). Von diesem grundsätzlichen Spruch her erweitert sich der Horizont zu der menschlichen Gemeinschaft in den zwei anderen Sprüchen, wo das Gegensatzpaar vorkommt, und zwar in den einander ähnlichen V. 12 und 28; hier werden die Folgen eines Regiments für die Gesellschaft offenbar, denn wenn einerseits die Frevler zur Macht „hochkommen" (*beqûm rešāʿîm*), dann ergreifen Angst und Panik die Menschen, und sie verstecken sich (V. 12 b.28 a); wenn aber andererseits „die Gerechten" regieren, dann „ist die Herrlichkeit (*tip̄ʾärät̠*) groß"; und die Gerechten mehren sich, wenn die Frevler „vergehen/umkommen (Vb. *ʾbd*)" (V. 12 a.28 b). Zwischen dem ersten und dem letzten Spruch gibt es zudem mehrere phraseologische und thematische Varianten dieses Gegensatzpaars.

Es fängt mit dem textlich recht schwierigen V. 2 schon an. Hier geht es um andere, aber zugleich entsprechende Gegensätze: gegen die „Frevelhaftigkeit/Vergehen/Sünde" (*päšaʿ*) und „die vielen Fürsten/Beamten" (*śārîm*),[89] zwischen denen ein Ursachenverhältnis zu bestehen scheint, und wobei eine unsichere gesellschaftliche Lage herrschen mag (V. 2 a), steht der „einsichtige, wissende Mann" (*ʾāḏām meḇîn yoḏeaʿ*)[90] und durch ihn das dauerhaft „Rechte" (*ken* I)[91] und damit auch der Bestand einer sicheren Gemeinschaft (V. 2 b). So mag sich V. 2 einigermaßen mit V. 1 und seinen Pendants V. 12 und 28 verbinden.

Das Gegensatzpaar Gerechter/Frevler ist zudem von verwandten Begriffen und Wortfeldern umgeben. Einerseits wird dann positiv von einem der

---

[86] Vgl. BHS; bes. BHQ z.St. und 54*; s.o. Anm. 76.
[87] Vgl. etwa Delitzsch 450.
[88] Vgl. Schmid, Gerechtigkeit als Weltordnung (1968), 66–69. 157–160.
[89] Vgl. HAL 1259; H. Niehr, ThWAT VII, 855–879; sonst U. Rüterswörden, Die Beamten der israelitischen Königszeit, BWANT 117, Stuttgart 1985.
[90] Die zwei asyndetischen Verbalformen machen wohl eine Doppelüberlieferung aus.
[91] Vgl. 11,19; sonst HAL 459.

„untadelig/in Rechtschaffenheit wandelt“ (*b^{e}ṯummô*, V. 6 a; vgl. 19, 1; *tāmîm*, V. 18 a; vgl. Ps 15, 2) und von den „Rechtschaffenen/Unbescholtenen“ (*t^{e}mîmîm*, 10 b; vgl. 2, 21 b) sowie den „Redlichen“ (*y^{e}šārîm*, V. 10 a; vgl. 2, 21 a, pass.) geredet. Andererseits werden neben dem Hauptbegriff „Frevel“ (*rāšāʿ*, V. 4 a) „böse Menschen“ (*ʾanšê rāʿ*, V. 5 a; vgl. V. 10 a; 6, 24a), ein „frevelhafter Herrscher“ (*mošel rāšāʿ*, V. 15 b; vgl. 16 a; 29, 12), ein „Zerstörer/Verderber“ (*ʾîš mašḥîṯ*, V. 24 b; vgl. 18, 9 b) und ein „Habgieriger/Unersättlicher“ (*r^{e}ḥab̲-näp̄äš*), der „Streit (*mādôn*) erregt“ (V. 25 a; vgl. etwa 15, 18; 17, 14; 22, 10; 26, 21; 29, 22), ganz negativ erwähnt. Dabei geht es nicht nur um entgegengesetzte Menschentypen, sondern um moralische Kräfte und Zustände in der Gesellschaft, für die sie Verkörperungen ausmachen, und zwar Kräfte, die sich zum Guten, das dem Leben dient, oder zum Bösem, das alles verdirbt, auswirken; und zwischen ihnen gibt es kein Neutrales. Es handelt sich vielmehr um einen Kampf zwischen dem Guten und dem Bösen, zwischen Licht und Finsternis (vgl. Jes 5, 20), und in diesen moralischen Kampf – vor allem um die jungen Leute – engagierten sich die Weisen durch ihre Erziehung und Verkündigung.

Das soziale Engagement bringt nun, anders als in Kap. 25–27, die Armen und Geringen vor allem in das Blickfeld – zum Teil im Gegenüber zu den Reichen,[92] so schon im V. 3. Etwas auffallend ist hier von einem „armen Mann“ (*gäb̲är rāš*) die Rede, der andere „Geringe“ (*dallîm*) unterdrückt; und diese konträre Lage, die einen Mangel an Solidarität offen legt, wird mit einem „fortschwemmenden Regen“ (*māṭār soḥep̄*) verglichen, der kein Korn für „Brot“ (*ʾên läḥäm*) ermöglicht; so kann auch ein „Armer“ ernste Verödung auswirken. Vielleicht wird dabei auf Ps 72, 6 kontrastierend angespielt, wo der gute König dem Segen spendenden Regen gleicht: „Er ist wie Regen, der herabströmt auf die Au, / wie die Tropfen, die die Erde netzen“ (ZB). Ferner ist ein Vergleich von V. 6 mit dem fast identischen 19, 1 aufschlussreich; während an der letzten Stelle im ‚besser als‘-Stil gesagt wird, dass „ein Armer, der rechtschaffen wandelt“ besser als ein „Tor“ mit „falschen Lippen“ ist, wird hier in V. 6 in demselben Stil, aber mit stärkerem sozialen Engagement vom „Armen“ ausgesagt, dass er besser als der „Reiche“ (*ʿāšîr*) ist, der nun sein Gegenpart ist, und der „krumme Wege geht“ und also korrupt ist (vgl. V. 18). Im V. 8 geht es im Kolon A auch um den Reichtum, nun aber um den, der sein „Vermögen/Besitz“ (*hôn*) „durch Zins und Aufschlag“ vermehrend verwaltet (V. 8 a), was mit Unrecht geschehen sein kann (vgl. Ex 22, 24; Lev 25, 36, aber auch Dtn 23, 20–21); umso auffälliger ist dann im Kolon B die Drehung der Blickrichtung, wenn es heißt, dass er „es für einen, der sich der Geringen erbarmt, sammelt“ (V. 8 b), was wohl nicht in einem allgemeinen (vgl. 13, 22 b), sondern im karitativen und religiösen Sinne verstanden

[92] Die Armen und ihr Verhältnis zu den Reichen sind häufig erwähnt, s. etwa 10, 4. 15. 22; 13, 7 f. 18. 22 f; 19, 1. 4. 17. 22 22, 2. 7. 16. 22; vgl. Delkurt, Ethische Einsichten (1993), 84–140; Hausmann, Studien (1995), 77–93. 100 f; sonst M. Schwantes, Das Recht der Armen, Frankfurt/M (1977).

werden will (s. noch V. 27; vgl. 3, 9; 14, 31; 19, 17), zumal das „sich erbarmen" (Vb. *ḥnn*) gewöhnlich auf Gott bezogen wird (s. HAL 321); Kolon B mag vielleicht dazu einen ironischen Beiklang haben. Im V. 11 wird der Gegensatz arm/reich in Beziehung zur Weisheit gesetzt, indem sich ein „reicher Mann" aufgrund seines Reichtums unbeschwert dünken mag, auch weise zu sein (V. 11 a; vgl. 18, 11 b),[93] was aber von einem „einsichtsvollen Geringen" (*dal meḇîn*) durchgeschaut wird (V. 11 b; vgl. V. 2). Im V. 19, der mit 12, 11 fast identisch ist, wird die „Armut" (*rîš*) auf eine ähnliche Weise wie in 10, 4 erklärt, und zwar durch Nicht-Arbeit, denn während derjenige, der „seinen Acker bestellt" und also arbeitet, auch Brot hat, wird sich der Unwirksame, der „Nichtiges nachjagt",[94] nur „an Armut sättigen" können; er ‚produziert' selbst seine Armut. Im Einklang mit dem im Spruchbuch oft zum Ausdruck gebrachten Tun-Ergehen-Zusammenhang ergibt sich wieder, dass man erntet, wie man sät. Im V. 15 tritt das Kollektiv der Geringen als „ein geringes Volk" (*ʿam-dal*) deutlich hervor, und zwar in einer metaphorischen Darstellung des „frevelhaften Herrschers" (*mošel rāšāʿ*), unter dessen Druck „das geringe Volk" leben muss (V. 15 b):

Ein brüllender Löwe und ein gieriger Bär –
ein frevelhafter Herrscher über ein geringes Volk

In dem geflochtenen und daher gespalteten Spruchpaar V. 20 und 22 geht es in V. 20 b und 22 a, und damit in chiastischer Form, um ein sehr hastiges Reichwerden (vgl. 20, 21 a). Während der Gegenpart zu demjenigen, der den Reichtum auf diese Weise sucht, ein „zuverlässiger Mann" (*ʾîš ʾᵃmûnôṯ*) genannt wird, der „reich an Segen" (*raḇ-bᵉrāḵôṯ*) ist (V. 20 a; vgl. V. 27 b; 20, 21 b), wird er selbst negativ als ein „missgünstiger Mann" (*ʾîš raʿ ʿayin* ‚Mann bösen Auges') bezeichnet (V. 22 a); er „bleibt nicht schuldlos" (V. 20 b), und er bedenkt nicht, dass ein rasch gesammelter Reichtum auch rasch ein Ende nehmen kann. Anders als was vom Reichen gilt, dass nämlich „Mangel ihn treffen kann" (V. 22 b), wird schließlich im V. 27 von dem gesagt, der „dem Armen gibt", dass er „keinen Mangel" leiden wird (V. 27 a; vgl. V. 8 b); „wer aber seine Augen verschließt/verhüllt", und zwar vor dem Notbedarf des Armen, wird dagegen „viel an Flüchen" (*raḇ-mᵉʾerôṯ*)[95] haben (V. 27 b; vgl. im Kontrast V. 20 a; 11, 26; auch 3, 33). Bei alledem ergibt sich, dass die nun erörterten Sprüche kein stereotypisches, sondern ein bunt wechselndes Bild von den Armen/Geringen geben; durchgehend wird der Arme/Geringe positiv und mit sozialer Wärme und Sorge dargestellt, was sonst nicht immer der Fall war (vgl. aber 14, 31; 19, 17), und der – meistens korrupte – Reiche entsprechend negativ geschildert (vgl. 18, 23). Die Rede vom Armen/Geringen wird gelegentlich auch auf die Weisheit bezogen (V. 11 b) – was zum nächsten Gegensatzpaar überleiten darf.

---

[93] Vgl. Wildeboer 80: „Geldbesitz macht leicht eingebildet auf eigne Weisheit".
[94] S. HAL 1146 b; vgl. sonst die obige Erörterung von 12, 11.
[95] So mit Meinhold 473; vgl. sonst HAL 513; Wildeboer 81; Ringgren 108.

Das Gegensatzpaar Weiser/Tor kommt in diesem Kapitel nur einige Male vor; doch seine Komponente sind thematisch mehrmals mit anderen Themen verwoben – und sind dabei schon angeschnitten worden; so wird das Hauptnomen „Weiser" (*ḥāḵām*) auf den aufgeblasenen Reichen bezogen, der in eigenen Augen weise ist (V. 11 a). Das Part. hif. *meḇîn* (Vb. *bîn*) „einsichtig/Einsichtiger" dürfte diesem Kapitel eigen sein, wo es dreimal verwendet ist (V. 2.7.11, und sonst nur 17, 10. 24 und 8, 9 im Spruchbuch); außerdem ist das Vb. *bîn* ‚einsichtig sein/verstehen' im antithetisch gestalteten V. 5 einerseits von den „bösen Menschen", die „nicht verstehen" (*lo'-yāḇînû*), und andererseits von den denjenigen, „die Jahwe suchen", die aber „alles verstehen" (*yāḇînû ḵol*), verwendet worden; dazu ist das Abstraktum *t^eḇûnôṯ* „Verstand/Einsicht" negativ oder gar ironisch auf den gewalttätigen „Fürsten/Beamten" (*nāḡîḏ*) bezogen, wenn es von ihm heißt, dass er „gering an Verstand" (*ḥ^asar t^eḇûnôṯ*), aber „groß an Erpressungen" ist (V. 16; vgl. V. 15, auch 2 a); anders sollte ein Mächtiger und besonders ein König – wie der ideale König Salomo zeigt – weise sein (vgl. 8, 15 f; 16, 10. 14–17; 20, 26 a.28; sonst etwa 1Kön 3, 9. 12. 28). Das Verhältnis von Sohn und seinem Vater bzw. seinen Eltern bringt das mit der Weisheit verbundene Thema der Erziehung ein; das war für die Weisen grundlegend wichtig; so wird ein Sohn als „verständig" genannt, wenn er die „Weisung" (*tôrâ*) „befolgt/bewahrt", sucht er dagegen die Gesellschaft von „Schlemmern/Leichtfertigen" (*zôl^elîm*, vgl. 23, 21), wird er „seinem Vater Schande" machen (V. 7; vgl. 10, 1; 29, 3 a; 3, 1; 6, 20); so auch wenn er skrupellos „seinen Vater und seine Mutter beraubt", dann ist er „ein Genosse des Zerstörers/Verderbers" (V. 24; vgl. 1, 10–19; 13, 20). Mit V. 24 mag noch V. 23 verbunden sein, wenn im Kolon A von einem, der „einen Menschen zurechtweist" (*môḵî^aḥ*) die Rede ist; denn mit dem Vb. *ykḥ* ‚feststellen, was recht ist' geht es um die „erziehende Zurechtweisung der Eltern und Weisen"[96] (V. 23 a; vgl. 15, 12; 27, 6), wenn auch ihre dankbare Einschätzung doch erst „hinterher" kommt; außerdem ist einer, der zurechtweist, dem, der „die Zunge glättet/schmeichelt" (*maḥ^alîq*), vorzuziehen (V. 23 b; vgl. 29, 5). Ein klassischer Ausdruck des Gegensatzes Weiser/Tor scheint am Ende des Kapitels vorzuliegen, wenn V. 26 aussagt:

> Wer auf seinen Verstand vertraut, ist ein Tor;
> wer aber in Weisheit wandelt, wird sich retten.

Dieser Spruch ist mehrfach auffällig. Zum einen ist die Antithetik nicht direkt die des Gegensatzes Weiser/Tor, sondern es handelt sich um zwei Handlungsweisen, von denen die erste „töricht" ist, und zwar zeigt sich derjenige als ein „Tor" (*k^esîl*), der „auf seinen Verstand/sein Herz (*b^elibbô*) vertraut" (V. 26 a; vgl. 3, 5; 14, 16; 15, 32; 19, 8); dieser Handlungsweise steht die andere positiv gegenüber, und zwar die, „in Weisheit" (*b^eḥŏḵmâ*) zu wandeln (V. 26 b), wobei die Konstruktion „in Weisheit" ein einzig wichtiges Mittel darstellt (vgl. 3, 19; 24, 3; 31, 26). Was aber hier am meisten zu überraschen

---

[96] So G. Liedke, THAT I, 730–732, bes. 731; vgl. G. Mayer, ThWAT III, 620–628, bes. 625–627.

vermag, ist drittens, dass der Verstand, der von den Weisen so hoch eingeschätzt ist, doch von der Weisheit übertroffen wird. Die Weisheit rangiert also höher, was nicht nur ein starkes Zeugnis von der einmaligen Hochschätzung der Weisheit ist, die sonst im Spruchbuch vorkommt,[97] sondern das wohl auch darin begründet sein darf, dass die Weisheit umfassender als der Verstand erscheint, weil sie mehr umfasst, vor allem das Moralische, oder aber dass sie über das Intellektuelle hinaus greift und sich in anderer Weise als der Verstand auf den ganzen Menschen bezieht; oder auch, um es modern auszudrücken, hier wehren sich die Weisen gegen einen zu engen Intellektualismus, zumal ihnen das Leben und das Meistern des Lebens am wichtigsten bleibt; denn ihre Lehre ist in allem eine Lebenslehre, und in ihrer Verkündigung wollen sie wahre Lebenskunst vermitteln. Das dürfte auch im V. 26 b zum Ausdruck kommen, wenn da von ihm, der „in Weisheit wandelt" (*hôlek b^{e}ḥŏkmâ*) gesagt wird, dass er „sich retten/entkommen" (*yimmāleṭ*) wird; weil aber das Verb *mlṭ* nif. ‚entkommen/sich retten' für recht verschiedene Verwendungsmöglichkeiten offen sein kann, wird auch die Bestimmung seiner Bedeutung an dieser Stelle gewissermaßen offen sein müssen, und zwar ob es etwa allgemein ‚sich in Sicherheit bringen' meine, wie in 22, 3 // 27, 12, oder vornehmlich religiös bestimmt sei, wie in 3, 5 (vgl. Ps 37, 5), so dass ihm Gott ‚eine feste Burg' ausmacht; wie dem auch sei, darf V. 26 b nun zum letzten thematischen Punkt überleiten.

Das religiöse bzw. theologische Gepräge dieses Kapitels ist umfassender und komplexer, als es beim ersten Anblick wohl scheinen mag. Es gibt zunächst zwei Jahwe-Sprüche, V. 5 b und 25 b, die schon erwähnt wurden, und die wohl allgemeine Ausdrücke israelitischer Frömmigkeit ausmachen („Jahwe suchen", 5 b; „auf Jahwe vertrauen", 25 b). Angeschnitten wurde im V. 7 auch der wichtige Begriff „Weisung" (*tôrâ*), der einen breiten Bedeutungsbogen aufweist, der von elterlicher und weisheitlicher ‚Weisung/Belehrung' zum ‚Gesetz' reicht (vgl. etwa 3, 1; 5, 13; 5, 13; 6, 20. 23; 13, 14).[98] Während der Begriff im erörterten V. 7 a auf die väterliche Weisung und Erziehung zu beziehen war, scheint er in V. 4 ab und V. 9 eine stärkere religiös-ethische Färbung zu haben.[99] Im V. 4 ist der „Frevler" (*rāšāʿ*) der Referenzpunkt, und es handelt sich um Personen, die „die Weisung verlassen (Vb. *ʿzb*)", im Kontrast zu anderen, die „die Weisung beachten/befolgen (Vb. *šmr*)"; dabei ist die *tôrâ* eine moralische und autoritative Größe, zu der man sich abweisend oder befolgend verhält; und die jeweilige Haltung lässt sich am Verhalten zu dem immer negativ geschilderten „Frevler" ablesen. Ähnlich ist die Lage im V. 9;

[97] Vgl. vor allem die einzigartige Personifizierung der Weisheit im ersten Hauptteil, Kap. 1–9; neuerdings auch M. Sæbø, Was there a ‚Lady Wisdom' in the Proverbs?, in: FS Skarsaune (2011), 181–193.

[98] Die einschlägige Literatur zu ‚Torah' ist sehr umfassend, vgl. HAL 1575–1578; F. Crüsemann, Die Tora (1992); sonst G. Liedke/C. Petersen, THAT II, 1032–1043; F. García López, ThWAT VIII, 597–637 (mit Lit.).

[99] Vgl. u. a. Plöger 334; McKane 622 f; Meinhold 468 f; Fox 821. 823 f.

da kommt ein kultischer Aspekt noch hinzu, denn demjenigen, der sich von der Weisung durch ein Nicht-hören-wollen abwendet (V. 9 a), ihm wird auch nicht das Gebet nützen, sondern ihm nur ein disqualifizierender „Gräuel" (*tôʿebâ*) sein (V. 9 b; vgl. 15, 8. 29; auch 1, 24–33). Ein religiös-ethisches Gepräge haben auch V. 17, der mit V. 16 verbunden zu sein scheint, und der von „Blutschuld" (*dam-nāpāš*) redet (vgl. 1, 10–19; 12, 6; auch Lev 17, 4), sowie der schon erörterte V. 20. Im Übrigen ist mehrmals von „Sünde/Vergehen" (*päšaʿ*) die Rede, V. 2 a, 13, 24 a sowie V. 21 b. Während die oben besprochenen V. 2 und 24 sozialethisch ausgerichtet waren, ist im V. 13 ein kultischer Aspekt deutlich, wenn es sich hier um eine doppelte Verhaltungsweise zur Sünde handelt, und zwar kann man sie entweder „zudecken/verheimlichen" (Vb. *ksh* pi.), und dann wird man nicht „gelingen/Erfolg haben" (Vb. *ṣlḥ* hif.)[100] (V. 13 a; vgl. 10, 6. 18; 26, 26), oder auch kann man sie „bekennen" (Vb. *ydh* II hif.) und „aufgeben/ablassen" (Vb. *ʿzb*), dann wird man „Erbarmen finden/Barmherzigkeit erfahren" (V. 13 b), was dem Gelingen im Leben, das für die Weisen so wesentlich war, auch dienlich sein kann; dabei kommt der Spruch den bekannten Versen in Ps 32, 3–5 ganz nahe (vgl. auch Hi 31, 33–37). Diesem im Spruchbuch einmaligen Spruch ist aber doch dem folgenden V. 14 einigermaßen ähnlich, so dass diese Verse wohl ein thematisches Spruchpaar genannt werden können; denn auch V. 14 lässt eine religiöse Färbung und zudem eine Spaltung in zwei grundverschiedene Verhaltungsweisen erkennen; dabei wird einerseits dem ‚gratuliert' (*ʾašrê* ‚heil dem'),[101] der stets „Ehrfurcht hegt" (*meāpaḥed* ‚beben/Scheu hegen'),[102] und andererseits wird dem, der „sein Herz verhärtet" (*maqšäh libbô*),[103] nur in Aussicht gestellt, dass er „ins Unglück fällt" (vgl. V. 18 b und etwa 17, 20).

Schließlich fällt auf, dass die Sprüche dieses Kapitels mehrmals auf die Psalmen und ihre sog. ‚Psalmen-Frömmigkeit' bezogen sind.

29, 1–27: Gerechte und Frevler, Weise und Toren

1 **Ein Mann, der trotz Rügen seinen Nacken hart macht,**
wird im Nu zerbrechen, und es gibt kein Heilmittel.[104]
2 **Wenn die Gerechten zahlreich werden, freut sich das Volk;**
aber wenn ein Frevler herrscht, stöhnen die Leute.
3 **Ein Mann, der Weisheit liebt, erfreut seinen Vater;**
aber wer mit Huren verkehrt, verschleudert Vermögen.

---

[100] Vgl. hierzu THAT II, 551–555.

[101] S. ferner Sæbø, *ʾšr* pi. ‚glücklich preisen', THAT I, 257–260.

[102] Vgl. Sir 7, 29; 37, 12; dazu noch Wildeboer 81: „Eine klassische Beschreibung der nach-exilischen Frömmigkeit".

[103] Vgl. 29, 1, sonst Ps 95, 8, auch Ex 7, 3; dazu van der Woude, THAT II, 689–692; Zipor, ThWAT VII, 205–211.

[104] So mit HAL 602 b; vgl. 4, 22; 6, 15; 12, 18; 13, 17; 16, 24; Murphy 218: „without remedy"; s. sonst BHQ 55*.

4 **Ein König richtet durch Recht ein Land auf,**
aber ein Mann der Abgaben reißt es ein.
5 **Ein Mann, der seinem Nächsten schmeichelt,**
spannt ein Netz über seine Schritte aus.
6 **Im Vergehen eines bösen Mannes liegt eine Falle,**
aber der Gerechte jubelt und freut sich.
7 **Der Gerechte kennt das Recht der Geringen,**
der Frevler hat gar kein Verständnis.
8 **Spötter versetzen die Stadt in Aufruhr,**
aber die Weisen beschwichtigen den Zorn.
9 **Ein weiser Mann rechtet mit einem törichten Mann,**
aber er tobt und lacht, und es ist keine Ruhe.
10 **Die Blutmenschen hassen den Untadeligen,**[105]
aber die Rechtschaffenen suchen sein Leben.
11 **All seinen Zorn lässt der Tor heraus,**
aber der Weise besänftigt ihn schließlich.[106]
12 **Hört ein Herrscher auf Lügenworte,**[107]
sind all seine Diener Frevler.
13 **Armer und Bedrücker**[108] **begegnen sich;**
der die Augen beider erleuchtet, ist Jahwe.
14 **Ein König, der die Geringen in Wahrhaftigkeit richtet –**
sein Thron steht fest für immer.
15 **Rute und Rüge ergeben Weisheit,**
aber ein zuchtloser Knabe macht seiner Mutter Schande.
16 **Wenn sich die Frevler mehren, vermehrt sich die Sünde;**
aber die Gerechten werden bei ihrem Sturz zuschauen.
17 **Züchtige deinen Sohn, so wird er dir Ruhe gewähren**
und deiner Seele Wonne bereiten.
18 **Wenn es an Offenbarung fehlt, verwildert ein Volk;**[109]
wer aber die Weisung beachtet – heil ihm!
19 **Durch Worte wird ein Knecht nicht erzogen;**
denn zwar versteht er, gibt aber keine Antwort.[110]

---

[105] Mit Meinhold 481; vgl. Plöger 340: „den Unbescholtenen“; sonst HAL 1605 a: „fromm, redlich“; s. ferner K. Heim, Like Grapes of Gold (2001), 145.

[106] Mit Meinhold 481; gelegentlich wird MT *y^ešabb^eḥännâ* mit Hinweis auf G in *yaḥś^ekännâ* (von *ḥśk* ‚zurückhalten‘, s. BHS) geändert; vgl. Gemser 100; Plöger 340; doch *b^e'āḥôr* ‚zuletzt/schließlich‘ mag dabei nicht ausreichend beachtet worden sein.

[107] So mit Plöger 340; vgl. HAL 1522 a; Meinhold 481: „Trugwort“.

[108] So wird *'îš t^ekākîm* gewöhnlich mit ‚Mann der Bedrückung‘ wiedergegeben; der Ausdruck mag aber auch mit Handelstätigkeit verbunden sein und etwa ‚Gläubiger‘ meinen; vgl. Schwantes, Das Recht der Armen(1977), 188; vgl. HAL 1593, mit Hinweis auf G und V (*creditor*); BHQ 55*.

[109] Zur ältesten Textgeschichte s. BHQ; vgl. etwa Toy 512 f; Plöger 347; s. auch 1, 14 und die Erörterung unten.

[110] S. HAL 807 a; GesB 603 b; vgl. Delitzsch 473; Wildeboer 83; Murphy 219.

20 **Siehst du einen Mann, der sich beim Reden übereilt?**
Für einen Toren gibt es mehr Hoffnung als für ihn.
21 **Wer seinen Knecht von Jugend an verwöhnt –**
am Ende wird er frech.[111]
22 **Ein zorniger Mann erregt Streit,**
und ein Jähzorniger begeht viel Sünde.
23 **Der Hochmut eines Menschen erniedrigt ihn,**
aber der Demütige erlangt Ehre.
24 **Wer mit einem Dieb teilt, hasst sein Leben;**
er hört den Fluch, aber zeigt ihn nicht an.
25 **Menschenfurcht wird zum Fallstrick,**
aber wer auf Jahwe vertraut, wird beschützt.
26 **Viele suchen die Gunst des Herrschers,**
aber von Jahwe kommt das Recht eines Mannes.
27 **Ein Gräuel für die Gerechten ist, wer Unrecht tut;**
aber ein Gräuel für den Frevler, wer rechtschaffen wandelt.

Lit.: S. oben zu Kap. 28.

Auch in diesem Kapitel sind die Einzelsprüche vorherrschend; und anders als in Kap. 25–27 gibt es hier nur ein Ermahnungswort (V. 17). Gleichzeitig sind aber thematische Gruppierungen der Einzelsprüche mehrfach zu erkennen, und die Themen sind größtenteils die schon bekannten und immer wiederkehrenden, etwa das Thema der Erziehung. Vor allem weist das Kapitel ein besonderes stilistisches Phänomen auf, das zwar vereinzelt auch anderswo auftreten kann (etwa 28, 20. 22), das aber hier in solcher Breite vorliegt, dass es das Kapitel einmalig im Spruchbuch macht. Es handelt sich um eine Verknüpfung der Sprüche, die darin besteht, dass bei einer Reihe von Sprüchen ein Spruch mit dem übernächsten thematisch verbunden ist, so dass ein ‚Geflecht-Muster' entsteht;[112] dieses stilistisches Phänomen lässt sich wohl auch als eine besondere Variante der Form des Spruchpaars verstehen. Das ‚Geflecht' ist vor allem deutlich zwischen den Versen 1 und 3, 2 und 4, 7 und 9, 12 und 14, 15 und 17, 19 und 21, 20 und 22 sowie auch – mit einer längeren Spanne – V. 8 und 11. Eine inhaltliche Verbindung scheint zudem zwischen den Spruchpaaren V. 15. 17 und V. 19. 21 vorhanden zu sein, so dass sich in diesem Fall eine längere Kette gebildet hat. Zwischen einigen Spruchpaaren gibt es sonst verbindende Linien und auch vereinzelte freistehende Sprüche (etwa V. 5. 6.13. 18) sowie am Ende des Kapitels eine Reihe dieser Art (V. 23–27); unter diesen sind drei Jahwe-Sprüche belegt (V. 13 b.25 b.26 b); wie im Kap. 28 ist hier das theologische Gepräge unverkennbar.

[111] So HAL 568 a (auch ‚hochfahrend, rebellisch') für das unsichere hap. leg. *mānôn* (ob wohl Alliteration mit *maʿanāh* am Ende von V. 19?); vgl. BHQ 55*; sonst Fox 844 f.

[112] Vgl. Sæbø, Fortolkning (1986), 155 f; Ders., From Collections to Book (1986), 105/(1998), 258.

Wenn Kap. 29 mit dem Lexem „Mann“ (*'îš*) beginnt,[113] das als *casus pendens* in Front gestellt ist (V. 1 a), so darf das als eine hier charakteristische Einleitung verstanden werden, zumal das Kapitel eine Reihe verschiedener Menschentypen vorführt. Zunächst wird „ein Mann von Rügen/Zurechtweisungen“ (*tôkāḥôt*) vorgestellt; er hat also Warnungen und Ermahnungen erhalten – und ist doch halsstarrig und verhärtet geblieben, wenn er „den Nacken hart macht“ (*maqšäh-ʿoräp̄'*),[114] wobei er dem „störrischen und trotzigen Sohn“ von Dtn 21, 18–21 gleicht; und wie in seinem Fall ist auch das ungünstige Geschick dieses „Mannes“ versiegelt, er wird einen jähen Tod erleben (V. 1 b; vgl. 6, 15). Der strenge Kontrast zwischen dem harten Nacken und dem plötzlichen Zerbrechen ist höchst wirkungsvoll, und so noch mehr, als es sich um einen Zusammenhang der Erziehung zu handeln scheint, wie es das Lexem *tôkaḥat* nahelegt, das im weiten weisheitlichen Wortfeld eine mündliche Züchtigung bei der Erziehung ausdrückt.[115] Im zweiten Teil dieses Spruchpaars, V. 3, der auch mit „Mann“ – im *casus pendens* – eingeleitet wird, ist der „Mann“ der Gegenpart zum ersten „Mann“; nun ist von der „Weisheit“ die Rede, denn er ist ein „Mann, der Weisheit liebt“, und der dadurch „seinen Vater erfreut“ (V. 3 a); dazu ist er der Gegenpart zu dem, der „mit Huren verkehrt“ und das „Vermögen verschleudert“, womit das Spruchpaar endet (V. 3 b; vgl. 6, 26). So beginnt und endet das erste Spruchpaar mit einem völlig negativ gezeichneten Menschentypus, der dem Erzieher – sei es dem Vater oder dem Weisen – eine wirkliche Herausforderung bedeutet. Das Thema der Erziehung setzt sich auf eine traditionellere Weise in den Sprüchen V. 15 und 17 sowie V. 19 und 21 fort. In dem ersten dieser Spruchpaare (V. 15. 17) ist vom eigenen „Knaben“ (*naʿar*, V. 15 b) und vom „Sohn“ (*ben*, V. 17 a) die Rede, und es geht um sowohl körperliche Züchtigung durch „die Rute/den Stock“ (*šebäṭ*) als auch um mündliche Zurechtweisung (*tôkaḥat*, V. 15 a; vgl. 13, 24; 19, 18; 23, 13) sowie allgemein um „züchtigen“ (Vb. *ysr*, V. 17 a).[116] Das Hauptgewicht scheint wohl nicht so sehr auf der Form der Zuchtmittel als auf dem positiven Ergebnis (V. 15 a.17) bzw. auf dem Vermeiden eines negativen Resultats (V. 15 b) zu liegen. Im nächsten Spruchpaar (V. 19. 21) handelt es sich um die Erziehung des Dieners im Hause (*ʿäbäd* ‚Knecht / Sklave‘); und wieder kommt es auf das Resultative des Vorgehens an; aus dieser Perspektive scheint der erfahrungsbezogene V. 19 auszudrücken, dass man „durch Worte“ (*bidbārîm*), also die mündliche Zurechtweisung, das erwünschte Resultat nicht erreichen mag, sondern dass eine Form von Zwang noch hinzu kommen muss; indirekt oder in einer milderen Weise stützen damit diese Aussage (V. 19 a) und ihre Begründung (V. 19 b) die Äußerung im V. 15. V. 21 ist zudem eine Variation desselben Themas, wobei vor

[113] Auffallend sind hier die häufigen Belege von „Mann“ (*'îš*), und zwar 12 im Sing. und 2 im Plur.

[114] S. HAL 1074 f; vgl. etwa Dtn 10, 16; Jer 7, 26; 19, 15.

[115] Vgl. Liedke, THAT I, 731.

[116] Vgl. Sæbø, THAT I, 738–742; sonst etwa Delkurt, Ethische Einsichten, 30–44.

der Gefahr einer unheilvoll endenden „Verwöhnung" (mit dem hap. leg. *m^e^p̄anneq* ‚verzärteln')[117] gewarnt wird.

Sodann wird zu einem anderen Thema gewechselt, und zwar dem im Spruchbuch wichtigen und breit belegten Thema der Gerechter/Frevler-Antithese. Das Thema fängt mit dem Spruchpaar V. 2. 4 an und wird demnächst durch die Spruchpaare V. 7. 9 und 12. 14 sowie die Einzelsprüche V. 5, 6, 10, 13, 16, 24 und 27 auf verschiedene Weise fortgesetzt. Das Spruchpaar V. 2. 4 ähnelt den verwandten Sprüchen in 28, 12. 28; es handelt sich um zwei grundverschiedene Herrschaften in der Gesellschaft, und zwar um die der „Gerechten", wenn sie „zahlreich werden", über die sich das „Volk (*ʿām*) freut", und dann im Gegensatz zur Herrschaft der „Frevler", unter der „die Leute (*ʿām*) stöhnen" (V. 2). Auf den König zugespitzt tritt im letzten Teil des Spruchpaars (V. 4) eine Variation dieser Antithetik hervor, wenn dem – angenommen guten – König, der ein Land „durch Recht aufrichtet" (*b^e^mišpāṭ yaʿamîḏ*), nun „ein Mann der Abgaben/Steuern" (*ʾîš t^e^rûmôṯ*)[118] entgegengesetzt wird, der das Volk durch Steuer erpresst und so das Land „einreißt". Mit diesem Spruchpaar ist zudem der Einzelspruch im V. 16 thematisch verbunden, wo sich das „mehren" der Frevler in ein „mehren" der Sünde auswirkt, wobei das negative Bild der Frevler noch stärker herausgestellt wird (V. 16 a; vgl. 28, 12. 28); die „Gerechten" aber können ihren „Sturz" nur abwarten (V. 16 b; vgl. Ps 37, 34 b). Das nächste Spruchpaar dieses Themas, V. 7. 9, wird von der Sache des Rechts zusammengehalten, geht aber sonst in zwei Richtungen; im ersten Teil (V. 7) handelt es sich um „das Recht der Geringen" (*dîn dallîm*), von dem der „Gerechte" (*ṣaddîq*) Kenntnis hat, während der „Frevler" (*rāšāʿ*) „gar kein Verständnis" (*loʾ-yāḇîn dāʿaṯ*) besitzt, so auch nicht in Bezug auf „das Recht der Geringen"; im zweiten Teil des Spruchpaars (V. 9) besteht der Gegensatz zwischen „einem weisen Mann" (*ʾîš-ḥāḵām*), der einen Rechtsstreit mit „einem törichten Mann" (*ʾîš ʾ^ä^wîl*) hat, wobei aber das Rechten aufgrund des unpassenden Auftretens des Toren ironisch in ein Possenspiel zu enden scheint. Das dritte Spruchpaar dieses Themas, V. 12. 14, kehrt wieder zum Thema des Herrschens (vgl. V. 2. 4); in dessen ersten Teil, V. 12, ist von dem Fall die Rede, dass ein „Herrscher" (*mošel*) seine Regierung dadurch korrumpiert, dass er auf „Lügenworte/Trugworte" (*d^e^ḇar-šäqär*) hört, dass er sich also auf unwahre und falsche Aussagen verlässt (V. 12 a; vgl. 13, 5); wenn danach gesagt ist, dass alle „seine Diener" (*m^e^šār^e^ṯâw*) Frevler sind, legt sich die Erklärung nahe, dass der Herrscher durch sein Beispiel ausgewirkt hat, dass seine Umgebung mit ihm ebenfalls korrupt geworden ist; der einfache Spruch, gewiss in Erfahrungen gewurzelt, lässt eine tiefe Wahrheit erkennen, die auch die Rückseite der Loyalität zeigt. Der unheilvolle Herrscher hat aber seinen Gegenpart, denn im zweiten Teil des Spruchpaars, V. 14, wird kontrapunktisch ein König vorgestellt, der dem Bild eines gerechten Herrschers entspricht, wenn er „die Geringen in Wahr-

---

[117] Vgl. Wildeboer 83: „ein Aramaismus und spät-hebräisch = *verzärteln*"; s. sonst HAL 891 f.
[118] Vgl. HAL 1 645–1647, bes. 1647 b; Wildeboer, ebd.: „Abgaben, *Steuern*".

haftigkeit (*bä'ᵃmät*) richtet" (vgl. V. 4. 7); er sichert seinem Thron einen Bestand für immer (vgl. 16, 12; 20, 28; 25, 5; Ps 72, 2);[119] und dadurch kann er dem Volk die Stabilität der Gesellschaft gewähren.

Mit diesen drei Spruchpaaren lassen sich noch einige Einzelsprüche thematisch verbinden, und zwar V. 5, 6, 10, 13, 24 und 27. Auch im V. 5 steht Wahrhaftigkeit gegen Lügen, wenn ein „Mann" (*gäbär*) „seinem Nächsten schmeichelt" und dabei nicht versteht, dass er von seiner eigenen Unwahrhaftigkeit eingeholt und gefangen wird, weil er dadurch „ein Netz über seine Schritte ausspannt" (V. 5 b; vgl. 1, 18); mit diesem Vers scheint zudem noch V. 6 thematisch verbunden zu sein, wenn da im ersten Kolon von einer „Falle" (*môqeš*) gesprochen ist, die „im Vergehen/Sünde (*bᵉpäša'*) eines bösen Mannes liegt" (vgl. 12, 13; 18, 7; 22, 25); die „Gerechten" gehen aber frei und können jubeln (V. 6 b; vgl. V. 2; 16 b). Im V. 10 wird eine bemerkenswerte Variante des Gegensatzpaars Gerechter/Frevler geboten, wenn es zunächst heißt, dass „die Blutmenschen (*'anšê dāmîm*)", also die blutgierigen Mörder (vgl. 1, 11–16; Ps 5, 7), „den Untadeligen (*tām*)[120] hassen", während „die Rechtschaffenen" (*yᵉšārîm*) „sein Leben suchen" und sich also um ihn kümmern (V. 10 b). V. 13 steht 22, 2 sachlich ganz nahe; hier ist aber der Gegensatz nicht wie dort von „Reich" und „Arm", die alle beide von Jahwe geschaffen sind, sondern im Fokus sind nun ein „Armer" (*rāš*) und ein „Bedrücker" (*'îš tᵉkākîm* ‚Mann der Bedrückungen' bzw. ‚Gläubiger', s. o. zum Text); und Jahwe hat die Augen beider „erleuchtet" (*me'îr*), was wohl das Lebenslicht[121] des Menschen meinen dürfte; während das „begegnen" von sozial unterschiedlichen Menschen oder Gruppen das gegebene Zusammenleben in der Gemeinschaft neutral feststellt (V. 13 a), will Jahwes Gabe des Lebenslichts an alle beide ihre Gleichberechtigung wohl ausdrücken (V. 13 b). In der beschreibenden Aussage von V. 24 dürfte indirekt eine Warnung gegen Hehlerei gehört sein, zumal die Selbstverachtung des Hehlers eigens erwähnt ist, denn er „hasst sein Leben" (V. 24 a; vgl. 15, 32);[122] dazu kommt die Möglichkeit einer Bestrafung, denn er „hört den Fluch (*'ālâ*)",[123] doch – in Bezug auf den Dieb – „zeigt ihn nicht an" (V. 24 b; vgl. Lev 5, 1), wobei er auch mitschuldig wird. Mit V. 27 wird sodann das Kapitel – und die Hiskianische Sammlung von Kap. 25–29 – nicht unerwartet durch den Kontrast Gerechter/Frevler abgeschlossen, denn dieser Gegensatz hat das Kapitel und die Sammlung sehr geprägt; und der Kontrast wird durch den zweimal gebrauchten und gewichtigen Begriff „Gräuel" (*tô'ebâ*) noch verschärft. Die Antithetik ist doppel, und zwar einmal zwischen den „Gerechten" und „Frevlern" und demnächst

---

119 Vgl. Wilke, Kronerben, 253–256.

120 Zum schwierigen Text s. o.

121 Vgl. Wildeboer 83, mit Hinweis auf Ps 13, 4; 38, 11; Hi 33, 30; Koh 11, 7; Aalen, ThWAT I, 176.

122 Vgl. das Sprichwort: „Stehler und Hehler ist einer so gut wie der andere".

123 Es mag sich um „eine öffentliche Verfluchung" handeln (Ges[18] 59 b); vgl. Meinhold 491; Plöger 349; Fox 845 f.

zwischen „wer Unrecht tut" (*'îš 'āwäl*) und „wer rechtschaffen wandelt" (*y^ešar-däräk*). Dieser markante Schlussstrich darf gewiss der Weisheitslehre eigen sein (vgl. etwa 2, 7; 11, 20; bes. 28, 4).

Ausgeprägt weisheitliche Wendungen wurden oben in Verbindung mit den Themen der Erziehung und des Gegensatzes Gerechter/Frevler erörtert; sie treten aber auch mit dem Thema des rechten Redens auf, und zwar in V. 8 und 11, die trotz einer um einen Spruch verlängerten Spanne doch ein Spruchpaar auszumachen scheinen, und die thematisch von „Zorn" als Stichwort verbunden sind, ferner in V. 20 und V. 22, mit dem sich vielleicht V. 23 noch verbinden lässt. Im V. 8 ist von „Spöttern" (*'anšê lāṣôn* ‚Männer des Spotts') und im V. 11 vom „Toren" (*k^esîl*) die Rede; sie tragen zur Destabilisierung der Gesellschaft bei, indem sie „Aufruhr" und „Zorn" erregen, was aber durch die Weisen „beschwichtig" und „besänftigt" wird; und in beiden Fällen kommt wiederum die Macht des Redens zum Vorschein.[124] Im V. 20 geht es um ein in dieser Beziehung klassisches Thema, und zwar um den Mann, der sein Reden nicht überlegt, sondern „der sich beim Reden übereilt" (*'āṣ* [Vb. *'wṣ*] *bidbārāw* ‚drängt/hastet in seinen Worten') V. 20 a (vgl. 19, 2 b; 21, 5 b; 28, 20 b);[125] er ist elender als selbst der Tor, denn in diesem Fall gibt es für ihn „mehr Hoffnung" (V. 20 b; vgl. 26, 12 b). Für die Weisen ist das Unbesonnene unbedingt zu vermeiden, und so vor allem im Reden, denn durch seine Worte enthüllt ein Mensch sein Wesen. Im thematisch nahestehenden V. 22 ist, wie im Spruchpaar V. 8. 11, wiederum vom Zorn die Rede, und wieder im personalen Sinne, denn die Aufmerksamkeit ist nun auf den „Mann des Zorns" (*'îš-'ap*, V. 22 a; vgl. 12, 16; 14, 17. 29; bes. 15, 18; 28, 25) und, im synonymen Parallelismus dazu, auf den „Jähzornigen" (*ba'al ḥemâ*; V. 22 b; vgl. 24, 8; Nah 1, 2) gerichtet; sie können nicht besonnen ihre Zunge beherrschen, wofür sie „Streit erregen" (*y^egārāh mādôn*, V. 22 a) und „viel Sünde" (*rab-päša'*, V. 22 b) begehen; das unausgesprochene Heilmittel dagegen ist die durch die Weisheit zu erwerbende Besonnenheit (s. 12, 16 b; 14, 29). Schließlich scheint sich wohl hier V. 23 thematisch an der Seite zu befinden, doch sowohl „der Hochmut eines Menschen" (*ga'^awat 'ādām*), der ihn „erniedrigen" kann (V. 23 a), als auch „der Demütige" (*š^epal-rû^aḥ*), der „Ehre erlangt" (V. 23 b), lässt sich durch sein jeweiliges Reden erkennen; im Übrigen sist aber beides, Hybris wie Demut, zentral in der Verkündigung der Weisen (vgl. etwa 11, 2; 14, 3; 15, 33; 16, 18 f; 18, 12; 22, 4).

Besondere Beachtung verdient schließlich der Spruch im V. 18, der einmalig im Spruchbuch und sonst mehrfach bemerkenswert ist. Zunächst fällt die Stellung des Spruches im Kontext auf, weil er thematisch von Sprüchen ganz anderer Art umgeben ist, und zwar voran vom Spruchpaar V. 15. 17 und danach vom Spruchpaar V. 19. 21, die alle beide von Erziehung handeln; dabei drängt sich die Frage auf, ob dieser Kontext auch etwas für das Verständnis des Spruchs selbst bedeute. Vor allem aber überrascht das Nebeneinander

---

[124] S. bes. Bühlmann, Reden, 318–320 (anlässlich 18, 21).
[125] Vgl. Bühlmann, ebd. 187–190; von Rad, Weisheit, 116 f.

der Lexeme „Offenbarung/Schau/Vision" (*ḥāzôn*) und „Weisung/Gesetz" (*tôrâ*), die schon je für sich theologisch bedeutsam sind, und die durch ihre einzigartige Parallelität jeder Auslegung eine große Herausforderung bieten; so gehen auch die Meinungen über ihr Verständnis auseinander. An den Außenpunkten steht einerseits etwa die auf den Kanon bezogene Ansicht, dass „unser Sammler wohl die Bücher der Nebiim und der Thora" verstehe (Wildeboer 83), und andererseits die Annahme, dass die zwei Lexeme *ḥāzôn* und *tôrâ* „in einem allgemeinen, nicht ganz präzisen Sinn Belehrung und Zurechtweisung" meinen (Meinhold 489). Doch beides wird abzulehnen sein, weil der Sachverhalt viel komplexer zu sein scheint, wie sich noch ergeben wird; vor allem dürfen die zwei Wörter *ḥāzôn* und *tôrâ* nicht zu isoliert, sondern entschiedener als gewöhnlich in Bezug auf ihre kontextuelle Einordnung behandelt werden; es wird also bedeutsam sein, den Bilanzpunkt zwischen ihrer übrigen Verwendung und ihrer Bedeutung im jetzigen kontextuellen Gegenüber zu bestimmen.

Was zunächst die übrige Verwendung von *ḥāzôn* betrifft, erweist sich dieses Nomen im ausgeprägten Grad als ein Terminus für die prophetische „Schau" und die dadurch mitgeteilte und erhaltene „Offenbarung" (vgl. etwa 1Sam 3, 1; Ez 12, 22f.27; Hos 12, 11; Mi 3, 6; Hab 2, 2f; Ps 89, 20) sowie auch für Traumvisionen (s. Dan 1, 17 u. ö., auch Jes 29, 7);[126] im Spruchbuch aber ist das Lexem nur hier im V. 18a belegt. Im Verhältnis dazu weist demnächst die sonstige Verwendung von *tôrâ* einen weit breiteren und sehr nuancenreichen Bedeutungsbogen auf, der von einzelnen „Weisungen", die im rechtlichen Zusammenhang unter anderen von Priestern und Propheten verschieden geprägt sind, und zur Gesamtkonzeption des „Gesetzes" spannt.[127] Das Lexem ist im Spruchbuch 13 Mal belegt, und zwar vor allem im Hauptteil I (1, 8; 3, 1; 4, 2; 6, 20. 23; 7, 2) und im Hauptteil V (28, 4bis.7. 9; 29, 18) und sonst in 31, 26 und 13, 14. Hier ist *tôrâ* besonders mit den „Weisungen" von Eltern und Weisen verbunden, wird aber allgemein nicht näher spezifiziert, sondern lässt sich durchgehend in einem zusammenfassenden Sinn als Ausdruck für die Lehre und Verkündigung der erziehenden Sprecher verstehen und kann darum gelegentlich auch mit „Lehre" wiedergegeben werden (13, 14).

Wenn *tôrâ* im V. 18 einmalig parallel zu *ḥāzôn* gestellt ist, dürfte wohl das facettenreiche Wort in diesem Kontext einen umfassenden Sinn haben, obwohl es mit „Weisung" übersetzt wird. Dabei mag noch Ez 7, 26 – wie ähnlich Jer 18, 18 und Klgl 2, 9 – aufschlussreich sein; denn erstens sind da drei auto-

---

[126] S. bes. Ges[18] 334; sonst HAL 289; Vetter, THAT I, 533–537; Jepsen, ThWAT II, 822–835. Das Vb. *ḥzh*, das breiter als das Nomen verwendet ist und allgemein ‚sehen' meinen kann (so auch 22, 29; 24, 32; 29, 20), bezieht sich mehrmals auf den prophetischen Offenbarungsempfang (vgl. etwa Jes 30, 10; Ez 13, 9. 16), aber nicht im Spruchbuch.

[127] S. bes. HAL 1575–1578; dazu Liedke/Petersen, THAT II, 1032–1043, bes. Pkt. 3a, 1033f; García López, ThWAT VIII, 597–637, bes. Pkt. III,6, 622–624; sonst G. Liedke, Gestalt und Bezeichnung alttestamentlicher Rechtssätze (1971), bes. 195–200; F. Crüsemann, Die Tora (1992).

ritative Größen erwähnt, und zwar die „Schau/Offenbarung" (*ḥāzôn*) des Propheten (in Jer 18, 18: das „Wort"), die „Weisung" (*tôrâ*) des Priesters und der „Rat" (*ʿeṣâ*) der Ältesten (in Jer 18, 18: der Weisen); und zweitens ist „vom bitteren Tag des Endes"[128] die Rede, denn hier wie in Klgl 2, 9 wird das Unheil des Volkes mit dem Ausbleiben dieser charismatischen Güter verbunden; das dürfte in Bezug auf den Sinn von V. 18 a bedeutsam sein. Die das Kolon A einleitende Konstruktion *b*ᵉ*ʾên* (*ḥāzôn*) drückt eine negative Bedingung aus, während die Verbalform „verwildert" (*yippāraʿ*) einen Zustand des Unheils des Volks aufgrund der fehlenden Bedingung beschreibt: „Wenn es an Offenbarung fehlt (*b*ᵉ*ʾên ḥāzôn*), verwildert ein Volk (*yippāraʿ ʿām*)". Diese syntaktische Konstruktion entspricht übrigens ganz der in 11, 14 a: „Wenn es an Führung fehlt (*b*ᵉ*ʾên taḥbulôṯ*), geht ein Volk zugrunde (*yippāl-ʿām*)". Wie 11, 14 b darauf den Gegensatz aufstellt: „aber Rettung ist dort, wo viele Ratgeber sind" (vgl. 15, 22; auch Jdc 21, 25), meint aber der Gegensatz im Kolon B von V. 18 nicht irgendeine Antithese von „Weisung" und „Offenbarung", auch nicht eine historisierende Bezugnahme auf ihren Aufhör,[129] sondern – den Weisen eigen – wird hier ein Fall gesetzt, und zwar der Fall des tiefen Unterschieds zwischen dem Unheil eines Volkes, das unter dem Mangel an Offenbarung leidet, und dem Heilsstand, mit dem ‚gratuliert' werden kann (*ʾašrehû*),[130] wenn man „die Weisung/das Gesetz/die Lehre beachtet (*šomer*)"; und auf das Letzte, das Positive, kommt es nun an. Man steht also in einem Zusammenhang und muss die jeweils zugehörigen Folgen tragen; dabei mag der Abstand dieses einzigartigen Spruchs zu seinem erzieherischen Kontext nicht allzu groß sein.

Sodann, neben einem obigen Jahwe-Spruch (V. 13 b), schließen zwei Jahwe-Sprüche, V. 25 b; 26 b, das Kapitel ab, und zwar zusammen mit dem schon erörterten Spruch V. 27, der dem häufig vorkommenden Gegensatz Gerechter/Frevler einen klassischen Ausdruck verleiht. Diese drei abschließenden Sprüche erhalten eine umso wichtigere Bedeutung, als sie zudem noch am Ende der zweiten, Hiskianischen, Sammlung von Salomo-Sprüchen stehen; denn dabei haben sie nicht nur das Kapitel, sondern außerdem die ganze Sammlung V theologisch ‚abrunden' können. Im Einzelnen geht es in diesen Jahwe-Sprüchen zunächst darum, gegen eine lähmende „Menschenfurcht" (*ḥärdaṯ ʾāḏām*), die einem Menschen eine „Falle/Fallstrick (*môqeš*) werden kann, getrost das Vertrauen auf Jahwe zu setzen (V. 25; vgl. V. 6); und demnächst, im ähnlichen nächsten Spruch (V. 26), wird gegenüber den „Vielen" (*rabbîm*), die „die Gunst des Herrschers suchen" und ihm dabei vielleicht schmeicheln (vgl. V. 5; 19, 6), ein besserer Weg gezeigt, und zwar das Wissen darum, dass „das Recht eines Mannes (*mišpaṭ-ʾîš*) von Jahwe

---

128 So Zimmerli, Ezechiel, BKAT XIII (1969), 184.

129 So auch Meinhold 489; Fox 841.

130 Diese Kurzform für *ʾašrêhû* ist „die ältere und hier poetische Nebenform zu *ʾašrāw*", Delitzsch 472.

kommt"; das gewährt eine sichere Haltung. Im Angesicht der herausfordernden Situationen des Alltags erhält somit die gläubige Zuversicht zu Jahwe das letzte Wort.

Zum Aufbau und inhaltlichen Charakter der Sammlung V

Sammlung V macht die zweite Salomo-Sammlung, die Hiskianische, aus (Kap. 25–29). Formal und inhaltlich ist sie in manchen der großen Sammlung II, also der ersten Salomo-Sammlung (Kap. 10, 1–22, 16),[131] ähnlich, denn es gibt viele sie verbindende Fäden, darunter Dubletten (s. o.). Dennoch trägt die Hiskianische Sammlung ihr besonderes Gepräge; so findet man hier etwa keine der Sammlung II so charakteristischen gerahmten Ringkompositionen; doch gibt es andere Arten struktureller Einheiten, wie sich noch ergeben wird.

1. Zur kompositorischen Eigenart der Sprüche 25 – 29

Wie die erste Salomo-Sammlung aus zwei Hauptteilen (A: Kap. 10–15; B: Kap. 16–22, 16) besteht, erscheint die zweite Sammlung ebenfalls zweigeteilt; die oben erwähnte gewöhnliche Zweiteilung in Kap. 25–27 und 28–29,[132] die nun respektive A und B genannt werden können, hat sich durch die gegenwärtige Behandlung durchaus bestätigt. Wie in der Sammlung II sind auch in dieser Sammlung V die Einzelsprüche vorherrschend; doch gleichzeitig gibt es noch Spruchgruppierungen verschiedener Art, wie etwa Spruchpaare und thematische Einheiten, und zwar so mehr in den drei ersten Kapiteln (A), mit Kompositionen wie etwa dem ‚Torenspiegel' (26, 1–12) oder der ‚Haustafel' für einen Kleinviehzüchter (27, 23–27), als in den zwei letzten Kapiteln (B). Wobei die A-Sammlung – vor allem Kap. 25 und 27 – neben der dominierenden Spruch-Form auch mehrere Ermahnungsreden enthält, hat B nur ein Mahnwort (29, 17). Wenn A dazu wenige antithetische Parallelen aufweist, ähnelt dieser Teil einigermaßen an Sammlung III, während demgegenüber B mit relativ häufigen antithetischen Parallelen in diesem Punkt der Sammlung II näher kommt.

Vor allem aber ist dem Teil A eigen, dass sein Stil ungewöhnlich viele Bilder und Vergleiche verwendet, so besonders im Kap. 25, während andererseits Teil B ein völlig anderes und ihm eigenartiges Stil-Phänomen aufweist,

---

[131] Vgl. den entsprechenden Abschlussabschnitt „Zum Aufbau und inhaltlichen Charakter der Sammlung II".

[132] S. die obige kurze Einführung „zur Eigenart und Komposition der Sammlung V".

das ein stilistisches ‚Geflecht' genannt werden darf, wobei in einer Reihe von Sprüchen ein Spruch mit dem übernächsten thematisch verbunden ist, so dass ein ‚Geflecht-Muster' entsteht. Das Phänomen lässt sich schon in 28,20 und 22 sowie 21 und 23 erkennen, kommt aber vor allem im Kap. 29 vor (s. besonders das Verhältnis von V. 1 und 3, V. 2 und 4, V. 7 und 9, V. 12 und 14, V. 15 und 17, V. 19 und 21, V. 20 und 22, und so wohl auch V. 8 und 11). Endlich sind die zwei Teile A und B unterschiedlich in Bezug auf den Gebrauch von Jahwe-Sprüchen, indem A nur einen Jahwe-Spruch (25,22 b), während B mehrere aufweist, und zwar vor allem gegen Ende des Teils (28,25 b; 29,13 b.25 b.26 b), damit aber auch am Ende der ganzen Sammlung V. Das mag nun zu den inhaltlichen Aspekten dieser Sammlung überleiten.

2. *Zum inhaltlichen Charakter der Sprüche 25 – 29*

Wenn die drei ersten Kapitel (A) in so großem Ausmaß Bilder und Vergleiche verwenden, und so besonders Kap. 25,[133] kann das aus mehreren Gründen geschehen sein. Zum einen mag es wohl vor allem darin gründen, dass die Bilder und Vergleiche sehr erfahrungsträchtig sind, und dass sie auch besser als viele Worte vermögen, ein breites Register von Lebenserfahrungen zu veranschaulichen. Nicht nur die einzelnen Bilder, sondern auch größere Kompositionen wie die über den Toren (26,1–12), den Faulen (26,13–16) oder den Kleinviehzüchter (27,23–27) stehen dem praktischen Alltagsleben der Menschen ganz nahe und können unterschiedliche soziale und ethische Verhältnisse und Zustände zum Ausdruck bringen oder gar entlarven. Zum andern darf die Metaphorik dieser Bilder und Vergleiche noch etwas völlig anderes aktualisieren, und zwar den Aspekt des Schönen, des Ästhetischen. Denn man kann sich des Eindrucks kaum erwehren, dass die Weisen eine große Freude am Schönen hatten, und so besonders an der schönen und kunstfertigen Rede, am „Wort gesprochen in rechter Art" (25,11 b; vgl. Koh 12,10). Weise sein heißt kundig sein – so auch in Bezug auf die Kunst der „schönen Rede".[134] Öfter haben sich im Spruchbuch kunstvolle Sprüche und Kompositionen erkennen lassen; das trifft nicht zuletzt für diese fünfte Sammlung zu – scheint aber kaum die gebührende Aufmerksamkeit geschenkt worden zu sein.

Sind die Bilder und Vergleiche erfahrungsträchtig, zeigen sie damit auch verschiedene soziale Bezüge auf, und zwar zu Themen und Personengruppen, die häufig als Gegensätze dargestellt werden. Es handelt sich um Themen, die im Vorangehenden mehrfach anzutreffen waren, und die hier wieder aufgegriffen werden, wie etwa Gutes/Böses oder arm/reich, oder auch

[133] Es darf dabei aufschlussreich sein, dass das Wortfeld ‚Spruch machen/Spruch' (√*mšl* I) mit ‚vergleichen'/‚Gleichnis' verbunden ist; vgl. HAL 611 f; s. o. die Einleitung, Pkt. 2 a. Die Sprüche werden übrigens von M. Buber, Schriftwerke (1962), 211–273, „Gleichsprüche" genannt.

[134] Vgl. Bühlmann, Reden, 45–63; s. sonst 15,2; 16,21.23; 22,11.

geht es um Gegensatzpaare wie Gerechter/Frevler oder Weiser/Tor, so vor allem im Teil B. Immerhin, die fünfte Sammlung tut dies auf ihre Weise, besonders in ihrem Teil A, indem sie die sozialethische Thematik in großen Konzentrationen sammelt; denn um das zentrale Thema herum, das die gute Gesellschaft auszumachen scheint, wird einerseits das zur Sprache gebracht, das dem guten Zusammenleben der Menschen dienen kann, und andererseits das, das es einfach nur verdirbt. Der Anfang des ersten Kapitels erscheint dabei allerdings als ein gesellschaftlicher Überblick (Kap. 25), indem es mit der Spitze, mit dem König, beginnt (V. 2–7 ab; vgl. Kap. 16) um sodann mit dem Rechtsleben, dem „Richter" und „Rechtsstreit" (*rîḇ*) fortzufahren (V. 7 c.8–10. 15); beide diese Instanzen tragen für die Sicherheit und die Stabilität der Gesellschaft eine ganz besondere Verantwortung und sollen ihre Ordnung und Gerechtigkeit fördern. Im Kontrast dazu ist das folgende Kap. 26 um Menschen konzentriert, die auf verschiedene Weise die Gesellschaft nur verderben. Es geht zunächst um den ehrenlosen und dummen „Toren" (V. 1–12) und demnächst um den trägen und initiativlosen „Faulen" (V. 13–16); und in der dritten und längsten Einheit (V. 17–28), die ein buntes Bündel von Einzelsprüchen darstellt, handeln mehrere Sprüche von verödenden „Streit" und „Betrug", etwa gegen den „Nächsten" (V. 17–21). In diesem Zusammenhang spielt auch das „Reden" eine wesentliche Rolle, nun aber in einer negativen Weise, denn „ein zänkischer Mann" entfacht Streit und „ein glatter Mund verursacht Verderben" (V. 20–26. 28). Wieder anders mutet das letzte Kapitel dieses Teils an (Kap. 27), wenn es sich positiv an das wendet, das dem menschlichen Zusammenleben zu dienen vermag. Zwar wird der Tor gelegentlich auch hier in negativer Weise erwähnt (27, 3. 22), nun aber als Gegenpart zum jungen Weisen, der nicht kurzsichtig, sondern voraussehend ist, und der durch Weisheit das Herz seines Vaters – wenn nicht des Weisen – freuen wird, wenn er der Ermahnung seines Erziehers folgt (V. 11–12; auch V. 5–6). Vor allem wird aber in diesem Kapitel das gute Zusammenleben der Menschen in der Form einer treuen und gewährten Freundschaft gepriesen (V. 8–10. 17. 19); denn „besser ist ein naher Nachbar als ein ferner Bruder" (V. 10 c). Am Ende wird der Wert der guten Viehzucht und Landwirtschaft gerühmt (V. 23–27); das ist auch für die Gesellschaft höchst positiv.

Wie schon erwähnt, stehen die zwei Kapitel im Teil B, Kap. 28–29, der ersten Salomo-Sammlung (Kap. 10 – 22, 16) näher. Hier sind die meistens in antithetischen Parallelismen ausgedrückten Gegensätze von Personengruppen öfter und schärfer gezeichnet worden; die häufig vorkommenden Antitypen sind einerseits die „Gerechten", „Redlichen", „Untadeligen", „Rechtschaffenen" und andererseits die „Frevler", „Böse Menschen", „Blutmenschen", „Unterdrücker", „Habgierige", „Spötter"; mit bunter Phraseologie und in wechselnder Form geht es wieder um das Gute und Rechte gegen das Frevelhafte und Verderbende; und ein neutrales Dazwischen gibt es nicht. Ferner stehen, doch nicht ganz so häufig, die „Weisen", bzw. der „verständige" und „einsichtsvolle" Mensch, gegen die „Toren" (vgl. 28, 7. 11. 16. 26; 29, 3. 8–9. 11. 15. 17. 19–20), wobei dieser Gegensatz Weiser/Tor mit dem

Thema der Erziehung, das hier stärker als im A (vgl. 27,5–6) hervortritt, noch verwoben ist (28,7. 9.23; 29,3. 15. 17. 19–20).

Das theologische Gepräge, wenn an den Jahwe-Sprüchen gemessen, ist ebenfalls stärker im B als im A (vgl. 25,22) vertreten, und zwar in 28,25; 29,13. 25–26. Jahwe ist dabei der Schöpfer und der Garant des Rechts, auf den man sich vertrauen kann; doch umfasst dieses Gepräge noch mehr, und dann ist vor allem der vielfach besprochene Vers 29,18 wesentlich, wonach das Heil eines Volkes an „Offenbarung“ (*ḥāzôn*) und „Weisung/Gesetz/Lehre“ (*tôrâ*) gebunden ist.

In den beiden Teilen (A und B) ist endlich der für die Weisen grundlegende Lehrpunkt vom Tun-Ergehen-Zusammenhang vertreten (26,27; 28,10), wobei die klassische Formulierung in 26,27 vor allem beachtenswert bleibt:[135]

Wer eine Grube gräbt, fällt selbst hinein;
und wer einen Stein wälzt, auf den fällt er zurück.

---

[135] Vgl. Freuling, „Wer eine Grube gräbt …“ (2004), bes. 50–57.

VI. Kapitel 30, 1–31, 9: Weisheitsworte in Kleinsammlungen – teilweise aus dem Ausland

Die zwei letzten Kapitel des Spruchbuches haben je eine Überschrift (30, 1 a; 31, 1); sie scheinen aber nicht das jeweilige Kapitel ganz zu decken. In Bezug auf 31, 1 dürfte der Sachverhalt klar sein; denn da betrifft die Überschrift nur die ersten neun Verse, weil mit V. 10 ein akrostisches Gedicht anfängt, das – zwar ohne Überschrift – als eine eigenständige kompositorische Einheit, die hier als Sammlung VII gilt, ausgeschieden werden darf (31, 10–31). Die Sache im Kap. 30 ist aber komplizierter.

Zur Komposition von Kapitel 30

Die Struktur des 30. Kapitels stellt ein heikles Problem dar; und die Meinungen über seine Einteilung gehen sehr auseinander. Man hat einerseits die Möglichkeit erwogen, das Kapitel nicht näher einzuteilen; und es ist behauptet worden: „Spr 30 muß als Einheit gesehen werden".[1] Andererseits aber wird das Kapitel in kleinere Größen eingeteilt, wobei es meistens zweigeteilt wird. Wenn man das Kapitel von seinem Anfang her oder auch von seinem Ende her betrachtet, ergeben sich – formal wie inhaltlich – beachtenswerte Unterschiede, und zwar in erster Linie zwischen einem ersten Teil („die Worte Agurs") und einem letzten Teil, wo vor allem mehrere Zahlensprüche gesammelt sind. Die Frage bleibt aber, wo der Übergang zwischen diesen zwei Teilen genauer festzulegen sei, oder aber anders gesagt: es lässt sich fragen, wie weit „die Worte Agurs" wohl reichen. Die Vorschläge einer näheren Bestimmung wechseln sehr; und etwa Toy, der sonst der Meinung ist, dass eine Abgrenzung dieser Worte „kaum möglich" sei, hat „die Worte Agurs" nur V. 1 b-4 umfassen lassen und ist darin von etwa McKane gefolgt worden.[2] Diese ersten Verse sind formal relativ einheitlich, indem sie Ich-Rede und Du-Anrede enthalten; doch wäre wohl zu erwarten, dass die Einheit nicht

---

[1] So Sauer, Die Sprüche Agurs, 112; er hat sonst den kanaanäischen Hintergrund ausführlich herausgestellt und führt dabei aus: „Alle Linien weisen auf die kanaanäische Umwelt hin" (112); vgl. auch Waltke II, 454–501.

[2] Vgl. Toy 517; McKane 643; sonst Torrey, Proverbs (1954), 95.

abrupt mit der Fragenserie von V. 4 abschließe, sondern noch irgendwie fortgeführt wäre. Andere Ausleger lassen die Einheit bis zum V. 14 reichen, wie etwa Gemser (103), der auf die besondere Ortung der Septuaginta hinweist, die 30, 1–14 vor 24, 23–43 und 30, 15–33 nach dieser Einheit einfügt, räumt aber gleichzeitig seine Unsicherheit ein; wie Gemser verfahren etwa Ringgren (112), Plöger (356) und Meinhold (495). Fasst man den letzten Teil des Kapitels (nun ab V. 15) näher ins Auge, fällt doch auf, dass die ‚reinen' Zahlensprüche, die nach dem Muster: x und x+1 gestaltet sind (V. 15–16; 18–19; 21–23; 29–31), auch mit einem Zahlenspruch, der eine Vierer-Gruppe nennt (V. 24–28; vgl. V. 11–14) sowie mit Sentenzen (V. 17; 20) und zudem noch mit einem begründeten Mahnwort zum Abschluss (V. 32–33) wechseln. Das Kapitel ist also in seinem letzten Teil formal recht komplex. Im Blick auf diesen Sachverhalt dürfte vielleicht möglich sein, einen Mittelweg zwischen den obigen Positionen zu finden. Dabei darf vor allem beachtenswert sein, dass einerseits V. 10 und besonders V. 11–14 formal dem Folgenden am nächsten zu kommen scheinen, während andererseits V. 7–9, die eben wie V. 1–4 Ich-Rede und Du-Anrede aufweisen, dem Vorangehenden am meisten ähnlich sind und daher zusammen mit dem gerechnet werden dürfen – so etwa Scott, der V. 1–4. 5–6. 7–9 einen „Dialogue with a Skeptic" nennt (175 f), sowie Franklyn, der V. 1–9 als eine viergeteilte Einheit „in the mouth of a single speaker" versteht (238), und so neuerdings auch Fox, der zwischen V. 1–9 und V. 10–33 unterscheidet.[3]

Wenn es sich durch die weitere Untersuchung bestätigen lässt, darf man mit gewissem Recht Sprüche 30 kompositorisch in zwei komplexe Einheiten einteilen, und zwar V. 1–9 und V. 10–33. Zugleich lassen sich aber Verbindungslinien zwischen diesen zwei Teilen noch erkennen, und zwar redet V. 7 im Stil des letzten Teils von „zwei Dingen/zweierlei", und es gibt dazu eine gewisse thematische Nähe zwischen V. 7–9 – und dann besonders V. 8 – und V. 10. So ist Kap. 30 als Ganzes gewiss recht komplex und die Übergänge etwas schwierig zu bestimmen; wenn es aus dem Grunde auch verlockend sein könnte, das Kapitel „als Einheit" zu sehen, wie es oben angeführt wurde, bleibe wohl diese Lösung doch eine Verlegenheitslösung.[4]

---

[3] So Fox 850–882; er bemerkt sonst, dass er früher 30, 1–14 als Einheit angegeben hat (Proverbs 1–9, 2000, 5), nun aber nicht glaubt, „that there is a significant connection between vv 1–9 and 10–14" (850).

[4] Die Komplexität der Sachlage lässt sich neuerdings bei Waltke gut ablesen, wenn er einerseits an der Einheit des Kapitels festhält: „The chapter as recorded in the MT has integrity" (II, 463), aber andererseits zwischen V. 1–9, die er „Agur's autobiographical confession" nennt, und V. 10–31, die er als „Main body" bezeichnet, unterscheidet, und schließlich, etwas überraschend, V. 32–33 als „Conclusion: A warning to sons not to rebel" verstehen will, und wenn er zudem V. 10 im Blick auf seine Übergangsposition einerseits „a janus" nennt und andererseits ihn mit V. 32–33 als „an *inclusio* around the numerical sayings" auffasst (464).

Lit.: H. Brunner, Altägyptische Erziehung, Wiesbaden 1957. – J.L. Crenshaw, Clanging Symbols, in: Justice and the Holy. Essays in honor of Walter Harrelson, ed. D.A. Knight/P.J. Paris, Atlanta, GA 1989, 51–64. – P. Franklyn, The Sayings of Agur in Proverbs 30: Piety or Scepticism? ZAW 95 (1983) 238–252. – A.H.J. Gunneweg, Weisheit, Prophetie und Kanonformel: Erwägungen zu Proverbia 30, 1–9, FS Preuß (1992), 253–259. – R.C. Van Leeuwen, The Background to Proverbs 30:4 aα, FS Murphy 1997, 102 ff. – R. D. Moore, A Home for the Alien: Wordly Wisdom and Covenantal Confession, ZAW 106 (1994) 96–107. – G. Sauer, Die Sprüche Agurs. Untersuchungen zur Herkunft, Verbreitung und Bedeutung einer biblischen Stilform unter besonderer Berücksichtigung von Proverbia c. 30, BWANT 84, Stuttgart 1963. – C.C. Torrey, Proverbs, Chapter 30, JBL 73 (1954) 93–96. – R.N. Whybray, Composition (1994), 148–150. – Ders., The Book of Proverbs (1995), 86–98. – A. Wilke, Kronerben der Weisheit (2006).

30, 1–9: Die Worte Agurs

1 **Die Worte Agurs, des Sohnes Jakes,**[5]
der Ausspruch, der Spruch des Mannes:[6]
Ich habe mich abgemüht, o Gott,
ich habe mich abgemüht, o Gott,
und ich schwand dahin;[7]
2 **denn ich bin zu dumm für einen Mann**[8]
und habe keine menschliche Einsicht;
3 **ich habe keine Weisheit gelernt,**
so dass ich Erkenntnis des Heiligen[9] **besitze.**
4 **Wer stieg zum Himmel hinauf und fuhr hinab?**
Wer sammelte den Wind in seine Fäuste?
Wer schnürte das Wasser in ein Gewand?

---

[5] MT ist im ganzen V. 1 schwer erklärlich. G und andere antike Versionen haben alle Personennamen durch Übersetzungen vermieden, und für die Namen „Agur“ und „Jake“ hat dabei G: „Meine Worte, mein Sohn, fürchte“, und V: *Verba Congregantis* („des Sammlers“), *filii Vomentis*; s. BHS (mit hebr. Rekons.) u. BHQ 55*.

[6] So mit Fox 850: „the pronouncement, the oracle of the man: …“; s. u.

[7] MT hat das zweimalige *lᵉ'îṯî'el* und *wᵉ'ukāl* als Eigennamen verstanden und vokalisiert: „an/für Ithiel [zweimal] und Ukal“; auch diese Wörter sind von G und anderen antiken Versionen nicht als Eigennamen verstanden, sondern sind übersetzt worden. Die gegenwärtige Übersetzung beruht auf einer vielfach angenommenen Konjektur, die statt des doppelten *lᵉ'îṯî'el* des MT Verbalformen mit anderer Vokalisierung derselben Konsonanten hat: *lā'îṯî 'el lā'îṯî 'el* „ich habe mich gemüht, o Gott“ [zweimal] (vgl. Delitzsch 484–487; BHQ 56*). Auch das Wort (*wᵉ*) *'uḵāl* wird nicht als Eigenname gestützt, sondern verschieden wiedergegeben; die gegenwärtige Wiedergabe des *wᵉ'uḵāl* durch „und ich schwand dahin“ mit etwa Delitzsch 486; Wildeboer 85 (ähnlich Ringgren 112: „und erlag“); dabei wird ein ipf. von Vb. *klh* „vergehen“ gelesen (vgl. G A), und dann entweder in der überlieferten apokopierten Form *wᵉ'uḵāl*, mit atypischer Vokalisierung, oder in der Form *wā'eḵäl*, mit normaler Vokalisierung; s. HAL 454 b; BHS; BHQ.

[8] Mit HebrSynt § 111 g; vgl. Wildeboer 85: Präp. *min* ist hier nicht komparativ, sondern privativ.

[9] Plur. der Hoheit Gottes, vgl. 9, 10; s. GK § 124 h; HAL 998 a; Delitzsch 487 hat: „des Allheiligen“; s. u.

Wer richtete alle Enden der Erde auf?
Wie ist sein Name und wie der Name seines Sohnes?
Ja, du weißt es.[10]
5 **Alle Rede Gottes ist geläutert;**
ein Schild ist er denen, die bei ihm Zuflucht suchen.
6 **Füge nichts seinen Worten hinzu,**
damit er dich nicht zurechtweist und du dich als Lügner erweist.
7 **Zweierlei erbitte ich von dir;**
versage es mir nicht, ehe ich sterbe:[11]
8 **Trug und Lügenwort halte fern von mir!**
Armut und Reichtum gib mir nicht!
Lass mich das mir zugemessene Brot genießen,
9 **damit ich nicht, übersättigt, verleugne**
und sage: Wer ist Jahwe?,
damit ich nicht, arm geworden, stehle
und mich vergreife an meines Gottes Namen.

Die Überschrift ist mit dem übrigen Text im V. 1 verwoben, und der Übergang zwischen den beiden ist nicht leicht zu bestimmen; schon in der ältesten Textüberlieferung scheint dies eine gewisse Ratlosigkeit verursacht zu haben. Die Überschrift besteht aus mehreren Elementen als üblich und ist in mehrfacher Hinsicht bemerkenswert. Erstens heißt es hier nicht „Sprüche" wie in 1, 1; 10, 1; 25, 1, sondern „Worte" wie in 22, 17; 31, 1. Dabei mag es bedeutsam sein, dass der Terminus ‚Spruch' (*māšāl*) gerne mit Salomo verbunden ist, während ‚Wort' (*dāḇār*) dort im Spruchbuch verwendet wird, wo ein anderer Stoff oder außer-israelitisches Weisheitsgut vorzuliegen scheint. Die Wahl dieser Termini scheint ein Indikator für den Inhalt zu sein.

Zweitens ist die cstr.-Form „Worte" (*diḇrê*) mit „Agur, Sohn des Jake" (*'āḡûr bin-yāqāh*) verbunden, doch durch paseq getrennt. Die Namen „Agur" und „Jake" kommen im Alten Testament nur hier vor, sind aber außer-israelitisch, u. a. südarabisch und ugaritisch, belegt; sie können als mögliche, aber unsichere Ableitungen aufgefasst werden und sind wohl als fremde Personennamen zu verstehen.[12] Während Septuaginta – wohl aus ideologischen Gründen[13] – sowie später Vulgata, wie erwähnt, die Eigennamen vermieden und sie als hebräische Wörter übersetzt haben, ist ‚Agur'

[10] Der Abschluss *kî ṯeḏāʿ*, der in zwei G-HSS fehlt und sonst an Job 38, 5 erinnert, ist nicht als Glosse auszulassen (BHS); die Konj. *kî* mag emphatische (oder begründende) Bedeutung haben, vgl. HAL 448; HebrSynt § 44 d.51.

[11] Der Vorschlag von Sauer, ebd. 101, hier dem Zahlenspruchstil gemäß „drei" einzufügen und „bevor ich sterbe" zu streichen, würde einen allzu starken Eingriff in den MT bedeuten; dasselbe gilt für seinen Vorschlag, dem Abschnitt 30, 11–14 eine neue Einleitung („Drei Dinge … und vier", aus Spr 6, 16) zu geben (103).

[12] Vgl. Ges^{18} 12. 487; HAL 10. 411; Gemser 103; Sauer, ebd. 93–97; Fox 851 f.

[13] Sauer, ebd. 93: „Sie hätten in einer Spruchsammlung, die in ihrer Gesamtheit Salomo zugeschrieben wird, keinen Platz gehabt".

bei späteren jüdischen und auch christlichen Auslegern als Salomo interpretiert worden.[14] Für die alte Textüberlieferung sind die Namen offenbar eine Herausforderung gewesen.

Drittens scheint das Lexem *hammaśśā'* im V. 1 b zweideutig zu sein, und man hat es entweder als einen prophetischen Terminus im Sinne von ‚Ausspruch' (s. etwa Jer 23, 33–40; Sach 9, 1; 12, 1; Mal 1, 1; so auch V: *visio* ‚Gesicht') oder aber als den Eigennamen eines nordarabischen Stammes (vgl. Gen 25, 14; 1 Chr 1, 30) verstanden.[15] Es wird sonst öfter darauf hingewiesen, dass das Lexem auch in 31, 1 vorkommt, und dass 30, 1 vielleicht daraus zu erklären sei. Doch erscheint die Sache weit komplizierter zu sein, als es beim ersten Anblick scheinen mag, zumal die Verwendung dieser zwei Vorkommen unterschiedlich ist. In 31, 1 ist das Lexem *maśśā'* im MT überraschend durch atnach vom vorangehenden „König" abgetrennt und mit dem folgenden Relativsatz verbunden, wozu Delitzsch kurz bemerkt: „Aber das ist platterdings unmöglich" (479);[16] denn in diesem Fall müsste „König" (*mäläḵ*) als Apposition zum Eigennamen „Lemuel" determiniert sein (*hammäläḵ*); im übrigen erhält *maśśā'* hier den Sinn „Ausspruch". Wenn aber die Massoreten doch diese Punktation vorgenommen haben (und ähnlich auch G und V), so vielleicht erstens aus dem Grund, dass sie auf diese Weise den ausländischen Charakter des Abschnitts haben abtönen wollen, und zweitens, dass sie dadurch eine größere Annäherung der Überschrift in 31, 1 zu der in 30, 1 wohl erreichen möchten. Immerhin ist dieser Operation wenig gefolgt worden, wobei sich die älteste Textgeschichte als eine sehr aktive Überlieferungsgeschichte herausstellt, denn es wird allgemein „Lemuel, König von Massa" gelesen und übersetzt.[17] Kehrt man sodann zu 30, 1 zurück, erhält man aber hier eine neue Überraschung. Wenn auch die massoretische Überlieferung, wie es nun scheint, in *maśśā'* an beiden Stellen denselben Sinn „Ausspruch" voraussetzt (und V beide Mal *visio*), kann sich die Form *hammaśśā'* in 30, 1 doch nicht auf den vorausgehenden „Agur" beziehen, weil es dann entweder *mimmaśśā'* „aus Massa" oder auch *hammaśśā'î* „der Massait" heißen müsste[18] – aber nichtsdestoweniger wird *hammaśśā'* von mehreren Auslegern, zum Teil anhand einer Konjektur, eben mit Agur verbunden.[19] Syntaktisch ist diese determinierte Form dagegen der folgenden determinier-

---

[14] Vgl. Toy, 518 f; Delitzsch 478; bes. Fox 852.

[15] Vgl. HAL 604; Müller, ThWAT V, 20–25; dazu Sæbø, Sacharja 9–14, Neukirchen-Vluyn 1969, 137–140 (Exkurs).

[16] Vgl. auch 478: das Wort ist dann „eine auf gleicher Linie mit *diḇrê* stehende zweite überschriftliche Bezeichnung".

[17] So auch, ohne eine Bemerkung, in der neuen jüdischen Bibelübersetzung „according to the Masoretic text", Writings 256: „The words of Lemuel, king of Massa, with which his mother admonished him"; vgl. Plöger 370.

[18] Vgl. BHS und etwa Wildeboer 84; Plöger 353.

[19] Vgl. Plöger 351; Meinhold 494: „Die Worte Agurs, des Sohnes des Jake (aus) Massa"; oder Murphy 225: „the Massaite"; s. sonst BHS; HAL 604; Sauer, ebd. 97; McKane 644; dagegen nicht Toy 518 f; Gemser 102; Fox 850; vgl. Wildeboer 84.

ten Konstruktion „der Spruch des Mannes" vorangestellt und wird so mit ihr zusammen zu beurteilen sein. So sind dann die zwei *maśśā'* in 30, 1 und 31, 1 gar nicht auswechselbar, sondern sollten in ihrem jeweiligen Kontext zu deuten sein.

Viertens wird dem determinierten *hammaśśā'* die sinnverwandte und ebenfalls determinierte Konstruktion „der Spruch des Mannes" (*n^{e}'um haggāḇār*) zur Seite gestellt (V. 1 b). Sonst kommt ihr erster Teil (*n^{e}'um*) fast ausschließlich in prophetischen Texten vor und ist vor allem auf Jahwe bezogen,[20] während die Verbindung „der Spruch des Mannes" (*n^{e}'um haggāḇār*) außer dieser Stelle nur drei Mal erscheint, und zwar in bemerkenswerter Weise in Bezug auf Bileam (Num 24. 3.15) und auf David und seine „letzte Worte" (2Sam 23, 1),[21] und dann als Ausdruck ihrer göttlichen Inspiration. Während an diesen Stellen eine „attributive Beschreibung des Mannes folgt", findet Delitzsch in seiner sehr ausführlichen Erörterung der Überschrift es „auffällig" an dem Vorkommen hier, dass „es so kahl dasteht" (485). Doch „auffällig" an dieser Überschrift dürfte wohl eher sein, dass nicht nur „der Ausspruch" (*hammaśśā'*) und „der Spruch des Mannes" (*n^{e}'um haggāḇār*) hier nebeneinander gestellt sind, sondern auch dass sie auf diese wohl ausfüllende Weise die einleitenden „Worte (Agurs)" noch duplizieren; dabei mögen die drei nahestehenden Lexeme für ‚Äußerung', und zwar „Wort" (*dāḇār*), „Ausspruch" (*maśśā'*) und „Spruch" (*n^{e}'um*), der Überschrift leicht einen etwas überladenen Eindruck verleihen, was aber offenbar zum Stil gehört hat (vgl. 1 b; 31, 2). Durch diesen barocken Aufbau will dann die Überschrift der folgenden Aussage des „Agur, des Sohnes Jakes" eine feierliche Einführung verschaffen und – durch die Wahl altehrwürdiger Ausdrücke – ihr gleichzeitig einen erhabenen und prophetischen Charakter verleihen; denn hier soll Wahrhaftiges ausgesprochen werden.[22]

Fünftens scheint MT die Überschrift nahe mit dem Folgenden verbinden zu wollen, indem er – aus irgendwelchem Grund – die drei Wörter im Rest des Verses als zwei Personennamen,[23] und dann als Adressaten der Rede Agurs, versteht, welches auch die traditionelle Lesart wurde und eine breite Wirkungsgeschichte erfahren hat.[24] Doch ist das, wie es sich zeigen wird, gegen den Kontext geschehen. Schon die Trennung des doppelt vorkommenden *l^{e}'îṯî'el* durch atnach fällt auf, und so auch die neuere Trennung des Dop-

---

[20] Zu *n^{e}'um*, das fast nur mit Jahwe verbunden ist, und zwar in 364 von total 376 Fällen, vgl. Eising, ThWAT V, 119–123; 120; sonst HAL 621; Vetter, THAT II, 1–3.

[21] Es lässt sich fragen, ob wohl *n^{e}'um haggāḇār* hier besonders aufgrund der Beziehung zu Davids „letzte Worte" gewählt worden ist, weil auch „die Worte Agurs" als seine „letzte" angesehen werden können (vgl. V. 1 c.7 b).

[22] Vgl. Toy 518–520; Fox 853.

[23] Vgl. Neh 11, 7; Toy 519; Sauer. ebd. 98; HAL 43. 46; Ges[18] 51. 55; im Folgenden ist aber nur ein Du angeredet.

[24] Vgl. Anm. 7 oben; s. neuerdings etwa die jüdische Übersetzung: „The words of Agur, son of Jakeh, [man of] Massa; / The speech of the man to Ithiel, to Ithiel and Ucal: …", Writings 253; s. o. zum Text.

pelvorkommens dieses Lexems in der Weise, dass man das erste *le'îṯî'el* als Namen und das zweite als Verbalsatz wiedergibt,[25] was aber das mehrfache Problem dieser Doppelung nicht zu lösen vermag. Das größte kontextuelle Problem, das von Delitzsch als „ein Hauptbeweis" gegen die traditionelle Lesart bezeichnet wurde, liegt jedoch in der Konj. *kî* ‚denn/wahrlich/ja' am Anfang von V. 2, weil sie normalerweise einen Aussagesatz im Vorangehenden voraussetzen würde.[26] Aus verschiedenen Gründen sind dann relativ früh Einwände gegen die traditionelle Lesetradition von V. 1 c, die man wohl als ein im Text durchgeführtes ‚qere' nennen könnte, erhoben worden; und im Blick auf den nächsten Kontext hat man vor allem nach Verbalformen gesucht. Dann scheinen, unter mehreren Vorschlägen,[27] für *le'îṯî'el* eine Ableitung vom Vb. *l'h* ‚sich abmühen' (vgl. Hi 4,2. 5; Sir 43,20) und für *we'uḵāl* eine vom Vb. *klh* „vergehen" (vgl. Ps 39,11; 71,13; Hi 4,9) sich mit dem Kontext am besten vertragen zu können, und zwar in der folgenden Form, mit Vokativ: *lā'îṯî 'el lā'îṯî 'el wā'eḵäl* (/*we'uḵāl*), die den Bestand der Konsonanten behält und somit das ‚ketib' vertreten kann:[28]

Ich habe mich abgemüht, o Gott,
ich habe mich abgemüht, o Gott,
und ich schwand dahin

Damit beginnt im Munde Agurs die bittere Klage (V. 1 c-3) eines leidenden Ich, der nach all seiner Mühe am Ende ist; er richtet seine Klage an „Gott" (*'el*); an ihn ist wohl auch das innige Gebet in V. 7–9 gesprochen, obwohl da das Du nicht näher bestimmt ist. Die Klage am Anfang findet somit in diesem abschließenden Gebet ihre Entsprechung, zumal der Ermüdete sich dem Tode nähern mag („ehe ich sterbe", V. 7 b). Sowohl Klage wie auch Gebet sind allerdings im Spruchbuch fremdartig, stehen aber den Psalmen näher, und an dieser Stelle kommen sie vor allem einem Psalm der Anfechtung wie Ps 73 ganz nahe (vgl. V. 2–3. 16–17 und bes. V. 21–23). Weil eben dieser Rahmen von Klage und Gebet dem Charakter der übrigen Weisheit im Buch als fremd erscheint, darf es umso beachtenswerter sein, dass sich seine Klage gerade auf Themen der Weisheit bezieht. Denn Agur hat sich bemüht und ist doch „dumm/viehisch" (*ba'ar* ‚Vieh') geblieben (V. 2 a), gar ohne „menschliche Einsicht" und „Weisheit" (V. 2 b–3 a). Wenn er dabei sagt, dass er „Weisheit" (*ḥŏḵmâ*) „nicht gelernt hat" (*lo'-lāmaḏtî*), braucht das nicht nur eine Selbstanklage zu sein, sondern darf wohl auch eine Kritik an den Weisen und ihrer Weisheitslehre sein, weil sie ihm durch ihr Lernen nicht zur „Erkenntnis

[25] S. etwa Waltke II, 454 f; vgl. auch Plöger; dazu bemerkt schon Delitzsch, dass *le'îṯî'el* „kann doch nicht das eine Mal Personname und das andere Mal Aussagesatz sein" (485).

[26] Vgl. auch G; s. sonst Delitzsch ebenda; McKane 645 f.

[27] S. Verweise bei etwa Toy 519 f; Meinhold 494; Fox 853 f.

[28] Vgl. BHQ 56*; sonst BHS; Delitzsch 484–487; Wildeboer 85; Sauer, ebd. 98; Fox 850. 853 f; s. o. Anm. 7.

des Heiligen (*daʿaṯ qᵉḏošîm*)" (Vgl. 2, 5; 9, 10; Num 24, 16; Hi 6, 10),[29] also zur Gotteserkenntnis, geholfen haben (V. 3 b; vgl. Ps 73, 17. 25 f) – was doch eine Aufgabe der Weisheit sein sollte.

Gegen diesen Hintergrund mag wohl die der Weisheit typische Fragen-Kette, die nun folgt (V. 4 a-e.f), einigermaßen überraschen, zumal sich ihre Funktion auch immer schwer erklären lassen hat. Während der Rahmen von Klage (V. 1 c-3) und Gebet (V. 7–9) den Psalmen ähnelt, erinnert aber diese katechisierende Liste von Fragen vor allem an das Ausfragen Gottes in Hi 38–40 (etwa 38, 5. 8.25. 36, und in den Elihu-Reden 37, 15–16; sonst etwa Ps 148; Jes 40, 12),[30] zumal der abschließende Satz im V. 4 f: „Ja, / denn du weißt (es)" (*kî ṯeḏāʿ*) mit Hi 38, 5 aβ identisch ist. Es ist nun vorgeschlagen worden, diesen Satz auszulassen,[31] aber nichts wäre unangebrachter, weil der Satz sich auf die rhetorischen Fragen argumentativ bezieht und dadurch die Klimax des Vorangehenden auszumachen scheint. Es fällt dabei auf, dass beim Übergang von der Klage zu den Fragen, also zwischen den stilistisch verschiedenen Versen 3 und 4, kein Subjektwechsel des Redenden angegeben ist, wobei es wahrscheinlich Agur ist, der die Fragen stellt – wer ist aber das Du? So kaum ein unbestimmter Zuhörer, und gewiss nicht die zwei von MT im V. 1 c angezeigten Adressaten, sondern vielmehr Gott, wie sonst in dieser Einheit.[32] Dabei haben aber die ‚Rollen' sehr gewechselt; denn während in Hi 38–40 Gott Hiob ausfragt, nimmt Agur nun ein Fragment des Ausfragens Gottes auf, und mit der abschließenden Herausforderung: „Ja, du weißt es", wendet er sich an Gott; dabei mag die Fragenreihe auf indirekte Weise einen Appell an Gott ausmachen. Er, der allein die Verbindung zwischen Erde und Himmel ermöglicht (V. 4 a; vgl. Gen 28, 12; 35, 13; auch Ex 19, 18; Ps 18, 10 // 2Sam 22, 10), und der alles geschaffen hat und die Geheimnisse und Wunder der Schöpfung kennt (V. 4 b-d; vgl. etwa 8, 27–29; Hi 26, 8; 37, 9; Ps 135, 7), der müsste doch Agur bei seinem Mangel an Weisheit und Erkenntnis auch helfen können – zumal sich die Fragen zum Schluss auf die Weisheit zuspitzen. Wenn nämlich bei der letzten Frage (V. 4 e) auf zudeckende Weise nach „seinem Namen" (vgl. Ps 8, 2; 19, 2; 148, 13) und nach „dem Namen seines Sohnes" (*mah-šᵉmô ûmah-ššäm-bᵉnô*) gefragt wird, dann dürfte eben die Frage nach „seinem Sohn" – und nicht „seinen Söhnen", wie die Septuaginta wohl harmonisierend liest[33] – einen beachtenswerten Hinweis zur Lösung dieses fünfgliedrigen Rätsels (vgl. 1, 6) liefern.[34] Denn wie die drei zentralen

---

[29] Gemser 102 hat hier „Erkenntnis des Allheiligen", wie schon Delitzsch 487 f, der die Form in „superlativischem Sinne" versteht; vgl. sonst Fox 855 f.

[30] Vgl. G. von Rad, Hiob 38 und die altägyptische Weisheit (1955), in: Ders., Gesammelte Studien z. AT, ThB 8, München 1971, 262–271.

[31] So BHS; danach etwa Clifford 259 f; s. o. zum Text.

[32] Die Antwort auf diese Fragen kann nur Gott sein; vgl. Delitzsch 490; Wildeboer 85; Fox 856 f.

[33] S. BHS; dabei ist wohl an die „Söhne Gottes" gedacht; s. Hi 1, 6; 2, 1; 38, 7; vgl. aber Meinhold 498.

[34] Vgl. Murphy 229; anders Fox 857.

Fragen im Vorangehenden vom Schaffen Gottes handeln (V. 4 b-d), läge wohl die Vermutung nahe, dass bei diesen Fragen nicht nur auf das im Kap. 8 geschilderten Schöpfungswerk Jahwes, sondern auch auf den ihm dabei zur Seite stehenden Amon (*'āmôn* ‚Handwerker/Werkmeister/Baumeister'), den Jahwe „als Erstling seines Weges hervorgebracht hat" (8,22.30), Bezug genommen worden ist; denn den nennt nun Agur „seinen Sohn".[35] So geht es hier nicht nur um Gott, sondern auch um die Weisheit Gottes, oder anders gesagt, um den Gott, der die Welt „in/durch Weisheit" (*b^eḥŏkmâ*) geschaffen hat (vgl. 3,19; Ps 104,24; Hi 38,37), und den Gott, dem „sein Sohn" beigestanden hat. Wenn die Ausleger in der Erörterung dieser Fragenreihe gelegentlich von Skepsis und Zweifel oder gar Ironie geredet haben, trifft das aber nicht ihren Sinn. Hier begegnet vielmehr ein kämpfender und klagender Mensch, der doch nicht seinen Vertrauen in Gott verloren oder aufgegeben hat, sondern der auf diese Weise an den allmächtigen Gott den Schöpfer dringend appelliert.

Das kommt auch im nächsten Unterteil der „Worte Agurs" zum Ausdruck (V. 5–6). Denn er schenkt „aller Rede Gottes" (*kŏl-'imraṯ 'ᵃlôᵃh*), die „geläutert" (*ṣ^erûp̄â*) und darum nicht trügerisch, sondern verlässlich ist (V. 5 a; vgl. 2,7; Ps 12,7; bes. 18,31 b; sonst 19,9; 119,140 a),[36] sein volles Vertrauen und seinen Respekt, zumal Gott denen ein schützender „Schild" (*māḡen*) ist, die „bei ihm Zuflucht suchen" (V. 5 b). So mag V. 5 ein neues versicherndes Argument seines Appells an Gott sein, mit dem Agur scheint, Gott sozusagen mit seinem eigenen Wort ‚binden' zu wollen. In seiner Achtung vor dem Wort Gottes kann aber Agur es durch seine eigene Worte gewiss nicht ausfüllen, sondern in der einzigen begründeten Mahnwort seiner Rede fordert er vielmehr allgemein[37] dazu auf, den Worten Gottes „nichts hinzuzufügen" (V. 6 a; vgl. Dtn 4,2; 13,1; auch Ps 62,12),[38] um nicht von Gott „zurechtgewiesen" (*yôḵîᵃḥ*) zu werden und sich selbst „trügerisch/als Lügner zu erweisen" (*nikzāḇtā*; V. 6 b; vgl. V. 8; auch Hi 41,1). Es geht ihm also darum, anspruchslos Treue und Verlässlichkeit erweisen zu können, die dem verlässlichen Wort Gottes gemäß ist; er will auf die „Rede Gottes" seine Hoffnung setzen.

Denn sein Appell an Gott wird am Ende in einem direkten Gebet ausgeführt (V. 7–9). Wie die obige Klage (V. 1 c-3) ist das Gebet breit geformt und ist dazu dreigeteilt. Nach einer doppelten Einleitung (V. 7) folgt die sowohl negativ wie auch positiv ausgedrückte Bitte (V. 8), die von einer doppelten Begründung, die durch die abwehrende Konj. „damit nicht" (*pän*) eingeführt ist, abgeschlossen wird (V. 9). Wenn also Agur um Gottes Antwort und Ein-

[35] So mit Wildeboer 85; vgl. Delitzsch 491 f.

[36] Dasselbe ist auch von der Weisheit gesagt worden, vgl. 2,11; 4,6; auch 6,22.

[37] Das Du der Anrede folgt aus der Form des Mahnworts, ist aber allgemein zu verstehen.

[38] Die ungewöhnliche Verbform (*'al*)-*tôsp* ist eine Verkürzung des üblichen (*'al*)-*tôsāp̄*; vgl. GK § 10 k; 69 v.

greifen fleht – bevor er stirbt: „ehe ich sterbe" (V. 7), dann gilt sein Gebet „zweierlei" (*šᵉtayim*), was sich wohl auf die erste negative Bitte bezieht;[39] denn zunächst bittet er abwehrend um zwei Dinge, und zwar einmal darum, dass „Trug und Lügenwort" (*šāw᾽ ûdᵉḇar-kāzāḇ*) von ihm „ferngehalten" werden, und alsdann darum, dass ihm „Armut und Reichtum" (*re᾽š wāʿošär*) nicht gegeben werden (V. 8 ab; vgl. 6, 19); und demnächst folgt im Gegensatz dazu eine positive Bitte: „Lass mich das mir zugemessene Brot (*läḥäm ḥuqqî*) genießen" (V. 8 c; vgl. Ex 5, 14; Hi 23, 14; 31, 15; Koh 2, 24; 8, 15). Im Anschluss an diese ethischen und sozialethischen Bitten folgt eine doppelte und parallel geformte Begründung, die in der Abwehr einer möglichen „Verleugnung" (√ *kḥš*)[40] Gottes und Gotteslästerung ihre Spitze hat und somit von ausgesprochen theologischer Bedeutsamkeit ist (V. 9; vgl. Dtn 8, 12–14; Hi 21, 14–16):

damit ich nicht, übersättigt, verleugne
und sage: Wer ist Jahwe?
damit ich nicht, arm geworden, stehle
und mich vergreife an meines Gottes Namen

Am Ende kommt auch der Jahwe-Name vor; im Übrigen ist aber dieser Einheit eigen, dass hier, anders als sonst im Spruchbuch, mehrere Gottesbezeichnungen belegt sind, und dass auf besondere Weise vom „Namen" Gottes die Rede ist (V. 4 e.9 b).[41] Dabei ist im V. 1 c zweimal „Gott" (*᾽el*) gesagt, während im V. 5 a ein anderes und spätes Wort für „Gott" (*᾽ᵃlôᵃh*) verwendet ist, das sonst in der Weisheitsliteratur des AT und besonders im Hiob vorkommt, aber im Spruchbuch nur hier; zum Schluss, in Parallele zu Jahwe, kommt das gewöhnliche Wort für „Gott" (*᾽ᵃlohîm*) zur Verwendung, nun aber in der Verbindung „den Namen meines Gottes" (*šem ᾽ᵃlohāy*), (V. 9 b; vgl. 18, 10 u. etwa Ps 31, 15).[42] Hinzu kommt noch die Bezeichnung Gottes als des „Heiligen/Allheiligen" (*qᵉdošîm*), die eigentlich ein Attribut zu „Gott" ist, die aber auch verselbständigt verwendet werden kann (V. 3 b; vgl. 2, 5; 9, 10; auch Jes 1, 4 b; 5, 16 b.19 b). Bei alledem erhalten die „Worte Agurs" einen ausgeprägt theologischen Charakter.

Kreist die anfängliche Klage Agurs um seinen Bemühungen um der Weisheit, sammelt sich sein Gebet in der Bedeutsamkeit Gottes und seinem Namen, und dass er vor Gotteslästerung und Sünde geschützt werde. Am Ende geht es um Jahwe, den „Namen meines Gottes", und dass er ihn nicht „ver-

---

[39] Dieses „zweierlei" mag wohl einigermaßen mit den folgenden Zahlsprüchen verbinden (vgl. V. 15 a).

[40] Vgl. HAL 448 a; sonst Klopfenstein, THAT I, 825–828; Schunck, ThWAT IV, 141–145.

[41] Zum theologisch wichtigen Begriffsfeld des Namens, bes. des Namens Gottes, vgl. HAL 1432–1435; sonst van der Woude, THAT II, 935–963; bes. Fabry, ThWAT VIII, 122–176, mit reichen Lit.angaben.

[42] Vgl. HAL 47–48 u. 50–52; Ges[18] 61–62; sonst W. H. Schmidt, THAT I, 142–149 u.153–167; Cross, ThWAT I, 259–279; Ringgren, ThWAT I, 285–305.

leugne“.[43] So mag wohl der Name Agurs fremdartig sein, und fremder Stoff mag auch verwendet worden sein, die Endgestalt seiner „Worte“ aber bleibt israelitisch. Zum Teil dürfen seine „Worte“ mit Klage, Rede und Gebet zudem eine kritische Auseinandersetzung mit der Gelehrsamkeit und Erziehung der Weisheit ausmachen[44] und lassen sich vielleicht als eine mutige Hiob-Dichtung im Rahmen des Spruchbuches noch bezeichnen.

30, 10–33: Gerahmte Zahlensprüche

10 Verleumde nicht einen Knecht bei seinem Herrn,[45]
damit er dir nicht fluche[46] und du es büßen musst.

11 Ein Geschlecht, das seinem Vater flucht
und seine Mutter nicht segnet;
12 ein Geschlecht, das in eigenen Augen rein ist,
aber von seinem Schmutz nicht gewaschen;
13 ein Geschlecht – wie hochmütig seine Augen
und überheblich seine Wimpern;
14 ein Geschlecht, dessen Zähne Schwerter
und dessen Kinnladen Messer sind,
um die Elenden aus dem Lande wegzufressen
und die Armen weg von den Menschen.

15 Der Blutegel[47] hat zwei Töchter: Gib! Gib!

Drei sind es, die nicht satt werden,
vier sagen nicht „genug“:
16 das Totenreich
und der verschlossene Mutterleib,
die Erde, die an Wasser nicht satt wird,
und das Feuer, das nicht „genug“ sagt.

---

[43] Vgl. G. v. Rad, Theologie des AT, II, München (^{4}1965) ^{9}1987, 325: „Die lange Vorgeschichte dieses Problems [d. h. des Theodizeeproblems] in Hiob, Kohelet, Spr. 30 usw. ist bekannt genug“.

[44] Vgl. Fox 861: „The wisdom in which Agur is deficient must be *erudition*“.

[45] Die meisten Textzeugen lesen mit ketib ʾ^{a}*ḏônô* ‚(seinem) Herrn‘; vgl. BHQ.

[46] So mit Ges^{18} 108; vgl. 20, 20, anders 26, 2.

[47] Das erste Wort ʿ^{a}*lûqā*, das ein hap. leg. darstellt und hier mit der Präp. *l*^{e} verbunden ist, mag zweideutig sein. Die meisten verstehen es als Gattungsname: ‚Blutegel‘ (s. HAL 786 b), doch wird es von einigen als Eigenname verstanden, so Ringgren 114 (vgl. Sauer, ebd. 104 f), der in dieser Person auch den Verfasser findet, was doch unsicher bleibt; vgl. sonst Delitzsch 498–503; Wildeboer 86 f.

17 Ein Auge, das den Vater verspottet
und die alte Mutter verachtet,
das werden die Raben am Bach aushacken
und die jungen Adler fressen.

18 Drei sind es, die mir zu wunderbar sind,
und vier, die ich nicht begreife:
19 der Weg des Adlers am Himmel,
der Weg der Schlange auf dem Felsen,
der Weg des Schiffes auf hoher See
und der Weg des Mannes bei der jungen Frau.

20 So ist der Weg einer Ehebrecherin:
Sie genießt und wischt sich ihren Mund ab
und sagt: „Ich habe nichts Übles getan".

21 Unter dreien erbebt ein Land,
und unter vieren vermag es nicht auszuhalten:
22 unter einem Knecht, wenn er König wird,
und einem Toren, wenn er sich an Brot sättigen kann,
23 unter einer Verschmähten, wenn sie geheiratet wird,
und einer Magd, wenn sie ihre Herrin beerbt.[48]

24 Vier sind die kleinsten auf Erden,
sind aber über alle Maßen weise:
25 die Ameisen sind ein Volk ohne Macht
und besorgen doch im Sommer ihre Nahrung;
26 die Klippdachse sind ein Volk ohne Stärke
und bauen doch ihre Wohnung im Felsen;
27 die Heuschrecken[49] haben keinen König
und ziehen doch allesamt geordnet aus;
28 der Gecko[50] lässt sich mit Händen greifen
und ist doch in den Palästen des Königs.

29 Drei sind es, die stattlich schreiten,
und vier, die stattlich einhergehen:

---

[48] G liest „verdrängt"; vgl. etwa Wildeboer 88; Gemser 106; Ringgren 115; auch Meinhold 504.

[49] MT hat sing. *'arbāh*, aber im Blick auf das *kullô* am Ende des Verses darf es im koll. Sinne verstanden werden.

[50] Hap. leg. mit unsicherem Sinn; vgl. HAL 1247: „Gecko", so auch Sauer, ebd. 108; Delitzsch 508–512: „Eidechse"; sonst Wildeboer 88; M. A. Beek, Spinne oder Eidechse. Luthers Übersetzung von Spr. 30:28, in: Übersetzung und Deutung. FS A. R. Hulst, Nijkerk 1977, 24–29, der ‚Spinne' übersetzt.

30 **Der Löwe, der Held unter den Tieren,**
der vor niemandem umkehrt,
31 **der Hahn,[51] wenn er stolz schreitet,**
oder der Ziegenbock,
und der König beim Auftreten mit seinem Volk.[52]

32 **Ob du töricht bist, wenn du dich geltend machst,**
oder ob du klug nachdenkst –
die Hand auf den Mund!
33 **Denn Druck auf Milch bringt Butter,**
und Druck auf Nase bringt Blut,
und Druck auf Zorn bringt Streit.

Lit.: M. Haran, The Graded Numerical Sequence and the Phenomenon of „Automatism“ in Biblical Poetry, in: Congress Volume Uppsala 1971, VT.S XXII, Leiden 1972, 238–267. – W.M.W. Roth, The Numerical Sequence x/x+1 in the Old Testament, VT 12 (1962) 300–311; Ders., Numerical Sayings in the Old Testament. A Form-Critical Study, VT.S XIII, Leiden 1965. – H. P. Rüger, Die gestaffelten Zahlensprüche des Alten Testaments und aram. Achikar 92, VT 31 (1981) 229–232. – G. Sauer, Die Sprüche Agurs. Untersuchungen zur Herkunft, Verbreitung und Bedeutung einer biblischen Stilform unter besonderer Berücksichtigung von Proverbia c. 30, BWANT 84, Stuttgart 1963. – R.C. Van Leeuwen, Proverbs 30:21–23 and the Biblical World Upside Down, JBL 105 (1986) 599–610.

Bewegt man sich vom ersten Teil des 30. Kapitels, mit den „Worten Agurs“, zum zweiten Teil, der sehr von Zahlensprüchen geprägt ist, langt man in einer anderen Welt an; während im ersten Teil, wie eben gezeigt, auf die Gottesfrage fokussiert wurde, ist in diesem Teil von Gott nicht die Rede, und sein Name wird nicht erwähnt. Hier geht es vielmehr um rein menschliche Beobachtungen, basiert auf menschlichen Erfahrungen. In den gestaffelten Zahlensprüchen – nach dem Muster: x/x+1 – haben die Beobachtungen eine besondere Form von Reihenbildungen erhalten; und diese Formen waren im alten Orient weit bekannt und verwendet; sie scheint mehr oder weniger kulturelles Gemeingut gewesen zu sein, an dem auch Israel teil hatte.[53] Sie ist mehrfach im AT und Spruchbuch belegt (s. etwa 6,16–19), vor allem aber in Sprüche 30.

Wie in den einleitenden Erwägungen zum Kapitel kurz anvisiert wurde, ist der zweite Teil, V. 10–33, komplex aufgebaut. Er besteht aus mehr als nur

[51] Hap. leg. mit unsicherer Bedeutung; vgl. G; Ges[18] 312; HAL 269f; der ganze Vers ist textlich schwierig, s. BHS; BHQ; vgl. Toy 535–537; Gemser 106; Sauer, ebd. 110; McKane 259f.663f; Plöger 353.355; Meinhold 505.

[52] Zum schwierigen Text s. Ges[18] 68f; HAL 58; vgl. Delitzsch 512–517; Wildeboer 88f; Plöger 353.355; s.o.

[53] S. vor allem Sauer, der besonders den ugaritischen Kontext beachtet (s.o. Anm. 1), sowie die Arbeiten von Roth.

Zahlensprüchen, und seine Gestaltung mag teilweise einen etwas unbestimmten Eindruck geben; das darf bei der weiteren Behandlung beachtet werden, so schon beim Anfang des Teils. Dieser Anfang wurde in der obigen Erörterung mit V. 10 gesetzt. Der Vers trägt aber einen Janus-Charakter, wobei er als Verbindungsglied zwischen den zwei Teilen gut fungieren kann. Denn einerseits wird er mit einer Vetitiv-Form eingeleitet, die auch in V. 6–8 zu finden ist, nicht aber im Folgenden; andererseits hebt er sich vom vorangehenden Gebet und seiner Anrede ab, während sich seine Aufforderung oder Ermahnung, die begründet ist (V. 10 b), mit der Aufforderung im V. 32, die ebenfalls begründet ist (V. 33), verbindet. Trotz Unterschiede in Thema und Begründung dürfen diese Ermahnungsworte am Anfang (V. 10) und am Ende (V. 32–33) der Einheit einen Rahmen verschaffen haben.

In diesem Rahmen (V. 10 und 32–33) wird zunächst vor „Verleumdung" ([*'al-*]*talšen*) eines „Knechtes/Dieners" (*ʿä*<u>*b*</u>*ä*<u>*d*</u>) bei seinem Herrn gewarnt (V. 10 a), welches nicht ethisch, sondern etwas utilitaristisch und abwehrend (durch die Konj. *pän* ‚damit nicht') dadurch begründet wird, dass man gegebenenfalls Verfluchung und Verschuldung riskieren kann (V. 10 b), und dass man darum zurückhaltend sein darf. Im zweiten Teil des Rahmens, bei der Schlussmahnung (V. 32–33), sind die Aufforderung und ihre Begründung ganz anderer Art. Ein Fall wird gesetzt, wie so oft in den Sprüchen. Im Blick auf einen möglichen Versuch, „sich zu erheben" (Vb. *nś'* hitp.), wird kasuistisch gesagt: „Ob du töricht bist oder ob du klug nachdenkst"; auf jeden Fall aber wird es ratsam sein, „die Hand auf den Mund" zu legen (V. 32), also auf sein Reden zu achten, zumal dies die selbstbeherrschende Haltung des weisen Schweigers ist (vgl. 10, 19; 11, 12 b; 17, 28; Hi 13, 5).[54] In Bezug auf die bemerkenswerte Begründung der Mahnung (V. 33):

> Denn Druck auf Milch bringt Butter,
> und Druck auf Nase bringt Blut,
> und Druck auf Zorn bringt Streit

darf in diesem Kontext zweierlei beachtet und erwähnt werden. Erstens zeigen das zweite und dritte Glied dieser Dreierreihe, was geschehen kann, wenn man nicht „die Hand auf den Mund" legt, dann mag es leicht Streit und blutige Nase geben (vgl. 15, 18 a; 17, 14. 27; 28, 25). Zweitens verbindet sich diese empirisch basierte und kunstvoll ausgeführte Beispielsreihe mit dem Korpus der Einheit (V. 11–31). Sie ist selbst kein Zahlenspruch, sondern eine durch die wiederkehrenden Lexeme „Druck" (*mîṣ*) und „hervorbringen" (*yôṣî'*) zusammengehaltene Reihenbildung, die einen Kausalzusammenhang demonstrieren will; sie exemplifiziert auf eine einfache, aber evidente Weise den sonst oft erwähnten Tun-Ergehen-Zusammenhang.

---

[54] Vgl. Brunner, Altägyptische Erziehung, 119–123; sonst Bühlmann, Vom rechten Reden, 221–228.

Ferner ist der Aufbau des Korpus (V. 11–31) dardurch bemerkenswert, dass seine verschiedenen Formelemente, und zwar Reihenbildungen, gestaffelter Zahlensprüche und Sentenzen, in einer – wie es scheint – fest wechselnden Abfolge auftreten. Denn auf eine Reihenbildung mit vier Phänomenen (V. 11–14) folgt eine Sentenz (V. 15 a), sodann übernehmen ein gestaffelter Zahlenspruch nach dem Muster 3+4 (V. 15 bc-16) und eine Sentenz (V. 17), so wiederum ein drei-vier-Zahlenspruch (V. 18–19) und eine neue Sentenz (V. 20), darauf ein dritter drei-vier-Zahlenspruch (V. 21–23), wonach eine zweite Reihenbildung mit vier Phänomenen folgt (V. 24–28; vgl. 11–14 am Anfang) und danach, zum vierten Mal, ein drei-vier-Zahlenspruch (V. 29–31). Das alles ergibt vier Zahlensprüche nach dem 3+4-Muster, die wohl das Rückgrat dieser Sammlung bilden, sowie drei Sentenzen und zwei Reihenbildungen, die je vier Phänomene erwähnen. Dieser Aufbau dürfte kaum eine Zufälligkeit sein, sondern scheint durchdacht zu sein; und es gibt noch mehr Beachtenswertes.

Die erste Reihenbildung (V. 11–14) ist dadurch geformt, dass alle vier Verse mit demselben Lexem „Geschlecht“ (*dôr*) beginnt; während dies Wort die Liste formal zusammenbindet, sind aber die einzelnen Verse inhaltlich ganz verschieden. Sie handeln von so weit unterschiedlichen Themen wie Verachtung gegen die Eltern (V. 11; vgl. 19,26; 20,20; sonst Ex 20,12 // Dtn 5,16), falsche Selbstzufriedenheit und Selbstbetrug, indem man „in eigenen Augen rein (*ṭāhôr*) ist“, wenn man doch des Waschens bedarf (V. 12; vgl. 16,2; 20,9; 21,8; 22,11), „hochmütige Augen“ (V. 13; vgl. 3,7; 6,17; 21,4; 26,5) sowie gefräßige Habsucht, die metaphorisch harsch geschildert ist, und die wohl die Reichen meint,[55] weil die „Elenden“ (*ʿaniyyîm*) und die „Armen“ (*ʾäbyônîm*) ausgebeutet werden (V. 14; vgl. 11,6; 18,23; 22,7 a; 28,3; sonst Ps 14,4; 57,5). Was diese verschiedenen Phänomene doch vereint, ist das Negative, dass sie alle etwas Übles und Verdammungswertes ausmalen, „ein trauriges Gemälde“ (Wildeboer 86), vor dem man sich zu hüten hat. Im Rahmen der weisen Erziehung stehen sie wohl als ethische Warnzeichen.

Die erste Sentenz (V. 15 a), die kurz und metaphorisch geformt ist, und die öfter mit dem Folgenden verbunden wird, wie schon bei MT vorausgesetzt ist,[56] darf aber als ein freistehender Spruch aufgefasst werden,[57] der doch nach beiden Seiten eine inhaltliche Verbindung aufweist. Wenn die Sentenz vom „Blutegel“ sagt, dass er „zwei Töchter: Gib! Gib!“ hat, ist sie einerseits dem letzten Glied der vorangehenden vierer-Reihe thematisch ähnlich, und andererseits kommt sie dem sich anschließenden Zahlenspruch (V. 15 bc–16) nicht nur thematisch nahe, sondern so auch dadurch, dass sich die Zahl

---

[55] Vgl. Wildeboer 86: „Sie werden mit Raubtieren verglichen, die ihre Beute fortschleppen, sodass nichts mehr übrig bleibt“, darum die Präp. *min*.

[56] Zum schwierigen Text s.o. und Anm. 47; s. bes. die ausführliche Erörterung bei Delitzsch 498–503.

[57] Vgl. Plöger 352. 354 f. 362; Clifford 265; Fox 867 f.

„zwei" leicht mit den folgenden „drei" und „vier" verbinden lässt; doch dürfte das gegen das Muster der übrigen drei-vier-Zahlensprüche sprechen, kann aber unschwer ihre gegenwärtige Ortung erklären.

Der erste gestaffelte Zahlenspruch (V. 15 bc–16) hat dasselbe 3+4-Muster (V. 15 bc) wie die übrigen drei Zahlensprüche dieser Form. Das Thema ist das der unersättlichen Gier nach Mehr, die „nicht ‚genug' sagt" (V. 15 c.16 c), wobei das „genug" (*hôn*) allgemein ‚Vermögen/Besitz' meint (so 16 Mal im Spruchbuch, etwa 1, 13; 10, 15; 19, 4; 28, 22) und nur hier die adverbielle Bedeutung „Genüge /genug" hat;[58] im Ausgangspunkt geht es also um die Gier nach Besitz. Die vier, „die nicht satt werden", sind aber das „Totenreich" (*šeʾôl*), der „verschlossene Mutterleib (hier *rāḥām* für gew. *räḥäm*)",[59] die „Erde (*ʾäräṣ*), die an Wasser nicht satt wird", sowie das „Feuer (*ʾeš*), das nicht ‚genug' sagt" (V. 16). Die damit gelisteten Phänomene sind zwar sehr verschieden, haben aber ihr Gemeinsames in dem Unersättlichen.

Danach folgt die zweite Sentenz (V. 17), die formal um das in Front gestellte Lexem „Auge" (*ʿayin*) konzentriert ist, und die wohl anhand des Stichworts „Adler" (*näšär*) eine Verbindung mit dem folgenden Zahlenspruch (V. 17 b und 19 a) hat, wobei sich ihre Ortung wohl auch erklären lässt. Thematisch kommt aber die Sentenz dem ersten Glied der obigen vierer-Reihe nahe (V. 11), wo es um die Verachtung gegen die Eltern ging; hier ist zusätzlich von einer grausamen Bestrafung dafür die Rede, denn Raubvögel werden das Auge „aushacken" und „fressen" (V. 17 b).

Beim zweiten gestaffelten Zahlenspruch (V. 18–19), der in der traditionellen Einleitung (V. 18) Ich-Rede hat, ist das Thema, was man heute das Spektakuläre nennen würde; das zeigt sich an Phänomenen, die „mir zu wunderbar sind" (*niple̱ʾû*), und „die ich nicht begreife" (*yedaʿtîm*). Das diesen Zahlenspruch verbindende Stichwort ist „Weg/Handlungsweise" (*däräḵ*), das viermal wiederkehrt, dreimal mit der Präp. *be* ‚in/am/bei' (V. 19).[60] Nachdem der „Weg" des Adlers am Himmel, der Schlange auf dem Felsen sowie des Schiffes auf hoher See, „mitten im Meer" (*beläḇ-yām*), erwähnt sind, folgt das vierte Glied der Listung: „und der Weg des Mannes bei der jungen Frau" (*wedäräḵ gäḇär beʿalmâ*), dessen Bedeutung besonders viel diskutiert worden ist. Wenn auch die physische Vereinigung von Mann und Frau ausgedrückt ist, darf der „Weg" auch in diesem Fall im Zeichen des „Wunderbaren" und „Unbegreiflichen" – oder gar des Mysteriösen – stehen, und zwar in derselben zarten Weise, wie die Empfängnis und die Entstehung eines Menschen „im Dunkeln" auch sonst in der Weisheitsliteratur metaphorisch geschildert ist (s. bes. Hi 10, 8–12; Koh 11, 5; Ps 139, 13–16), oder wie es in Gen 2, 24 b von Mann und Frau gesagt wird: „und sie werden sein *ein* Fleisch/Leib (*wehāyû leḇāśār ʾäḥāḏ*)".

---

[58] Vgl. HAL 232; Ges[18] 271 f.

[59] S. HAL 1136; vgl. Fox 868 f; sonst zum Vers etwa Plöger 362 f; Meinhold 507; Clifford 265 f.

[60] Vgl. Ges[18] 259 f; HAL 222 f.

An diesen Zahlenspruch schließt sich – wohl kontrapunktisch – die dritte Sentenz (V. 20) an, die den „Weg" und also die Handlungsweise der „Ehebrecherin" (*'iššâ menā'āpāṯ*) schildert. Dass diese Sentenz eben diesen Anschluss erfahren hat, lässt sich kaum nur anhand des verbindenden Stichworts „Weg" erklären, sondern ebenso sehr im Blick auf die „Ehebrecherin", die ohne moralische Skrupel ist, und die als Kontrastfigur zur „jungen Frau" im V. 19 d auftritt. Auch die „Ehebrecherin" mag die Funktion haben, in der Erziehung ein ethisches Warnzeichen zu sein.

Danach folgt, ohne Verbindung nach vorn, der dritte gestaffelte Zahlenspruch (V. 21–23); er listet vier Phänomene, die als Gemeinsames haben, dass sie alle unerträglich und „nicht auszuhalten" sind. Das Lexem „unter" (*taḥaṯ*) bildet hier das zusammenbindende Element, das in der festen Formulierung am Anfang zweimal vorkommt (V. 21) und sonst die beiden Verse 22 und 23 einleitet und somit dem Zahlenspruch ein Listengepräge verleiht. Die unerträglichen Phänomene, unter denen „ein Land erbebt" (V. 21 a), gründen vor allem in einer unerwartet großen Änderung der gewohnten Lage sowie in der Schwierigkeit, die neue Situation recht meistern zu können, und zwar wenn ein „Knecht" (*'äḇäḏ*) König wird, ein „Tor" (*nāḇāl*) „sich an Brot sättigen kann" (*yiśba'-läḥäm*), eine „Verschmähte" (*śenû'â*, eig. ‚Gehasste'), also eine sitzen Gebliebene,[61] geheiratet wird, und wenn eine „Magd/Sklavin" (*šip̄ḥâ*) „ihre Herrin beerbt" – dann sind diese Personen „nicht auszuhalten". Das unterliegende Erfahrungsmaterial bringt sowohl soziologische als auch psychologische Einsichten.

Wie eine Reihenbildung mit vier Phänomenen (V. 11–14) den Anfang des Korpus bildete, erfolgt nun gegen Ende des Korpus eine zweite vierer-Reihe (V. 24–28). Die erste vierer-Reihe hat sich dadurch ausgezeichnet, dass jedes Glied der Reihe mit demselben Wort („Geschlecht") anfing; nun nennt jedes Glied dieser zweiten Reihe eine neue Tierart, und alle vier erwähnten Arten sind einander darin gleich, dass sie winzig klein sind, dass sie sich in ihrem jeweiligen Tun aber als „über alle Maßen weise" erweisen (V. 24) – und können dadurch Gegenstand der Bewunderung der Weisen sein (vgl. V. 18–19). Die vier Arten sind erstens „die Ameisen" (*nemālîm*), die im Blick auf ihre Nahrung ein voraussehendes „Volk" sind (V. 25; vgl. 6, 6), zweitens „die Klippdachse" (*šep̄annîm*), die tüchtige ‚Hausbauer' sind (V. 26; vgl. Ps 104, 18), drittens „die Heuschrecke(n)" (*'arbäh*, sing. aber im koll. Sinne), die ohne König geordnet wie ein Heer ausziehen (V. 27; vgl. Ex 10, 12–14; Ps 78, 46; 105, 34), und viertens „der Gecko/die Eidechse" (*śemāmîṯ*), die sich zwar fangen lässt, und die sich „doch in den Palästen des Königs" aufhält (V. 28; nur hier, s. o. zum Text). Alle diese Phänomene sind aus der Natur geholt.

Der vierte und letzte drei-vier-Zahlenspruch (V. 29–31), der zum Teil einen besonders schwierigen Text aufweist, ist in der Listung der Phänomene nicht

[61] Vgl. Wildeboer 88.

so fest geordnet wie die vorangehenden Zahlensprüche, so vor allem gegen Ende der Reihe. Das Thema diesmal ist das des „stattlichen Ganges“ (V. 29). Dabei ist der „Löwe“ (*layiš*) zunächst erwähnt und am ausführlichsten geschildert (V. 30; vgl. Hi 4, 11; Jes 30, 6), danach – mit einem unsicheren hap. leg. – der „Hahn“ (*zarzîr*), der auch geschildert ist, aber kürzer (V. 31 aα), während das dritte Tier, der „Ziegenbock“ (*tayiš*) nur erwähnt ist (V. 31 aβ). Wie beim zweiten Zahlenspruch (V. 18–19) werden auch hier nach drei Phänomenen aus der Natur ein menschliches erwähnt, dem vielleicht das Hauptgewicht zugedacht sei; diesmal geht es um den „König beim Auftreten mit seinem Volk“ – wie sich der schwierige Text mit allem Vorbehalt wohl wiedergeben lässt (V. 31 b). Übrigens darf es nicht undenkbar sein, dass dieser Zahlenspruch mit viel Humor gemacht worden ist.

Gesammelt zeigt diese Einheit in ihrem Korpus (V. 11–31) eine enge Kombination von menschlichen Verhältnissen und Phänomenen der Natur, besonders der Tierwelt. So bezieht sich die erste Sentenz (V. 15 a) auf die Natur und die dritte (V. 20) auf Menschliches, während die zweite Sentenz (V. 17) beides verbindet; die erste vierer-Reihe (V. 11–14) hat menschliche Umstände im Blick, die zweite (V. 24–28) nur solche aus der Tierwelt; die Kombination von beiden findet man wieder vor allem in den gestaffelten Zahlensprüchen, und zwar im ersten (V. 15 bc-16), im zweiten (V. 18–19) sowie im vierten Zahlenspruch (V. 29–31). Trotz dieser Kombinationen darf aber kaum das hier bekundete Interesse an der Natur nur im Dienste menschlicher Relationen und Verhältnisse gestellt werden; denn obwohl die menschlichen Beziehungen souverän an erster Stelle in der Lehre und Verkündigung der Weisen stehen, sind die Zahlensprüche aufgrund empirischer Observationen auch noch Ausdrücke eines genuin wissenschaftlichen Anliegens,[62] ohne dass man dies modern oder in einer anachronistischen Weise betrachtet oder abweist,[63] sondern vielmehr so, dass es dem „Anliegen der altorientalischen Listenwissenschaft“ entspricht, die zählend und ordnend „mehrere unterschiedliche Dinge in eine übergreifende Ordnung“ bringt.[64]

---

[62] Vgl. etwa Roth, Numerical Sayings, 20–34; von Rad, Weisheit, 53–56. 153–165.

[63] In seiner Auseinandersetzung mit Roth (s. obige Anm.) scheint Fox 863 zu negativ in seiner Beurteilung: „The epigrams offer little information or ‚scientific‘ insight and are not oriented to intellctual discovery“, denn was meint ‚scientific‘ hier?

[64] So Meinhold 507; vgl. Sauer, ebd. 87–91; Plöger 357 f; auch B. Landsberger, Die Eigenbegrifflichkeit der babylonischen Welt/W. von Soden, Leistung und Grenze sumerischer und babylonischer Wissenschaft, Reihe Libelli 142, Darmstadt 1965 (ND).

31, 1–9: Der Königsspiegel Lemuels

1 **Worte an Lemuel, den König von Massa,[65] durch die ihn seine Mutter unterwiesen hat:**

2 **Nein,[66] mein Sohn,**
und nein, Sohn meines Leibes,
und nein, Sohn meiner Gelübde,
3 **gib nicht den Frauen deine Kraft,**
noch deine Macht[67] dazu, Könige zu vertilgen![68]
4 **Nicht[69] ziemt es Königen, Lemuel,[70]**
nicht ziemt es Königen, Wein zu trinken,
noch Fürsten, Rauschtrank zu begehren,[71]
5 **damit er[72] nicht trinkt und vergisst, was festgesetzt ist,**
und das Recht aller Elenden verdreht.
6 **Gebt Rauschtrank dem, der untergeht,**
und Wein dem, dessen Herz verbittert.
7 **Er möge trinken und seine Armut vergessen**
und nicht mehr an sein Elend denken.

---

[65] Der Text der Einheit ist mehrfach sehr schwierig; zur Überschrift vgl. die obige Behandlung von 30, 1; s. BHS.

[66] Das hebr. *mâ* „was“ ist hier einmalig mit dem aram. *b^{e}rî* „mein Sohn“ verbunden und ist sonst beziehungslos. Man hat versucht, irgendwie ausfüllend, der gewöhnlichen Bedeutung „was“ zu folgen, vgl. Gemser 114; Ringgren 116; Meinhold 515 („Was (ist wichtig), mein Sohn“); Murphy 239; oder man hat vorgeschlagen, es an dieser Stelle im Sinne von arab. *ma* ‚Höre!/Pass auf!‘ zu verstehen, vgl. E. Ben Yehuda, JPOS 1 (1920/21) 114; so McKane 260. 408 f; Plöger 369–371 („Höre, mein Sohn“); Waltke 503 f; neuerdings hat Fox 884 f *mâ* proleptisch verstanden („held in suspense and completed only in v 3“): „No, my son, …“; vgl. noch HAL 523 a, Pkt. C; HebrSynt § 52 bδ; Joüon/Muraoka § 144*h*; dem wird hier gefolgt. Der erweiterte Text der G (s. BHS; BHQ 56*) dürfte nicht übernommen werden.

[67] Gewöhnlich ‚deine Wege‘, aber nach dem Ugaritischen (vgl. C. J. B. Bauer, VT 8, 1958, 91), auch wegen der Parallele, dürfte aber die Bedeutung ‚Macht/Herrschaft‘ naheliegend sein. Sonst ist im V. 3 b der schwierige Text öfter geändert worden; s. BHS; vgl. Plöger 371; Murphy 240.

[68] Mit HAL 538 a wird statt hif. *lamḥôt* ‚tilgen lassen‘ des MT besser qal *limḥôt* ‚vertilgen‘ gelesen.

[69] V. 4 a hat kein Verb, aber die Negation *'al* lässt ein Vetitiv vermuten, etwa ‚es ziemt/schickt sich (nicht)‘.

[70] Anders als in der Überschrift hat der Name des Königs hier die Form Lemoel, die wohl eine Variante ausmacht.

[71] Im textlich schwierigen V. 4 ist vor allem das vorletzte Lexem *'w*, das sich weder als ketib *'ô* „oder“ noch als qere *'ê* „wo?“ recht einzufügen scheint, schwer deutbar. Unter mehreren Änderungsvorschlägen (vgl. D. Winton Thomas, VT 12, 1962, 499 f) mag wohl der am besten sein, der eine Verbform *'awwê* ‚wünschen/begehren‘ liest; s. BHS; HAL 19 f; vgl. Gemser, 108 [„zu verlangen“]; Barucq 228; Ringgren 116; Meinhold 515; Waltke 504 f.

[72] G hat Plur., wie im V. 4, so Gemser 108; die Inkongruenz läßt sich aber behalten; vgl. Ringgren 116.

8 **Öffne deinen Mund für den Stummen,**
für das Recht aller Schwachen.[73]
9 **Öffne deinen Mund, richte gerecht,**
und schaffe Recht dem Elenden und Armen.

Lit.: J.L. Crenshaw, A Mother's Instruction to Her Son (Proverbs 31:1–9), in: Ders. (Hg.), Perspectives on the Hebrew Bible, Macon, GA 1988, 9–22. – S.u. (zu Spr 31, 10–31) Hurowitz. – M. Lichtenstein, Chiasm and Symmetry in Proverbs 31, CBQ 44 (1982) 202–211. – R.N. Whybray, The Book of Proverbs (1995), 98–100. – A. Wilke, Kronerben der Weisheit (2006), 265–281.

Dieser Königsspiegel (31, 1–9),[74] der an vielen Punkten einen recht schwierigen Text aufweist, ist im Alten Testament und im Spruchbuch in mehrfacher Hinsicht einzigartig. Denn erstens trägt diese Einheit – im Unterschied zu den „Worten Agurs", die trotz ihrer fremdartiger Namen als israelitisch gelten – ein ausländisches Gepräge, so schon sprachlich (bes. die aramäischen Einschläge in V. 2–3), vor allem aber in Bezug auf die Bestimmung des außerisraelitischen, sonst unbekannten, wohl aber nordarabischen „Massa" (vgl. Gen 25, 14; 1 Chr 1, 30; auch Ps 120, 5), als dessen König hier Lemuel vorgestellt wird.[75] Im Übrigen hat man dabei auch eine Verbindung mit „der Weisheit aller Leute des Ostens" (1Kön 5, 10) und mit Edom (Jer 49, 7; Hi 4, 1) sehen wollen.[76] Zweitens darf in diesem Zusammenhang als sehr bedeutsam betrachtet werden, dass die „Worte an Lemuel/Lemuels" (*dibrê lemû'el*)[77] nicht vom Vater, der auch nicht erwähnt ist (wie in 30, 1), sondern von seiner Mutter gesprochen sind; und das Bemerkenswerte dabei ist nicht so sehr aufgrund ihrer Würde als ‚Königsmutter' (*gebîrâ*), die doch von großer Bedeutung war (vgl. 1Kön 15, 13; Jer 13, 18; 29, 2), sondern vielmehr aus dem Grund, dass hier als einziges Mal im AT – ja, im Alten Orient[78] – geschehen ist, dass ein Text einer Frau ausdrücklich zugeschrieben wird, mag auch öfter im Spruchbuch erwähnt sein, dass die Mutter neben dem Vater für Mahnung und Erziehung zuständig ist (s. etwa 1, 8; 6, 20; 10, 1; 23, 22); hier tritt sie

---

[73] So mit Ringgren 117; das Vb. *ḥlp* ‚wechseln' kann sowohl positiven (so G) als auch negativen Sinn haben, und im letzten Fall etwa ‚vergehen/dahinschwinden' bedeuten; wegen der Parallelen im Kontext wird die letzte Möglichkeit am meisten gewählt, doch sind die Übersetzungen vielgestaltig; vgl. Plöger 371; Murphy 240.

[74] Vgl. etwa F.M. Th. Böhl, Der babylonische Fürstenspiegel, MAOG 11/3 (Leipzig) 1937, 11–27; W.G. Lambert, Babylonian Wisdom Literature, Oxford 1960; für den ägypt. Raum s. ANET 414–420; ContScript 61–68.

[75] Vgl. HAL 604; sonst etwa Gemser 107: „Vielleicht war der Namensträger König des Stammes Massa"; Meinhold 517; Fox 884; s.o. zur Erörterung der Überschrift in 30, 1.

[76] Vgl. Toy 532 f; McKane 407; auch Ders., Prophets and Wise Men, London 1965, 73.

[77] Fox 884 bevorzugt die zu erwartende Wiedergabe „Worte Lemuels" und bezieht das *'ašär* im Kolon B auf ihn und nicht auf die „Worte": „The words of Lemuel, king of Massa, whom his mother instructed"; doch dürfte wohl die folgende Anrede im Kontext für die traditionelle Wiedergabe „Worte an Lemuel" sprechen.

[78] So Fox 883.

aber alleine auf, und ihre Worte werden wiedergegeben. Eben das wird, drittens, hier umso gewichtiger, als im zweiten Teil der einführenden Überschrift diese Tätigkeit der Mutter gegenüber ihrem Sohn durch das in der Weisheit zentrale Verb *ysr* „zurechtweisen/unterweisen/erziehen“ bezeichnet ist (vgl. 19, 18; 29, 17; sonst Dtn 8, 5);[79] das bringt ihre Autorität als Erzieherin dazu noch zum Ausdruck.

Im Korpus der Einheit (V. 2–9) redet also die Mutter seinen Sohn an; und die Form ihrer erziehenden Rede ist die der Mahnung, die sowohl Imperative als auch Vetitive (mit der Neg. *'al*) verwendet, und die teilweise begründet ist. Weiter ist der Form ihrer Ermahnungsrede eigen, dass mehrmals Sätze und Ausdrücke wiederholt werden, so vor allem am Anfang (V. 2), aber auch sonst (V. 4. 8.9), wie es noch bei den „Worten Agurs“ der Fall war (30, 2. 8.9); wenn das auch ein Stilmerkmal sei, mag es den Ernst und die Intensität der Ermahnungsrede besonders hervorheben. Wie in 30, 1–9 tritt auch in diesen „Worten“ der Gebrauch des Parallelismus membrorum hervor.

Wenn die Mutter nun ihren Sohn ermahnend anredet, zeigt ihre einleitende dreifache Anrede und Aufforderung, dass er ihr besonders lieb sein muss, denn im repetierenden Stil wird er nicht nur als „mein Sohn“ (aram. *b^erî*), sondern auch als „Sohn meines Leibes“ (*bar-biṭnî*) und „Sohn meiner Gelübde“ (*bar-n^eḏārāy*, vgl. 1Sam 1, 11) angeredet. Gleichzeitig aber beginnt ihre Mahnung deutlich abwehrend mit einem dreifachen „Nein“ (V. 2); es liegt der Mutter offenbar sehr am Herzen, dass es ihrem Sohn in seinem Dienst als König gelingen muss, und dass er daher vor Gefahren gewarnt zu werden braucht.

An erster Stelle geht es dann um sein Leben, dass er es nicht vergeudet; das ist die größte Gefahr und kann auf mehrere Weisen geschehen. Zunächst wird dabei erwähnt, was auch im ersten Hauptteil (Kap. 1–9) ein wichtiges Thema war, dass er seine „Kraft“ (*ḥêlāḵā*) nicht „den Frauen“ gebe (V. 3 a); das wird nicht näher begründet oder spezifiziert, ob denn diese Warnung allgemein oder aber in einem besonderen Sinne, etwa in Bezug auf den Harem, gemeint sei. Demnächst muss er seine „Wege/Handlungen“ (*d^erāḵäyḵā*), hier wohl im Sinne von „Macht/Herrschaft“,[80] nicht in verödenden Kriegen vertun (V. 3 b). Das Entscheidende aber bleibt, seine „Kraft“ zu bewahren.

Die andere große Gefahr ist der Missbrauch von „Wein“ und „Rauschtrank“ (V. 4 bc; vgl. das Spottlied auf den Trunkenbold in 23, 29–35). In diesem Fall heißt es – ohne Verb, aber mit der Negation *'al*, die eine Warnung im Vetitiv vermuten lässt – dass es „nicht für Könige ist“, und zwar im Sinne, dass es „Königen“ nicht ziemt /ansteht, „Wein zu trinken“ (V. 4 b), „noch Fürsten (*rôz^enîm*), Rauschtrank zu begehren“ (V. 4 c; s.o. zum schwierigen Text). Dabei ist die Warnung gegen Rauschtrank gewiss nicht total gemeint (vgl. Ps 104, 15 a; anders die abweisende Haltung der Rekabiten, vgl.

[79] Vgl. THAT I, 740; HAL 400; Ges[18] 473; auch Jenni, Pi^el, 217 f.
[80] S.o. Anm. 67.

2Kön 10, 15–16; bes. Jer 35), wie es die gleich folgenden Verse 6–9 zeigen, wo der Gebrauch von Wein für lindernde Zwecke, sozusagen aus medizinischen Gründen, eben empfohlen wird, und zwar Rauschtrank „dem, der untergeht" (*'ôḇeḏ*) zu geben, und Wein „dem, dessen Herz verbittert" (V. 6; vgl. Hi 29, 13; 31, 19). Diese Aufforderung wird damit begründet, dass der arme Mensch dadurch sein Elend vergessen mag; das ist aber nicht zynisch, sondern als ein minimaler Trost in äußerster Not gemeint. „Es klingt hier ein barmherziger Ton an".[81]

Demgegenüber wird aber die Warnung vor Weintrinken für den König auf eine ganz andere Weise begründet, und zwar positiv durch die negative Formulierung eines verneinten Absichtssatzes, wenn abwehrend gesagt wird: „damit nicht" (*pän*) der König „trinkt und vergisst, was festgesetzt ist (*mĭḥuqqāq*),/und das Recht aller Elenden (*dîn kŏl-bᵉnê-ʿonî*) verdreht" (V. 5; vgl. Jes 10, 1; 30, 15). Während der Arme beim Wein seine Not vergessen darf, kann nicht der König in seinem Amt, das nicht zuletzt das Richten und das Recht zu wahren umfasste (vgl. bes. das ‚Königsgesetz' in Dtn 17, 14–20), auf diese Weise das Recht nicht vergessen.

Das wird abschließend in einer Doppelmahnung noch weiter ausgeführt (V. 8–9):

Öffne deinen Mund für den Stummen,
für das Recht aller Schwachen.
Öffne deinen Mund, richte gerecht,
und schaffe Recht dem Elenden und Armen

In zwei parallelen und gleich gestalteten Mahnungsworten, die alle beide mit „Öffne deinen Mund" (*pᵉṯaḥ-pîḵā*) beginnen,[82] wird der König zunächst zu gerechtem Reden und Tun gemahnt, und zwar „für den Stummen" (*'illem*), der sowohl im physischen wie auch im sozial-gerichtlichen Sinne verstanden werden kann (V. 8 a; vgl. Jes 35, 6; Ps 38, 14),[83] sowie „für das Recht aller Schwachen" (*dîn kŏl-bᵉnê ḥᵃlôp̄*), das mit V. 5 b korrespondiert (V. 8 b; s. o. zum Text); und demnächst wird der König mit Imperativ dazu aufgefordert, „gerecht zu richten" (*šᵉp̄āṭ-ṣädäq*, V. 9 a), und „dem Elenden und Armen" (*ʿānî wᵉ'äḇyôn*) „Recht zu schaffen" (*dîn*); er soll also für gute Rechtszustände sorgen (V. 9 b; vgl. 16, 10; 20, 8; sonst Ex 22, 21–24; 23, 6–9; u. bes. Ps 72, 1–4. 7.12–14).

Es ist hier wohl kein Idealbild des Königs gezeichnet, sondern in diesem ‚Königsspiegel', der ihm von seiner Mutter hochgehalten wird, kann er seine vornehmsten Pflichten klar abgezeichnet sehen.

---

[81] So Meinhold 519; vgl. Wildeboer 90; Gemser 108.
[82] Vgl. Bühlmann, Reden, 11, Anm. 2.
[83] Vgl. Wildeboer 90.

Kurzer Rückblick auf die Sammlungen V–VI – zweite Zwischenbilanz

Beim Rückblick der ersten Zwischenbilanz hat sich ergeben, dass die Sammlungen I–IV, die sehr unterschiedlich sind, auf verschiedene Weise, nicht zuletzt durch Voranstellungen und Rahmungen, doch um die zentrale salomonische Spruchsammlung (10, 1–22, 16) herum ein Ganzes geschaffen haben. Das ist aber in Bezug auf die Sammlungen V–VI anders, denn hier verläuft der Gestaltungsprozess des Überlieferungsstoffes einigermaßen verschieden, obwohl es auch Ähnliches gibt.

Ähnlich den Sammlungen I–IV ist zunächst die zentrale Stellung der zweiten salomonischen Spruchsammlung (Kap. 25–29), wie die der ersten Salomo-Sammlung (10, 1–22, 16), an die sie sich durch ihre Überschrift (25, 1 a) anschließt, trotzdem die Sammlungen III und IV sie von ihr trennen; sie ist dabei die dominierende Größe im Kontext. Ähnlich ist demnächst, dass auch die zweite Salomo-Sammlung wie die erste zweigeteilt ist, und zwar in A: 25–27 und B: 28–29, die nach Form und Inhalt mehrfach verschieden sind. Ähnlich ist aber vor allem, dass sie als eine salomonische Sammlung vor den ‚fremden' Kleinsammlungen in 30–31, 9 gestellt ist, wie Sammlung II voran III und IV; denn das Einheimische hat Priorität; und diese Priorität des Israelitischen wird sodann durch die abweichende Ortung der Septuaginta, die 30, 1–14 vor der Sammlung IV (24, 23–34) und 30, 15–33 nach dieser Sammlung einordnet, noch weitergeführt und verstärkt, wohl weil dadurch nicht etwas ‚Fremdartiges', sondern eben salomonisches Spruchgut das Ende des Spruchbuchs ausmacht – nun abgesehen vom Abschlussgedicht in 31, 10–31, das aber auch in der Septuaginta den Ausgang des Buches ergibt, zumal es Entsprechendes zum Anfang des Buches darstellen mag.

Verschieden von den ersten vier Sammlungen ist vor allem die Art des methodischen Vorgehens beim Gestaltungsprozess, insofern als hier das redaktionelle Mittel von Rahmungen nicht verwendet worden ist; stattdessen liegt ein einfach additives Vorgehen vor. Wenn zudem der Teil A: 25–27, der an Bildern und Vergleichen ungewöhnlich reich ist, weniger religiös oder theologisch geprägt als Teil B: 28–29 erscheint, der seinerseits der großen Sammlung II (10, 1–22, 16) formal und inhaltlich näher als Teil A kommt, dann dürfte sich die Annahme bewahrheiten, dass sich das im Überlieferungsprozess präsumtiv Jüngere dem angenommen Älteren additiv angeschlossen hat.

VII. Kapitel 31, 10–31: Ein Lehrgedicht auf die tüchtige und weise Frau

Aleph
10 **Eine tüchtige Frau – wer findet sie?**
Weit über Korallen geht ihr Wert.
Beth
11 **Auf sie verlässt sich das Herz ihres Mannes;**
und an Gewinn fehlt es ihm nicht.
Gimel
12 **Gutes erweist sie ihm und nicht Böses**
alle Tage ihres Lebens.
Daleth
13 **Sie kümmert sich um Wolle und Flachs**
und schafft mit ihrer Hände Lust.
He
14 **Sie gleicht den Schiffen des Kaufmanns;**
von weither bringt sie ihre Nahrung.
Waw
15 **Noch bei Nacht steht sie auf**
und gibt Speise ihrem Haus und Anweisung ihren Mägden.[1]
Zajin
16 **Sie hat einen Acker im Auge**[2] **und erwirbt ihn;**
vom Ertrag ihrer Hände pflanzt sie einen Weinberg.
Cheth
17 **Sie umgürtet mit Kraft ihre Hüften**
und macht stark ihre Arme.
Teth
18 **Sie merkt, dass ihr Erwerb gut ist;**
nicht erlischt bei Nacht ihre Lampe.
Jod
19 **Ihre Hände streckt sie zum Spinnrocken aus,**
und ihre Hände halten die Spindel.
Kaph
20 **Ihre Hand öffnet sie dem Elenden,**
ihre Hände reicht sie dem Armen.

---

[1] Der letzte Teil, der dem Abschluss von 27,27 ähnelt, mag eine Erweiterung sein; s. sonst Wildeboer 91.

[2] So mit HAL 262; Ges[18] 304: „sinnt auf“.

Lamed
21 **Nicht fürchtet sie für ihr Haus den Schnee,**
denn ihr ganzes Haus ist in Scharlach gekleidet.[3]
Mem
22 **Decken macht sie sich;**
Leinen und Purpur sind ihr Gewand.
Nun
23 **Bekannt in den Toren ist ihr Mann,**
wenn er bei den Ältesten des Landes sitzt.
Samekh
24 **Tücher**[4] **fertigt sie an und verkauft sie,**
und Gürtel bringt sie zum Händler.
Ajin
25 **Kraft und Hoheit sind ihr Gewand;**
und sie lacht des künftigen Tages.
Pe
26 **Sie öffnet mit Weisheit ihren Mund,**
und gütige Weisung ist auf ihrer Zunge.
Tsade
27 **Sie beobachtet, was in ihrem Hause geschieht,**
und isst kein Brot der Faulheit.
Qof
28 **Ihre Söhne erheben sich und preisen sie,**
ihr Mann – er rühmt sie:
Resch
29 **„Viele Töchter erwiesen sich als wacker,**
aber du übertriffst sie alle!"
Schin
30 **Trug ist die Anmut und nichtig die Schönheit;**
eine Frau, die Jahwe fürchtet, die soll man rühmen.
Taw
31 **Gebt ihr vom Ertrag ihrer Hände;**
und mögen ihre Taten sie in den Toren rühmen!

Lit.: C. Camp, Wisdom and the Feminine, BLS 11, Sheffield 1985, 90–93. 251 f. 262 f. – M.B. Crook, The Marriageable Maiden of Prov. 31, 10–31, JNES 13 (1954) 137–140. – D.N. Freedman, Acrostics and Metrics in Hebrew Poetry, HThR 65 (1972) 367–392. – J. Hausmann, Beobachtungen zu Spr 31, 10–31, FS Preuß (1992), 261–266. – V.A. Hurowitz, The Seventh Pillar – Reconsidering the Literary Structure and Unity of Proverbs 31, ZAW 113 (2001) 209–218. – E. Jacob, Sagesse et Alphabet. A propos de Proverbes 31, 10–31, FS Dupont-Sommer (1971), 287–295. – B. Lang, Women's Work, Household and Property in Two Mediterranean Societies: A Comparative Essay on

[3] Ihre Familie ist in Scharlachwolle gekleidet; vgl. HAL 1481 a; sonst etwa Gemser 110; Plöger 378.
[4] So mit Ringgren 118. Die Bedeutung ist aber unsicher; vgl. HAL 702.

Proverbs XXXI 10–31, VT 54 (2004) 188–207. – M. Lichtenstein, Chiasm and Symmetry in Proverbs 31, CBQ 44 (1982) 202–211. – E. L. Lyons, A Note on Proverbs 31. 10–31, FS Murphy 1987, 237–245. – T.P. McCreesh, Wisdom as Wife in Proverbs 31:10–31, RB 92 (1985) 25–46. – M. Sæbø, Was there a ‚Lady Wisdom' in the Proverbs?, in: FS Skarsaune (2011), 181–193. – R.N. Whybray, The Book of Proverbs (1995), 100–111; Ders., Composition (1994), 153–156. 159–162. – A. Wolters, *ṣôp̄iyyā* (Prov 31:27) as Hymnic Participle and Play on *Sophia*, JBL 104 (1985) 577–587. – Ders., Proverbs xxxi 10–31 as Heroic Hymn, VT 38 (1988) 446–457. – Ders., The Song of the Valiant Woman. Studies in the Interpretation of Proverbs 31:10–31, Carlisle, CA 2002. – C. R. Yoder, Wisdom as a Woman of Substance. A socioeconomic Reading of Proverbs 1–9 and 31:10–31, BZAW 304, Berlin/New York 2001.

Ohne Überschrift fängt mit 31, 10 eine neue Einheit an, die im Verhältnis zum Vorangehenden eine andere Form und ein neues Thema aufweist. Wenn aber diese eigenartige Komposition als bloß ein Teil von Kap. 31 behandelt oder sie auch zusammen mit Kap. 30 nur als „Anhänge zur zweiten Sentenzensammlung"[5] bezeichnet wird, kommt dadurch ihre Eigenständigkeit kaum recht zum Tragen. Wenn etwa die Septuaginta demgegenüber dies Stück das ganze Spruchbuch abschließen lässt – und insoweit die hebräische Form des Buchs bestätigt, indem sie es an 29, 27 anhängt, während sie sonst 30, 1–14 vor 24, 23 und 30, 15–31, 9 nach 24, 34 eingefügt hat, dann wird dadurch der eigenartige und selbständige Charakter der Einheit 31, 10–31 herausgestellt; und der lässt sich auch auf andere Weisen nachweisen. Über den Hintergrund und die nähere Funktion dieser Komposition ist allerdings schon viel verhandelt worden.[6] Dabei hat sich vor allem als bemerkenswert ergeben, dass sich die Einheit mehrschichtig erweist – was für die Ausleger eine wahre Herausforderung gewesen ist.[7] Es lässt sich aber nun mit ihrer besonderen Form anfangen.

Die eigenartige Form dieser Einheit, die das Ganze straff zusammenhält, und die einem zunächst in die Augen springt, ist die eines Akrostichons, in dem jeder erste Buchstabe seiner 22 Verse durch die Abfolge der 22 Buchstaben des hebräischen Alphabets bestimmt ist, wie es bei der obigen Übersetzung noch angegeben worden ist. Es handelt sich also um eine kunstvolle und gelehrte und nicht zuletzt eine sehr beanspruchende Form, die es aber öfter in den Psalmen gibt (Ps 9–10; 25; 34; 37; 111; 112; 119; 145), sowie auch etwa auf verschiedene Weise in den Klageliedern (Klgl 1–4).[8] Der implizite Zwang einer solchen strengen Form könnte leicht thematische Probleme für die Gestaltung zur Folge haben; doch wird das Gedicht durch ein Hauptthema gut zusammengehalten, unter dem die Einzelheiten seiner breiten Entfaltung untergeordnet sind. Das Thema ist das der tüchtigen und weisen Frau; und zudem hat dieses Thema dem Gedicht einen Aufbau in drei Hauptteile verlie-

---

[5] Vgl. Plöger 351.

[6] S. etwa Gemser 109; Plöger 376; McKane 665 f; Meinhold 521 f, sowie die obige einschlägige Literatur.

[7] Vgl. Meinhold ebd.; Hausmann, Beobachtungen (1992), 262. 265 f.

[8] S. noch den Abschluss des Sirachbuches (Sir 51, 13–30).

hen: Zunächst ist in drei Versen von der Ehefrau die Rede (V. 10–12), sodann kommt im größeren Mittelstück die Rede auf die tatkräftige Hausfrau (V. 13–27); am Ende folgen vier abschließende Verse, die thematisch zwar uneinheitlicher sind, die aber doch zum Ganzen beitragen, wie sich ergeben wird (V. 28–29, mit Verbindung zum einleitenden Teil, samt 30–31).

Darüber hinaus ist dem Gedicht als Ganzem ein lobender und lehrhafter Charakter nicht zu verkennen. Doch drängt sich dabei die Frage auf, was wohl hier – am Ende des Buchs – so hoch gelobt wird, zumal die breit geschilderte Frauengestalt einen schillernden Eindruck erweckt; denn die Frau scheint mehr als eine ‚gewöhnliche' Frau zu sein, mag sie auch als eine ‚ideale' Frau dargestellt sein. Das kommt schon durch die vorstellende Eingangsfrage zum Ausdruck, die wohl ein Zweifel aufkommen lässt, ob sie doch überhaupt zu finden sei, indem es heißt: „Eine tüchtige Frau (*'ešät-ḥayil*) – wer findet (sie)?" (V. 10 a). Zudem wird diese „Frau" nicht nur als eine seltene und nahezu unerreichbare Gestalt hingestellt, sondern „ihr Wert/Kaufpreis" (*mikrāh*, sonst nur noch Num 29, 19; Neh 13, 16) übersteigt „weit" (*rāḥoq*) den von „Korallen" (*p^e^nînîm*), die als etwas besonders Hochwertiges galten (V. 10 b). Es darf aber hier vor allem beachtenswert sein, dass dies sonst von der „Weisheit" (*ḥŏkmâ*) gesagt worden ist (3, 15; 8, 11; Hi 28, 18; vgl. auch 20, 15); denn auch die Weisheit ist schwer auffindbar und ihr Wert übersteigt weit alles Hochwertiges (s. bes. Hi 28, 12ē-23). Dies – neben anderen Elementen im folgenden Text – dürfte die Annahme nahelegen, dass die Darstellung der „tüchtigen Frau (*'ešät-ḥayil*)" wohl von Anfang an eine Chiffre für die Weisheit sein will; auf alle Fälle wird man bei der Erörterung die Aufmerksamkeit auf diese mögliche Doppelheit in ihrer Schilderung haben können.

Die Bezeichnung einer Frau als „tüchtig" (*ḥayil* ‚Fähigkeit/Kraft/Vermögen'), im Sinne von ‚fähig/tatkräftig/wacker' (V. 10 aα),[9] kommt im AT nur noch zweimal vor, und zwar wurde in 12, 4 von einer Frau dieser Art gesagt, dass sie „die Krone ihres Mannes" sei; zudem ist Ruth in dieser Weise charakterisiert worden (Ruth 3, 11). So macht diese Bezeichnung fast einen Ehrennamen aus. Ferner dürfte, wie schon erwähnt, das „finden" der Frau (V. 10 aβ), das sich zunächst auf das natürliche Suchen des Mannes nach einer Frau beziehen kann (vgl. etwa 18, 22; 19, 14), durch die rhetorische Frageform ein Hinweis auf die Schwierigkeit des Gelingens dieses Suchens und Findens sein, was wiederum die Seltenheit der „tüchtigen Frau" positiv hervorhebt. Das kommt aber vor allem im nächsten Kolon, zu dem die Frage eine Einleitung ist (Gemser 108), zum Ausdruck (V. 10 b), wo es um ihren unübertroffen hohen „Wert" geht. So ist die „Frau" auf mehrfache Weise außergewöhnlich.

In dem einleitenden Teil (V. 10–12) handelt es sonst von dem „guten Miteinander von Frau und Mann" (Meinhold 523). Das wird auf dreierlei Weise

---

[9] Vgl. HAL 298 f; Ges[18] 346; zur sonstigen Bedeutungsbreite s. H. Eising, Art. *ḥajil*, ThWAT II, 902–911.

hervorgehoben, und zwar erstens dadurch, dass der Mann in seine Frau vom Herzen Vertrauen hat, indem nun mit klassischer Simplizität und mit Alliteration[10] gesagt wird: „Auf sie verlässt sich das Herz ihres Mannes" (*bāṭāḥ bāh leḇ baʿlāh*), sowie zweitens darin, dass sie ihm „Gewinn" (*šālāl* ‚Beute'; vgl. 16,19) verschafft (V. 11); und drittens wird generell von ihr gesagt, wie in summa ihres Lebens, dass sie ihrem Mann immer „Gutes und nicht Böses" (*ṭôḇ welo'-rāʿ*) tut (V. 12). Sodann folgt nach dem langen Mittelstück (V. 13–27) – gegen Ende des Gedichts und anscheinend mit rahmender Funktion – ein Bezug auf den Rest der Familie, wenn nun von „ihren Söhnen" die Rede ist (V. 28); dazu gehören vielleicht auch die „vielen Töchter/junge Frauen" (V. 29). Wenn die Söhne zusammen mit ihrem Mann sie rühmen – sie „erheben sich und preisen sie", dann ergeht ihr Lob in direkter Du-Anrede an sie und bezieht sich zunächst auf die „vielen Töchter", die sich auch als „tüchtig/wacker (*ḥayil*) erzeugen/erweisen", demnächst aber auf die „Frau" selbst, denn „du übertriffst sie alle". Die „Frau" ist, mit einem Wort, in ihrer „Tüchtigkeit" unübertroffen.

Im großen Mittelstück (V. 13–27), das also von Worten über ihren Mann und die übrige Familie umrahmt sind (V. 10–12 und 28–29), wird auch ihre Einzigartigkeit hervorgehoben. Mit bunten Zügen wird das Bild einer besonders tatkräftigen Frau gezeichnet; selbst der Bezug auf den hohen Stand ihres Mannes, der in den Toren „bekannt" (*nôḏāʿ*) ist und „bei den Ältesten des Landes" (*ʿim-ziqnê-'ārāṣ*) sitzt (V. 23), dient wohl letzten Endes dem Lob seiner Frau. Die fast listenartige Schilderung ihrer Eigenschaften und vieler Taten hebt ihre „Kraft" und ihre „Glanz" (*ʿoz-wehāḏār*) hervor (V. 17. 25) und nennt in Sonderheit ihre Weisheit (V. 26):

> Sie öffnet mit Weisheit (*beḥŏḵmâ*) ihren Mund,
> und gütige Weisung (*wetôrat-ḥäsäḏ*) ist auf ihrer Zunge

Von ihrer „Kraft" und ihrer „Weisheit" sind ihre Aktivitäten und Taten geprägt, nicht nur in „ihrem Hause", sondern auch im ‚im öffentlichen Raum'; sie wird mit den „Schiffen des Kaufmanns" verglichen, denn „von weither bringt sie ihre Nahrung" (V. 14). Ihre vielen Taten kreisen zunächst um Handwerkliches (V. 13. 19. 22. 24) sowie um den eigenen Haushalt (V. 14–15. 18 b. 21. 27), reichen dann aber auch zum Handel (V. 14. 18. 24) und zum Landwirtschaftlichen (V. 16) hinaus, und „sie merkt, dass ihr Erwerb gut ist" (V. 18 a). Durch Klugheit und Arbeit hat sie eine solide Grundlage des Lebens und der Zukunft ihrer Familie geschaffen. Sie arbeitet aber nicht nur für sich selbst und die Ihrigen, sondern darüber hinaus öffnet sie ihre Hand für den „Elenden" (*ʿānî*) und den „Armen" (*'äḇyôn*) und zeigt ihr mitmenschliches Engagement (V. 20). In allem ist sie furchtlos und unbekümmert und „lacht dem künftigen Tag entgegen" (V. 21. 25). Wie sie selbst ist ihr Haus ein reiches Kraftzentrum.

---

[10] Boström, Paronomasi, 205.

In dieser breiten Schilderung der tüchtigen und klugen Frau, die in allem eine souveräne Überlegenheit zeigt, wird es schließlich auch deutlich, wie sie die Früchte ihrer Taten erntet. So kann im letzten Vers des Mittelstückes, sozusagen summierend, festgestellt werden, dass sie „kein Brot der Faulheit isst" (V. 27), sondern vielmehr – wie vorauszusetzen ist – das ‚Brot' der eigenen und fleißigen Arbeit.

Im letzten Vers des Schlussabschnittes (V. 28–31) wird sodann das Endergebnis des Gedichts treffend formuliert (V. 31):

> Gebt ihr vom Ertrag (*p*^e^*rî* ‚Frucht') ihrer Hände;
> und mögen ihre Taten sie in den Toren rühmen!

Mit dieser Aufforderung am Ende des Gedichts – und des Spruchbuchs – wird ein wichtiger Grundsatz der Weisheitslehre nochmals bestätigt, und zwar der des Zusammenhangs von Tat und Folge, Tun und Ergehen. Neben den nahe verbundenen V. 28–29, die sich auch, wie schon erwähnt, eng an die voranstehende Schilderung anschließen, hat zudem dieser letzte Vers ebenfalls einen Bezug auf das Gedicht, indem er so etwa wie die Quersumme der Schilderung zieht, die dazu noch mit einem basalen Punkt der übrigen Weisheitslehre übereinstimmt (V. 31). Vor diesem Vers aber steht nun V. 30, der eines ganz anderen Charakters ist. Wenn er sich zunächst allgemein negativ zur weiblichen „Anmut" (*ḥen*) und „Schönheit" (*yop̄î*) stellt (V. 30 a), mag das seine Ortung, im Anschluss an V. 29, wohl einigermaßen erklären können; im voranstehenden Vers – oder in dem übrigen Gedicht – war aber davon nicht direkt die Rede (anders in 6, 25). Demnächst dürfte deshalb wesentlicher sein, dass Kolon B eher einen Kontrast zum Kolon A bildet, indem er gegen diesen Hintergrund eine positive Aussage über die Jahwe fürchtende Frau macht – denn „die soll man rühmen" (V. 30 b). Hier liegt ohne Zweifel der Schwerpunkt dieses Verses, der wohl dann eine theologische Korrektur zum Kontext sein will (vgl. 18, 22; 19, 14). Mit dem religiösen Hinweis auf die Jahwe-Furcht hat man schließlich eine Verbindung zum einleitenden Prolog des Spruchbuches (1, 1–7; vgl. 9, 10) geschlagen.

Den Ausgang des Gedichts und des Buches machen also in V. 30 und 31 zwei allgemeine Aussagen sehr unterschiedlicher Art aus. Sie vertreten offenbar zwei verschiedene Interessen, die alle beide im Buch repräsentiert sind; vereinigt sind die zwei Verse wie die Zentralpunkte einer Ellipse. Dadurch ist aber die ‚Moral' der Schilderung auch zweierlei ausgedrückt worden. Dieses Janus-Gesicht am Ende des Spruchbuches gehört aber zum Buch als abgeschlossener Ganzheit; und beides will gehört werden.

So klingt der Abgesang des Spruchbuches einerseits wie ein schönes Hohelied auf die tüchtige und weise Frau, die sich als eine verlässliche Ehefrau und als eine tatkräftige und kluge Hausfrau erweist. Doch andererseits scheint sie mehr als nur eine tüchtige und selbständige Frau sowie „die Krone ihres Mannes" zu sein; denn ‚in, mit und unter' der lobenden Schilderung ihrer tatkräftigen Einzigartigkeit mag sie eine Verkörperung der Weisheit ausmachen, indem Mehreres von dem, das über die „Frau" gesagt wird, eben auch von der Weisheit ausgesprochen worden ist, wie es oben gezeigt wurde. Doch ist diese „Frau“ nie „Weisheit“ genannt worden, wie die Weisheitsgestalten in Sammlung I (Kap. 1–9); sie nur redet „in/mit Weisheit“ und hat „gütige Weisung auf ihrer Zunge“ (V. 26). Diese schillernde Doppelheit aber lässt die Frage aufkommen, ob nicht das abschließende gelehrte Gedicht als ein kompositorisches Rahmenstück zum ganzen Buch gemeint sein könnte, zumal die Frau des Gedichts – ohne so direkt bezeichnet zu sein – den weisheitlichen Frauengestalten in Sammlung I nahekommt und sie zudem einen Antitypus zur törichten ‚fremden Frau‘ dieser Sammlung ausmachen mag.[11]

Von Sammlungen zum Buch – kurzer überlieferungsgeschichtlicher Rückblick auf die Auslegung

… ging ich von der Annahme aus, dass es Verheißungsvoll sein könnte, das Alte Testament noch mehr, als es bisher geschehen ist, ausreden und seine Sache selbst sagen zu lassen, statt ihm dauernd ins Wort zu fallen.[12]

Gerhard von Rad

Die Auslegung eines biblischen Buches ist immer schwierig, eine Auslegung des Buches der Sprüche noch mehr, formal wie inhaltlich. Im Kontext – und unter dem Druck – einer ständig heranwachsenden Forschung zur Sache und Literatur der Weisheit im Allgemeinen wie zum Spruchbuch im Besonderen wurden das Bedürfnis immer stärker und die Zielsetzung noch aufdringlicher, nicht nur den Ausgangspunkt der Auslegung in der Endgestalt des Buches zu nehmen, sondern auch die Texte „ausreden und seine Sache selbst sagen zu lassen“. Darum wurde auf die wechselnden Formmerkmale und Themen der einzelnen Texte großes Gewicht gelegt, um dadurch mögliche ‚Bewegungen‘ im Überlieferungsstrom der Sprüche aufzudecken; es ging darum, die Texte, soweit möglich, zum Reden über ihre eigene durchgemachte Geschichte zu bringen. Das gilt in Bezug auf die Einzelheiten der Texte der sieben Sammlungen im Buch, aber auch in Bezug auf die ‚Bewegungen‘ der Sammlungen auf dem Weg zum Buch hin als die letzte und entscheidende Überlieferungseinheit. Darauf hat die Auslegung schon wichtige Hinweise geben können.

---

[11] Vgl. Sæbø 167; nun auch Ders., Was there a ‚Lady Wisdom‘ (2011), 181–193; sonst Meinhold 521 f.

[12] G. von Rad in einer Auseinandersetzung um seine Theologie des Alten Testaments, ThAT II, München 1960, 11.

Es hat sich dabei vor allem ergeben, dass dieser Weg eine lange und komplizierte Strecke ausmacht, und dass im Kleinen wie Großen nicht leicht ist, sie in den Griff zu bekommen; denn die lange Strecke meint zugleich eine große Spannweite im Überlieferungsstoff. Während der Auslegung wurde mehrfach erkannt und betont, dass die Grundeinheit oder der Kern des Buches der einzelne „Spruch" (*māšāl*) ist; im Ausgangspunkt ist er selbständig und selbsttragend und will auf eigenen Prämissen gehört werden; so oder so macht der „Spruch" den Anfang der langen Strecke aus – deren anderes Ende das Buch ist. Doch sind die Einzelsprüche nicht allein geblieben, schon ihre Sammlung hat eine erste Kontextualisierung – aber keinen „Grabplatz" – zur Folge gehabt; auf vielfache Weise ergibt sich, dass die Einzelsprüche in Bewegung zu neuen Verbindungen und Verkettungen weit verschiedener Art gesetzt sind, seien diese einfache durch Stichwörter verbundene Spruchgruppierungen, oder kleinere Kompositionen wie die rahmende,Ring-Komposition' in 10, 2–7, oder auch ‚Geflecht-Muster', wie im Kap. 29 – Knut M. Heim hat in dieser Beziehung die englische Bezeichnung ‚proverbial clusters' geprägt.[13] Neben der Grundform des „Spruches", der Aussagen in 3. Person macht, stellt das Ermahnungswort – oder negativ die Warnung – die andere Hauptform dar; diese Redeform hat oft direkte Anrede und kann sonst durch Begründungen erweitert werden; gelegentlich werden auch größere Reden und ‚Gedichte' komponiert. Weil sich aber diese zwei unterschiedlichen Redeformen weithin auf die verschiedenen Sammlungen verteilen, darf nun zu ihnen übergangen werden.

Es könnte ratsam sein, mit der zweiten Zwischenbilanz und dem da zu den Sammlungen V und VI Ausgeführten anzufangen. Dabei ist Sammlung V (25–29), die die zweite salomonische Spruchsammlung ausmacht, zweigeteilt, und zwar in A: 25–27 und B: 28–29, von denen sich Teil A, der reich an Bildern ist, weniger religiös oder theologisch geprägt als der wohl jüngere Teil B: 28–29 erweist; in beiden Teilen folgen die einzelnen Sprüche in einer additiven Weise auf einander. Zudem ist diese salomonische Spruchsammlung vor den ‚fremden' „Worten" (*d*ᵉ*ḇārîm*, sg. *dāḇār*) der Sammlung VI (30–31, 9) vorangestellt worden, und gegenüber dem ‚Fremdartigen' ist somit dem Einheimischen des Salomonischen die Priorität verliehen.

Wendet man sich sodann dem bei der ersten Zwischenbilanz auf die Sammlungen I–IV Gesagten zu, fällt zunächst auf, dass die erste salomonische Spruchsammlung, Sammlung II (10, 1–22, 16), die die größte Sammlung im Buch ausmacht, durchgehend von Mahnworten gerahmt worden ist, und zwar einerseits von „Worten der Weisen" (*diḇrê ḥ*ᵃ*ḵāmîm*), die zum Teil einen ausländischen Einfluss erkennen lassen (III: 22, 17–24, 22 und IV: 24, 23–34), denen sie als salomonische Sammlung vorangestellt ist, und andererseits ist ihr selbst durch die wichtige Sammlung I (1–9) vorangestellt worden. Wenn man demnächst in Betracht nimmt, dass auch Sammlung II zweigeteilt ist,

[13] Like Grapes of Gold Set in Silver (2001).

und zwar in A: 10–15 und B: 16–22, 16, und dass von den zwei Hauptteilen der erste (10–15) religiös-theologisch am ausführlichsten durcharbeitet ist, während die durch Reflexionen und Reden über die „Weisheit" (*ḥŏḵmâ*) geprägte Sammlung I, eben in Front und mit einer besonderen hermeneutischen Bedeutung vorangestellt ist, dann scheint durch diese Voranstellungen eine Steigerung der inhaltlichen Priorität zum Ausdruck zu kommen; oder aber lässt sich das Buch überlieferungsgeschichtlich – von den Sammlungen des ‚Fremden' abgesehen – am besten von hinten her, rückwärts, gelesen zu werden, also von VA zu VB und zu IIB und IIA und schließlich zu I, die nun wie ein Portal das Buch eröffnet.

Am Schluss werden die bunten Sammlungen von dem ‚Prolog' (1, 1–7) und dem akrostischen Gedicht von der weisen Frau (31, 10–31) gekränzt und zusammengehalten.